Schriftenreihe Europäisches Recht, Politik und Wirtschaft
herausgegeben von Prof. Dr. Jürgen Schwarze
Direktor des Instituts für Öffentliches Recht
der Universität Freiburg
Abteilung Europa- und Völkerrecht

Band 266

Michael Sánchez Rydelski

EG und WTO Antisubventionsrecht

Ein konzeptioneller Vergleich der EG Antisubventions-Verordnung mit den Beihilfevorschriften des EG-Vertrages unter Berücksichtigung des Subventionsübereinkommens der WTO

Nomos Verlagsgesellschaft
Baden-Baden

Die Deutsche Bibliothek – CIP-Einheitsaufnahme

Ein Titeldatensatz für diese Publikation ist bei
Der Deutschen Bibliothek erhältlich. (http://www.ddb.de)

Zugl.: Hamburg, Univ., Diss., 2000

ISBN 3-7890-7682-1

1. Auflage 2001

In Liebe meinen Eltern

Juan José Sánchez Tejero und Ingrid Sánchez Rydelski

Inhaltsverzeichnis

Vorwort

Diese Untersuchung lag dem Fachbereich Rechtswissenschaft der Universität Hamburg im Sommer 2000 zur Annahme als Dissertation vor. Die Untersuchung berücksichtigt Rechtsprechung, Verwaltungspraxis der Kommission und Schrifttum bis zum 31. August 2000.

Meinem Doktorvater, Herrn Prof. Dr. Meinhard Hilf, danke ich für die Betreuung der Arbeit. Dank gebührt auch Herrn Prof. Dr. Stefan Oeter, für die Erstellung des Zweitgutachtens.

Mein ganz besonderer Dank gilt meiner Lebensgefährtin, Isabelle Tanghe, für ihr Verständnis, Geduld und Unterstützung. Ohne sie hätte diese Arbeit nie das Licht der Welt erblickt.

Brüssel, den 21. August 2001 Michael Sánchez Rydelski

Abkürzungsverzeichnis

a.A.	anderer Ansicht
AB	*Appellate Body*
ABl.	Amtsblatt der Europäischen Gemeinschaften
Abs.	Absatz
AG	Aktiengesellschaft
AJPIL	*Austrian Journal of Public and International Law*
APS	Allgemeines Präferenzsystem
ASV	Antisubventions-Verordnung
Bd.	Band
BEUC	*Bureau Europeén des Unions de Consommateurs*
BIP	Bruttoinlandprodukt
BISD	*Basic Instruments and Selected Documents*
bzw.	beziehungsweise
C	Teil C des Amtsblatts der Europäischen Gemeinschaften (im Zusammenhang mit Urteilen des EuGHs steht C für *Court*)
CDE	*Cahier de Droit Européen*
CE	*Comunidad Europea*
CMLR	*Common Market Law Review*
COM	*European Commission*
DDR	(ehemalige) Deutsche Demokratische Republik
d.h.	das heißt
DS	*Dispute Settlement*
DSB	*Dispute Settlement Body*
DSU	*Dispute Settlement Understanding*
EAG	Europäische Atomgemeinschaft
EBLR	*European Business Law Review*
EC	*European Community*
ECLR	*European Competition Law Review*
ECU	*European Currency Unit*
EEA	*European Economic Area*
EEC	*European Economic Community*
EFTA	*European Free Trade Association*
EG	Europäische Gemeinschaft
EGKS	Europäische Gemeinschaft für Kohle und Stahl
EGKSV	Vertrag zur Gründung der Europäischen Gemeinschaft für Kohle und Stahl
EGV	Vertrag zur Gründung der Europäischen Gemeinschaft
Einf.	Einführung
EIU	*The Economist Intelligence Unit*
ELR	*European Law Review*
endg.	endgültig
EuG	Gericht erster Instanz
EuGH	Europäischer Gerichtshof
EuR	Europarecht

EUREKA	*European Research Coordination Agency*
EUROSTAT	Statistisches Amt der Europäischen Gemeinschaft
EuZW	Europäische Zeitschrift für Wirtschaftsrecht
EWG	Europäische Wirtschaftsgemeinschaft
EWR	Europäischer Wirtschaftsraum
EWS	Europäisches Wirtschafts- & Steuerrecht
FFSA	*Fédération française des sociétés d'assurances*
FILJ	*Fordham International Law Journal*
FuE	Forschung und Entwicklung
GA	Generalanwalt
GATS	*General Agreement on Trade in Services*
GATT	*General Agreement on Tariffs and Trade*
GD	Generaldirektion
GJ	*Gaceta Juridica*
GmbH	Gesellschaft mit beschränkter Haftung
GTE	Groeben/Thiesing/Ehlermann (Kommentar)
GWB	Gesetz gegen Wettbewerbsbeschränkungen
HFCS	*High Fructose Corn Syrup*
h.M.	herrschende Meinung
i.d.R.	in der Regel
i.S.d.	im Sinne des/der
ITLR	*International Trade Law & Regulation*
i.V.m.	in Verbindung mit
JWT	*Journal of World Trade*
JZ	Juristische Zeitschrift
Kfz	Kraftfahrzeug
KKS	Kaufkraftstandards
KMU	Kleine und mittlere Unternehmen
KOM	Europäische Kommission
L	Teil L des Amtsblatts der Europäischen Gemeinschaften
LPIB	*Law and Policy in International Business*
Ltd.	*Limited*
m.a.W.	mit anderen Worten
mm	Millimeter
NCJIL	*North Carolina Journal of International Trade & Commercial Regulation*
NJW	Neue Juristische Wochenschrift
Nr.	Nummer
NUTS	*Nomenclature of Statistical Territorial Units in the European Communities*
NYILR	*New York International Law Review*
OECD	*Organisation for Economic Cooperation and Development*
OJ	*Official Journal of the European Communities*
para.	*paragraph*
PET	Polyethylenterephthalat
PGE	*Permanent Group of Experts*
Plc.	*Public limited company*

PSF	Polyesterspinnfasern
R	*Report*
RIW	Recht der Internationalen Wirtschaft
Rdnr.	Randnummer
Rs.	Rechtssache
S.	Seite
SA	*Société Anonyme*
SEC	*Secretariat*
SFEI	*Syndicat française de l'Express international*
SG	*Secretariat General*
SIDE	*Société international de diffusion et d'édition*
SIOT	*Società Italiana per l'Oleodotto Transalpino*
Slg.	Sammlung
sog.	sogenannte/r
SPI	*Società Petrolifera Italiana*
subseq.	*subsequent*
T	*Tribunal*
TRIMS	*Trade-Related Investment Measures*
TRIPS	*Trade-Related Aspects of Intellectual Property Rights*
TWD	Textilwerke Deggendorf
u.a.	unter anderem
u.s.w.	und so weiter
u.U.	unter Umständen
v.	von
vgl.	vergleiche
Vol.	Volumen
Vorb.z.d.	Vorbemerkung zu den
WC	*World Competition*
WT	*World Trade*
WTO	*World Trade Organisation*
WuW	Wirtschaft und Wettbewerb
YEL	*Yearbook of European Law*
ZaöRVR	Zeitschrift für ausländisches öffentliches Recht und Völkerrecht
z.B.	zum Beispiel
ZHR	Zeitschrift für das gesamte Handelsrecht und Wirtschaftsrecht
Ziff.	Ziffer
ZIP	Zeitschrift für Wirtschaftsrecht

"The sovereign is completely discharged from a duty, in the attempting to perform of which he must always be exposed to innumerable delusions, and for the proper performance of which no human wisdom or knowledge could ever be sufficient; the duty of superintending the industry of private people, and of directing it towards the employments most suitable to interest of society"

(Adam Smith, An Inquiry into the Nature and Causes of the Wealth of Nations, 1776)

Einleitung

1. Gegenstand und Ziel der Untersuchung

Die rechtlich institutionalisierte Liberalisierung des Welthandels, wie sie beispielsweise in der Gründung der Welthandelsorganisation und der Europäischen Gemeinschaft Ausdruck gefunden hat, korreliert konsequenterweise mit einer Reduzierung staatlicher Interventionsmöglichkeiten, zugunsten einheimischer Wirtschaftszweige unilaterale Handelsbarrieren aufrechtzuerhalten oder einzuführen. In dieser Situation fortschreitender Liberalisierung des Welthandels, die gleichzeitig eine Globalisierung des Wettbewerbs impliziert, tendieren Staaten dazu, verbleibende Kompetenzen auszunutzen und einheimische Wirtschaftszweige z.B. durch Subventionen zu unterstützen.

Die Errichtung des Gemeinsamen Marktes in der Europäischen Gemeinschaft ist hierfür ein illustrativer Beispielsfall. Die Eliminierung der Handelsbarrieren zwischen den Mitgliedstaaten der Europäischen Gemeinschaft, führte in den letzten Jahrzehnten fast "automatisch" zu einer kontinuierlich ansteigenden Subventionierung seitens der Mitgliedstaaten. Wie die Europäische Kommission in ihren letzten Berichten über staatliche Beihilfen konstatierte, hat sich die Zahl von Beihilfefällen seit 1980, mit denen sich die Europäische Kommission zu beschäftigen hatte, mehr als verdoppelt[1]. Mehr als 34 Milliarden Euro Beihilfen werden jedes Jahr im Durchschnitt an das verarbeitende Gewerbe in der Europäischen Gemeinschaft gewährt[2]. Der Gesamtumfang staatlicher Beihilfen in der Europäischen Gemeinschaft beläuft sich auf durchschnittlich 96 Milliarden Euro im Jahr[3].

Durch ihre wettbewerbsverzerrende Wirkung können Subventionen an die Stelle von Handelsbarrieren treten, die durch den Integrationsprozess gerade abgebaut werden sollen, und gefährden damit die Schaffung eines freien und fairen Welthandels. Angesichts der Dimension vergebener Subventionen, manifestiert sich die eklatante Notwendigkeit einer rechtlich ausgestalteten "Subventionsdisziplin", um Wettbewerbsverzerrungen und einen unlauteren Wettbewerb zwischen Unternehmen zu verhindern. Das Gemeinschaftsrecht stellt in diesem Zusammenhang zwei gesetzliche "Antisubventions-Instrumente" zur Verfügung. Dies ist zum einen die Verordnung (EG) Nr. 2026/97 des Rates vom 6. Oktober

---

1 Fünfter Bericht über staatliche Beihilfen in der Europäischen Union im verarbeitenden Gewerbe und in einigen weiteren Sektoren [Fünfter Bericht über staatliche Beihilfen: KOM (97) 170 endg.]; Sechster Bericht über staatliche Beihilfen [KOM (98) 417 endg.]; Siebenter Bericht über staatliche Beihilfen [KOM (99) 148 endg.]; Achter Bericht über staatliche Beihilfen [KOM (2000) 205 endg.].

2 Den Agrarsektor, den Kohlenbergbau, den Verkehr und die Finanzdienstleistungen ausgenommen. Siehe z.B. den achten Bericht über staatliche Beihilfen: KOM (2000) 205 endg., S. 9. Siehe zu dem Thema auch: Nicolaides/Bilal, JWT 1999, S. 97/109; Oppermann, Rdnr. 1150.

3 Siehe z.B. den achten Bericht über staatliche Beihilfen: KOM (2000) 205 endg., S. 110; Nicolaides/ Bilal, S. 97/109; Oppermann, Rdnr. 1150.

1997 über den Schutz gegen subventionierte Einfuhren aus nicht zur Europäischen Gemeinschaft gehörenden Ländern (die Antisubventions-Verordnung)[4] und zum anderen die Beihilfevorschriften, die in den Artikeln 87 bis 89 (ex Artikel 92 bis 94)[5] des Vertrages zur Gründung der Europäischen Gemeinschaft (der EG-Vertrag) niedergelegt sind.

Mit der Antisubventions-Verordnung verfügt die Europäische Gemeinschaft zum erstenmal über ein effizientes und im Detail normiertes handelspolitisches Schutzinstrument, um gegen subventionierte Einfuhren aus Drittländern vorzugehen, wenn diese Einfuhren einem Wirtschaftszweig in der Europäischen Gemeinschaft einen Schaden zufügen[6]. Im Kontrast zu der Antisubventions-Verordnung, sind die Beihilfevorschriften des EG-Vertrages zu sehen[7]. Bereits seit ihrer Gründung verfügt die Europäische Gemeinschaft mit den Beihilfevorschriften über ein gesetzliches Instrumentarium, um gegen wettbewerbsverfälschende und ordnungspolitisch schädliche Beihilfepraktiken ihrer Mitgliedsstaaten vorzugehen. Da die Beihilfevorschriften nicht gegenüber Drittländern Anwendung finden, gehört dieses Instrument nicht zu den handelspolitischen Schutzinstrumentarien, sondern ist Bestandteil der gemeinschaftlichen Vorschriften des Gemeinsamen Marktes, die einen fairen Wettbewerb innerhalb der Europäischen Gemeinschaft verwirklichen und sicherstellen sollen.

Diese, dem ersten Anschein nach bestehende, Dichotomie zwischen dem Außenhandel einerseits und dem Gemeinsamen Markt der Europäischen Gemeinschaft andererseits, wirft die Frage auf, inwieweit sich diese beiden Antisubventions-Instrumente voneinander unterscheiden und wo sich andererseits ihre Gemeinsamkeiten zeigen. Dieser Vergleich ist insofern von Relevanz, da z.B. Beihilfen, die zwar innerhalb der Europäischen Gemeinschaft gewährt werden, nicht nur gegenüber Unternehmen in der Europäischen Gemeinschaft wettbewerbsverfälschende Wirkung entfalten können, sondern auch Auswirkungen auf den Wettbewerb mit Einfuhren aus Drittländern oder sogar auf Drittlandsmärkten erzeugen können. Es stellt sich damit die Frage, inwieweit bereits eine Kongruenz zwischen dem Außenwirtschaftsrecht der Europäischen Gemeinschaft und den Vorschriften des Gemeinsamen Marktes im Bereich des Antisubventionsrechts besteht. Der Gegenstand

---

4 Abgedruckt im Amtsblatt der Europäischen Gemeinschaften Nr. L 288, S. 1, vom 21. Oktober 1997 (Veröffentlichungen im Amtsblatt der Europäischen Gemeinschaften werden nachfolgend folgendermaßen abgekürzt: ABl. 1997 L 288, S. 1).

5 Diese Untersuchung berücksichtigt die Änderungen und die Neunummerierung aufgrund des am 2. Oktober 1997 unterzeichneten Vertrags von Amsterdam. Die alte Nummerierung wird durch ein "ex" vor den Artikeln kenntlich gemacht.

6 Vorschriften über den Schutz gegen subventionierte Einfuhren in die Europäische Gemeinschaft waren bereits in früheren Ratsverordnungen enthalten, jedoch waren diese Vorschriften wesentlich rudimentärer und ineffizienter in ihrer Anwendung. Siehe hierzu: Verordnung (EWG) Nr. 459/68 des Rates (ABl. 1968 L 93, S. 1); Verordnung (EWG) Nr. 3017/79 des Rates (ABl. 1979 L 339, S. 1); Verordnung (EWG) Nr. 2176/84 des Rates (ABl. 1984 L 201, S. 1) sowie Verordnung (EWG) Nr. 2423/88 des Rates (ABl. 1988 L 209, S. 1).

7 Diese Untersuchung umfasst keine detaillierte Analyse der Beihilfevorschriften nach dem EGKS-Vertrag.

dieser Untersuchung ist daher in erster Linie einem konzeptionellen Vergleich der Antisubventions-Verordnung mit den Beihilfevorschriften des EG-Vertrages gewidmet, welcher das Ziel verfolgt, die Unterschiede und Gemeinsamkeiten dieser beiden Antisubventions-Instrumente herauszuarbeiten und zu bewerten.

Anzumerken ist weiterhin, dass die Europäische Gemeinschaft seit dem Inkrafttreten der Antisubventions-Verordnung im Jahre 1995 bereits zahlreiche Verfahren auf der Basis dieser Rechtsgrundlage eingeleitet hat[8]. Im Ergebnis führen diese Verfahren in der Regel zur Einführung von Ausgleichszöllen, die dazu dienen, die Vorteile der Subventionen auszugleichen. Die subventionierten Einfuhren sollen also durch den Ausgleichszoll verteuert werden. Die Einführung jeglicher Art von Zöllen läuft jedoch der Idee eines liberalen Welthandels und der Abschaffung von Handelsbeschränkungen zuwider. Berücksichtigt man weiterhin, dass Schutzzölle nach den Welthandelsvorschriften Ausnahmemaßnahmen darstellen, die ihrer Natur nach diskriminierend sind und daher von ihrem Anwendungsbereich klar und eng zu beschreiben sind, so stellt sich weiterhin die Frage, wie im Zuge der Größenordnung weltweit vergebener Subventionen verhindert werden kann, dass durch die potentiell einhergehende Einführung von Ausgleichszöllen der liberale Welthandel unterminiert wird. Darüber hinaus ist es auch ökonomisch nicht sinnvoll, die in Drittländern gewährten Subventionen an der Zollgrenze der Europäischen Gemeinschaft abzuschöpfen, also eine reine "Umverteilung" vorzunehmen, die dann in erster Linie dem Haushalt der Europäischen Gemeinschaft zugute kommt. Eine Analogie im Hinblick auf die Anwendung der Beihilfevorschriften könnte in diesem Kontext hilfreich sein, denn sind Beihilfen mit dem Gemeinsamen Markt unvereinbar, so führt dies im Ergebnis dazu, dass neue Beihilfen von dem Mitgliedstaat nicht gewährt werden dürfen, bereits bestehende Beihilfen abgeschafft oder bereits erhaltene Beihilfen zurückgezahlt werden müssen. Ausgleichszölle sind nicht vorgesehen, da die Einführung jeglicher Art von Zöllen dem Konzept eines Gemeinsamen Marktes zuwider laufen würde. Komplementäres Ziel dieser Untersuchung ist daher, die Ergebnisse des Vergleichs dazu zu verwenden, Vorschläge über die mögliche Weiterentwicklung des Antisubventionsrechts im Rahmen der Welthandelsorganisation aufzuzeigen, hin zu gemeinsamen globalen ordnungspolitischen Wettbewerbsvorschriften, um so die Einführung endgültiger Ausgleichszölle entbehrlich zu machen.

---

8 Zwischen 1995 und August 2000 sind bereits fünfzehn neue Verfahren nach der Antisubventions-Verordnung eingeleitet worden. Ein weiteres Antisubventionsverfahren ist nach der Entscheidung Nr. 1889/98/EGKS der Kommission eingeleitet worden, die eine vergleichbare Rechtsgrundlage für Produkte des EGKS-Vertrages in diesem Bereich darstellt (siehe zu der Gesamtzahl eingeleiteter Verfahren im ersten Teil dieser Untersuchung: Punkt VII.2.b). Die Gemeinschaft hat hingegen zwischen 1977 und 1989, also nach alter Rechtslage, vor dem Inkrafttreten der Antisubventions-Verordnung, lediglich dreizehn Verfahren eingeleitet (diese Zahl beinhaltet auch Verfahren die EGKS Produkte betreffen). Im Vergleich hierzu haben die Vereinigten Staaten zwischen 1979 und 1995 mehr als 440 Antisubventionsverfahren eingeleitet (siehe hierzu: Jackson, S. 281).

2. *Aufbau der Untersuchung*

Die Untersuchung liefert einen umfassenden Überblick über das Antisubventionsrecht der Europäischen Gemeinschaft sowie der Welthandelsorganisation und analysiert deren Anwendungsbereiche. Die Untersuchung gliedert sich in fünf Teile. Der erste Teil beschreibt und analysiert die wesentlichen Elemente der Antisubventions-Verordnung und prüft zugleich, inwieweit die Antisubventions-Verordnung die Vorgaben der Welthandelsbestimmungen in diesem Bereich ordnungsgemäß umgesetzt hat. Der zweite Teil beschreibt und analysiert die Beihilfevorschriften des EG-Vertrages, unter besonderer Berücksichtigung der Rechtsprechung des Europäischen Gerichtshofs sowie des Gerichts erster Instanz. Der dritte Teil liefert einen konzeptionellen Vergleich dieser beiden Antisubventions-Instrumente, der die Gemeinsamkeiten und Verschiedenheiten herausarbeitet und bewertet. Der vierte Teil beschreibt und analysiert die Bestimmungen der Welthandelsorganisation im Bereich des Antisubventionsrechts. Besondere Berücksichtigung finden im vierten Teil - in zwei Exkursen - der Artikel XV des Allgemeinen Übereinkommens über den Handel mit Dienstleistungen, der das Problem von Subventionen im Rahmen des Dienstleistungsbereichs anspricht, sowie das Streitbeilegungsverfahren der Welthandelsorganisation. Die im dritten Teil durch den Vergleich gewonnener Ergebnisse, dienen schließlich dazu, im fünften Teil dieser Untersuchung Vorschläge zu unterbreiten, wie die Welthandelsbestimmungen im Bereich des Antisubventionsrechts zu internationalen Wettbewerbsbestimmungen umfunktioniert werden können.

Erster Teil

Die Ratsverordnung (EG) Nr. 2026/97 (Antisubventions-Verordnung)

Die Definition einer Subvention und die Festlegung möglicher Ausgleichsmaßnahmen, zur Behebung einer unlauteren Subventionierung, waren lange Zeit zentraler Gegenstand multilateraler Handelsverhandlungen[9]. Nach langjährigen Verhandlungen in den zahlreichen GATT-Runden konnte man sich schließlich mit Abschluss der Uruguay-Runde auf detaillierte Bestimmungen zu diesen Fragen festlegen[10]. Diese Bestimmungen bilden eine rechtlich bindende multilaterale Subventionsdisziplin für den Welthandel und sind zu weiten Teilen, insbesondere im Hinblick auf die Einführung von Ausgleichsmaßnahmen, durch die Ratsverordnung (EG) Nr. 2026/97 (Antisubventions-Verordnung) in das Gemeinschaftsrecht umgesetzt worden. Der erste Teil dieser Untersuchung beschreibt und analysiert die wesentlichen Elemente der Antisubventions-Verordnung, unter Berücksichtigung der Vorgaben der Welthandelsbestimmungen. Besondere Aufmerksamkeit wird der Frage gewidmet, inwieweit die Europäische Gemeinschaft die Verpflichtungen und Vorgaben der Welthandelsbestimmungen ordnungsgemäß umgesetzt hat. Es wird in den Fußnoten auf die korrespondierenden Welthandelsbestimmungen verwiesen, wenn diese mit den Vorschriften der Antisubventions-Verordnung übereinstimmen. Ausführlicher wird jedoch im Haupttext darauf eingegangen, wenn die Antisubventions-Verordnung ergänzende oder abweichende Vorschriften zu den Welthandelsbestimmungen aufweist.

I. Einführung

Der Abschluss der multilateralen Handelsverhandlungen der Uruguay Runde hat zur Gründung der Welthandelsorganisation (WTO) geführt. Das Übereinkommen[11] zur Errichtung der WTO enthält in Anhang 1 A neben dem Allgemeinen Zoll- und Handelsabkommen 1994 (GATT 1994) u.a. auch ein "Übereinkommen über Subventionen und Ausgleichsmaßnahmen" (Subventionsübereinkommen)[12]. Das Subventionsübereinkommen konstituiert in seiner Reichweite und Ausgestaltung, das erste multilateral geltende und de-

---

9 Lehmann, S. 31; McDonough, S. 4; Raaflaub, S. 93.

10 Einen geschichtlichen Überblick der Verhandlungen über Subventionen und Ausgleichsmaßnahmen während der GATT Uruguay Runde (1986-1992) liefert McDonough.

11 Das Übereinkommen zur Errichtung der WTO ist durch Beschluss des Rates (94/800/EG) vom 22. Dezember 1994 "über den Abschluss der Übereinkünfte im Rahmen der multilateralen Verhandlungen der Uruguay-Runde (1986-1994) im Namen der Europäischen Gemeinschaft in bezug auf die in ihre Zuständigkeit fallenden Bereiche" genehmigt worden (ABl. 1994 L 336, S. 1).

12 Das Subventionsübereinkommen ist z.B. abgedruckt im: The Results of the Uruguay Round of Multilateral Trade Negotiations (GATT Sekretariat), S. 264; und in: ABl. 1994 L 336, S. 156. Zu den Einzelheiten des Subventionsübereinkommens siehe unten im vierten Teil dieser Untersuchung.

tailliert ausgestaltete Übereinkommen über einheitliche Antisubventionsregelungen[13]. Die Europäische Gemeinschaft (die Gemeinschaft) ist aufgrund ihrer WTO-Mitgliedschaft[14] an die Vorgaben des Übereinkommens zur Errichtung der WTO, und damit auch an das Subventionsübereinkommen, gebunden[15]. Artikel 300 Abs. VII EG-Vertrag stellt darüber hinaus klar, dass völkerrechtliche Abkommen, die nach Artikel 300 EG-Vertrag von der Gemeinschaft abgeschlossen werden, für deren Organe verbindlich sind. Solche Abkommen sind integrierender Bestandteil des Europarechts[16]. Dies impliziert die Verpflichtung seitens der Gemeinschaft, ihre Rechtsvorschriften und Verwaltungsverfahren mit den Vorschriften des Subventionsübereinkommens in Einklang zu bringen[17].

Vor der Umsetzung des Subventionsübereinkommens waren die Vorschriften für den Schutz gegen subventionierte Einfuhren aus Drittländern gemeinsam mit den Antidumpingvorschriften in der Ratsverordnung (EWG) Nr. 2423/88[18] niedergelegt. Um jedoch die Transparenz und Effizienz bei der Anwendung der Regeln des Subventionsübereinkommens zu erhöhen, hat die Gemeinschaft es für notwendig erachtet, zwei getrennte Verordnungen zu erlassen, in denen die Voraussetzungen für die Anwendung jedes dieser handelspolitischen Schutzinstrumente hinreichend genau festgelegt werden[19]. Die Gemeinschaft hat weite Teile des Subventionsübereinkommens im Hinblick auf die Einführung von Ausgleichsmaßnahmen zunächst durch die Verordnung (EG) Nr. 3284/94 des Rates vom 22. Dezember 1994 "über den Schutz gegen subventionierte Einfuhren aus

13 Der GATT-Subventionskodex von 1979 war in seiner Reichweite und Ausgestaltung nicht so weit entwickelt wie das Subventionsübereinkommen (siehe ausführlicher zu diesem Thema im vierten Teil dieser Untersuchung: Punkt II.3).

14 Artikel XI Abs. 1 des Übereinkommens zur Errichtung der WTO (unterzeichnet in Marrakesch am 15. April 1994) enthält folgende Formulierung: "The contracting parties to GATT 1994 as of the date of entry into force of this Agreement, and the European Communities, which accept this Agreement and the Multilateral Trade Agreements and for which schedules of Concessions and Commitments are annexed to GATT 1994 and for which Schedules of Specific Commitments are annexed to GATS shall become original members of the WTO". Siehe zu dem Thema der WTO-Mitgliedschaft der Gemeinschaft auch: Oppermann, RIW 1995, S. 922; Emilio/O'Keeffe - Denza, S. 3/14; Ott, S. 24.

15 Klarstellend lautet in diesem Zusammenhang der Artikel II Abs. 2 des Übereinkommens zur Errichtung der WTO: "The agreements and associated legal instruments included in Annexes 1, 2 and 3 (hereinafter referred to as "Multilateral Trade Agreements") are integral parts of this Agreement, binding on all Members". Siehe hierzu auch: Emilio/O'Keeffe - Denza, S. 3/14; Ott, S. 24.

16 EuGH, Rs. 181/73, Haegmann/Belgien, Slg. 1974, S. 449/460; Raaflaub, S. 91/148; Reszel, S. 7; Lehmann, S. 44; Oppermann, RIW 1995, S. 927; Schweitzer/Hummer, Rdnr. 1495; Epiney, EuZW 1999, S. 6.

17 Artikel XVI Abs. 4 des Übereinkommens zur Errichtung der WTO lautet:"Each Member shall ensure the conformity of its laws, regulations and administrative procedures with its obligations as provided in the annexed Agreements".

18 Siehe ABl. 1988 L 209, S. 1; geändert durch Verordnung (EG) Nr. 521/94 (ABl. 1994 L 66, S. 7) und durch Verordnung (EG) Nr. 522/94 (ABl. 1994 L 66, S. 10). Zu berücksichtigen ist weiterhin, dass bereits Verordnung (EWG) Nr. 459/68 des Rates (ABl. 1968 L 93, S. 1), Verordnung (EWG) Nr. 3017/79 des Rates (ABl. 1979 L 339, S. 1) sowie Verordnung (EWG) Nr. 2176/84 des Rates (ABl. 1984 L 201, S. 1) Vorschriften über den Schutz gegen subventionierte Einfuhren enthielten. Siehe hierzu auch: Bourgeois - Bronckers, S. 187/190; Lukas, EWS 2000, S. 203.

nicht zur Europäischen Gemeinschaft gehörenden Ländern" in Gemeinschaftsrecht umgesetzt[20]. Da bei der Veröffentlichung der Ratsverordnung (EG) Nr. 3284/94 einige redaktionelle Probleme zutage traten, ist diese Verordnung durch Ratsverordnung (EG) Nr. 2026/97[21] (Antisubventions-Verordnung) ersetzt worden. Die Antisubventions-Verordnung (ASV) stellt neben der "Antidumping-Verordnung"[22], der "Verordnung über Handelshemmnisse"[23] und der "Verordnung über gemeinsame Einfuhrregelungen"[24] eines der wichtigsten handelspolitischen Schutzinstrumente der Gemeinschaft dar.

II. Grundsatz

Die ASV enthält Bestimmungen über den Schutz der europäischen Wirtschaftszweige gegen Einfuhren subventionierter Waren aus Drittländern[25]. Eine Subvention kann den Waren entweder mittelbar oder unmittelbar für die Herstellung, Produktion, Ausfuhr oder Beförderung zugute kommen (Artikel 1 Abs. I ASV). Verursacht die Überführung subventionierter Waren in den zollrechtlichen freien Verkehr der Gemeinschaft eine Schädigung, so kann die Gemeinschaft einen Ausgleichszoll[26] erheben, um die Subventionierung dieser Waren auszugleichen (Artikel 1 Abs. I ASV)[27]. Der Ausgleichszoll verfolgt al-

---

19 Siehe Begründung im 5. Erwägungsgrund zur Antisubventions-Verordnung (ABl. 1997 L 288, S. 1).

20 Siehe ABl. 1994 L 349, S. 22 [die Verordnung (EG) Nr. 3284/94 trat am 1. Januar 1995 in Kraft]; geändert durch Verordnung (EG) Nr. 1252/95 (ABl. 1995 L 122, S. 2).

21 Verordnung (EG) Nr. 2026/97 des Rates vom 6. Oktober 1997 über den Schutz gegen subventionierte Einfuhren aus nicht zur Europäischen Gemeinschaft gehörenden Ländern (ABl. 1997 L 288, S. 1).

22 Verordnung (EG) Nr. 384/96 des Rates vom 22. Dezember 1995 über den Schutz gegen gedumpte Einfuhren aus nicht zur Europäischen Gemeinschaft gehörenden Ländern (ABl. 1996 L 56, S. 1); geändert durch Verordnung (EG) Nr. 2331/96 des Rates vom 2. Dezember 1996 (ABl. 1996 L 317, S. 1) und durch Verordnung (EG) Nr. 905/98 des Rates vom 27. April 1998 (ABl. 1998 L 128, S. 18).

23 Verordnung (EG) Nr. 3286/94 des Rates vom 22. Dezember 1994 zur Festlegung der Verfahren der Gemeinschaft im Bereich der gemeinsamen Handelspolitik zur Ausübung der Rechte der Gemeinschaft nach internationalen Handelsregeln, insbesondere den im Rahmen der Welthandelsorganisation vereinbarten Regeln (ABl. 1994 L 349, S. 71); geändert durch Verordnung (EG) Nr. 356/95 des Rates (ABl. 1995 L 41, S. 3). Näher zur Verordnung über Handelshemmnisse, siehe unten im fünften Teil dieser Untersuchung: Punkt II.2.

24 Verordnung (EG) Nr. 3285/94 des Rates vom 22. Dezember 1994 über die gemeinsame Einfuhrregelung und zur Aufhebung der Verordnung (EG) Nr. 518/94 (ABl. 1994 L 349, S. 53).

25 Für einen prägnanten Überblick der wesentlichen Elemente der ASV siehe: Sánchez Rydelski, EuZW 1996, S. 423. Für eine detaillierte Kommentierung der ASV siehe: Grabitz/Hilf – Lukas, Abschnitt E 7 (Außenwirtschaftsrecht/Antisubventionsrecht).

26 Unter einem Ausgleichszoll versteht man einen "Sonderzoll", der erhoben wird, um jede mittelbar oder unmittelbar für die Herstellung, Gewinnung oder Ausfuhr einer Ware gewährte Subvention unwirksam zu machen (Definition in Artikel VI Abs. 3 Satz 2 GATT 1994). Siehe: Guide to GATT Law and Practice - Analytical Index, Vol. 1 (Welthandelsorganisation), S. 240; Lehmann, S. 31; Beseler/ Williams, S. 7.

27 Die Möglichkeit zur Erhebung eines Ausgleichszolls ist in Artikel VI des GATT 1994 niedergelegt. Artikel 10 des Subventionsübereinkommens lautet in diesem Zusammenhang: "Die Mitglieder unternehmen alle erforderlichen Schritte um sicherzustellen, daß die Erhebung eines Ausgleichszolls auf eine Ware, die aus dem Gebiet eines Mitglieds in das Gebiet eines anderen Mitglieds eingeführt wird, mit

so den Zweck, die zu subventionierten Preisen eingeführten Waren zu verteuern, um so die Subventionierung unschädlich zu machen. Durch die Entrichtung des Ausgleichszolls sollen die eingeführten Waren auf ein Preisniveau gebracht werden, das mit den Preisen konkurrierender Unternehmen in der Gemeinschaft vergleichbar ist. Zur Einführung eines Ausgleichszolls müssen nach der ASV drei Grundvoraussetzungen erfüllt sein: Die eingeführten Waren müssen zunächst in den Genuss einer "anfechtbaren Subvention" gekommen sein, diese subventionierten Einfuhren müssen weiterhin einen Schaden i.S.d. ASV verursacht haben und schließlich muss das Gemeinschaftsinteresse die Einführung von Ausgleichsmaßnahmen erforderlich machen[28].

Die ASV qualifiziert als subventionierendes Drittland entweder das "Ursprungsland" oder ein "Zwischenland" (Ausfuhrland) der Ware (Artikel 1 Abs. III Satz 1 ASV). Artikel 1 Abs. IV[29] stellt darüber hinaus ergänzend klar, dass die ASV auch dann uneingeschränkt Anwendung findet, wenn die Waren nicht unmittelbar aus dem subventionierenden Ursprungsland/Ausfuhrland, sondern aus einem anderen Zwischenland (Durchfuhrland)[30], das keine Subventionen gewährt hat, in die Gemeinschaft eingeführt worden sind[31]. Die ASV findet für diese Fälle uneingeschränkt Anwendung, und das Geschäft oder die Geschäfte gelten, soweit angebracht, zwischen dem Ursprungsland und der Gemeinschaft (Artikel 1 Abs. IV). Damit wird sichergestellt, dass Ausgleichszölle auf Einfuhren aus dem entsprechenden Ursprungsland, nicht durch indirekte Einfuhren in die Gemeinschaft, über ein Durchfuhrland, umgangen werden können[32].

Vom materiellen Anwendungsbereich erfasst die ASV alle Waren des gewerblichen und landwirtschaftlichen Sektors, die zu subventionierten Preisen in die Gemeinschaft

---

Artikel VI des GATT 1994 und diesem Übereinkommen im Einklang steht. Ausgleichszölle dürfen nur aufgrund von nach diesem Übereinkommen oder dem Übereinkommen über die Landwirtschaft eingeleiteten und durchgeführten Untersuchungen erhoben werden"(ABl. 1994 L 336, S. 163).

28 Diese drei Grundvoraussetzungen sind z.B. explizit in den Leitlinien für die Berechnung der Höhe von Subventionen in Ausgleichszolluntersuchungen erwähnt (ABl. 1998 C 394, S. 6). Siehe in diesem Zusammenhang auch Artikel 12 Abs. I ASV (ABl. 1997 L 288, S. 1/13).

29 Bei den nachfolgenden Artikeln ohne Gesetzesangabe handelt es sich um Artikel der Antisubventions-Verordnung.

30 Artikel 11 Abs. VIII des Subventionsübereinkommens (ABl. 1994 L 336, S. 164) verwendet den deutlicheren Begriff "Durchfuhrland", um zu unterstreichen, dass das Durchfuhrland keine zusätzlichen Subventionen gewährt.

31 Dies entspricht auch der Praxis der Gemeinschaft, wonach Ausgleichszölle auf subventionierte Waren erhoben werden, auch wenn diese über ein Zwischenland in die Gemeinschaft eingeführt worden sind. Siehe z.B. Verordnung (EWG) Nr. 527/93 der Kommission vom 5. März 1993 zur Einführung eines vorläufigen Ausgleichszolls auf die Einfuhren von Kugellagern mit einem größten äußeren Durchmesser von 30 mm oder weniger mit Ursprung in, aber nicht mit Herkunft aus Thailand (ABl. 1993 L 56, S. 24).

32 Artikel 1 Abs. IV korrespondiert mit Artikel 11 Abs. VIII des Subventionsübereinkommens. Artikel 11 Abs. VIII des Subventionsübereinkommens lautet: "Werden Waren nicht unmittelbar aus dem Ursprungsland eingeführt, sondern von einem Durchfuhrland aus in das Einfuhrmitglied ausgeführt, so gilt diese Übereinkommen in vollem Umfang, und das Geschäft gilt für die Zwecke dieses Übereinkommens als zwischen dem Ursprungsland und dem Einfuhrmitglied abgewickelt" (ABl. 1994 L 336, S.

eingeführt werden[33]. Erfasst werden auch Waren, die dem EAG-Vertrag unterliegen[34]. Hingegen findet die ASV auf Erzeugnisse aus dem Bereich der Europäischen Gemeinschaft für Kohle und Stahl keine Anwendung[35]. Außerdem fällt der Dienstleistungsbereich nicht in den Anwendungsbereich der ASV, da sich die ASV eindeutig auf den Warenverkehr beschränkt[36].

Zu berücksichtigen ist, dass es sich bei der ASV um ein rein defensives Schutzinstrument handelt, denn sie bietet den Wirtschaftszweigen in der Gemeinschaft keine Rechtsgrundlage, um gegen Subventionen in Drittländern vorzugehen, wenn diese Subventionen sich in einer Verdrängung oder Verhinderung von Ausfuhren aus der Gemeinschaft auf dem Markt des subventionierenden Drittlands oder anderen Drittlandsmärkten auswirken.

III. Das Konzept anfechtbarer Subventionen

Der erste Prüfungsschritt ist zunächst, ob die eingeführten Waren überhaupt in den Genuss einer Subvention i.S.d. ASV gekommen sind. Folglich muss auch der logische Ausgangspunkt dieser Prüfung die Frage darstellen, was überhaupt unter dem Begriff einer Subvention zu verstehen ist und wie Subventionen von anderen allgemein wirtschaftspolitischen Maßnahmen abgegrenzt werden können. Für die Zwecke der ASV gilt eine Ware dann als subventioniert, wenn für sie eine sog. "anfechtbare Subvention" gewährt wird (Artikel 1 Abs. II).

Grundsätzlich müssen demnach zwei Voraussetzungen vorliegen, damit eine

---

164).

33 Beseler, S. 36; Reszel, S. 9; Reuter, Rdnr. 323; Grabitz/v. Bogdandy/Nettesheim, S. 202; Kretschmer, S. 12; Oppermann, Rdnr. 1772.

34 Nach Artikel 305 Abs. II EG-Vertrag geht der EAG-Vertrag als *lex specialis* dem sekundären Gemeinschaftsrecht vor. Da Vorschriften über die Bekämpfung von subventionierten Einfuhren im Anwendungsbereich des EAG-Vertrags nicht existieren, ist die Anwendung der ASV auf vom EAG-Vertrag erfasste Waren möglich (so Beseler, S. 29; Reszel, S.9; Kretschmer, S. 12).

35 Dies ergibt sich aus Artikel 74 des EGKS-Vertrages, der im Bereich der EGKS der ASV als Spezialregelung vorgeht. Artikel 74 EGKS-Vertrag ermächtigt die Kommission, gegen subventionierte Einfuhren vorzugehen. Siehe auch Entscheidung Nr. 1889/98/EGKS der Kommission vom 3. September 1998 über den Schutz gegen subventionierte Einfuhren aus nicht zur Europäischen Gemeinschaft für Kohle und Stahl gehörenden Ländern (ABl. 1998 L 245, S. 3). Die Entscheidung Nr. 1889/98/EGKS der Kommission ist zum größten Teil, von der Struktur und Wortlaut her, mit der ASV identisch. Ein wesentlicher Unterschied besteht jedoch im Hinblick auf die Einführung endgültiger Ausgleichszölle, denn es liegt in der Zuständigkeit der Kommission und nicht, wie nach der ASV, in der des Rates, die endgültigen Ausgleichszölle nach entsprechender Konsultation im Beratenden Ausschuss einzuführen. Siehe z.B.: Beschluss Nr. 284/2000/EGKS der Kommission vom 4. Februar 2000 zur Einführung eines endgültigen Ausgleichszolls auf die Einfuhren bestimmter flachgewalzter Erzeugnisse aus Eisen oder nichtlegiertem Stahl, mit einer Breite von 600 mm und mehr, weder plattiert noch überzogen, in Rollen (Coils), nur warmgewalzt, mit Ursprung in Indien und Taiwan, zur Annahme von Verpflichtungsangeboten bestimmter ausführender Hersteller und zur Einstellung des Verfahrens gegenüber den Einfuhren mit Ursprung in Südafrika (ABl. 2000 L 31, S. 44).

Subvention überhaupt Gegenstand von möglichen Ausgleichsmaßnahmen sein kann: Es muss (1) eine Subvention i.S.d. ASV vorliegen und diese Subvention muss außerdem (2) anfechtbar sein. Diese beiden Voraussetzungen entsprechen, wie noch näher ausgeführt wird, der ständigen Praxis der Gemeinschaft zur Bestimmung ausgleichsfähiger Subventionen[37].

1. Begriffsbestimmung einer Subvention

Die ASV enthält in Artikel 2 eine detaillierte Begriffsbestimmung[38], wann im Einzelfall vom Vorliegen einer Subvention auszugehen ist[39]. Danach liegt eine Subvention dann vor, wenn (a) eine Regierung im Ursprungs- oder Ausfuhrland eine (b) finanzielle Beihilfe leistet oder eine Einkommens- bzw. Preisstützung bereitstellt und dadurch (c) dem Empfänger ein Vorteil gewährt wird.

a) Leistung seitens einer Regierung

Voraussetzung für die Qualifizierung einer Subvention ist zunächst, dass die Subvention von einer Regierung gewährt wird (Artikel 2 Nr. 1). Eine Subvention kann, wie bereits ausgeführt, von der Regierung des Ursprungslands oder von der Regierung eines Ausfuhrlands gewährt werden (Artikel 1 Abs. III Satz 1). Die ASV stellt begrifflich die öffentlichen Körperschaften im Gebiet des Ursprungs- oder Ausfuhrlands den Regierungen gleich (Artikel 1 Abs. III Satz 2)[40]. Der Begriff der "Regierung" im Sinne der ASV

---

36 Grabitz/v. Bogdandy/Nettesheim, S. 202; Reuter, Rdnr. 323; Lukas, EWS 2000, S. 203.

37 Siehe z.B. Beschluss der Kommission vom 13. Juni 1990 (90/266/EWG) über die Annahme einer Verpflichtung der Königlichen Thai-Regierung im Zusammenhang mit dem Antisubventionsverfahren betreffend die Einfuhren von Kugellagern mit einem größten äußeren Durchmesser von 30 mm oder weniger mit Ursprung in Thailand (ABl. 1990 L 152, S. 59); Verordnung (EWG) Nr. 2834/91 des Rates vom 23. September 1991 zur endgültigen Vereinnahmung des vorläufigen Ausgleichszolls auf die Einfuhren von Polyesterspinnfasern und Polyestergarnen mit Ursprung in der Türkei (ABl. 1991 L 272, S. 3); Beschluss der Kommission vom 23. September 1991 (91/511/EWG) über die Annahme einer Verpflichtung im Rahmen des Antisubventionsverfahrens betreffend die Einfuhren von Polyesterspinnfasern und Polyestergarnen mit Ursprung in der Türkei und über die Einstellung des Verfahrens (ABl. 1991 L 272, S. 92).

38 Der Artikel 2 übernimmt vom Wortlaut her die Definition in Artikel 1 des Subventionsübereinkommens (ABl. 1994 L 336, S. 156). Die Artikel VI und XVI des alten GATT-Übereinkommens haben keine Begriffsbestimmung einer Subvention aufgewiesen. Der GATT-Subventionskodex von 1979 enthielt zwar in Artikel 9 Abs. I in Verbindung mit seinem Anhang eine nicht abschließende Liste möglicher Ausfuhrsubventionen; er stellte jedoch weder eine Definition des Subventionsbegriffs noch eine nähere Begriffsbestimmung für Produktionssubventionen bereit. Ausführlicher zu diesem Thema ist der vierte Teil dieser Untersuchung. Siehe in diesem Zusammenhang auch: Didier, S. 691; Van Bael/Bellis, S. 387; Lehmann, S.33/50; McDonough, S. 77; Beseler/Williams, S. 121.

39 Die alte Ratsverordnung (EWG) Nr. 2423/88 (siehe oben Fußnote 18) hat den Begriff der Subvention nicht definiert.

40 Dies entspricht der Vorgabe im Artikel 1 Abs. I Buchstabe a) Nr. 1 des Subventionsübereinkommens

umfasst damit Behörden auf Bundes-, Landes- oder Gemeindeebene sowie Körperschaften des öffentlichen Rechts, wie z.B. Staatsbanken. Damit werden allgemein als Subventionen nur staatliche oder aus staatlichen Mitteln gewährte Zuwendungen verstanden[41].

b) *Subventionsformen*

Artikel 2 unterscheidet grundsätzlich zwei Subventionsformen: Die Subvention kann entweder in Form einer (aa) finanziellen Beihilfe geleistet oder (bb) durch sog. Einkommens- oder Preisstützungen im Sinne des Artikel XVI des GATT 1994 gewährt werden[42]. Beiden Subventionsformen ist zu eigen, dass sie eine Kostensenkung für den Empfänger bewirken[43].

aa) *Finanzielle Beihilfen*

Gemäß Artikel 2 Nr. 1 Buchstabe a) liegt eine Subvention dann vor, wenn die Regierung eine finanzielle Beihilfe leistet. Die ASV nennt in Artikel 2 Nr. 1 Buchstabe a) vier Fallgruppen[44], wann von einer derartigen finanziellen Beihilfe seitens einer Regierung auszugehen ist:

• Die erste Fallgruppe in Artikel 2 Nr. 1 Buchstabe a) Ziff. i) betrifft einen direkten Transfer von Geldern (z.B. Zuschüsse, Kredite und Kapitalzufuhren) sowie einen potentiellen direkten Transfer von Geldern oder Verbindlichkeiten (z.B. Kreditbürgschaften). Unter diese Fallgruppe lassen sich sowohl Tatbestände einer unmittelbaren (der direkte Transfer) als auch einer mittelbaren Subventionierung (der potentielle direkte Transfer) subsumieren. Durch das unbestimmte Tatbestandsmerkmal des "potentiellen direkten Transfers", ist der mögliche Anwendungsbereich sehr weit gefasst worden. Damit ist geradezu ein Auffangtatbestand für alle Subventionen geschaffen worden, die nicht eindeutig in die anderen Fallgruppen fallen.

(ABl. 1994 L 336, S. 156).

41 Lehmann, S. 48/52; Grabitz/Hilf - Vedder, ex Artikel 113, Rdnr. 127; Senti, S. 25; Geiger, ex Artikel 113, Rdnr. 32; Van Bael/Bellis, S. 391; Grabitz/v. Bogdandy/Nettesheim, S. 218; Beseler, S. 77; Beseler/Williams, S. 122; Stanbrook/Bentley, S. 87; Lukas, EWS 2000, S. 203/204. Siehe auch: Beschluss der Kommission vom 16. April 1985 (85/233/EWG) zur Einstellung des Antisubventionsverfahrens betreffend die Einfuhren von Ölkuchen aus Sojabohnen mit Ursprung in Brasilien (ABl. 1985 L 106, S. 19/20); Verordnung (EG) Nr. 1891/97 des Rates vom 26. September 1997 zur Einführung eines endgültigen Ausgleichszolls auf Einfuhren von gezüchtetem Atlantischen Lachs mit Ursprung in Norwegen (ABl. 1997 L 267, S. 19/31).

42 Diese beiden Subventionsformen sind dem Artikel 1 Abs. I des Subventionsübereinkommens nachgebildet (ABl. 1994 L 336, S. 156).

43 Siehe hierzu: Leitlinien für die Berechnung der Höhe von Subventionen in Ausgleichszolluntersuchungen (ABl. 1998 C 394, S. 6/7).

44 Diese Fallgruppen sind identisch mit denen in Artikel 1 Abs. I Buchstabe a) Nr. 1 Ziff. i) bis Ziff. iv) des Subventionsübereinkommens (ABl. 1994 L 336, S. 156).

• Artikel 2 Nr. 1 Buchstabe a) Ziff. ii) betrifft die Fälle des Verzichts oder der Nichterhebung[45] seitens der Regierung auf normalerweise zu entrichtende Abgaben (z.B. Steueranreize oder Steuergutschriften). Auch diese Fallgruppe deckt Tatbestände einer unmittelbaren sowie mittelbaren Subventionierung ab. Die Steuergutschrift kann als unmittelbare Subvention qualifiziert werden, wohingegen der bloße Steueranreiz als mittelbare Form der Subventionierung zu bewerten ist. Obwohl Artikel 2 Nr. 1 Buchstabe a) Ziff. ii) exemplarisch nur auf Steueranreize und Steuergutschriften verweist, deutet der Verzicht seitens der Regierung auf "normalerweise zu entrichtende Abgaben" daraufhin, dass auch der Verzicht oder die Befreiung von Sozialabgaben in diese Kategorie einzuordnen ist[46]. Weiterhin stellt Artikel 2 Nr. 1 Buchstabe a) Ziff. ii) klar, dass die Befreiung oder Erstattung einer ausgeführten Ware von Zöllen oder Steuern hingegen dann nicht als Subvention gilt, wenn diese den tatsächlich erhobenen Betrag, der auf gleiche für den inländischen Verbrauch bestimmte Waren entfällt, nicht überschreitet, und sofern die Befreiung nach den Bestimmungen in den Anhängen I, II und III[47] der ASV gewährt wird. Damit wird auf das Prinzip verwiesen, dass indirekte Abgaben und Zölle ihrer Bestimmung nach nur Waren belasten sollen, die im Inland verbleiben[48]. Der Erlass, die Rückerstattung oder Stundung dieser indirekten Abgaben oder Zölle ist daher keine Subvention, wenn sie sich innerhalb der Grenzen der tatsächlichen Belastung von zum Verbrauch im Inland bestimmter Waren halten[49].

---

45 Dies entspricht auch der langjährigen Rechtsprechung des EuGHs, wonach der Subventionsbegriff auch den Fall erfasst, wo die öffentliche Hand auf die Erhebung von Abgaben verzichtet und damit "eine Ausnahme von einer allgemein anwendbaren Besteuerungsregel einführt". Siehe z.B. EuGH, Rs. 187 und 188/85, EEC Seed Crushers'and Oil Processors'Federation (Fediol)/Kommission, Slg. 1988, S. 4188/4225 (=EuR, Heft 1/1989, S. 80).

46 Siehe z.B. Verordnung (EG) Nr. 1891/97 des Rates vom 26. September 1997 zur Einführung eines endgültigen Ausgleichszolls auf Einfuhren von gezüchtetem Atlantischen Lachs mit Ursprung in Norwegen (ABl. 1997 L 267, S. 19/23).

47 Anhang I enthält eine Beispielliste von Ausfuhrsubventionen, Anhang II legt Leitlinien über den Verbrauch von Vorleistungen bei der Herstellung fest und Anhang III stellt Leitlinien für die Ermittlung von Ausfuhrsubventionen in Form von Rückerstattungssystemen für Ersatz bereit.

48 Dieses Prinzip spiegelt sich u.a. in Artikel VI Abs. 4 GATT 1994 wider. Artikel VI Abs. 4 GATT 1994 stellt klar, dass eine Ware aus dem Gebiet einer Vertragspartei bei der Einfuhr in das Gebiet einer anderen Vertragspartei wegen der Befreiung dieser Ware von Zöllen oder Abgaben, die eine gleichartige, zur Verwendung im Ursprungs- oder Ausfuhrland bestimmte Ware belasten, oder wegen der Vergütung solcher Zölle oder Abgaben nicht mit einem Antidumping- oder Ausgleichszoll belegt werden darf. Darüber hinaus ist in einer verbindlichen Anmerkung zu Artikel XVI GATT 1994 (die als Anlagen gemäß Artikel XXXIV GATT 1994 Bestandteil des allgemeinen Abkommens sind) festgestellt, dass dann nicht eine Subvention vorliegt, "wenn eine ausgeführte Ware von Zöllen oder sonstigen Abgaben befreit wird, die von einer gleichartigen, zum freien Verkehr im Inland bestimmten Ware erhoben werden, oder wenn solche Zölle und sonstigen Abgaben bis zu einer Höhe erstattet oder vergütet werden, die nicht über die angefallenen Beträge hinausgeht". Siehe in diesem Zusammenhang auch Fußnote Nr. 1 zu Artikel 1 des Subventionsübereinkommens (ABl. 1994 L 336, S. 156). Schoch, S. 126/127; Van Bael/Bellis, S. 390.

49 Siehe z.B. Beschluss der Kommission vom 13. Juni 1990 (90/266/EWG) über die Annahme einer Verpflichtung der Königlichen Thai-Regierung im Zusammenhang mit dem Antisubventionsverfahren

Eine genaue Ermittlung gewährter Stundungen oder Rückerstattungen von indirekten Abgaben oder Zöllen kann sich im Einzelfall als äußerst schwierig erweisen, da eine gewisse Konnexität zwischen den ausgeführten Waren und den verwendeten Vorleistungen vorhanden sein muss. Schwierig ist in diesem Zusammenhang auch die genaue faktische und rechtliche Bewertung[50] von Erlass-/Rückerstattungs- und Ersatzrückerstattungsregelungen und die Frage, unter welchen Voraussetzungen diese überhaupt zulässige Regelungen i.S.d. ASV konstituieren. So stellt sich z.B. die Frage, ob es zur Qualifizierung einer zulässigen Erlass-/Rückerstattungs- oder Ersatzrückerstattungsregelung erforderlich ist, dass Rückerstattungen auf der Grundlage der bei der Herstellung tatsächlich verbrauchten Vorleistungen berechnet werden, und dass folglich zollfreie Einfuhren als Vorleistung für die Herstellung von für die Ausfuhr bestimmter Waren verwendet werden müssen[51].

---

betreffend die Einfuhren von Kugellagern mit einem größten äußeren Durchmesser von 30 mm oder weniger mit Ursprung in Thailand (ABl. 1990 L 152, S. 59). Stanbrook/Bentley, S. 92; Wenig, EuZW 1990, S. 315.

50 Aufschlussreich im Hinblick auf die Einordnung und Bewertung von Erlass-/Rückerstattungs- und Ersatzrückerstattungssystemen siehe: Report of the GATT Working Party on "Border Tax Adjustments" (L/3464) adopted on 2 December 1970, BISD 18S/97 (1972).

51 So die Ansicht der Europäischen Kommission, siehe z.B.: Verordnung (EG) Nr. 1204/98 der Kommission vom 9. Juni 1998 zur Einführung eines vorläufigen Ausgleichszolls auf die Einfuhren von Breitband-Antibiotika mit Ursprung in Indien (ABl. 1998 L 166, S. 17/20); Verordnung (EG) Nr. 1556/98 der Kommission vom 17. Juli 1998 zur Einführung eines vorläufigen Ausgleichszolls auf Einfuhren von blankem Stabstahl aus nicht-rostendem Stahl mit Ursprung in Indien und zur Änderung der Verordnung (EG) Nr. 1084/98 zur Einführung eines vorläufigen Antidumpingzolls auf Einfuhren von blankem Stabstahl aus nichtrostendem Stahl mit Ursprung in Indien (ABl. 1998 L 202, S. 40/43); Verordnung (EG) Nr. 2164/98 des Rates vom 5. Oktober 1998 zur Einführung eines endgültigen Ausgleichszolls auf die Einfuhren bestimmter Breitband-Antibiotika mit Ursprung in Indien und zur endgültigen Vereinnahmung des vorläufigen Zolls (ABl. 1998 L 273, S. 1/2); Verordnung (EG) Nr. 2450/98 des Rates vom 13. November 1998 zur Einführung eines endgültigen Ausgleichszolls auf die Einfuhren von Stabstahl aus nichtrostendem Stahl mit Ursprung in Indien und zur endgültigen Vereinnahmung des vorläufigen Zolls (ABl. 1998 L 304, S. 1/2); siehe auch Verordnung der Kommission (EG) Nr. 618/1999 (ABl. 1999 L 79, S. 25/50); Verordnung (EG) Nr. 619/1999 der Kommission vom 23. März 1999 zur Einführung eines vorläufigen Ausgleichszolls auf Einfuhren von Draht aus nichtrostendem Stahl mit einem Durchmesser von weniger als 1mm mit Ursprung in Indien und der Republik Korea (ABl. 1999 L 79, S. 60/85); Verordnung (EG) Nr. 1599/1999 des Rates von 12. Juli 1999 zur Einführung eines endgültigen Ausgleichszolls und zur endgültigen Vereinnahmung des vorläufigen Ausgleichszolls auf die Einfuhren von Draht aus nichtrostendem Stahl mit einem Durchmesser von 1mm oder mehr mit Ursprung in Indien und zur Einstellung des Verfahrens betreffend die Einfuhren von Draht aus nichtrostendem Stahl mit einem Durchmesser von 1mm oder mehr mit Ursprung in der Republik Korea (ABl. 1999 L 189, S. 1/2); Verordnung (EG) Nr. 1601/1999 des Rates von 12. Juli 1999 zur Einführung eines endgültigen Ausgleichszolls und zur endgültigen Vereinnahmung des vorläufigen Ausgleichszolls auf die Einfuhren von Draht aus nichtrostendem Stahl mit einem Durchmesser von weniger als 1mm mit Ursprung in Indien und zur Einstellung des Verfahrens betreffend die Einfuhren von Draht aus nichtrostendem Stahl mit einem Durchmesser von weniger als 1mm mit Ursprung in der Republik Korea (ABl. 1999 L 189, S. 26/27); Verordnung (EG) Nr. 1810/1999 der Kommission vom 17. August 1999 zur Einführung eines vorläufigen Ausgleichszolls auf die Einfuhren von Folien aus Polyethylenterephthalat (PET) mit Ursprung in Indien (ABl. 1999 L 219, S. 14/21); Verordnung (EG) Nr. 2597/1999 des Rates vom 6. Dezember 1999 zur Einführung eines

• Die dritte Fallgruppe in Artikel 2 Nr. 1 Buchstabe a) Ziff. iii) regelt die Bereitstellung von Waren oder Dienstleistungen seitens der Regierung, die nicht zur allgemeinen Infrastruktur gehören, oder der Ankauf von Waren seitens der Regierung. Diese Fallgruppe erweist sich mehr als Form einer unmittelbaren Subventionierung, da ein Unternehmen direkt von dieser Leistung profitieren kann.

• Die vierte Fallgruppe in Artikel 2 Nr. 1 Buchstabe a) Ziff. iv) beschreibt schließlich die Zahlung seitens der Regierung an einen Fördermechanismus oder die Betrauung oder Anweisung einer privaten Einrichtung mit der Wahrnehmung der oben genannten Aufgaben, die normalerweise der Regierung obliegen, wenn sich diese Praktik nicht von den Praktiken unterscheidet, die üblicherweise von einer Regierung ausgeübt werden. Demnach kann die Regierung sich nicht der Anwendung der ASV dadurch entziehen, dass sie ihre Aufgaben einer privaten Einrichtung delegiert. Diese Form der Subventionierung erfolgt mittelbar, durch einen Zwischenmechanismus, der zwischen Staat und dem Rezipienten tätig wird.

bb) Einkommens- oder Preisstützungen

Eine Subvention ist gemäß Artikel 2 Nr. 1 Buchstabe b) ferner gegeben, wenn irgendeine Form der Einkommens- oder Preisstützung im Sinne des Artikel XVI GATT 1994[52] vorliegt[53]. Artikel XVI GATT 1994 enthält allerdings keine Begriffsbestimmung einer Einkommens- oder Preisstützung. Artikel XVI GATT 1994 unterscheidet lediglich zwischen Ausfuhrsubventionen und anderen Subventionen, sowie innerhalb der Ausfuhrsubventionen, zwischen Subventionen auf "Grundstoffe" und anderen Produkten[54].

Zu den Grundstoffen zählen Rohwaren der Land-, Forst- und Fischereiwirtschaft sowie des Bergbaus[55]. Ausfuhrsubventionen auf "Grundstoffe" sollen nach Artikel XVI Abs. 3 GATT 1994 grundsätzlich vermieden werden. Darüber hinaus enthält Artikel XVI Abs. 4 GATT 1994 ein generelles Verbot von Ausfuhrsubventionen für verarbeitete Produkte. Die Sonderbehandlung von Grundstoffsubventionen lässt sich vor allem darauf zurückführen, dass der Agrarbereich zu den am stärksten staatlich beeinflussten Märkten ge-

---

endgültigen Ausgleichszolls auf die Einfuhren von Folien aus Polyethylenterephthalat (PET) mit Ursprung in Indien und zur endgültigen Vereinnahmung des vorläufigen Zolls (ABl. 1999 L 316, S. 1/3); Verordnung (EG) Nr. 618/2000 der Kommission vom 22. März 2000 zur Einführung eines vorläufigen Ausgleichszolls auf die Einfuhren von Verbindungselementen aus nichtrostendem Stahl mit Ursprung in Malaysia und auf den Philippinen (ABl. 2000 L 75, S. 18/25).

52 Artikel XVI GATT 1994 ist z.B. abgedruckt im: The Results of the Uruguay Round of Multilateral Trade Negotiations (GATT Sekretariat), S. 508; sowie im: Guide to GATT Law and Practice - Analytical Index, Vol. 1 (Welthandelsorganisation), S. 444.

53 Artikel 2 Nr. 1 Buchstabe b) korrespondiert mit dem inhaltsgleichen Artikel 1 Abs. I Buchstabe b) Nr. 2 des Subventionsübereinkommens (ABl. 1994 L 336, S. 156).

54 Schoch, S. 127/129; Hudec, S. 62; Montañá Mora, NCJIL 1993, S. 1/13; Beviglia Zampetti, JWT 1995, S. 10; Beseler/Williams, S. 117; Raaflaub, S. 93; Jackson, S. 286; Senti, S. 378/392.

hört. Dennoch sind generell landwirtschaftliche Einkommens- und Preisstützungsmechanismen von Artikel XVI GATT 1994 erfasst und fallen somit in den Anwendungsbereich des Artikel 2 Nr. 1 Buchstabe b).

c) Gewährter Vorteil

Eine Subvention i.S.d. ASV liegt allerdings nur dann vor, wenn durch die oben genannten Beihilfe- und Unterstützungsformen dem Empfänger auch ein Vorteil gewährt wird (Artikel 2 Nr. 2)[56]. Nicht vorausgesetzt wird, dass ein wahrer "Nettovorteil" für den Empfänger besteht, um als Vorteil im Sinne der ASV qualifiziert zu werden. Eine staatliche Unterstützung zur Kompensierung von Wettbewerbsnachteilen, ist daher *a priori* als Vorteil für ein Unternehmen und damit als Subvention im Sinne der ASV zu bewerten, auch wenn diese Unterstützungsmaßnahme nur zusätzliche Kosten decken, einen fairen Wettbewerb also erst herstellen soll[57]. Die ASV stellt zwar keine Definition eines Vorteils bereit, enthält jedoch in Artikel 6 eine Reihe von Beispielsfällen, die einen Vorteil in verschiedenen Situationen beschreiben. Dabei richtet sich die Bewertung und Ermittlung eines Vorteils grundsätzlich nach dem Prinzip, dass eine Transaktion dem Empfänger nur dann einen Vorteil gewährt, wenn diese nicht zu vergleichbaren "günstigen Konditionen" auf dem freien Markt erhältlich ist. Die folgenden Beispielsfälle[58] illustrieren, wann im Einzelfall ein solcher Vorteil für den Empfänger vorliegt.

aa) Für Unternehmen im öffentlichen Eigentum

Für Unternehmen die sich im öffentlichen Eigentum befinden, gilt beispielsweise

---

55 Guide to GATT Law and Practice – Analytical Index, Vol. 1 (Welthandelsorganisation), S. 452.

56 Dieses Erfordernis ist auch in Artikel 1 Abs. I Buchstabe b) des Subventionsübereinkommens erwähnt. Zu berücksichtigen ist in diesem Zusammenhang, dass das Erfordernis des dem Empfänger erwachsenden Vorteils nicht der Antisubventionspraxis der Gemeinschaft vor dem Inkrafttreten des Subventionsübereinkommens entsprach. Die Gemeinschaft hat die Subvention an den Kosten für den öffentlichen Haushalt gemessen und berechnet, nicht an dem Vorteil des Empfängers. Gewährte z.B. eine Regierung ein zinsgünstiges Darlehen, so lag keine Subvention vor, wenn der Regierung zu gleichen Konditionen dieses Darlehen gewährt worden ist, also keine Kosten für den öffentlichen Haushalt entstanden sind. Siehe z.B. Beschluss der Kommission vom 16. April 1985 (85/233/EWG) zur Einstellung des Antisubventionsverfahrens betreffend die Einfuhren von Ölkuchen aus Sojabohnen mit Ursprung in Brasilien (ABl. 1985 L 106, S. 19/20); Verordnung (EWG) Nr. 1432/91 der Kommission vom 27. Mai 1991 zur Einführung eines vorläufigen Ausgleichszolls für die Einfuhren von Polyesterspinnfasern und Polyestergarnen mit Ursprung in der Türkei (ABl. 1991 L 137, S. 8). Beseler, S. 77; Stanbrook/Bentley, S. 97; Didier, CDE 1995, S. 694; Grabitz/v. Bogdandy/Nettesheim, S. 218; Van Bael/Bellis, S. 391/400; Beseler/Williams, S. 125/144; Bourgeois - Depayre/Petriccione, S. 70/71; Lukas, EWS 2000, S. 203/205.

57 Van Bael/Bellis, S. 391; Beseler/Williams, S. 143; Bourgeois - Quick, S. 111/112; Kretschmer, S. 55.

58 Diese Beispielsfälle entsprechen denen im Artikel 14 des Subventionsübereinkommens (ABl. 1994 L 336, S. 166/167).

die Bereitstellung von Aktienkapital durch eine Regierung nur dann als Vorteil für den Empfänger, wenn die betreffende Investitionsentscheidung im Widerspruch zu der üblichen Investitionspraxis (einschließlich bei Bereitstellung von Risikokapital) privater Investoren im Gebiet des Ursprungs- und/oder Ausfuhrlands steht [Artikel 6 Buchstabe a)][59]. Als Maßstab wird fiktiv die Investitionsentscheidung eines "marktwirtschaftlich handelnden Kapitalgebers" zugrundegelegt, unter der Fragestellung, ob dieser unter vergleichbaren Bedingungen die gleiche Investition getätigt hätte[60]. Der Staat sollte wie jeder andere marktwirtschaftlich handelnde Kapitalgeber eine von einem vergleichbaren privaten Unternehmen zu erwartende normale Verzinsung seiner Kapitalinvestition durch Dividende oder Kapitalwertsteigerungen zugrunde legen. Kommt die Analyse zu dem Ergebnis, dass ein vergleichbarer privater Investor diese Investition nicht getätigt hätte, so liegt seitens des Empfängerunternehmens ein Vorteil und somit eine Subvention vor.

bb) Durch Darlehen

So gewährt weiterhin ein von einer Regierung gewährtes Darlehen nur dann einen Vorteil, wenn zwischen dem Betrag, den das begünstigte Unternehmen für dieses Darlehen zu zahlen hat, und dem Betrag, den das Unternehmen für ein vergleichbares Darlehen zu Marktbedingungen zu zahlen hätte, eine Differenz zu Gunsten des Unternehmens besteht [Artikel 6 Buchstabe b)][61]. In diesem Fall entspricht der Vorteil der Differenz zwischen diesen beiden Beträgen, d.h. der Vorteil wird durch einen Vergleich der tatsächlich gezahlten Zinsen mit den normalen Marktzinssätzen berechnet[62]. Unter einem vergleichbaren Darlehen zu Marktbedingungen, ist normalerweise ein Darlehen in gleicher Höhe und mit gleicher Tilgungsfrist zu verstehen, das der Empfänger von einer repräsentativen Privatbank auf dem Inlandsmarkt erhalten könnte[63].

---

59 Siehe auch den inhaltsgleichen Artikel 14 Buchstabe a) des Subventionsübereinkommens (ABl. 1994 L 336, S. 166).

60 Siehe Leitlinien für die Berechnung der Höhe von Subventionen in Ausgleichszolluntersuchungen (ABl. 1998 C 394, S. 6/10).

61 Siehe auch den identischen Artikel 14 Buchstabe b) des Subventionsübereinkommens (ABl. 1994 L 336, S. 166).

62 Siehe z.B. Verordnung (EG) Nr. 1891/97 des Rates vom 26. September 1997 zur Einführung eines endgültigen Ausgleichszolls auf Einfuhren von gezüchtetem Atlantischen Lachs mit Ursprung in Norwegen (ABl. 1997 L 267, S. 19/26); Leitlinien für die Berechnung der Höhe von Subventionen in Ausgleichszolluntersuchungen (ABl. 1998 C 394, S. 6/8); Verordnung (EG) Nr. 618/1999 der Kommission vom 23. März 1999 zur Einführung eines vorläufigen Ausgleichszolls auf Einfuhren von Draht aus nichtrostendem Stahl mit einem Durchmesser von 1mm oder mehr mit Ursprung in Indien und der Republik Korea (ABl. 1999 L 79, S. 25/34).

63 Siehe für Ausfuhrkredite in diesem Zusammenhang auch Anhang I Buchstabe k) ASV, der klarstellt, dass Ausfuhrsubventionen nur vorliegen, bei Gewährung von Ausfuhrkrediten durch den Staat (oder von ihm kontrollierten und/oder ihm unterstellte Sondereinrichtungen) zu Sätzen, die unter jenen liegen, die er selbst zahlen muss, um sich die dafür aufgewandten Mittel zu verschaffen (oder zahlen müsste, wenn er internationale Kapitalmärkte in Anspruch nähme, um Gelder derselben Fälligkeit und zu

Das mit einer Darlehensvereinbarung verbundene Risiko schlägt sich in der Regel in zwei Bezugsgrößen nieder, und zwar dem Zinssatz und der Sicherheitsleistung. Es ist davon auszugehen, dass ein hohes Risiko sich in beiden Parametern widerspiegelt. Sollte sich ein gegebenes Risiko allerdings nicht in einem dieser beiden Parametern niederschlagen, so liegt der Verdacht nahe, dass das Unternehmen einen Vorteil empfangen hat. Im Falle von kurzfristigen Darlehen, mit einer Laufzeit unter einem Jahr, ergibt sich der Referenzzinssatz i.d.R. aus dem durchschnittlichen Zinssatz auf dem freien Markt im Ursprungs-/Ausfuhrland. Im Vergleich hierzu, ergibt sich ein Referenzwert für langfristige Darlehen aus einer Reihe von Kriterien, die das Risiko des Darlehens determinieren[64]. Eines der Hauptkriterien ist z.B. der fixe oder variable Zinssatz, den das Unternehmen auf dem freien Markt im Ursprungs-/Ausfuhrland im gleichen Jahr zu zahlen hätte.

cc) *Durch Kreditbürgschaften*

Das oben erwähnte Prinzip für Darlehen gilt in gleicher Weise auch für Kreditbürgschaften. Eine von einer Regierung gewährte Kreditbürgschaft gilt nur dann als Vorteil, wenn zwischen dem Betrag, den das begünstigte Unternehmen für das von der Regierung verbürgte Darlehen zu zahlen hat, und dem Betrag, den das Unternehmen für ein vergleichbares Darlehen ohne Bürgschaftsleistung der Regierung zu zahlen hätte, eine Differenz besteht[65]. In diesem Fall entspricht der Vorteil der Differenz zwischen den beiden Beträgen, wobei Gebührenunterschieden Rechnung getragen wird [Artikel 6 Buchstabe c)][66]. Solche Bürgschaften vermindern das Risiko, das der Schuldner seinen Rückzahlungsverpflichtungen gegenüber dem Gläubiger nicht nachkommt, und ermöglichen daher normalerweise einem Unternehmen, sich Kapital zu günstigeren Bedingungen zu beschaffen. Allgemein wird jedoch davon ausgegangen, dass im Fall einer staatlichen Bürgschaft die Tatsache, dass das Kapital zu niedrigeren Zinssätzen als sonst bereitgestellt wird, nicht mit einer Subvention gleichzusetzen ist, sofern die Bürgschaft auf kommerzieller Basis finanziert wird, da davon ausgegangen wird, dass die Finanzierung einer solchen rentablen Bürgschaft durch das Unternehmen etwaige Vorteile durch einen günstigen Zinssatz aufwiegen würde[67].

---

denselben Kreditbedingungen und in derselben Währung wie der Ausfuhrkredit zu erhalten), oder staatliche Übernahme aller oder eines Teils der Kosten, die den Ausführern oder den Finanzinstituten aus der Beschaffung von Krediten entstehen, soweit sie dazu dienen, hinsichtlich der Ausfuhrbedingungen einen wesentlichen Vorteil zu erlangen (ABl. 1997 L 288, S. 25/26).

64 Didier, CDE 1995, S. 693.

65 Siehe z.B. Verordnung (EG) Nr. 1891/97 des Rates vom 26. September 1997 zur Einführung eines endgültigen Ausgleichszolls auf Einfuhren von gezüchtetem Atlantischen Lachs mit Ursprung in Norwegen (ABl. 1997 L 267, S. 19/27).

66 Siehe auch den inhaltsgleichen Artikel 14 Buchstabe c) des Subventionsübereinkommens (ABl. 1994 L 336, S. 167).

67 Unter diesen Umständen wird allgemein die Auffassung vertreten, dass dem Empfänger kein Vorteil

dd) Durch Dienstleistungen oder Ankauf von Waren

Die Erbringung von Dienstleistungen oder die Bereitstellung von Waren, sowie der Ankauf von Waren durch eine Regierung gilt nur dann als Vorteil, wenn die Erbringung einer Dienstleistung zu einem geringeren als dem angemessenen Entgelt bzw. der Ankauf einer Ware zu einem höheren als dem angemessenen Entgelt erfolgt [Artikel 6 Buchstabe d) Satz 1] [68]. Das angemessene Entgelt wird in bezug auf die herrschenden Marktbedingungen für die Ware oder Dienstleistung im Land des Ankaufs oder der Erbringung (einschließlich Preis, Qualität, Verfügbarkeit, Marktgängigkeit, Beförderung und sonstiger An- oder Verkaufsbedingungen) bestimmt [Artikel 6 Buchstabe d) Satz 2]. Die Höhe des Vorteils entspricht folglich der Differenz zwischen dem Preis, den die Unternehmen für die Waren oder Dienstleistungen tatsächlich zahlen, und dem nach Marktbedingungen "angemessenen Entgelt" für diese Waren oder Dienstleistungen[69]. Das angemessene Entgelt wird normalerweise anhand der Bedingungen auf dem Inlandsmarkt des Ursprungs-/Ausfuhrlandes bestimmt.

2. Der Begriff der Anfechtbarkeit

Obwohl die Definition einer Subvention sehr weit gefasst ist, bedeutet dies noch nicht, dass bei Vorliegen einer Subvention diese automatisch Gegenstand von Ausgleichsmaßnahmen ist; sie also, in der Terminologie der ASV, "anfechtbar" ist. Subventionen im Sinne der ASV sind nur dann anfechtbar, wenn es sich um sogenannte spezifische Subventionen handelt (Artikel 3 Abs. I)[70].

a) Spezifität einer Subvention

Eine Subvention ist nur dann spezifisch, wenn sie selektiv für bestimmte Unternehmen gewährt wird[71]. Soweit öffentliche Vergünstigungen allgemein erhältlich sind, fal-

---

erwächst, sofern die von ihm im Rahmen des Bürgschaftsprogramms gezahlten Gebühren ausreichen, um das Programm auf kommerzieller Grundlage durchzuführen, d.h., um alle Programmkosten zu decken und einen angemessenen Gewinn zu erwirtschaften. Zu den Einzelheiten siehe: Leitlinien für die Berechnung der Höhe von Subventionen in Ausgleichszolluntersuchungen (ABl. 1998 C 394, S. 6/9).

68 Siehe den identischen Artikel 14 Buchstabe d) des Subventionsübereinkommens (ABl. 1994 L 336, S. 167). Stanbrook/Bentley, S. 88.

69 Leitlinien für die Berechnung der Höhe von Subventionen in Ausgleichszolluntersuchungen (ABl. 1998 C 394, S. 6/9).

70 Siehe zum Erfordernis des Spezifitätskriteriums auch Artikel 1 Abs. II des Subventionsübereinkommens (ABl. 1994 L 336, S. 156).

71 Siehe z.B. Beschluss der Kommission vom 16. April 1985 (85/233/EWG) zur Einstellung des Antisubventionsverfahrens betreffend die Einfuhren von Ölkuchen aus Sojabohnen mit Ursprung in Brasilien (ABl. 1985 L 106, S. 19); Verordnung (EWG) Nr. 1432/91 der Kommission vom 27. Mai 1991 zur Einführung eines vorläufigen Ausgleichszolls auf die Einfuhren von Polyesterspinnfasern und Poly-

len sie unabhängig von ihrer Auswirkung nicht unter die ASV[72]. Durch das Spezifitätskriterium werden Fördermaßnahmen genereller Art, die der Allgemeinheit zugute kommen, ausgegrenzt, da es sich in diesen Fällen z.B. um Maßnahmen der allgemeinen Wirtschaftspolitik handelt, die als Regierungspolitik zu werten sind und nicht als Versuch, die einheimische Produktion durch "unlautere Mittel" der ausländischen zu bevorzugen[73]. Das Spezifitätskriterium erweist sich als praktische Notwendigkeit, um so das Ausmaß der Subventionierungen auf die Fälle zu beschränken, die, durch die Begünstigung bestimmbarer Gruppen von Unternehmen oder Wirtschaftszweigen, sich direkt auf den Wettbewerb auswirken[74].

Die ASV legt in Artikel 3 Abs. II bis IV Grundsätze[75] fest, wann im Einzelfall spezifische Subventionen für ein Unternehmen, einen Wirtschaftszweig, eine Gruppe von Unternehmen oder Wirtschaftszweigen (bestimmte Unternehmen)[76] vorliegen. Eine Subvention ist z.B. spezifisch, wenn die gewährende Behörde oder die Rechtsvorschriften, nach denen sich die gewährende Behörde richtet, den Zugang zu einer Subvention ausdrücklich auf bestimmte Unternehmen beschränkt [Artikel 3 Abs. II Buchstabe a)][77]. Unerheblich ist dabei, dass die Subvention nicht direkt spezifisch im Hinblick auf die Industrie ist, die die betreffende Ware herstellt, solange die Subvention als solche spezifisch ist und ihre Vorteile den Herstellern der betreffenden Ware zugute kommt[78].

Spezifität ist ferner gegeben, wenn die Behörde Kriterien zur Subventionsvergabe festlegt, die nicht objektiv sind [Artikel 3 Abs. II Buchstabe b)][79]. Nur wenn bei der Erfüllung "objektiver Kriterien oder Bedingungen"[80], die durch Gesetz, Verordnung oder andere

---

estergarnen mit Ursprung in der Türkei (ABl. 1991 L 137, S. 8/12).

72 Grabitz/v. Bogdandy/Nettesheim, S. 219; Reuter, Rdnr. 363; Van Bael/Bellis, S. 392; McDonough, S. 91; Lukas, EWS 2000, S. 203/205. Siehe auch Beschluss der Kommission vom 16. April 1985 (85/233/EWG) zur Einstellung des Antisubventionsverfahrens betreffend die Einfuhren von Ölkuchen aus Sojabohnen mit Ursprung in Brasilien (ABl. 1985 L 106, S. 19/22).

73 Didier, CDE 1995, S. 705/707; Lehmann, S. 49; Van Bael/Bellis, S. 392; Stanbrook/Bentley, S. 90.

74 Van Bael/Bellis, S. 392; Bourgeois - Depayre/Petriccione, S. 72.

75 Die in Artikel 2 des Subventionsübereinkommens (ABl. 1994 L 336, S. 156) genannten Grundsätze sind mit denen in Artikel 3 Abs. II bis IV ASV identisch.

76 Der Begriff der "bestimmten Unternehmen" entspricht dem des Subventionsübereinkommens in Artikel 2 Abs. I Satz 1 (ABl. 1994 L 336, S. 156).

77 Siehe auch Artikel 2 Abs. I Buchstabe a) des Subventionsübereinkommens (ABl. 1994 L 336, S. 156).

78 Siehe z.B. Verordnung (EG) Nr. 1599/1999 des Rates von 12. Juli 1999 zur Einführung eines endgültigen Ausgleichszolls und zur endgültigen Vereinnahmung des vorläufigen Ausgleichszolls auf die Einfuhren von Draht aus nichtrostendem Stahl mit einem Durchmesser von 1mm oder mehr mit Ursprung in Indien und zur Einstellung des Verfahrens betreffend die Einfuhren von Draht aus nichtrostendem Stahl mit einem Durchmesser von 1mm oder mehr mit Ursprung in der Republik Korea (ABl. 1999 L 189, S. 1/7).

79 Siehe auch Artikel 2 Abs. I Buchstabe b) des Subventionsübereinkommens (ABl. 1994 L 336, S. 156).

80 Im Sinne des Artikels 3 Abs. II Buchstabe b) sind "objektive Kriterien oder Bedingungen" horizontal anwendbare Kriterien oder Bedingungen wirtschaftlicher Art, die neutral sind und bestimmte Unternehmen gegenüber anderen nicht bevorzugen, wie z.B. die Zahl der Beschäftigten oder die Größe der Unternehmen. Diese Definition entspricht wörtlich der Fußnote Nr. 2 zu Artikel 2 Abs. I Buchstabe b) des Subventionsübereinkommens (ABl. 1994 L 336, S. 156).

amtliche Unterlagen einer Nachprüfung zugänglich sind, automatisch ein Anspruch besteht und wenn darüber hinaus die Kriterien und Bedingungen genau eingehalten werden, ist eine Spezifität nicht gegeben. Dies setzt jedoch u.a. voraus, dass die Kriterien oder Bedingungen horizontal anwendbar sind und nicht bestimmte Unternehmen gegenüber anderen bevorzugen[81].

Ferner handelt es sich bei einer auf bestimmte Unternehmen innerhalb eines genau bezeichneten geographischen Gebiets im Zuständigkeitsbereich der gewährenden Behörde beschränkte Subvention um eine spezifische Subvention (Artikel 3 Abs. III Satz 1[82]). Die Festsetzung oder Änderung allgemein geltender Steuersätze durch alle dazu befugten Regierungsebenen wird nicht als spezifische Subvention i.S.d. ASV angesehen (Artikel 3 Abs. III Satz 2)[83].

Es kann durchaus vorkommen, dass ein Subventionsprogramm zwar rechtlich so ausgestaltet ist, dass theoretisch alle Unternehmen davon profitieren können, tatsächlich aber nur von bestimmten Unternehmen in Anspruch genommen wird. Daher sind die oben aufgeführten Grundsätze, die eine Spezifität *de jure* begründen, nicht abschließend; es können auch andere Faktoren in Betracht gezogen werden, um eine spezifische Subvention *de facto* zu ermitteln [Artikel 3 Abs. II Buchstabe c)][84]. Die folgenden Faktoren können eine Spezifität *de facto* konstituieren: die Inanspruchnahme eines Subventionsprogramms durch eine begrenzte Anzahl bestimmter Unternehmen, die vorwiegende Inanspruchnahme durch bestimmte Unternehmen, die Gewährung unverhältnismäßig hoher Subventionsbeträge an bestimmte Unternehmen und die Art und Weise, in der die gewährende Behörde bei der Entscheidung über die Gewährung einer Subvention von ihrem Ermessen Gebrauch gemacht hat. Bei der Anwendung dieser exemplarischen Faktoren muss berücksichtigt werden, bis zu welchem Grade die Wirtschaftstätigkeit im Zuständigkeitsbereich der gewährenden Behörde diversifiziert ist und wie lange das Subventionsprogramm bereits angewandt wird. Die Spezifität ist in jedem Fall anhand eindeutiger Beweise klar zu begründen (Artikel 3 Abs. V)[85].

---

81 Siehe z.B. Verordnung (EG) Nr. 1810/1999 der Kommission vom 17. August 1999 zur Einführung eines vorläufigen Ausgleichszolls auf die Einfuhren von Folien aus Polyethylenterephthalat (PET) mit Ursprung in Indien (ABl. 1999 L 219, S. 14/21); Verordnung (EG) Nr. 123/2000 der Kommission vom 20. Januar 2000 zur Einführung eines vorläufigen Ausgleichszolls auf die Einfuhren von Polyesterspinnfasern (PSF) mit Ursprung in Australien und Taiwan und zur Einstellung des Antisubventionsverfahrens betreffend die Einfuhren von PSF mit Ursprung in der Republik Korea und Thailand (ABl. 2000 L 16, S. 3/11).

82 Siehe auch den inhaltsgleichen Artikel 2 Abs. II Satz 1 des Subventionsübereinkommens (ABl. 1994 L 336, S. 157).

83 Siehe den wortgleichen Artikel 2 Abs. II Satz 2 des Subventionsübereinkommens (ABl. 1994 L 336, S. 157).

84 Dieser Auffangtatbestand ist dem Artikel 2 Abs. I Buchstabe c) des Subventionsübereinkommens (ABl. L 336, S. 156) nachgebildet worden. Didier, CDE 1995, S. 706.

85 Diese Vorschrift entspricht wörtlich der des Subventionsübereinkommens in Artikel 2 Abs. IV (ABl. 1994 L 336, S. 157).

Bestimmte Subventionen werden nach der ASV automatisch als spezifisch qualifiziert. Die ASV erwähnt zwei Fallgruppen, die *a priori* als spezifische Subventionen gelten. Die erste Gruppe betrifft Subventionen die rechtlich oder "tatsächlich"[86] entweder ausschließlich oder als eine von mehreren anderen Bedingungen von einer Ausfuhrleistung abhängig sind [Artikel 3 Abs. IV Buchstabe a)], einschließlich der in Anhang I[87] der ASV genannten Ausfuhrsubventionen[88]. Ausfuhrleistungen sind dadurch gekennzeichnet, dass ihre Vergabe oder ihre Höhe von der Ausfuhr der geförderten Ware oder den Ausfuhrerlösen abhängig gemacht wird[89]. Dies können z.B. direkte staatliche Zahlungen an Unternehmen nach Maßgabe derer Ausfuhrleistung, Devisenbelassungsverfahren (die der Gewährung einer Ausfuhrprämie gleichkommen), die ausfuhrbezogene Freistellung oder der Erlass von direkten Steuern oder Sozialabgaben sein[90]. Die bloße Tatsache, dass eine Subvention Ausfuhrunternehmen gewährt wird, kann für sich allein nicht als Ausfuhrsubven-

86 Subventionen werden als "tatsächlich" von der Ausfuhrleistung abhängig angesehen, wenn die Fakten zeigen, dass die Gewährung einer Subvention, ohne rechtlich von der Ausfuhrleistung abhängig zu sein, tatsächlich an die gegenwärtigen oder erwarteten Ausfuhren oder Ausfuhrerlöse gebunden ist [Artikel 3 Abs. IV Buchstabe a) Satz 2]. Dies entspricht auch der Definition in der Fußnote Nr. 1 zu Artikel 3 Abs. I Buchstabe a) des Subventionsübereinkommens (ABl. 1994 L 336, S. 157).

87 Anhang I enthält eine nichtabschließende Aufzählung von Ausfuhrsubventionen: Dies sind z.B. Devisenbelassungsverfahren oder ähnliche Praktiken, die der Gewährung einer Ausfuhrprämie gleichkommen; inländische Transport- und Frachtgebühren auf den Auslandsversand, die vom Staat zu Bedingungen festgesetzt oder vorgeschrieben werden, die günstiger sind als für den Inlandsversand; u.s.w. (ABl. 1994 L 349, S. 44). Anhang I ist identisch mit Anhang I des Subventionsübereinkommens (ABl. 1994 L 336, S. 176).

88 Reuter, Rdnr. 365; Stanbrook/Bentley, S. 90; Bourgeois - Depayre/Petriccione, S. 73. Siehe in diesem Zusammenhang auch Artikel 2 Abs. III des Subventionsübereinkommens (ABl. 1994 L 336, S. 157). Zur Beurteilung von Ausfuhrsubventionen siehe auch: OECD Arrangement on Guidelines for Officially supported Export Credits. Diese Guidelines sind über die OECD Web-site zu beziehen (www.oecd.org).

89 Siehe z.B. Beschluss der Kommission vom 3. August 1994 (94/639/EG) zur Annahme der geänderten Verpflichtung der Königlichen Thai-Regierung im Zusammenhang mit dem Antisubventionsverfahren betreffend die Einfuhren von Kugellagern mit einem größten äußeren Durchmesser von 30 mm oder weniger mit Ursprung in Thailand (ABl. 1994 L 247, S. 29/30); Verordnung (EG) Nr. 123/2000 der Kommission vom 20. Januar 2000 zur Einführung eines vorläufigen Ausgleichszolls auf die Einfuhren von Polyesterspinnfasern (PSF) mit Ursprung in Australien und Taiwan und zur Einstellung des Antisubventionsverfahrens betreffend die Einfuhren von PSF mit Ursprung in der Republik Korea und Thailand (ABl. 2000 L 16, S. 3/5).

90 In der bisherigen Praxis der Gemeinschaft wurden z.B. Ausfuhrkreditvergünstigungen der brasilianischen Regierung [siehe Empfehlung der Kommission vom 27. Juli 1983 (2129/83/EGKS) zur Einführung eines endgültigen Ausgleichszolls auf die Einfuhren von bestimmten Blechen aus Stahl mit Ursprung in Brasilien und zur Aussetzung der Anwendung diese Zolls (ABl. 1983 L 205, S. 29)], Ausnahmen von der Einkommensteuerpflicht für bestimmte Außenhandelsaktivitäten [siehe Beschluss der Kommission vom 16. April 1985 (85/233/EWG) zur Einstellung des Antisubventionsverfahrens betreffend die Einfuhren von Ölkuchen aus Sojabohnen mit Ursprung in Brasilien (ABl. 1985 L 106, S. 19)], ausfuhrstimulierende Vergütung indirekter Steuern [siehe Verordnung (EWG) Nr. 2902/85 des Rates vom 17. Oktober 1985 zur Ergänzung der Verordnung (EWG) Nr. 3072/80 zur Einführung eines endgültigen Ausgleichszolls auf die Einfuhren bestimmter nahtfreier Stahlröhren mit Ursprung in Spanien (ABl. 1985 L 279, S. 3)], sowie auf Ausfuhrkredite zu subventionierten Zinssätzen [siehe oben Soja aus Brasilien (ABl. 1985 L 106, S. 19)] als unzulässige Ausfuhrsubventionen qualifiziert.

tion angesehen werden [Artikel 3 Abs. IV Buchstabe a) Satz 3][91]. Die zweite Gruppe "automatisch spezifischer Subventionen" betrifft Subventionen, die entweder ausschließlich oder als eine von mehreren anderen Bedingungen davon abhängig sind, dass inländische Waren Vorrang vor eingeführten Waren erhalten [Artikel 3 Abs. IV Buchstabe b)][92].

Das Subventionsübereinkommen verbietet diese beiden Gruppen automatisch spezifischer Subventionen ausdrücklich (Artikel 3 Abs. I des Subventions-übereinkommens). Artikel 3 Abs. II des Subventionsübereinkommens legt ergänzend fest, dass die WTO-Mitglieder diese Subventionen weder gewähren noch beibehalten. Die ASV sah keine Veranlassung, dieses Verbot explizit zu erwähnen, da die WTO-Mitglieder bereits direkt aufgrund des Subventionsübereinkommens verpflichtet sind, verbotene Subventionen zu beseitigen.

b) Nichtanfechtbare Subventionen

Die ASV legt Ausnahmetatbestände fest, wann im Einzelfall Subventionen nichtanfechtbar sind. Subventionen sind dann nicht Gegenstand von Ausgleichsmaßnahmen, wenn sie, wie oben ausgeführt, nicht spezifisch sind, wenn sie in Anhang IV[93] zur ASV erwähnt sind (diese sind Gegenstand eines separaten Uruguay Übereinkommens über die Landwirtschaft[94]) oder wenn die Subventionen zwar spezifisch i.S.d. Artikel 3 Abs. II und III sind, sie aber die Voraussetzungen für Forschungstätigkeiten (Artikel 4 Abs. II), regionaler Entwicklung (Artikel 4 Abs. III) oder des Umweltschutzes (Artikel 4 Abs. IV) erfüllen (sog. "Grüne Subventionen")[95].

---

91 Siehe hierzu auch: Fußnote Nr. 1 zu Artikel 3 Abs. I Buchstabe a) des Subventionsübereinkommens (ABl. 1994 L 336, S. 157).

92 Siehe Artikel 3 Abs. I Buchstabe b) des Subventionsübereinkommens (ABl. 1994 L 336, S. 157). Siehe in diesem Zusammenhang z.B. Verordnung (EG) Nr. 123/2000 der Kommission vom 20. Januar 2000 zur Einführung eines vorläufigen Ausgleichszolls auf die Einfuhren von Polyesterspinnfasern (PSF) mit Ursprung in Australien und Taiwan und zur Einstellung des Antisubventionsverfahrens betreffend die Einfuhren von PSF mit Ursprung in der Republik Korea und Thailand (ABl. 2000 L 16, S. 3/10).

93 In Anhang IV der ASV ist der Anhang II des Übereinkommens über die Landwirtschaft reproduziert. Die in Anhang II des Übereinkommens über die Landwirtschaft aufgeführten Maßnahmen sind nicht anfechtbar, soweit dies im Übereinkommen über die Landwirtschaft vorgesehen ist. Siehe Artikel 6 des Übereinkommens über die Landwirtschaft. Anhang IV der ASV erwähnt z.B. öffentliche Lagerhaltung aus Gründen der Ernährungssicherung, Direktzahlungen an Erzeuger, nichtproduktionsbezogene Einkommensstützungen, Strukturanpassungen in Form von Ruhestandsprogrammen für Erzeuger usw. Montañá Mora, NCJIL 1993, S. 1/51; Van Bael/Bellis, S. 398; Stanbrook/Bentley, S. 96. Ausführlicher zu den Agrarsubventionen siehe unten im dritten Teil: Punkt VII.2.h.aa.

94 Das Uruguay Übereinkommen über die Landwirtschaft ist abgedruckt im: ABl. 1994 L 336, S. 22. Zur Verhandlungsgeschichte des Uruguay Übereinkommens über die Landwirtschaft siehe: Montañá Mora, NCJIL 1993, S. 1.

95 Siehe in diesem Zusammenhang auch Artikel 8 Abs. I des Subventionsübereinkommens, der die

aa) Für Forschungstätigkeiten

Artikel 4 Abs. II legt fest, dass Subventionen für Forschungstätigkeiten dann nicht Gegenstand von Ausgleichsmaßnahmen sind, wenn sie von Unternehmen oder Hochschul- sowie Forschungseinrichtungen auf der Grundlage von Verträgen mit Unternehmen durchgeführt werden und sofern die Subventionen nicht mehr als 75% der Kosten für "industrielle Forschung"[96] oder 50% der Kosten für "vorwettbewerbliche Entwicklung"[97] decken[98]. Die Subventionen dürfen in beiden Fällen darüber hinaus nur auf die folgenden Kosten beschränkt werden: Personalkosten[99]; Kosten für Instrumente, Ausrüstung, Grundstücke und Gebäude, die ausschließlich und ständig für die Forschungstätigkeit benutzt werden (außer wenn sie auf kommerzieller Grundlage bereitgestellt werden); Kosten für Beratung und gleichartige Dienstleistungen, die ausschließlich für die Forschungstätigkeit benutzt werden, einschließlich fremdbezogene Forschung, technisches Wissen, Patente u.s.w.; zusätzliche Gemeinkosten, die unmittelbar durch die Forschungstätigkeit entstehen; und andere Betriebskosten (z.B. Material, Lieferungen und dergleichen), die unmittelbar durch die Forschungstätigkeit entstehen [Artikel 4 Abs. II Unterabsatz 1 Buchstabe a) bis e)][100].

---

gleichen Ausnahmetatbestände aufführt (ABl. 1994 L 336, S. 161).

96 Gemäß Artikel 4 Abs. II Unterabsatz 3 Buchstabe b) "bedeutet der Begriff `industrielle Forschung` planmäßiges Forschen oder kritisches Erforschen zur Gewinnung neuer Kenntnisse mit dem Ziel, diese Kenntnisse zur Entwicklung neuer Produkte, Verfahren oder Dienstleistungen sowie zur erheblichen Verbesserung bestehender Produkte, Verfahren oder Dienstleistungen zu nutzen". Diese Definition entspricht wörtlich der Vorgabe in Fußnote Nr. 6 zu Artikel 8 Abs. II Buchstabe a) des Subventionsübereinkommens (ABl. 1994 L 336, S. 161).

97 Gemäß Artikel 4 Abs. II Unterabsatz 3 Buchstabe c) bedeutet "der Begriff `vorwettbewerbliche Entwicklung` die Umsetzung von Erkenntnissen der industriellen Forschung in einen Plan, eine Blaupause oder einen Entwurf für neue, geänderte oder verbesserte Produkte, Verfahren oder Dienstleistungen, unabhängig davon, ob sie zum Verkauf oder zur Verwendung bestimmt sind, einschließlich der Schaffung eines ersten, nicht zur kommerziellen Verwendung geeigneten Prototyps. Außerdem kann dieser Begriff die konzeptionelle Planung und den Entwurf von alternativen Produkten, Verfahren oder Dienstleistungen und erste Demonstrations- oder Pilotprojekte umfassen, sofern diese Projekte nicht zur industriellen Anwendung oder kommerziellen Nutzung umgewandelt oder verwendet werden können. Er umfasst keine routinemäßigen oder regelmäßigen Änderungen an bestehenden Produkten, Produktionslinien, Herstellungsverfahren, Dienstleistungen und anderen laufenden betrieblichen Prozessen, selbst wenn diese Änderungen Verbesserungen darstellen können". Artikel 4 Abs. II Unterabsatz 2 Buchstabe c) hat wörtlich die Definition des Subventionsübereinkommens, die in Fußnote Nr. 7 zu Artikel 8 Abs. II Buchstabe a) enthalten ist, übernommen (ABl. 1994 L 336, S. 161).

98 Diese beiden Schwellenwerte entsprechen den Vorgaben des Subventionsübereinkommens. Artikel 8 Abs. II Buchstabe a) des Subventionsübereinkommens gibt diese beiden Schwellenwerte vor (ABl. 1994 L 336, S. 161).

99 Der Begriff Personal i.S.d. Artikel 4 Abs. II Buchstabe a) umfasst: Forscher, Techniker und anderes ausschließlich in der Forschung beschäftigtes Hilfspersonal. Dies entspricht dem Artikel 8 Abs. II Buchstabe a) Ziff. i) des Subventionsübereinkommens (ABl. 1994 L 336, S. 161).

100 Auch die Beschränkung der Verwendungsmöglichkeiten entspricht den Vorgaben des Subventionsübereinkommens. Die Verwendungsmöglichkeiten sind in Artikel 8 Abs. II Buchstabe a) Ziff. i) bis Ziff. v) des Subventionsübereinkommens erwähnt (ABl. 1994 L 336, S. 161) und entsprechen vom Wortlaut

Die zulässige Höhe der nichtanfechtbaren Subventionen wird im Verhältnis zu den während der Dauer eines einzelnen Projekts entstehenden subventionsfähigen Gesamtkosten festgelegt. Bei Programmen, die sowohl industrielle Forschung als auch vorwettbewerbliche Entwicklung umfassen, darf die zulässige Höhe der nichtanfechtbaren Subventionen den einfachen Durchschnitt der für die beiden vorgenannten Kategorien geltenden zulässigen Höhe der nichtanfechtbaren Subventionen, berechnet auf der Grundlage aller subventionsfähigen Kosten gemäß Artikel 4 Abs. II Unterabsatz 1 Buchstaben a) bis e) nicht überschreiten[101].

Die oben aufgeführten Ausnahmetatbestände gelten nicht für Forschungstätigkeiten in der Zivilluftfahrt (Artikel 4 Abs. II Unterabsatz 2)[102]. Außerdem stellt das Subventionsübereinkommen klar, dass das Subventionsübereinkommen nicht für die Grundlagenforschung gilt, die von Hochschulen- oder Forschungseinrichtungen selbständig betrieben wird[103]. Der Begriff "Grundlagenforschung" bedeutet eine nicht mit industriellen oder kommerziellen Zielen verbundene Ausweitung der allgemeinen wissenschaftlichen und technischen Kenntnisse[104]. Da die ASV keine entsprechende Klarstellung enthält, kann im Einzelfall die Notwendigkeit bestehen, die ASV im Lichte des Subventionsübereinkommens konform zu interpretieren.

bb) Für benachteiligte Regionen

Nach Artikel 4 Abs. III sind Subventionen dann nicht anfechtbar, wenn sie gemäß einem "allgemeinen Rahmen"[105] für benachteiligte Regionen im Ursprungs- und/oder Ausfuhrlands gewährt werden und innerhalb der Fördergebiete nicht spezifisch sind, d.h. nicht an bestimmte Unternehmen geleistet werden[106]. Dies setzt jedoch zunächst voraus, dass

---

her denen der ASV.

101 Dies gibt die Fußnote Nr. 8 zu Artikel 8 Abs. II Buchstabe a) des Subventionsübereinkommens vor (ABl. 1994 L 336, S. 161).

102 Im Sinne des Übereinkommens über den Handel mit Zivilluftfahrzeugen 1979 in seiner jeweils geltenden Fassung. Dies ist in Übereinstimmung mit dem Subventionsübereinkommens [siehe Fußnote Nr. 2 zu Artikel 8 Abs. II Buchstabe a) des Subventionsübereinkommens].

103 Siehe Fußnote Nr. 4 zu Artikel 8 Abs. II Buchstabe a) des Subventionsübereinkommens (ABl. 1994 L 336, S. 161).

104 Siehe Fußnote Nr. 4 zu Artikel 8 Abs. II Buchstabe a) des Subventionsübereinkommens (ABl. 1994 L 336, S. 161).

105 Nach Artikel 4 Abs. III Unterabsatz 2 Buchstabe a) "bedeutet ein `allgemeiner Rahmen für die regionale Entwicklung`, daß die regionalen Subventionsprogramme Teil einer kohärenten und allgemein anwendbaren regionalen Entwicklungspolitik in dem betreffenden Land sind und daß Subventionen zur regionalen Entwicklung nicht geographisch abgelegenen Orten gewährt werden, die keinen oder praktisch keinen Einfluss auf die Entwicklung einer Region haben". Artikel 4 Abs. III Unterabsatz 2 Buchstabe a) entspricht wörtlich der Definition des Subventionsübereinkommens, die in Fußnote Nr. 9 zu Artikel 8 Abs. II Buchstabe b) enthalten ist (ABl. 1994 L 336, S. 161).

106 Siehe in diesem Zusammenhang auch Artikel 8 Abs. II Buchstabe b) des Subventionsübereinkommens (ABl. 1994 L 336, S. 161). Die ASV hat sich bei den Voraussetzungen für die Gewährung an

die benachteiligte Region genau bezeichnet ist, d.h. geographisch, wirtschaftlich und administrativ eine Identität darstellt. Es müssen weiterhin "neutrale und objektive Kriterien"[107] vorliegen, die die Region als benachteiligt qualifizieren, d.h. aus denen hervorgeht, dass sich ihre Schwierigkeiten aus mehr als nur vorübergehenden Umständen ergeben. Die Kriterien müssen durch Gesetz, Verordnung oder andere amtliche Unterlagen klar festgelegt sein, damit eine Nachprüfung möglich ist. Die Kriterien müssen weiterhin einen Maßstab zur Messung der wirtschaftlichen Entwicklung umfassen, der zumindest auf einem der in der ASV genannten zwei Faktoren basiert. Der erste Faktor bezieht sich auf ein Pro-Kopf-Einkommen oder ein Haushaltseinkommen pro Kopf oder ein Pro-Kopf-BIP, das 85% des Durchschnitts des Gebiets des betreffenden Ursprungs- oder Ausfuhrlands nicht überschreiten darf. Der zweite Faktor bezieht sich auf die Arbeitslosenquote, die mindestens 110% des Durchschnitts des übrigen Gebiets des betreffenden Ursprungs- oder Ausfuhrlands betragen muss; gemessen über einen Zeitraum von 3 Jahren; der Maßstab kann jedoch ein Mischwert sein und andere Faktoren einschließen. Nach dem Wortlaut des Artikels 4 Abs. III Buchstabe c) sollen die genannten Faktoren am Durchschnitt des "betreffenden Ursprungs- oder Ausfuhrlands" gemessen werden. Dies scheint vorauszusetzen, dass die Faktoren der entsprechenden Region mit dem Durchschnitt des gesamten Landes zu vergleichen sind. Zweckmäßiger erscheint jedoch, gerade bei Ländern mit einer föderalen Staatsstruktur, die Faktoren der entsprechenden Region mit dem Durchschnitt aller anderen Regionen im Kompetenzgebiet (z.B. Bundesland) der gewährenden Behörde zu vergleichen[108].

cc) *Für den Umweltschutz*

Gemäß Artikel 4 Abs. IV sind Subventionen zur Förderung der Anpassung "bestehender Einrichtungen"[109] an neue Umweltvorschriften, die durch Gesetz und/oder Verord-

---

benachteiligte Regionen gänzlich am Subventionsübereinkommens orientiert. Stanbrook/Bentley, S. 95.

107 Gemäß Artikel 4 Abs. III Unterabsatz 2 Buchstabe b) "bedeuten `neutrale und objektive Kriterien` Kriterien, die bestimmte Regionen nicht über das Maß hinaus begünstigen, das angemessen ist, um das Regionalgefälle im Rahmen der regionalen Entwicklungspolitik zu beseitigen oder zu verringern. Zu diesem Zweck enthalten die regionalen Subventionsprogramme Obergrenzen für die Subventionen, die für jedes subventionierte Projekt gewährt werden können. Diese Obergrenzen müssen entsprechend den unterschiedlichen Entwicklungsniveaus der unterstützten Region differenziert und als Investitionskosten oder Kosten für die Schaffung von Arbeitsplätzen ausgedrückt werden. Die Subventionen werden innerhalb dieser Obergrenzen breit und gleichmäßig genug gestreut, um eine überwiegende Nutzung der Subventionen durch oder die Gewährung unverhältnismäßig hoher Subventionen an bestimmte Unternehmen zu vermeiden". Artikel 4 Abs. III Unterabsatz 2 Buchstabe b) reproduziert den Wortlaut der Begriffsbestimmung, die in Fußnote Nr. 1 zu Artikel 8 Abs. II Buchstabe b) Ziff. ii) des Subventionsübereinkommens enthalten ist (ABl. 1994 L 336, S. 162).

108 Siehe z.B. Verordnung (EG) Nr. 1810/1999 der Kommission vom 17. August 1999 zur Einführung eines vorläufigen Ausgleichszolls auf die Einfuhren von Folien aus Polyethylenterephthalat (PET) mit Ursprung in Indien (ABl. 1999 L 219, S. 14/21).

109 Für die Zwecke dieser Vorschrift bedeutet nach Artikel 4 Abs. IV Unterabsatz 2 "der Begriff

nung erlassen werden und größere Auflagen und finanzielle Belastungen für die Unternehmen zur Folge haben, dann nicht Gegenstand von Ausgleichsmaßnahmen, wenn sie einmalig sind, also keine wiederkehrende Maßnahme darstellen; auf 20% der Kosten zur Anpassung begrenzt sind; die Kosten für den Ersatz und Betrieb der subventionierten Investition nicht decken, die in vollem Umfang von dem Unternehmen getragen werden müssen; an eine unmittelbare Verringerung der Umweltbelastung geknüpft sind und im Verhältnis dazu stehen und keine etwaigen Einsparungen an Herstellungskosten decken; und schließlich allen Unternehmen zur Verfügung stehen, die die neuen Ausrüstungs- und/oder Herstellungsverfahren einsetzen können[110].

IV. Die Berechnung der Höhe einer anfechtbaren Subvention

Nachdem festgestellt worden ist, dass eine anfechtbare Subvention vorliegt, muss der eigentliche Betrag der konkreten Subvention ermittelt werden, da dieser Betrag eine der Grundlagen zur Berechnung eines möglichen Ausgleichszolls darstellt. Das Schlüsselelement der Berechnungsmethode[111] zur Bestimmung der Höhe der Subvention basiert auf "dem dem Empfänger erwachsenden Vorteil"[112], der für den untersuchten Subventionierungszeitraum festgestellt wird (Artikel 5 Satz 1). Dieser Untersuchungszeitraum ist i.d.R. das letzte Geschäftsjahr des Begünstigten, kann aber auch ein anderer Zeitraum von mindestens sechs Monaten vor Einleitung der Untersuchung sein, für den zuverlässige finanzielle und sonstige relevante Angaben vorliegen (Artikel 5 Satz 2). Maßgeblich dafür, ob eine Subvention dem Untersuchungszeitraum zugerechnet wird, ist der Zeitpunkt, in dem der Empfänger den Vorteil erhält. Die Höhe der anfechtbaren Subvention wird pro Einheit der subventionierten und in die Gemeinschaft ausgeführten Ware bestimmt (Artikel 7 Abs. I)[113]. Zur Umsetzung dieser Vorschrift muss zunächst der Gesamtwert der Subvention für das Unternehmen ermittelt werden. Während dies bei direkten staatlichen Zahlungen unproblematisch ist, wirft dies bei staatlichen Krediten oder bei staatlichen Beteiligungen größere Probleme auf. Leitlinie für die Berechnung der Höhe der Subvention, ist die durch die Subvention erzielte Kostensenkung für den begünstigten Empfänger[114]. Faktoren, die

---

`bestehende Einrichtung` Einrichtungen, die zu dem Zeitpunkt, zu dem neue Umweltvorschriften erlassen werden, mindestens zwei Jahre in Betrieb sind". Diese Definition ist aus dem Subventionsübereinkommens übernommen worden [Siehe Fußnote Nr. 2 zu Artikel 8 Abs. II Buchstabe c) des Subventionsübereinkommens (ABl. 1994 L 336, S. 162)].

110 Die ASV hat gänzlich die Vorgaben des Subventionsübereinkommens in diesem Bereich übernommen. Siehe Artikel 8 Abs. II Buchstabe c) des Subventionsübereinkommens (ABl. 1994 L 336, S. 162).

111 Siehe in diesem Zusammenhang auch: Leitlinien für die Berechnung der Höhe von Subventionen in Ausgleichszolluntersuchungen (ABl. 1998 C 394, S. 6).

112 Zu den Einzelheiten "des dem Empfänger erwachsenden Vorteils" siehe oben: Punkt III.1.c.

113 Beseler/Williams, S. 145; Stanbrook/Bentley, S.98.

114 Leitlinien für die Berechnung der Höhe von Subventionen in Ausgleichszolluntersuchungen (ABl. 1998 C 394, S. 6/7).

den Wert der Subvention für den Empfänger mindern, sind von der Gesamthöhe der Subvention abzuziehen, z.B. Antragsgebühren oder andere Kosten, die im Zusammenhang mit der Subventionsbeantragung stehen, sowie zu zahlende Ausfuhrsteuern, Zölle oder andere Abgaben, die auf die in die Gemeinschaft ausgeführte Ware erhoben wurden, um die Subvention auszugleichen [Artikel 7 Abs. I Buchstabe a) und b)]. Die Beweislast obliegt der den Abzug beantragenden Partei (Artikel 7 Abs. I Satz 3).

Wird eine anfechtbare Subvention nicht nach Maßgabe der hergestellten, produzierten, ausgeführten oder beförderten Menge gewährt, so bestimmt sich die Höhe nach dem Gesamtwert der Subvention, die in "angemessener Weise" während des untersuchten Subventionierungszeitraums der produzierten, verkauften oder ausgeführten Menge der betreffenden Waren zugerechnet wird (Artikel 7 Abs. II)[115]. Wird die Subvention zum Erwerb oder den künftigen Erwerb von Anlagevermögen (Sachanlagen) verwandt, so richtet sich die Berechnung der Höhe nach der Verteilung der Subvention über einen dem normalen Abschreibungszeitraum solcher Anlagen entsprechenden Zeitraum[116]. Der errechnete Betrag, der auf den Untersuchungszeitraum entfällt, wird dann der Menge der Ware, wie oben bereits erwähnt, in "angemessener Weise" zugerechnet (Artikel 7 Abs. III Satz 2). Unterliegt das Vermögen keinem Wertverlust (nicht der Abschreibung), wie z.B. Grundbesitz, so wird die Subvention wie ein zinsloses Darlehen behandelt (Artikel 7 Abs. III Satz 3). Ist eine Subvention nicht an den Erwerb von Sachanlagen gebunden, so wird die Höhe des während des Untersuchungszeitraums empfangenen Vorteils in der Regel diesem Zeitraum zugeschrieben, indem der Gesamtwert der Subvention in angemessener Weise der Menge der Ware zugerechnet wird, es sei denn, es ergeben sich besondere Umstände, die eine Verteilung über einen anderen Zeitraum rechtfertigen (Artikel 7 Abs. IV).

V. Schädigung

Selbst wenn eine anfechtbare Subvention vorliegt, darf die Gemeinschaft nur dann Ausgleichsmaßnahmen ergreifen, wenn festgestellt worden ist, dass eine Schädigung vorliegt und ferner ein Kausalzusammenhang zwischen den subventionierten Einfuhren und der Schädigung besteht[117]. Die "Schädigung" ist somit nicht Teil des Subventionsbegriffs, sondern zusätzliches objektives Tatbestandsmerkmal[118]. Im Sinne der ASV bedeutet der

115 Van Bael/Bellis, S. 402/403.

116 Siehe z.B. Verordnung (EG) Nr. 1891/97 des Rates vom 26. September 1997 zur Einführung eines endgültigen Ausgleichszolls auf Einfuhren von gezüchtetem Atlantischen Lachs mit Ursprung in Norwegen (ABl. 1997 L 267, S. 19/26); Leitlinien für die Berechnung der Höhe von Subventionen in Ausgleichszolluntersuchungen (ABl. 1998 C 394, S. 6/12).

117 In diesen Fragen orientiert sich die ASV eng an dem Wortlaut des Subventionsübereinkommens. Siehe Artikel 15 des Subventionsübereinkommens (ABl. 1994 L 336, S. 167).

118 Schwarze, EuR 1986, S. 217/220.

Begriff Schädigung, "dass ein Wirtschaftszweig der Gemeinschaft bedeutend geschädigt wird oder geschädigt zu werden droht oder dass die Errichtung eines Wirtschaftszweigs der Gemeinschaft erheblich verzögert wird" (Artikel 8 Abs. I)[119]. Die Schädigungsfeststellung basiert auf einer objektiven Bewertung diverser wirtschaftlicher Indikatoren, ein subjektiver Tatbestand ist nicht erforderlich[120]. Es kommt also nicht darauf an, ob der Ausführer bzw. die Regierung vorsätzlich oder fahrlässig handelte, oder sogar die Absicht hatte eine Schädigung herbeizuführen.

Die Feststellung einer Schädigung ist häufig schwierig, weil es sich bei der Bewertung und Analyse um einen rein wirtschaftlichen Vorgang handelt, der nur schwierig in juristischen Kategorien zu erfassen ist[121]. Dies gilt auch für die Frage des Kausalzusammenhangs zwischen der Schädigung und den subventionierten Einfuhren sowie für die Problematik, ob andere Faktoren für die Schädigung ursächlich sind. Die Analyse und Bewertung dieser Fragen ist in erster Linie wirtschaftlichen Argumenten und Fakten zugänglich. Erschwerend, im Hinblick auf eine mögliche gerichtliche Überprüfung, kommt hinzu, dass den Gemeinschaftsorganen bei der Feststellung einer Schädigung ein erheblicher Beurteilungsspielraum eingeräumt wird[122].

1. Wirtschaftszweig der Gemeinschaft

Der erste Schritt bei der Feststellung einer behaupteten Schädigung ist die Bestimmung des für die Schädigungsfeststellung maßgeblichen Wirtschaftszweiges der Gemeinschaft[123]. Als Wirtschaftszweig der Gemeinschaft wird die Gesamtheit der Gemeinschaftshersteller der "gleichartigen Waren" oder derjenigen unter ihnen, deren Produktion insgesamt einen "erheblichen Teil der gesamten Gemeinschaftsproduktion" dieser Ware ausmacht, bewertet (Artikel 9 Abs. I)[124].

a) Gleichartige Waren

Maßgeblich ist zunächst, welche Produkte als "gleichartige Waren" angesehen werden können. Folglich muss der Gegenstand der beeinträchtigten Gemeinschaftsproduktion festgelegt werden. Der Festlegung der untersuchten Warenkategorie kommt entschei-

---

119 Der Begriff der Schädigung entspricht der Definition in Fußnote Nr. 1 zu Artikel 15 des Subventionsübereinkommens (ABl. 1994 L 336, S. 167). McDonough, S. 107.

120 Reszel zieht in diesem Zusammenhang den Vergleich zur Gefährdungshaftung (siehe Reszel, S. 29). Junckerstorff, S. 37.

121 Schwarze, EuR 1986, S. 217/221.

122 Siehe z.B. EuGH, Rs. C-69/89, Nakajima/Rat, Slg. 1991, S. I-2069/2192.

123 Stanbrook/Bentley, S. 104; Reszel, S. 31; Junckerstorff, S. 20.

124 Diese Bestimmung entspricht Artikel 16 Abs. I des Subventionsübereinkommens (ABl. 1994 L 336, S. 168).

dende Bedeutung zu, weil damit auch der Kreis derjenigen Gemeinschaftshersteller determiniert wird, der im Hinblick auf die Schädigung den zu untersuchenden Wirtschaftszweig der Gemeinschaft konstituiert[125]. Die Festlegung der untersuchten Warenkategorie hat darüber hinaus signifikante Relevanz für die Berechnung der Subventionshöhe der aus dem Drittland ausgeführten Waren, da die ermittelte Subvention diesen Waren zugerechnet wird. Weiterhin spielt die Warenkategorie auch, wie später noch näher ausgeführt wird, für den Preisvergleich, d.h. für die Berechnung der Preisunterbietung der Waren der Gemeinschaftshersteller durch die eingeführten subventionierten Waren eine entscheidende Rolle. Im Sinne der ASV gilt als gleichartige Ware "eine Ware, die mit der betreffenden Ware identisch ist, das heißt, ihr in jeder Hinsicht gleicht, oder, wenn es eine solche Ware nicht gibt, eine andere Ware, die zwar der betreffenden Ware nicht in jeder Hinsicht gleicht, aber Merkmale aufweist, die denen der betreffenden Ware sehr ähnlich sind" (Artikel 1 Abs. V). Eine Analyse ist demnach in zwei Schritten vorzunehmen. Zuerst muss nach einer identischen Ware gesucht werden und nur, wenn eine solche nicht gefunden werden kann, kann eine Ware herangezogen werden, die Eigenschaften besitzt, die denen der untersuchten Ware sehr ähnlich sind. Für den letztgenannten Fall ist folglich eine enge physische Verwandtschaft der Waren erforderlich[126]. Die gleichartigen Waren haben i.d.R. die gleichen materiellen Eigenschaften und den gleichen Verwendungszweck[127]. Zur Feststellung der Gleichartigkeit berufen sich die Gemeinschaftsorgane vor allem auf die Beschaffenheit der Ware, also etwa deren Bestandteile oder das Material, aus dem sie besteht, den Herstellungsprozess, die Vergleichbarkeit hinsichtlich des Verwendungszwecks sowie die Frage, ob die untersuchten Waren zu demselben gemeinsamen Zolltarif gehören[128]. Zwei Produkte werden allerdings nicht allein deswegen als gleichartig angesehen, weil sie im direkten Wettbewerb miteinander stehen[129]. In der Praxis wird daher im allgemeinen das Kriterium gleichartiger Funktionen herangezogen.

In Fällen, in denen sich die Herstellung der gleichartigen Ware in der Gemein-

---

125 Lehmann, S. 141; Grabitz/v. Bogdandy/Nettesheim, S. 203; Beseler/Williams, S. 149/150; Stanbrook/Bentley, S. 105; Berg, JWT 1996, S. 195.

126 Reszel, S. 103; GTE - Bourgeois, ex Artikel 113, Rdnr. 97; Stanbrook/Bentley, S. 105; Berg, JWT 1996, S. 195.

127 Siehe z.B. Beschluss der Kommission vom 13. Juni 1990 (90/266/EWG) über die Annahme einer Verpflichtung der Königlichen Thai-Regierung im Zusammenhang mit dem Antisubventionsverfahren betreffend die Einfuhren von Kugellagern mit einem größten äußeren Durchmesser von 30 mm oder weniger mit Ursprung in Thailand (ABl. 1990 L 152, S. 59/66); Verordnung (EWG) Nr. 1432/91 der Kommission vom 27. Mai 1991 zur Einführung eines vorläufigen Ausgleichszolls auf die Einfuhren von Polyesterspinnfasern und Polyestergarnen mit Ursprung in der Türkei (ABl. 1991 L 137, S. 8/13); Verordnung (EG) Nr. 618/1999 der Kommission vom 23. März 1999 zur Einführung eines vorläufigen Ausgleichszolls auf die Einfuhren von Draht aus nichtrostendem Stahl mit einem Durchmesser von 1mm oder mehr mit Ursprung in Indien und der Republik Korea (ABl. 1999 L 79, S. 25).

128 Siehe z.B. Beschluss der Kommission vom 6. März 1984 (84/129/EWG) zur Einstellung des Antidumpingverfahrens betreffend die Einfuhren von kaustisch gebranntem natürlichem Magnesit mit Ursprung in der Volksrepublik China (ABl. 1984 L 66, S. 32).

129 Reszel, S. 60; Lehmann, S. 213; Berg, JWT 1996, S. 195.

schaft nicht abgrenzen lässt, können die Auswirkungen der Einfuhren anhand der kleinsten, die gleichartige Ware umfassenden Produktgruppe untersucht werden. Die Auswirkungen der subventionierten Einfuhren werden an der Produktion der gleichartigen Ware des Wirtschaftszweigs der Gemeinschaft gemessen, wenn die verfügbaren Informationen eine Abgrenzung dieser Produktion anhand von Kriterien wie Produktionsverfahren, Verkäufe und Gewinne der Hersteller erlauben. Lässt sich diese Produktion nicht abgrenzen, so werden die Auswirkungen der subventionierten Einfuhren an der Produktion der kleinsten die gleichartige Ware mit einschließenden Gruppe oder Palette von Waren gemessen, für die die erforderlichen Informationen erhältlich sind (Artikel 8 Abs. VIII)[130].

b) Erheblicher Teil der Gemeinschaftsproduktion

Der zweite Aspekt des Wirtschaftszweiges ist die geographische Erfassung der Hersteller. Ein erheblicher Teil der gesamten Gemeinschaftsproduktion wird allgemein dann als gegeben angesehen, wenn die Produktion insgesamt mehr als 50% der Gesamtproduktion der gleichartigen Ware darstellt. Ein erheblicher Teil liegt allerdings dann nicht vor, wenn weniger als 25% der Gesamtproduktion der gleichartigen Waren betroffen ist (Artikel 9 Abs. I i.V.m. Artikel 10 Abs. VIII)[131]. Sind die Hersteller mit den Ausführern oder Einführern geschäftlich verbunden oder selbst Einführer der angeblich subventionierten Ware, so ist es zulässig, unter dem Begriff "Wirtschaftszweig der Gemeinschaft" nur die übrigen Hersteller zu verstehen [Artikel 9 Abs. I Buchstabe a)].

Detaillierte Vorschriften, wann Unternehmen miteinander geschäftlich verbunden sind, enthält Artikel 9 Abs. II[132]. Danach gilt ein Hersteller dann als mit einem Ausführer oder Einführer geschäftlich verbunden, wenn (a) einer von ihnen direkt oder indirekt den anderen kontrolliert oder (b) beide von ihnen direkt oder indirekt von einem Dritten kontrolliert werden oder (c) sie gemeinsam direkt oder indirekt einen Dritten kontrollieren, sofern Grund zu der Annahme oder dem Verdacht besteht, dass der betreffende Hersteller aufgrund dieser geschäftlichen Verbindung anders handelt als ein unabhängiger Hersteller. Es gilt, dass einer einen anderen kontrolliert, wenn er rechtlich oder tatsächlich in der Lage ist, auf den anderen Zwang auszuüben oder ihm Weisungen zu erteilen.

Unter bestimmten Umständen kann das Gebiet der Gemeinschaft für die fragliche Produktion in zwei oder mehrere Wettbewerbsmärkte aufgeteilt werden und die Hersteller auf jedem einzelnen Markt als eigener Wirtschaftszweig angesehen werden [Artikel 9 Abs. I Buchstabe b)]. Jedoch müssen dafür die Hersteller auf einem solchen Markt ihre nahezu

---

130 Dies entspricht auch dem Artikel 15 Abs. VI des Subventionsübereinkommens (ABl. 1994 L 336, S. 167). Lehmann, S. 143.

131 Stanbrook/Bentley, S. 107; Van Bael/Bellis, S. 153; Müller/Khan/Neumann, S. 239. Siehe zu diesem Thema auch unten in diesem Teil der Untersuchung: Punkt VII.2.a.

132 Artikel 9 Abs. II entspricht wörtlich der Definition in Fußnote Nr. 1 zu Artikel 16 Abs. I des Sub-

gesamte Produktion der fraglichen Ware auf diesem Markt verkaufen und die Nachfrage muss ausschließlich von den Herstellern in dieser Region gedeckt werden [Artikel 9 Abs. I Buchstabe b) Ziff. i) und Ziff. ii)]. Die ASV spricht in diesem Zusammenhang von einem "isolierten Markt" [Artikel 9 Abs. I Buchstabe b) Unterabsatz 2][133]. Die subventionierten Einfuhren müssen sich auf diesem isolierten Markt konzentrieren und auch dort die Schädigung hervorrufen[134]. Wegen dieser hohen Erfordernisse spielt die Teilmarktbetrachtung in der Praxis nur eine untergeordnete Rolle[135].

2. *Feststellung der Schädigung*

Voraussetzung für die Ergreifung von Ausgleichsmaßnahmen ist, wie bereits oben beschrieben, dass die subventionierten Einfuhren eine Schädigung verursachen. Wie sich aus der Definition des Artikels 8 Abs. I ergibt, muss die Schädigung bedeutend sein. Dies wirft das Problem der Grenzziehung zwischen mehr oder weniger bedeutenden Schädigungen auf[136]. Eindeutige Kriterien zur Bestimmung des Schädigungsgrades, der als bedeutend angesehen werden kann, gibt es nicht. Generell lässt sich sagen, dass das Gemeinschaftsrecht davon ausgeht, dem Wirtschaftszweig der Gemeinschaft auch beim Vorliegen von Subventionen unbedeutende Markteinbußen und Preisunterbietungen zuzumuten. Mit der arbeitsteiligen Wettbewerbswirtschaft wäre eine andere Betrachtungsweise nicht vereinbar; sie könnte darauf hinauslaufen, dass bereits bei geringfügigen Unterbietungen ausländische Wettbewerber ausgeschaltet würden[137]. Der Europäische Gerichtshof räumt den Gemeinschaftsorganen bei der Beurteilung der bedeutenden Schädigung allerdings einen erheblichen Beurteilungsspielraum ein[138]. Die Gemeinschaftsorgane müssen in der Untersuchung ermitteln, welche Schadensindikatoren sich auf den Wirtschaftszweig der Gemeinschaft auswirken.

Nach der ASV stützt sich die Feststellung einer Schädigung auf eindeutige Beweise und erfordert eine objektive Prüfung der folgenden Schadensindikatoren: (a) des Volumens der subventionierten Einfuhren und ihrer Auswirkungen auf die Preise gleichartiger Waren auf dem Gemeinschaftsmarkt, (b) die Auswirkungen dieser Einfuhren auf den Wirtschaftszweig der Gemeinschaft und (c) der Schadensursache; m.a.W. der Kausalität zwi-

---

ventionsübereinkommens (ABl. 1994 L 336, S. 168).

133 Artikel 9 Abs. I Buchstabe b) Unterabsatz 2 hat wörtlich den Artikel 16 Abs. II des Subventionsübereinkommens übernommen (ABl. 1994 L 336, S. 168). Lehmann, S. 216; Junkerstorff, S. 67.

134 Lehmann, S. 143; Grabitz/v. Bogdandy/Nettesheim, S. 223; Müller/Khan/Neumann, S. 187.

135 Reuter, Rdnr. 369; Stanbrook/Bentley, S. 110; Müller/Khan/Neumann, S. 187.

136 Junkerstorff, S. 37; Van Bael/Bellis, S. 164; Reszel, S. 38; Reuter, Rdnr. 372; Kretschmer, S. 61; GTE - Bourgeois, ex Artikel 113, Rdnr. 97.

137 Eleventh annual report to the European Parliament on the Community's anti-dumping and subsidy activities (1992), COM (93) 516 final, page 8; Beseler, S. 94; Stanbrook/Bentley, S. 113; Wenig, EuZW 1990, S. 315; Kretschmer, S. 61.

138 Siehe z.B. EuGH, Rs. C-69/89, Nakajima/Rat, Slg. 1991, S. I-2069/2192.

schen den subventionierten Einfuhren und der Schädigung, sowie in diesem Zusammenhang, die Berücksichtigung und Analyse der Auswirkung anderer Faktoren, die gleichzeitig die Schädigung verursachen können (Artikel 8 Abs. II i.V.m. Abs. VI und Abs. VII)[139]. Keines dieser Schadenskriterien ist notwendigerweise für die Entscheidung ausschlaggebend, weder allein noch in Kombination mit anderen (Artikel 8 Abs. III Satz 3 und Abs. V Satz 2), aber alle berücksichtigten Kriterien zusammen müssen zu der Schlussfolgerung führen, dass eine bedeutende Schädigung vorliegt oder droht[140]. Die Kriterien des Einfuhrumfangs, der Einfuhrentwicklung und der Auswirkung dieser Einfuhren auf die Preise gleichartiger Waren auf dem Gemeinschaftsmarkt verdeutlichen, dass es ausschließlich auf eine Schädigung durch die Subventionen auf dem Markt der Gemeinschaft ankommt. Eine Schädigung der betreffenden Wirtschaftszweige in der Gemeinschaft, die auf Preiskämpfe auf Drittlandsmärkten zurückzuführen ist, muss hingegen unberücksichtigt bleiben.

a) *Einfuhrvolumen und Auswirkung auf die Preise*

Das Einfuhrvolumen der subventionierten Waren ist der erste Schadensindikator. Steigende Einfuhren sind stets ein Indiz für eine Schädigung, auch wenn sie von einem kleinen Marktanteil ausgehen[141]. Es wird daher zunächst geprüft, ob die subventionierten Einfuhren entweder absolut oder im Verhältnis zur Produktion oder Verbrauch in der Gemeinschaft erheblich angestiegen sind (Artikel 8 Abs. III Satz 1). Dies kann verhältnismäßig einfach durch eine Auswertung von Einfuhrstatistiken ermittelt werden[142]. Nach der Bejahung eines erheblichen Anstiegs der Einfuhren wird geprüft, ob im Vergleich zu den Preisen gleichartiger Waren des Wirtschaftszweigs der Gemeinschaft eine erhebliche Preisunterbietung durch die subventionierten Einfuhren stattgefunden hat oder ob die Einfuhren auf andere Weise einen erheblichen Preisrückgang verursacht oder Preiserhöhungen, die andernfalls eingetreten wären, in erheblichem Maße verhindert haben (Artikel 8 Abs. III Satz 2)[143]. Üblicherweise wird das Maß der Schädigung mittels eines Vergleichs der Preise der Hersteller in der Gemeinschaft mit den Einfuhrpreisen der subventionierten

---

139 Diese Prüfungsfolge entspricht den Vorgaben des Artikels 15 Abs. I des Subventionsübereinkommens (ABl. 1994 L 336, S. 167).

140 Die sog. Alternativklausel. Siehe in diesem Zusammenhang auch den wortgleichen Artikel 15 Abs. VII, letzter Satz, des Subventionsübereinkommens (ABl. 1994 L 336, S. 168).

141 Verordnung (EWG) Nr. 3091/91 des Rates vom 21. Oktober 1991 zur Einführung eines endgültigen Antidumpingzolls auf die Einfuhren von Videokassetten mit Ursprung in der Volksrepublik China und zur endgültigen Vereinnahmung des vorläufigen Zolls (ABl. 1991 L 293, S. 2/5). Reuter, Rdnr. 372; Beseler/Williams, S. 155/156; Stanbrook/Bentley, S. 118.

142 Einfuhrstatistiken können von EUROSTAT in Luxemburg bezogen werden. Sollten sich Diskrepanzen zu den Ausfuhrstatistiken des betreffenden Drittlands ergeben, so greifen die Gemeinschaftsorgane im Zweifel auf die EUROSTAT Daten zurück, da die ASV von Einfuhr- und nicht von Ausfuhrvolumen spricht.

143 Dies korrespondiert von den Voraussetzungen her mit Artikel 15 Abs. II des Subventionsübereinkommens (ABl. 1994 L 336, S. 167).

Waren vorgenommen[144]. Die Preise der Ausführer müssen auf das Niveau frei Grenze der Gemeinschaft, verzollt, gebracht werden, um mit den Verkaufspreisen der Hersteller in der Gemeinschaft vergleichbar zu sein. Die Feststellung und Berechnung einer Preisunterbietung beschränkt sich auf eine rein rechnerische Datenauswertung der erzielten Verkaufserlöse der Gemeinschaftshersteller innerhalb der Gemeinschaft, mit den Verkäufen der Ausführer aus dem betreffenden Drittland in die Gemeinschaft.

Die Feststellung eines Preisrückgangs oder einer nicht eingetretenen Preiserhöhung ist hingegen mehr eine Frage der Kausalität, da die Bewertung, ob Preise rückläufig oder nicht angestiegen sind, die Schlussfolgerung beinhaltet, dass die subventionierten Einfuhren für das gegenwärtige Preisniveau verantwortlich sind. Ein Preisvergleich beinhaltet häufig auch die Schwierigkeit, in der Gemeinschaft hergestellte Waren mit Waren aus Drittländern zu vergleichen, um einen objektiven Preisvergleich durchzuführen, da die Waren unterschiedliche Merkmale, Typen und Qualität aufweisen können (siehe oben Punkt V.1.a)[145].

Sind die Einfuhren einer Ware aus mehr als einem Land gleichzeitig Gegenstand von Ausgleichszolluntersuchungen, so werden die Auswirkungen dieser Einfuhren nur dann kumulativ beurteilt, wenn festgestellt wird, dass die anfechtbaren Subventionen für die Einfuhren aus jedem einzelnen Land nicht geringfügig sind, und das Volumen der Einfuhren aus jedem einzelnen Land nicht unerheblich ist und eine kumulative Beurteilung der Auswirkungen der Einfuhren angesichts des Wettbewerbs zwischen den eingeführten Waren sowie des Wettbewerbs zwischen den eingeführten Waren und der gleichartigen Ware der Gemeinschaft angemessen ist (Artikel 8 Abs. IV[146])[147].

b) Auswirkungen auf den Wirtschaftszweig der Gemeinschaft

Der Anstieg des Einfuhrvolumens und Preisunterbietungen sind zwar Anhaltspunkte für die Schadensermittlung, besitzen für die Feststellung einer hierdurch resultierenden Schädigung jedoch nur mittelbaren Indizienwert. Daher führt die ASV detaillierte,

---

144 Siehe z.B.Verordnung (EWG) Nr. 535/87 des Rates vom 23. Februar 1987 zur Einführung eines endgültigen Antidumpingzolls auf die Einfuhren von Normalpapierkopierern mit Ursprung in Japan (ABl. 1987 L 54, S. 12/19); Verordnung (EWG) Nr. 3651/88 des Rates vom 23. November 1988 zur Einführung eines endgültigen Antidumpingzolls auf die Einfuhren von Punkt-Matrix Druckern mit Ursprung in Japan (ABl. 1988 L 317, S. 33/40).

145 Siehe z.B. Verordnung (EWG) Nr. 535/87 des Rates vom 23. Februar 1987 zur Einführung eines endgültigen Antidumpingzolls auf die Einfuhren von Normalpapierkopierern mit Ursprung in Japan (ABl. 1987 L 54, S. 12/19).

146 Artikel 8 Abs. IV korrespondiert wörtlich mit Artikel 15 Abs. III des Subventionsübereinkommens (ABl. 1994 L 336, S. 167).

147 Siehe z.B.Verordnung (EG) Nr. 123/2000 der Kommission vom 20. Januar 2000 zur Einführung eines vorläufigen Ausgleichszolls auf die Einfuhren von Polyesterspinnfasern (PSF) mit Ursprung in Australien und Taiwan und zur Einstellung des Antisubventionsverfahrens betreffend die Einfuhren von PSF mit Ursprung in der Republik Korea und Thailand (ABl. 2000 L 16, S. 3/18).

aber nicht abschließende Kriterien auf, die zu berücksichtigen sind, um die Auswirkungen der subventionierten Einfuhren auf den betroffenen Wirtschaftszweig der Gemeinschaft zu beurteilen. Zu berücksichtigen sind folgende Faktoren: die Tatsache, dass ein Wirtschaftszweig sich noch von den Auswirkungen früherer Subventionen oder Dumpingpraktiken erholen muss, die Höhe der anfechtbaren Subventionen, der tatsächliche und der potentielle Rückgang von Absatz, Gewinn, Produktion, Marktanteil, Produktivität, Rentabilität und Kapazitätsauslastung, der Faktoren, die die Preise der Gemeinschaft beeinflussen, der tatsächliche und die potentiellen negativen Auswirkungen auf Cash-flow, Lagerbestände, Beschäftigung, Löhne, Wachstum, Kapitalbeschaffungs- oder Investitionsmöglichkeiten und im Falle der Landwirtschaft auch einer gestiegenen Belastung der staatlichen Stützungsprogramme (Artikel 8 Abs. V Satz 1)[148]. Es handelt sich bei den oben genannten Faktoren nicht um eine abschließende Aufzählung. Denkbar und zulässig ist daher auch eine Heranziehung von nicht ausdrücklich genannten Faktoren wie z.B. Auftragseingänge, Unternehmensumsatz oder Deckungsbeiträge[149]. Anzumerken ist, dass erhebliche Gewinnverluste bei den Herstellern in der Gemeinschaft von den Gemeinschaftsorganen allgemein als signifikanter Schadensindikator gewichtet worden sind[150].

c) Schadensursache

Hinsichtlich der Prüfung der Schadensursache, prüfen die Gemeinschaftsorgane zunächst, ob die Schädigung des Wirtschaftszweigs der Gemeinschaft durch die subventionierten Einfuhren hervorgerufen wurde, mit anderen Worten, ob ein Kausalzusammenhang vorliegt; und analysiert dann, ob auch andere Faktoren für diese Schädigung ursächlich sein könnten bzw. zur Schädigung beigetragen haben. Die Berücksichtigung und Auswertung anderer Faktoren soll die Gewissheit verschaffen, dass die subventionierten Einfuhren die Hauptursache der Schädigung darstellen. Da die Gemeinschaftsorgane unter der Prämisse arbeiten, dass die Einfuhren tatsächlich von der Subvention profitieren, die Subvention sich also direkt auf den Preis der eingeführten Waren auswirkt und die Einfuh-

148 Diese Vorgaben spiegeln im wesentlichen den Artikel 15 Abs. IV des Subventionsübereinkommens wider (ABl. 1994 L 336, S. 167). Es besteht allerdings der Unterschied, dass der Artikel 8 Abs. V Satz 1 als zusätzliches Kriterium aufweist, dass ein Wirtschaftszweig sich noch von den Auswirkungen früherer Subventionen oder Dumpingpraktiken erholen muss. Dieser Faktor findet im Subventionsübereinkommens keine Berücksichtigung.

149 Reszel, S. 111; Reuter, Rdnr. 373; Beseler/Williams, S. 160; Stanbrook/Bentley, S.120.

150 Siehe z.B. Verordnung (EG) Nr. 1891/97 des Rates vom 26. September 1997 zur Einführung eines endgültigen Ausgleichszolls auf Einfuhren von gezüchtetem Atlantischen Lachs mit Ursprung in Norwegen (ABl. 1997 L 267, S. 19/37); Verordnung (EG) Nr. 1204/98 der Kommission vom 9. Juni 1998 zur Einführung eines vorläufigen Ausgleichszolls auf die Einfuhren von Breitband-Antibiotika mit Ursprung in Indien (ABl. 1998 L 166, S. 17/28); Verordnung (EG) Nr. 2164/98 des Rates vom 5. Oktober 1998 zur Einführung eines endgültigen Ausgleichszolls auf die Einfuhren bestimmter Breitband-Antibiotika mit Ursprung in Indien und zur endgültigen Vereinnahmung des vorläufigen Zolls (ABl. 1998 L 273, S. 1/15).

ren dadurch günstiger macht, muss um so mehr Aufmerksamkeit der Frage gewidmet werden, ob tatsächlich ein hauptursächlicher Kausalzusammenhang zwischen den subventionierten Einfuhren und der Schädigung vorliegt.

aa) Kausalität

Aus allen einschlägigen Beweisen zum Einfuhrvolumen, der Auswirkung auf die Preise sowie der Auswirkungen auf den Wirtschaftszweig der Gemeinschaft muss hervorgehen, dass die subventionierten Einfuhren die Schädigung verursachen (Artikel 8 Abs. VI Satz 1)[151]. Damit reicht es für die Verhängung eines Ausgleichszolls nicht aus, das Bestehen einer bedeutenden Schädigung des betreffenden Wirtschaftszweiges festzulegen, vielmehr muss, wie bereits erwähnt, ein Kausalzusammenhang zwischen den subventionierten Einfuhren und der Schädigung festgestellt werden[152]. Die Kausalitätsprüfung muss daher zu dem Schluss gelangen, dass ein ursächlicher Zusammenhang zwischen den oben genannten Schadensindikatoren und den subventionierten Einfuhren besteht, und dass die subventionierten Einfuhren die Hauptursache der Schädigung darstellen[153]. Insbesondere gehört dazu der Nachweis, dass das ermittelte Einfuhrvolumen und/oder Preisniveau für die Auswirkungen auf den Wirtschaftszweig der Gemeinschaft ursächlich sind, und dass diese Auswirkungen ein solches Ausmaß erreichen, dass sie als bedeutend bezeichnet werden können (Artikel 8 Abs. VI Satz 2)[154]. Die Feststellung des Einfuhrumfangs und der Einfuhrentwicklung sowie die Preisstellung der subventionierten Waren haben als marktbezogene Schadenskriterien mittelbaren Indizwert für die Feststellung der eigentlichen Schädigung des betreffenden Wirtschaftszweiges, primär kommt ihnen aber in der Gemeinschaftspraxis unmittelbare Indizfunktion im Hinblick auf die Kausalitätsfeststellung zu[155]. Die Gemeinschaftsorgane stellen i.d.R. "automatisch" einen Kausalzusammenhang her, wenn steigende Einfuhren und eine gleichzeitige Preisunterbietung vorliegen, die zeitlich mit der Verschlechterung der Lage des Wirtschaftszweigs der Gemeinschaft einher-

151 Auch das Subventionsübereinkommen verlangt in Artikel 15 Abs. V Satz 1 einen ursächlichen Zusammenhang zwischen den subventionierten Einfuhren und der Schädigung (ABl. 1994 L 336, S. 167). Der Wortlaut des Artikels 15 Abs. V Satz 1 ist jedoch eindeutiger:"Es muß nachgewiesen werden, daß die subventionierten Einfuhren durch die Auswirkung der Subvention eine Schädigung im Sinne dieses Übereinkommens verursachen".

152 Reszel, S. 30/44; Müller/Khan/Neumann, S. 209; Bénitah, JWT 1999, S. 87.

153 Siehe z.B. Beschluss der Kommission vom 13. Juni 1990 (90/266/EWG) über die Annahme einer Verpflichtung der Königlichen Thai-Regierung im Zusammenhang mit dem Antisubventionsverfahren betreffend die Einfuhren von Kugellagern mit einem größten äußeren Durchmesser von 30 mm oder weniger mit Ursprung in Thailand (ABl. 1990 L 152, S. 59/67).

154 Kretschmer, S. 65; Junkerstorff, S. 38.

155 Beseler, S. 99; Kretschmer, S. 62; Reszel, S. 90. Siehe ausführlich zu der Frage, ob die Einfuhrentwicklung sowie die Preisstellung der subventionierten Waren ausreicht, um die Kausalität zwischen der Subvention und der Schädigung herzustellen: Bénitah, JWT 1999, S. 87.

geht[156]. Die Frage nach der tatsächlichen Korrelation zwischen der Subvention und der Einfuhr- bzw. Preisentwicklung bleibt in der Gemeinschaftspraxis weitgehend unberücksichtigt.

bb) Berücksichtigung anderer Faktoren

Da die subventionierten Einfuhren selten alleinige Ursache einer Schädigung sind, können sich Kausalitätsprobleme ergeben[157]. Gibt es andere Faktoren, die gleichzeitig Schädigungen hervorrufen, so dürfen diese nicht den subventionierten Einfuhren zugerechnet werden[158]. Deshalb werden ebenfalls auch andere bekannte Faktoren als die subventionierten Einfuhren geprüft, die den Wirtschaftszweig der Gemeinschaft zur gleichen Zeit schädigen, um sicherzustellen, dass die durch diese anderen Faktoren verursachte Schädigung nicht den subventionierten Einfuhren angelastet wird. Berücksichtigt werden in diesem Zusammenhang die folgenden Faktoren (Artikel 8 Abs. VII)[159]:

- Volumen und Preise der nichtsubventionierten Einfuhren,
- Nachfragerückgang oder Veränderung der Verbrauchsgewohnheiten,
- handelsbeschränkende Praktiken der Hersteller in Drittländern und in der Gemeinschaft sowie Wettbewerb zwischen diesen Herstellern, und
- Entwicklungen in der Technologie und Ausfuhrleistung und Produktivität des Wirtschaftszweigs der Gemeinschaft.

Im Hinblick auf die Bestimmung einer Schädigung, sind die Gemeinschaftsorgane verpflichtet, die oben genannten Faktoren zu berücksichtigen, um sicherzustellen, dass andere Schadensfaktoren nicht den subventionierten Einfuhren angelastet werden[160]. Allerdings sind neben den oben aufgeführten Faktoren eine Vielzahl anderer Szenarien und Faktoren vorstellbar, die für eine Schädigung ursächlich sein können. Denkbar ist z.B.,

156 Siehe z.B. Verordnung (EG) Nr. 618/1999 der Kommission vom 23. März 1999 zur Einführung eines vorläufigen Ausgleichszolls auf die Einfuhren von Draht aus nichtrostendem Stahl mit einem Durchmesser von 1mm oder mehr mit Ursprung in Indien und der Republik Korea (ABl. 1999 L 79, S. 25/54); Verordnung (EG) Nr. 1810/1999 der Kommission vom 17. August 1999 zur Einführung eines vorläufigen Ausgleichszolls auf die Einfuhren von Folien aus Polyethylenterephthalat (PET) mit Ursprung in Indien (ABl. 1999 L 219, S. 14/27).

157 Reszel, S. 142; Reuter, Rdnr. 374; Beseler/Williams, S. 165; Bénitah, JWT 1999, S. 87.

158 So auch das Subventionsübereinkommen in Artikel 15 Abs. V Satz 3 (ABl. 1994 L 336, S. 167). Artikel 15 Abs. V Satz 3 des Subventionsübereinkommens unterstreicht, dass die Behörden auch alle anderen bekannten Faktoren als die subventionierten Einfuhren prüfen, die den inländischen Wirtschaftszweig zur gleichen Zeit schädigen; die von diesen anderen Faktoren verursachte Schädigung darf nicht den subventionierten Einfuhren angelastet werden.

159 Diese Faktoren entsprechen denen in Artikel 15 Abs. V Satz 4 des Subventionsübereinkommens (ABl. 1994 L 336, S. 167).

160 EuGH, Rs. C-358/89, Extramet Industrie/Rat, Slg. 1992, S. I-3813.

dass die Schädigung durch ein weltweit sinkendes Preisniveau infolge einer weltweiten Überproduktion ausgelöst worden ist. Diese Überproduktion könnte wiederum durch einen Preisverfall des Hauptrohmaterials verursacht worden sein. Zeigt sich in dieser Situation die Nachfrage nach dem Endprodukt unelastisch, so fallen die Preise zwangsläufig. In dieser Situation erleiden vertikal integrierte Unternehmen einen größeren Schaden, als Unternehmen die ihre Rohstoffe zu den günstigsten Konditionen auf dem Weltmarkt erwerben können. Vertikal integrierte Unternehmen können nicht unmittelbar von einem Preisverfall der Rohstoffe auf den Weltmärkten profitieren, da bei gleichbleibenden Produktionskosten auch die Einnahmen aus Verkäufen der eigen hergestellten Rohstoffe sinken[161].

Die Komplexität weltweit verflochtener Wirtschaftsabläufe zeigt bereits, dass eine wissenschaftlich präzise Abwägung und Gewichtung zwischen möglichen anderen Faktoren und den subventionierten Einfuhren, zur Ermittlung der Hauptursache der Schädigung, äußerst schwierig ist[162]. Die gegenwärtige Bewertung seitens der Gemeinschaftsorgane ist eine "Grauzone", da sie sich keiner ökonomischen oder/und statistischen Modelle bedienen, die eine Bewertung und Entscheidung transparent und nachvollziehbar machen würden[163]. Andererseits erweist es sich als extrem kompliziert, diverse Faktoren und Ursachen in einem Modell zu erfassen, das dann eine "akkurate" Abwägung und Entscheidung bereitstellt.

d) Drohung einer bedeutenden Schädigung

Die ASV eröffnet den Gemeinschaftsorganen die Möglichkeit, auch dann zu einer positiven Schädigungsfeststellung zu gelangen, wenn eine Schädigung zwar noch nicht eingetreten ist, aber dennoch droht. Die Feststellung, dass eine Schädigung droht, darf nur getroffen werden, wenn Umstände vorliegen, die eine Schädigung klar voraussehen lassen, und wenn die Schädigung unmittelbar bevorsteht (Artikel 8 Abs. IX Satz 2). Notwendig ist hierzu, dass bestimmte Umstände vorliegen, die die Schädigung wahrscheinlich machen[164]. Die Feststellung, ob eine Schädigung droht, muss auf Tatsachen beruhen und darf sich nicht lediglich auf Behauptungen stützen. Am Ende einer jeden Feststellung der Schädigung steht die Beurteilung, ob ein Kausalzusammenhang zwischen dem subventionierten Einfuhren und der drohenden Schädigung besteht. Bei der Feststellung, dass eine bedeutende Schädigung droht, werden die folgenden Faktoren herangezogen[165]:

---

161 Verordnung (EG) Nr. 2164/98 des Rates vom 5. Oktober 1998 zur Einführung eines endgültigen Ausgleichszolls auf die Einfuhren bestimmter Breitband-Antibiotika mit Ursprung in Indien und zur endgültigen Vereinnahmung des vorläufigen Zolls (ABl. 1998 L 273 S. 1/13).

162 Siehe ausführlich zu dem Thema der Kausalität zwischen der Subvention und der Schädigung: Bénitah, JWT 1999, S. 87.

163 Lösungsvorschläge zu dem Thema unterbreitet: Bénitah, JWT 1999, S. 87.

164 Reuter, Rdnr. 376; Beseler/Williams, S. 164; Stanbrook/Bentley, S. 123.

165 Die genannten Faktoren sind identisch mit denen in Artikel 15 Abs. VII des Subventionsüber-

- die Art der betreffenden Subvention und ihre voraussichtlichen Auswirkungen auf den Handel [Artikel 8 Abs. IX Buchstabe a)];
- eine erhebliche Steigerungsrate bei den subventionierten Einfuhren auf dem Gemeinschaftsmarkt als Indiz für einen voraussichtlichen erheblichen Einfuhranstieg [Artikel 8 Abs. IX Buchstabe b)];
- genügend frei verfügbare Kapazitäten beim Ausführer oder eine unmittelbar bevorstehende, erhebliche Ausweitung seiner Kapazitäten als Indiz für einen voraussichtlichen erheblichen Anstieg der subventionierten Ausfuhren in den Gemeinschaftsmarkt, wobei zu berücksichtigen ist, in welchem Maße andere Ausfuhrmärkte zusätzliche Ausfuhren aufnehmen können [Artikel 8 Abs. IX Buchstabe c)];
- die Frage, ob Einfuhren zu Preisen getätigt werden, die einen erheblichen Preisrückgang verursachen würden oder Preiserhöhungen, die andernfalls eingetreten wären, verhindern und die Nachfrage nach weiteren Einfuhren voraussichtlich steigern würden [Artikel 8 Abs. IX Buchstabe d)]; und
- die Lagerbestände bei der untersuchten Ware [Artikel 8 Abs. IX Buchstabe e)].

Keiner der oben genannten Faktoren ist für sich genommen notwendigerweise maßgeblich, aber alle berücksichtigten Faktoren zusammen müssen zu der Schlussfolgerung führen, dass weitere subventionierte Ausfuhren unmittelbar bevorstehen und dass ohne die Einführung von Ausgleichsmaßnahmen eine bedeutende Schädigung verursacht würde[166].

VI. Das Gemeinschaftsinteresse

Selbst wenn feststeht, dass eine anfechtbare Subvention vorliegt und diese auch eine Schädigung eines Wirtschaftszweiges in der Gemeinschaft verursacht, so liegt es dennoch im Ermessen der Gemeinschaft, Ausgleichsmaßnahmen zu ergreifen[167]. Die ASV führt hierzu aus, dass die Gemeinschaft berechtigt ist, von Ausgleichsmaßnahmen abzusehen, wenn das Gemeinschaftsinteresse gegen solche Maßnahmen spricht (Artikel 31 Abs. I Satz 3). Das Konzept des Gemeinschaftsinteresses dient dazu, nach Abwägung betroffener Interessen verschiedener Gruppen in der Gemeinschaft zu entscheiden, ob Ausgleichs-

---

einkommens (ABl. 1994 L 336, S. 168).

166 Das Subventionsübereinkommen erwähnt in seinem Artikel 15 Abs. VIII, dass in den Fällen, in denen subventionierte Einfuhren eine Schädigung zu verursachen drohen, die Anwendung von Ausgleichsmaßnahmen mit besonderer Sorgfalt zu prüfen und zu beschließen ist (ABl. 1994 L 336, S. 168).

167 Dies entspricht auch dem Subventionsübereinkommen, wonach die Einführung von Ausgleichsmaßnahmen auch bei Vorliegen aller Voraussetzungen im Ermessen der Staaten liegt. Siehe Artikel 19 Abs. I des Subventionsübereinkommens (ABl. 1994 L 336, S. 170).

maßnahmen zweckmäßig sind oder ob durch die Einführung von Ausgleichsmaßnahmen diese Gruppen negativ betroffen werden[168]. Damit stellt die ASV explizit klar, dass die Wirtschaftszweige in der Gemeinschaft keinen Rechtsanspruch auf die Einführung von Ausgleichsmaßnahmen aufgrund der Tatsache haben, dass eine anfechtbare Subvention und eine dadurch verursachte Schädigung festgestellt wurden[169]. Die Erwägung, Ausgleichsmaßnahmen einzuführen, wird somit einer gesamtpolitischen Interessenabwägung unterworfen, auch wenn im Einzelfall der Schutz eines Wirtschaftszweigs der Gemeinschaft geboten erscheint. Die ASV definiert den Begriff des Gemeinschaftsinteresses nicht, das Gemeinschaftsinteresse ist ein offenes Prinzip. Die Feststellung, ob das Gemeinschaftsinteresse ein Eingreifen erfordert, stützt sich auf eine Bewertung aller Interessen, einschließlich der Interessen des Wirtschaftszweigs der Gemeinschaft, der Verwender und der Verbraucher (Artikel 31 Abs. I Satz 1). Die ASV erwähnt exemplarisch nur Verwender und Verbraucher, zu berücksichtigen sind z.B. aber auch die Interessen der Einführer und der Vertreiber. Bei der Prüfung wird der Notwendigkeit, die handelsverzerrenden Auswirkungen der die Schädigung verursachenden Subventionen zu beseitigen und einen fairen Wettbewerb wiederherzustellen, besonders Rechnung getragen (Artikel 31 Abs. I Satz 2)[170]. Bei einer vorzunehmenden Abwägung sind somit u.a. die Verbraucherinteressen, das Interesse der weiterverarbeitenden Gemeinschaftsindustrie der betreffenden Ware sowie die Wettbewerbssituation in der Gemeinschaft zu berücksichtigen, um sicherzustellen, dass der Schutz einzelner Wirtschaftszweige nicht übergeordnete Interessen der Allgemeinheit beeinträchtigt[171]. Die ASV stellt allerdings keine Anhaltspunkte bereit, wie im Einzelfall die einzelnen Interessen zu gewichten sind, und unter welchen Umständen einzelnen Interessen Priorität zu gewähren ist. Von Ausgleichsmaßnahmen kann z.B. dann abgesehen werden, wenn sie die marktbeherrschende Stellung eines Gemeinschaftsherstellers wettbewerbshindernd weiter verstärken würden[172]. Das Gemeinschaftsinteresse steht jedoch nicht *per se* der Einführung von Ausgleichsmaßnahmen entgegen, wenn mit einer Ausgleichsmaßnahme lediglich unprofitable und leistungsschwache Gemeinschaftsindustrien geschützt werden sollen[173]. Bei der Abwägung unterschiedlicher Interessen wird deutlich, dass die Frage nach der Gefährdung betroffener Arbeitsplätze in einem Wirtschaftszweig eine herausragende Rolle spielt[174].

---

168 Van Bael/Bellis, S. 405/406; Beseler/Williams, S. 169; MacLean, ITLR 1998, S. 129.

169 GTE - Bourgeois, ex Artikel 113, Rdnr. 99; Rolf, S. 40.

170 Siehe z.B. Verordnung (EG) Nr. 1891/97 des Rates vom 26. September 1997 zur Einführung eines endgültigen Ausgleichszolls auf Einfuhren von gezüchtetem Atlantischen Lachs mit Ursprung in Norwegen (ABl. 1997 L 267, S. 19/39).

171 Rolf, S. 40; Van Bael/Bellis, S. 389; GTE - Bourgeois, ex Artikel 113, Rdnr. 89; Stanbrook/Bentley, S. 139; Bourgeois - Bronckers, S. 192; Grabitz/v. Bogdandy/Nettesheim, S. 225; Reuter, Rdnr. 377; MacLean, ITLR 1998, S. 129.

172 EuGH, Rs. C-156/87, Gestetner Holdings/Rat und Kommission, Slg. 1990, S. I-781/843.

173 EuGH, Rs. 250/85, Brother Industries Ltd/Rat, Slg. 1988, S. 5683/5728.

174 Verordnung (EWG) Nr. 1698/85 des Rates vom 19. Juni 1985 zur Einführung eines endgültigen Anti-

Damit alle Standpunkte und Informationen bei der Entscheidung angemessen berücksichtigt werden, hat der Wirtschaftszweig in der Gemeinschaft, die Einführer sowie deren repräsentativen Verbände, die Verwender und Verbraucherorganisationen die Möglichkeit, im Rahmen einer Antisubventionsuntersuchung die Gemeinschaftsorgane zu informieren (Artikel 31 Abs. II Satz 1) [175]. Es ist zur Gemeinschaftspraxis geworden, im Verlaufe eines Verfahrens detaillierte Fragebögen zum Gemeinschaftsinteresse z.B. an Händler, Einführer und Verarbeiter zu senden, um so genauere Informationen über die Situation in der Gemeinschaft in einem bestimmten Sektor zu erhalten. Das Subventionsübereinkommen enthält keine Vorschrift, die mit Artikel 31 der ASV vergleichbar wäre[176]. Artikel 19 Abs. II Satz 2 des Subventionsübereinkommens erwähnt in diesem Zusammenhang lediglich, dass es wünschenswert wäre, dass im Gebiet aller WTO-Mitglieder die Festsetzung eines Ausgleichszolls fakultativ erfolgt, und ein Verfahren festgelegt wird, das es den betreffenden Behörden erlaubt, Stellungnahmen "inländischer interessierter Parteien"[177], deren Interessen durch die Erhebung des Ausgleichszolls verletzt werden könnten, gebührend zu berücksichtigen. Das Subventionsübereinkommen stellt somit die Option bereit, das öffentliche Interesse als Bewertungsmaßstab einzuführen, überlässt es jedoch den WTO-Mitgliedern, von dieser Option auch Gebrauch zu machen. Das Konzept des Gemeinschaftsinteresses ist keine wahre "*rule of reason*" im weiten Sinne, da z.B. sämtliche Gründe in einer Abwägung außer Acht gelassen werden, die eine Subvention von seiten der Regierung oder der begünstigten Unternehmen rechtfertigen könnten, wie z.B. all-

---

dumpingzolls auf die Einfuhren von elektronischen Schreibmaschinen mit Ursprung in Japan (ABl. 1985 L 163, S. 1); Verordnung (EWG) Nr. 1418/88 der Kommission vom 17. Mai 1988 zur Einführungen eines vorläufigen Antidumpingzolls auf die Einfuhren von Punkt-Matrix-Druckern mit Ursprung in Japan (ABl. 1988 L 130, S. 12); Verordnung (EWG) Nr. 2684/88 der Kommission vom 26. August 1988 zur Einführung eines vorläufigen Antidumpingzolls auf die Einfuhren von Videogeräten mit Ursprung in Japan und Korea (ABl. 1988 L 240, S. 5); Verordnung (EWG) Nr. 3651/88 des Rates vom 23. November 1988 zur Einführung eines endgültigen Antidumpingzolls auf die Einfuhren von Punkt-Matrix-Druckern mit Ursprung in Japan (ABl. 1988 L 317, S. 33/43).

175 Siehe im Hinblick auf Verbraucherverbände das interessante Urteil des EuG, Rs. T-256/97, Bureau Européen des Unions de Consommateurs (BEUC)/Kommission, Slg. 2000 (noch nicht berichtet): Das EuG hat in einem Antidumpingverfahren klargestellt, dass die Kommission nicht automatisch einen Verbraucherverband vom Verfahren ausschließen darf, nur weil die betroffenen Waren nicht im Einzelhandel verkauft werden, sondern vielmehr in jedem Einzelfall das Interesse eines Verbraucherverbandes am konkreten Verfahren überprüfen muss. Siehe in diesem Zusammenhang auch gegenteiligen Wortlaut des Artikels 12 Abs. X des Subventionsübereinkommens (ABl. 1994 L 336, S. 166), der klarstellt, dass Verbraucherverbände nur dann die Gelegenheit gegeben wird Informationen vorzulegen, wenn die betreffende Ware üblicherweise im Einzelhandel verkauft wird.

176 Artikel 12 Abs. X des Subventionsübereinkommens erwähnt lediglich, dass die Behörden gewerblichen Abnehmern der Ware, die Gegenstand der Untersuchung sind, und in den Fällen, in denen die Ware üblicherweise im Einzelhandel verkauft wird, repräsentativen Verbraucherverbänden Gelegenheit geben, Informationen vorzulegen, die für die Untersuchung der Subvention, der Schädigung und des ursächlichen Zusammenhangs von Bedeutung sind (ABl. 1994 L 336, S. 166).

177 Der Begriff "inländische interessierte Parteien" umfasst Verbraucher und gewerbliche Abnehmer der eingeführten Ware, die Gegenstand der Untersuchung sind (siehe Fußnote Nr. 1 zu Artikel 19 Abs. II Satz 2 des Subventionsübereinkommens: ABl. 1994 L 336, S. 170).

gemeine Wettbewerbsnachteile, geringere Qualität der Waren, längere Lieferzeiten, höhere Produktions- und Transportkosten. Die Form, Gründe und Ziele der Subvention sind folglich für die Beurteilung des Gemeinschaftsinteresses unerheblich. Das Gemeinschaftsinteresse konzentriert sich im wahrsten Sinne des Wortes auf das Interesse innerhalb der Gemeinschaft. Auch Grundrechte betroffener Parteien spielen in der Bewertung keine Rolle. So bleiben z.B. grundrechtliche Erwägungen betroffener Ausführer oder Einführer unberücksichtigt, auch wenn z.B. die Existenz dieser Unternehmen aufgrund der Höhe der Ausgleichsmaßnahmen gefährdet ist und dies hinreichend schlüssig und substantiiert vorgetragen wurde. Handelspolitische Beziehungen zwischen der Gemeinschaft und dem betroffenen Drittland scheinen auf den ersten Blick auch keine Rolle in der Abwägung des Gemeinschaftsinteresses zu spielen; zumindest finden sich derartige Erwägungen nicht in öffentlich zugänglichen Dokumenten. Unberücksichtigt bleibt weiterhin der Status von Entwicklungsländern[178] und die Frage, inwieweit die Subventionen zur Entwicklung bestimmter Wirtschaftszweige in diesen Ländern beitragen können. Damit kann eine mögliche Kollisionslage zwischen den Ausgleichsmaßnahmen und der Entwicklungspolitik der Gemeinschaft entstehen.

VII. Das Antisubventionsverfahren

Ausgleichsmaßnahmen können nur dann ergriffen werden, wenn ein entsprechendes Antisubventionsverfahren durchgeführt worden ist. Zweck des Verfahrens ist die Ermittlung, ob die Voraussetzungen für Ausgleichsmaßnahmen überhaupt vorliegen[179]. So können z.B. die Fragen, ob eine anfechtbare Subvention und eine Schädigung vorliegen, im wesentlichen nur durch die Sammlung von Fakten und durch deren betriebs- und volkswirtschaftliche Beurteilung und Auswertung beantwortet werden. In dieser Situation ist das Antisubventionsverfahren, mit den darin vorgesehenen Anhörungs- und Mitwirkungsmöglichkeiten, von besonderer Bedeutung für den Schutz der Interessen der betroffenen Parteien[180]. In verfahrensrechtlicher Hinsicht ist die ASV durch eine genau abgewogene Aufgabenverteilung zwischen den Gemeinschaftsorganen, insbesondere der Europäischen Kommission, einerseits und dem Ministerrat, andererseits gekennzeichnet[181].

1. Die beteiligten Gemeinschaftsorgane

Die folgenden Gemeinschaftsorgane sind an einem Antisubventionsverfahren be-

178 Siehe in diesem Zusammenhang Artikel 27 des Subventionsübereinkommens (ABl. 1994 L 336, S. 173).

179 Reuter, Rdnr. 427; Lukas, EWS 2000, S. 203.

180 Schwarze, EuR 1986, S. 217/221.

181 Vermulst/Waer, S. 14; MacLean, ITLR 1998, S. 130.

teiligt: Die Europäische Kommission (die Kommission), der Ministerrat (der Rat) und der Beratende Ausschuss. Gegebenenfalls besteht die Möglichkeit der Klagerhebung vor dem Gericht erster Instanz. Gegen die Entscheidung des Gerichts erster Instanz (EuG) kann ein Rechtsmittel beim Europäischen Gerichtshof (EuGH) eingelegt werden.

a) Die Europäische Kommission

Die Kompetenzverteilung zwischen Rat und Kommission folgt den Regeln des EG-Vertrages, insbesondere Artikel 133 EG-Vertrag, der die Gestaltung der gemeinsamen Handelspolitik grundsätzlich dem Rat vorbehält, der Kommission jedoch das alleinige Initiativrecht zuerkennt, das durch nach Artikel 211 EG-Vertrag übertragene Aufgaben ergänzt werden kann[182]. Die Kommission ist grundsätzlich für die Anwendung und Durchführung der ASV verantwortlich[183]; innerhalb der Kommission sind dies insbesondere die Direktion E in der Generaldirektion Handel[184]. Die Kommission hat z.B. die Funktion, Antisubventionsfälle zu untersuchen und vorab festzustellen, ob genügend Beweise vorliegen, um ein Antisubventionsverfahren einzuleiten[185]. Die Kommission weist die Ermittlungen einer Subventionierung und einer Schädigung in der Regel zwei getrennten Arbeitsgruppen zu, die sich unabhängig voneinander mit diesen beiden Untersuchungen beschäftigen. Die Kommission ist befugt, nach einer vorläufigen Auswertung und Beurteilung der Fakten, autonom vorläufige Ausgleichsmaßnahmen in Form einer Verordnung einzuführen. Nach einer endgültigen Beurteilung eines Sachverhalts, kann die Kommission dem Rat einen Vorschlag zur Einführung endgültiger Ausgleichsmaßnahmen unterbreiten. Es bleibt der Kommission unbenommen, ihren Vorschlag zurückzuziehen oder zu ändern, solange der Rat noch nicht entschieden hat, wenn sie z.B. aufgrund einer neuen Beurteilung der Interessen der Gemeinschaft den Erlass von Ausgleichsmaßnahmen für nicht erforderlich hält. Die Funktion der Kommission in Antisubventionsverfahren lässt sich somit als Exekutivorgan mit temporär beschränkter Legislativgewalt charakterisieren.

b) Der Ministerrat

Dem Rat ist die Befugnis eingeräumt, endgültig über den Erlass von Ausgleichsmaßnahmen zu entscheiden, und auch nur für den Fall, wenn die Kommission den Erlass solcher Maßnahmen für erforderlich hält und dem Rat dahingehend einen Vorschlag un-

---

182 Beseler, S. 113; Junkerstorff, S. 80.

183 Rolf, S. 55; Vermulst/Waer, S. 14; Geiger, ex Artikel 113, Rdnr. 34; Stanbrook/Bentley, S. 13; MacLean, ITLR 1998, S. 130.

184 In der Regel sind weiterhin, je nach Bedarf, der Juristische Dienst, Generaldirektion Binnenmarkt und teilweise auch die Generaldirektion Wettbewerb sowie die Generaldirektion Steuern und Zollunion in Antisubventionsverfahren involviert.

185 Van Bael/Bellis, S. 383; Stanbrook/Bentley, S. 13; MacLean, ITLR 1998, S. 130.

terbreitet hat[186]. Der Rat ist damit als Legislativorgan für die „Hauptentscheidungen" verantwortlich. Der Rat erlässt endgültige Ausgleichsmaßnahmen in Form einer Verordnung, also durch Rechtsetzungsakte i.S.d. Artikel 249 EG-Vertrag[187]. Der Rat hat damit die alleinige Kompetenz, auf Vorschlag der Kommission endgültige Ausgleichszölle einzuführen, sowie die endgültige Vereinnahmung eventueller vorläufiger Ausgleichszölle zu beschließen.

c) Der Beratende Ausschuss

Die Kommission konsultiert den Beratenden Ausschuss in Antisubventionsverfahren[188]. Der Beratende Ausschuss setzt sich zusammen aus Vertretern der Mitgliedstaaten und einem Vertreter der Kommission, der den Vorsitz übernimmt (Artikel 25 Abs. I Satz 1). Die Konsultationen können sowohl mündlich als auch schriftlich erfolgen. Der Beratende Ausschuss ist bei Eröffnung eines Verfahrens und vor allen wesentlichen Verfahrensschritten, wie den Abschluss, den Erlass von Ausgleichsmaßnahmen oder der Einstellung, von der Kommission zu unterrichten und anzuhören[189].

Darüber hinaus hat der Beratende Ausschuss die Aufgabe, das Bestehen einer anfechtbaren Subvention und die Schädigung sowie die gegebenenfalls erforderlichen Ausgleichsmaßnahmen zu erörtern. Die Konsultationen betreffen gemäß Artikel 25 Abs. IV Buchstabe a) bis d) demnach:

- Das Vorliegen von anfechtbaren Subventionen und die Methoden für die Ermittlung ihrer Höhe;
- das Vorliegen und den Umfang einer Schädigung;
- den ursächlichen Zusammenhang zwischen den subventionierten Einfuhren und der Schädigung;
- die Maßnahmen, die unter den gegebenen Umständen zur Verhinderung oder Behebung der durch die anfechtbaren Subventionen hervorgerufenen Schädigung zu treffen sind, sowie die Einzelheiten ihrer Anwendung.

Soweit die Mitgliedstaaten eingeschaltet werden, gründet sich dies auf das Gebot des Artikels 10 des EG-Vertrages, wonach die Mitgliedstaaten alle geeigneten Maßnahmen allgemeiner oder besonderer Art zur Erfüllung und Erleichterung der Verpflichtungen treffen, die sich aus dem EG-Vertrag oder aus Handlungen der Organe der Gemeinschaft er-

186 Rolf, S. 56; Vermulst/Waer, S. 17; MacLean, ITLR 1998, S. 130.
187 Eine Beteiligung des Europäischen Parlaments am Rechtsetzungsverfahren ist nicht vorgesehen.
188 Vermulst/Waer, S. 13/16; Stanbrook/Bentley, S. 157; MacLean, ITLR 1998, S. 130.
189 Schwarze, EuR 1986, S. 217/221; Rolf, S. 56; Adamantopoulos, S. 148.

geben[190]. Das Konsultationsverfahren ermöglicht der Kommission, das Stimmenverhalten der Mitgliedstaaten zu antizipieren und die politische Stimmungslage unter den Mitgliedstaaten zu erfahren. Damit wird die Kommission in die Lage versetzt, dem Rat am Ende eines Verfahrens Vorschläge zu unterbreiten, die mit größter Wahrscheinlichkeit von der Mehrheit der Mitgliedstaaten angenommen und unterstützt werden.

d) Das Gericht erster Instanz

Durch Beschluss des Rates vom 7. März 1994[191] ist mit Wirkung vom 15. März 1994 das Gericht erster Instanz (EuG) für Klagen zuständig erklärt worden, die gemäß Artikel 230 Abs. IV, Artikel 232 Abs. III und Artikel 235 EG-Vertrag von natürlichen oder juristischen Personen erhoben werden und die sich auf handelspolitische Schutzmaßnahmen im Sinne des Artikels 133 EG-Vertrag im Falle von Dumping und Subventionen beziehen[192]. Natürliche oder juristische Personen die z.B. unmittelbar und individuell durch Verordnungen oder sonstige Entscheidungen in einem Antisubventionsverfahren betroffen sind, können somit eine Klage beim EuG einreichen[193].

e) Der Europäische Gerichtshof

Der EuGH kann durch Vorlagefragen nach Artikel 234 EG-Vertrag mit der Auslegung der ASV oder mit der Gültigkeit der Handlungen der Gemeinschaftsorgane befasst werden[194]. Denkbar ist dieser Weg bei der gerichtlichen Anfechtung einzelstaatlicher Rechtsakte, z.B. der Erhebung von Ausgleichszöllen oder der Verweigerung einer Rückerstattung. Der EuGH kann aber auch durch Klagen gegen/durch einen Mitgliedstaat, sowie durch die Einlegung eines Rechtsmittels, gegen eine Entscheidung des EuG, das allerdings auf Rechtsfragen beschränkt ist, mit der Anwendung und Auslegung der ASV befasst werden[195].

2. Einleitung des Verfahrens

Die ASV sieht zwei Möglichkeiten der Verfahrenseinleitung vor. Verfahren können zum einen durch schriftlichen Antrag privater Personen oder Vereinigungen und zum an-

---

190 Beseler, S. 113; Geiger, ex Artikel 5, Rdnr. 1 bis 46.

191 Beschluss des Rates vom 7. März 1994 (94/149/EGKS, EG) zur Änderung des Beschlusses 93/350/ Euratom, EGKS, EWG zur Änderung des Beschlusses 88/591/EGKS, EWG, Euratom zur Errichtung eines Gerichts erster Instanz der Europäischen Gemeinschaften (ABl. 1994 L 66, S. 29).

192 Müller/Khan/Neumann, S. 519.

193 Siehe ausführlicher zum Rechtsschutz unten in diesem Teil: Punkt X.

194 Vermulst/Waer, S. 156; Müller/Khan/Neumann, S. 519.

195 Müller/Khan/Neumann, S. 519.

deren *ex officio* durch die Kommission eingeleitet werden. In einem Vorprüfungsverfahren untersucht die Kommission zunächst, ob genügend stichhaltige Beweise vorliegen, um offiziell eine Untersuchung einzuleiten, die dann im Amtsblatt der Europäischen Gemeinschaften bekannt gegeben wird.

a) Grundsätzlich durch schriftlichen Antrag

Ein Antisubventionsverfahren wird in den meisten Fällen durch einen schriftlichen Antrag eingeleitet. Die Aktivlegitimation zur Antragstellung hat jede natürliche oder juristische Person oder eine Vereinigung ohne Rechtspersönlichkeit, die im Namen eines Wirtschaftszweigs der Gemeinschaft handelt (Artikel 10 Abs. I Satz 1)[196]. Der Antrag gilt als "von einem Wirtschaftszweig der Gemeinschaft oder in seinem Namen" gestellt, wenn er von Gemeinschaftsherstellern unterstützt wird, deren Produktion insgesamt mehr als 50% der Gesamtproduktion der gleichartigen Ware darstellt, die auf den Teil des Wirtschaftszweigs der Gemeinschaft entfällt, der den Antrag entweder unterstützt oder ablehnt (Artikel 10 Abs. VIII Satz 2). Ein Verfahren wird jedoch nicht eingeleitet, wenn auf die Gemeinschaftshersteller, die den Antrag ausdrücklich unterstützen, weniger als 25% der Gesamtproduktion der gleichartigen, vom Wirtschaftszweig der Gemeinschaft hergestellten Ware entfallen (Artikel 10 Abs. VIII Satz 3)[197]. Einzelne Unternehmen können nur dann ein Verfahren beantragen, wenn sie selbst einen größeren Anteil der Erzeugung in der Gemeinschaft auf sich vereinen[198].

Der Antrag wird an die Kommission gerichtet. Wird der Antrag hingegen bei einem Mitgliedstaat gestellt, so leitet dieser Mitgliedstaat den Antrag an die Kommission weiter (Artikel 10 Abs. I Satz 2). Der Antrag muss ausreichende Beweise für das Vorliegen einer anfechtbaren Subvention und für eine Schädigung sowie für einen ursächlichen Zusammenhang zwischen den behaupteten subventionierten Einfuhren und der behaupteten Schädigung enthalten (Artikel 10 Abs. II Satz 1)[199]. Artikel 10 Abs. II Buchstabe a) bis d) erwähnen explizit die Informationen, die ein Antrag normalerweise enthalten muss; dies sind z.B.: die Namen der Antragstellers und eine Beschreibung des Volumens und des Wertes seiner inländischen Produktion der gleichartigen Ware; eine vollständige Beschreibung der angeblich subventionierten Ware, die Namen der fraglichen Ursprungs- und/oder Ausfuhrländer, Namen aller bekannten Ausführer oder ausländischen Hersteller sowie eine

196 Dies entspricht dem Artikel 11 Abs. I des Subventionsübereinkommens (ABl. 1994 L 336, S. 163). Beseler/Williams, S. 177; Rolf, S. 56; Junkerstorff, S. 21.

197 Beide Schwellenwerte (50% und 25%) korrespondieren mit Artikel 11 Abs. IV des Subventionsübereinkommens, der diese beiden Schwellenwerte vorgibt (ABl. 1994 L 336, S. 164).

198 EuGH, Rs. 191/82, EEC Seed Crushers' and Oil Processors' Federation (Fediol)/Kommission, Slg. 1983, S. 2913/2932 (=NJW 1984, S. 2028); EuGH, Rs. 264/82, Timex/Rat und Kommission, Slg. 1985, S. 849.

199 Dies entspricht Artikel 11 Abs. II Satz 1 des Subventionsübereinkommens (ABl. 1994 L 336, S. 163).

Liste der bekannten Einführer der fraglichen Ware; Beweise für das Vorliegen, die Höhe und die Art und Anfechtbarkeit der Subvention; Beweise dafür, dass eine Schädigung vorliegt, und dass die angebliche Schädigung eines inländischen Wirtschaftszweigs durch subventionierte Einfuhren infolge der Auswirkungen der Subventionen verursacht[200].

Befindet sich die Kommission selbst im Besitz von genügend Beweisen, dann kann unter besonderen Umständen auch ein Verfahren *ex officio*[201] durch die Kommission eingeleitet werden, ohne dass ein entsprechender schriftlicher Antrag gestellt worden ist (Artikel 10 Abs. X) [202]. Das Vorliegen eines Antrags ist also keine unabdingbare Zulässigkeitsvoraussetzung für die Einleitung des Verfahrens. Die Beweise können der Kommission z.B. von einem Mitgliedstaat übermittelt werden, vorausgesetzt dieser verfügt über ausreichende und stichhaltige Beweise (Artikel 10 Abs. I Satz 5). Trotz Antragsberechtigung betroffener Wirtschaftszweige wird das Verfahren von der Offizialmaxime beherrscht, denn das Verfahren kann trotz der Rücknahme des Antrags von Amts wegen fortgesetzt werden, sofern dies im Interesse der Gemeinschaft liegt (Artikel 14 Abs. I)[203]. Die Offizialmaxime spiegelt sich auch, wie bereits oben erwähnt, in Artikel 10 Abs. X wider, der einen Antrag entbehrlich macht.

b) *Vorprüfung und Bekanntmachung*

Liegt hingegen ein Antrag vor, so prüft die Kommission die Stichhaltigkeit und Richtigkeit der Beweise, die dem Antrag beigefügt worden sind, im Hinblick auf die Frage, ob die Beweise die Einleitung einer Untersuchung rechtfertigen (Artikel 10 Abs. III). Die Beweise für die Subvention sowie für die Schädigung werden bei dem Beschluss über die Einleitung einer Untersuchung gleichzeitig berücksichtigt (Artikel 10 Abs. XI Satz 1). Kommt die Kommission zu dem Entschluss, dass der Antrag ausreichende Beweise enthält, die die Einleitung einer Untersuchung rechtfertigen[204], so legt die Kommission dem Beratenden Ausschuss die Beweise mit der Empfehlung vor, dass eine Untersuchung ein-

---

200 Die in Artikel 10 Abs. II Buchstabe a) bis d) geforderten Informationen, korrespondieren mit denen, die in Artikel 11 Abs. II Ziff. i) bis iv) des Subventionsübereinkommens verlangt werden (ABl. 1994 L 336, S. 163/164).

201 Die Möglichkeit für die Kommission eine Untersuchung ohne einen Antrag einzuleiten ist durch die ASV neu eingeführt worden. Ratsverordnung (EWG) Nr. 2423/88 (ABl. 1988 L 209, S. 1) sah diese Möglichkeit nicht vor. Gassner, S. 21.

202 Artikel 11 Abs. VI des Subventionsübereinkommens erwähnt in diesem Zusammenhang: Beschließen die betreffenden Behörden unter besonderen Umständen, eine Untersuchung einzuleiten, ohne dass ein entsprechender schriftlicher Antrag gestellt worden ist, so setzt dies voraus, dass ausreichende Beweise für das Vorliegen einer Subvention, einer Schädigung und eines ursächlichen Zusammenhangs gegeben sind, um die Einleitung einer Untersuchung zu rechtfertigen (ABl. 1994 L 336, S. 164).

203 Schwarze, EuR 1986, S. 217/222; Grabitz/Hilf - Vedder, ex Artikel 113, Rdnr. 129.

204 Artikel 11 Abs. III des Subventionsübereinkommens stellt klar, dass die Behörden die Richtigkeit und die Stichhaltigkeit der dem Antrag beigefügten Beweise prüfen, um festzustellen, ob ausreichende Beweise vorliegen, um die Einleitung einer Untersuchung zu rechtfertigen (ABl. 1994 L 336, S. 164).

geleitet werden soll[205]. Dem Beratenden Ausschuss steht dann die Möglichkeit zur Verfügung, eine Stellungnahme abzugeben. Die Konsultierung des Beratenden Ausschusses ist, wie bereits erwähnt, von praktischer Bedeutung, denn sie soll eine Abstimmung zwischen der Kommission und den Mitgliedstaaten sicherstellen, sowie das spätere Verhalten im Rat zu einem gewissen Maße antizipieren. Vor Einleitung einer Untersuchung unterrichtet die Kommission auch die Regierung des betreffenden Ursprungs- und/oder Ausfuhrlands, um der Regierung Gelegenheit zu Konsultationen zu geben, damit Fragen geklärt und eine einvernehmliche Lösung erzielt werden können (Artikel 10 Abs. IX Satz 2)[206].

Stellt sich auch nach Konsultationen heraus, dass genügend Beweise und Gründe vorliegen, um die Einleitung zu rechtfertigen, so eröffnet die Kommission innerhalb von 45 Tagen[207] nach der Antragstellung eine Untersuchung und veröffentlicht eine Bekanntmachung im Teil C des Amtsblatts der Europäischen Gemeinschaften über die Einleitung der Untersuchung (Artikel 10 Abs. XIII Satz 1)[208]. Die öffentliche Bekanntmachung[209] ü-

---

205 Wird eine Subvention im Rahmen eines Subventionsprogramms gewährt, das vor seiner Durchführung dem WTO-Ausschuss für Subventionen und Ausgleichsmaßnahmen gemäß Artikel 8 des Subventionsübereinkommens (Feststellung nichtanfechtbarer Subventionen) notifiziert wurde und für das der Ausschuss nicht festgestellt hat, dass die einschlägigen Voraussetzungen des Artikel 8 des Subventionsübereinkommens nicht erfüllt sind, so wird eine Untersuchung in bezug auf eine im Rahmen eines solchen Programms gewährte Subvention nur dann eingeleitet, wenn von dem zuständigen WTO-Streitbeilegungsorgan oder im Schiedsverfahren nach Artikel 8 Abs. V des Subventionsübereinkommens eine Verletzung des Artikel 8 des genannten Übereinkommens festgestellt wurde (siehe Artikel 10 Abs. VI ASV).

206 Ratsverordnung (EWG) Nr. 2423/88 (ABl. 1988 L 209, S. 1) sah die Möglichkeit für Konsultationen nicht vor. Bourgeois - Bronckers, S. 190.

207 Die Frist von 45 Tagen ist neu durch die ASV eingeführt worden. Sie war nicht in der alten Ratsverordnung (EWG) Nr. 2423/88 (ABl. 1988 L 209, S.1) vorgesehen.

208 Siehe z.B. Bekanntmachung über die Einleitung eines Antisubventionsverfahrens über die Einfuhren von gezüchteten Atlantischen Lachs mit Herkunft in Norwegen (ABl. 1996 C 253, S. 20); Bekanntmachung über die Einleitung eines Antisubventionsverfahrens betreffend die Einfuhren von Breitband-Antibiotika mit Ursprung in Indien (ABl. 1997 C 277, S. 2); Bekanntmachung über die Einleitung eines Antisubventionsverfahrens betreffend die Einfuhren von blankem Stabstahl aus nichtrostendem Stahl mit Ursprung in Indien (ABl. 1997 C 328, S. 16); Bekanntmachung über die Einleitung eines Antisubventionsverfahrens betreffend die Einfuhren von kaminroten Koschenille mit Ursprung in Peru (ABl. 1997 C 335, S. 5); Bekanntmachung über die Einleitung eines Antisubventionsverfahrens betreffend die Einfuhren bestimmter Glasfasergewebe mit Ursprung in Taiwan (ABl. 1997 C 366, S. 3); Bekanntmachung über die Einleitung eines Antisubventionsverfahrens betreffend die Einfuhren von Draht aus nichtrostendem Stahl mit einem Durchmesser von weniger als 1mm mit Ursprung in Indien und der Republik Korea (ABl 1998 C 199, S. 3); Bekanntmachung über die Einleitung eines Antisubventionsverfahrens betreffend die Einfuhren von Draht aus nichtrostendem Stahl mit einem Durchmesser von 1mm oder mehr mit Ursprung in Indien und der Republik Korea (ABl 1998 C 199, S. 5); Bekanntmachung über die Einleitung eines Antisubventionsverfahrens betreffend die Einfuhren von Binde- oder Pressengarnen aus Polypropylen mit Ursprung in Saudi-Arabien (ABl. 1998 C 233, S. 25); Bekanntmachung über die Einleitung eines Antisubventions-verfahrens betreffend die Einfuhren texturierter Polyesterfilamentgarne mit Ursprung in Indien und der Republik Korea (ABl. 1998 C 264, S. 2); Bekanntmachung über die Einleitung eines Antisubventions-verfahrens betreffend die Einfuhren von Polyethylenterephthalat-Folien mit Ursprung in Indien (ABl. 1998 C 357, S. 12); Bekanntmachung über die Einleitung eines Antisubventionsverfahrens betreffend die Einfuhren bestimmter flachgewalzter Erzeugnisse aus Eisen oder nichtlegiertem Stahl mit Ursprung in Indien, Taiwan und Südafrika

ber die Einleitung eines Antisubventionsverfahrens enthält die folgenden Informationen: Eine Beschreibung der Antragsteller und das Datum an dem der Antrag gestellt wurde; eine Beschreibung der angeblich subventionierten Waren und deren Ursprung; die Subventionsbehauptung (eine Beschreibung der behaupteten Subventionssysteme); die Schadensbehauptung; das Verfahren für die Subventions- und die Schadensermittlung (Übermittlung von Fragebögen an die betroffenen Parteien, um Informationen einzuholen, die die Kommission für die Untersuchung als notwendig erachtet und die Einholung von Informationen und Anhörungen); eine Aufforderung an die Antragsteller, die Einführer und ihre repräsentativen Verbände sowie repräsentativen Verwender und Verbraucherorganisationen, ihre Standpunkte darzulegen (zur Berücksichtigung im Rahmen des Gemeinschaftsinteresses); die Festlegung von allgemeinen und besonderen Fristen[210], innerhalb derer interessierte Parteien bei der Kommission einen Antrag auf Anhörung und Aufnahme ins Verfahren stellen können; sowie ein Hinweis auf die Konsequenzen einer mangelnden Bereitschaft zur Mitarbeit (Artikel 10 Abs. XIV)[211]. Die Bekanntmachung dient im wesentlichen dazu, interessierten Parteien die Möglichkeit zur Stellungnahme zu verschaffen[212]. Die Kommission benachrichtigt alle bekanntermaßen betroffenen Parteien. Vor der Eröffnung einer Untersuchung wird der Antrag nicht veröffentlicht[213], jedoch wird nach der Entscheidung, eine Untersuchung zu eröffnen, eine nichtvertrauliche Version des Antrags interessierten Parteien zugänglich gemacht (Artikel 10 Abs. XV).

(ABl. 1999 C 5, S. 2); Bekanntmachung über die Einleitung eines Antisubventionsverfahrens betreffend die Einfuhren synthetischer Polyesterfasern mit Ursprung in Australien, Indonesien, der Republik Korea, Taiwan und Thailand (ABl. 1999 C 111, S. 3); Bekanntmachung über die Einleitung eines Antisubventionsverfahrens betreffend die Einfuhren von Verbindungselementen aus nichtrostendem Stahl mit Ursprung in Malaysia, Singapur, den Philippinen und Thailand (ABl. 1999 C 181, S. 29); Bekanntmachung über die Einleitung eines Antisubventionsverfahrens betreffend die Einfuhren von thermoplastischem Styrol-Butadien-Styrol-Kautschuk mit Ursprung in Taiwan (ABl. 1999 C 241, S. 4); Bekanntmachung über die Einleitung eines Antisubventionsverfahrens betreffend die Einfuhren bestimmter Glasfasergewebe mit Ursprung in Taiwan (ABl. 1999 C 262, S. 6); Bekanntmachung über die Einleitung eines Antisubventionsverfahrens betreffend die Einfuhren von Polyethylenterephthalaten mit Ursprung in Indien, Indonesien, der Republik Korea, Malaysia, Taiwan und Thailand und die Ablehnung eines Antrags auf Einleitung eines Antisubventionsverfahrens betreffend die Einfuhren von Polyethylenterephthalaten mit Ursprung in Saudi-Arabien (ABl. 1999 C 319, S. 2).

209 Das Erfordernis der öffentlichen Bekanntmachung ist in Artikel 22 Abs. I des Subventionsübereinkommens niedergelegt (ABl. 1994 L 336, S. 171).

210 Die Frist beträgt i.d.R. 40 Tage nach Veröffentlichung der Bekanntgabe im Amtsblatt der Europäischen Gemeinschaften. Besondere Fristen (i.d.R. 15 Tage nach Veröffentlichung) bestehen z.B. für die betreffenden Hersteller oder Ausführer, um sich für die Teilnahme eine Stichprobenuntersuchung zu melden.

211 Die Vorgaben über den Mindestinhalt der öffentlichen Bekanntmachung enthält Artikel 22 Abs. II des Subventionsübereinkommens (ABl. 1994 L 336, S. 171). Diese sind von Artikel 10 Abs. XIV übernommen worden.

212 Gassner, S. 22; Beseler/Williams, S. 187.

213 Artikel 11 Abs. V des Subventionsübereinkommens stellt in diesem Zusammenhang klar, dass die Behörde den Antrag auf Einleitung einer Untersuchung nicht öffentlich bekannt gibt, bevor ein Beschluss über die Einleitung einer solchen Untersuchung ergangen ist (ABl. 1994 L 336, S. 164).

Reichen die Beweise im Antrag hingegen nicht aus, wird dem Antragsteller innerhalb von 45 Tagen, nach Einreichung seines Antrages, mitgeteilt, dass die Kommission nicht beabsichtigt, eine Untersuchung einzuleiten (Artikel 10 Abs. XIII Satz 2). Verfahren werden nicht gegen Länder eingeleitet, wenn die Ausfuhren einen Marktanteil von weniger als 1% ausmachen, es sei denn, die Länder erreichen zusammen 3% oder mehr des Gemeinschaftsverbrauchs (Artikel 10 Abs. XI Satz 3)[214]. Obwohl die Kommission in aller Objektivität festzustellen hat, dass eine anfechtbare Subvention eine Schädigung verursacht, so verfügt sie doch über einen weiten Ermessensspielraum, wenn es darum geht, z.B. nach Maßgabe des Gemeinschaftsinteresses zu entscheiden, ob ein Verfahren einzuleiten ist[215]. Es lässt sich aber grundsätzlich konstatieren, dass die Kommission die Anforderungen an einen Antrag nicht zu hoch ansetzt, und dass allgemein der "politische Wille" für die Einleitung von Verfahren vorhanden ist, vorausgesetzt natürlich, dass ausreichende Beweise vorliegen.

3. *Die Untersuchung*

Entscheidet sich die Kommission[216] ein Verfahren einzuleiten[217], so erstreckt sich die Untersuchung sowohl auf die Subventionierung als auch auf die Schädigung, die gleichzeitig untersucht werden (Artikel 11 Abs. I Satz 2)[218]. Die Antisubventionsuntersuchung hat keinen Suspensiveffekt, sie steht der Zollabfertigung nicht entgegen (Artikel 10 Abs. XVI)[219]. Unmittelbar nach der Einleitung einer Untersuchung übermittelt die Kommission den bekanntermaßen betroffenen Ausführern sowie den Behörden des Ursprungs- oder Ausfuhrlands den vollen Wortlaut des schriftlichen Antrags und stellt ihn auch den anderen interessierten Parteien auf Antrag zur Verfügung[220]. Für die Zwecke einer repräsentativen Feststellung wird ein Untersuchungszeitraum gewählt, der im Fall der Subven-

---

214 Artikel 11 Abs. IX Satz 2 des Subventionsübereinkommens führt hierzu aus, dass eine Untersuchung umgehend eingestellt wird, "wenn die Behörden feststellen, dass....das Volumen der tatsächlichen oder potentiellen subventionierten Einfuhren oder die Schädigung unerheblich ist" (ABl. 1994 L 336, S. 164). Ein genauer Prozentsatz wird nicht vorgegeben.

215 EuGH, Rs. 191/82, EEC Seed Crushers'and Oil Processors'Federation (Fediol)/Kommission, Slg. 1983, S. 2913 (= NJW 1984, S. 2028).

216 Nach der kommissionsinternen Aufgabenverteilung entscheidet nicht die Kommission als Gremium, sondern allein der für Außenwirtschaftsfragen zuständige Kommissar über die Einleitung. Reuter, Rdnr. 425.

217 Eine Untersuchung kann auch eingeleitet werden, um festzustellen, ob die angebliche Subvention spezifisch im Sinne des Artikels 3 Abs. II und III sind (siehe Artikel 10 Abs. IV); um festzustellen, ob die Voraussetzungen für nichtanfechtbare Subventionen nach den Absätzen II, III, IV des Artikels 4 erfüllt sind (siehe Artikel 10 Abs. V); und um festzustellen ob entsprechende Fördermaßnahmen im wirtschaftlichen Bereich im Einklang mit Anhang IV stehen (siehe Artikel 10 Abs. VII).

218 Beseler/Williams, S. 189.

219 Dies stellt auch Artikel 11 Abs. X des Subventionsübereinkommens klar (ABl. 1994 L 336, S. 164).

220 Dieses Gebot korrespondiert mit Artikel 12 Abs. I Nr. 3 des Subventionsübereinkommens (ABl. 1994 L 336, S. 165).

tionierung in der Regel das letzte Geschäftsjahr des Begünstigten ist oder ein Zeitraum von mindestens sechs Monaten vor Einleitung der Untersuchung (Artikel 11 Abs. I Satz 3 i.V.m. Artikel 5 Satz 2)[221]. Innerhalb dieses Untersuchungszeitraums stellt die Kommission die Höhe der anfechtbaren Subvention und die Preisunterbietung durch die subventionierten Einfuhren fest. Bei der Subventionsuntersuchung berücksichtigt die Kommission nicht Informationen über mögliche Änderungen der Subventionsregelung nach dem Untersuchungszeitraum[222]. Hiervon ist weiterhin der Untersuchungszeitraum zu unterscheiden, den die Kommission zur Ermittlung des Schadensverlaufs zugrunde legt. Dieser "Schadensuntersuchungszeitraum" (Bezugszeitraum) beträgt i.d.R. vier oder fünf Jahre vor Einleitung der Untersuchung. Hat die Kommission eine Subvention für den Untersuchungszeitraum i.S.d. Artikel 11 Abs. I Satz 3 i.V.m. Artikel 5 Satz 2 festgestellt, so arbeitet sie unter der Prämisse, dass auch während des gesamten Bezugszeitraums eine Subventionierung vorlag. Es sind jedoch Fälle denkbar, wo die Subventionsprogramme am Anfang eines Bezugszeitraums noch gar nicht in Kraft waren oder das Niveau der Subventionierung deutlich geringer war[223]. Im Hinblick auf den Kausalzusammenhang zwischen den subventionierten Einfuhren und der Schädigung, können sich somit Probleme der Schadenszurechnung ergeben, wenn erwiesen ist, dass der Grad der Subventionierung während des gesamten Bezugszeitraums erheblich variiert hat. Gleichzeitig mit der Bekanntmachung im Amtsblatt werden den betroffenen Parteien (Einführer, Ausführer, Hersteller und der Regierung) im Rahmen der Untersuchung Fragebögen zugesandt, für die eine Beantwortungsfrist[224] von mindestens 30 Tagen eingeräumt wird (Artikel 11 Abs. II Satz 1)[225]. Diese Frist kann jedoch unter bestimmten Umständen verlängert werden, wenn die Partei wegen besonderer Umstände diese Verlängerung gebührend begründen kann

---

221 Zur Berechnung der Höhe einer anfechtbaren Subvention, siehe oben in diesem Teil: Punkt IV.

222 Siehe z.B. Verordnung (EG) Nr. 978/2000 des Rates vom 8. Mai 2000 zur Einführung eines endgültigen Ausgleichszolls auf die Einfuhren synthetischer Polyesterfasern mit Ursprung in Australien, Indonesien und Taiwan und zur endgültigen Vereinnahmung des vorläufigen Zolls (ABl. 2000 L 113, S. 1/4). In diesem Zusammenhang ist darauf hinzuweisen, dass nach der ASV die Einleitung einer Interimüberprüfung beantragt werden kann, in deren Rahmen die Kommission unter anderem prüfen kann, ob sich die Umstände hinsichtlich der Subventionierung wesentlich verändert haben (siehe hierzu unten in diesem Teil: Punkt IX.4.b).

223 Siehe z.B. Verordnung (EG) Nr. 1204/98 der Kommission vom 9. Juni 1998 zur Einführung eines vorläufigen Ausgleichszolls auf die Einfuhren von Breitband-Antibiotika mit Ursprung in Indien (ABl. 1998 L 166, S. 17); Verordnung (EG) Nr. 2164/98 des Rates vom 5. Oktober 1998 zur Einführung eines endgültigen Ausgleichszolls auf die Einfuhren bestimmter Breitband-Antibiotika mit Ursprung in Indien und zur endgültigen Vereinnahmung des vorläufigen Zolls (ABl. 1998 L 273, S. 1/11). Die meisten der untersuchten Subventionsprogramme waren am Anfang des Bezugszeitraums noch gar nicht in Kraft getreten.

224 Die Frist für die Ausführer beginnt an dem Tag des Eingangs des Fragebogens, wobei davon ausgegangen wird, dass der Fragebogen eine Woche nach dem Tag eingeht, an dem er an den Antragsgegner abgesandt oder der zuständigen diplomatischen Vertretung des Ursprungs- und/oder Ausfuhrlands übermittelt wurde (Artikel 11 Abs. II Satz 2).

225 Auch das Subventionsübereinkommen legt in Artikel 12 Abs. I Nr. 1 eine Mindestfrist von 30 Tagen fest (ABl. 1994 L 336, S. 164).

(Artikel 11 Abs. II Satz 3). Die Fragebögen verfolgen den Zweck, die Kommission mit ausreichenden unternehmensbezogenen Daten und Informationen zu versorgen, die für die Untersuchung notwendig sind, um anhand der Beantwortungen zu ermitteln, in welchem Ausmaß Subventionen gewährt worden sind und inwieweit die subventionierten Einfuhren den Antragstellern einen Schaden zufügt haben[226]. Die Fragebögen verlangen üblicherweise, für einen festgelegten Untersuchungszeitraum, detaillierte Informationen im Hinblick auf: Die Unternehmen[227]; die Umsätze (in Wert und Volumen) für sämtliche Produkte und speziell für die zu untersuchenden Waren (für einen Zeitraum von i.d.R. drei Jahren; aufgeschlüsselt nach Verkäufen an verbundene und nichtverbundene Unternehmen sowie nach den unterschiedlichen Ausfuhrmärkten); die Produktionsvolumina und Produktionskapazitäten für die untersuchten Waren, über einen Zeitraum von i.d.R. drei Jahren; Ankäufe der untersuchten Waren[228]; Lagerbestände; Informationen über die Zahl der Arbeitnehmer für den gesamten Produktionsbereich und für die untersuchten Waren; Angaben über Investitionen; Informationen über das Vertriebssystem; detaillierte Angaben zu den Ausfuhren der untersuchten Waren während des Untersuchungszeitraums in die Gemeinschaft (Transaktion für Transaktion); sowie detaillierte Informationen zu den zu untersuchenden Subventionssystemen und der Höhe der empfangenen Subventionen. Die Kommission verändert die Fragebögen von Zeit zu Zeit, im Hinblick auf die verlangten Informationen und Präsentation. Es liegt in der Natur der Sache, dass der Fragebogen an die Regierung anders ausgestaltet ist. Die Fragen an die Regierung beschränken sich in erster Linie auf die Subventionssysteme (historischer Hintergrund, Rechtsgrundlagen, Funktionsweise, usw.). Die Kommission kann alle erforderlichen Nachprüfungen und Kontrollen anstellen, und zwar insbesondere bei den Einführern, Händlern und Herstellern in der Gemeinschaft, sowie Untersuchungen in Drittländern durchführen, sofern die betroffenen Unternehmen ihre Zustimmung erteilen und die offiziell unterrichtete Regierung des betreffenden Landes keine Einwände erhebt (Artikel 11 Abs. IV Satz 1)[229]. Nachprüfungen werden i.d.R. durch Kontrollbesuche vorgenommen, die in erster Linie dazu dienen, die Richtigkeit der Beantwortung der Fragebögen zu verifizieren. Die Richtigkeit der Information wird vor Ort nachgeprüft, indem die Kommission während ihrer Kontrollbesuche die Bücher der kooperierenden Einführer, Ausführer, Händler, Vertreter, Hersteller, Wirtschaftsverbände und -organisationen einsieht und die Informationen zu der Subventionierung, Schädigung usw. überprüft (Artikel 26 Abs. I Satz 1) [230]. Interessierte Parteien wer-

226 Vermulst/Waer, S. 31.

227 Im Hinblick auf die Organisation, die Unternehmens- und Konzernstruktur, die Bandbreite der Produkte, die Verbindungen mit anderen Unternehmen, u.s.w. Rolf, S. 57; Vermulst/Waer, S. 31.

228 Allgemeine Informationen zu den Einfuhren, der Einfuhr durch andere Bezugsquellen, der Entwicklung der Einfuhren (in Volumen und Wertangaben) u.s.w.

229 Die Möglichkeit zu Untersuchungen in Drittländern sieht auch Artikel 12 Abs. VI des Subventionsübereinkommens vor (ABl. 1994 L 336, S. 165).

230 Rolf, S. 57.

den darüber hinaus angehört, wenn sie innerhalb der festgesetzten Frist in der Bekanntmachung eine solche Anhörung schriftlich beantragen und nachweisen, dass sie eine Interessierte Partei sind, dass die Wahrscheinlichkeit besteht, vom Ausgang des Verfahrens betroffen zu sein, und besondere Gründe für eine Anhörung sprechen (Artikel 11 Abs. V)[231]. Die ASV stellt auch die Möglichkeit bereit, dass auf Antrag dem Einführer, Ausführer oder Antragsteller, sowie den Regierungen des Ursprungs- und/oder Ausfuhrlands der beteiligten Parteien die Gelegenheit geboten wird zusammenzutreffen, um ihre Ansichten zu äußern und Gegenargumente vorzubringen (Artikel 11 Abs. VI). Die Erfahrung lehrt, dass bei derartigen "Konfrontationstreffen"[232] widersprechende Ansichten leichter abgeklärt werden können, wenn in Rede und Gegenrede der Tatbestand analysiert und aufgeklärt wird[233]. Artikel 11 Abs. VII Satz 1 eröffnet den beteiligten Parteien auf schriftlichen Antrag hin ein Akteneinsichtsrecht, wenn dies zur Verteidigung ihrer Interessen geboten erscheint und wenn die Unterlagen nicht vertraulich sind. Das Einsichtsrecht erstreckt sich gemäß Artikel 11 Abs. VII auf alle von den Parteien zur Verfügung gestellten Unterlagen[234]; ausgenommen sind hiervon die von den Behörden der Gemeinschaft oder ihrer Mitgliedstaaten erstellten internen Dokumente[235].

Untersuchungen sollen, wenn möglich, innerhalb von einem Jahr abgeschlossen sein (Artikel 11 Abs. IX Satz 1). In jedem Fall sind die Untersuchungen nach Einleitung innerhalb von 13 Monaten abzuschließen (Artikel 11 Abs. IX Satz 2)[236]. Die Kommission gibt dem Ursprungs- und/oder Ausfuhrland während der Untersuchung ausreichend Gelegenheit, die Konsultationen fortzusetzen, um den Sachverhalt zu klären und eine einvernehmliche Lösung zu erzielen (Artikel 11 Abs. X). Vor einer endgültigen Feststellung unterrichtet die Kommission alle beteiligten Parteien und betroffenen Drittländer über die wesentlichen Fakten, auf deren Grundlage der Beschluss zur Ergreifung von Ausgleichs-

---

231 Dies entspricht dem Artikel 12 Abs. II des Subventionsübereinkommens (ABl. 1994 L 336, S. 165).

232 Siehe zum Thema der Konfrontationsmöglichkeit: Junckerstorff, S. 85.

233 Von der Möglichkeit eines Konfrontationstreffens ist im "Antibiotika-Fall" gebraucht gemacht worden, um die komplexe Korrelation zwischen der Preisentwicklung der Hauptrohmaterialien und den Preisen der untersuchten Waren zu klären [siehe Verordnung (EG) Nr. 2164/98 des Rates vom 5. Oktober 1998 zur Einführung eines endgültigen Ausgleichszolls auf die Einfuhren bestimmter Breitband-Antibiotika mit Ursprung in Indien und zur endgültigen Vereinnahmung des vorläufigen Zolls (ABl. 1998 L 273, S. 1)].

234 Reuter, Rdnr. 430. Siehe in diesem Zusammenhang zur Vertraulichkeit von Informationen unten in diesem Teil: Punkt VII.6.

235 Das Subventionsübereinkommen legt hierzu in Artikel 12 Abs. I Nr. 2 fest, dass vorbehaltlich der erforderlichen Wahrung der Vertraulichkeit Beweise, die ein interessiertes Mitglied oder eine interessierte Partei schriftlich vorlegt, den anderen interessierten Mitgliedern oder interessierten Parteien, die an der Untersuchung mitarbeiten, umgehend zur Verfügung gestellt werden (ABl. 1994 L 336, S. 165).

236 Die ASV ist im Hinblick auf den maximalen Untersuchungszeitraum restriktiver als das Subventionsübereinkommen, das in Artikel 11 Abs. XI festlegt, dass die Untersuchung auf jeden Fall innerhalb von 18 Monaten nach der Einleitung abgeschlossen sein muss (ABl. 1994 L 336, S. 164). Grund für diesen verkürzten Untersuchungszeitraum, ist die Geltungsdauer der vorläufigen Ausgleichszölle, die höchstens vier Monate betragen darf. Die maximale Geltungsdauer der vorläufigen Ausgleichszölle ergibt

maßnahmen gefasst werden soll (Artikel 30)[237]. Diese Unterrichtung soll so rechtzeitig wie möglich erfolgen, um den Parteien ausreichend Zeit zu gewähren, ihre Interessen verteidigen zu können.

4. *Stichproben*

Ist die Zahl der Antragsteller, der Ausführer oder der Einführer, der Warentypen oder der Geschäftsvorgänge sehr groß, so kann sich die Untersuchung auf eine vertretbare Anzahl von Parteien, Waren oder Geschäftsvorgängen durch Stichproben[238], die nach den normalen statistischen Verfahren auf der Grundlage der zum Zeitpunkt der Auswahl zur Verfügung stehenden Informationen gebildet werden, oder auf das größte repräsentative Produktions-, Verkaufs- oder Ausfuhrvolumen beschränkt werden, die in angemessener Weise in der zur Verfügung stehenden Zeit untersucht werden können [Artikel 27 Abs. I Buchstabe a) und b)][239]. Die Auswahl der Parteien, Warentypen oder Geschäftsvorgänge liegt im Ermessen der Kommission (Artikel 27 Abs. II)[240]. Jedoch bemüht sich die Kommission, im Einvernehmen mit den betroffenen Parteien, eine möglichst repräsentative Gruppe von Unternehmen zusammenzustellen. Auch wenn sich die Untersuchung nur auf Stichproben beschränkt, so wird dennoch die individuelle Höhe der anfechtbaren Subventionierung für jeden ursprünglich nicht ausgewählten Ausführer oder Hersteller berechnet, es sei denn, die Anzahl der Ausführer oder Hersteller ist zu groß, so dass individuelle Ermittlungen eine zu große Belastung darstellen und den fristgerechten Abschluss der Untersuchung verhindern würden (Artikel 27 Abs. III).

5. *Mangelnde Bereitschaft zur Mitarbeit*

In Fällen in denen eine beteiligte Partei den Zugang zu den erforderlichen Informationen verweigert oder nicht innerhalb der durch die ASV gesetzten Fristen die erforderlichen Auskünfte erteilt oder die Untersuchung erheblich behindert, können die Feststellungen auf der Grundlage der verfügbaren Fakten getroffen werden (Artikel 28 Abs. I Satz

---

sich aus Artikel 17 Abs. IV des Subventionsübereinkommens (ABl. 1994 L 336, S. 169).

237 Dies folgt auch aus Artikel 12 Abs. VIII des Subventionsübereinkommens (ABl. 1994 L 336, S. 166).

238 Das Subventionsübereinkommen enthält keine vergleichbare Vorschrift über Stichproben, erwähnt aber in der Fußnote 1 zu Artikel 11 Abs. IV des Subventionsübereinkommens, dass im Falle fragmentierter Wirtschaftszweige mit einer ungewöhnlich hohen Zahl von Herstellern die Behörden das Ausmaß der Untersuchung und der Ablehnung durch normale statistische Stichprobenverfahren ermitteln können (ABl. 1994 L 336, S. 164).

239 Siehe z.B. Verordnung (EG) Nr. 1891/97 des Rates vom 26. September 1997 zur Einführung eines endgültigen Ausgleichszolls auf die Einfuhren von gezüchtetem Atlantischen Lachs mit Ursprung in Norwegen (ABl. 1997 L 267, S. 19).

240 Vermulst/Waer, S. 48.

1)[241]. Wird festgestellt, dass eine Partei unwahre oder irreführende Informationen vorgelegt hat, werden diese Informationen nicht berücksichtigt, und die verfügbaren Fakten werden zugrunde gelegt (Artikel 28 Abs. I Satz 2). Die Parteien werden über die Folgen der mangelnden Bereitschaft zur Mitarbeit unterrichtet (Artikel 28 Abs. I Satz 3). Werden Nachweise oder Informationen nicht akzeptiert, wird die Partei, die sie vorgelegt hat unverzüglich über die Gründe unterrichtet und erhält die Möglichkeit, innerhalb der festgesetzten Frist weitere Erläuterungen zu geben (Artikel 28 Abs. IV Satz 1). Ist eine Partei nicht oder nur zum Teil zur Mitarbeit bereit und werden maßgebliche Informationen vorenthalten, so kann dies zu einem Ergebnis führen, das für diese Partei weniger günstig ist, als wenn sie mitgearbeitet hätte, da die Kommission in solchen Fällen Feststellungen auf der Grundlage der verfügbaren Fakten treffen darf (Artikel 28 Abs. VI).

6. Vertrauliche Informationen

Artikel 11 Abs. VII Satz 1 eröffnet den beteiligten Parteien, wie bereits oben erwähnt, auf schriftlichen Antrag hin ein Akteneinsichtsrecht, wenn dies zur Verteidigung ihrer Interessen geboten erscheint und wenn die Unterlagen nicht vertraulich sind. Die Wahrung der Vertraulichkeit erlangter Informationen ist unabdingbare Voraussetzung einer vollständigen Aufklärung des Sachverhalts. Ohne Wahrung der Vertraulichkeit wären die Parteien nicht bereit, die erforderlichen Informationen zu gewähren[242]. Daher sind alle Informationen, die ihrer Natur nach vertraulich sind oder von den Parteien auf vertraulicher Grundlage für eine Untersuchung zur Verfügung gestellt werden, bei entsprechender Begründung von den Behörden vertraulich zu behandeln (Artikel 29 Abs. I)[243]. Hierzu gehören z.B. Informationen, die bei Preisgabe einem Konkurrenten erhebliche Wettbewerbsvorteile verschaffen würden oder für den Auskunftsgeber oder die Person, von der er die Information erhalten hat, von erheblichem Nachteil wären[244]. Die interessierten Parteien, die vertrauliche Informationen übermitteln, werden aufgefordert, eine nichtvertrauliche Zusammenfassung dieser Information vorzulegen, die interessierten dritten Parteien zugänglich ist (Artikel 29 Abs. II Satz 1)[245]. Diese Zusammenfassungen müssen so ausführ-

241 Auch das Subventionsübereinkommen enthält in Artikel 12 Abs. VII eine ähnliche Bestimmung (ABl. 1994 L 336, S. 165). Siehe zu dem Thema der mangelnden Mitarbeit: Beseler/Williams, S. 198 bis 203.

242 Kretschmer, S. 82; Junckerstorff, S. 24.

243 Diese Bestimmung ist Artikel 12 Abs. IV des Subventionsübereinkommens nachgebildet (ABl. 1994 L 336, S. 165).

244 So vertritt die Kommission z.B. die Auffassung, dass, im Hinblick auf Artikel 29, eine Regierung nicht über die unternehmensspezifischen Berechnungen zur Ermittlung der Höhe der Subventionen zu unterrichten ist. Siehe hierzu z.B.: Verordnung (EG) Nr. 978/2000 des Rates vom 8. Mai 2000 zur Einführung eines endgültigen Ausgleichszolls auf die Einfuhren synthetischer Polyesterfasern mit Ursprung in Australien, Indonesien und Taiwan und zur endgültigen Vereinnahmung des vorläufigen Zolls (ABl. 2000 L 113, S. 1/2).

245 Dies entspricht auch dem Artikel 12 Abs. IV Nr. 1 des Subventionsübereinkommens (ABl. 1994 L 336,

lich sein, dass sie ein angemessenes Verständnis des wesentlichen Inhalts der vertraulichen Informationen ermöglichen[246]. Dies steht der Bekanntgabe allgemeiner Informationen durch die Gemeinschaftsorgane und insbesondere der Gründe für die aufgrund der ASV getroffenen Beschlüsse sowie der Offenlegung von Beweisen, auf die sich die Gemeinschaftsorgane gestützt haben, nicht entgegen, sofern dies zur Erläuterung dieser Gründe in gerichtlichen Verfahren erforderlich ist (Artikel 29 Abs. IV Satz 1). Diese Offenlegung muss dem berechtigten Interesse der betroffenen Parteien an der Wahrung ihrer Geschäfts- oder Staatsgeheimnisse Rechnung tragen (Artikel 29 Abs. IV Satz 2).

VIII. Ausgleichsmaßnahmen

Die zu ergreifenden Ausgleichsmaßnahmen können vorläufiger oder endgültiger Natur sein; hierunter werden vorläufige oder endgültige Ausgleichszölle verstanden, die in Form von Verordnungen eingeführt werden. Darüber hinaus besteht die Möglichkeit, ein Antisubventionsverfahren durch die Annahme einer Verpflichtung zu beenden oder das Verfahren gänzlich, ohne die Einführung von Ausgleichsmaßnahmen, einzustellen.

1. Vorläufige Ausgleichszölle

Wenn die Kommission im Laufe einer Untersuchung zu dem vorläufigen Ergebnis gelangt, dass den eingeführten Waren anfechtbare Subventionen zugute gekommen sind und ein Wirtschaftszweig der Gemeinschaft dadurch geschädigt worden ist, und wenn das Gemeinschaftsinteresse Maßnahmen zur Verhinderung dieser Schädigung erforderlich macht, so entspricht es der gängigen Praxis der Kommission, einen vorläufigen Ausgleichszolls einzuführen (Artikel 12 Abs. I)[247]. Die Untersuchung muss folglich noch nicht abgeschlossen sein; der volle Nachweis einer anfechtbaren Subvention ist daher nicht erforderlich und auch hinsichtlich der Schädigung reicht es aus, wenn genügend vorläufige Beweismittel vorliegen. Es muss also die Verhältnismäßigkeit der vorläufigen Belastung der Einfuhren durch den Ausgleichszoll zur Schwere der Schadensindizien abgewogen werden. Diese Vorschrift räumt der Kommission in diesem Zusammenhang einen beacht-

---

S. 165).

246 So können z.B. vertrauliche Zahlentabellen und Daten indexiert werden. Unter besonderen Umständen kann erklärt werden, dass sich Information nicht für eine Zusammenfassung eignet. In diesen Fällen müssen Gründe angegeben werden, aus denen hervorgeht, warum eine Zusammenfassung nicht möglich ist (siehe hierzu auch: Artikel 12 Abs. IV Nr. 1 Satz 3 und 4 des Subventionsübereinkommens).

247 Die Bedingungen zur Einführung vorläufiger Maßnahmen korrespondieren mit denen in Artikel 17 Abs. I Buchstabe a) bis c) des Subventionsübereinkommens (ABl. 1994 L 336, S. 169). Darüber hinaus legt Artikel 22 Abs. IV des Subventionsübereinkommens fest, welche Mindestinformation die Veröffentlichung von vorläufigen Ausgleichszöllen enthalten muss (ABl. 1994 L 336, S. 171).

lichen Ermessensspielraum ein[248]. Die vorläufigen Ausgleichsmaßnahmen werden frühestens 60 Tage[249], spätestens jedoch neun Monate nach der Einleitung des Verfahrens eingeführt (Artikel 12 Abs. I Satz 2). Der vorläufige Ausgleichszoll wird in Form einer Verordnung der Kommission eingeführt und im Teil L des Amtsblatts der Europäischen Gemeinschaften veröffentlicht[250]. Ist die Frist von neun Monaten verstrichen, so ist die Kommis-

---

248 EuGH, Rs. 119/77, NSK/Rat und Kommission, Slg. 1979, S. 1333.

249 Die Mindestfrist von 60 Tagen gibt Artikel 17 Abs. III des Subventionsübereinkommens vor (ABl. 1994 L 336, S. 169).

250 Siehe z.B. Verordnung (EWG) Nr. 1432/91 der Kommission vom 27. Mai 1991 zur Einführung eines vorläufigen Ausgleichszolls auf die Einfuhren von Polyesterspinnfasern und Polyestergarnen mit Ursprung in der Türkei (ABl. 1991 L 137, S. 8); Verordnung (EWG) Nr. 527/93 der Kommission vom 5. März 1993 zur Einführung eines vorläufigen Ausgleichszolls auf die Einfuhren von Kugellagern mit einem größten äußeren Durchmesser von 30 mm oder weniger mit Ursprung in, aber nicht mit Herkunft aus Thailand (ABl. 1993 L 56, S. 24); Verordnung (EG) Nr. 2529/97 der Kommission vom 17. Dezember 1997 zur Einführung eines vorläufigen Ausgleichszolls auf die Einfuhren von gezüchtetem Atlantischen Lachs mit Ursprung in Norwegen (ABl. 1997 L 346, S. 63); Verordnung (EG) Nr. 1204/98 der Kommission vom 9. Juni 1998 zur Einführung eines vorläufigen Ausgleichszolls auf die Einfuhren von Breitband-Antibiotika mit Ursprung in Indien (ABl. 1998 L 166, S. 17/20); Verordnung (EG) Nr. 1556/98 der Kommission vom 17. Juli 1998 zur Einführung eines vorläufigen Ausgleichszolls auf Einfuhren von blankem Stabstahl aus nichtrostendem Stahl mit Ursprung in Indien und zur Änderung der Verordnung (EG) Nr. 1084/98 zur Einführung eines vorläufigen Antidumpingzolls auf Einfuhren von blankem Stabstahl aus nichtrostendem Stahl mit Ursprung in Indien (ABl. 1998 L 202, S. 40/43); Verordnung (EG) Nr. 1789/98 der Kommission vom 14. August 1998 zur Einführung eines vorläufigen Antidumping- und Ausgleichszolls auf die Einfuhren von gezüchtetem Atlantischen Lachs mit Ursprung in Norwegen und zur Änderung des Beschlusses 97/634/EG (ABl. 1998 L 228, S. 4).); Verordnung (EG) Nr. 2249/98 der Kommission vom 19. Oktober 1998 zur Einführung eines vorläufigen Antidumping- und Ausgleichszolls auf Einfuhren von gezüchtetem Atlantischen Lachs mit Ursprung in Norwegen und zur Änderung des Beschlusses 97/634/EG (ABl. 1998 L 282, S. 57); Verordnung (EG) Nr. 82/1999 der Kommission vom 13. Januar 1999 zur Einführung vorläufiger Antidumping- und Ausgleichszölle auf bestimmte Einfuhren von gezüchtetem Atlantischen Lachs mit Ursprung in Norwegen und zur Änderung des Beschlusses 97/634/EG (ABl. 1999 L 8, S. 8); Verordnung (EG) Nr. 131/1999 der Kommission von 21. Januar 1999 zur Änderung der Verordnung (EG) Nr. 2249/98 der Kommission zur Einführung vorläufiger Antidumping- und Ausgleichszölle auf bestimmte Einfuhren von gezüchtetem Atlantischen Lachs mit Ursprung in Norwegen für bestimmte Ausführer und zur Änderung des Beschlusses 97/634/EG zur Annahme von Verpflichtungsangeboten (ABl. 1999 L 17, S. 12); Verordnung (EG) Nr. 618/1999 der Kommission vom 23. März 1999 zur Einführung eines vorläufigen Ausgleichszolls auf die Einfuhren von Draht aus nichtrostendem Stahl mit einem Durchmesser von 1mm oder mehr mit Ursprung in Indien und der Republik Korea (ABl. 1999 L 79, S. 25); Verordnung (EG) Nr. 619/1999 der Kommission vom 23. März 1999 zur Einführung eines vorläufigen Ausgleichszolls auf die Einfuhren von Draht aus nichtrostendem Stahl mit einem Durchmesser von weniger als 1mm mit Ursprung in Indien und der Republik Korea (ABl. 1999 L 79, S. 60); Verordnung (EG) Nr. 929/1999 der Kommission vom 29. April 1999 zur Änderung der Verordnung (EG) Nr. 82/1999 zur Einführung vorläufiger Antidumping- und Ausgleichszölle auf die Einfuhren von gezüchtetem Atlantischen Lachs mit Ursprung in Norwegen im Fall bestimmter Ausführer, zur Einführung vorläufiger Antidumping- und Ausgleichszölle auf die Einfuhren von solchem Lachs im Fall bestimmter Ausführer, zur Änderung des Beschlusses 97/634/EG zur Annahme von Verpflichtungsangeboten und zur Änderung der Verordnung (EG) Nr. 772/1999 des Rates zur Einführung endgültiger Antidumping- und Ausgleichszölle auf die Einfuhren von solchem Lachs (ABl. 1999 L 115, S. 13); Verordnung (EG) Nr. 1810/1999 der Kommission vom 17. August 1999 zur Einführung eines vorläufigen Ausgleichszolls auf die Einfuhren von Folien aus Polyethylenterephthalat (PET) mit Ursprung in Indien (ABl. 1999 L 219, S. 14); Verordnung (EG) Nr. 1826/1999 der

sion nicht mehr berechtigt, vorläufige Ausgleichszölle einzuführen. Dies hält die Kommission jedoch nicht davon ab, dem Rat später einen Vorschlag für einen endgültigen Ausgleichszoll zu unterbreiten. Die Frage, ob die Kommission in der Lage ist, die Frist für die Einführung vorläufiger Ausgleichszölle einzuhalten, hängt einzig und allein von der Komplexität der Sach- und Rechtslage sowie der Arbeitsbelastung in der Kommission ab. Die Kommission ergreift die vorläufigen Maßnahmen nach Konsultationen im Beratenden Ausschuss, nur bei äußerster Dringlichkeit lediglich nach Unterrichtung der Mitgliedstaaten (Artikel 12 Abs. III). Insofern ist die Kommission in dieser Phase des Verfahrens nicht auf die Zustimmung der Mitgliedstaaten angewiesen.

Der Betrag des vorläufigen Ausgleichszolls darf die vorläufig ermittelte Gesamthöhe der anfechtbaren Subventionen nicht übersteigen, sollte aber niedriger sein als diese, wenn ein niedrigerer Zoll ausreicht, um die Schädigung des Wirtschaftszweigs der Gemeinschaft zu beseitigen (Artikel 12 Abs. I Satz 3)[251]. Die vorläufigen Ausgleichszölle sind in Form einer Sicherheitsleistung einzuführen, und die Überführung der betreffenden Waren in den zollrechtlich freien Verkehr in der Gemeinschaft wird von der Leistung einer entsprechenden Sicherheit abhängig gemacht (Artikel 12 Abs. II)[252]. Die Kommission un-

---

Kommission vom 23. August 1999 zur Einführung vorläufiger Antidumping- und Ausgleichszölle auf die Einfuhren von gezüchtetem Atlantischen Lachs mit Ursprung in Norwegen, zur Änderung des Beschlusses 97/634/EG und zur Änderung der Verordnung (EG) Nr. 772/1999 des Rates zur Einführung endgültiger Antidumping- und Ausgleichszölle auf die Einfuhren von solchem Lachs (ABl. 1999 L 223, S. 3); Verordnung (EG) Nr. 2592/1999 der Kommission vom 8. Dezember 1999 zur Änderung der Verordnung (EG) Nr. 1826/1999 zur Änderung der Verordnung (EG) Nr. 929/1999 zur Einführung vorläufiger Antidumping- und Ausgleichszölle auf die Einfuhren von gezüchtetem Atlantischen Lachs mit Ursprung in Norwegen, zur Änderung des Beschlusses 97/634/EG und zur Änderung der Verordnung (EG) Nr. 772/1999 des Rates zur Einführung endgültiger Antidumping- und Ausgleichszölle auf die Einfuhren von solchem Lachs (ABl. 1999 L 315, S. 17); Verordnung (EG) Nr. 123/2000 der Kommission vom 20. Januar 2000 zur Einführung eines vorläufigen Ausgleichszolls auf die Einfuhren von Polyesterspinnfasern (PSF) mit Ursprung in Australien und Taiwan und zur Einstellung des Antisubventionsverfahrens betreffend die Einfuhren von PSF mit Ursprung in der Republik Korea und Thailand (ABl. 2000 L 16, S. 3); Verordnung (EG) Nr. 618/2000 der Kommission vom 22. März 2000 zur Einführung eines vorläufigen Ausgleichszolls auf die Einfuhren von Verbindungselementen aus nichtrostendem Stahl mit Ursprung in Malaysia und auf den Philippinen (ABl. 2000 L 75, S. 18); Verordnung (EG) Nr. 1092/2000 der Kommission vom 24. Mai 2000 zur Einführung eines vorläufigen Ausgleichszolls auf die Einfuhren von thermoplastischem Styrol-Butadien-Kautschuk mit Ursprung in Taiwan (ABl. 2000 L 124, S. 26); Verordnung (EG) Nr. 1741/2000 der Kommission vom 3. August 2000 zur Einführung eines vorläufigen Ausgleichszolls auf die Einfuhren von bestimmtem Polyethylenteraphthalat (PET) mit Ursprung in Indien, Malaysia, Taiwan und Thailand (ABl. 2000 L 199, S. 6).

251 Dies entspricht auch der ständigen Praxis der Kommission. Danach wird eine sog. "Schadensspanne" berechnet. Diese Schadensspanne ist zugleich die Begrenzung für die Höhe des Ausgleichszolls. Die Schadensspanne bestimmt sich durch einen Vergleich des Ausfuhrpreises der subventionierten Waren mit den Produktionskosten in der Gemeinschaft einer gleichartigen Ware, zuzüglich einer angemessenen Gewinnspanne. Siehe hierzu: Vermulst/Waer, S. 82; Reuter, Rdnr. 380; Van Bael/Bellis, S. 408.

252 Das Subventionsübereinkommen sieht in Artikel 17 Abs. II ausdrücklich die Möglichkeit der Erhebung einer Sicherheitsleistung vor. Dies kann nach Artikel 17 Abs. II des Subventionsübereinkommens entweder eine Barsicherheit oder eine Bürgschaft in Höhe der vorläufig berechneten Subvention sein (ABl. 1994 L 336, S. 169).

terrichtet unverzüglich den Rat und die Mitgliedstaaten über einen derartigen Beschluss (Artikel 12 Abs. V Satz 1). Der Rat kann mit qualifizierter Mehrheit einen anderslautenden Beschluss fassen (Artikel 12 Abs. V Satz 2). Die Geltungsdauer der vorläufigen Ausgleichszölle beträgt höchstens vier Monate (Artikel 12 Abs. VI)[253]; ihre Geltungsdauer kann nicht verlängert werden[254]. Über die Vereinnahmung der vorläufigen Ausgleichszölle wird nach Abschluss der Untersuchung entschieden, ohne dass der vorläufigen Entscheidung eine Bindungswirkung zukommt. Wird nach Abschluss der Untersuchung festgestellt, dass anfechtbare Subventionen und eine Schädigung vorliegen, so beschließt der Rat, ob ein endgültiger Ausgleichszoll einzuführen ist und inwieweit der vorläufige Ausgleichszoll endgültig zu vereinnahmen ist. Ist die Geltungsdauer der vorläufigen Ausgleichszölle nach vier Monaten hingegen verstrichen und hat der Rat keine Entscheidung getroffen, so ist die Kommission verpflichtet, die Sicherheitsleistungen umgehend freizugeben (Artikel 16 Abs. II Satz 3).

Die Antragsteller, die Einführer und Ausführer sowie ihre repräsentativen Verbände und die Vertreter des Ursprungs- und/oder des Ausfuhrlands können eine Unterrichtung über die wesentlichen Fakten und Erwägungen beantragen, auf deren Grundlage die vorläufigen Ausgleichszölle eingeführt worden sind (Artikel 30 Abs. I Satz 1).

2. *Endgültige Ausgleichszölle*

Ergibt sich aus der endgültigen Feststellung des Sachverhalts, dass anfechtbare Subventionen und eine dadurch verursachte Schädigung vorliegen, und das Gemeinschaftsinteresse ein Eingreifen erfordert, so setzt der Rat auf einen nach Konsultationen im Beratenden Ausschuss von der Kommission unterbreiteten Vorschlag mit einfacher Mehrheit einen endgültigen Ausgleichszoll[255] fest (Artikel 15 Abs. I Satz 1)[256]. Jeder Mitglied-

253 Dies gibt der Artikel 17 Abs. IV des Subventionsübereinkommens vor (ABl. 1994 L 336, S. 169).

254 Van Bael/Bellis, S. 408; Lukas, EWS 2000, S. 203/204.

255 Siehe z.B. Verordnung (EG) Nr. 1891/97 des Rates vom 26. September 1997 zur Einführung eines endgültigen Ausgleichszolls auf Einfuhren von gezüchtetem Atlantischen Lachs mit Ursprung in Norwegen (ABl. 1997 L 267, S. 19/42); Verordnung (EG) Nr. 772/98 des Rates vom 7. April 1998 zur Änderung der Verordnungen (EG) Nr. 1890/97 und (EG) Nr. 1891/97 zur Einführung eines endgültigen Antidumping- und Ausgleichszolls auf Einfuhren von gezüchtetem Atlantischen Lachs mit Ursprung in Norwegen (ABl. 1998 L 111, S. 10), geändert durch Verordnung (EG) Nr. 2039/98 des Rates vom 24. September 1998 (ABl. 1998 L 263, S. 3) und durch Verordnung (EG) Nr. 2052/98 des Rates vom 24. September 1998 (ABl. 1998 L 264, S. 17); Verordnung (EG) Nr. 2164/98 des Rates vom 5. Oktober 1998 zur Einführung eines endgültigen Ausgleichszolls auf die Einfuhren bestimmter Breitband-Antibiotika mit Ursprung in Indien und zur endgültigen Vereinnahmung des vorläufigen Zolls (ABl. 1998 L 273, S. 1); Verordnung (EG) Nr. 2450/98 des Rates vom 13. November 1998 zur Einführung eines endgültigen Ausgleichszolls auf die Einfuhren von Stabstahl aus nichtrostendem Stahl mit Ursprung in Indien und zur endgültigen Vereinnahmung des vorläufigen Zolls (ABl. 1998 L 304, S. 1); Verordnung (EG) Nr. 2678/98 des Rates vom 10. Dezember 1998 zur Änderung der Verordnungen (EG) Nr. 1890/97 und (EG) Nr. 1891/97 zur Einführung eines endgültigen Antidumping- und Ausgleichszolls auf Einfuhren von gezüchtetem Atlantischen Lachs mit Ursprung in Norwegen (ABl.

staat hat eine gleichgewichtige Stimme, d.h. bereits acht Mitgliedstaaten bilden eine einfache Mehrheit[257]. Ursprünglich ging man davon aus, dass das Erfordernis einer einfachen Mehrheit im Rat, die Position der Kommission im Verfahren allgemein stärken würde, da die Mitgliedstaaten weniger Einfluss auf das Ergebnis der Untersuchung haben und die

---

1998 L 337, S. 1); Verordnung (EG) Nr. 297/99 des Rates vom 8. Februar 1999 zur erneuten Änderung der Verordnungen (EG) Nr. 1890/97 und (EG) Nr. 1891/97 zur Einführung eines endgültigen Antidumping- und Ausgleichszolls auf Einfuhren von gezüchtetem Atlantischen Lachs mit Ursprung in Norwegen (ABl. 1999 L 37, S. 1); Verordnung (EG) Nr. 772/1999 des Rates vom 30. März 1999 zur Einführung endgültiger Antidumping- und Ausgleichszölle auf die Einfuhren von gezüchtetem Atlantischen Lachs mit Ursprung in Norwegen und zur Aufhebung der Verordnungen (EG) Nr. 1890/97 und (EG) Nr. 1891/97 (ABl. 1999 L 101, S. 1); Verordnung (EG) Nr. 1003/1999 des Rates vom 10. Mai 1999 zur Änderung der Verordnung (EG) Nr. 772/1999 zur Einführung endgültiger Antidumping- und Ausgleichszölle auf die Einfuhren von gezüchtetem Atlantischen Lachs mit Ursprung in Norwegen (ABl. 1999 L 123, S. 19); Verordnung (EG) Nr. 1599/1999 des Rates von 12. Juli 1999 zur Einführung eines endgültigen Ausgleichszolls und zur endgültigen Vereinnahmung des vorläufigen Ausgleichszolls auf die Einfuhren von Draht aus nichtrostendem Stahl mit einem Durchmesser von 1mm oder mehr mit Ursprung in Indien und zur Einstellung des Verfahrens betreffend die Einfuhren von Draht aus nichtrostendem Stahl mit einem Durchmesser von 1mm oder mehr mit Ursprung in der Republik Korea (ABl. 1999 L 189, S. 1); Verordnung (EG) Nr. 1601/1999 des Rates von 12. Juli 1999 zur Einführung eines endgültigen Ausgleichszolls und zur endgültigen Vereinnahmung des vorläufigen Ausgleichszolls auf die Einfuhren von Draht aus nichtrostendem Stahl mit einem Durchmesser von weniger als 1mm mit Ursprung in Indien und zur Einstellung des Verfahrens betreffend die Einfuhren von Draht aus nichtrostendem Stahl mit einem Durchmesser von weniger als 1mm mit Ursprung in der Republik Korea (ABl. 1999 L 189, S. 26); Verordnung (EG) Nr. 1895/1999 des Rates vom 27. August 1999 zur Änderung der Verordnung (EG) Nr. 772/1999 zur Einführung eines endgültiger Antidumping- und Ausgleichszölle auf die Einfuhren von gezüchtetem Atlantischen Lachs mit Ursprung in Norwegen (ABl. 1999 L 233, S. 1); Verordnung (EG) Nr. 2049/1999 des Rates vom 27. September 1999 zur Änderung der Verordnung (EG) Nr. 2450/98 zur Einführung eines endgültigen Ausgleichszolls auf die Einfuhren von Stabstahl aus nichtrostendem Stahl mit Ursprung in Indien und zur endgültigen Vereinnahmung des vorläufigen Zolls (ABl. 1999 L 255, S. 8); Verordnung (EG) Nr. 2597/99 des Rates vom 6. Dezember 1999 zur Einführung eines endgültigen Ausgleichszolls auf die Einfuhren von Folien aus Polyethylenterephthalat (PET) mit Ursprung in Indien und zur endgültigen Vereinnahmung des vorläufigen Zolls (ABl. 1999 L 316, S. 1); Verordnung (EG) Nr. 2652/1999 des Rates vom 13. Dezember 1999 zur Änderung der Verordnung (EG) Nr. 772/1999 zur Einführung eines endgültiger Antidumping- und Ausgleichszölle auf die Einfuhren von gezüchtetem Atlantischen Lachs mit Ursprung in Norwegen (ABl. 1999 L 325, S. 1); Verordnung (EG) Nr. 978/2000 des Rates vom 8. Mai 2000 zur Einführung eines endgültigen Ausgleichszolls auf die Einfuhren synthetischer Polyesterfasern mit Ursprung in Australien, Indonesien und Taiwan und zur endgültigen Vereinnahmung des vorläufigen Zolls (ABl. 2000 L 113, S. 1); Verordnung (EG) Nr. 1523/2000 des Rates vom 10. Juli 2000 zur Einführung eines endgültigen Ausgleichszolls und zur endgültigen Vereinnahmung des vorläufigen Ausgleichszolls auf die Einfuhren von Verbindungselementen aus nichtrostendem Stahl mit Ursprung in Malaysia und den Philippinen und zur Einstellung des Verfahrens gegenüber den Einfuhren von Verbindungselementen aus nichtrostendem Stahl mit Ursprung in Singapur und Thailand (ABl. 2000 L 175, S. 29); Verordnung (EG) Nr. 1783/2000 des Rates vom 16. August 2000 zur Änderung der Verordnung (EG) Nr. 772/1999 zur Einführung endgültiger Antidumping- und Ausgleichszölle auf die Einfuhren von gezüchtetem Atlantischen Lachs mit Ursprung in Norwegen (ABl. 2000 L 208, S. 1).

256 Siehe hierzu auch Artikel 19 Abs. I des Subventionsübereinkommens (ABl. 1994 L 336, S. 170). Darüber hinaus legt Artikel 22 Abs. V des Subventionsübereinkommens die Mindestinformation fest, die eine Verordnung zur Erhebung von endgültigen Ausgleichszöllen im Zeitpunkt der Veröffentlichung enthalten muss (ABl. 1994 L 336, S. 172).

257 Die Ratsverordnung (EWG) Nr. 2423/88 (ABl. 1988 L 209, S. 1) sah eine qualifizierte Mehrheit vor.

Kommission weniger Unterstützung bedarf, um Vorschläge durchzubringen. Dies hat sich jedoch nicht bewahrheitet, im Gegenteil, die Praxis zeigt, dass durch ein gezieltes Lobbying der Mitgliedstaaten leichter eine einfache Mehrheit zu formieren ist, die entsprechend einen Vorschlag der Kommission zu Fall bringen kann.

Sind vorläufige Ausgleichszölle eingeführt worden, so unterbreitet die Kommission dem Rat einen Vorschlag zur Einführung eines endgültigen Ausgleichszoll spätestens einen Monat vor dem Auslaufen der vorläufigen Ausgleichsmaßnahmen (Artikel 15 Abs. I Satz 2). Sind keine vorläufigen Ausgleichsmaßnahmen eingeführt worden, weil die Kommission z.B. die Frist zur Einführung von neun Monaten verstrichen ließ, so steht dies der Einführung von endgültigen Ausgleichszöllen nicht entgegen. Der Betrag des Ausgleichszolls darf nicht höher sein als die Höhe der anfechtbaren Subvention[258], die dem Ausführer zugute gekommen ist, sollte aber niedriger sein als die Gesamthöhe der anfechtbaren Subventionen, wenn ein niedrigerer Zoll ausreicht, um die Schädigung des Wirtschaftszweigs der Gemeinschaft zu beseitigen (Artikel 15 Abs. I Satz 3)[259]. Diese "*lesser duty rule*" ist auch im Subventionsübereinkommen erwähnt. Artikel 19 Abs. II Satz 2 des Subventionsübereinkommens lautet in diesem Zusammenhang: "Es ist wünschenswert, dass im Gebiet aller Mitglieder die Festsetzung fakultativ und der Zoll niedriger ist als die Subvention, wenn dieser niedrigere Zoll ausreicht, um die Schädigung des inländischen Wirtschaftszweigs zu beseitigen"[260]. Das Subventionsübereinkommen stellt die "*lesser duty rule*" somit als Option zur Verfügung, es steht den WTO-Mitgliedern frei, die "*lesser duty rule*" anzuwenden. Ist der endgültige Ausgleichszoll höher als der vorläufige Ausgleichszoll, so wird der Differenzbetrag nicht erhoben[261]. Die Antragsteller, die Einführer und Ausführer sowie ihre repräsentativen Verbände und die Vertreter des Ursprungs- und/oder des Ausfuhrlands können die endgültige Unterrichtung über die wichtigsten Fakten und Erwägungen beantragen, auf deren Grundlage beabsichtigt wird, die Einführung endgültiger Ausgleichszölle zu empfehlen (Artikel 30 Abs. II). Die endgültige Unterrichtung erfolgt schriftlich. Sie erfolgt unter der erforderlichen Wahrung der Vertraulichkeit der Informationen so bald wie möglich und normalerweise spätestens einen Monat vor einem endgültigen Beschluss oder der Vorlage eines Vorschlags der Kommission für endgültige Maßnahmen gemäß den Artikeln 14 und 15 (Artikel 30 Abs. IV Satz 2). Vorläufige oder endgültige Ausgleichszölle werden von den Mitgliedstaaten in der Form, zu dem Satz und nach den sonstigen Modalitäten erhoben, die in der Verordnung zur Einführung dieser Zöl-

258 Diese Bedingung ist ausdrücklich in Artikel 19 Abs. IV des Subventionsübereinkommens vorgegeben (ABl. 1994 L 336, S. 170).

259 Dies legt Artikel 19 Abs. II Satz 2 des Subventionsübereinkommens fest (ABl. 1994 L 336, S. 170). Siehe zu dem Thema der "Schadensspanne" auch: Vermulst/Waer, S. 82; Stanbrook/Bentley, S. 103/133.

260 Siehe ABl. 1994 L 336, S. 170.

261 Dies sieht auch Artikel 20 Abs. III Satz 1 des Subventionsübereinkommens vor (ABl. 1994 L 336, S. 170).

le festgelegt sind (Artikel 24 Abs. I Satz 1). Diese Zölle werden auch unabhängig von den Zöllen, Steuern und anderen normalerweise bei der Einfuhr geforderten Abgaben erhoben. Die Ausgleichszölle werden von den nationalen Zollbehörden erhoben. In der Ratsverordnung wird der Ausgleichszoll für jeden Hersteller/Ausführer[262] oder, wenn dies allerdings nicht möglich ist, für das betroffene Ursprungs-/Ausfuhrland genannt (Artikel 15 Abs. II Satz 2). Es entspricht der ständigen Praxis der Gemeinschaft, für kooperierende Hersteller/Ausführer sogenannte individuelle Ausgleichszölle festzulegen und für alle anderen Unternehmen einen sogenannten Residualzoll festzulegen, der einheitlich für alle Ausfuhren aus dem entsprechenden Land Anwendung findet. Auf eine Ware dürfen nicht zugleich Antidumpingzölle und Ausgleichszölle erhoben werden, um ein und dieselbe Situation, die sich aus einem Dumping oder der Gewährung einer Ausfuhrsubvention ergibt, zu bereinigen (Artikel 24 Abs. I Satz 3)[263]. Hinsichtlich der Problematik von gleichzeitigen Antisubventions- und Antidumpingmaßnahmen, ist die Kommission wegen der *ne-bis-in-idem* Bestimmung in Artikel 24 Abs. I Satz 3 gehalten, genau zu prüfen, ob und inwieweit sich die Subventionen auf den Preisunterschied zwischen den Waren im Ausfuhr-/Ursprungsland und denen in der Gemeinschaft ausgewirkt haben[264]. Zu diesem Zweck, sind die Auswirkungen der Subvention auf die Inlandspreise und auf die Ausfuhrpreise der betroffenen Waren zu untersuchen. In der Regel würden Ausfuhrsubventionen den Normalwert auf dem inländischen Markt unverändert lassen, also maßgeblich für die Preisdifferenz verantwortlich sein. Ein Antidumpingzoll könnte in dieser Situation also nur bis zu dem Betrag erhoben werden, der die Dumpingspanne der festgestellten Ausfuhrsubventionen übersteigt.

Endgültige Ausgleichszölle werden i.d.R. für fünf Jahre erhoben, es sei denn, die Voraussetzungen für die Auferlegung entfallen innerhalb dieses Zeitraums. Der Rat kann sich aber auch darauf beschränken, nur den vorläufigen Ausgleichszoll zu vereinnahmen und von endgültigen Ausgleichszöllen abzusehen, wenn beispielsweise eine zufriedenstellende Verpflichtung gegeben wurde[265].

---

262 Die am Verfahren mitgearbeitet haben, d.h. aktiv mit der Kommission kooperiert haben.

263 Dies entspricht Artikel VI Abs. 5 des GATT 1994, der festlegt, dass eine Ware aus dem Gebiet einer Vertragspartei bei der Einfuhr in das Gebiet einer anderen Vertragspartei nicht zugleich Antidumpingzöllen unterworfen werden darf, um ein und demselben Zustand zu begegnen, der sich entweder aus einem Dumping oder einer Ausfuhrsubventionierung ergibt. Vermulst/Waer, S. 85; Beseler/Williams, S.6.

264 Siehe z.B. Verordnung (EWG) Nr. 1432/91 der Kommission vom 27. Mai 1991 zur Einführung eines vorläufigen Ausgleichszolls auf die Einfuhren von Polyesterspinnfasern und Polyestergarnen mit Ursprung in der Türkei (ABl. 1991 L 137, S. 8/16); Verordnung (EG) Nr. 618/2000 der Kommission vom 22. März 2000 zur Einführung eines vorläufigen Ausgleichszolls auf die Einfuhren von Verbindungselementen aus nichtrostendem Stahl mit Ursprung in Malaysia und auf den Philippinen (ABl. 2000 L 75, S. 18/39); Wenig, S. 315.

265 Siehe z.B. Verordnung (EWG) Nr. 2834/91 des Rates vom 23. September 1991 zur endgültigen Vereinnahmung des vorläufigen Ausgleichszolls auf die Einfuhren von Polyesterspinnfasern und Polyestergarnen mit Ursprung in der Türkei (ABl. 1991 L 272, S. 3).

3. *Verpflichtungen*

Die Untersuchungen können alternativ auch ohne die Erhebung vorläufiger oder endgültiger Ausgleichszölle eingestellt werden, wenn zufriedenstellende freiwillige Verpflichtungen[266] seitens der Regierung des Ursprungs-/Ausfuhrlands oder der Ausführer gegeben werden (Artikel 13 Abs. I)[267]. Die Verpflichtungen haben den Inhalt, dass sich die Regierung des Ursprungs- und/oder Ausfuhrlands verpflichtet, die Subventionen zu beseitigen, zu begrenzen oder sonstige Maßnahmen in bezug auf ihre Auswirkungen zu treffen [Artikel 13 Abs. I Buchstabe a)][268]. Bloße Absichtserklärungen genügen nicht, da sie keine Gewähr für künftiges Verhalten liefern. Eine bindende Zusicherung ist daher geboten. Verpflichtungen können auch von einem Ausführer gegeben werden, die den Inhalt haben, dass der Ausführer seine Preise ändert oder die Ausfuhr unterlässt, solange für die Ausfuhr anfechtbare Subventionen gewährt werden [Artikel 13 Abs. I Buchstabe b)]. Die Möglichkeit, dass ein Ausführer eine Verpflichtung geben kann, sieht auch der Artikel 18 Abs. I Buchstabe b) des Subventionsübereinkommens vor[269]. Jedoch sieht Artikel 18 Abs. I Buchstabe b) des Subventionsübereinkommens nur die Möglichkeit einer Preisänderung vor, die Unterlassung zukünftiger Ausfuhren findet hingegen keine Erwähnung. Die Verpflichtung eines Ausführers, die Ausfuhren zu unterlassen, solange für die Ausfuhren anfechtbare Subventionen gewährt werden, ist jedoch nicht *per se* WTO inkompatibel, da der Ausführer zum einen nicht verpflichtet ist, eine derartige Verpflichtung einzugehen, und zum anderen auch in der Gemeinschaftspraxis die Preisänderung als bevorzugtes Instrument zur Eingehung einer Verpflichtung gewählt wird. Die reine Verpflichtung der Ausführer, die Subventionen in Zukunft nicht in Anspruch zu nehmen, reicht nicht aus, da die Kontrolle einer derartigen Verpflichtung durch die Kommission nur schwerlich möglich ist. Adressat der Verpflichtungserklärung ist die Kommission. Die Kommission ist durch das Angebot in keiner Weise gebunden[270]. Verpflichtungen können auch von der Kommission vorgeschlagen werden. Die Regierung oder der Ausführer sind nicht verpflichtet, diese Verpflichtungen einzugehen (Artikel 13 Abs. II Satz 1)[271]. Ver-

---

266 Die Rechtsnatur der Verpflichtung als Mittel der gütlichen Streitbeilegung ist unklar. Es dürfte sich allerdings nicht um einen Vertrag (so Vermulst/Waer, S. 67) zwischen dem Ausführer oder dem Ursprungs- und/oder Ausfuhrlands mit der Gemeinschaft, sondern um eine einseitige, bindende Zusicherung handeln (so Beseler, S. 136; Reuter, Rdnr. 402; Grabitz/Hilf - Vedder, ex Artikel 113, Rdnr. 133; Kretschmer, S. 86).

267 Inhaltsgleiche Vorschriften zu den Verpflichtungen enthält Artikel 18 des Subventionsübereinkommens (ABl. 1994 L 336, S. 169).

268 Dies entspricht wörtlich dem Artikel 18 Abs. I Buchstabe a) des Subventionsübereinkommens (ABl. 1994 L 336, S. 169). Van Bael/Bellis, S. 412; Beseler/Williams, S. 214/215; Rolf, S. 143.

269 Siehe ABl. 1994 L 336, S. 169.

270 Artikel 18 Abs. III des Subventionsübereinkommens stellt klar, dass Verpflichtungsangebote nicht von den Behörden des Einfuhrstaates angenommen werden müssen, weil z.B. die Zahl der tatsächlichen oder potentiellen Ausführer zu groß ist (ABl. 1994 L 336, S. 169).

271 Eine inhaltsgleiche Vorschrift enthält Artikel 18 Abs. V Satz 1 des Subventionsübereinkommens (ABl.

pflichtungen dürfen nur dann verlangt oder angenommen werden, wenn die Kommission vorläufig festgestellt hat, dass eine anfechtbare Subvention vorliegt und dadurch eine Schädigung verursacht wird, und wenn im Falle von Verpflichtungen seitens der Ausführer, das Ausfuhrland seine Zustimmung gegeben hat[272]. Verpflichtungen gelten i.d.R. für fünf Jahre[273]. Verpflichtungen haben den Vorteil, dass die aus einer Preisanhebung resultierenden Mehreinnahmen den Ausführern zugute kommen und nicht in Form eines Ausgleichszolls in die Gemeinschaftskasse fließen[274].

Werden Verpflichtungen nach Konsultationen angenommen und werden im Beratenden Ausschuss keine Einwände erhoben, wird die Untersuchung eingestellt (Artikel 13 Abs. V Satz 1). Andernfalls legt die Kommission dem Rat umgehend einen Bericht über das Ergebnis der Konsultationen sowie einen Vorschlag für die Einstellung des Verfahrens vor (Artikel 13 Abs. V Satz 2). Das Verfahren gilt als eingestellt, wenn der Rat nicht innerhalb eines Monats mit qualifizierter Mehrheit anders entscheidet (Artikel 13 Abs. V Satz 3). Werden Verpflichtungen angenommen, wird die Subventions- und Schadensuntersuchung normalerweise abgeschlossen (Artikel 13 Abs. VI Satz 1). Wird in diesem Fall festgestellt, dass keine Subventionierung oder keine Schädigung vorliegt, so wird die Verpflichtung automatisch hinfällig, es sei denn, diese Feststellung ist weitgehend auf das Bestehen der Verpflichtung zurückzuführen (Artikel 13 Abs. VI Satz 2). In diesem Fall kann verlangt werden, dass die Verpflichtung über einen angemessenen Zeitraum aufrechterhalten wird (Artikel 13 Abs. VI Satz 3). Wird festgestellt, dass eine Subventionierung und eine Schädigung vorliegen, so wird die Verpflichtung nach Maßgabe der Verpflichtungsbedingungen und der ASV aufrechterhalten (Artikel13 Abs. VI Satz 4)[275]. Verpflichtungen treten nach ihrer Annahme erst dann in Kraft, wenn die Untersuchung für das entsprechende Ursprungs- oder Ausfuhrland abgeschlossen wird (Artikel 13 Abs. VIII). Der genaue Inhalt der Verpflichtungen wird nicht veröffentlicht, sondern lediglich der Beschluss über ihre Annahme[276].

1994 L 336, S. 169).

272 Diese Vorgaben macht auch der Artikel 18 Abs. II des Subventionsübereinkommens (ABl. 1994 L 336, S. 169).

273 Dies entspricht Artikel 21 Abs. V des Subventionsübereinkommens (ABl. 1994 L 336, S. 171).

274 Kretschmer, S. 86; Vermulst/Waer, S. 68; Rolf, S. 35.

275 Artikel 13 Abs. VI der ASV ist identisch mit Artikel 18 Abs. IV des Subventionsübereinkommens (ABl. 1994 L 336, S. 169).

276 Siehe z.B. Beschluss der Kommission vom 13. Juni 1990 (90/266/EWG) über die Annahme einer Verpflichtung der Königlichen Thai-Regierung im Zusammenhang mit dem Antisubventionsverfahren betreffend die Einfuhren von Kugellagern mit einem größten äußeren Durchmesser von 30 mm oder weniger mit Ursprung in Thailand (ABl. 1990 L 152, S. 59); Beschluss der Kommission vom 23. September 1991 (91/511/EWG) über die Annahme einer Verpflichtung im Rahmen des Antisubventionsverfahrens betreffend die Einfuhren von Polyesterspinnfasern und Polyestergarnen mit Ursprung in der Türkei und über die Einstellung des Verfahrens (ABl. 1991 L 272, S. 92); Beschluss der Kommission vom 1. Juli 1993 (93/381/EWG) zur Annahme der geänderten Verpflichtung der Königlichen Thai-Regierung im Zusammenhang mit dem Antisubventionsverfahren betreffend die Einfuhren von Kugellagern mit einem größten äußeren Durchmesser von 30 mm oder weniger mit

Die Kommission verlangt, dass regelmäßig Informationen über die Einhaltung einer Verpflichtung von der Regierung und Ausführern erteilt werden, die eine Verifizierung dieser Angaben gestatten (Artikel 13 Abs. VII Satz 1)[277]. Kommt die Regierung oder der Ausführer diesem Verlagen nicht nach, so wird dies als eine Verletzung der Verpflichtung gewertet (Artikel 13 Abs. VII Satz 2). Ein vorläufiger Zoll kann - nach Konsultationen - gemäß Artikel 12 auf der Grundlage der besten verfügbaren Informationen eingeführt werden, sofern Grund zu der Annahme besteht, dass eine Verpflichtung verletzt worden ist, oder im Fall der Verletzung oder Kündigung einer Verpflichtung, sofern die Untersuchung, die zu der Verpflichtung führte, nicht abgeschlossen wurde (Artikel 13 Abs. X)[278]. Der Rat kann einen endgültigen Ausgleichs-

---

Ursprung in Thailand (ABl. 1993 L 163, S. 35); Beschluss der Kommission vom 3. September 1993 (93/521/EWG) über die Annahme von Verpflichtungen im Rahmen der Antidumpingüberprüfung betreffend die Einfuhren von Bindegarnen und Pressengarnen mit Ursprung in Brasilien, über die Einstellung der Ausgleichszollüberprüfung gegenüber diesen Einfuhren und über die Einstellung der Antidumping- und Ausgleichszollüberprüfung betreffend die Einfuhren von Bindegarnen und Pressengarnen mit Ursprung in Mexiko (ABl. 1993 L 251, S. 28); Beschluss der Kommission vom 3. August 1994 (94/639/EWG) zur Annahme der geänderten Verpflichtung der Königlichen Thai-Regierung im Zusammenhang mit dem Antisubventionsverfahren betreffend die Einfuhren von Kugellagern mit einem größten äußeren Durchmesser von 30 mm oder weniger mit Ursprung in Thailand (ABl. 1994 L 247, S. 29); Beschluss der Kommission vom 2. Mai 1995 (95/180/EG) zur Annahme der geänderten Verpflichtung der Königlichen Thai-Regierung im Zusammenhang mit dem Antisubventionsverfahren betreffend die Einfuhren von Kugellagern mit einem größten äußeren Durchmesser von 30 mm oder weniger mit Ursprung in Thailand (ABl. 1995 L 118, S. 94); Beschluss der Kommission vom 26. September 1997 (97/634/EG) über die Annahme von Verpflichtungen im Zusammenhang mit dem Antidumping- und Antisubventionsverfahren betreffend der Einfuhren von gezüchtetem Atlantischen Lachs mit Ursprung in Norwegen (ABl. 1997 L 267, S. 81); Beschluss der Kommission vom 11. September 1998 (98/540/EG) zur Änderung des Beschlusses 97/634/EG über die Annahme von Verpflichtungen im Zusammenhang mit dem Antidumping- und Antisubventionsverfahren betreffend der Einfuhren von gezüchtetem Atlantischen Lachs mit Ursprung in Norwegen (ABl. 1998 L 252, S. 68); Beschluss der Kommission vom 26. Juli 2000 zur Änderung des Beschlusses 97/634/EG zur Annahme von Verpflichtungsangeboten im Zusammenhang mit dem Antidumping- und Antisubventionsverfahren betreffend der Einfuhren von gezüchtetem Atlantischen Lachs mit Ursprung in Norwegen (ABl. 2000 L 208, S. 47).

277 Dies entspricht auch dem Artikel 18 Abs. VI Satz 1 des Subventionsübereinkommens (ABl. 1994 L 336, S. 169).

278 Siehe z.B. Verordnung (EG) Nr. 2529/97 der Kommission vom 17. Dezember 1997 zur Einführung eines vorläufigen Ausgleichszolls auf Einfuhren von gezüchtetem Atlantischen Lachs mit Ursprung in Norwegen (ABl. 1997 L 346, S. 63); Verordnung (EG) Nr. 1789/98 der Kommission vom 14. August 1998 zur Einführung eines vorläufigen Antidumping- und Ausgleichszolls auf Einfuhren von gezüchtetem Atlantischen Lachs mit Ursprung in Norwegen und zur Änderung des Beschlusses 97/634/EG (ABl. 1998 L 228, S. 4); Verordnung (EG) Nr. 2249/98 der Kommission vom 19. Oktober 1998 zur Einführung eines vorläufigen Antidumping- und Ausgleichszolls auf Einfuhren von gezüchtetem Atlantischen Lachs mit Ursprung in Norwegen und zur Änderung des Beschlusses 97/634/EG (ABl. 1998 L 282, S. 57); Verordnung (EG) Nr. 82/1999 der Kommission vom 13. Januar 1999 zur Einführung vorläufiger Antidumping- und Ausgleichszölle auf bestimmte Einfuhren von gezüchtetem Atlantischen Lachs mit Ursprung in Norwegen und zur Änderung des Beschlusses 97/634/EG (ABl. 1999 L 8, S. 8); Verordnung (EG) Nr. 131/1999 der Kommission vom 21. Januar 1999 zur Änderung der Verordnung (EG) Nr. 2249/98 der Kommission zur Einführung eines vorläufigen Antidumping- und Ausgleichszolls auf bestimmte Einfuhren von gezüchtetem Atlantischen Lachs mit Ursprung in

zoll einführen, wenn die Verpflichtung von einer Partei verletzt[279] oder gekündigt[280] wird, und zwar auf der Grundlage der Feststellung im Rahmen der Untersuchung, die zur Verpflichtung führte, wenn die Untersuchung mit einer anfechtbaren Subventionierung und einer Schädigung abgeschlossen wurde und wenn der Regierung oder Ausführer, außer im Falle der Kündigung, Gelegenheit zur Stellungnahme gegeben wurde (Artikel 13 Abs. IX)[281]. Entscheidet sich z.B. ein Hersteller oder Ausführer, dass die Annahme einer Verpflichtung kommerziell sinnvoll erscheint, so empfiehlt es sich, Verhandlungen mit der Kommission über Verpflichtungen möglichst früh zu beginnen. Als geeigneter Zeitpunkt erweist sich die Verfahrensphase, unmittelbar nachdem die Kommission zu einem vorläufigen Ergebnis gelangt ist. Verhandlungen über Verpflichtungen können häufig sehr zeitraubend sein, da Verpflichtungen in der Regel komplexe Sachverhalte regeln, wie z.B. die Festlegung eines Mindestpreismechanismus und die Möglichkeit ein funktionierendes Kontrollsystem zu schaffen.

Norwegen für bestimmte Ausführer und zur Änderung des Beschlusses 97/634/EG zur Annahme von Verpflichtungsangeboten (ABl. 1999 L 17, S. 12); Verordnung (EG) Nr. 2592/1999 der Kommission vom 8. Dezember 1999 zur Änderung der Verordnung (EG) Nr. 1826/1999 zur Änderung der Verordnung (EG) Nr. 929/1999 zur Einführung vorläufiger Antidumping- und Ausgleichszölle auf die Einfuhren von gezüchtetem Atlantischen Lachs mit Ursprung in Norwegen, zur Änderung des Beschlusses 97/634/EG und zur Änderung der Verordnung (EG) Nr. 772/1999 des Rates zur Einführung endgültiger Antidumping- und Ausgleichszölle auf die Einfuhren von solchem Lachs (ABl. 1999 L 315, S. 17).

279 Siehe z.B. Verordnung (EG) Nr. 772/98 des Rates vom 7. April 1998 zur Änderung der Verordnungen (EG) Nr. 1890/97 und (EG) Nr. 1891/97 zur Einführung eines endgültigen Antidumping- und Ausgleichszolls auf Einfuhren von gezüchtetem Atlantischen Lachs mit Ursprung in Norwegen (ABl. 1998 L 111, S. 10), geändert durch Verordnung (EG) Nr. 2039/98 des Rates vom 24. September 1998 (ABl. 1998 L 263, S. 3) und durch Verordnung (EG) Nr. 2052/98 des Rates vom 24. September 1998 zur erneuten Änderung der Verordnung (EG) Nr. 1890/97 und (EG) 1891/97 zur Einführung endgültiger Antidumping- und Ausgleichszölle auf Einfuhren von gezüchtetem Atlantischen Lachs mit Ursprung in Norwegen (ABl. 1998 L 264, S. 17); Verordnung (EG) Nr. 2678/98 des Rates vom 10. Dezember 1998 zur Änderung der Verordnungen (EG) Nr. 1890/97 und (EG) Nr. 1891/97 zur Einführung eines endgültigen Antidumping- und Ausgleichszolls auf Einfuhren von gezüchtetem Atlantischen Lachs mit Ursprung in Norwegen (ABl. 1998 L 337, S. 1); Verordnung (EG) Nr. 1895/1999 des Rates vom 27. August 1999 zur Änderung der Verordnung (EG) Nr. 772/1999 zur Einführung eines endgültiger Antidumping- und Ausgleichszölle auf die Einfuhren von gezüchtetem Atlantischen Lachs mit Ursprung in Norwegen (ABl. 1999 L 233, S. 1); Verordnung (EG) Nr. 2652/1999 des Rates vom 13. Dezember 1999 zur Änderung der Verordnung (EG) Nr. 772/1999 zur Einführung eines endgültiger Antidumping- und Ausgleichszölle auf die Einfuhren von gezüchtetem Atlantischen Lachs mit Ursprung in Norwegen (ABl. 1999 L 325, S. 1); Beschluss der Kommission vom 26. Juli 2000 zur Änderung des Beschlusses 97/634/EG zur Annahme von Verpflichtungsangeboten im Zusammenhang mit dem Antidumping- und Antisubventionsverfahren betreffend der Einfuhren von gezüchtetem Atlantischen Lachs mit Ursprung in Norwegen (ABl. 2000 L 208, S. 47).

280 Verordnung (EG) Nr. 2039/98 des Rates vom 24. September 1998 zur Änderung der Verordnung (EG) Nr. 1890/97 und (EG) Nr. 1891/97 zur Einführung eines endgültigen Antidumping- und Ausgleichszolls auf Einfuhren von gezüchtetem Atlantischen Lachs mit Ursprung in Norwegen (ABl. 1998 L 263, S. 3); Verordnung (EG) Nr. 297/99 vom 8. Februar 1999 zur erneuten Änderung der Verordnung (EG) Nr. 1890/97 und (EG) Nr. 1891/97 zur Einführung eines endgültigen Antidumping- und Ausgleichszolls auf Einfuhren von gezüchtetem Atlantischen Lachs mit Ursprung in Norwegen (ABl. 1999 L 37, S. 1).

281 Dies entspricht Artikel 18 Abs. VI Satz 2 des Subventionsübereinkommens (ABl. 1994 L 336, S. 169).

4. *Einstellung ohne Maßnahmen*

Wird der Antrag zurückgenommen, so kann das Verfahren eingestellt werden, es sei denn, dass dies nicht im Interesse der Gemeinschaft liegt (Artikel 14 Abs. I)[282]. Stellt sich nach Konsultationen heraus, dass Schutzmaßnahmen nicht notwendig sind, weil entweder keine anfechtbare Subvention oder keine Schädigung vorliegt oder das Gemeinschaftsinteresse gegen Ausgleichsmaßnahmen spricht, und wenn im Beratenden Ausschuss keine Einwände erhoben werden, so wird die Untersuchung oder das Verfahren eingestellt (Artikel 14 Abs. II Satz 1)[283]. Andernfalls legt die Kommission dem Rat umgehend einen Bericht über das Ergebnis der Konsultationen sowie einen Vorschlag für die Einstellung des Verfahrens vor (Artikel 14 Abs. II Satz 2). Das Verfahren gilt als eingestellt, wenn der Rat nicht innerhalb eines Monats mit qualifizierter Mehrheit anders entscheidet (Artikel 14 Abs. II Satz 3). Speziell in Subventionsfällen wird i.d.R. ein Interesse an der Einführung eines Ausgleichszolls dann verneint, wenn das Ursprungs-/Ausfuhrland die Subventionierung nach dem Untersuchungszeitraum eingestellt hat[284]. Das Verfahren wird auch eingestellt, wenn sich herausstellt, dass die Höhe der anfechtbaren Subventionen geringfügig ist, oder wenn das Volumen der tatsächlichen oder potentiellen subventionierten Einfuhren oder die Schädigung unerheblich ist (Artikel 14 Abs. III)[285]. Eine Schädigung gilt

---

282 Siehe z.B. Beschluss der Kommission vom 20. Juli 1998 über die Einstellung des Antidumping- und des Antisubventionsverfahrens betreffend die Einfuhren bestimmter Glasfasergewebe mit Ursprung in Taiwan (ABl. 1998 L 203, S. 27); Beschluss der Kommission vom 29. Juli 1998 über die Einstellung des Antisubventionsverfahrens betreffend die Einfuhren von Karmin mit Ursprung in Peru (ABl. 1998 L 214, S. 61); Beschluss der Kommission vom 14. Juni 1999 zur Einstellung des Antidumping- und des Antisubventionsverfahrens betreffend die Einfuhren texturierter Polyestergarne mit Ursprung in Indien und der Republik Korea (ABl. 1999 L 149, S. 60).

283 Im Falle einer negativen endgültigen Feststellung werden die während der Geltungsdauer der vorläufigen Ausgleichszölle hinterlegten Sicherheiten ohne Verzögerung erstattet bzw. freigegeben. Siehe hierzu auch Artikel 20 Abs. V des Subventionsübereinkommens (ABl. 1994 L 336, S. 170).

284 Siehe z.B. Beschluss der Kommission vom 16. April 1985 (85/233/EWG) zur Einstellung des Antisubventionsverfahrens betreffend die Einfuhren von Ölkuchen aus Sojabohnen mit Ursprung in Brasilien (ABl. 1985 L 106, S. 19).

285 Siehe z.B. Beschluss der Kommission vom 12. Juni 1998 zur Einstellung des Antisubventionsverfahrens betreffend die Einfuhren von Polyesterspinnfasern und Polyestergarnen mit Ursprung in der Türkei (ABl. 1998 L 168, S. 46); Beschluss der Kommission vom 27. Mai 1999 zur Einstellung des Antisubventionsverfahrens betreffend die Einfuhren von Binde- oder Pressengarnen aus Polypropylen mit Ursprung in Saudi-Arabien (ABl. 1999 L 133, S. 62); Verordnung (EG) Nr. 1599/1999 des Rates von 12. Juli 1999 zur Einführung eines endgültigen Ausgleichszolls und zur endgültigen Vereinnahmung des vorläufigen Ausgleichszolls auf die Einfuhren von Draht aus nichtrostendem Stahl mit einem Durchmesser von 1mm oder mehr mit Ursprung in Indien und zur Einstellung des Verfahrens betreffend die Einfuhren von Draht aus nichtrostendem Stahl mit einem Durchmesser von 1mm oder mehr mit Ursprung in der Republik Korea (ABl. 1999 L 189, S. 1/12); Verordnung (EG) Nr. 1601/1999 des Rates von 12. Juli 1999 zur Einführung eines endgültigen Ausgleichszolls und zur endgültigen Vereinnahmung des vorläufigen Ausgleichszolls auf die Einfuhren von Draht aus nichtrostendem Stahl mit einem Durchmesser von weniger als 1mm mit Ursprung in Indien und zur Einstellung des Verfahrens betreffend die Einfuhren von Draht aus nichtrostendem Stahl mit einem Durchmesser von weniger als 1mm mit Ursprung in der Republik Korea (ABl. 1999 L 189, S. 26/38).

normalerweise als unerheblich, wenn die Einfuhren einen Marktanteil von weniger als 1% ausmachen, es sei denn, die ausführenden Länder erreichen zusammen 3% oder mehr des Gemeinschaftsverbrauchs (Artikel 14 Abs. IV Satz 1 i.V.m. Artikel 10 Abs. XI). Bei Entwicklungsländern wird das Volumen der subventionierten Einfuhren als unerheblich angesehen, wenn es weniger als 4% der Gesamteinfuhren einer gleichartigen Ware in die Gemeinschaft ausmacht, sofern nicht die Einfuhren aus Entwicklungsländern, deren Einzelanteile an den Gesamteinfuhren weniger als 4% ausmachen, insgesamt mehr als 9% der Gesamteinfuhren einer gleichartigen Ware in die Gemeinschaft ausmachen (Artikel 14 Abs. IV Satz 2)[286]. Die ASV sieht vor, dass die Höhe der anfechtbaren Subventionen dann als geringfügig angesehen wird, wenn sie wertmäßig weniger als 1% beträgt; dies ist jedoch Gegenstand von Ausnahmen für Entwicklungsländer (Artikel 14 Abs. V Satz 1)[287]. Für Entwicklungsländer beträgt die Geringfügigkeit der Subvention 2% [Artikel 14 Abs. V Buchstabe a)] und für die in Anhang VII des Subventionsübereinkommens genannten Entwicklungsländer der WTO sowie für die Entwicklungsländer der WTO, die die Ausfuhrsubventionen i.S.d. Artikel 3 Abs. IV Buchstabe a) beseitigt haben, beträgt die Geringfügigkeitsschwelle 3% [Artikel 14 Abs. V Buchstabe b)].

5. *Multilaterale Abhilfemaßnahmen*

Ausgleichszölle werden unverzüglich ausgesetzt beziehungsweise aufgehoben, wenn im Rahmen der Streitbeilegungsverfahren des Subventionsübereinkommens Gegenmaßnahmen in bezug auf eine eingeführte Ware getroffen sind und wenn diese Maßnahmen geeignet sind, die durch die anfechtbaren Subventionen verursachte Schädigung zu beseitigen (Artikel 32). Hieraus wird deutlich, dass die ASV Gegenmaßnahmen im Rahmen der Streitbeilegungsverfahren des Subventionsübereinkommens gegenüber unilateralen Ausgleichsmaßnahmen bevorzugt.

IX. *Anschließende Verfahrensarten*

Es gibt im allgemeinen vier verschiedene Verfahrensarten, die nach Beendigung einer Antisubventionsuntersuchung eingeleitet werden können. Erstens, wenn die Kommission feststellt, dass Zölle hinterzogen werden, z.B. durch Fertigungsprozesse in der Gemeinschaft oder in einem anderen Drittland oder durch andere Arten der Umgehung, dann können Ausgleichszölle ausgeweitet werden (Umgehung). Zweitens, wenn sich die

286 Siehe z.B. Bekanntmachung über die Ablehnung eines Antrags auf Einleitung eines Antisubventionsverfahrens betreffend die Einfuhren von Polyethylenterephthalaten mit Ursprung in Saudi-Arabien (ABl. 1999 C 319, S. 2).

287 Das Subventionsübereinkommen legt in Artikel 11 Abs. IX Satz 3 fest, dass Untersuchungen dann umgehend eingestellt werden, wenn die Höhe der Subvention wertmäßig weniger als 1% beträgt (ABl.

Gemeinschaftsorgane entscheiden, rückwirkend einen Ausgleichszoll zu erheben (Rückwirkung). Drittens, wenn der auferlegte Ausgleichszoll sich später als zu hoch erweist, dann können Einführer die Rückerstattung eines Teils oder des gesamten Zolls beantragen (Rückerstattung). Viertens, wenn z.B. ein Wirtschaftszweig in der Gemeinschaft, die Ausführer und/oder ein Einführer eine Überprüfung der Höhe des Ausgleichszolls beantragt, und Beweise vorliegen, dass die Umstände sich dahingehend verändert haben, dass der Ausgleichszoll in der gegenwärtigen Höhe nicht mehr gerechtfertigt erscheint, dann kann der Ausgleichszoll entsprechend verändert werden (Überprüfungen).

1. Umgehung

Die ASV sieht die Möglichkeit vor, eingeführte Ausgleichszölle auf die Einfuhren gleichartiger Waren und/oder Teile dieser Ware aus Drittländern auszuweiten, wenn festgestellt wird, dass die in Kraft befindlichen Ausgleichsmaßnahmen umgangen werden (Artikel 23 Abs. I Satz 1)[288]. Die Umgehung wird als eine Veränderung des Handelsgefüges zwischen Drittländern und der Gemeinschaft definiert, die sich aus einer Praxis, einem Fertigungsprozess oder einer Arbeit ergibt, für die es außer der Einführung des Zolls keine hinreichende Begründung oder wirtschaftliche Rechtfertigung gibt, sofern Beweise dafür vorliegen, dass die Abhilfewirkung des Ausgleichszolls durch die Preise und/oder Mengen der gleichartigen Ware untergraben wird und die Subvention der eingeführten gleichartigen Ware und/oder den Teilen dieser Ware weiterhin zugute kommt (Artikel 23 Abs. I Satz 2).

Die Einleitungen von sog. "Umgehungsuntersuchungen" erfolgt auf Antrag, nach Konsultationen im Beratenden Ausschuss durch die Kommission. Die Einleitung erfolgt durch eine Verordnung der Kommission, die den Zollbehörden Anweisungen gibt, die Einfuhren zollamtlich zu erfassen oder Sicherheiten zu verlangen (Artikel 23 Abs. II Satz 2). Umgehungsuntersuchungen werden von der Kommission durchgeführt und müssen innerhalb von neun Monaten abgeschlossen sein (Artikel 23 Abs. II Satz 3). Wenn die endgültig ermittelten Fakten die Ausweitung der Maßnahmen rechtfertigen, wird diese Ausweitung vom Rat auf Vorschlag der Kommission mit einfacher Mehrheit von dem Zeitpunkt an eingeführt, zu dem die Einfuhren zollamtlich erfasst oder Sicherheiten verlangt wurden. Die einschlägigen Verfahrensbestimmungen zur Einleitung und Untersuchung finden auf die Umgehungsuntersuchung entsprechend Anwendung (Artikel 23 Abs. II Satz 5). Obwohl das Subventionsübereinkommen keine Umgehungsvorschrift enthält[289], besteht jedoch die Möglichkeit einer solchen Umgehung in ähnlichen -

1994 L 336, S. 164). Die ASV reproduziert die Vorschrift des Subventionsübereinkommens.

288 Stanbrook/Bentley, S. 102; Vermulst/Waer, S. 388; Müller/Khan/Neumann, S. 382.

289 Jedoch enthielt der sog. "Dunkel Entwurf" zum Subventionsübereinkommen eine vergleichbare Vorschrift. Diese Vorschrift wurde jedoch im endgültigen Text gelöscht, wegen mangelnder Überein-

wenn auch nicht gleichen - Maße wie bei Antidumpingmaßnahmen. Daher hat die Gemeinschaft es für notwendig erachtet, eine Bestimmung gegen die Umgehung in die ASV aufzunehmen[290]. Die Tatsache, dass das Subventionsübereinkommen keine vergleichbare Vorschrift enthält, bedeutet nicht, dass die Umgehungsvorschrift der ASV *per se* WTO inkompatibel ist[291]. Zunächst enthält das WTO-Recht keine Vorschrift, die Maßnahmen gegen Umgehungen verbietet. Darüber hinaus verfügen auch andere WTO-Mitglieder über Umgehungsvorschriften, wie z.B. die USA. Schließlich dient die Umgehungsvorschrift einer effizienten Anwendung der ASV, da ohne eine Umgehungsvorschrift die Wirkung der ASV erheblich eingeschränkt wäre.

2. *Rückwirkung*

Grundsätzlich werden Ausgleichszölle nicht rückwirkend erhoben (Artikel 16 Abs. I). Hierzu gibt es jedoch vier Ausnahmen: Die erste Ausnahme besteht, wenn ein vorläufiger Zoll eingeführt und dann endgültig festgestellt worden ist, dass anfechtbare Subventionen und eine Schädigung vorliegen; dann beschließt der Rat, unabhängig davon, ob ein endgültiger Ausgleichszoll einzuführen ist, inwieweit der vorläufige Ausgleichszoll endgültig zu vereinnahmen ist (Artikel 16 Abs. II Satz 1)[292]. Hierbei handelt es sich jedoch nicht um eine "echte" Rückwirkung, da der vorläufige Ausgleichszoll bereits eingeführt und lediglich die Entscheidung über die Vereinnahmung getroffen worden ist. Nach der zweiten Ausnahme kann ein endgültiger Ausgleichszoll auf die Waren erhoben werden, die innerhalb von 90 Tagen vor dem Zeitpunkt der Anwendung der vorläufigen Maßnahmen, aber nicht vor der Einleitung der Untersuchung in den zollrechtlich freien Verkehr übergeführt wurden, sofern die Einfuhren gemäß Artikel 24 Abs. V zollamtlich erfasst wurden, die betreffenden Einführer von der Kommission Gelegenheit zur Stellungnahme erhielten und

- kritische Umstände vorliegen, unter denen eine schwer wieder auszugleichende Schädigung durch massive, in einem verhältnismäßig kurzen Zeitraum getätigte Einfuhren einer Ware verursacht wird, der anfechtbaren Subventionen i.S.d. ASV zugute kommen, und
- es notwendig erscheint, rückwirkend Ausgleichszölle auf diese Einfuhren zu erheben, um die Wiederholung einer solchen Schädigung auszuschließen [Artikel 16 Abs. IV Buchstabe a) und b)][293].

---

stimmung zwischen der Gemeinschaft und den USA. Siehe hierzu: McDonough, S. 122; Van Bael/Bellis, S. 387/417; Stanbrook/Bentley, S. 102; Vermulst/Waer, S. 388; Müller/Khan/Neumann, S. 384.

290 Siehe Begründung in den einleitenden Erwägungsgründen (Nr. 23) zur ASV (ABl. 1997 L 288, S. 3).

291 Siehe in diesem Zusammenhang bei McGovern (¶33:10): Ministerial Decision on Anti-Circumvention.

292 Dies korrespondiert mit Artikel 20 Abs. II des Subventionsübereinkommens (ABl. 1994 L 336, S. 170).

293 Siehe ähnlichen Artikel 20 Abs. VI des Subventionsübereinkommens [abgedruckt im: The Results of the Uruguay Round of Multilateral Trade Negotiations (GATT Sekretariat), S. 293. Durch einen redak-

Die dritte Ausnahme besteht in Fällen der Verletzung oder Kündigung von Verpflichtungen[294]. Auch hier können endgültige Zölle auf die Waren erhoben werden, die innerhalb von höchstens 90 Tagen vor Anwendung der vorläufigen Maßnahmen in den zollrechtlich freien Verkehr übergeführt wurden, sofern die Einfuhren gemäß Artikel 24 Abs. V zollamtlich erfasst wurden und eine solche rückwirkende Erhebung nicht für die Einfuhren gilt, die vor der Verletzung oder Kündigung der Verpflichtung in den zollrechtlich freien Verkehr überführt wurden (Artikel 16 Abs. V)[295]. Die vierte Ausnahme ergibt sich schließlich in Fällen der sog. Umgehung[296], wenn die Kommission die Zollbehörden anweist die Einfuhren der subventionierten Waren zollamtlich zu erfassen und Maßnahmen vom Tage der Erfassung auf diese Waren auszudehnen (Artikel 24 Abs. V). Die Waren sind jedoch nicht dann Gegenstand der zollamtlichen Erfassung, wenn die Zollbehörden eine Bescheinigung ausstellen, dass die eingeführte Ware nicht der Umgehung unterfällt.

3. Rückerstattung

Die ASV gebietet, dass der erhobene Ausgleichszoll den Betrag der Subvention nicht übersteigen soll (Artikel 15 Abs. I Satz 3). Um dieser Verpflichtung nachzukommen, hat die ASV ein besonderes Rückerstattungsverfahren eingeführt[297]. Einführer können die Erstattung der erhobenen Zölle beantragen, wenn nachgewiesen wird, dass die Höhe der anfechtbaren Subventionen, auf deren Grundlage die Zölle entrichtet wurden, beseitigt oder soweit verringert worden ist, dass sie niedriger als der geltende Zoll ist (Artikel 21 Abs. I). Zur Erstattung von Ausgleichszöllen stellt der Einführer einen Antrag an die Kommission (Artikel 21 Abs. II Satz 1).

Der Antrag wird über den Mitgliedstaat gestellt, in dessen Gebiet die Waren eingeführt wurden, und zwar innerhalb von sechs Monaten nach dem Zeitpunkt, zu dem der Betrag der zu erhebenden endgültigen Zölle von den zuständigen Behörden ordnungsgemäß festgesetzt wurde, oder zu dem Zeitpunkt, zu dem ein Beschluss über die endgültige Vereinnahmung der Sicherheitsleistungen für den vorläufigen Zoll erging (Artikel 21 Abs. II Satz 2). Die Mitgliedstaaten übermitteln der Kommission unverzüglich diesen Antrag (Artikel 21 Abs. II Satz 3). Die Erstattung erfolgt normalerweise innerhalb von 12 Monaten und in keinem Fall später als 18 Monate nach dem der Antrag gestellt wurde (Artikel 21 Abs. IV Satz 2).

---

tionellen Fehler ist der Abs. VI des Artikels 20 nicht in der deutschen Fassung des Amtsblatts abgedruckt worden (ABl. 1994 L 336, S. 170)].

294 Van Bael/Bellis, S. 408.

295 Dies entspricht Artikel 18 Abs. VI Satz 3 des Subventionsübereinkommens (ABl. 1994 L 336, S. 169).

296 Siehe oben in diesem Teil: Punkt IX.1.

4. Überprüfungen

Eine Ausgleichsmaßnahme bleibt nur solange und in dem Umfang in Kraft, wie dies notwendig ist, um die schädigenden anfechtbaren Subventionen unwirksam zu machen (Artikel 17)[298]. Subventionen können beispielsweise im Laufe der Zeit eingestellt, verstärkt oder vermindert werden. Auch die Schadenslage unterliegt der Entwicklung, insbesondere konjunkturellen Einflüssen. Ausgleichszölle sowie Verpflichtungen bedürfen daher von Zeit zu Zeit einer Anpassung. Die ASV sieht für diesen Fall eine Reihe von Vorschriften vor, die sich auf die Überprüfung von Untersuchungen beziehen (Artikel 18, 19 und 20). Überprüfungsverfahren sollen es somit ermöglichen, Änderungen der wirtschaftlichen Gegebenheiten Rechnung zu tragen[299].

Die Arten der Überprüfung beinhalten Überprüfungen bei Auslaufen der Ausgleichsmaßnahmen, Interimsüberprüfungen und beschleunigte Überprüfungen. In allen Überprüfungen wendet die Kommission die gleiche Methodik an wie in der Untersuchung, die zur Erhebung des Ausgleichszolls geführt hat[300]. Überprüfungen nach Maßgabe der Artikel 18, 19 und 20 werden von der Kommission nach Konsultationen im Beratenden Ausschuss eingeleitet. Sofern die Überprüfung dies rechtfertigt, werden die Maßnahmen von dem für ihre Einführung zuständigen Gemeinschaftsorgan gemäß Artikel 18 aufgehoben oder aufrechterhalten oder gemäß den Artikeln 19 und 20 aufgehoben, aufrechterhalten oder geändert. Im Interesse der Gemeinschaft können die im Rahmen der ASV eingeführten Ausgleichsmaßnahmen nach Konsultationen im Beratenden Ausschuss durch einen Beschluss der Kommission für einen Zeitraum von 9 Monaten ausgesetzt werden (Artikel 24 Abs. IV Satz 1). Die Aussetzung kann für einen weiteren Zeitraum, der ein Jahr nicht überschreiten darf, verlängert werden, wenn der Rat dies auf Vorschlag der Kommission mit einfacher Mehrheit beschließt (Artikel 24 Abs. IV Satz 2). Maßnahmen dürfen allerdings nur dann ausgesetzt werden, wenn sich die Marktbedingungen vorübergehend derart ändern, dass es unwahrscheinlich erscheint, dass aufgrund der Aussetzung eine Schädigung entsteht, vorausgesetzt, dem Wirtschaftszweig der Gemeinschaft wurde Gelegenheit zur Stellungnahme gegeben und diese Stellungnahme wurde berücksichtigt (Artikel 24 Abs. IV Satz 3). Eine derartige Aussetzung wird häufig in Fällen einer Überprüfung bei Auslaufen der Ausgleichsmaßnahmen angewendet, da meist nach fünf Jahren die wirtschaftliche Lage sich derart verändert hat, dass eine Aufrechterhaltung der Ausgleichsmaßnahmen meist fragwürdig erscheint.

297 Kretschmer, S. 97; Rolf, S. 59.
298 Dies entspricht dem Artikel 21 Abs. I des Subventionsübereinkommens (ABl. 1994 L 336, S. 170).
299 Reuter, Rdnr. 417; Kretschmer, S. 97; Rolf, S. 61.
300 Dies entspricht auch der Vorgabe des Artikels 21 Abs. IV des Subventionsübereinkommens (ABl. 1994 L 336, S. 171).

a) *Bei Auslaufen der Ausgleichsmaßnahmen*

Endgültige Ausgleichsmaßnahmen treten fünf Jahre nach ihrer Einführung oder fünf Jahre nach dem Datum der letzten Überprüfung außer Kraft (Artikel 18 Abs. I Satz 1)[301]. Eine Überprüfung bei Auslaufen wird von der Kommission selbst oder auf Antrag der Gemeinschaftshersteller eingeleitet[302], wenn zu befürchten ist, dass die Subventionierung und die Schädigung bei einem Auslaufen der Maßnahmen wahrscheinlich anhalten oder erneut auftreten würden[303]. Wenn keine Überprüfung bei Auslaufen der Maßnahmen beantragt wird, ist die Kommission verpflichtet, eine Bekanntmachung über das bevorstehende Auslaufen im Amtsblatt der Europäischen Gemeinschaften zu einem geeigneten Zeitpunkt im letzten Jahr der Geltungsdauer der Maßnahmen zu veröffentlichen (Artikel 18 Abs. IV Satz 1)[304]. Ferner wird eine Bekanntmachung über das tatsächliche Auslaufen einer Maßnahme veröffentlicht, wenn schließlich keine Überprüfung durchgeführt wird (Artikel 18 Abs. IV Satz 3)[305].

b) *Interimsüberprüfungen*

Wenn sich die Umstände nach Erhebung der endgültigen Ausgleichszölle (frühestens nach einem Jahr) verändert haben, ist es möglich eine Interimsüberprüfung zu beantragen (Artikel 19 Abs. I)[306]. Diese Art der Überprüfung wird eingeleitet, wenn genügend Beweise vorliegen, dass sich die Umstände dahingehend verändert haben, dass entweder die Erhebung eines Ausgleichszolls nicht mehr notwendig erscheint oder, wenn sich her-

---

301 Dies entspricht dem Artikel 21 Abs. III Satz 1 des Subventionsübereinkommens (ABl. 1994 L 336, S. 171).

302 Siehe z.B. Bekanntgabe der Einleitung einer Überprüfung von Ausgleichsmaßnahmen betreffend die Einfuhren von Polyesterspinnfasern und Polyestergarnen mit Ursprung in der Türkei (ABl. 1996 C 276, S. 5).

303 Dies korrespondiert mit Artikel 21 Abs. III Satz 1 des Subventionsübereinkommens (ABl. 1994 L 336, S. 171).

304 Siehe z.B. Bekanntmachung über das bevorstehende Auslaufen bestimmter Ausgleichsmaßnahmen im Hinblick auf Polyesterspinnfasern und Polyestergarnen mit Ursprung in der Türkei (ABl. 1996 C 116, S. 7); Bekanntmachung über das bevorstehende Auslaufen bestimmter Ausgleichsmaßnahmen im Hinblick auf Kugellager mit einem größten äußeren Durchmesser von 30 mm oder weniger mit Ursprung aus Thailand (ABl. 1998 C 1, S. 12).

305 Siehe z.B. Mitteilung über das Außerkrafttreten bestimmter Ausgleichsmaßnahmen im Hinblick auf Kugellager mit einem größten äußeren Durchmesser von 30 mm oder weniger mit Ursprung aus Thailand (ABl. 1998 C 203, S. 11). Die Mitteilungen über das Außerkrafttreten bestimmter Ausgleichsmaßnahmen sind sehr kurz gehalten und enthalten i.d.R. lediglich Angaben über die betroffenen Waren, nennt das Ursprungs-/Ausfuhrland, erwähnt die gegenwärtigen Maßnahmen (z.B. Ausgleichszölle oder Verpflichtungen), verweist auch auf die entsprechenden Bezugnahmen im Amtsblatt (Veröffentlichung der Verordnungen oder Beschlüsse) und erwähnt schließlich den Zeitpunkt des Außerkrafttretens der Maßnahmen.

306 Die Möglichkeit einer Interimüberprüfung sieht auch Artikel 21 Abs. II des Subventionsübereinkommens vor (ABl. 1994 L 336, S. 171).

ausstellt das der gegenwärtige Ausgleichszoll nicht ausreicht, um die Gemeinschaftshersteller ausreichend zu schützen (Artikel 19 Abs. II und III). Mit dieser Art der Überprüfung wird dem Umstand Rechnung getragen, dass sich z.B. die wirtschaftliche Lage im Hinblick auf die Schadensentwicklung und/oder die Höhe der Subventionierung im Laufe der Zeit verändern kann. Antragsberechtigt sind die Mitgliedstaaten, Ausführer[307], Einführer, Gemeinschaftshersteller oder die Regierung des Ursprungs- und/oder Ausfuhrlands. Die Interimsüberprüfung kann aber auch *ex officio* durch die Kommission eingeleitet werden[308]. Sind die erhobenen Ausgleichszölle niedriger als die festgestellten anfechtbaren Subventionen[309], so wird eine Interimsüberprüfung eingeleitet, wenn die Gemeinschaftshersteller ausreichende Beweise dafür vorlegen, dass die Ausgleichszölle zu keiner Veränderung oder zu einer ungenügenden Veränderung bei den Wiederverkaufspreisen der eingeführten Ware in der Gemeinschaft geführt haben[310]. Ergibt die Untersuchung, dass die Behauptungen zutreffen, so können die Ausgleichszölle erhöht werden, um den Preisanstieg zu erreichen, der zur Beseitigung der Schädigung notwendig ist, jedoch darf der erhöhte Ausgleichszoll[311] nicht die Höhe der anfechtbaren Subventionen übersteigen (Artikel 19 Abs. III).

c) Beschleunigte Überprüfungen

Ein neuer Ausführer, dessen Ausfuhren einen endgültigen Ausgleichszoll unterliegen, der aber aus anderen Gründen als der Verweigerung der Zusammenarbeit mit der Kommission im Rahmen der Ausgangsuntersuchung nicht individuell untersucht wurde, hat auf Antrag einen Anspruch auf eine beschleunigte Überprüfung, um so schnell wie möglich einen individuellen Ausgleichszoll für den Ausführer zu ermitteln (Artikel 20 Satz 1). Diese Art der Überprüfung erfasst die Fälle, in denen ein Ausführer nicht während des ursprünglichen Untersuchungszeitraums in die Gemeinschaft ausgeführt hat, sondern erst im Anschluss an diesen Zeitraum mit der Ausfuhr in die Gemeinschaft begonnen hat. Einem neuen Ausführer wäre Unrecht getan, wenn dieser einem bestehenden Ausgleichszoll unterworfen wäre, ohne den Subventionsvorwurf für diesen Ausführer individuell zu prüfen. Ein Überprüfungsantrag muss hinreichende *prima facie* Beweise enthalten, aus

---

307 Siehe z.B. Bekanntmachung über die Einleitung einer Interimsüberprüfung der Verordnung (EG) Nr. 2450/98 des Rates zur Einführung eines endgültigen Ausgleichszolls auf die Einfuhren von Stabstahl aus nichtrostendem Stahl mit Ursprung in Indien (ABl. 2000 C 22, S. 7).

308 Siehe z.B. Bekanntmachung über die Einleitung einer Interimsüberprüfung betreffend bestimmte Antidumping- und Ausgleichszölle auf die Einfuhren von gezüchtetem Atlantischen Lachs mit Ursprung in Norwegen (ABl. 1998 C 400, S. 4).

309 Wenn also der Ausgleichszoll nur die "Schadensspanne" abdeckt.

310 Dies ist die Situation einer sogenannte Absorption. Die Ausgleichszölle werden von den Ausführern absorbiert, d.h. die Verkaufspreise bleiben gleich oder werden sogar noch weiter gesenkt, um den Ausgleichszoll unschädlich zu machen. Siehe hierzu: Vermulst/Waer, S. 421.

311 Der sogenannte "Antiabsorptionszoll". Siehe hierzu: Vermulst/Waer, S. 421.

denen hervorgeht, dass der neue Ausführer die betroffene Ware nicht während des ursprünglichen Untersuchungszeitraums in die Gemeinschaft ausgeführt hat, sondern erst im Anschluss an diesen Zeitraum mit der Ausfuhr begonnen hat, und dass der Ausführer nicht mit anderen Ausführern der betroffenen Ware in dem Drittland verbunden ist. Ist die Kommission davon überzeugt, dass diese Voraussetzungen erfüllt sind, so leitet sie eine solche Überprüfung ein, nachdem Konsultationen im Beratenden Ausschuss stattgefunden und die Gemeinschaftshersteller Gelegenheit zur Stellungnahme erhalten haben (Artikel 20 Satz 2)[312].

Interessierte Parteien, die nachweisen können, dass sie wahrscheinlich vom Ergebnis der Untersuchung betroffen sein werden, müssen binnen 40 Tagen nach der Veröffentlichung der Bekanntmachung über die Einleitung einer beschleunigten Überprüfung, der Kommission gegenüber ihren Standpunkt schriftlich darlegen und sachdienliche Beweise vorlegen. Innerhalb derselben Frist können die interessierten Parteien auch einen Antrag auf Anhörung durch die Kommission stellen, sofern sie nachweisen können, dass besondere Gründe für ihre Anhörung sprechen.

Zu berücksichtigen ist allerdings, dass eine derartige Untersuchung sich nur auf die Berechnung der Höhe der dem Ausführer gewährten Subventionen beschränkt; und somit folglich der individuellen Feststellung einer Ausgleichsmaßnahme dient[313]. Keine Berücksichtigung finden in der Untersuchung damit neue Beweise oder Argumente im Hinblick auf die Feststellung der Schädigung und/oder des Gemeinschaftsinteresses.

---

312 Siehe z.B. Bekanntmachung über die Einleitung einer beschleunigten Überprüfung der Verordnung (EG) Nr. 2450/98 des Rates zur Einführung eines endgültigen Ausgleichszolls auf die Einfuhren von Stabstahl aus nichtrostendem Stahl mit Ursprung in Indien (ABl. 1999 C 19, S. 17); Bekanntmachung über die Einleitung einer beschleunigten Überprüfung der Verordnung (EG) Nr. 1601/1999 des Rates zur Einführung eines endgültigen Ausgleichszolls auf die Einfuhren von Draht aus nichtrostendem Stahl mit einem Durchmesser von weniger als 1mm mit Ursprung in Indien (ABl. 1999 C 261, S. 4); Bekanntmachung über die Einleitung einer beschleunigten Überprüfung der Verordnung (EG) Nr. 1599/1999 des Rates zur Einführung eines endgültigen Ausgleichszolls auf die Einfuhren von Draht aus nichtrostendem Stahl mit einem Durchmesser von 1mm oder mehr mit Ursprung in Indien (ABl. 1999 C 288, S. 45); Bekanntmachung über die Einleitung einer beschleunigten Überprüfung der Verordnung (EG) Nr. 2450/98 des Rates zur Einführung eines endgültigen Ausgleichszolls auf die Einfuhren von Stabstahl aus nichtrostendem Stahl mit Ursprung in Indien (ABl. 1999 C 311, S. 2); Bekanntmachung über die Einleitung einer beschleunigten Überprüfung der Verordnung (EG) Nr. 2450/98 des Rates zur Einführung eines endgültigen Ausgleichszolls auf die Einfuhren von Stabstahl aus nichtrostendem Stahl mit Ursprung in Indien (ABl. 2000 C 61, S. 3); Bekanntmachung über die Einleitung einer beschleunigten Überprüfung der Verordnung (EG) Nr. 1599/1999 des Rates zur Einführung eines endgültigen Ausgleichszolls auf die Einfuhren von Draht aus nichtrostendem Stahl mit einem Durchmesser von 1mm oder mehr mit Ursprung in Indien (ABl. 2000 C 61, S. 2); Bekanntmachung über die Einleitung einer beschleunigten Überprüfung der Entscheidung Nr. 284/2000 der Kommission zur Einführung eines endgültigen Ausgleichszolls auf die Einfuhren bestimmter flachgewalzter Erzeugnisse aus Eisen oder nichtlegiertem Stahl mit Ursprung in Indien (ABl. 2000 C 201, S. 2).

313 Siehe z.B. Verordnung (EG) Nr. 2049/1999 des Rates vom 27. September 1999 zur Änderung der Verordnung (EG) Nr. 2450/98 zur Einführung eines endgültigen Ausgleichszolls auf die Einfuhren von Stabstahl aus nichtrostendem Stahl mit Ursprung in Indien und zur endgültigen Vereinnahmung des vorläufigen Zolls (ABl. 1999 L 255, S. 8).

X. Rechtsschutz

Die ASV enthält keine besondere Regelung über den Rechtsschutz betroffener Parteien, es gelten daher die allgemeinen Vorschriften[314] des EG-Vertrages[315]. So stellt z.B. Artikel 230 Abs. IV EG-Vertrag klar, dass jede natürliche oder juristische Person unter den gleichen Voraussetzungen gegen die an sie ergangenen Entscheidungen sowie gegen diejenigen Entscheidungen Klage erheben kann, die, obwohl sie als Verordnung oder als eine andere Person gerichtete Entscheidung ergangen sind, sie unmittelbar und individuell betreffen. So können z.B. natürliche oder juristische Personen die unmittelbar und individuell von Antisubventionsuntersuchungen betroffen sind, unter bestimmten Umständen, innerhalb von zwei Monaten[316] nach Inkrafttreten einer Entscheidung und/oder Verordnung, eine Klage gemäß Artikel 230 Abs. IV EG-Vertrag bei dem Gericht erster Instanz einreichen[317]. Die Frage des *locus standi* ist häufig schwierig zu beantworten, da Artikel 230 Abs. IV EG-Vertrag voraussetzt, dass die Person unmittelbar und individuell von einer Entscheidung und/oder Verordnung betroffen sein muss. Grundsätzlich entfaltet eine Verordnung, die einen vorläufigen oder endgültigen Ausgleichszoll einführt, allgemeine Geltung, da sie die Ausfuhren aller Hersteller des betreffenden Landes mit diesen Zöllen belastet. Die Einführung eines Ausgleichszolls berührt jedoch auf der anderen Seite die Preisgestaltung bestimmter Unternehmen und kann somit unmittelbare und individuelle Wirkung erzeugen. Nicht zu bestreiten ist, dass die Ware anlässlich der Einfuhr unmittelbar mit dem Ausgleichszoll belegt wird, da den Mitgliedstaaten keinerlei Ermessen eingeräumt ist. Die Maßnahme hat, wie der EuGH ausführt, automatischen Charakter[318].

Klagebefugt sind i.d.R. insbesondere die Antragsteller in Antisubventionsverfahren sowie Ausführer/Hersteller die sich am Antisubventionsverfahren beteiligt haben und/oder die in der Kommissions- oder/und Ratsverordnung ausdrücklich genannt werden[319]. Ausführer die nicht in die Untersuchung einbezogen worden sind, sind folglich nicht klagebe-

---

314 Insbesondere die Artikel 230, 232, 234, 235, 242 und 243 EG-Vertrag.

315 Schwarze, EuR 1986, S. 217; Vermulst/Waer, S. 149; Müller/Khan/Neumann, S. 519; Brealey/Hoskins, S. 296.

316 Siehe Artikel 230 Abs. V EG-Vertrag.

317 Artikel 23 des Subventionsübereinkommens sieht vor, dass jedes Mitglied, dessen interne Rechtsvorschriften Bestimmungen über Ausgleichsmaßnahmen umfassen, Gerichte, Schiedsgerichte oder Verwaltungsgerichte oder Verfahren beibehält, um u.a. Verwaltungsmaßnahmen im Zusammenhang mit endgültigen Feststellungen und Überprüfungen von Feststellungen umgehend zu überprüfen (ABl. 1994 L 336, S. 172).

318 EuGH, Rs. 113/77, NTN Toyo Bearing/Rat, Slg. 1979, S. 1185/1205.

319 EuGH, Rs. 239 und 275/82, Allied Corporation I/Kommission, Slg. 1984, S. 1005/1030 und Rs. 53/83, Allied Corporation II/Rat, Slg. 1985, S. 1621; EuGH, Rs. 264/82, Timex/Rat und Kommission, Slg. 1985, S. 849; EuGH, Rs. 240/84, NTN Toyo Bearing/Rat, Slg. 1987, S. 1809; EuGH, Rs. 205/87, Nuova Ceam Srl/Kommission, Slg. 1987, S. 4427; EuGH, Rs. C-156, Gestetner Holdings plc/Rat und Kommission, Slg. 1990, S. I-781. Rabe, EuR 1991, S. 241; Rolf, S. 133; Beseler/Williams, S. 242; Müller/Khan/Neumann, S. 523/532; Brealey/Hoskins, S. 300/301.

fugt. Der Ausführer/Hersteller kann allerdings nicht die Verordnung, die die Ausgleichsmaßnahmen auferlegt, insgesamt anfechten, sondern nur die Bestimmungen der Verordnung, die ihm einen besonderen Ausgleichszoll auferlegen und dessen Höhe festsetzen[320]. Einführer und einzelne Mitglieder eines Europäischen Wirtschaftszweigs, die nicht Antragsteller sind, steht i.d.R. keine Klagebefugnis zu, weil sie nicht unmittelbar und individuell von der Ausgleichsmaßnahme betroffen sind[321]. Einführer können jedoch dann *locus standi* haben, wenn sie am Verfahren beteiligt waren und/oder in der Verordnung ausdrücklich genannt sind. Dies gilt in erster Linie für Einführer die mit Herstellern/Ausführern verbunden sind[322]. In allen anderen Fällen, kann ein Einführer dann ein Klagerecht haben, wenn er von der Verordnung in einer Art und Weise individuell betroffen ist, die ihn deutlich von anderen differenziert und nur diesem Einführer eigen ist[323]. Antisubventionsverfahren können auch mit der Annahme von Verpflichtungen abgeschlossen werden[324]. Die Einstellung unter den Bedingungen einer Verpflichtung kann den Antragsteller oder die Hersteller in der Gemeinschaft in ihrem Recht auf ermessensfehlerfreie Entscheidung über ihr Schutzbegehren verletzen. Die Klage ist folglich gegen die Einstellung des Verfahrens, und nicht gegen die Annahme der Verpflichtung selbst zu richten[325]. Die Ablehnung einer Verpflichtung durch die Kommission ist hingegen nur zu einem gewissen Grade justitiabel, da der Kommission in diesem Bereich ein weites Ermessen eingeräumt wird[326].

In Rückerstattungsfällen besteht z.B. die Möglichkeit, die Zollerhebung vor den nationalen Gerichten anzufechten, mit der Möglichkeit der Überprüfung der Verordnung durch den EuGH im Wege eines Vorlageverfahrens gemäß Artikel 234 EG-Vertrag. Einführer haben damit generell die Möglichkeit, vor nationalen Gerichten die Zollbescheide anzufechten und damit auch - bei Vorlage nach Artikel 234 EG-Vertrag - die Nachprüfung der Rechtswirksamkeit der Verordnung zu erreichen[327]. Die Geltendmachung eines Rückerstattungsanspruches kann nach Ansicht des EuGH allerdings nicht dazu führen, dass die Gültigkeit der Verordnung in Frage gestellt wird, die den Ausgleichszoll auferlegt, oder

320 Rabe, EuR 1991, S. 242; Brealey/Hoskins, S. 300/301.

321 EuGH, Rs. 239 und 275/82, Allied Corporation I/Kommission, Slg. 1984, S. 1005/1030; Schwarze, EuR 1986, S. 232; Rolf, S. 136; Brealey/Hoskins, S. 300/301. Dies gilt jedoch nicht für sog. geschäftlich verbundene Einführer.

322 EuG, Rs. T-164/94, Ferchimex SA/Rat, Slg. 1995, S. II-2681; Brealey/Hoskins, S. 300/301; Müller/Khan/Neumann, S. 529.

323 EuGH, Rs. C-156/87, Gestetner Holdings plc/Rat und Kommission, Slg. 1990, S. I-781; EuGH, Rs. C-358/89, Extramet Industrie SA/Rat, Slg. 1991, S. I-2501.

324 Siehe oben: Punkt VIII.3.

325 EuGH, Rs. 295/86, SA Garelly/Kommission, Slg. 1987, S. 3117; Müller/Khan/Neumann, S. 537.

326 EuGH, Rs. C-156/87, Gestetner Holdings plc/Rat und Kommission, Slg. 1990, S. I-781. Rolf, S. 144; Rabe, EuR 1991, S. 243.

327 Schwarze, EuR 1986, S. 217/233; EuGH, Rs. 205/87, Nuova Cream Srl/Kommission, Slg. 1987, S. 4427.

dass eine erneute Überprüfung der Untersuchungsergebnisse vorgenommen wird[328]. Der EuGH hat entschieden, dass die Entscheidung der Kommission, ein Antisubventionsverfahren nicht einzuleiten, trotz des Vorliegens eines Antrags, justitiabel ist[329]. Auf der anderen Seite ist die Entscheidung über die Einleitung eines Verfahrens kein gerichtlich überprüfbarer Akt[330]. Was hingegen für die Ablehnung zur Einleitung eines Verfahrens gilt, muss gleichermaßen für, im Fall einer vollständigen oder teilweisen Einstellung des Verfahrens, die Antragsteller oder sonst am Verfahren beteiligten Unternehmen gelten[331]. Haben die Ermittlungen ergeben, dass keine Ausgleichsmaßnahmen erforderlich sind, wird das Verfahren nach Konsultation des Beratenden Ausschusses eingestellt. Der EuGH hat in diesem Fall dem Antragsteller ein rechtlich geschütztes Interesse an einer ermessensfehlerfreien Entscheidung über die Einstellung zugesprochen. Das Klagerecht richtet sich auf die Überprüfung, ob die Kommission die den Antragstellern durch die Verordnung eingeräumten Verfahrensgarantien beachtet hat, ob sie offensichtliche Fehler bei der Würdigung des Sachverhaltes begangen oder es unterlassen hat, wesentliche Gesichtspunkte zu berücksichtigen, oder ob sie in ihrer Begründung ermessensmissbräuchliche Überlegungen hat einfließen lassen[332]. Abschließend lässt sich feststellen, dass der EuGH, und das EuG grundsätzlich die Auffassung vertreten, dass in einer Verordnung bereitgestellte Verfahrensgarantien für private Parteien, diese auch dazu berechtigen Klagen zu erheben, um so ihre legitimierten Interessen zu schützen[333].

XI. Bewertung

Im Hinblick auf die Vereinbarkeit der ASV mit den Vorgaben des Subventions-

---

328 EuGH, Rs. 312/84, Continentale Produkten Gesellschaft/Kommission, Slg. 1987, S. 863/867.

329 EuGH, Rs. 191/82, EEC Seed Crushers' and Oil Processors' Federation (Fediol)/Kommission, Slg. 1983, S. 2913 (=NJW 1984, S. 2026). Schwarze, EuR 1986, S. 217/223; Müller/Khan/Neumann, S. 521; Brealey/Hoskins, S. 300/301; Nowak, EuZW 2000, S. 453/454.

330 EuG, Rs. T-134/95, Dysan Magnetics Ltd. and Review Magnetics (Macao) Ltd./Kommission, Slg. 1996, S. II-181. Müller/Khan/Neumann, S. 521.

331 EuGH, Rs. 191/82, EEC Seed Crushers' and Oil Processors' Federation (Fediol)/Kommission, Slg. 1983, S. 2913/2932 (= NJW 1984, S. 2026). Vermulst/Waer, S. 151; Rabe, EuR 1991, S. 239; Brealey/Hoskins, S. 300/301.

332 EuGH, Rs. 191/82, EEC Seed Crushers' and Oil Processors' Federation (Fediol)/Kommission, Slg. 1983, S. 2913 (= NJW 1984, S. 2026); EuGH, Rs. 255/84, Nachi Fujikoshi/Rat, Slg. 1987, S. 1861; EuGH, Rs. C-156/87, Gestetner Holdings/Rat und Kommission, Slg. 1990, S. I-781.

333 Siehe im Hinblick auf Verbraucherverbände das interessante Urteil des EuG, Rs. T-256/97, Bureau Européen des Unions de Consommateurs (BEUC)/Kommission, Slg. 2000 (noch nicht berichtet): Das EuG hat in einem Antidumpingverfahren klargestellt, dass die Kommission nicht automatisch einen Verbraucherverband vom Verfahren ausschließen darf, nur weil die betroffenen Waren nicht im Einzelhandel verkauft werden, sondern vielmehr in jedem Einzelfall das Interesse eines Verbraucherverbandes am konkreten Verfahren überprüfen muss. Siehe in diesem Zusammenhang auch gegenteiligen Wortlaut des Artikel 12 Abs. X des Subventionsübereinkommens (ABl. 1994 L 336, S. 166), der klarstellt, dass Verbraucherverbände nur dann die Gelegenheit gegeben wird Informationen vorzulegen, wenn die betreffende Ware üblicherweise im Einzelhandel verkauft wird.

übereinkommens lässt sich konstatieren, dass die ASV zum größten Teil den Wortlaut des Subventionsübereinkommens übernommen hat. Die ASV hat weite Teile des Subventionsübereinkommens vollständig und zutreffend umgesetzt. Dies gilt insbesondere für die essentiellen Fragen, wann vom Vorliegen einer Subvention auszugehen ist, nach welchen Grundsätzen sie auszugleichen ist, insbesondere, ob und wann es sich um eine spezifische Subvention handelt, und nach welchen Kriterien die Höhe der auszugleichenden Subvention zu berechnen ist. Die ASV orientiert sich aber auch, unter anderem in bezug auf die Verfahren für die Einleitung und die darauf folgende Untersuchung, einschließlich der Ermittlung und der Auswertung der Fakten, die Anwendung vorläufiger Maßnahmen, die Einführung und Vereinnahmung von Ausgleichszöllen, die Geltungsdauer und die Überprüfung von Ausgleichsmaßnahmen sowie die öffentliche Unterrichtung über Informationen im Zusammenhang mit Ausgleichsuntersuchungen eng am Wortlaut des Subventionsübereinkommens.

Gegenüber den Antidumpingvorschriften tritt die Bedeutung der Antisubventionsvorschriften in der Häufigkeit ihrer Anwendung nach wie vor zurück[334]; dies gilt sowohl für die Zahl der eingeleiteten und mit Ausgleichsmaßnahmen abgeschlossen Verfahren, wie für den Wert der von diesen Verfahren betroffenen Waren[335]. Die im Vergleich zu den Antidumpingvorschriften relativ geringere Anwendung der Antisubventionsvorschriften, spiegelt sich auch in den wenigen Entscheidungen des Europäischen Gerichtshofs wider, der bisher lediglich in den "Fediol Urteilen"[336] Gelegenheit hatte, sich zum materiellen Antisubventionsrecht zu äußern[337]. Die häufigere Anwendung des Antidumpingrechts, vor der Umsetzung des Subventionsübereinkommens, war zum einen auf die größere Praxis

334 Wenig, EuZW 1990, S. 314; Bourgeois - Bronckers, S. 194; Grabitz/v. Bogdandy/Nettesheim, S. 218; Reuter, Rdnr. 441; Van Bael/Bellis, S. 384 (siehe Überblick aller Antisubventionsverfahren der Gemeinschaft zwischen 1977 bis 1994 bei: Van Bael/Bellis, S. 674); GTE - Bourgeois, ex Artikel 113, Rdnr. 117; Oppermann, Rdnr. 1772.

335 Siehe in diesem Zusammenhang: Twelfth Annual Report from the Commission to the European Parliament on the Community's Anti-Dumping and Anti-Subsidy Activities (1993): COM(95)16 final, 15.02.1995; Thirteenth Annual Report from the Commission to the European Parliament on the Community's Anti-Dumping and Anti-Subsidy Activities (1994): COM (95) 309 final, 04.07.1995; Fourteenth Annual Report from the Commission to the European Parliament on the Community's Anti-Dumping and Anti-Subsidy Activities (1995): COM (96) 146 final, 08.05.1996; Fifteenth Annual Report from the Commission to the European Parliament on the Community's Anti-Dumping and Anti-Subsidy Activities (1996): COM (97) 428 final,16.09.1997; Sixteenth Annual Report from the Commission to the European Parliament on the Community's Anti-Dumping and Anti-Subsidy Activities (1997): COM (98) 482 final, 29.07.1998; Seventeenth Annual Report from the Commission to the European Parliament on the Community's Anti-Dumping and Anti-Subsidy Activities (1999): COM (99) 411 final, 08.09.1999.

336 EuGH Rs. 191/82, EEC Seed Crushers' and Oil Processors' Federation (Fediol)/Kommission, Slg. 1983, S. 2913 (= NJW 1984, S. 2026); EuGH Rs. 187 und 188/85, EEC Seed Crushers' and Oil Processors' Federation (Fediol)/Kommission, Slg. 1988, S. 4155 (=EuR, Heft 1/1989, S. 80); EuGH Rs. 70/87, EEC Seed Crushers' and Oil Processors' Federation (Fediol)/Kommission, Slg. 1989, S. 1781.

337 Beachte jedoch anhängiges Verfahren zur ASV beim Gericht erster Instanz: EuG, Rs. T-58/99, Mukand Ltd/Rat (ABl. 1999 C 160, S. 24).

der Kommission in der Handhabung des Antidumpingrechts zurückzuführen und lag zum anderen daran, dass die Antisubventionsvorschriften den Wirtschaftszweigen in der Gemeinschaft als kein hinreichend effizientes Mittel zur Wahrnehmung ihrer Interessen erschien. Da sich Antisubventionsverfahren in erster Linie gegen Staaten richten, bestand nach der alten Rechtslage weiterhin die Gefahr von Vergeltungsmaßnahmen, die die Anwendung der Antisubventionsvorschriften auf "eindeutige" Fälle reduzierte.

Seit der Umsetzung des Subventionsübereinkommens durch die ASV zeigt sich jedoch eine deutlich verstärktere Anwendung der Antisubventionsvorschriften[338]. Dies hat eine Vielzahl von Gründen: Das Subventionsübereinkommen hat zunächst zu einer Verrechtlichung im Bereich der internationalen Subventionsdisziplin beigetragen. Das Subventionsübereinkommen enthält klare und detaillierte Vorgaben, an die alle WTO-Mitglieder gebunden sind. Dies hat zu einer effizienteren Ausgestaltung und Handhabung der Antisubventionsvorschriften beigetragen. Zum anderen, scheint aber auch eine bessere Transparenz im Subventionsbereich einen Beitrag zur größeren Anwendung der ASV zu liefern. Unternehmen ist häufig bekannt, wann und ob ihren Konkurrenten Subventionen zufließen. Verfügen die Wettbewerber jedoch nicht über vergleichbare Unterstützungsformen, so sind sie eher geneigt, diesen verzerrten Wettbewerb mit Hilfe handelspolitischer Schutzinstrumente, wie der ASV, auszugleichen und zu beseitigen[339]. Schließlich scheint das Antidumping-Instrument, auch in Zeiten globaler wirtschaftlicher Turbulenzen an Attraktivität zu verlieren, da Preisunterschiede häufig auf externe wirtschaftliche Faktoren zurückgeführt werden können, wohingegen die Feststellung einer Subvention, die den Preisunterschied erklärt, eine leichtere Übung zu sein scheint.

*

338 Zu der Zahl der nach der ASV eingeleiteten Verfahren siehe oben: Punkt VII.2.b. (Fußnote 208).

339 Nicolaides/Bilal, JWT 1999, S. 97/101.

Zweiter Teil

Die Beihilfevorschriften des EG-Vertrages (Artikel 87 bis 89 EG)

Der Römische Vertrag von 1957 zur Gründung der Europäischen Gemeinschaft[340] (EG-Vertrag) enthält ein System, das den Wettbewerb innerhalb des Gemeinsamen Marktes vor Verfälschungen schützen soll[341]. Die Notwendigkeit eines effizienten Wettbewerbsschutzes als Vertragsziel erfordert, dass nicht nur privates Verhalten, sondern auch staatliche Interventionen, wie z.B. in Form von Beihilfen, einer entsprechenden Disziplin und Kontrolle unterworfen werden. Der EG-Vertrag trifft daher Vorkehrungen, durch die wettbewerbsverzerrende Beihilfen der öffentlichen Hand an einheimische Unternehmen vermieden oder zumindest kontrolliert werden. Für diese Fälle enthält der EG-Vertrag, als Bestandteil des Systems zum Schutze des Wettbewerbs, spezielle Beihilfevorschriften, die in den Artikeln 87 bis 89 EG niedergelegt sind und die auf die von den Mitgliedstaaten der Europäischen Gemeinschaft (die Gemeinschaft) gewährten Beihilfen Anwendung finden[342]. Der zweite Teil dieser Untersuchung beschreibt und analysiert die Beihilfevorschriften des EG-Vertrages, unter besonderer Berücksichtigung der Rechtsprechung des Europäischen Gerichtshofs sowie des Gerichts erster Instanz. Da die Vertragsvorschriften die komplexe Materie eher rudimentär regeln, kommt der Rechtsprechung in diesem Bereich eine große Bedeutung zu. Neuere Entwicklungen zur Reformierung und Kodifizierung des Beihilfenrechts finden ebenfalls Erwähnung.

I. Einführung

Da der Wettbewerb durch staatliche Beihilfen derart beeinflusst werden kann, dass Unternehmen gegenüber ihren Konkurrenten in anderen Mitgliedstaaten der Gemeinschaft Wettbewerbsvorteile erlangen, dienen die Artikel 87 bis 89 EG dazu, gegen derartige staatliche Interventionen vorzugehen, und für einen fairen Wettbewerb innerhalb des Gemeinsamen Marktes zu sorgen. Vom Anwendungsbereich beschränken sich diese Vorschriften allerdings nur auf Beihilfen, die von den Mitgliedstaaten gewährt werden, sofern sie den

---

340 Ehemals Europäische Wirtschaftsgemeinschaft (so die Terminologie des Römischen Vertrages vom 25. März 1957). Nach dem Inkrafttreten des Maastrichter-Vertrages erfolgte die Umbenennung hin zur Europäischen Gemeinschaft.

341 Nach Artikel 3 Abs. I Buchstabe g) EG umfasst die Tätigkeit der Gemeinschaft die Errichtung eines Systems, das den Wettbewerb innerhalb des [Gemeinsamen Marktes] Binnenmarkts vor Verfälschungen schützt. Im Hinblick auf den Unterschied zwischen den Termini "Gemeinsamer Markt" und "Binnenmarkt", siehe unten im dritten Teil dieser Untersuchung: Punkt I.2.a.

342 Die Untersuchung umfasst nicht die Beihilfevorschriften des EGKS-Vertrages. Für den Anwendungsbereich des EGKS-Vertrages gelten die Artikel 4 Buchstabe c), 54, 67 und 95 EGKSV. Auf die Beihilfevorschriften des EGKS-Vertrages wird jedoch gelegentlich im zweiten und dritten Teil dieser Unter-

Wettbewerb verfälschen und den Handel zwischen Mitgliedstaaten beeinträchtigen[343]. Bei der Anwendung der Beihilfevorschriften, haben die Gemeinschaftsorgane dabei die Funktion darauf zu achten, dass keine mit dem Gemeinsamen Markt unvereinbaren Beihilfen von den Mitgliedstaaten gewährt werden. Damit wird den Mitgliedstaaten jedoch nicht grundsätzlich das Recht entzogen, Beihilfen überhaupt zu gewähren. Die Gewährung von Beihilfen wird einer Kontrolle unterworfen, die die Vereinbarkeit dieser Beihilfen mit dem Gemeinsamen Markt prüfen und sicherstellen soll. Hiervon zu unterscheiden sind die von der Gemeinschaft selbst gewährten Beihilfen, die nicht in den Anwendungsbereich der Artikel 87 bis 89 EG fallen[344].

II. Grundsatz

Artikel 87 Abs. I EG legt den Grundsatz der Unvereinbarkeit staatlicher Beihilfen mit dem Gemeinsamen Markt fest. Gemäß Artikel 87 Abs. I EG sind - mit Ausnahmemöglichkeiten[345] - staatliche oder aus staatlichen Mitteln gewährte Beihilfen gleich welcher Art, die durch die Begünstigung bestimmter Unternehmen oder Produktionszweige den Wettbewerb verfälschen oder zu verfälschen drohen, mit dem Gemeinsamen Markt unvereinbar, soweit sie den Handel zwischen Mitgliedstaaten beeinträchtigen. Der Artikel 87 Abs. I EG normiert damit ein grundsätzliches Verbot mitgliedstaatlicher Beihilfen, die wettbewerbsverfälschende Wirkung entfalten, soweit durch sie der Handel zwischen den Mitgliedstaaten beeinträchtigt wird. Dieses grundsätzliche Verbot ist jedoch weder absolut noch unbedingt, da den Gemeinschaftsorganen bei der Beurteilung, ob Beihilfen mit dem Gemeinsamen Markt vereinbar sind, im Einzelfall ein weiter Beurteilungsspielraum eingeräumt wird[346]. Dies ist auch der Grund, weshalb Artikel 87 Abs. I EG keine unmittelbare

---

suchung Bezug genommen.

343 Die Beihilfevorschriften des EG-Vertrages sind durch die Artikel 61 bis 64 des Vertrages über den Europäischen Wirtschaftsraum übernommen worden. Annex XV des Vertrages über den Europäischen Wirtschaftsraum (EWR) enthält eine Liste des *acquis communautaire* im Bereich der staatlichen Beihilfen, um die Artikel 61 bis 64 des EWR Vertrages EG-rechtskonform zu interpretieren. Das *acquis communautaire* im Bereich der staatlichen Beihilfen ist damit auf den gesamten Europäischen Wirtschaftsraum übertragen worden. Die Verfahrensvorschriften im Beihilfenbereich sind in Protokoll 3 des Vertrages zur Errichtung einer EFTA Überwachungsbehörde und eines EFTA Gerichtshofs übernommen worden. Die EFTA Überwachungsbehörde hat im Bereich des Beihilfenrechts gegenüber den EFTA Staaten zum EWR (Island, Liechtenstein und Norwegen) vergleichbare Funktionen und Befugnisse, wie die Kommission gegenüber den EG Mitgliedstaaten. Siehe hierzu: Blanchet/ Piipponen/Westman-Clément, S. 228; Evans, S. 3; D'Sa, S. 46; Oppermann, Rdnr. 1097; Hancher/ Ottervanger/Slot, Rdnr. 3-009.

344 EuGH, Rs. 213 und 215/81, Norddeutsches Vieh- und Fleischkontor/Bundesanstalt für landwirtschaftliche Marktordnung, Slg. 1982, S. 3583; Barth, S. 53; GTE - Mederer, Vorb.z.d. ex Artikeln 92 bis 94, Rdnr. 5; Oppermann, Rdnr. 1100; Hancher/Ottervanger/Slot, Rdnr. 2-023.

345 Siehe zu den Ausnahmemöglichkeiten unten in diesem Teil: Punkt V.

346 EuGH, Rs. 78/76, Steinike und Weinlig/Bundesrepublik Deutschland, Slg. 1977, S. 595/609 (=NJW 1977, S. 1005). Der EuGH hat in der Rs. 78/76 ausgeführt: "Diese Bestimmungen zeigen, daß das in

Anwendung entfaltet[347], denn bei der Beurteilung, ob eine staatliche Beihilfe mit dem Gemeinsamen Markt vereinbar ist, sind i.d.R. vielschichtige und raschen Änderungen unterliegende wirtschaftliche Gegebenheiten zu berücksichtigen und zu bewerten[348]. Daher ermöglicht Artikel 87 Abs. I EG zwar die Feststellung der Unvereinbarkeit mit dem Gemeinsamen Markt, konstituiert damit aber noch kein unmittelbar anwendbares und absolutes Verbot einer Beihilfe[349]. Die h.M. misst dem Artikel 87 Abs. I EG daher Verbotscharakter mit Erlaubnisvorbehalt zu[350]. Steht jedoch nach einer entsprechenden Prüfung fest, dass eine Beihilfe nicht mit dem Gemeinsamen Markt vereinbar ist, so kann der betroffene Mitgliedstaat z.B. dazu verpflichtet werden, die beabsichtigte Beihilfe nicht zu gewähren, sie zurückzufordern, sie aufzuheben oder umzugestalten. Die Artikel 87 bis 89 EG gelten grundsätzlich für sämtliche wirtschaftliche Tätigkeiten aller Unternehmen und Wirtschaftszweige, soweit nicht in Sonderregelungen[351] Einschränkungen festgelegt sind. Damit erfassen die Beihilfevorschriften den gesamten Waren-, Finanz- und Dienstleistungsverkehr zwischen den Mitgliedstaaten. Die Beihilfevorschriften finden grundsätzlich auch Anwendung auf den EAG-Vertrag[352]. Der EGKS-Vertrag enthält hingegen in den Artikeln 4 Buchstabe c), 54, 67 und 95 eigene Beihilferegelungen[353].

[ex] Artikel 92 Abs. I aufgestellte Verbot weder absolut noch unbedingt ist, da Abs. III dieses Artikels und [ex] Artikel 93 Abs. II teils der Kommission einen weiten Ermessensspielraum zugesteht, teils dem Rat eine ausgedehnte Befugnis erteilen, Beihilfen unter Abweichung von dem allg. Verbot des [ex] Artikels 92 Abs. I zuzulassen" (siehe Seite 609/610). Siehe in diesem Zusammenhang auch: EuGH, Rs. C-301/87, Frankreich/Kommission, Slg. 1990, S. I-307/355; EuGH, Rs. C-39/94, Syndicat français de l'Express international (SFEI) u.a./La Poste u.a., Slg. 1996, S. I-3547/3557. Grabitz/Hilf - v. Wallenberg, ex Artikel 92, Rdnr. 2; Ehlermann, S. 412; GTE - Mederer, ex Artikel 92, Rdnr. 2; Oppermann, Rdnr. 1109.

347 EuGH, Rs. 77/72, Carmine Capolongo/Azienda Agricola Maya, Slg. 1973, S. 613; Abbamonte, ECLR 1997, S. 88; Raaflaub, S. 67; GTE - Mederer, ex Artikel 92, Rdnr. 2.

348 EuGH, Rs. C-301/87, Frankreich/Kommission, Slg. 1990, S. I-307/355; Hancher, S. 134.

349 Denn im Vergleich zu Artikel 4 Buchstabe c) EGKS-Vertrag stellt Artikel 87 Abs. I EG nicht klar, dass Beihilfen, die mit den Gemeinsamen Markt unvereinbar sind, zwingend verboten sind. EuGH, Rs. 78/76, Steinike und Weinlig/Bundesrepublik Deutschland, Slg. 1977, S. 595/610 (=NJW 1977, S. 1005); Frisinger/Behr, RIW 1995, S. 709; Ehlermann, FILJ 1994, S. 412; Abbamonte, ECLR 1997, S. 88; Oppermann, Rdnr. 1096/1106; GTE - Mederer, ex Artikel 92, Rdnr. 1; Hancher/Ottervanger/Slot, Rdnr. 2-001.

350 Schernthanner, S. 120; Grabitz/Hilf - v. Wallenberg, ex Artikel 92, Rdnr. 2; Bentley, EBLR 1990, S. 91; Ehlermann, FILJ 1994, S. 412; Barth, S. 50; Geiger, ex Artikel 92, Rdnr. 1; Evans, S. 27; Deckert/ Schroeder, EuR 1998, S. 291/292; Pape, S. 7; GTE - Mederer, ex Artikel 92, Rdnr. 2; Nicolaides/Bilal, JWT 1999, S. 97/104; Oppermann, Rdnr. 1095; D'Sa, S. 54.

351 Sondervorschriften enthält der EG-Vertrag für die Landwirtschaft (Artikel 36 Satz 1 EG), den Verkehr (Artikel 73 und 76 EG), die öffentlichen Unternehmen (Artikel 86 Abs. II EG) und den Schutz der Sicherheitsinteressen der Mitgliedstaaten (Artikel 296 EG). Beihilfen für die Ausfuhr in Drittländern werden hinsichtlich wettbewerbsverfälschender Auswirkungen zwischen Gemeinschaftsunternehmen von der Sondervorschrift des Artikel 132 EG erfasst. Diese Sondervorschriften gehen den allgemeinen Vorschriften vor. Siehe hierzu: Evans, S. 2; Raaflaub, S. 64; D'Sa, S. 41; GTE - Mederer, Vorb.z.d. ex Artikeln 92 bis 94, Rdnr. 6; Oppermann, Rdnr. 1103.

352 Barth, S. 50; Rengeling, S. 25; Raaflaub, S. 64; D'Sa, S. 41; Hancher/Ottervanger/Slot, Rdnr. 2-117.

353 Für den Montanbereich gilt der Artikel 4 Buchstabe c) EGKSV, dessen absolutes Beihilfenverbot jedoch inzwischen über Artikel 95 EGKSV "genehmigungsfähig" gemacht worden ist, um der

III. *Das Konzept der staatlichen Beihilfe*

Die Interpretation des Beihilfekonzepts nach dem EG-Vertrag ist oft der schwierigste Teil in der Bewertung von Beihilfemaßnahmen, da die "gemeinschaftsrelevanten Beihilfen" nicht eindeutig definiert sind[354]. Artikel 87 Abs. I EG spricht lediglich von Beihilfen "gleich welcher Art". Im Hinblick auf die Rechtssicherheit, ist es aber von entscheidender Bedeutung, dass die Mitgliedstaaten im Einzelfall erkennen können, wann eine Beihilfemaßnahme in den Anwendungsbereich des Artikel 87 Abs. I EG fällt und damit gemeinschaftsrechtliche Relevanz entfaltet. In diesem Zusammenhang ist auf ein wesentliches Beurteilungsprinzip für staatliche Beihilfen hinzuweisen, das der EuGH im Rahmen einer teleologischen Auslegung entwickelt hat, und das den potentiellen Anwendungsbereich des Artikels 87 Abs. I EG skizziert. Demnach interpretiert der EuGH den Artikel 87 Abs. I EG nach seinem Sinn und Zweck und hat wiederholt festgestellt, dass es nicht auf die Form, sondern auf die Wirkung der Beihilfe ankommt[355]. Danach soll Artikel 87 EG verhindern, dass der Handel zwischen den Mitgliedstaaten durch von staatlichen Stellen gewährte Vergünstigungen beeinträchtigt wird, die in verschiedenartiger Weise durch die Bevorzugung bestimmter Unternehmen oder Produktionszweige den Wettbewerb verfälschen oder zu verfälschen drohen[356]. Artikel 87 Abs. I EG unterscheidet somit nicht nach den Gründen oder Zielen einer Beihilfemaßnahme, sondern beschreibt diese nach ihren Wirkungen. Die allgemeinen Ziele der nationalen Vorschriften, welche die Grundlage der Beihilfengewährung bilden, genügen damit nicht, um eine streitige Maßnahme dem Zugriff des Artikel 87 Abs. I EG zu entziehen. Dieses Wirkungsprinzip definiert den Beihilfebegriff zwar nicht, enthält aber ein entscheidendes Beurteilungsprinzip, um gemeinschaftsrechtlich relevante Beihilfen in einem ersten Prüfungsschritt zu ermitteln.

1. *Begriffsbestimmung einer Beihilfe*

Trotz der Abwesenheit einer Beihilfedefinition, gibt Artikel 87 Abs. I EG einige Tatbestandsmerkmale vor, um eine gemeinschaftsrechtlich relevante Beihilfe überhaupt charakterisieren zu können. Demnach muss nach Artikel 87 Abs. I EG eine Beihilfe aus staatlichen Mitteln gewährt werden, bestimmten Unternehmen oder Produktionszweigen

---

Krisenlage im Kohle- und Stahlbereich Rechnung zu tragen. Siehe hierzu: Oppermann, Rdnr. 1096; D'Sa, S. 42.

354 Schernthanner, S. 3; Ehlermann, FILJ 1994, S. 413; Sinnaeve, S. 29; Hancher/Ottervanger/Slot, Rdnr. 2-002.

355 EuGH, Rs. 173/73, Italien/Kommission, Slg. 1974, S. 709/718; EuGH, Rs. 310/85, Deufil/Kommission, Slg. 1987, S. 901/924; Schernthanner, S. 19/27; Ciresa, S. 33; Baudenbacher, S. 8; Deckert/Schroeder, EuR 1998, S. 291/293; D'Sa, S. 55; GTE - Mederer, ex Artikel 92, Rdnr. 2; v. Friesen, EuZW 1999, S. 581.

356 EuGH, Rs. 173/73, Italien/Kommission, Slg. 1974, S. 709/718; GTE - Mederer, ex Artikel 92, Rdnr. 2; Baudenbacher, S. 8.

zugute kommen und eine Begünstigung für diese Unternehmen oder Produktionszweige darstellen. Erst nach Bejahung dieser Tatbestandsmerkmale stellt sich dann die Frage, ob eine so identifizierte Beihilfe auch wettbewerbsverfälschende Wirkung hat und den Handel zwischen den Mitgliedstaaten beeinträchtigt.

a) *Aus staatlichen Mitteln*

Gemäß Artikel 87 Abs. I EG muss eine Beihilfe zunächst "staatlich" oder aus "staatlichen Mitteln" gewährt worden sein. Die Tatbestandsvoraussetzung der Staatlichkeit setzt voraus, dass die Beihilfe von einer staatlichen Einrichtung gewährt werden muss. Nicht erforderlich ist jedoch, dass die Beihilfe von einer Regierung direkt, also auf zentralstaatlicher Ebene, gewährt wird. Damit unterliegen auch Beihilfen der Prüfung nach Artikel 87 Abs. I EG, die von regionalen oder lokalen staatlichen Einrichtungen der Mitgliedstaaten gewährt werden, unabhängig vom Status und von der Bezeichnung dieser Einrichtung[357]. Der Begriff "aus staatlichen Mitteln gewährte Beihilfen" ist weiter zu fassen als der Begriff "staatliche Beihilfen". Aus staatlichen Mitteln gewährt sind Beihilfen, die generell aus öffentlichen Mitteln finanziert werden[358]. So fallen auch Beihilfen, die durch vom Staat zur Durchführung der Beihilferegelung errichtete oder beauftragte öffentliche oder private Einrichtungen gewährt werden unter Artikel 87 Abs. I EG[359].

Auch die parafiskalische Umverteilung über Ausgleichs- und Unterstützungskassen erfolgt aus öffentlichen Mitteln[360]. Unbeachtlich ist die rechtliche Stellung der Einrichtung, die für die Verteilung und Verwaltung der Beihilfe zuständig ist[361]. Es reicht demnach aus, dass die Beihilfemaßnahme das Ergebnis einer dem Mitgliedstaat zurechenbaren Verhaltensweise ist[362]. So sind beispielsweise begünstigte Maßnahmen staatlich eingerichteter, beauftragter oder beherrschter Stellen oder Unternehmen[363] in der Regel als dem Staat zurechenbar anzusehen[364].

---

357 EuGH, Rs. 248/84, Bundesrepublik Deutschland/Kommission, Slg. 1987, S. 4013/4041; Sinnaeve, S. 30; Bacon, YEL 1997, S. 269/280; D'Sa, S. 71.

358 Barth, S. 53; Ciresa, S. 32; Raaflaub, S. 63; Sinnaeve, S. 30; Hakenberg/Tremmel, EWS 1997, S. 217; GTE - Mederer, ex Artikel 92, Rdnr. 13; Schön, CMLR 1999, S. 911/920.

359 EuGH, Rs. 290/83, Kommission/Frankreich, Slg. 1985, S. 439/449; Fünfundzwanzigster Wettbewerbsbericht der Kommission (1995), S. 75; Schütte/Hix, CMLR 1995, S. 222; Grabitz/Hilf - v. Wallenberg, ex Artikel 92, Rdnr. 17; Hancher/Ottervanger/Slot, Rdnr. 2-020.

360 EuGH, Rs. 78/76, Steinicke und Weinlig/Bundesrepublik Deutschland, Slg. 1977, S. 595/613 (=NJW 1977, S. 1005); Bacon, YEL 1997, S. 269/283.

361 EuGH, Rs. 290/83, Kommission/Frankreich, Slg. 1985, S. 439/449; EuGH, Rs. 298/84, Bundesrepublik Deutschland/Kommission, Slg. 1987, S. 4013/4041.

362 EuGH, Rs. 290/83, Kommission/Frankreich, Slg. 1985, S. 439/449; EuGH, Rs. 67, 68 und 70/85, Kweekerij Gebroeders van der Kooy BV und andere/Kommission (Gasunie), Slg. 1988, S. 219; EuGH, Rs. C-305/89, Italien/Kommission (Alfa Romeo), Slg. 1991, S. 1603/1639; Schernthanner, S. 57; Hakenberg/Tremmel, EWS 1997, S. 217/218; GTE - Mederer, ex Artikel 92, Rdnr. 13; D'Sa, S. 73/75.

363 Siehe zu dem Thema der beherrschten Unternehmen auch weiter unten in diesem Teil: Punkt III.1.d.aa.

364 EuGH, Rs. 22/79, Kommission/Italien, Slg. 1980, S. 1411/1929.

Die Grenzziehung zwischen staatlicher und privater Zurechenbarkeit kann daher im Einzelfall Schwierigkeiten bereiten, da bei der Beihilfevergabe die staatliche Stelle nicht unmittelbar beteiligt zu sein braucht.

b) Beihilfeformen

Der in Artikel 87 Abs. I EG nicht näher definierte Begriff der staatlichen Beihilfe wurde vom EuGH, dem Zweck des Beihilferegimes entsprechend, bisher in einem weiten Sinn verstanden. Der EuGH vertritt die Ansicht, dass das Konzept der staatlichen Beihilfe weiterzufassen sei, als das Konzept der Subvention[365]. Der EuGH hat hierzu ausgeführt: "Nach dem gewöhnlichen Sprachgebrauch ist eine Subvention eine Geld- oder Sachleistung, die einem Unternehmen zu dessen Unterstützung gewährt wird und die außerhalb des Entgelts liegt, welches der Käufer oder Verbraucher für die von dem betroffenen Unternehmen produzierten Güter oder Dienstleistungen entrichtet. In der Beihilfe wird allgemein ein hiermit eng verwandter Vorgang gesehen, der jedoch insofern in stärkerem Maße zweckbetont ist, als Beihilfen speziell als Mittel zur Verfolgung bestimmter Ziele angesehen werden, die in der Regel nicht ohne fremde Hilfe erreicht werden könnten. Der Begriff der Beihilfe ist jedoch weiter als der Begriff der Subvention, denn er umfasst nicht nur positive Leistungen wie Subventionen selbst, sondern auch Maßnahmen, die in verschiedener Form die Belastungen vermindern, welche ein Unternehmen normalerweise zu tragen hat und die somit zwar keine Subventionen in strengen Sinne des Wortes darstellen, diesen aber nach Art und Wirkung gleichstehen"[366]. Damit unterfallen dem Beihilfebegriff alle Formen von Hilfeleistungen, also nicht nur finanzielle Zuschüsse, sondern jede Entlastung von Kosten, die ein Unternehmen normalerweise zu tragen hat[367]. Artikel 87 Abs. I EG betrifft somit mittelbare wie unmittelbare Beihilfen und unterscheidet nicht zwischen verschiedenen Beihilfearten[368]. Nachfolgend werden einige der am häufigsten gewählten Beihilfeformen näher erläutert:

---

365 Dieser Ansicht folgt auch die Kommission: Siehe z.B. Entscheidung der Kommission vom 23. Juli 1971 (71/295/EWG) über die Steuerbefreiungen auf Grund des am 23. Dezember 1970 verlängerten deutschen Gesetzes über die Besteuerung des Straßengüterverkehrs vom 28. Dezember 1968 (ABl. 1971 L 179, S. 37). Schernthanner, S. 6; Grabitz/Hilf - v. Wallenberg, ex Artikel 92, Rdnr. 3; Hoischen, S. 31; Sinnaeve, S. 28; Baudenbacher, S. 8; Hancher/Ottervanger/Slot, Rdnr. 2-003; Lübbig, WuW 1999, S. 249/250; a.A. Hochbaum, S. 23; Grabitz, RIW 1989, S. 623/624 und Oppermann, Rdnr. 1111 (die die Begriffe synonym verwenden).

366 EuGH, Rs. 30/59, Steenkolenmijnen in Limburg/Hohe Behörde, Slg. 1961, S. 1/43; EuGH, Rs. 173/73, Italien/Kommission, Slg. 1974, S. 709; EuGH, Rs. C-387/92, Banco Exterior de España/Ayuntamiento de Valencia, Slg. 1994, S. I-877; EuGH, Rs. C-39/94, Syndicat français de l'Express international (SFEI) u.a./La Poste u.a., Slg. 1996, S. I-3547/3562.

367 Schweitzer/Hummer, Rdnr. 1304; Barth, S. 52. Geiger, ex Artikel 92, Rdnr. 10; Sinnaeve, S. 29; Baudenbacher, S. 6; Koenig/Sander, EuZW 1997, S. 363; GTE - Mederer, ex Artikel 92, Rdnr. 5.

368 EuGH, Rs. 248/84, Bundesrepublik Deutschland/Kommission, Slg. 1987, S. 4013/4041.

- So können beispielsweise der Erwerb von Unternehmensanteilen durch den Staat oder sonstige staatliche Kapitalübertragungen (Kapitalzuführungen, Kapitalaufstockungen oder Kapitalbeteiligungen) von Artikel 87 Abs. I EG erfasst werden. Als staatliche Beteiligungen sind unmittelbare Beteiligungen des Staates und anderer Gebietskörperschaften anzusehen sowie Beteiligungen von Finanzierungseinrichtungen oder sonstigen Einrichtungen[369] mit nationalen, regionalen oder sektoralen Aufgaben, die aus staatlichen Mitteln im Sinne von Artikel 87 Abs. I EG finanziert werden oder auf die der Staat oder andere Gebietskörperschaften einen beherrschenden Einfluss ausüben. So können auch generell Kapitalzuführungen einer staatlichen Holding an ihre Tochtergesellschaften in den Anwendungsbereich des Artikel 87 Abs. I EG fallen[370]. Hilfestellung bei der Beurteilung der Frage, wann eine Beihilfe in diesen Fällen vorliegt, bietet die "Transparenzrichtlinie"[371] von 1980. Die Transparenzrichtlinie verpflichtet die Mitgliedstaaten, dafür zu sorgen, dass der Zufluss aller öffentlichen Mittel an öffentliche Unternehmen und die Verwendung dieser Mittel transparent gemacht wird. Die Mitgliedstaaten müssen den Gemeinschaftsorganen[372] Unterlagen und alle notwendigen Hintergrundinformationen zur Verfügung stellen, um diese in die Lage zu versetzen, eine Beurteilung vorzunehmen, ob es sich bei der Transaktion um eine Beihilfe i.S.d. Artikel 87 Abs. I EG handelt.
- Weiterhin können Bürgschaften, die entweder vom Staat direkt oder mittelbar über Finanzinstitute erteilt werden, grundsätzlich von Artikel 87 Abs. I EG erfasst werden[373]. Auch wenn derartige Bürgschaften gewöhnlich den Kreditnehmer begünstigen, ist nicht auszuschließen, dass unter bestimmten Umständen (auch) der Kreditgeber von der Beihilfe profitiert. Üblicherweise erhält der Kreditnehmer auf-

369 Dies schließt auch öffentliche Unternehmen i.S.d. Artikel 2 der Richtlinie 80/723/EWG der Kommission vom 25. Juni 1980 über die Transparenz der finanziellen Beziehungen zwischen den Mitgliedstaaten und den öffentlichen Unternehmen ein (ABl. 1980 L 195, S. 35).

370 EuGH, Rs. C-305/89, Italien/Kommission (Alfa Romeo), Slg. 1991. S. 1603/1639; Hancher, ECLR 1994, S. 135.

371 Richtlinie 80/723/EWG der Kommission vom 25. Juni 1980 über die Transparenz der finanziellen Beziehungen zwischen den Mitgliedstaaten und den öffentlichen Unternehmen (ABl. 1980 L 195, S. 35); geändert durch Richtlinie 85/413/EWG der Kommission vom 24. Juli 1985 (ABl. 1985 L 229, S. 20); geändert durch Richtlinie 93/84/EWG der Kommission vom 30. September 1993 (ABl. 1993 L 254, S. 16); geändert durch Richtlinie 2000/52/EG der Kommission vom 26. Juli 2000 (ABl. 2000 L 193, S. 75). Siehe weiterhin Mitteilung der Kommission an die Mitgliedstaaten bezüglich der Anwendung der [ex] Artikel 92 und 93 EG und des Artikel 5 der Kommissionsrichtlinie 80/723/EWG über öffentliche Unternehmen in der verarbeitenden Industrie (ABl. 1993 C 307, S. 3).

372 In diesem Fall der Kommission.

373 Siehe Schreiben der Kommission an die Mitgliedstaaten SG(89) D/4328 vom 5. April 1989, abgedruckt in: Wettbewerbsregeln für staatliche Beihilfen - Band II A - Stand: 30.06.98 – (Europäische Kommission), S. 163; Soames/Ryan, ECLR 1995, S. 295; Abbamonte, ECLR 1996, S. 262; Mitteilung der Kommission über die Anwendung der Artikel 87 und 88 EG auf staatliche Beihilfe in Form von Haftungsverpflichtungen und Bürgschaften (ABl. 2000 C 71, S. 14).

grund der staatlichen Bürgschaft einen niedrigeren Zinssatz, oder er braucht weniger Sicherheiten zu leisten. In gewissen Fällen würde der Kreditnehmer ohne eine staatliche Bürgschaft überhaupt kein kreditwilliges Finanzinstitut finden[374]. Staatliche Bürgschaften bieten den Vorteil, dass das Risiko, auf das sich die Garantie bezieht, vom Staat getragen wird. Auch eine nicht in Anspruch genommene Bürgschaft kann ein Unternehmen in die Lage versetzen, seine Geschäfte fortzuführen und damit einen Wettbewerber aus dem Markt zu verdrängen, dem eine vergleichbare Sicherheit nicht zur Verfügung steht. Eine Staatsgarantieregelung bildet jedoch in der Regel dann keine staatliche Beihilfe, wenn u.a. die Vergabebedingungen auf einer realistischen Risikobewertung beruhen, so dass sich die Garantieregelung aufgrund der von den begünstigten Unternehmen gezahlten Prämien aller Wahrscheinlichkeit nach finanziell selbst trägt[375]. Öffentliche Unternehmen, deren Satzung einen Konkurs ausschließt, sind für alle Darlehensaufnahmen praktisch im Besitz einer Dauerbeihilfe, gleichbedeutend mit einer Bürgschaft, wenn die Satzung es den betreffenden Unternehmen erlaubt, Darlehen zu günstigeren Bedingungen aufzunehmen, als ihnen sonst eingeräumt würden[376]. Ist mit der Beteiligung der öffentlichen Hand an einem öffentlichen Unternehmen eine unbegrenzte Haftung statt der üblichen Haftungsbeschränkung verbunden, so wird diese als Bürgschaft für sämtliche Gelder, die der unbegrenzten Haftung unterliegen, gewertet.

- Steuerliche Befreiungen oder -anreize können in den Anwendungsbereich des Artikel 87 Abs. I EG fallen[377]. Somit fallen alle Regelungen der nationalen Unternehmensbesteuerung, die entweder Unternehmen einer bestimmten Region oder eines bestimmten industriellen Sektors gegenüber den allgemeinen Regeln begünstigen, potentiell in den Anwendungsbereich der Beihilfevorschriften[378].
- Darüber hinaus können parafiskalische Belastungen, die auf inländische und eingeführte Waren erhoben werden und deren Ziel und Verwendung ausschließlich inländischen Herstellern zugute kommt, staatliche Beihilfen i.S.d. Artikel 87 Abs.

---

374 Mitteilung der Kommission über die Anwendung der Artikel 87 und 88 EG auf staatliche Beihilfe in Form von Haftungsverpflichtungen und Bürgschaften (ABl. 2000 C 71, S. 14/15).

375 Mitteilung der Kommission über die Anwendung der Artikel 87 und 88 EG auf staatliche Beihilfe in Form von Haftungsverpflichtungen und Bürgschaften (ABl. 2000 C 71, S. 14/16).

376 Siehe Mitteilung der Kommission an die Mitgliedstaaten bezüglich der Anwendung der [ex] Artikel 92 und 93 EWG-Vertrag und des Artikels 5 der Kommissionsrichtlinie 80/723/EWG über öffentliche Unternehmen in der verarbeitenden Industrie (ABl. 1993 C 307, S. 3). Niemeyer/Hirsbrunner, EuZW 2000, S. 364.

377 EuGH, Rs. 70/72, Kommission/Bundesrepublik Deutschland, Slg. 1973, S. 813; Evans, ECLR 1997, S. 261; Schön, CMLR 1999, S. 911.

378 Mitteilung der Kommission über die Anwendung der Vorschriften über staatliche Beihilfen auf Maßnahmen im Bereich der direkten Unternehmensbesteuerung (ABl. 1998 C 384, S. 3).

I EG darstellen[379]. Die Rückerstattung von parafiskalischen Belastungen für ausgeführte Waren, ist i.d.R. als Exportbeihilfe[380] zu bewerten und kann damit in den Anwendungsbereich des Artikel 87 Abs. I EG fallen.

- Bevorzugte vertragliche Bedingungen, die der Staat seinen kontrollierten oder staatlichen Unternehmen gewährt, können in den Anwendungsbereich des Artikel 87 Abs. I EG fallen. Des weiteren kann von einer Beihilfe ausgegangen werden, wenn der Staat auf Dividendeneinnahmen verzichtet hat und mit den einbehaltenen Gewinnen des öffentlichen Unternehmens keine marktübliche Verzinsung erzielt werden kann.
- Außerdem kann die unentgeltliche oder zu besonders günstigen Bedingungen erfolgte Überlassung von Immobilien seitens des Staates in den Anwendungsbereich des Artikel 87 Abs. I EG fallen, wenn die Überlassung zu Preisen erfolgt, die unter dem marktüblichen Bedingungen liegen[381].
- Zu kostenentlastenden Maßnahmen, und damit Beihilfen i.S.d. Artikel 87 Abs. I EG, zählen weiterhin u.a. Investitionszuschüsse, Zinszuschüsse, staatliche Beteiligung an der Durchführung von Sozialplänen, einschließlich beschleunigter Abschreibungen und Verringerung der Soziallasten, zinsgünstige Darlehen, Lieferung von Gütern oder Dienstleistungen zu Vorzugsbedingungen und die Übernahme von Verlusten[382].

c) *Spezifität einer Beihilfe*

Die staatliche Beihilfe muss weiterhin bestimmten Unternehmen oder Produktionszweigen zugute kommen, damit Artikel 87 Abs. I EG Anwendung findet. Der Begriff der "Produktionszweige" ist extensiv und nicht beschränkt auf die Güterherstellung zu verstehen[383], er umfasst auch Gruppen von Dienstleistungs- und Handelsunternehmen sowie alle sonstigen Gewerbezweige. Demnach kann jeder Wirtschaftszweig Begünstigter einer Beihilfe sein[384]. Ob eine Maßnahme bestimmte oder alle Unternehmen begünstigt,

---

379 EuGH, Rs. C-78 bis 83/90, Compagnie Commerciale de l'Ouest/Receveur Principal des Douanes de La Pallice Port, Slg. 1992, S. 1847.

380 Siehe Entscheidung der Kommission Nr. 92/129/EWG vom 24. April 1991 (ABl. 1992 L 47, S.19); Hancher/Ottervanger/Slot, Rdnr. 2-073.

381 Siehe z.B. Entscheidung der Kommission Nr. 92/11/EWG vom 31. Juli 1991 (ABl. 1992 L 6, S. 36); Fünfundzwanzigster Wettbewerbsbericht der Kommission (1995), S. 66; Mitteilung der Kommission über die Beihilfenelemente beim Verkauf von Grundstücken und Gebäuden durch die öffentliche Hand (ABl. 1997 C 209, S. 3).

382 Siehe diese Aufzählung z.B. in den Leitlinien für die Prüfung der einzelstaatlichen Beihilfen im Fischerei- und Aquakultursektor (ABl. 1997 C 100, S. 12); Soames/Ryan, ECLR 1995, S. 293; Geiger, ex Artikel 92, Rdnr. 10; Barth, S. 52; Pape, S. 21; Schweitzer/Hummer, Rdnr. 1304; Koenig/Sander, EuZW 1997, S. 363; Evans, ECLR 1997, S. 260; Hancher/Ottervanger/Slot, Rdnr. 2-076.

383 Barth, S. 55; Grabitz/Hilf - v. Wallenberg, ex Artikel 92, Rdnr. 19.

384 Grabitz/Hilf - v. Wallenberg, ex Artikel 92, Rdnr. 22; GTE - Mederer, ex Artikel 92, Rdnr. 20.

ist häufig schwierig zu beurteilen. Der Kreis der begünstigten Unternehmen muss aufgrund gemeinsamer Eigenschaften, wie z.B. Größe, begrenzt sein[385].

Allgemeine konjunkturpolitische Maßnahmen sowie Maßnahmen der allgemeinen Steuer- oder Sozialpolitik fallen nicht in den Anwendungsbereich des Artikels 87 Abs. I EG[386]. Keine Beihilfen sind demnach (a) Leistungen an private Haushalte (im Rahmen der Einkommens- und Sozialpolitik), soweit sie nicht mit der Auflage zum Bezug bestimmter Güter oder Dienstleistungen verbunden sind; (b) die allgemeine Wirtschaftsförderung (z.B. Infrastrukturmaßnahmen) oder Maßnahmen der Konjunkturpolitik, soweit sich daraus nicht die regionale oder sektorale Begünstigung bestimmter Unternehmen oder Wirtschaftszweige ergibt[387]. Wettbewerbsvorteile von Unternehmen in einem Mitgliedstaat, die sich aus allgemeinen wirtschaftspolitischen Maßnahmen ergeben, müssen sich i.d.R. nach den Verfahren in den Artikeln 96 und 97 EG richten[388]. Artikel 87 Abs. I EG ist deshalb nicht auf Maßnahmen genereller Natur anwendbar, von denen alle Unternehmen in einem Mitgliedstaat gleichermaßen profitieren, solange diese Unternehmen objektive und nichtdiskriminierende Bedingungen für die Vergabe erfüllen. Ist die Maßnahme für alle Unternehmen anwendbar, liegt die Vergabe jedoch im Ermessen der Behörde, für deren Ausübung keine objektiven Kriterien herangezogen werden können, so kann im Einzelfall eine Beihilfe im Sinne des Artikels 87 Abs. I EG vorliegen[389]. Außerdem können Beihilfeprogramme so ausgestaltet sein, dass theoretisch alle Unternehmen davon profitieren können, aber *de facto* nur bestimmte Unternehmen bevorteilt werden. So kann z.B. ein System der staatlichen Beteiligung an der Durchführung von Sozialplänen von Unternehmen nach seinem Zweck und seinem allgemeinen Zusammenhang geeignet sein, bestimmte Unternehmen in eine günstigere Lage zu versetzen als andere, und so die Voraussetzung für eine Beihilfe i.S.d. Artikel 87 Abs. I EVG erfüllen[390].

d) Begünstigung

Artikel 87 Abs. I EG erfordert außerdem, dass durch die Beihilfe eine Begünstigung eingetreten sein muss. Wie bereits oben erwähnt, gehört nach Auffassung des EuGH

---

385 Grabitz/Hilf - v. Wallenberg, ex Artikel 92, Rdnr. 21; Pape, S. 119; Hoischen, S. 35; Nicolaides/Bilal, JWT 1999, S. 97/98; GTE - Mederer, ex Artikel 92, Rdnr. 20; Lübbig, WuW 1999, S. 249/251.

386 Barth, S. 55; Hoischen, S. 34; Rengeling, S. 39; Raaflaub, S. 64; Ciresa, S. 31; Bacon, YEL 1997, S. 269; Nicolaides/Bilal, JWT 1999, S. 97/99; Oppermann, Rdnr. 1112; GTE - Mederer, ex Artikel 92, Rdnr. 30; Hancher/Ottervanger/Slot, Rdnr. 2-036; Schön, CMLR 1999, S. 911/930.

387 EuGH, Rs. 70/72, Kommission/Bundesrepublik Deutschland, Slg. 1973, S. 813.

388 EuGH, Rs. C-225/91, Matra/Kommission, Slg. 1993, S. I-3203; Hancher, ECLR 1994, S.137; Schweitzer/Hummer, Rdnr. 1305; Geiger, ex Artikel 92, Rdnr. 14; Ciresa, S. 31; Hancher/Ottervanger/Slot, Rdnr. 2-036.

389 EuGH, Rs. C-241/94, Frankreich/Kommission, Slg. 1996, S. I-4551/4576; Fünfundzwanzigster Wettbewerbsbericht der Kommission (1995), S. 67.

390 EuGH, Rs. C-241/94, Frankreich/Kommission, Slg. 1996, S. I-4551/4576.

zum Begriff der Beihilfe, dass sie einen unentgeltlichen Vorteil darstellt, für den keine Gegenleistung erbracht wird[391]. Demnach ist der Beihilfe eigen, dass sie dem Begünstigten einen wirtschaftlichen Vorteil verschafft, der nicht auf einer äquivalenten Leistung gegenüber dem Beihilfegeber beruht[392].

Eine staatliche Maßnahme, die bestimmte Unternehmen oder Erzeugnisse begünstigt, verliert die Eigenschaft eines unentgeltlichen Vorteils nicht dadurch, dass sie ganz oder teilweise durch Beiträge finanziert wird, die von Staats wegen von den betreffenden Unternehmen erhoben werden[393]. Zu beachten ist, dass der Begünstigte und der Empfänger der staatlichen Leistung nicht notwendigerweise identisch sein muss. Einer unmittelbaren staatlichen Zuwendung an die Begünstigten bedarf es somit nicht. Eine Beihilfe kann z.B. auch in der bloßen Belastung anderer Produktionszweige liegen. Eine Beihilfe kann aber auch dann vorliegen, wenn Unternehmen oder Verbraucher unterstützt werden, damit diese Waren oder Leistungen eines bestimmten Unternehmens abnehmen[394]. Die Begünstigung muss jedoch Unternehmen zufließen, um von Artikel 87 Abs. I EG erfasst zu werden.

aa) Der Unternehmensbegriff

Abgestellt wird bei der Qualifizierung als Unternehmen i.S.d. Artikel 87 Abs. I EG grundsätzlich auf die wirtschaftliche Tätigkeit, nicht aber auf die organisatorische Form[395]. Der Unternehmensbegriff ist weit auszulegen, hierunter fallen nicht nur private Unternehmen, sondern auch öffentliche Unternehmen, auch wenn diese keine unabhängige Rechtsfähigkeit besitzen[396]. Als öffentliches Unternehmen ist jedes Unternehmen zu verstehen, auf das die öffentliche Hand aufgrund Eigentums, finanzieller Beteiligung, Satzung oder sonstiger Bestimmungen, welche die Tätigkeit des Unternehmens regeln, unmittelbar oder mittelbar einen beherrschenden Einfluss ausüben kann. Es wird vermutet, dass ein beherrschender Einfluss ausgeübt wird, wenn die öffentliche Hand unmittelbar oder mittelbar:

---

391 EuGH, Rs. 78/76, Steinike und Weinlig/Bundesrepublik Deutschland, Slg. 1977, S. 595/613 (=NJW 1977, S. 1005); EuGH, Rs. 61/79, Amministrazione delle Finanze/Denkavit, Slg. 1980, S. 1205; GTE - Mederer, ex Artikel 92, Rdnr. 20.

392 Hancher, ECLR 1994, S. 136; Soames/Ryan, ECLR 1995, S. 293; Hoischen, S. 36; Ciresa, S. 49; Deckert/Schroeder, EuR 1998, S. 291/293; GTE - Mederer, ex Artikel 92, Rdnr. 20.

393 EuGH, Rs. 78/76, Steinike und Weinlig/Bundesrepublik Deutschland, Slg. 1977, S. 595/613 (=NJW 1977, S. 1005).

394 Grabitz/Hilf - v. Wallenberg, ex Artikel 92, Rdnr. 6/8; Barth, S. 55; GTE - Mederer, ex Artikel 92, Rdnr. 20.

395 EuGH, Rs. C-118/85, Kommission/Italien, Slg. 1987, S. I-2599; EuGH, Rs. C-41/90, Klaus Höfner und Fritz Elser/Macrotron GmbH, Slg. 1991, S. I-1979.

396 EuGH, Rs. 118/85, Kommission/Italien, Slg. 1987, S. 2599; Barth, S. 54; Pape, S. 99; GTE - Mederer, ex Artikel 92, Rdnr. 21; Deckert/Schroeder, EuR 1998, S. 291/294; Hancher/Ottervanger/Slot, Rdnr. 2-020; Oppermann, Rdnr. 1113.

- die Mehrheit des gezeichneten Kapitals des Unternehmens besitzt, oder
- über die Mehrheit der mit den Anteilen des Unternehmens verbundenen Stimmrechte verfügt, oder
- mehr als die Hälfte der Mitglieder des Verwaltungs-, Leistungs- oder Aufsichtsorgans des Unternehmens bestellen kann[397].

So folgt auch aus Artikel 86 EG, dass Artikel 87 EG - mit dem alleinigen Vorbehalt in Artikel 86 Abs. II EG - sämtliche privaten und öffentlichen Unternehmen mit allen ihren Produktionszweigen umfasst[398]. Nach Artikel 86 Abs. II EG gelten die Wettbewerbsregeln "für Unternehmen, die mit Dienstleistungen von allgemeinem wirtschaftlichen Interesse betraut sind oder den Charakter eines Finanzmonopols haben...........soweit die Anwendung dieser Vorschriften nicht die Erfüllung der ihnen übertragenen besonderen Aufgabe rechtlich oder tatsächlich verhindert"[399].

So fällt z.B. die Zahlung einer staatlichen Beihilfe nach Artikel 86 Abs. II EG dann nicht unter das Verbot des Artikels 87 Abs. I EG, wenn die betreffende Beihilfe nur die Mehrkosten ausgleichen soll, die dem mit einer Dienstleistung von allgemeinem wirtschaftlichen Interesse betrauten Unternehmen durch die Erfüllung der ihm übertragenen besonderen Aufgabe entstehen, und wenn die Gewährung der Beihilfe erforderlich ist, um diesem Unternehmen die Erfüllung seiner Verpflichtungen als öffentlicher Dienstleistungserbringer unter wirtschaftlich tragbaren Bedingungen zu ermöglichen[400].

bb) Das Prinzip des marktwirtschaftlich handelnden Kapitalgebers

Um beurteilen zu können, ob eine staatliche Maßnahme einen Vorteil darstellt, ist danach zu bestimmen, ob das Unternehmen eine wirtschaftliche Vergünstigung erhält, die

---

397 Siehe Artikel 2 Abs. II der Richtlinie 80/723/EWG der Kommission vom 25. Juni 1980 über die Transparenz der finanziellen Beziehungen zwischen den Mitgliedstaaten und den öffentlichen Unternehmen (ABl. 1980 L 195, S. 35); geändert durch Richtlinie 85/413/EWG der Kommission vom 24. Juli 1985 (ABl. 1985 L 229, S. 20); geändert durch Richtlinie 93/84/EWG der Kommission vom 30. September 1993 (ABl. 1993 L 254, S. 16); geändert durch Richtlinie 2000/52/EG der Kommission vom 26. Juli 2000 (ABl. 2000 L 193, S. 75).

398 EuGH, Rs. 78/76, Steinicke und Weinlig/Bundesrepublik Deutschland, Slg. 1977, S. 595/612 (= NJW 1977, S. 1005).

399 Siehe in diesem Zusammenhang: Commission's Communication on services of general interest in Europe (ABl. 1996 C 281, S. 3); Notice from the Commission on the application of the competition rules to the postal sector and on the assessment of certain State measures relating to postal services (ABl. 1998 C 39, S. 2).

400 EuG, Rs. T-95/94, Chambre Syndicale Nationale des Entreprises de Transport de Fonds et Valeurs (Sytraval) und Brink's France SARL/Kommission, Slg. 1995, S. II-2651/2668; EuG, Rs. T-106/95, Fédération francaise des sociétés d'assurances (FFSA) u.a./Kommission, Slg. 1997, S. II-229; EuGH, Rs. C-367/95 P, Kommission/Chambre Syndicale Nationale des Entreprises de Transport de Fonds et Valeurs (Sytraval) und Brink's France SARL, Slg. 1998, S. I-1719; Bartosch, ECLR 1999, S. 197/201.

es unter "normalen marktwirtschaftlichen Bedingungen" nicht erhalten hätte[401]. Im Umkehrschluss liegt demnach eine Beihilfe bereits dann tatbestandlich nicht vor, wenn die Maßnahme dem Verhalten eines marktwirtschaftlich orientierten Kapitalgebers entspricht. Das heißt, in jedem individuellen Fall ist dieses Prinzip anzuwenden, unter der Fragestellung, ob nach den finanziellen Umständen des Unternehmens, das die öffentlichen Mittel erhält, ein marktwirtschaftlich handelnder Kapitalgeber diese Mittel zu gleichen Konditionen bereitgestellt hätte. Das Prinzip des "marktwirtschaftlich handelnden Kapitalgebers" wird daher angewendet, um festzustellen, ob eine Beihilfe überhaupt vorliegt und, um gegebenenfalls die Höhe dieser Beihilfe zu bestimmen[402].

In der Rechtsprechung des EuGHs ist das "Prinzip des marktwirtschaftlich handelnden Kapitalgebers" bestätigt worden[403]. Der EuGH hat hierzu ausgeführt: "Um entscheiden zu können, ob die Maßnahmen staatliche Beihilfen darstellen, muss das von der Kommission in ihrer Entscheidung genannte......Kriterium angewendet werden, ob sich das Unternehmen die betreffenden Beträge auf den privaten Kapitalmärkten hätte beschaffen können"[404]. Um z.B. festzustellen, ob Kapitalzuweisungen der öffentlichen Hand an ein öffentliches Unternehmen den Charakter staatlicher Beihilfen haben, ist daher unter den konkreten Umständen zu prüfen, ob ein privater Investor von vergleichbarer Größe wie die Verwaltungseinrichtungen des öffentlichen Sektors in vergleichbarer Lage hätte veranlasst werden können, Kapitalhilfen vergleichbaren Umfangs zu gewähren. Bei dem Verhalten des privaten Investors, mit dem die Intervention des wirtschaftspolitische Ziele verfolgenden öffentlichen Investors verglichen werden muss, muss es nicht zwangsläufig um das Verhalten eines gewöhnlichen Investors handeln, der Kapital zum Zweck seiner mehr oder weniger kurzfristigen Rentabilisierung anlegt, sondern kann u.U. das Verhalten einer privaten Holding oder einer privaten Unternehmensgruppe sein, die eine globale o-

---

401 Siehe z.B. Mitteilung der Kommission im Fall der Fluggesellschaft Transportes Aereos Portugueses SA (ABl. 1994 C 93, S. 12); Fünfundzwanzigster Wettbewerbsbericht der Kommission (1995), S. 67; Entscheidung der Kommission vom 31. Januar 1996 über eine Kapitalaufstockung zugunsten der Fluggesellschaft Iberia (ABl. 1996 L 104, S. 25); Mitteilung der Kommission über die Beihilfenelemente beim Verkauf von Grundstücken und Gebäuden durch die öffentliche Hand (ABl. 1997 C 209, S. 3); Mitteilung der Kommission an die Mitgliedstaaten nach [ex] Artikel 93 Abs. I EG-Vertrag zur Anwendung der [ex] Artikel 92 und 93 EG-Vertrag auf die kurzfristige Exportkreditversicherung (ABl. 1997 C 281, S. 4/7). Abbamonte, ECLR 1996, S. 259; Bishop, ECLR 1997, S. 84; Pape, S. 41; Evans, ECLR 1997, S. 259; Bartosch, ECLR 1999, S. 197/200; Nicolaides/Bilal, JWT 1999, S. 97/106; v. Friesen, EuZW 1999, S. 581/582.

402 Eine detaillierte Analyse des Prinzips des "marktwirtschaftlich handelnden Kapitalgebers" liefern: Abbamonte, ECLR 1996, S. 258; Pape, S. 41; Bourgeois - Quick, S. 109; Raaflaub, S. 63; Evans, S. 56; Hakenberg/Tremmel, EWS 1997, S. 218; Deckert/Schroeder, EuR 1998, S. 291/295; D'Sa, S. 67/323; Lübbig, WuW 1999, S. 249/253.

403 EuGH, Rs. 323/82, Intermills-Industrie/Kommission, Slg. 1984, S. 3809; EuGH, Rs. 296 und 318/82, Königreich der Niederlande und Leeuwarder Papierwarenfabrik BV/Kommission, Slg. 1985, S. 809; EuGH, Rs. C-301/87, Frankreich/Kommission (Boussac), Slg. 1990, S. I-307/361; EuGH, Rs. C-305/89, Italien/Kommission (Alfa Romeo), Slg. 1991, S. I-1603.

404 EuGH, Rs. C-301/87, Frankreich/Kommission (Boussac), Slg. 1990, S. I-307/361.

der sektorale Strukturpolitik verfolgt und sich von längerfristigen Rentabilitätsaussichten leiten lässt[405]. Diese Sichtweise, im Hinblick auf Kapitalzuweisungen der öffentlichen Hand an öffentliche Unternehmen, verstößt nicht gegen Artikel 295 EG, wonach der EG-Vertrag die Eigentumsordnung in den verschiedenen Mitgliedstaaten unberührt lässt, indem auch eine durch eine öffentliche Einrichtung vorgenommene Kapitaleinlage als mit dem Gemeinsamen Markt nicht zu vereinbarende Beihilfe behandelt werden kann, denn hierdurch wird die Ordnung des öffentlichen Eigentums nicht verletzt, sondern lediglich öffentliche und private Eigentümer eines Unternehmens gleich behandelt[406].

Bei der Anwendung des Prinzips des marktwirtschaftlich handelnden Kapitalgebers, wird grundsätzlich keine Unterscheidung zwischen den unterschiedlichen Beihilfeformen vorgenommen. So entspricht z.B. das Beihilfeelement für Darlehen, also der Vorteil, der unter Zugrundelegung des Prinzips des marktwirtschaftlich handelnden Kapitalgebers ermittelt wird, dem Unterschiedsbetrag zwischen dem von dem Unternehmen eigentlich zu zahlenden Zinssatz auf dem freien Markt und dem tatsächlich gezahlten Satz[407]. Im Falle der Gewährung eines unverbürgten Darlehens an ein Unternehmen, dem unter normalen Umständen keine Mittel bereitgestellt würden, entspricht das Darlehen tatsächlich einem Zuschuss. Im Hinblick auf die Bewertung des Beihilfeelements von Bürgschaften, muss die Untersuchung der Finanzlage des Kreditnehmers einhergehen. Das Beihilfeelement solcher Bürgschaften entspricht dem Differenzbetrag zwischen dem vom Kreditnehmer zu bezahlenden Zinssatz auf dem freien Markt und dem aufgrund der Bürgschaft tatsächlich gezahlten Satz abzüglich der für die Bürgschaft gezahlten Prämien[408]. So liegt z.B. weiterhin ein Vorteil vor, wenn ein Unternehmen ein öffentliches Grundstück zu einem Preis erwirbt, der unter dem marktüblichen Preis liegt[409].

2. *Wirkung der Beihilfe auf Wettbewerb und innergemeinschaftlichen Handel*

Artikel 87 Abs. I EG setzt weiterhin voraus, dass die Beihilfe den Wettbewerb verfälscht oder zu verfälschen droht und den Handel zwischen den Mitgliedstaaten beeinträchtigt. Während die "Handelsbeeinträchtigung" primär auf der Ebene der Mitgliedstaa-

405 EuGH, Rs. C-305/89, Italien/Kommission (Alfa Romeo), Slg. 1991, S. I-1603/1640.

406 EuGH, Rs. C-305/89, Italien/Kommission (Alfa Romeo), Slg. 1991, S. I-1603/1641.

407 Siehe in diesem Zusammenhang: Mitteilung der Kommission über die Methode zur Festlegung von Referenz- und Diskontsätzen (ABl. 1997 C 273, S.3); Mitteilung der Kommission an die Mitgliedstaaten nach [ex] Artikel 93 Abs. I EG-Vertrag zur Anwendung der [ex] Artikel 92 und 93 EG-Vertrag auf die kurzfristige Exportkreditversicherung (ABl. 1997 C 281, S. 4/7).

408 Mitteilung der Kommission an die Mitgliedstaaten bezüglich der Anwendung der [ex] Artikel 92 und 93 EWG-Vertrag und des Artikel 5 der Kommissionsrichtlinie 80/723/EWG über öffentliche Unternehmen in der verarbeitenden Industrie (ABl. 1993 C 307, S. 3); Abbamonte, ECLR 1996, S. 267.

409 Fünfundzwanzigster Wettbewerbsbericht der Kommission (1995), S. 66; Abbamonte, ECLR 1996, S. 260/263; Mitteilung der Kommission über die Beihilfenelemente beim Verkauf von Grundstücken und Gebäuden durch die öffentliche Hand (ABl. 1997 C 209, S. 3).

ten festgestellt wird, erfolgt die Beurteilung der "Wettbewerbsverfälschung" i.d.R. auf der Ebene einzelner Unternehmen[410], d.h. die Wettbewerbsverfälschung wird auf die Situation der Unternehmen des jeweiligen Sektors bezogen.

a) *Verfälschung des Wettbewerbs*

Wie bereits oben ausgeführt, sind Beihilfen gemäß Artikel 87 Abs. I EG nur dann verboten, wenn sie den Wettbewerb verfälschen oder zu verfälschen drohen. Durch das Tatbestandsmerkmal der Drohung, reicht die bloße Möglichkeit einer Wettbewerbsverfälschung bereits aus. Danach ist neben dem aktuellen auch der potentielle Wettbewerb Schutzgut des Artikels 87 Abs. I EG[411]. Außerdem darf es zwischen der gewährten Beihilfe und der dadurch drohenden bzw. eingetretenen Wettbewerbsverfälschung nicht am Kausalzusammenhang fehlen[412].

Die Kommission vertrat die Auffassung, dass eine Beihilfe stets den Wettbewerb verfälsche, und dass folglich eine Beurteilung der Wirkung nicht erforderlich sei[413]. Der EuGH hat jedoch entschieden, dass eine Beurteilung vorgenommen werden muss, ob eine Beihilfe die Stellung des betroffenen Unternehmens im Vergleich zu anderen Unternehmen stärkt, die im Gemeinschaftshandel miteinander im Wettbewerb stehen[414]. Demnach hat die Kommission grundsätzlich eine Bewertung des betroffenen Marktes vorzunehmen und darzulegen, inwieweit die Maßnahme die Wettbewerbssituation beeinträchtigt. Die Wettbewerbsverfälschung kann sich z.B. aus der Kostenentlastung ergeben, die die Stellung eines Unternehmens auf dem Markt künstlich verstärkt. So liegt also eine Wettbewerbsverfälschung in der Verstärkung der Wettbewerbssituation eines begünstigten Unternehmens gegenüber bestehenden anderen Unternehmen oder in der Erschwerung des Marktzugangs für neue Unternehmen[415].

In anderen Worten, diese Situation tritt dann ein, wenn die Wettbewerbsfähigkeit der begünstigten Unternehmen gegenüber anderen, die keine Beihilfe bekommen, verbes-

---

410 Ciresa, S. 66.

411 Barth, S. 56; Pape, S. 152; Bleckmann, Rdnr. 2059; Baudenbacher, S. 22; Evans, S. 79; Oppermann, Rdnr. 1114.

412 Grabitz/Hilf - v. Wallenberg, ex Artikel 92, Rdnr. 25.

413 Elfter Wettbewerbsbericht der Kommission (1981), S. 176; Grabitz/Hilf - v. Wallenberg, ex Artikel 92, Rdnr. 23; GTE - Mederer, ex Artikel 92, Rdnr. 31; Schweitzer/Hummer, Rdnr. 1306; Oppermann, Rdnr. 1114.

414 EuGH, Rs. 730/79, Philip Morris/Kommission, Slg. 1980, S. 2671/2689 (= NJW 1981, S. 1152); EuGH, Rs. 296 und 318/82, Leeuwarder Papierwarenfabriek/Kommission, Slg. 1985, S. 809; Bleckmann, Rdnr. 2059; Soames/Ryan, ECLR 1995, S. 297; Rengeling, S. 30; Baudenbacher, S. 22/23; GTE - Mederer, ex Artikel 92, Rdnr. 33.

415 EuGH, Rs. 730/79, Philip Morris/Kommission, Slg. 1980, S. 2671/2688 (= NJW 1981, S. 1152); Barth, S. 56; Geiger, ex Artikel 92, Rdnr. 15; Bleckmann, Rdnr. 2059; Baudenbacher, S. 22; Oppermann, Rdnr. 1114; GTE - Mederer, ex Artikel 92, Rdnr. 33; Niemeyer/Hirsbrunner, EuZW 2000, S. 364.

sert wird[416]. Um Veränderungen der Wettbewerbssituation aufzeigen zu können, ist der Markt, auf dem die Wettbewerber miteinander konkurrieren, zu bestimmen. Die Eingrenzung erfolgt zum einen räumlich[417], zum anderen anhand der auf dem Markt angebotenen Produkte oder Dienstleistungen, einschließlich etwaiger Substitutionsmöglichkeiten. In der Regel werden jedoch nur die Umstände analysiert, aus denen sich die Wettbewerbsverfälschung ergibt, und dabei Angaben zur Marktsituation, Marktanteile, Handelsbeziehungen und Ausfuhren des subventionierten Unternehmens berücksichtigt, nicht aber eine präzise Abgrenzung eines relevanten Marktes vorausgesetzt[418].

Ausfuhrbeihilfen beeinträchtigen unmittelbar den Wettbewerb zwischen den auf einem Markt konkurrierenden potentiellen Lieferanten von Waren und Dienstleistungen. Damit können auch Beihilfen der Mitgliedstaaten für ihre Ausfuhren in Drittländer den Wettbewerb innerhalb der Gemeinschaft beeinträchtigen[419]. So können z.B. auf dem Markt für kurzfristige Exportkreditversicherungen Wettbewerbsverzerrungen nicht nur zwischen den Ausführern in den verschiedenen Mitgliedstaaten bei ihrem Handel innerhalb und außerhalb der Gemeinschaft auftreten, sondern auch zwischen Exportkreditversicherern, die ihre Dienstleistungen in der Gemeinschaft anbieten[420].

b) Beeinträchtigung des Handelsverkehrs

Schließlich setzt Artikel 87 Abs. I EG voraus, dass durch die Beihilfe der Handel zwischen den Mitgliedstaaten beeinträchtigt werden muss. Das Kriterium der Handelsbeeinträchtigung dient der Abgrenzung vom Anwendungsbereich des nationalen Rechts und somit der Rechtfertigung für die Anwendung des Gemeinschaftsrechts[421].

---

416 Schweitzer/Hummer, Rdnr. 1306; Koenig/Sander, EuZW 1997, S. 364; Niemeyer/Hirsbrunner, EuZW 2000, S. 364.

417 Hinsichtlich des räumlich relevanten Marktes ist für die Anwendung des Artikel 87 Abs. I EG nicht erforderlich, dass das betroffene Wettbewerbsverhältnis und damit die Verfälschungswirkung der Maßnahme sich auf einen wesentlichen Teil des Gemeinsamen Marktes beziehen. Es ist ausreichend, dass die Wettbewerbsverfälschung entweder zwischen den Marktteilnehmern eines Mitgliedstaates oder zu den Wettbewerbern in anderen Mitgliedstaaten eintritt oder einzutreten droht.

418 Pape, S. 151; GTE - Mederer, ex Artikel 92, Rdnr. 32; Baudenbacher, S. 23.

419 EuGH, Rs. C-74/89, Kommission/Belgien, Slg. 1990, S. I-491; EuGH, Rs. C-142/87, Belgien/Kommission, Slg. 1990, S. I-959/1013; EuGH, Rs. C-44/93, Namur-Les Assurances du Crédit SA/OND und Belgien, Slg. 1994, S. I-3829/3873. Der EuGH führte in Rs. C-142/87 aus: "Zunächst ist darauf hinzuweisen, daß es angesichts der Verflechtung der Märkte, auf denen die Unternehmen der Gemeinschaft tätig sind, nicht ausgeschlossen ist, daß eine Beihilfe den Wettbewerb innerhalb der Gemeinschaft auch dann verfälschen kann, wenn das begünstigte Unternehmen fast seine gesamte Produktion außerhalb der Gemeinschaft absetzt" (Seite 1013).

420 Mitteilung der Kommission an die Mitgliedstaaten nach [ex] Artikel 93 Abs. I EG-Vertrag zur Anwendung der [ex] Artikel 92 und 93 EG-Vertrag auf die kurzfristige Exportkreditversicherung (ABl. 1997 C 281, S. 4). Siehe in diesem Zusammenhang auch: OECD Arrangement on Guidelines for Officially supported ExportCredits. Die Guidelines können über die OECD Web-site bezogen werden (www.oecd.org).

421 Ciresa, S. 67; Baudenbacher, S. 25; Evans, S. 92; GTE - Mederer, ex Artikel 92, Rdnr. 36; D'Sa, S. 98.

Eine Beeinträchtigung des Handels (Waren-, Dienstleistungs- und Zahlungsverkehr) zwischen den Mitgliedstaaten liegt vor, wenn die Beihilfe sich über das Gebiet des die Beihilfe gewährenden Mitgliedsstaats hinaus auf die Konkurrenzsituation von Unternehmen in anderen Mitgliedstaaten auswirkt[422]. Dass eine Beihilfe den Handel zwischen den Mitgliedstaaten beeinträchtigt und den Wettbewerb verfälscht oder zu verfälschen droht, kann sich zwar in bestimmten Fällen bereits aus den Umständen der Beihilfengewährung ergeben; die Kommission hat jedoch stets diese Umstände wenigstens in der Begründung der Entscheidung zu nennen[423]. Da dies insbesondere dann der Fall ist, wenn die Wettbewerbsfähigkeit von Unternehmen gegenüber anderen verbessert wird, wird in der Regel bei einer festgestellten Wettbewerbsverfälschung auch eine zwischenstaatliche Handelsbeeinträchtigung anzunehmen sein, es sei denn die Wirkung der Beihilfe beschränkt sich tatsächlich nur auf das Gebiet eines Mitgliedstaates[424]. Dabei kommt es insbesondere darauf an, ob durch die Beihilfe die Ein- oder Ausfuhr erschwert oder erleichtert wird[425]. So kann auch eine Handelsbeeinträchtigung vorliegen, wenn das begünstigte Unternehmen nur im Inland tätig ist, aber mit Waren oder Dienstleistungen aus anderen Mitgliedstaaten konkurriert[426]. Sofern ein Unternehmen in einem Sektor tätig ist, der durch überschüssige Produktionskapazitäten gekennzeichnet ist und in dem ein tatsächlicher Wettbewerb zwischen Herstellern aus verschiedenen Mitgliedstaaten stattfindet, ist jede Beihilfe, die einem Unternehmen von der öffentlichen Hand gewährt wird, geeignet, den Handel zwischen den Mitgliedstaaten zu beeinträchtigen und den Wettbewerb zu verfälschen, da diese Unterstützung Konkurrenten daran hindert, ihren Marktanteil zu vergrößern, und ihre Möglichkeiten, ihre Ausfuhren zu erhöhen, verringert[427]. Dies ergibt sich daraus, dass die Produktion des begünstigten Unternehmens beibehalten oder erhöht werden kann und sich die Absatzmöglichkeiten der Unternehmen aus anderen Mitgliedstaaten in dem betreffenden Mitgliedstaat verringern[428] bzw. das begünstigte Unternehmen fast seine gesamte Pro-

---

422 Soames/Ryan, ECLR 1995, S. 298; Geiger, ex Artikel 92, Rdnr. 16; Barth, S. 59; Hoischen, S. 64; Rengeling, S. 31; Baudenbacher, S. 26; Nicolaides/Bilal, JWT 1999, S. 97/104; Niemeyer/Hirsbrunner, EuZW 2000, S. 364.

423 EuGH, Rs. 730/79, Philip Morris/Kommission, Slg. 1980, S. 2671/2689 (= NJW 1981, S. 1152); EuGH, Rs. 296 und 318/82, Leeuwarder Papierwarenfabriek/Kommission, Slg. 1985, S. 809; Bleckmann, Rdnr. 2059; Soames/Ryan, ECLR 1995, S. 297; Rengeling, S. 30; Baudenbacher, S. 22/23; GTE - Mederer, ex Artikel 92, Rdnr. 17.

424 EuGH, Rs. 173/73, Italien/Kommission, Slg. 1974, S. 709/720; GTE - Mederer, ex Artikel 92, Rdnr. 37; Baudenbacher, S. 25; Niemeyer/Hirsbrunner, EuZW 2000, S. 364.

425 Schweitzer/Hummer, Rdnr. 1307; Rengeling, S. 31; GTE - Mederer, ex Artikel 92, Rdnr. 38; Baudenbacher, S. 26.

426 EuGH, Rs. 102/87, Frankreich/Kommission, Slg. 1988, S. 4067; EuGH, Rs. C-305/89, Italien/Kommission (Alfa Romeo). Slg. 1991, S. 1603/1642; Fünfundzwanzigster Wettbewerbsbericht der Kommission (1995), S. 67; Grabitz/Hilf - v. Wallenberg, ex Artikel 92, Rdnr. 23/28; GTE - Mederer, ex Artikel 92, Rdnr. 39.

427 EuGH, Rs. C-305/89, Italien/Kommission (Alfa Romeo), Slg. 1991, S. 1603/1642; Fünfundzwanzigster Wettbewerbsbericht der Kommission (1995), S. 67.

428 EuGH, Rs. 102/87, Frankreich/Kommssion, Slg. 1988, S. 4067/4087; EuGH, Rs. C-303/88, Italien/

duktion außerhalb des Gemeinsamen Marktes absetzt[429]. Die Größe des Marktanteils ist dabei nicht relevant. Die bloße Eignung der Maßnahme zur Handelsbeeinträchtigung reicht bereits aus[430]. Eine Eignung zur Handelsbeeinträchtigung ist dann gegeben, wenn sich anhand einer Gesamtheit objektiver Umstände mit hinreichender Wahrscheinlichkeit voraussehen lässt, dass die Beihilfe unmittelbar oder mittelbar, tatsächlich oder der Möglichkeit nach den Wirtschaftsverkehr zwischen den Mitgliedstaaten beeinflussen kann. Zwischen der Beihilfe und der Handelsbeeinträchtigung muss weiterhin ein Kausalzusammenhang bestehen. In den meisten Fällen spricht, wie oben bereits dargelegt, eine (widerlegbare) Vermutung für das Vorliegen einer Handelsbeeinträchtigung durch die Beihilfe. Die Elemente, auf die sich diese Vermutung stützt, sind von der Kommission im einzelnen darzulegen, z.B. eine nicht unbedeutende Ausfuhrquote des begünstigten Unternehmens oder sein hoher Marktanteil in der Gemeinschaft, eine allgemeine Krisenlage in der Wirtschaft oder der Wettbewerbsdruck durch Einfuhren aus anderen Mitgliedstaaten oder aus Drittländern. Beihilfen an kleine Unternehmen in benachteiligten städtischen Gebieten fallen i.d.R. nicht in den Anwendungsbereich des Artikels 87 Abs. I EG, soweit die Tätigkeiten in keiner grenzüberschreitenden Weise ausgeübt werden[431]. Voraussetzung ist allerdings, dass das Unternehmen z.B. seine Haupttätigkeit in einem als benachteiligtes Stadtviertel bezeichneten Gebiet ausüben und dort investieren muss [432]. Dieser Beispielsfall stellt jedoch eine Ausnahme dar, da in der Praxis i.d.R. stets von einer Handelsbeeinträchtigung ausgegangen wird.

c) Die de minimis-Regel

Grundsätzlich schließt weder der verhältnismäßig geringe Umfang einer Beihilfe noch die verhältnismäßig geringe Größe des begünstigten Unternehmens von vornherein die Möglichkeit einer Beeinträchtigung des Handels zwischen Mitgliedstaaten aus[433]. Jedoch haben nicht alle Beihilfen eine spürbare Auswirkung auf den Handel und den Wettbewerb zwischen den Mitgliedstaaten. Dies gilt insbesondere für Beihilfen, deren Betrag

---

Kommission, Slg. 1991, S. I-1433/1477.

429 EuGH, Rs. C-142/87, Belgien/Kommission, Slg. 1990, S. I-959/1014.

430 EuGH, Rs. 730/79, Philip Morris/Kommission, Slg. 1980, S. 2671/2688 (= NJW 1981, S. 1152); Bleckmann, Rdnr. 2060; Schweitzer/Hummer, Rdnr. 1307; Ciresa, S. 68.

431 Gemeinschaftsrahmen für staatliche Beihilfen an Unternehmen in benachteiligten Stadtvierteln (ABl. 1997 C 146, S. 6/9); Bleckmann, Rdnr. 2059; Niemeyer/Hirsbrunner, EuZW 2000, S. 364.

432 Zusätzliches Kriterium ist, dass mindestens 20% der neugeschaffenen Arbeitsplätze der Einstellung von Personen vorbehalten ist, die ihren Wohnsitz in einem benachteiligten städtischen Gebiet haben. Siehe Gemeinschaftsrahmen für staatliche Beihilfen an Unternehmen in benachteiligten Stadtvierteln (ABl. 1997 C 146, S. 6/10).

433 EuGH, Rs. 259/85, Frankreich/Kommission, Slg. 1987, S. 4393; EuGH, Rs. C-142/87, Belgien/ Kommission, Slg. 1990, S. I-959/1015; Abbamonte, ECLR 1997, S. 88; Baudenbacher, S. 24; Schweitzer/Hummer, Rdnr. 1306; Barth, S. 58; Pape, S. 140; Hoischen, S. 66; Ciresa, S. 69; Niemeyer/ Hirsbrunner, EuZW 2000, S. 364.

sehr gering ist. Derartige Beihilfen werden meistens für kleine und mittlere Unternehmen gewährt. Im Interesse der Verwaltungsvereinfachung für die Mitgliedstaaten sowie für die Kommission und im Interesse der kleinen und mittleren Unternehmen hat die Kommission 1992 die sogenannte *de minimis*-Regel eingeführt[434], die einen absoluten Höchstbetrag festsetzt, unterhalb dessen Artikel 87 Abs. I EG als nicht anwendbar angesehen werden kann und die Anmeldepflicht gemäß Artikel 88 Abs. III EG nicht mehr gilt[435]. In der geänderten Form von 1996 legt die *de minimis*-Regel folgende Kriterien fest[436]:

- Der maximale Gesamtbetrag der *de minimis*-Beihilfe beträgt 100.000 Euro innerhalb von drei Jahren ab dem Zeitpunkt der ersten *de minimis*-Beihilfe;
- dieser Betrag umfasst alle Arten von öffentlichen Beihilfen, die als *de minimis*-Beihilfen gewährt werden, und berührt nicht die Möglichkeit, dass der Empfänger aufgrund von der Kommission genehmigter Regelungen andere Beihilfen erhält;
- dieser Betrag umfasst alle Kategorien von Beihilfen gleich welcher Form und Zielsetzung, mit Ausnahme der Beihilfen für die Ausfuhr[437], für die die Maßnahme nicht gilt.

Die Mitgliedstaaten sind verpflichtet sicherzustellen, dass der kumulierte Betrag verschiedener Beihilfen, die für dasselbe Unternehmen als *de minimis*-Beihilfen gewährt werden, den Gesamtbetrag dieser Beihilfe innerhalb von drei Jahren nicht 100.000 Euro übersteigt. In der *de minimis*-Regel wird der Höchstbetrag als Zuschuss auf 100.000 Euro festgesetzt. Wird die Beihilfe nicht in Form eines Zuschusses gewährt, ist der Höchstbetrag von 100.000 Euro in das entsprechende Subventionsäquivalent[438] umzurechnen, um die Anwendung des *de minimis*-Höchstbetrages zu ermöglichen. Die geläufigsten anderen Formen der Gewährung von Beihilfen mit einem niedrigen Barwert sind zinsgünstige Darlehen, Steuervergünstigungen und Kreditbürgschaften. Die Berechnung des Subventionsäquivalents der in diesen Formen gewährten Beihilfen wird im folgenden Punkt IV. erläutert.

---

434 Mitteilung der Kommission über "*de minimis*"-Beihilfen (ABl. 1992 C 213, S. 2); Stuart, ECLR 1996, S. 230; Baudenbacher, S. 25; Abbamonte, ECLR 1997, S. 88; Evans, S. 99; D'Sa, 107.

435 Die unter den EGKS-Vertrag fallenden Bereiche, der Verkehrssektor und die Beihilfen für Ausgaben für die landwirtschaftliche Tätigkeit oder die Fischerei sind von der "*de minimis*"-Regel ausgeschlossen.

436 Mitteilung der Kommission über "*de minimis*" - Beihilfen (ABl. 1996 C 68, S. 9).

437 Unter Beihilfen für die Ausfuhr ist jede Beihilfe zu verstehen, die unmittelbar mit den ausgeführten Mengen, der Errichtung und dem Betrieb eines Vertriebsnetzes oder den laufenden Ausgaben einer Exporttätigkeit im Zusammenhang steht. Nicht dazu gehören hingegen die Kosten für die Teilnahme an Messen, für Studien- und für Beratungsmaßnahmen, die für die Einführung eines neuen Produkts oder für die Einführung eines bestehenden Produkts auf einem neuen Markt erforderlich sind. Siehe Mitteilung der Kommission über "*de minimis*"-Beihilfen (ABl. 1996 C 68, S. 9).

438 Die Mitteilung der Kommission über "*de minimis*"-Beihilfen enthält Erläuterungen zur Berechnung des Subventionsäquivalents der in anderer Form als Zuschüssen gewährten Beihilfen (ABl. 1996 C 68, S. 9/10).

IV. Methoden zur Ermittlung des Beihilfeelements

Um die unterschiedlichen Beihilfeformen auf einer exakt vergleichbaren Grundlage analysieren zu können, müssen sie auf einen gemeinsamen Nenner gebracht werden, d.h. es muss eine Bewertungsgrundlage geschaffen werden, um das genau enthaltene Beihilfeelement zu berechnen. Obwohl die grundsätzliche Feststellung einer Begünstigung bereits ausreicht, um vom Anwendungsbereich des Artikels 87 Abs. I EG erfasst zu werden, kann die Ermittlung des genauen Beihilfeelements dann eine wichtige Rolle spielen, wenn es z.B. um die Feststellung der Beihilfeintensität[439] oder die Rückzahlung[440] einer bereits erhaltenen Beihilfe geht. Das grundlegende Verfahren zur Ermittlung des Beihilfeelements ist die gemeinsame Methode zur Berechnung des Subventionsäquivalents von staatlichen Beihilfen[441]. Das Subventionsäquivalent ist i.d.R. als Bruttobetrag zu berechnen, d.h. vor Steuer, falls die Zuwendung besteuerbar ist. Bei nichtbesteuerbaren Zuwendungen, wie etwa bei einigen Steuervergünstigungen, ist der Nominalbetrag der Zuwendung, der brutto gleich netto ist, zu verwenden[442]. Sämtliche in der Zukunft zu erwartenden Beihilfen sind auf ihren Gegenwartswert abzuzinsen. Als Abzinsungsfaktor ist der zum Zeitraum der Beihilfegewährung anwendbare Referenzzinssatz zugrunde zu legen. Zuschüsse werden als Pauschalbetrag gerechnet, auch wenn sie in mehreren Teilbeträgen gezahlt werden. Für die Bewertung der verschiedenen Beihilfeformen ergeben sich z.B. die folgenden Methoden:

- Die Ermittlung des Beihilfeelements für Zuschüsse und Ermäßigung der Sozialabgaben ist nicht erforderlich, da diese Kategorie die Maßnahmen umfasst, die i.d.R. als Zuschüsse oder Zuschussäquivalente betrachtet werden können[443]. So wird beispielsweise eine Investitionsbeihilfe, die einem Unternehmen in Form eines Kapitalzuschusses gewährt wird, zunächst als Prozentsatz des Investitionsbetrags ausgedrückt. Dabei handelt es sich um das Nominalsubventionsäquivalent oder Bruttosubventionsäquivalent[444].
- Das Subventionsäquivalent einer Steuervergünstigung entspricht den in dem

439 Siehe hierzu z.B. unten in diesem Teil: Punkt V.2.a.

440 Siehe hierzu z.B. unten in diesem Teil: Punkt VI.4.

441 Die Methode zur Berechnung des Nettosubventionsäquivalents wird von der Kommission bei der Beurteilung der von den Mitgliedstaaten notifizierten Beihilferegelungen verwendet. Die Methode zur Berechnung des Nettosubventionsäquivalents einer Investitionsbeihilfe ist z.B. abgedruckt im Anhang I der Leitlinien für staatliche Beihilfen mit regionaler Zielsetzung (ABl. 1998 C 74, S. 9/19).

442 Siehe hierzu: Mitteilung der Kommission über "*de minimis*"-Beihilfen (ABl. 1996 C 68, S. 9).

443 Fünfter Bericht überstaatliche Beihilfen in der Europäischen Union im verarbeitenden Gewerbe und in einigen weiteren Sektoren: KOM (97) 170 endg., S. 58.

444 Zur Möglichkeit der Berechnung eines Nettosubventionsäquivalents für Zuschüsse, nach Zahlung entsprechender Körperschaftssteuer, siehe: Anhang I der Leitlinien für staatliche Beihilfen mit regionaler Zielsetzung (ABl. 1998 C 74, S. 9/21).

betreffenden Jahr eingesparten Steuerzahlungen. Auch hier sind die in Zukunft zu erwartenden Steuereinsparungen anhand des Referenzzinssatzes auf ihren Gegenwartswert abzuzinsen[445]. Aufgrund der zahlreichen Freibeträge und Ermäßigungen bei der Körperschaftsteuer und der Verlustsituation mancher Unternehmen, liegt der tatsächliche von ihnen entrichtete Steuerbetrag häufig wesentlich niedriger als der theoretische Steuerhöchstsatz. Daher ist davon auszugehen, dass ohne Berücksichtigung der Besteuerung wirklichkeitsnähere Ergebnisse erzielt werden als bei einer Einbeziehung des theoretischen Steuerhöchstsatzes. Folglich wird als gemeinsamer Nenner statt des Nettosubventionsäquivalents das Bruttosubventionsäquivalent zugrunde gelegt[446].

- Kapitalbeteiligungen gelten dann als Beihilfen, wenn ein privater Kapitalgeber die entsprechende Investition unter normalen marktwirtschaftlichen Bedingungen nicht getätigt hätte[447]. Mit dieser Methode soll der Vorteil der Maßnahme für den Empfänger ermittelt werden. Bei Kapitalzuführungen an staatliche Holdinggesellschaften wird die Gesamtleistung der Unternehmen beurteilt und wird die zur Deckung wiederkehrender Verluste erforderliche Beträge als Beihilfeelement betrachtet.
- Nach der gemeinsamen Bewertungsmethode werden die einem Unternehmen über einen bestimmten Zeitraum hinweg in Form von zinsgünstigen Darlehen und Steuerstundungen gewährten Vergünstigungen auf den Gegenwartswert abgezinst. Hierbei wird ein "Referenzzinssatz" zugrunde gelegt, der dem von Unternehmen zu entrichtenden üblichen Marktzinssatz entspricht. Das jährliche Beihilfeelement eines Darlehens entspricht daher der Differenz zwischen dem Referenzzinssatz und dem tatsächlich gezahlten Zinsen, multipliziert mit dem Wert des Darlehens[448]. Alle bis zur vollständigen Tilgung des Darlehens eingesparten Zinsen sind auf ihren Wert zum Zeitpunkt der Darlehensgewährung abzuzinsen und aufzuaddieren. Im Fall von Beteiligungsdarlehen wurden die Nettokosten als Differenz zwischen der vom Staat tatsächlich erzielten Rendite aus den Beteiligungsdarlehen und dem Bezugszinssatz berechnet. Bei den rückzahlbaren Zuschüssen wurden wegen der großen Anzahl von Einzelfällen die tatsächlichen Nettokosten des Staates als Beihilfeelement veranschlagt.
- Bei Darlehen mit Wechselkursgarantie wird das Beihilfeelement so berechnet, als

445 Mitteilung der Kommission über "*de minimis*"-Beihilfen (ABl. 1996 C 68, S. 9/10).

446 Fünfter Bericht überstaatliche Beihilfen in der Europäischen Union im verarbeitenden Gewerbe und in einigen weiteren Sektoren: KOM (97) 170 endg., S. 58.

447 Siehe Mitteilung der Kommission über die Anwendung der [ex] Artikel 92 und 93 EWG-Vertrag und des Artikel 5 der Richtlinie 80/723/EWG der Kommission über öffentliche Unternehmen im verarbeitenden Gewerbe (ABl. 1993 C 307, S. 3).

448 Fünfter Bericht überstaatliche Beihilfen in der Europäischen Union im verarbeitenden Gewerbe und in einigen weiteren Sektoren: KOM (97) 170 endg., S. 59.

wenn es sich um ein zinsgünstiges Darlehen in einer gegen Wechselkursschwankungen abgesicherten Währung handelt. Das Beihilfeelement entspricht der Differenz zwischen dem Bezugszinssatz für die durch die Garantie abgesicherte Währung und dem Zinssatz des Darlehens abzüglich etwaiger Entgelter für die Garantie. Dabei wird also der Vorteil der Regelung für den Begünstigten berechnet[449].

- Für Kreditbürgschaften kann das Subventionsäquivalent grundsätzlich wie folgt berechnet werden: entweder (1) in der gleichen Weise wie das Subventionsäquivalent eines zinsgünstigen Darlehens, abzüglich der gezahlten Prämien, wobei die Zinsvergünstigung der Differenz zwischen dem Referenzzinssatz und dem mittels der staatlichen Bürgschaft erhaltenen Satz entspricht, oder (2) als die Differenz zwischen a) dem ausstehenden verbürgten Betrag, multipliziert mit dem Risikofaktor (Ausfallwahrscheinlichkeit) und b) allen gezahlten Bürgschaftsprämien[450]. Als Risikofaktor ist der entsprechende Erfahrungswert für Ausfälle bei unter ähnlichen Bedingungen (Sektor, Unternehmensgröße, allgemeine Konjunkturlage) gewährten Darlehen zugrunde zu legen.
- Bei einfachen Exportkreditbürgschaften ist es angesichts der Vielzahl der Fälle in der Regel zu aufwendig, jede einzelne Bürgschaft zu prüfen und zu ermitteln, welches Entgelt die Empfänger im Normalfall für die Bürgschaft hätten zahlen müssen[451]. Daher werden generell die dem Staat aus solchen Regelungen entstehenden Nettokosten (d.h. die Differenz zwischen den vom Staat eingelösten Bürgschaften und etwaigen Einnahmen aus Bürgschaftsentgelten) zugrunde gelegt. Davon abgewichen wird lediglich in wichtigen Einzelfällen und in bestimmten Sektoren, in denen der Wert der Bürgschaft auf der Grundlage des Werts für den Empfänger berechnet werden kann[452].

V. Erlaubte staatliche Beihilfen

Der EG-Vertrag verbietet zwar staatliche Beihilfen, soweit sie mit dem Gemeinsamen Markt unvereinbar sind, sieht jedoch gleichzeitig Ausnahmen von diesem allgemeinen Verbot vor. Durch diese Ausnahmetatbestände sollen u.a. die sozial- und regional-

---

449 Wo die entsprechenden Angaben fehlen, werden die Gesamtverluste des Staates als Näherungswert für das Beihilfeelement verwendet.

450 Mitteilung der Kommission über "*de minimis*"-Beihilfen (ABl. 1996 C 68, S. 9/10); Mitteilung der Kommission über die Anwendung der Artikel 87 und 88 EG auf staatliche Beihilfen in Form von Haftungsverpflichtungen und Bürgschaften (ABl. 2000 C 71, S. 14/15).

451 Fünfter Bericht überstaatliche Beihilfen in der Europäischen Union im verarbeitenden Gewerbe und in einigen weiteren Sektoren: KOM (97) 170 endg., S. 59.

452 Dieses Verfahren wurde von der Kommission in der Stahlindustrie, im Schiffbau und bei einzelnen Rettungsmaßnahmen angewandt.

politischen Aspekte der Mitgliedstaaten Berücksichtigung finden[453]. Diese abschließenden Ausnahmetatbestände vom Verbot des Artikels 87 Abs. I EG sind in Artikel 87 Abs. II und Abs. III EG geregelt[454]. Artikel 87 Abs. II EG enthält die Ausnahmen, die *per se* mit dem Gemeinsamen Markt vereinbar sind, d.h. bei Erfüllung der Tatbestandsvoraussetzungen wird die Beihilfe "automatisch" als mit dem Gemeinsamen Markt vereinbar angesehen. Wohingegen der Artikel 87 Abs. III EG die Ausnahmen aufzählt, deren Vereinbarkeit mit dem Gemeinsamen Markt in den Beurteilungsspielraum der Kommission fallen.

1. Die per se Ausnahmebestimmungen

Die in Artikel 87 Abs. II EG genannten Beihilfen sind von vornherein vom Beihilfeverbot des Artikels 87 Abs. I EG ausgenommen. Es handelt sich um echte Legalausnahmen, die der Verfahrenskontrolle gemäß Artikel 88 EG unterliegen[455]. Fällt eine Beihilfe in einer der in Artikel 87 Abs. II EG genannten Kategorien, dann ist sie vom Verbot des Artikels 87 Abs. I EG befreit. Nach Artikel 87 Abs. II EG sind mit dem Gemeinsamen Markt *per se* vereinbar: (a) Beihilfen sozialer Art an einzelne Verbraucher, wenn sie ohne Diskriminierung nach der Herkunft der Waren gewährt werden; (b) Beihilfen zur Beseitigung von Schäden, die durch Naturkatastrophen oder sonstige außergewöhnliche Ereignisse entstanden sind; und (c) Beihilfen für die Wirtschaft bestimmter durch die Teilung Deutschlands betroffener Gebiete der Bundesrepublik Deutschland, soweit sie zum Ausgleich der durch die Teilung verursachten wirtschaftlichen Nachteile erforderlich sind.

a) Sozialbeihilfen

Sozialbeihilfen an Endverbraucher unterfallen nicht dem Verbot des Artikels 87 Abs. I EG, wenn sie ohne Diskriminierung nach der Herkunft der Waren gewährt werden[456]. In diesem Falle liegt keine verschleierte Begünstigung bestimmter Unternehmen oder Wirtschaftszweige vor, wenn die Beihilfe individuellen Endverbrauchern, ohne Diskriminierung nach der Herkunft der Waren, und nicht Unternehmen gewährt wird[457]. Mit dem Diskriminierungsverbot bezüglich der Herkunft der Waren soll u.a. sichergestellt werden, dass nicht Unternehmen in dem die Sozialbeihilfe gewährenden Mitgliedstaat bevorzugt werden[458]. Die Beihilfe muss jedoch eine bestimmte Gruppe von Verbrauchern

453 Mathijsen, S. 252; Bentley, EBLR 1990, S. 91; Hakenberg/Tremmel, EWS 1997, S. 220.
454 Bentley, EBLR 1990, S. 91; Soames/Ryan, ECLR 1995, S. 291; Bishop, ECLR 1997, S. 84.
455 Soames/Ryan, ECLR 1995, S. 291/298; Grabitz/Hilf - v. Wallenberg, ex Artikel 92, Rdnr. 37; Geiger, ex Artikel 92, Rdnr. 17; Oppermann, Rdnr. 1121.
456 Barth, S. 61; D'Sa, S. 129; Oppermann, Rdnr. 1122; Hancher/Ottervanger/Slot, Rdnr. 3-004.
457 EuGH, Rs. 52/76, Benedetti/Munari, Slg. 1977, S. 163.
458 Grabitz/Hilf - v. Wallenberg, ex Artikel 92, Rdnr. 38; Bacon, YEL 1997, S. 269/279.

begünstigen, z.B. bedürftige Personen (z.B. Verteilung von Schulmilch)[459]. Unerheblich ist die Art der technischen Abwicklung (z.B. Gutscheine)[460]. Diese Ausnahmebestimmung spielte bislang in der Gemeinschaftspraxis eine untergeordnete Rolle[461].

b) *Katastrophenbeihilfen*

Beihilfen zur Erhaltung der Beschäftigung, die Betriebsbeihilfen ähnlich sind, können nach Artikel 87 Abs. II Buchstabe b) EG nur bewilligt werden, wenn sie zur Beseitigung von Schäden dienen, die durch Naturkatastrophen oder sonstige außergewöhnliche Ereignisse entstanden sind[462]. Die Beihilfen zur Beseitigung von Schäden die durch Naturkatastrophen entstanden sind, müssen sich folglich auf Schäden beschränken, die durch natur-/wetterbedingte Ereignisse verursacht worden sind, wie z.B. Überschwemmungen oder Orkane[463]. Beihilfen die der industriellen Entwicklung des von der Katastrophe heimgesuchten Gebietes dienen, sind z.B. nach Artikel 87 Abs. III Buchstabe c) EG zu bewerten[464]. Zweifelhaft erscheint, ob Schwierigkeiten die wirtschaftliche Ursachen haben, wie z.B. Streiks, als sonstige außergewöhnliche Ereignisse von dieser Ausnahmebestimmung erfasst werden[465]. Fest steht zumindest in diesem Zusammenhang, dass die geltend gemachten Schäden, nicht Folge wirtschafts- oder unternehmenspolitischer Fehlmaßnahmen sein dürfen. Die Beihilfen müssen außerdem dem Ausgleich der entstandenen Schäden dienen, die aus der Katastrophe oder dem außergewöhnlichen Ereignis resultieren und dürfen damit nicht die entstandenen Schäden überkompensieren[466].

c) *Teilung Deutschlands*

Seit der Wiederherstellung der deutschen Einheit ist diese Ausnahme des Artikel 87 Abs. II Buchstabe c) EG nach Auffassung der Kommission entfallen, da es an einem

---

459 Grabitz/Hilf - v. Wallenberg, ex Artikel 92, Rdnr. 38.

460 Schweitzer/Hummer, Rdnr. 1309; Geiger, ex Artikel 92, Rdnr. 18.

461 Siehe z.B. im Transportbereich die Kommissions Entscheidung [SG(2000)D/102051] vom 3. März 2000: Aide d'Etat no. N24/2000 – France – Aide à caractère social au profit de certain catégories de passagers sur les huit liaisons aériennes entre Marseille et Nice d'une part, Ajaccio, Bastia, Calvi et Figari d'autre part.

462 Leitlinien für Beschäftigungsbeihilfen (ABl. 1995 C 334, S. 4/8); Mitteilung der Kommission zur Beihilfenüberwachung und Senkung der Arbeitskosten (ABl. 1997 C 1, S. 10/12).

463 Siehe z.B. Kommissions Entscheidung [SG(2000)D/103681] vom 16. Mai 2000: Aide d'Etat no. NN26/2000 – France – Indemnisation des pêcheurs du Sud-Finistère suite à la tempête du 19 décembre 1998.

464 Entscheidung der Kommission Nr. 91/175/EWG vom 25. Juli 1990 (ABl. 1990 L 86, S. 23/25).

465 Geiger, ex Artikel 92, Rdnr. 19; Soames/Ryan, ECLR 1995, S. 298; Barth, S. 61; Oppermann, Rdnr. 1122; D'Sa, S. 130.

466 Grabitz/Hilf - v. Wallenberg, ex Artikel 92, Rdnr. 39; Soames/Ryan, ECLR 1995, S. 298; Barth, S. 61; Evans, S. 5;Oppermann, Rdnr. 1122; Hancher/Ottervanger/Slot, Rdnr. 3-005.

Kausalzusammenhang zwischen der Teilung Deutschlands und den dadurch verursachten Schäden nach der Vereinigung fehle[467]. Nach Auffassung der Bundesrepublik Deutschland soll diese Ausnahme jedoch nach wie vor anwendbar sein, um die fortdauernden Nachteile der deutschen Teilung auszugleichen, insbesondere für Beihilfen für das Gebiet der ehemaligen DDR[468]. Hierfür spricht, dass diese Ausnahme durch den Maastrichter und Amsterdamer Vertrag nicht beseitigt wurde, trotz eines Vorschlags der Kommission, diese Vorschrift zu streichen[469]. In ihrer Mitteilung zur Gemeinschaft und Deutschlands Vereinigung[470] hat die Kommission sich dafür ausgesprochen, dass Beihilfen für West Berlin ganz abgeschafft werden sollten, und dass für die übrigen Gebiete der ehemaligen DDR ein sukzessiver Abbau der Beihilfen nach dieser Vorschrift notwendig und gerechtfertigt sei. Die Kommission führte aus, dass Artikel 87 Abs. II Buchstabe c) EG in erster Linie dafür konzipiert worden sei, die wirtschaftlichen Nachteile der deutschen Teilung durch *per se* Genehmigungen für Beihilfen zu kompensieren; hierzu zählte z.B. die Zonenrandförderung[471]. Dennoch hat die Kommission nach der Vereinigung bestätigt, dass Artikel 87 Abs. II Buchstabe c) EG nach wie vor auf außergewöhnliche Fälle Anwendung findet, wenn Unternehmen dicht an der ehemaligen innerdeutschen Grenze liegen und unter Infrastrukturbeeinträchtigungen leiden[472].

2. *Die Ermessensausnahmebestimmungen*

Artikel 87 Abs. III EG nennt Tatbestände, nach denen einzelne Beihilfen, nach Ausübung einer pflichtgemäßen Beurteilung aller relevanten Umstände, entgegen dem Beihilfeverbot in Artikel 87 Abs. I EG, mit dem Gemeinsamen Markt für vereinbar erklärt werden können[473]. Gemäß Artikel 87 Abs. III EG können mit dem Gemeinsamen Markt vereinbar angesehen werden: (a) Beihilfen zur Förderung der wirtschaftlichen Entwicklung von Gebieten, in denen die Lebenshaltung außergewöhnlich niedrig ist oder eine er-

467 Zwanzigster Wettbewerbsbericht der Kommission (1991), S. 131; Perry, ELR 1997, S. 87; Evans, ECLR 1997, S. 259/260.

468 Grabitz/Hilf - v. Wallenberg, ex Artikel 92, Rdnr. 40; Carl, EuZW 1990, S. 562; Schütte/Hix, CMLR 1995, S. 226; Geiger, ex Artikel 92, Rdnr. 20; Jestaedt/Schelling, EWS 1999, S. 2; Oppermann, Rdnr. 1123; GTE - Mederer, ex Artikel 92, Rdnr. 60.

469 Hancher/Ottervanger/Slot, Rdnr. 3-006; Schütte/Hix, CMLR 1995, S. 227; Perry, ELR 1997, S. 87; Geiger, ex Artikel 92, Rdnr. 20.

470 Die Gemeinschaft und die Deutsche Einheit, Band I, S. 69 [KOM (90) 400 endg. (21. August 1990)].

471 Die Interpretation der Kommission des Artikels 87 Abs. II Buchstabe c) EG ist vom EuG bestätigt worden: EuG, Rs. T-132/96 und T-143/96, Freistaat Sachsen, Volkswagen AG und Volkswagen Sachsen GmbH/Kommission, Slg. 1999 (noch nicht berichtet).

472 Schütte/Hix, CMLR 1995, S. 228; Evans, S. 9; Jestaedt/Schelling, EWS 1999, S. 2; D'Sa, S. 130; Oppermann, Rdnr. 1124.

473 EuGH, Rs. 730/79, Philip Morris/Kommission, Slg. 1980, S. 2671/2690 (= NJW 1981, S. 1152); EuGH, Rs. 310/85, Deufil/Kommission, Slg. 1986, S. 901/926; EuGH, Rs. 62 und 72/87, Executif Regional Wallon/Kommission, Slg. 1988, S. 1573/1595; EuGH, Rs. C-142/87, Belgien/Kommission, Slg. 1990, S. I-959/1018.

hebliche Unterbeschäftigung herrscht; (b) Beihilfen zur Förderung wichtiger Vorhaben von gemeinsamem Interesse oder zur Behebung einer beträchtlichen Störung im Wirtschaftsleben eines Mitgliedstaats; (c) Beihilfen zur Förderung der Entwicklung gewisser Wirtschaftszweige oder Wirtschaftsgebiete, soweit sie die Handelsbedingungen nicht in einer Weise verändern, die dem gemeinsamen Interesse zuwiderläuft; (d) Beihilfen zur Förderung der Kultur und der Erhaltung des kulturellen Erbes, soweit sie die Handels- und Wettbewerbsbedingungen in der Gemeinschaft nicht in einem Maße beeinträchtigen, das dem gemeinsamen Interesse zuwiderläuft; und (e) sonstige Arten von Beihilfen, die der Rat durch eine Entscheidung mit qualifizierter Mehrheit auf Vorschlag der Kommission bestimmt. Die Entscheidung darüber, ob die Beihilfen mit dem Gemeinsamen Markt vereinbar angesehen werden können, liegt, wie bereits ausgeführt, im Beurteilungsspielraum der Gemeinschaftsorgane[474]. Bei einer Beurteilung ist zum einen das insoweit maßgebliche Vertragsziel des Artikels 3 Abs. I Buchstabe g) EG zu berücksichtigen, wonach der EG-Vertrag ein System errichten soll, das den Wettbewerb innerhalb des Gemeinsamen Marktes vor Verfälschungen schützt[475], und zum anderen ist gemäß Artikel 2 EG darauf zu achten, dass durch eine Annäherung der Wirtschaftspolitiken der Mitgliedstaaten eine harmonische Entwicklung des Wirtschaftslebens innerhalb der Gemeinschaft gefördert wird. Die Befreiung muss unter den Voraussetzungen des Artikels 87 Abs. III EG für die in Artikel 2 EG genannten Ziele geeignet und erforderlich sein[476]. Für die Gewährung der Beihilfe muss weiterhin eine Notwendigkeit bestehen[477]. Es muss festgestellt werden, dass es die Marktkräfte allein nicht ermöglichen, die Begünstigten zu einem Verhalten zu bewegen, das zur Verwirklichung eines der in den Ausnahmebestimmungen genannten Zielen beiträgt[478]. Die Gewährung der Beihilfe muss u.a. im Gemeinschaftsinteresse liegen, d.h. die Prüfung der Vereinbarkeit muss aus der Sicht der Gemeinschaft und nicht der eines einzigen Mitgliedstaats erfolgen[479]. Berücksichtigt werden bei der Prüfung u.a. wirtschaftliche, technische, politische und soziale Faktoren[480].

a) Regionalbeihilfen

Artikel 87 Abs. III EG differenziert zwischen Beihilfen "zur Förderung der wirtschaftlichen Entwicklung von Gebieten, in denen die Lebenshaltung außergewöhnlich

474 Insbesondere der Kommission.
475 Hancher, ECLR 1994, S. 134/138; Geiger, ex Artikel 92, Rdnr. 22.
476 EuGH, Rs. 730/79, Philip Morris/Kommission, Slg. 1980, S. 2671/2690 (= NJW 1981, S. 1152).
477 Grabitz/Hilf - v. Wallenberg, ex Artikel 92, Rdnr. 43.
478 Siehe z.B. Entscheidung der Kommission Nr. 84/497/EWG vom 27. Juni 1984 (ABl. 1984 L 276, S. 37) und Nr. 91/500/EWG vom 28. Mai 1991 (ABl. 1991 L 262, S. 29).
479 Entscheidung der Kommission Nr. 87/585/EWG vom 15. Juli 1987 (ABl. 1987 L 352, S. 42); Zehnter Wettbewerbsbericht der Kommission (1980), S. 160; EuGH, Rs. 730/79, Philip Morris/Kommission, Slg. 1980, S. 2671 (= NJW 1981, S. 1152); Schütte/Hix, CMLR 1995, S. 229.

niedrig ist oder eine erhebliche Unterbeschäftigung herrscht" [Artikel 87 Abs. III Buchstabe a) EG] und Beihilfen "zur Förderung der Entwicklung gewisser Wirtschaftsgebiete" [Artikel 87 Abs. III Buchstabe c) EG]. Die Verwendung der Begriffe "außergewöhnlich" und "erheblich" in der Ausnahmevorschrift des Artikels 87 Abs. III Buchstabe a) EG zeigt, dass diese nur Gebiete betrifft, in denen die wirtschaftliche Lage im Vergleich zur gesamten Gemeinschaft äußerst ungünstig ist[481]. Dagegen ist die Ausnahmevorschrift des Artikels 87 Abs. III Buchstabe c) EG insofern weiter gefasst, als sie die Entwicklung bestimmter Gebiete eines Mitgliedstaats, die im Vergleich zur durchschnittlichen wirtschaftlichen Lage in diesem Staat benachteiligt sind, erlaubt, ohne dass die in Artikel 87 Abs. III Buchstabe a) EG genannten wirtschaftlichen Gegebenheiten vorzuliegen brauchen. Voraussetzung nach Artikel 87 Abs. III Buchstabe c) EG ist jedoch, dass die zu diesem Zweck gewährte Beihilfe "die Handelsbedingungen nicht in einer Weise verändern, die dem gemeinsamen Interesse zuwiderläuft"[482]. Umgekehrt bedeutet das Fehlen dieser letztgenannten Voraussetzung in der Ausnahmebestimmung des Artikels 87 Abs. III Buchstabe a) EG, dass für die Gewährung der Beihilfe an Unternehmen in den Gebieten, die tatsächlich den in dieser Ausnahmebestimmung aufgestellten Kriterien entsprechen, ein größerer Beurteilungsspielraum besteht. Aus diesem Unterschied in der Formulierung kann jedoch nicht abgeleitet werden, dass bei der Anwendung des Artikels 87 Abs. III Buchstabe a) EG das gemeinsame Interesse außer acht lassen darf und die Prüfung sich darauf zu beschränken hätte, die regionale Spezifität der fraglichen Maßnahme zu prüfen, ohne ihre Auswirkungen auf den oder die relevanten Märkten in der gesamten Gemeinschaft zu untersuchen. Eine Freistellung von der in Artikel 87 Abs. I EG festgelegten grundsätzlichen Unvereinbarkeit von Beihilfen mit dem Gemeinsamen Markt kann aufgrund der regionalen Zielsetzung nur gewährt werden, wenn zwischen den hieraus resultierenden Wettbewerbsverfälschungen und den Vorteilen der Beihilfe für die Entwicklung eines benachteiligten Gebiets ein Gleichgewicht gewährleistet werden kann[483]. Zu berücksichtigen ist, dass in den von Artikel 87 Abs. III Buchstabe a) EG erfassten Fällen der Wettbewerb generell stärker be-

---

480 Hancher/Ottervanger/Slot, Rdnr. 3-011.

481 EuGH, Rs. 248/84, Deutschland/Kommission, Slg. 1987, S. 4013; Leitlinien für staatliche Beihilfen mit regionaler Zielsetzung (ABl. 1998 C 74, S. 9/11); Wishlade, ECLR 1998, S. 343.

482 EuGH, Rs. 248/84, Deutschland/Kommission, Slg. 1987, S. 4013/4042; EuGH, Rs. C-169/95, Königreich Spanien/Kommission, Slg. 1997, S. I-135/154 (Die Entscheidung in Rs. C-169/95 präzisiert für die Zwecke von Artikel 87 Abs. III Buchstabe a) EG den Grundsatz, dass die Kommission ihr Ermessen aufgrund von Artikel 87 Abs. III EG nach Maßgabe wirtschaftlicher und sozialer Wertungen, die auf die Gemeinschaft als Ganzes zu beziehen sind, ausübt. Sie unterstreicht, dass sich das Ziel einer dauerhaften und ausgeglichenen wirtschaftlichen Entwicklung einer Region nur insoweit verwirklichen lässt, als die bestehenden Marktbedingungen des betroffenen Sektors dem nicht entgegenstehen). Siehe hierzu auch: Hakenberg/Tremmel, EWS 1997, S. 220.

483 EuGH, Rs. 730/79, Philip Morris/Kommission, Slg. 1980, S. 2671 (=NJW 1981, S. 1152); EuGH, Rs. C-169/95, Königreich Spanien/Kommission, Slg. 1997, S. I-135; Leitlinien für staatliche Beihilfen mit regionaler Zielsetzung (ABl. 1998 C 74, S. 9/10).

nachteiligt wird, als in den von Artikel 87 Abs. III Buchstabe c) EG erfassten Fällen[484]. Die Kriterien zur Beurteilung entsprechender regionaler Beihilfen räumen der Kommission einen weiten Beurteilungsspielraum ein, der nach Maßgabe wirtschaftlicher und sozialer Wertungen auszuüben ist, und der auf die Gemeinschaft als Ganzes zu beziehen ist[485]. Dieser Beurteilungsspielraum, um anwendbar und überprüfbar zu werden, bedarf allerdings einer genaueren Konkretisierung, im Hinblick auf die Kriterien, die zur Beurteilung von regionalen Beihilfen zugrunde gelegt werden.

Die Kriterien, die bei der Prüfung der Vereinbarkeit staatlicher Regionalbeihilfen mit dem Gemeinsamen Markt nach Artikel 87 Abs. III Buchstaben a) und c) EG zugrunde gelegt werden, sind den Mitgliedstaaten und anderen Beteiligten in unterschiedlichen Veröffentlichungen zur Kenntnis gebracht worden[486]. Die Anzahl dieser Veröffentlichungen, ihr heterogener Charakter und der lange Zeitraum ihres Erscheinens, die Entwicklung der theoretischen Diskussionen und der Praxis sowohl der Kommission als auch der Mitgliedstaaten ebenso wie das Erfordernis zur räumlichen Konzentration der Beihilfen und zur Verringerung der Wettbewerbsverfälschungen haben die Kommission dazu veranlasst, sämtliche bisher angewandten Kriterien zu überarbeiten und die erwähnten Veröffentlichungen[487], im Hinblick auf eine Verbesserung der Transparenz, Aktualisierung und Ver-

---

484 EuG, Rs. T-380/94, AIUFFASS und AKT/Kommission, Slg. 1996, S. II-2169; Leitlinien für staatliche Beihilfen mit regionaler Zielsetzung (ABl. 1998 C 74, S. 9/10); Wishlade, ECLR 1998, S. 343.

485 EuGH, Rs. 730/79, Philip Morris/Kommission, Slg. 1980, S. 2671/2690 (=NJW 1981, S. 1152); EuGH, Rs. C-169/95, Königreich Spanien/Kommission, Slg. 1997, S. I-135.

486 Siehe z.B.: Kommission der Europäischen Gemeinschaften, Wettbewerbsrecht in den Europäischen Gemeinschaften - Band IIA: Wettbewerbsregeln für staatliche Beihilfen, Brüssel - Luxemburg, 1995, S. 207. Für regionale Beihilfen befolgte die Kommission in ihrer Genehmigungspraxis die von ihr den Mitgliedstaaten mitgeteilten Grundsätze zur Beurteilung regionaler Beihilferegelungen in der Gemeinschaft vom 21. Dezember 1978, die insbesondere Höchstgrenzen der Beihilfeintensität festlegten. Eine Beihilfegenehmigung war hiernach auch möglich, um wirtschaftliche Nachteile innerhalb eines Mitgliedstaats auszugleichen [Mitteilung der Kommission von 1979 (ABl. 1979 C 31, S. 9); sowie Mitteilung der Kommission von 1990 zur Änderung der Mitteilung von 1979 (ABl. 1990 C 10, S. 8)]. 1988 hat die Kommission dann die seit 1983 angewendete Methode zur Bewertung einer Region veröffentlicht. Dies geschah durch die Mitteilung der Kommission von 1988 über die Methode zur Anwendung von [ex] Artikel 92 Absätze III a) und c) EGV auf Regionalbeihilfen [Mitteilung der Kommission von 1988 über die Methode zur Anwendung von [ex] Artikel 92 Abs. III Buchstabe a) und c) auf Regionalbeihilfen (ABl. 1988 C 212, S. 2); sowie Mitteilungen der Kommission von 1990 zur Änderung der Mitteilung von 1988 (ABl. 1990 C 163, S. 6)].

487 Mitteilung der Kommission an den Rat (ABl. 1971 C 111, S. 7); Mitteilung der Kommission an den Rat vom 27.06.73 [KOM (73) 1110 endg.]; Mitteilung der Kommission an den Rat vom 26.02.75 [KOM (75) 77 endg.]; Mitteilung der Kommission an die Mitgliedstaaten (ABl. 1979 C 31, S. 9); Mitteilung der Kommission an die Mitgliedstaaten über die Methode zur Anwendung von [ex] Artikel 92 Abs. III und Buchstaben a) und c) auf Regionalbeihilfen (ABl. 1988 C 212, S. 2); Mitteilung der Kommission an die Mitgliedstaaten über die in Frankreich, Irland und Portugal anzuwendenden Bezugs- und Abzinsungssätze (ABl. 1990 C 10, S. 8); Mitteilung der Kommission an die Mitgliedstaaten über die Methode zur Anwendung von [ex] Artikel 92 Abs. III Buchstabe a) EGV auf Regionalbeihilfen (ABl. 1990 C 163, S. 6); Mitteilung der Kommission an die Mitgliedstaaten und andere Betroffene über eine Änderung des Abschnitts II in der Mitteilung der Kommission über die Methode zur Anwendung von [ex] Artikel 92 Abs. III Buchstaben a) und c) auf

einfachung durch einen einzigen Text zu ersetzen. Aus diesem Grunde hat die Kommission am 16. Dezember 1997 neue Leitlinien angenommen, die die Beurteilungskriterien vereinheitlichen[488]. Diese Leitlinien sind auf sämtliche Regionalbeihilfen mit Ausnahme von Beihilfen zur Förderung der Herstellung, Verarbeitung und Vermarktung von landwirtschaftlichen Erzeugnissen des Anhangs II EG-Vertrag, der Fischerei und des Kohlebergbaus anwendbar[489].

Nach den Leitlinien haben die Regionalbeihilfen entweder produktive Investitionen (sog. Erstinvestitionen[490]) oder die Schaffung von Arbeitsplätzen zum Ziel[491]. Die Freistellungen werden grundsätzlich nur für sektorübergreifende Beihilferegelungen gewährt, die in dem jeweiligen Gebiet sämtlichen Unternehmen der betreffenden Wirtschaftszweige zugänglich sind[492]. Darüber hinaus sehen die Leitlinien in Ausnahmefällen auch die Möglichkeit vor, Betriebsbeihilfen[493] bei angemessener Höhe und einem entsprechenden Beitrag zur Regionalentwicklung als von Artikel 87 Abs. III Buchstabe a) EG erfasst anzusehen. Betriebsbeihilfen können gewährt werden, wenn sämtliche der nachstehenden Bedingungen erfüllt werden:

- Die Beihilfe ist aufgrund ihres Betrages zur Regionalentwicklung gerechtfertigt;
- ihre Höhe steht in einem Verhältnis zu den auszugleichenden Nachteilen;
- sie ist zeitlich begrenzt und degressiv gestaffelt.

Regionalbeihilfen (ABl. 1994 C 364, S. 8); Mitteilung der Kommission von 1996 über die Änderung der Methode zur Anwendung von [ex] Artikel 92 Abs. III Buchstabe c) EGV auf Regionalbeihilfen (ABl. 1996 C 186, S. 6); Mitteilung der Kommission von 1997 über die Änderung der Methode zur Anwendung von [ex] Artikel 92 Abs. III Buchstabe c) EGV auf Regionalbeihilfen (ABl. 1997 C 198, S. 9).

488 Leitlinien für staatliche Beihilfen mit regionaler Zielsetzung (ABl. 1998 C 74, S. 9). Siehe hierzu auch: Wishlade, ECLR 1998, S. 343; Jestaedt/Schelling, EWS 1999, S. 2.

489 Die Leitlinien sind nicht abschließend, da für einige Wirtschaftszweige sektorspezifische Beihilferegelungen gelten. Siehe hierzu in diesem Teil: Punkt V.2.c.bb.

490 Unter Erstinvestition ist die Anlageinvestition bei Errichtung einer neuen Betriebsstätte, bei der Erweiterung einer bestehenden Betriebsstätte oder bei der Vornahme einer grundlegenden Änderung des Produkts oder des Produktionsverfahrens einer bestehenden Betriebsstätte (durch Rationalisierung, Produktumstellung oder Modernisierung) zu verstehen. Anlageinvestitionen durch Übernahme einer Betriebsstätte, die geschlossen worden ist oder geschlossen worden wäre, können ebenfalls als Erstinvestitionen angesehen werden, sofern die Betriebsstätte keinem Unternehmen in Schwierigkeiten angehört. Siehe Leitlinien für staatliche Beihilfen mit regionaler Zielsetzung (ABl. 1998 C 74, S. 9/14); Jestaedt/Schelling, EWS 1999, S. 3; Nicolaides/Bilal - Lambarri/Fernández Ezkurdia, S. 162.

491 Von den Leitlinien werden nur an Erstinvestitionen gebundene Arbeitsplätze umfasst. Siehe Leitlinien für staatliche Beihilfen mit regionaler Zielsetzung (ABl. 1998 C 74, S. 9/13); Wishlade, ECLR 1998, S. 343/348; Jestaedt/Schelling, EWS 1999, S. 3; Nicolaides/Bilal - Lambarri/Fernández Ezkurdia, S. 162.

492 Leitlinien für staatliche Beihilfen mit regionaler Zielsetzung (ABl. 1998 C 74, S. 9/10).

493 Betriebsausgaben sind Beihilfen, mit denen die laufenden Ausgaben eines Unternehmens gesenkt werden sollen (z.B. Lohn- und Gehaltskosten, Beförderungskosten, Mieten, usw.).

Außerdem können Beihilfen für Beförderungskosten in Gebieten in äußerster Randlage und in Gebieten mit geringer Bevölkerungsdichte gewährt werden, die regional förderungsfähig sind. Allerdings müssen die Mitgliedstaaten die Existenz und Höhe dieser Mehrkosten nachweisen.

Die von der Kommission vorgenommene Verteilung der Fördergebiete geht zunächst von dem Grundsatz aus, dass der Ausnahmecharakter der Beihilfen es gebietet, eine Höchstgrenze des Gesamtumfangs der Fördergebiete festzulegen, die unter dem Gesamtumfang der nicht geförderten Gebiete liegen muss[494]. Als Messeinheit dient der betroffene Bevölkerungsanteil, so dass sich der Grundsatz der Kommission dahingehend konkretisiert, dass die Fördergebietsbevölkerung der Gemeinschaft unter 50% der Gesamtbevölkerung liegen muss. Dieser Prozentsatz stellt den sog. Fördergebietsbevölkerungsplafond dar und wurde von der Kommission zeitgleich mit der Annahme der Leitlinien auf 42,7% der Gesamtbevölkerung in der Gemeinschaft festgesetzt. Diese Gemeinschaftshöchstgrenze bezieht sich auf die Fördergebiete nach Artikel 87 Abs. III Buchstabe a) und c) EG.

aa) Fördergebiete nach Artikel 87 Abs. III Buchstabe a) EG

Die erste Gruppe von Regionen, auf die Artikel 87 Abs. III Buchstabe a) EG bezug nimmt, sind, wie bereits erwähnt, Gebiete, die in sozioökonomischer Hinsicht in der Gemeinschaft benachteiligt sind[495]. Die Benachteiligung besteht in einer - gemessen an der gesamten Gemeinschaft - außergewöhnlich niedrigen Lebenshaltung oder einer erheblichen Unterbeschäftigung (Arbeitslosenquote)[496]. Der relative Entwicklungsstand einer Region wird also nicht am nationalen Durchschnitt eines Mitgliedstaates, sondern am Gemeinschaftsniveau gemessen[497]. Die Bestimmungen der Fördergebiete nach Artikel 87 Abs. III Buchstabe a) EG erfolgt anhand des Bruttoinlandsproduktes pro Kopf der Bevölkerung, gemessen in Kaufkraftstandards[498] ermittelt, wobei der relative Entwicklungsstand einer Region mit dem Durchschnitt der Gemeinschaft verglichen wird[499]. Soweit der er-

---

494 Siehe Begründung in Ziff. 3.1 der Leitlinien für staatliche Beihilfen mit regionaler Zielsetzung (ABl. 1998 C 74, S. 9).

495 Wishlade, ECLR 1998, S. 343/348; Jestaedt/Schelling, EWS 1999, S. 3.

496 EuGH, Rs. 730/79, Philip Morris/Kommission, Slg. 1980, S. 2671/2691 (= NJW 1981, S. 1152).

497 EuGH, Rs. 730/79, Philip Morris/Kommission, Slg. 1980, S. 2671/2691; Leitlinien für staatliche Beihilfen mit regionaler Zielsetzung (ABl. 1998 C 74, S. 9); Jestaedt/Schelling, EWS 1999, S. 3; Nicolaides/Bilal - Lambarri/Fernández Ezkurdia, S. 162.

498 Die Methode bedient sich des in Kaufkraftstandards ausgedrückten Bruttosozialprodukts pro Kopf der Bevölkerung, das anhand des Vergleichs der Preise für eine Auswahl der gleichen Waren und Dienstleistungen in den einzelnen Mitgliedstaaten ermittelt wird. Mit dieser Methode können die unterschiedlichen Lebenshaltungskosten zwischen den Regionen der einzelnen Mitgliedstaaten berücksichtigt werden.

499 Das Bruttoinlandsprodukt-Kaufkraftstandards jedes Gebiets sowie der in der Analyse zu verwendende Gemeinschaftsdurchschnitt müssen sich auf den Durchschnittswert der letzten drei Jahre beziehen, für die Statistiken vorliegen. Diese Messgrößen werden anhand der vom Statistischen Amt der Euro-

mittelte Wert 75% des Gemeinschaftsdurchschnitts für eine mittlere statistische Gebietseinheit (NUTS-Ebene II[500]) nicht übersteigt, können Beihilfen nach Artikel 87 Abs. III Buchstabe a) EG gewährt werden[501].

Um zu gewährleisten, dass die produktiven Investitionen rentabel und gesund sind, muss der Beihilfeempfänger zu ihrer Finanzierung mindestens einen Betrag in Höhe von 25%[502] betragen[503]. Nach Auffassung der Kommission darf die Regionalbeihilfeintensität in Gebieten im Sinne von Artikel 87 Abs. III Buchstabe a) EG jetzt den Satz von 50% des Nettosubventionsäquivalents[504] nicht überschreiten; ausgenommen sind Gebiete in äußerster Randlage[505], in denen 65% des Nettosubventionsäquivalents zulässig sind. In Fördergebieten in denen das pro-Kopf-BIP 60% des Gemeinschaftsdurchschnitts überschreitet, darf die Regionalbeihilfehöchstintensität 40% des Nettosubventionsäquivalents nicht überschreiten; hiervon ausgenommen sind die Gebiete in äußerster Randlage, für die ein Höchstsatz von 50% des Nettosubventionsäquivalents gilt[506]. Zusätzlich zu den genannten Förderhöchstsätzen können für KMU Zuschläge von 15% in Fördergebieten nach Artikel 87 Abs. III Buchstabe a) EG gewährt werden[507].

Für große Investitionsvorhaben werden oft alternative Standorte in verschiedenen Mitgliedstaaten erwogen, die sich u.U. mit großzügigen Subventionsversprechen gegenseitig überbieten. Diese Art von "Subventionsspiralen" können allerdings den Wettbewerb im Gemeinsamen Markt erheblich verzerren und begünstigen überdies die reichen Mitgliedstaaten, die mehr Mittel für Regionalbeihilfen zur Verfügung haben. Aus diesem Grunde

---

päischen Gemeinschaft gelieferten Daten berechnet.

500 Die Systematik der statistischen Gebietseinheiten NUTS nimmt eine geographische Unterteilung der Gemeinschaft in drei Ebenen vor [vgl. jeweils die korrespondierende Gebietseinheit in Deutschland: NUTS-Ebene I (Bundesländer), NUTS-Ebene II (Regierungsbezirke) und NUTS-Ebene III (Kreise)]. Für Regionalfördergebiete nach Artikel 87 Abs. III Buchstabe a) EG wird die Ebene NUTS II herangezogen.

501 Leitlinien für staatliche Beihilfen mit regionaler Zielsetzung (ABl. 1998 C 74, S. 9/11); Wishlade, ECLR 1998, S. 343/348; Jestaedt/Schelling, EWS 1999, S. 3.

502 Dieser Mindestbeitrag von 25% darf keine Beihilfe enthalten. Dies ist beispielsweise nicht der Fall, wenn ein zinsgünstiges oder ein staatlich verbürgtes Darlehen vorliegt, das Beihilfeelemente enthält.

503 Leitlinien für staatliche Beihilfen mit regionaler Zielsetzung (ABl. 1998 C 74, S. 9/13).

504 Die Methode zur Berechnung des Nettosubventionsäquivalents wird von der Kommission bei der Beurteilung der von den Mitgliedstaaten notifizierten Beihilferegelungen verwendet. Diese Methode braucht daher grundsätzlich nicht von den Mitgliedstaaten angewandt zu werden. Die Methode zur Berechnung des Nettosubventionsäquivalents ist abgedruckt im Anhang I zu den Leitlinien für staatliche Beihilfen mit regionaler Zielsetzung (ABl. 1998 C 74, S. 9/19). Siehe hierzu auch oben in diesem Teil: Punkt IV.

505 Die Gebiete in äußerster Randlage sind: die französischen überseeischen Departements, die Azoren und Madeira sowie die Kanarischen Inseln (vgl. Erklärung Nr. 26 zu den Gebieten in äußerster Randlage der Gemeinschaft im Anhang zum Vertrag über die Europäische Union).

506 Leitlinien für staatliche Beihilfen mit regionaler Zielsetzung (ABl. 1998 C 74, S. 9/15); Wishlade, ECLR 1998, S. 343/348; Jestaedt/Schelling, EWS 1999, S. 6; Nicolaides/Bilal - Lambarri/Fernández Ezkurdia, S. 162.

507 Leitlinien für staatliche Beihilfen mit regionaler Zielsetzung (ABl. 1998 C 74, S. 9/15).

hat die Kommission einen Regionalbeihilferahmen[508] eingeführt, der Beihilfen für Großinvestitionen auf ein Niveau begrenzen soll, das den Wettbewerb möglichst wenig verfälscht, gleichzeitig aber die Anziehungskraft des Fördergebietes bewahrt. Der Regionalbeihilferahmen sieht eine Anmeldungspflicht für Vorhaben vor, die im Rahmen von Regionalbeihilferegelungen gewährt werden. Die Anmeldungspflicht erstreckt sich jedoch nur auf Großvorhaben[509], die im Regionalbeihilferahmen festgelegt sind. Nach dem Regionalbeihilferahmen kann die Kommission im Einzelfall die höchstzulässige Beihilfeintensität für die anmeldungspflichtigen Investitionsvorhaben festlegen. Diese kann auch unter dem regionalen Höchstsatz liegen. Die Kommission kann eine Beihilfe, die in einem Beihilferahmen gewährt wurde, nur in ihrer Intensität beschränken, sie aber nicht für mit dem Gemeinsamen Markt gänzlich unvereinbar erklären.

bb) Fördergebiete nach Artikel 87 Abs. III Buchstabe c) EG

Im Gegensatz zu Artikel 87 Abs. III Buchstabe a) EG, in dem die wirtschaftliche Lage förmlich und präzise definiert wird, bietet Artikel 87 Abs. III Buchstabe c) EG größere Flexibilität, um die Schwierigkeiten eines Gebiets zu definieren, die durch Beihilfen behoben werden können. Die relevanten Indikatoren beschränken sich also in diesem Fall nicht unbedingt auf die Lebenshaltung und die Unterbeschäftigung. Außerdem kann es für die Beurteilung dieser Schwierigkeiten angemessen sein, als Bezugsrahmen nicht nur die Lage der Gemeinschaft insgesamt, sondern auch die des betreffenden Mitgliedstaats heranzuziehen.

Grundsätzlich darf der auf die Gebiete i.S.d. Artikels 87 Abs. III Buchstabe c) EG entfallende Bevölkerungsanteil 50% der nicht unter die Freistellungsvoraussetzung des Artikels 87 Abs. III Buchstabe a) EG fallenden nationalen Bevölkerung nicht überschreiten[510]. Die Höchstgrenze für die unter die Freistellungsvoraussetzung des Artikels 87 Abs. III Buchstabe c) EG fallenden Gebiete wird durch Abzug der Bevölkerung der Fördergebiete im Sinne der Freistellungsvoraussetzung des Artikels 87 Abs. III Buchstabe a) EG von der für die gesamte Gemeinschaft festgelegten Höchstgrenze ermittelt[511]. Diese Höchstgrenze wird anschließend unter den verschiedenen Mitgliedstaaten entsprechend ihrer auf Ebene der Gemeinschaft bewerteten sozioökonomischen Lage der Gebiete inner-

508 Multisektoraler Regionalbeihilfenrahmen für große Investitionsvorhaben (ABl. 1998 C 107, S. 7). Siehe hierzu auch: Jestaedt/Schelling, EWS 1999, S. 5.

509 Großvorhaben entsprechen den folgenden Kriterien: Die Gesamtbeihilfe beträgt mindestens 50 Millionen Euro oder die Gesamtkosten betragen mindestens 50 Millionen Euro und die Gesamtbeihilfeintensität beträgt über 50% der zulässigen Höchstgrenze für Regionalbeihilfen und die Beihilfe je neuen oder aufrechterhaltenen Arbeitsplatz beträgt mindestens 40.000 Euro.

510 Leitlinien für staatliche Beihilfen mit regionaler Zielsetzung (ABl. 1998 C 74, S. 9/12). Abgesehen von der Ausnahme in Anwendung der Ziffer 8 des Anhangs III dieser Leitlinien.

511 Leitlinien für staatliche Beihilfen mit regionaler Zielsetzung (ABl. 1998 C 74, S. 9/12).

halb jedes Mitgliedstaats aufgeteilt[512]. In den Leitlinien für staatliche Beihilfen mit regionaler Zielsetzung hat sich die Kommission für ein Auswahlverfahren von förderungswürdigen Regionen entschieden, das in enger Zusammenarbeit mit den Mitgliedstaaten eine einheitliche Festlegung der Förderzonen festlegt, um so auch eine größere Kohärenz mit den Strukturfonds der Gemeinschaft herzustellen[513]. Es obliegt den Mitgliedstaaten, der Kommission ein Verzeichnis nationaler Fördergebiete vorzuschlagen. Anzugeben ist dabei, welche Methode und welche quantitativen Indikatoren dem Vorschlag über die Festlegung der Fördergebiete zugrunde liegen. Danach müssen die Indikatoren wie z.B. Struktur und Entwicklung der Arbeitslosigkeit, Wanderbewegungen, die demographische Entwicklung, Bevölkerungsdichte, Beschäftigungszahlen, Produktivität und Wirtschaftsstruktur statistisch gesichert sein. Auch dürfen nicht mehr als insgesamt fünf Indikatoren verwendet werden. Als Ermittlungsbasis werden Gebiete der Ebene NUTS III herangezogen[514].

Der Verteilungsschlüssel wird unter Zugrundelegung der Bevölkerung der Gebiete berechnet, in denen auf nationaler Ebene hinsichtlich des Pro-Kopf-BIP/KKS und/oder der Arbeitslosigkeit eine Mindestabwicklung festzustellen ist, die aufgrund bestimmter Schwellenwerte festgestellt wird, die für einen Zeitraum von drei Jahren im Vergleich zum nationalen Durchschnitt errechnet werden[515]. Der erste Schwellenwert bezieht sich auf ein Pro-Kopf-BIP, das 85% des Durchschnitts des jeweiligen Mitgliedstaates nicht überschreiten darf; der zweite Schellenwert bezieht sich auf die Arbeitslosenquote, die mindestens 115% des Durchschnitts des jeweiligen Mitgliedstaats betragen muß[516].

In Gebieten im Sinne von Artikel 87 Abs. III Buchstabe c) EG darf der Regionalbeihilfehöchstsatz in der Regel 20% des Nettosubventionsäquivalents nicht überschreiten; hiervon ausgenommen sind Gebiete mit geringer Bevölkerungsdichte oder Gebiete in äußerster Randlage, für die ein Höchstsatz von 30% des Nettosubventionsäquivalents gilt[517]. In Fördergebieten in denen sowohl das pro-Kopf-BIP höher als auch die Arbeitslosenquote niedriger liegt als der Gemeinschaftsdurchschnitt, darf die Regionalbeihilfeintensität 10% des Nettosubventionsäquivalents nicht überschreiten, außer in Gebieten mit geringer Bevölkerungsdichte oder in Gebieten in äußerster Randlage, für die ein Höchstsatz von 20%

---

512 Die Methode zur Berechnung dieses Prozentsatzes in jedem Mitgliedstaat ist in Anhang III zu den Leitlinien für staatliche Beihilfen mit regionaler Zielsetzung beschrieben (ABl. 1998 C 74, S. 9/29).

513 Siehe Leitlinien für staatliche Beihilfen mit regionaler Zielsetzung (ABl. 1998 C 74, S. 9/13); Wishlade, ECLR 1998, S. 343/351.

514 Siehe Ziffer 4 im Anhang III der Leitlinien für staatliche Beihilfen mit regionaler Zielsetzung (ABl. 1998 C 74, S. 9/29).

515 Siehe Ziffer 4 im Anhang III der Leitlinien für staatliche Beihilfen mit regionaler Zielsetzung (ABl. 1998 C 74, S. 9/29).

516 Siehe Ziffer 5 im Anhang III der Leitlinien für staatliche Beihilfen mit regionaler Zielsetzung (ABl. 1998 C 74, S. 9/30).

517 Leitlinien für staatliche Beihilfen mit regionaler Zielsetzung (ABl. 1998 C 74, S. 9/15). Siehe auch: Multisektoraler Regionalbeihilferahmen für große Investitionsvorhaben (ABl. 1998 C 107, S. 7);

des Nettosubventionsäquivalents zulässig ist. In Ausnahmefällen können in Gebieten mit einer Regionalbeihilfeintensität von 10% des Nettosubventionsäquivalents, die an Gebiete im Sinne von Artikel 87 Abs. III Buchstabe a) EG grenzen, höhere Intensitäten genehmigt werden, die die normale Intensität von 20% des Nettosubventionsäquivalents nicht überschreiten[518]. Zusätzlich zu den genannten Förderhöchstsätzen können für KMU Zuschläge von 10% in Fördergebieten nach Artikel 87 Abs. III Buchstabe c) EG gewährt werden[519]. Der endgültige Höchstsatz wird auf die Bemessungsgrundlage für KMU angewandt. Diese Zuschläge für KMU gelten hingegen nicht für Unternehmen des Verkehrssektors.

b) Europäische Vorhaben und Störungen im Wirtschaftsleben

Der Artikel 87 Abs. III Buchstabe b) EG betrifft sowohl Beihilfen zur Förderung von Vorhaben von gemeinsamen europäischen Interesse als auch Beihilfen zur Beseitigung von Störungen im Wirtschaftsleben eines Mitgliedstaates. Diese Vorschrift enthält damit zwei sehr unterschiedliche Ausnahmefälle.

aa) Förderung von Vorhaben von gemeinsamen europäischem Interesse

Zur Ausfüllung des Begriffs "Vorhaben von gemeinsamen europäischem Interesse" ist auf die Ziele der Gemeinschaft abzustellen[520]. Erfasst werden Vorhaben, die Teil eines von verschiedenen Mitgliedstaaten unterstützten zwischenstaatlichen europäischen Programms sind oder zu einer zwischen verschiedenen Mitgliedstaaten abgestimmten Unternehmen wie dem Umweltschutz gehören[521]. Es kann sich also auch um Projekte handeln, die nur in einem Mitgliedstaat verwirklicht werden (z.B. gemeinschaftswichtige Industrien, Sicherstellung der Versorgungslage der Gemeinschaft; intereuropäische Fernstraßen)[522]. Forschungs- und Entwicklungsbeihilfen, die zur Förderung eines wichtigen Vorhabens von gemeinsamen europäischen Interesse dienen, können für die in Artikel 87 Abs. III Buchstabe b) EG vorgesehene Ausnahmebestimmung in Betracht kommen. Das gemeinsame europäische Interesse ist konkret zu belegen, z.B. ist nachzuweisen, dass das Vorhaben ein wichtiger Vorstoß hinsichtlich spezifischer Forschungs- und Entwicklungsprogramme der Gemeinschaft darstellt oder signifikante Fortschritte bei der Erreichung

---

Wishlade, ECLR 1998, S. 343/350; Jestaedt/Schelling, EWS 1999, S. 4.

518 Leitlinien für staatliche Beihilfen mit regionaler Zielsetzung (ABl. 1998 C 74, S. 9/15); Multisektoraler Regionalbeihilferahmen für große Investitionsvorhaben (ABl. 1998 C 107, S. 7).

519 Leitlinien für staatliche Beihilfen mit regionaler Zielsetzung (ABl. 1998 C 74, S. 9/15); Wishlade, ECLR 1998, S. 343/350; Jestaedt/Schelling, EWS 1999, S. 3.

520 Soames/Ryan, ECLR 1995, S. 300; Grabitz/Hilf - v. Wallenberg, ex Artikel 92, Rdnr. 50.

521 Grabitz/Hilf - v. Wallenberg, ex Artikel 92, Rdnr. 50; Nicolaides/Bilal - Núñez Müller, S. 101.

522 Soames/Ryan, ECLR 1995, S. 300; Geiger, ex Artikel 92, Rdnr. 23.

bestimmter Ziele der Gemeinschaft erlaubt[523]. So hat die Kommission z.B. bestimmte EUREKA-Projekte auf dem Gebiet der Elektronik und des hochauflösenden Fernsehens als wichtige Vorhaben von gemeinsamen europäischem Interesse eingestuft[524].

bb) Störung im Wirtschaftsleben eines Mitgliedstaates

Hinsichtlich der beträchtlichen Störung im Wirtschaftsleben eines Mitgliedstaates, muss ein wesentlicher Teil der Gesamtwirtschaft betroffen sein. Nicht ausreichend ist, wenn von der wirtschaftlichen Störung nur ein einziges Unternehmen[525], ein Sektor oder eine Region eines Mitgliedstaates betroffen ist, es sei denn, die wirtschaftliche Störung hat auf den gesamten Mitgliedstaat Auswirkungen[526]. Das Ausmaß der Verschlechterung der Wirtschaftslage muss im Verhältnis zur Lage in der übrigen Gemeinschaft beträchtlich sein[527].

c) Förderung gewisser Wirtschaftszweige

Nach Artikel 87 Abs. III Buchstabe c) EG können Beihilfen auch zur Förderung der Entwicklung gewisser Wirtschaftszweige mit dem Gemeinsamen Markt vereinbar angesehen werden, soweit sie die Handelsbedingungen nicht in einer Weise verändern, die dem gemeinsamen Interesse zuwiderlaufen[528]. Hierbei hat die Kommission bei der Prüfung die positiven Auswirkungen der Beihilfen auf die Entwicklung gewisser Wirtschaftszweige und ihre negativen Auswirkungen auf die Handelsbedingungen und die Aufrechterhaltung eines Systems unverfälschten Wettbewerbs gegeneinander abzuwiegen[529].

aa) Allgemeine Beihilferahmen

Im Zusammenhang möglicher Beihilfen zur Förderung der Entwicklung gewisser Wirtschaftszweige nach Artikel 87 Abs. III Buchstabe c) EG hat die Kommission allgemeine Beihilferahmen veröffentlicht. Diese Beihilferahmen betreffen z.B. die Rettung und Umstrukturierung von Unternehmen, die Förderung kleiner und mittlerer Unternehmen

---

523 Gemeinschaftsrahmen für staatliche Forschungs- und Entwicklungsbeihilfen (ABl. 1996 C 45, S. 5/8); Eisermann, EuZW 1996, S. 685.

524 Eisermann, EuZW 1996, S. 686; Nicolaides/Bilal - Núñez Müller, S. 101.

525 Entscheidung der Kommission Nr. 88/468/EWG vom 29. März 1988 (ABl. 1988 L 229, S. 37); Entscheidung der Kommission Nr. 94/118/EG vom 21. Dezember 1993 (ABl. 1994 L 54, S. 30); Schütte/Hix, CMLR 1995, S. 231; Soames/Ryan, ECLR 1995, S. 291/300.

526 Einundzwanzigster Wettbewerbsbericht der Kommission (1992), Rdnr. 251; Grabitz/Hilf - v. Wallenberg, ex Artikel 92, Rdnr. 51.

527 EuGH, Rs. 730/79, Philip Morris/Kommission, Slg. 1980, S. 2671/2691 (= NJW 1981, S. 1152).

528 Mathijsen, S. 255; Schweitzer/Hummer, S. 338.

529 Vierzehnter Wettbewerbsbericht der Kommission (1985), Rdnr. 202.

sowie den Bereich der Beschäftigung und Ausbildung. Diese Beihilferahmen sind von der Kommission in Form von Leitlinien verabschiedet worden und dienen in erster Linie als Auslegungshilfe und Maßstab für die Beurteilungspraxis in diesen Bereichen. Neben diesen allgemeinen Beihilferahmen existieren nach Artikel 87 Abs. III Buchstabe c) EG weiterhin sektorale Beihilfen sowie Beihilfemöglichkeiten im Bereich der Forschung und Entwicklung sowie für den Umweltschutz, auf die unten genauer eingegangen wird.

(1) Zur Rettung und Umstrukturierung von Unternehmen

Die Kommission legte 1994 ihre ersten Leitlinien für staatliche Beihilfen zur Rettung und Umstrukturierung von Unternehmen in Schwierigkeiten fest[530]. Da in den letzten Jahren der Umfang der *ad-hoc*-Beihilfen, vor allem der Rettungs- und Umstrukturierungsbeihilfen, zugenommen hat, sah sich die Kommission u.a. veranlasst im Jahre 1999 die bestehenden Leitlinien zu überarbeiten und strengere Leitlinien für die Prüfung dieser Art von Beihilfen zu veröffentlichen[531]. Rechtsgrundlage für diese Leitlinien ist der Artikel 87 Abs. III Buchstabe c) EG. Nach Auffassung der Kommission können Rettungs-[532] und Umstrukturierungsbeihilfen[533] zur Entwicklung von Wirtschaftszweigen beitragen, ohne die Handelsbedingungen in einer Weise zu verändern, die dem gemeinsamen Interesse zuwiderläuft, wenn die in Artikel 87 Absatz III Buchstabe c) EG beschriebenen Voraussetzungen erfüllt sind.

Die Leitlinien gelten unabhängig vom jeweiligen Wirtschaftszweig (mit Ausnahme der Wirtschaftssektoren, die unter den EGKS-Vertrag fallen); sektorale Regelungen für

530 Leitlinien für die Beurteilung von staatlichen Beihilfen zur Rettung und Umstrukturierung von Unternehmen in Schwierigkeiten (ABl. 1994 C 368, S. 12). Diese Leitlinien sind bis zum 31. Dezember 1999 verlängert worden [Mitteilung der Kommission betreffend der Verlängerung der Leitlinien für die Beurteilung von staatlichen Beihilfen zur Rettung und Umstrukturierung von Unternehmen in Schwierigkeiten (ABl. 1999 C 67, S. 11)].

531 Leitlinien der Gemeinschaft für staatliche Beihilfen zur Rettung und Umstrukturierung von Unternehmen in Schwierigkeiten (ABl. 1999 C 288, S. 2).

532 Durch eine Rettungsmaßnahme wird ein Unternehmen, dessen finanzielle Situation sich soweit verschlechtert hat, dass es sich in einer akuten Liquiditätskrise oder technischer Insolvenz befindet, vorübergehend am Leben erhalten, während die Situation, die zu seinen Schwierigkeiten geführt hat, analysiert und ein Sanierungsplan konzipiert wird. Mit Rettungsbeihilfen erhält das Unternehmen also eine kurze Atempause, im allgemeinen nicht länger als sechs Monate, während der eine langfristige Lösung seiner finanziellen Probleme ausgearbeitet werden kann. Siehe zu den Einzelheiten: Leitlinien der Gemeinschaft für staatliche Beihilfen zur Rettung und Umstrukturierung von Unternehmen in Schwierigkeiten (ABl. 1999 C 288, S. 2/3); Evans, S. 127; D'Sa, S. 293.

533 Die Umstrukturierung ist hingegen Bestandteil eines realistischen, zusammenhängenden und weitreichenden Plans zur Wiederherstellung der langfristigen Rentabilität eines Unternehmens. Zu ihr gehören gewöhnlich eines oder mehrere der folgenden Elemente: Neuordnung und Rationalisierung der Tätigkeiten des Unternehmens auf einer effizienteren Grundlage, was normalerweise den Rückzug aus Tätigkeitsbereichen bedeutet, die nicht mehr rentabel sind oder bereits Verluste verursachen. Siehe zu den Einzelheiten: Leitlinien der Gemeinschaft für staatliche Beihilfen zur Rettung und Umstrukturierung von Unternehmen in Schwierigkeiten (ABl. 1999 C 288, S. 2/3); Evans, S. 113; D'Sa, S. 293.

Unternehmen in Schwierigkeiten bleiben davon unberührt. Die neuen Leitlinien beziehen auch die spezifischen, 1997 erlassenen Vorschriften für die Landwirtschaft[534] mit ein.

Voraussetzung für die Anwendung dieser Leitlinien ist zunächst, dass sich ein Unternehmen in Schwierigkeiten befindet. Es gibt keine gemeinschaftliche Bestimmung des Begriffs "Unternehmen in Schwierigkeiten". Gleichwohl geht die Kommission davon aus, dass sich ein Unternehmen im Sinne dieser Leitlinien dann in Schwierigkeiten befindet, wenn es nicht in der Lage ist, mit eigenen finanziellen Mitteln oder Fremdmitteln, die ihm von seinen Eigentümern/Anteilseignern oder Gläubigern zur Verfügung gestellt werden, Verluste zu begleichen, die das Unternehmen auf kurze oder mittlere Sicht so gut wie sicher in den "wirtschaftlichen Untergang" treiben werden, wenn der Staat nicht eingreift. Zu den typischen Symptomen eines Unternehmens in Schwierigkeiten gehören u.a. zunehmende Verluste, sinkende Umsätze, wachsende Lagerbestände, Überkapazitäten, ein verminderter *Cash flow* sowie eine zunehmende Verschuldung und Zinsbelastung. Im Rahmen der Leitlinien kommen neugegründete Unternehmen[535] nicht für Rettungs- und Umstrukturierungsbeihilfen in Betracht, und zwar auch dann nicht, wenn ihre anfängliche Finanzsituation „prekär" ist. Dies gilt insbesondere für neue Unternehmen, die aus der Abwicklung oder der Übernahme der Vermögenswerte eines anderen Unternehmens hervorgegangen sind[536]. Umstrukturierungsbeihilfen werden in der Regel von der Kommission nur dann freigestellt, wenn durch die Beihilfe die Rentabilität des Unternehmens langfristig wiederhergestellt wird; nachteilige Auswirkungen auf Konkurrenten ausgeglichen werden; der Umfang und die Intensität der Beihilfe sich auf das für die Umstrukturierung notwendige Mindestmaß beschränken und in einem Verhältnis zu dem aus Gemeinschaftssicht erwarteten Nutzen stehen; der Umstrukturierungsplan vollständig durchgeführt und Auflagen eingehalten werden; sowie die Möglichkeit der Kontrolle anhand von Jahresberichten besteht[537]. Um jede missbräuchliche Förderung zu vermeiden, dürfen Umstrukturierungsbeihilfen nur einmal gewährt werden ("*one time, last time*").

Rettungsbeihilfen können hingegen nur dann genehmigt werden, wenn die folgenden Voraussetzungen erfüllt sind[538]:

---

534 Leitlinien für die Beurteilung von staatlichen Beihilfen im landwirtschaftlichen Sektor zur Rettung und Umstrukturierung von Unternehmen in Schwierigkeiten (ABl. 1997 C 283, S. 2).

535 Die Gründung eines Tochterunternehmens, das lediglich die Vermögenswerte und gegebenenfalls die Passiva übernimmt, wird nicht als Unternehmensneugründung betrachtet.

536 Einzige Ausnahme von dieser Regel sind Fälle derjenigen Unternehmen, die bis zum 31. Dezember 1999 von der Bundesanstalt für vereinigungsbedingte Sonderaufgaben im Rahmen ihres Privatisierungsauftrags abgewickelt werden oder aus einer Vermögensübernahme hervorgegangen sind sowie ähnliche Fälle in den neuen Bundesländern.

537 Zu den Einzelheiten siehe: Leitlinien der Gemeinschaft für staatliche Beihilfen zur Rettung und Umstrukturierung von Unternehmen in Schwierigkeiten (ABl. 1999 C 288, S. 2/5); Evans, ECLR 1997, S. 262; Nicolaides/Bilal, JWT 1999, S. 97/106; D'Sa, S. 293.

538 Leitlinien der Gemeinschaft für staatliche Beihilfen zur Rettung und Umstrukturierung von

- Es muss sich um Liquiditätsbeihilfen in Form von Kreditbürgschaften oder Krediten handeln. In beiden Fällen muss für den Kredit ein Zinssatz verlangt werden, der mindestens den Zinssätzen vergleichbar ist, die für Darlehen an gesunde Unternehmen zu beobachten sind, insbesondere den von der Kommission festgelegten Referenzzinssätzen.
- Sie müssen mit Krediten verbunden sein, deren Restlaufzeit nach der Auszahlung des letzten Teilbetrags der Kreditsumme an das Unternehmen längstens zwölf Monate beträgt.
- Sie müssen aus akuten sozialen Gründen gerechtfertigt sein und dürfen keine gravierenden Ausstrahlungseffekte ("*spillover*") in anderen Mitgliedstaaten haben.
- Bei der Anmeldung muss sich der Mitgliedstaat verpflichten, innerhalb von sechs Monaten nach Genehmigung der Rettungsbeihilfe entweder einen Umstrukturierungsplan oder einen Liquidationsplan vorzulegen oder aber den Nachweis zu erbringen, dass das Darlehen vollständig zurückgezahlt und/oder die Bürgschaft beendet worden ist.
- Ihre Höhe muss auf den Betrag begrenzt sein, der für die Weiterführung des Unternehmens während des Zeitraums, für den die Beihilfe genehmigt wird, erforderlich ist (z.B. zur Deckung der Lohnkosten oder der laufenden Beschaffung).

Damit können Rettungsbeihilfen nur in Ausnahmefällen zur Weiterführung eines Unternehmens für eine begrenzte Zeitspanne von höchstens sechs Monaten (eine Verlängerung ist möglich) gewährt werden. Wiederholte Rettungsmaßnahmen, die lediglich den *status quo* aufrechterhalten, das "unvermeidbare Ende" hinausschieben und in der Zwischenzeit die betreffenden wirtschaftlichen und sozialen Probleme auf leistungsfähigere Hersteller oder andere Mitgliedstaaten abwälzen, werden nach der Kommissionspraxis nicht freigestellt.

(2) Für kleine und mittlere Unternehmen

So kommen gemäß der Verwaltungspraxis der Kommission auch staatliche Beihilfen an kleine und mittlere Unternehmen (KMU)[539] für eine Freistellung nach 87 Abs. III

Unternehmen in Schwierigkeiten (ABl. 1999 C 288, S. 2/4).

539 Als mittleres wird ein Unternehmen definiert, das nicht mehr als 250 (50) Arbeitskräfte beschäftigt; und entweder einen Jahresumsatz von nicht mehr als 40 (7) Millionen Euro erzielt oder eine Bilanzsumme von nicht mehr als 27 (5) Millionen Euro erreicht; sich zu höchstens 25% im Besitz eines oder mehrerer diese Definition nicht erfüllenden Unternehmen befindet (Die Zahlen in Klammern definieren Kleinunternehmen). Ausnahme: öffentliche Beteiligungsgesellschaften, Risikokapitalgesellschaften und - soweit keine Kontrolle ausgeübt wird - institutionelle Anleger. Diese Definition ist abgedruckt im:

Buchstabe c) EG in Betracht, wenn entsprechende Zweckbestimmungen und Beihilfeintensitäten berücksichtigt werden[540]. Die Kommission befürwortet im allgemeinen Beihilfen zur Schaffung neuer Arbeitsplätze in KMU und in den für regionale Beihilfen in Betracht kommenden Regionen[541]. Investitionsbeihilfen außerhalb von Regionalfördergebieten werden nur bis zu einer Beihilfeintensität von 15% brutto für Kleinunternehmen und von 7,5% brutto für mittlere Unternehmen bewilligt. Innerhalb von Regionalfördergebieten wird die Kommission zusätzlich zu dem von ihr genehmigten regionalen Förderhöchstsatz Beihilfen von weiteren 10% brutto der Investitionskosten in Gebieten nach Artikel 87 Abs. III Buchstabe c) EG und von 15% brutto in Fördergebieten nach Artikel 87 Abs. III Buchstabe a) EG für sowohl kleine als auch mittlere Unternehmen genehmigen[542]. Für die Berechnung des aus einer Beihilfenkumulierung gewährten Höchstbetrages, werden auch Beihilfen berücksichtigt die von der Gemeinschaft direkt gewährt werden. Für Beihilfen an KMU für Umweltschutzmaßnahmen, für Forschung und Entwicklung oder Beschäftigungsmaßnahmen legt der Gemeinschaftsrahmen die Anwendbarkeit der jeweiligen besonderen beihilferechtlichen Vorschriften fest und ermöglicht bei Umweltschutz und Forschungs- und Entwicklungsbeihilfen einen Aufschlag von 10% brutto auf die zulässigen Beihilfehöchstsätze für Großunternehmen.

(3) Für die Beschäftigung und Ausbildung

Die Kommission hat grundsätzlich eine positive Einstellung gegenüber staatlichen Beihilfen, die auf eine Verbesserung der Beschäftigungssituation abzielen[543]. In den Leitlinien für Beschäftigungsbeihilfen stellt die Kommission klar, dass es sich bei Beschäftigungsbeihilfen nur um solche handelt, die nicht an eine Investition gebunden sind[544]. Beschäftigungsbeihilfen dienen folglich nur der Reduzierung der Arbeitskosten[545]. Mit der Gewährung von Beschäftigungsbeihilfen an bestimmte Unternehmen oder bestimmte Wirtschaftszweige entlasten die zuständigen Behörden diese teilweise von ihren Lohnkos-

---

Gemeinschaftsrahmen für staatliche Beihilfen an kleine und mittlere Unternehmen (ABl. 1996 C 213, S. 4/5). Diese Schwellenwerte sind für den landwirtschaftlichen Sektor reduziert worden auf 20 Millionen Euro und 10 Millionen Euro (ABl. 1997 C 283, S. 2/8).

540 Gemeinschaftsrahmen für staatliche Beihilfen an kleine und mittlere Unternehmen (ABl. 1996 C 213, S.4).

541 Leitlinien für Beschäftigungsbeihilfen (ABl. 1995 C 334, S. 7); Mitteilung der Kommission zur Beihilfenüberwachung und Senkung der Arbeitskosten (ABl. 1997 C 1, S. 1/2).

542 Gemeinschaftsrahmen für staatliche Beihilfen an kleine und mittlere Unternehmen (ABl. 1996 C 213, S. 4); GTE - Mederer, ex Artikel 92, Rdnr. 156.

543 Leitlinien für Beschäftigungsbeihilfen (ABl. 1995 C 334, S. 4); Mitteilung der Kommission zur Beihilfenüberwachung und Senkung der Arbeitskosten (ABl. 1997 C 1, S. 10); Council Resolution of 15 December 1997 on the 1998 Employment Guidelines (ABl. 1998 C 30, S. 1). Evans, S. 324; D'Sa, S. 265.

544 Leitlinien für Beschäftigungsbeihilfen (ABl. 1995 C 334, S. 4/6); Mitteilung der Kommission zur Beihilfenüberwachung und Senkung der Arbeitskosten (ABl. 1997 C 1, S. 1/2).

ten und verschaffen ihnen somit finanzielle Vorteile, die ihre Wettbewerbsstellung verbessern. Soweit die betreffenden Produkte oder Dienstleistungen mit denen von Unternehmen aus anderen Mitgliedstaaten in Wettbewerb treten können, sind diese Beihilfen geeignet, den Wettbewerb zu verfälschen und den Handel zwischen den Mitgliedstaaten zu beeinträchtigen und sind somit mit dem Gemeinsamen Markt grundsätzlich unvereinbar.

Jedoch befürwortet die Kommission im allgemeinen Beihilfen zur Schaffung von Arbeitsplätzen und subsumiert derartige Beihilfen unter Artikel 87 Abs. III Buchstabe c) EG, soweit sie der Förderung der Entwicklung gewisser Wirtschaftszweige dient und die Handelsbedingungen nicht in eine Weise verändert, die dem gemeinsamen Interesse zuwiderläuft[546]. Hingegen werden Beihilfen die zur Erhaltung der Beschäftigung dienen i.d.R. nur dann bewilligt, wenn die Voraussetzungen des Artikels 87 Abs. II Buchstabe b) oder Artikel 87 Abs. III Buchstabe a) EG vorliegen[547]. Die Leitlinien für Beschäftigungsbeihilfen sehen keine genauen Höchstgrenzen für die Beihilfeintensität vor.

Der Gemeinschaftsrahmen für Ausbildungsbeihilfen, auf der anderen Seite, betrifft alle staatlichen Ausbildungsbeihilfen für ein oder mehrere Unternehmen oder Wirtschaftszweige, die zu einer Verringerung ihrer Kosten beitragen, die sie normalerweise selber tragen müssten, wenn ihre Beschäftigten neue Kenntnisse erwerben sollen[548]. Dabei handelt es sich sowohl um Ausbildungsmaßnahmen der Unternehmen als auch um solche öffentlicher oder privater Lehranstalten. Der Gemeinschaftsrahmen für Ausbildungsbeihilfen legt Höchstgrenzen für derartige Beihilfen fest.

bb) Sektorale Beihilfen

Sektorale Beihilfen können nach Artikel 87 Abs. III Buchstabe c) EG zugelassen werden, soweit sie die Handelsbedingungen nicht in einer Weise verändern, die dem gemeinsamen Interesse zuwiderlaufen. Sektorale Beihilfen werden von den Mitgliedstaaten meist als wirtschaftspolitisches Steuerungsmittel zugunsten bestimmter Industriezweige eingesetzt, die mit strukturellen Anpassungsschwierigkeiten zu kämpfen haben. Zu diesen Problemsektoren gehören z.B. der Schiffsbau[549], die Textil- und Bekleidungsindustrie[550],

---

545 Stuart, ECLR 1996, S. 234.

546 Leitlinien für Beschäftigungsbeihilfen (ABl. 1995 C 334, S. 4/7); Evans, S. 324; Nicolaides/Bilal - Cox, S. 124; D'Sa, S. 265.

547 Leitlinien für Beschäftigungsbeihilfen (ABl. 1995 C 334, S. 4/8); Evans, S. 324; Nicolaides/Bilal - Cox, S. 124.

548 Gemeinschaftsrahmen für Ausbildungsbeihilfen (ABl. 1998 C 343, S. 10).

549 Richtlinie des Rates (90/684/EWG) vom 21. Dezember 1990 über Beihilfen für den Schiffbau (ABl. 1990 L 380, S.27); Richtlinie des Rates (92/68/EWG) vom 20. Juli 1992 zur Änderung der Richtlinie 90/684/EWG über Beihilfen für den Schiffbau (ABl. 1992 L 219, S 54); Richtlinie des Rates (93/115/ EG) vom 16. Dezember 1993 zur Änderung der Richtlinie 90/684/EWG über Beihilfen für den Schiffbau (ABl. 1993 L 326, S. 62); sowie Mitteilung der Kommission (ABl. 1992 C 10, S. 3); Verordnung des Rates (EG) Nr. 3094/95 vom 22. Dezember 1995 über Beihilfen für den Schiffbau (ABl.

die Stahlindustrie[551], der Steinkohlenbergbau[552], Verkehrssektor[553], Kraftfahrzeugindustrie[554], der Flugzeugindustrie[555], Kunstfaserindustrie[556], der Fischerei[557] und der Landwirtschaft[558], für die die Kommission spezielle Regeln festgelegt hat. Die Beihilfe muss geeignet und notwendig sein, um die Entwicklung zu fördern. Die bloße Erhaltung unrentabler Strukturen genügt nicht. Das gemeinsame Interesse steht entgegen, wenn in der Gemeinschaft ein Überangebot entstünde[559].

1995 L 332, S. 1); Verordnung des Rates (EG) Nr. 1013/97 vom 2. Juni 1997 über Beihilfen für bestimmte Schiffswerften unter Restrukturierung (ABl. 1997 L 148, S. 1); Verordnung des Rates (EG) Nr. 1540/98 vom 29. Juni 1998 über neue Beihilfen für den Schiffbau (ABl. 1998 L 202, S. 1). Siehe in diesem Zusammenhang auch: OECD Document C/WP6(84)3 of 18 January 1984 on the "Revision of the definitions and administrative procedures concerning the Understanding on Export Credits for Ships".

550 Mitteilung der Kommission an die Mitgliedstaaten (Gemeinschaftsrahmen für die Beihilfen zugunsten der Textilindustrie), SEC(71) 363 endg. (Juli 1971); abgedruckt in: Wettbewerbsregeln für staatliche Beihilfen - Band II A (Stand: 31.12.94), Seite 257; Der Gemeinschaftsrahmen für Beihilfe zugunsten der Textilindustrie ist durch die multisektorale Regionalbeihilfenrahmenregelung für große Investitionsvorhaben ersetzt worden (ABl. 1998 C 107, S. 7).

551 Entscheidung der Kommission Nr. 2496/96/EGKS vom 19. Dezember 1996 zur Einführung gemeinschaftlicher Vorschriften über Beihilfen an die Eisen- und Stahlindustrie (ABl. 1996 L 338, S. 42); Rahmenregelung für bestimmte, nicht unter den EGKS-Vertrag fallende Stahlbereiche (ABl. 1988 C 320, S. 3). Evans, S. 256; D'Sa, S. 158.

552 Entscheidung der Kommission Nr. 3632/93/EGKS vom 28. Dezember 1993 über die Gemeinschaftsregelung für staatliche Beihilfen zugunsten des Steinkohlenbergbaus (ABl. 1993 L 329, S. 12); Entscheidung der Kommission Nr. 341/94/EGKS vom 8. Februar 1994 zur Durchführung der Entscheidung Nr. 3632/93/EGKS über die Gemeinschaftsregelung für Maßnahmen der Mitgliedstaaten zugunsten des Steinkohlenbergbaus (ABl. 1994 L 49, S. 1).

553 Siehe Verordnung (EWG) Nr. 1107/70 des Rates vom 4. Juni 1970 über Beihilfen im Eisenbahn-, Straßen- und Binnenschiffsverkehr (ABl. 1970 L 130, S. 1); Verordnung (EWG) Nr. 1473/75 des Rates vom 20. Mai 1975 zur Änderung der Verordnung (EWG) Nr. 1107/70 über Beihilfen im Eisenbahn-, Straßen- und Binnenschiffsverkehr (ABl. 1975 L 152, S.1); sowie Entscheidung des Rates Nr. 75/327/EWG vom 20. Mai 1975 zur Sanierung der Eisenbahnunternehmen und zur Harmonisierung der Vorschriften über die finanziellen Beziehungen zwischen diesen Unternehmen und den Staaten (ABl. 1975 L 152, S.3); Verordnung (EWG) Nr. 1658/82 des Rates vom 10. Juni 1982 zur Ergänzung durch Bestimmungen über den kombinierten Verkehr der Verordnung (EWG) Nr. 1107/70 (ABl. 1982 L 184, S.); Verordnung (EWG) Nr. 3578/92 des Rates vom 7. Dezember 1992 zur Änderung der Verordnung (EWG) Nr. 1107/70 über Beihilfen im Eisenbahn-, Straßen- und Binnenschiffsverkehr (ABl. 1992 L 364, S. 11); Leitlinien über Beihilfen im Seetransport (ABl. 1997 C 205, S. 5). Evans, S. 263.

554 Gemeinschaftsrahmen für staatliche Beihilfen in der Kfz-Industrie (ABl. 1997 C 279, S. 1). D'Sa, S. 183/185.

555 Anwendung der [ex] Artikel 92 und 93 des EG-Vertrages und der Artikel 61 des EWR-Vertrages auf staatliche Beihilfen im Flugzeugsektor (ABl. 1994 C 350, S. 5); Soames/Ryan, ECLR 1995, S. 290.

556 Leitlinien für Beihilfen zugunsten der Kunstfaserindustrie (ABl. 1996 C 94, S. 11); Multisektoraler Regionalbeihilfenrahmen für große Investitionsvorhaben (ABl. 1998 C 107, S. 7); Verlängerung der Geltungsdauer der Leitlinien für Beihilfen zugunsten der Kunstfaserindustrie (ABl. 1999 C 24, S. 18).

557 Leitlinien für die Prüfung der einzelstaatlichen Beihilfen im Fischerei- und Aquakultursektor (ABl. 1997 C 100, S. 12).

558 Leitlinien für die Beurteilung von staatlichen Beihilfen im landwirtschaftlichen Sektor zur Rettung und Umstrukturierung von Unternehmen in Schwierigkeiten (ABl. 1997 C 283, S. 2); Gemeinschaftsrahmen für staatliche Beihilfen im Agrarsektor (ABl. 2000 C 28, S. 2). Evans, S. 215. Ausführlicher zu den Agrarsubventionen siehe unten im dritten Teil: Punkt VII.2.h.

559 EuGH, Rs. 730/79, Philip Morris/Kommission, Slg. 1980, S. 2671/2692 (= NJW 1981, S. 1152).

Die allgemeinen Kriterien für die Bewilligung sektoraler Beihilfen der Mitgliedstaaten hat die Kommission 1978 zusammengefasst[560]. Danach dürfen sektorale Beihilfen zur Vermeidung von Wettbewerbsverfälschungen grundsätzlich nur in Form degressiver Überbrückungshilfen gewährt werden, die den *status quo* nicht verfestigen. Sie müssen selektiv, degressiv, temporär und möglichst transparent sein. Danach ist eine Beihilfe nur zulässig, wenn die begünstigten Unternehmen und Produktionszweige voraussichtlich in den Stand versetzt werden, dem Wettbewerb künftig aus eigener Kraft gewachsen zu sein. Diese sollen damit die Durchführung der notwendigen sozialen und wirtschaftlichen Anpassungsmaßnahmen erleichtern und dadurch langfristig die Lebensfähigkeit der betreffenden Industrien wiederherstellen. Voraussetzung für die gemeinschaftsrechtliche Zulässigkeit einer sektoralen Beihilfe ist ferner, dass nicht bereits die Marktkräfte allein und ohne staatliche Interventionen eine ausreichende Weiterentwicklung gewährleisten. Als freistellungsfähig können z.B. gelten: die Hilfestellung beim Abbau von Überkapazitäten, die Förderung der Umstellung auf alternative Energien und die Unterstützung von Rationalisierungsinvestitionen.

cc) Forschungs- und Entwicklungsbeihilfen

Die Kommission steht staatlichen Forschungs- und Entwicklungsbeihilfen (FuE-Beihilfen), die in den Mitgliedstaaten eine große Bedeutung haben und grundsätzlich nach Artikel 87 Abs. III Buchstabe c) EG beurteilt werden positiv gegenüber[561]. 1996 verabschiedete die Kommission einen Gemeinschaftsrahmen zur Beurteilung von FuE-Beihilfen, der 1998 modifiziert worden ist[562]. Demnach berücksichtigt die Kommission bei der Prüfung der Anwendbarkeit des Artikels 87 Abs. III Buchstabe c) EG insbesondere die Art der Forschung, die Beihilfeempfänger, die Beihilfeintensität, den Zugang zu den Ergebnissen und sonstige wichtigen Faktoren[563]. Je marktnäher die FuE-Tätigkeiten sind, desto verzerrender kann die Wirkung der staatlichen Beihilfe sein[564]. Abhängig vom Grad der Marktnähe der geförderten FuE-Tätigkeit, unterscheidet die Kommission zwischen

---

560 Achter Wettbewerbsbericht der Kommission (1979), Rdnr. 172; Entscheidung der Kommission Nr. 88/283/EWG vom 3. Februar 1988 (ABl. 1988 L 121, S. 57/62); Oppermann, Rdnr. 1133; D'Sa, S. 154.

561 Grabitz/Hilf - v. Wallenberg, ex Artikel 92, Rdnr. 74; Raaflaub, S. 69; Achtzehnter Wettbewerbsbericht der Kommission (1989), Rdnr. 172; Stuart, ECLR 1996, S. 232; Evans, S. 335; Nicolaides/Bilal - Núñez Müller, S. 101.

562 Gemeinschaftsrahmen für staatliche Forschungs- und Entwicklungsbeihilfen (ABl. 1996 C 45, S. 5); Mitteilung der Kommission zur Änderung des Gemeinschaftsrahmen für staatliche Forschungs- und Entwicklungsbeihilfen (ABl. 1998 C 48, S. 2).

563 Gemeinschaftsrahmen für staatliche Forschungs- und Entwicklungsbeihilfen (ABl. 1996 C 45, S. 5/8); Mitteilung der Kommission zur Änderung des Gemeinschaftsrahmen für staatliche Forschungs- und Entwicklungsbeihilfen (ABl. 1998 C 48, S. 2).

564 Raaflaub, S. 69; Nicolaides/Bilal - Núñez Müller, S. 103.

"Grundlagenforschung"[565], "industrieller Forschung"[566] und "vorwettbewerblicher Entwicklung"[567]. Die staatliche Finanzierung der Grundlagenforschung durch öffentliche, nicht gewinnorientierte Hochschul- oder Forschungseinrichtungen fällt im allgemeinen nicht in den Anwendungsbereich des Artikels 87 Abs. I EG, da diese Art der finanziellen Unterstützung zur allgemeinen Vermehrung der wissenschaftlichen und technischen Kenntnisse dient und nicht auf spezielle kommerzielle Ziele ausgerichtet ist[568]. Ebenso wenig fallen Beihilfen an Hochschulen und Forschungsinstitute in den Anwendungsbereich von Artikel 87 Abs. I EG, sofern die FuE-Beihilfen nicht auf Vertragsbasis oder in Zusammenarbeit mit dem privaten Bereich ausgeführt wird. Beihilfen für Grundlagenforschung, die von oder auf Rechnung von Unternehmen betrieben wird, können daher mit einer Bruttobeihilfeintensität von bis zu 100% genehmigt werden, wenn die Art der Forschung sehr marktfern ist und ihre Ergebnisse grundsätzlich unter nichtdiskriminierenden und marktüblichen Bedingungen weit verbreitet und verwertet werden[569].

Für die Finanzierung von Studien über die technische Durchführbarkeit als Vorbedingung für Vorhaben der industriellen Forschung oder vorwettbewerblichen Entwicklung sind angesichts ihrer geringen Auswirkungen auf die Wettbewerbs- und Handelsbedingungen Beihilfen von 75% bzw. 50% der Kosten dieser Studien zulässig[570].

Grundsätzlich darf die Bruttobeihilfeintensität für ein industrielles Forschungsvor-

565 Unter Grundlagenforschung versteht die Kommission eine Erweiterung der wissenschaftlichen und technischen Kenntnisse, die nicht auf industrielle oder kommerzielle Ziele ausgerichtet sind. Siehe Anlage I des Gemeinschaftsrahmens für staatliche Forschungs- und Entwicklungsbeihilfen (ABl. 1996 C 45, S. 14).

566 Industrielle Forschung definiert die Kommission als planmäßiges Forschen oder kritisches Erforschen zur Gewinnung neuer Kenntnisse mit dem Ziel, diese Kenntnisse zur Entwicklung neuer Produkte, Verfahren oder Dienstleistungen oder zur Verwirklichung erheblicher Verbesserungen bei bestehenden Produkten, Verfahren oder Dienstleistungen nutzen zu können. Siehe Anlage I des Gemeinschaftsrahmens für staatliche Forschungs- und Entwicklungsbeihilfen (ABl. 1996 C 45, S. 14).

567 Vorwettbewerbliche Entwicklung umfasst nach Auffassung der Kommission die Umsetzung von Erkenntnissen der industriellen Forschung in einen Plan, ein Schema oder einen Entwurf für neue, geänderte oder verbesserte Produkte, Verfahren oder Dienstleistungen, unabhängig davon, ob sie zum Verkauf oder zur Verwendung bestimmt sind, einschließlich der Schaffung eines ersten, nicht zur kommerziellen Verwendung geeigneten Prototyps. Außerdem kann sie die konzeptuelle Planung und den Entwurf von alternativen Produkten, Verfahren oder Dienstleistungen wie auch erste Demonstrations- oder Pilotprojekte umfassen, sofern diese Projekte nicht für industrielle Anwendung oder eine kommerzielle Nutzung umgewandelt oder verwendet werden können. Sie umfasst keine routinemäßigen oder regelmäßigen Änderungen an bestehenden Produkten, Produktionslinien, Herstellungsverfahren, Dienstleistungen und anderen laufenden betrieblichen Prozessen, selbst wenn diese Änderungen Verbesserungen darstellen können. Siehe Anlage I des Gemeinschaftsrahmens für staatliche Forschungs- und Entwicklungsbeihilfen (ABl. 1996 C 45, S. 14).

568 Gemeinschaftsrahmen für staatliche Forschungs- und Entwicklungsbeihilfen (ABl. 1996 C 45, S. 5/7); Grabitz/Hilf - v. Wallenberg, ex Artikel 92, Rdnr. 74; Eisermann, EuZW 1996, S. 686; Bacon, YEL 1997, S. 269/279; Nicolaides/Bilal - Núñez Müller, S. 104.

569 Gemeinschaftsrahmen für staatliche Forschungs- und Entwicklungsbeihilfen (ABl. 1996 C 45, S. 5/10); Eisermann, EuZW 1996, S. 686; Bacon, YEL 1997, S. 269/279; Nicolaides/Bilal - Núñez Müller, S. 105.

570 Gemeinschaftsrahmen für staatliche Forschungs- und Entwicklungsbeihilfen (ABl. 1996 C 45, S. 5/10).

haben 50% der "beihilfefähigen Projektkosten"[571] nicht überschreiten. Die zulässige Bruttobeihilfeintensität für die vorwettbewerbliche Entwicklung beträgt 25% der "beihilfefähigen Projektkosten"[572]. Die oben genannten Beihilfeintensitäten können, wenn die Beihilfe für KMUs bestimmt ist oder, wenn das Forschungsprojekt in einem Gebiet gemäß Artikel 87 Abs. III Buchstabe a) EG durchgeführt wird angehoben werden[573]. Ein geringerer Zuschlag ergibt sich, wenn das Forschungsprojekt in einem Gebiet gemäß Artikel 87 Abs. III Buchstabe c) EG durchgeführt wird[574]. Zuschläge zwischen 15% und 25% sind zulässig, wenn die Forschungsprojekte im Rahmen grenzübergreifender Zusammenarbeit ausgeführt werden[575]. Sowohl diese Zuschläge, als auch eine Kumulierung von Gemeinschaftsmitteln und staatlichen Beihilfen dürfen allerdings eine Beihilfehöchstintensität von 75% brutto im Bereich der industriellen Forschung und 50% brutto im Bereich der vorwettbewerblichen Entwicklung nicht überschreiten[576].

dd) Umweltbeihilfen

Der 1994 in einer Kommissionsmitteilung an die Mitgliedstaaten gerichtete "Gemeinschaftsrahmen für staatliche Umweltbeihilfen"[577] enthält allgemeine Kriterien für

---

571 Als Projektkosten, die entsprechend bei der Berechnung der Beihilfenintensität berücksichtigt werden können, erwähnt Anlage II des Gemeinschaftsrahmens für staatliche Forschungs- und Entwicklungsbeihilfen folgende FuE-Ausgaben: Personalkosten (Forscher, Techniker und ausschließlich in der Forschung beschäftigtes Hilfspersonal); Kosten für Instrumente, Ausrüstung, Grundstücke und Gebäude, die ausschließlich und ständig (außer bei Überlassung auf kommerzieller Basis) für die Forschungstätigkeit genutzt werden; Kosten für Beratungs- und gleichartige Dienstleistungen, die ausschließlich der Forschungstätigkeit dienen, einschließlich fremdbezogene Forschung, technische Kenntnisse, Patente usw.; zusätzliche Gemeinkosten, die unmittelbar durch die Forschungstätigkeit entstehen; sonstige Betriebskosten (wie Material, Bedarfsmittel und dergleichen), die unmittelbar durch die Forschungstätigkeit entstehen (ABl. 1996 C 45, S. 5/15).

572 Gemäß Anlage II des Gemeinschaftsrahmens für staatliche Forschungs- und Entwicklungsbeihilfen (ABl. 1996 C 45, S. 5/15).

573 Ein Zuschlag von 10% [siehe: Gemeinschaftsrahmen für staatliche Beihilfen an kleine und mittlere Unternehmen (ABl. 1992 C 213, S. 2); siehe auch: Gemeinschaftsrahmen für staatliche Forschungs- und Entwicklungsbeihilfen, abgedruckt im: ABl. 1996 C 45, S. 5/11)]; Eisermann, EuZW 1996, S. 687.

574 Ein Zuschlag von 5% [siehe: Gemeinschaftsrahmen für staatliche Forschungs- und Entwicklungsbeihilfen, abgedruckt im: ABl. 1996 C 45, S. 5/11)].

575 Gemeinschaftsrahmen für staatliche Forschungs- und Entwicklungsbeihilfen (ABl. 1996 C 45, S. 5/12).

576 Gemeinschaftsrahmen für staatliche Forschungs- und Entwicklungsbeihilfen (ABl. 1996 C 45, S. 5/12).

577 Gemeinschaftsrahmen für staatliche Umweltschutzbeihilfen (ABl. 1994 C 72, S. 3). Die Kommission hat 1994 den Gemeinschaftsrahmen für staatliche Umweltschutzbeihilfen erlassen, der bis zum 31. Dezember 1999 gültig war. Am 22. Dezember 1999 hat die Kommission beschlossen, die Geltungsdauer dieses Gemeinschaftsrahmens – ausgenommen Beihilfen für die Landwirtschaft – bis zum 30. Juni 2000 zu verlängern: Verlängerung der Geltungsdauer des Gemeinschaftsrahmens für staatliche Umweltbeihilfen (ABl. 2000 C 14, S. 8). Am 28. Juni 2000 hat die Kommission beschlossen, die Geltungsdauer dieses Gemeinschaftsrahmens – ausgenommen Beihilfen für die Landwirtschaft – auf weitere sechs Monate bis zum 31. Dezember 2000 zu verlängern: Verlängerung der Geltungsdauer des Gemeinschaftsrahmens für staatliche Umweltbeihilfen (ABl. 2000 C 184, S. 25).

die Gewährung von spezifischen Umweltschutzbeihilfen[578]. Der Gemeinschaftsrahmen für staatliche Umweltbeihilfen unterscheidet die Beihilfearten in drei große Kategorien: Investitionsbeihilfen, horizontale Unterstützungsmaßnahmen[579] und Betriebsbeihilfen[580]. Staatliche Beihilfen für die FuE im Umweltsektor fallen in den Anwendungsbereich des Gemeinschaftsrahmens für staatliche Forschungs- und Entwicklungsbeihilfen. In der Regel sind Investitionsbeihilfen für den Umweltschutz bis zu einer Höhe von 15% brutto[581] der beihilfefähigen Kosten zulässig. Werden derartige Investitionen von KMU getätigt, so kann die Bruttobeihilfe um weitere 10% heraufgesetzt werden. Bei Investitionen in Fördergebieten der Gemeinschaft sind Beihilfen bis zu den von der Kommission für die betreffenden Gebiete genehmigten Höchstgrenzen zulässig und können für KMU[582] in den unter Artikel 87 Abs. III Buchstabe c) EG fallenden Gebieten um 10% und in den unter Artikel 87 Abs. III Buchstabe a) EG fallenden Gebieten um 15% erhöht werden. Beihilfen für Investitionen, mit denen ein gegenüber geltenden Normen deutlich höheres Umweltschutzniveau erreicht werden soll oder wenn bei Fehlen verbindlicher Umweltnormen der Umweltschutz verbessert wird, sind bis zu einer Höchstgrenze von 30% der beihilfefähigen Kosten zulässig. Werden die Investitionen von KMU getätigt, so kann die Beihilfe um zusätzliche 10% erhöht werden. Bei Investitionen in Fördergebieten können Beihilfen bis zu dem von der Kommission für die betreffenden Gebiete genehmigten Regionalbeihilfesatz zuzüglich der vorerwähnten Zuschläge für KMU gewährt werden. Die Kommission genehmigt die oben genannten Beihilfen im Rahmen der Ausnahmeregelung des Artikels 87 Abs. III Buchstabe c) EG, wenn sie die entsprechenden Bedingungen erfüllen. Beihilfen mit umweltbezogener Zweckbestimmung, die in unter Artikel 87 Abs. III Buchstabe a) EG fallenden Fördergebieten gewährt werden, können aufgrund dieser Vorschrift genehmigt werden. Es ist auch vorstellbar, dass Umweltschutzbeihilfen nach Artikel 87 Abs. III Buchstabe b) EG genehmigt werden können, wenn es sich um Vorhaben von gemeinsamen europäischen Interesse handelt.

d) Förderung und Erhaltung des kulturellen Erbes

Beihilfen zur Förderung der Kultur und der Erhaltung des kulturellen Erbes nach

578 Grabitz/Hilf - v. Wallenberg, ex Artikel 92, Rdnr. 79; D'Sa, S. 279; Hancher/Ottervanger/Slot, Rdnr. 17-001.

579 Kosten für Informationen, Ausbildung und Beratung.

580 Laufende Kosten: Zusätzliche Kosten für die selektive Sammlung, die Wiederverwertung und Aufbereitung von Abfällen; Befreiung von Umweltabgaben.

581 D.h. bei Zuschüssen der Nennwert vor Steuern und bei Zinsvergünstigungen der Gegenwartswert vor Steuern im Verhältnis zu den Investitionskosten. Bei Nettoangaben ist die Steuer bereits abgezogen.

582 Gemeinschaftsrahmen für staatliche Beihilfen an kleine und mittlere Unternehmen (ABl. 1992 C 213, S. 2).

Artikel 87 Abs. III Buchstabe d) EG, sind durch den Maastrichter-Vertrag als neuer Ausnahmetatbestand eingefügt worden. Hierunter können beispielsweise Beihilfen an die Filmindustrie, Fernseh- und Rundfunkanstalten, Theater oder Verlage[583] fallen. Die "Erhaltung des kulturellen Erbes" dient dem Kulturgüterschutz.

Die staatlichen Fördermaß- nahmen dürfen allerdings die Handels- und Wettbewerbsbedingungen für Kulturgüter nicht in einem dem gemeinsamen Interesse zuwiderlaufenden Maße beeinträchtigen.

Es bedarf daher einer Abwägung gegenüber dem Interesse der Gemeinschaft, an der Beseitigung von Hindernissen für die Verbreitung von Kulturgütern und kulturellen Dienstleistungen und für den Zugang der Bürger zur eigenen Kultur und zur Kultur der anderen Mitgliedstaaten[584].

e) *Erweiterung*

Sonstige Arten von Beihilfen können als mit dem Gemeinsamen Markt vereinbar angesehen werden, wenn der Rat auf Vorschlag der Kommission solche Ausnahmen bestimmt [Artikel 87 Abs. III Buchstabe e) EG]. Der Rat entscheidet auf Vorschlag der Kommission mit qualifizierter Mehrheit (Artikel 205 Abs. II EG).

Bei Abweichung vom Vorschlag der Kommission bedarf es der Einstimmigkeit (Artikel 250 Abs. I EG). Die Festlegung erfolgt durch Verordnung oder Richtlinie. Der Rat hat bislang nur Richtlinien und Verordnungen betreffend Beihilfen für den Schiffsbau auf dieser Rechtsgrundlage erlassen[585].

3. *Kumulierung von Beihilfen*

Um die Wirkung, die von den mehreren denselben Begünstigten gewährten Beihilfen ausgehen, beurteilen zu können, verlangt die Kommission seit 1. März 1985 bei bedeutenden Investitionsvorhaben, in denen die Beihilfen mit unterschiedlichen Zweckbestimmungen kumuliert werden sollen, eine vorherige Anmeldung[586].

Das System der Kumulierung von Beihilfen, aufgrund verschiedener Zweckverfolgung, enthält alternative Schwellenwerte für die Anmeldung bei der Kommission. Es ermöglicht der Kommission die Wirkung der Kumulierung und deren Auswirkung auf den Handel zwischen den Mitgliedstaaten besser einzuschätzen.

---

583 EuG, Rs. T-49/93, Société internationale de diffusion et d'édition (SIDE)/Kommission, Slg. 1995, S. II-2501.

584 Geiger, ex Artikel 92, Rdnr. 30; Oppermann, Rdnr. 1135; D'Sa, S. 148.

585 Siehe oben in diesem Teil: Punkt V.2.c.bb.

586 Mitteilung der Kommission zur Kumulierung von Beihilfen mit verschiedener Zweckverfolgung (ABl. 1985 C 3, S. 2).

VI. Verfahren der Beihilfenprüfung

Um eine fortschreitende Entwicklung und ein Funktionieren des Gemeinsamen Marktes im Einklang mit den Bestimmungen des Artikels 87 EG sicherzustellen, sieht Artikel 88 EG eine Überprüfung der von den Mitgliedstaaten gewährten oder geplanten Beihilfen vor. Wie oben bereits ausgeführt, ist das grundsätzliche Verbot von staatlichen Beihilfen weder absolut noch unbedingt, da insbesondere Artikel 87 Abs. III EG der Kommission einen weiten Beurteilungsspielraum bei der Bewertung von Beihilfen unter Abweichung von Artikel 87 Abs. I EG zugesteht. Bei der Beurteilung, ob eine staatliche Beihilfe mit dem Gemeinsamen Markt vereinbar ist, sind i.d.R. vielschichtige und raschen Änderungen unterliegende wirtschaftliche Gegebenheiten zu berücksichtigen und zu bewerten[587]. Artikel 88 EG regelt daher das Verfahren, in dem die Vereinbarkeit der staatlichen Beihilfen festgestellt wird. Artikel 88 EG unterscheidet zwischen bestehenden Beihilfen (Altbeihilfen) und solchen, die neu eingeführt oder umgestaltet werden (Neubeihilfen). Die Kommission hat in Übereinstimmung mit der Rechtsprechung des Europäischen Gerichtshofs bei der Anwendung von Artikel 88 EG eine kohärente Praxis entwickelt und in einer Reihe von Mitteilungen bestimmte Verfahrensvorschriften und Grund- sätze niedergelegt[588]. Diese Praxis ist mittlerweile durch eine Verfahrensverordnung[589] kodifiziert und verstärkt worden, um so effiziente Verfahren nach Artikel 88 EG zu gewährleisten. Für weitere Einzelheiten zur Verfahrensverordnung sei auch auf Punkt VII.2 in diesem Teil verwiesen.

1. Die beteiligten Gemeinschaftsorgane

Die folgenden Gemeinschaftsorgane können grundsätzlich im Bereich des Beihilfenrechts beteiligt sein: Die Europäische Kommission (Kommission), der Ministerrat (Rat) und der Beratende Ausschuss. Gegebenenfalls besteht die Möglichkeit entsprechende Rechts- und Verfahrensmittel beim Gericht erster Instanz (EuG) und dem Europäischen Gerichtshof (EuGH) einzulegen.

a) Die Europäische Kommission

Nach Artikel 88 EG ist der Kommission die Aufgabe übertragen, die Beihilfepra-

---

587 EuGH, Rs. C-301/87, Frankreich/Kommission, Slg. 1990, S. I-307; Koenig/Sander, EuZW 1997, S. 364.

588 Die Kommission hat erstmalig in Band II A der Wettbewerbsregeln für staatliche Beihilfen (Stand: 31.12.94) einen Leitfaden für die Verfahren bei staatlichen Beihilfen publiziert (herausgegeben von der Europäischen Kommission: Brüssel, Luxemburg 1995), Seite 23.

589 Verordnung (EG) Nr. 659/1999 des Rates vom 22. März 1999 über besondere Vorschriften für die Anwendung von [ex] Artikel 93 des EG-Vertrages (ABl. 1999 L 83, S. 1).

xis der Mitgliedstaaten zu überwachen. Aus diesem Grunde sind die Mitgliedstaaten verpflichtet, die Einführung neuer oder die Umgestaltung bestehender Beihilfen vorab bei der Kommission anzumelden[590]. Die Kommission erteilt keine Genehmigungen, sondern geht nur gegen mit dem Gemeinsamen Markt unvereinbare Beihilfen vor. Die Kommission muss daher alle Beihilfemaßnahmen, die in den Anwendungsbereich von Artikel 87 Abs. I EG fallen, auf ihre Vereinbarkeit mit dem Gemeinsamen Markt hin prüfen. Die Beihilfeprüfung durch die Kommission gliedert sich in ein Vor- (Artikel 88 Abs. III EG) und ein förmliches Prüfverfahren (Artikel 88 Abs. II EG) auf.

In der Kommission befassen sich mehrere Dienststellen mit der Kontrolle staatlicher Beihilfen. So sind die Generaldirektionen Landwirtschaft, Energie und Verkehr, sowie Fischerei für Beihilfefälle aus ihren Ressorts zuständig. In allen anderen Fällen sind die Direktionen G und H in der Generaldirektion Wettbewerb zuständig.

b) Der Ministerrat

Im Bereich der Beihilfepolitik spielt der Rat eine untergeordnete Rolle, da die Beihilfeverfahren im wesentlichen zwischen der Kommission und den entsprechenden Mitgliedstaaten ausgetragen werden[591]. Nach Artikel 89 EG kann der Rat hingegen auf Vorschlag der Kommission und nach Anhörung des Europäischen Parlaments mit qualifizierter Mehrheit alle zweckdienlichen Durchführungsverordnungen zu den Artikeln 87 und 88 EG erlassen und insbesondere die Bedingungen für die Anwendung des Artikels 88 Abs. III EG sowie diejenigen Arten von Beihilfen festlegen, die von diesem Verfahren ausgenommen sind. Der Rat hat bereits durch zwei Verordnungen die Kommission dazu ermächtigt, weiterreichende Vorschriften im Bereich bestimmter Gruppen horizontaler Beihilfen sowie im Hinblick auf bestimmte Verfahrensfragen zu erlassen[592].

Dem Rat kommt darüber hinaus eine Normsetzungsbefugnis [Artikel 87 Abs. III Buchstabe e) EG][593] sowie eine Reservefunktion in außergewöhnlichen Fällen zu (Artikel 88 Abs. II Unterabsatz 3 EG). Nach Artikel 87 Abs. III Buchstabe e) EG kann der Rat durch eine Entscheidung mit qualifizierter Mehrheit, auf Vorschlag der Kommission, sonstige Arten von Beihilfen bestimmen, die als mit dem Gemeinsamen Markt vereinbar angesehen werden können. Außerdem kann der Rat nach Artikel 88 Abs. II Unterabsatz 3 EG einstimmig auf Antrag eines Mitgliedstaats entscheiden, dass eine von diesem Staat ge-

590 Frisinger/Behr, RIW 1995, S. 709, Oppermann, Rdnr. 1138; D'Sa, S. 19.

591 Ehlermann, FILJ 1994, S. 430.

592 Verordnung (EG) Nr. 994/98 des Rates vom 7. Mai 1998 über die Anwendung der [ex] Artikel 92 und 93 des Vertrags zur Gründung der Europäischen Gemeinschaft auf bestimmte Gruppen horizontaler Beihilfen (ABl. 1998 L 142, S. 1); Verordnung (EG) Nr. 659/1999 des Rates vom 22. März 1999 über besondere Vorschriften für die Anwendung von [ex] Artikel 93 des EG-Vertrages (ABl. 1999 L 83, S. 1). Siehe zu den Einzelheiten unten in diesem Teil: Punkt VII.

593 Siehe oben in diesem Teil: Punkt V.2.e.

währte oder geplante Beihilfe in Abweichung von Artikel 87 EG oder von den nach Artikel 89 EG erlassenen Verordnungen als mit dem Gemeinsamen Markt vereinbar gilt, wenn außergewöhnliche Umstände eine solche Entscheidung rechtfertigen.

c) Der Beratende Ausschuss

Es besteht auch ein Beratender Ausschuss für staatliche Beihilfen, der sich aus Vertretern der Mitgliedstaaten zusammensetzt und in dem der Vertreter der Kommission den Vorsitz führt[594]. Die Kommission konsultiert[595] den Beratenden Ausschuss vor dem Erlass von Durchführungsvorschriften[596]. Die Konsultierung erfolgt im Rahmen einer Tagung, die von der Kommission einberufen wird. Der Vertreter der Kommission unterbreitet dem Beratenden Ausschuss einen Entwurf der zu treffenden Maßnahmen. Der Ausschuss gibt - gegebenenfalls nach Abstimmung - seine Stellungnahme zu diesem Entwurf innerhalb einer Frist ab, die der Vorsitzende unter Berücksichtigung der Dringlichkeit der betreffenden Frage festsetzen kann.

Die Stellungnahme wird in ein Protokoll aufgenommen; darüber hinaus hat jeder Mitgliedstaat das Recht zu verlangen, dass sein Standpunkt im Protokoll festgehalten wird. Der Ausschuss kann empfehlen, dass diese Stellungnahme im Amtsblatt der Europäischen Gemeinschaften veröffentlicht wird. Die Kommission berücksichtigt so weit wie möglich die Stellungnahme des Ausschusses. Sie unterrichtet den Ausschuss darüber, inwieweit sie seine Stellungnahme berücksichtigt hat.

d) Das Gericht erster Instanz

Durch Beschluss des Rates vom 8. Juni 1993 ist das Gericht erster Instanz für Klagen zuständig erklärt worden, die gemäß Artikel 230 Abs. IV, Artikel 232 Abs. III, Artikel 235 und Artikel 238 EG von natürlichen oder juristischen Personen erhoben werden[597]. Damit ist das EuG für Klagen privater Parteien gegen Entscheidungen der Kommission in staatlichen Beihilfefällen zuständig.

594 Siehe Artikel 7 der Verordnung (EG) Nr. 994/98 des Rates vom 7. Mai 1998 über die Anwendung der [ex] Artikel 92 und 93 des Vertrags zur Gründung der Europäischen Gemeinschaft auf bestimmte Gruppen horizontaler Beihilfen (ABl. 1998 L 142, S. 1/3); Artikel 28 der Verordnung (EG) Nr. 659/1999 des Rates vom 22. März 1999 über besondere Vorschriften für die Anwendung von [ex] Artikel 93 des EG-Vertrages (ABl. 1999 L 83, S. 1/9); sowie für den Verkehrssektor: Verordnung (EWG) Nr. 1107/70 des Rates vom 4. Juni 1970 über Beihilfen im Eisenbahn-, Straßen- und Binnenschiffsverkehr (ABl. 1970 L 130, S. 1).

595 Siehe zum Verfahren der Konsultierung: Artikel 8 der Ratsverordnung (EG) Nr. 994/98 (ABl. 1998 L 142, S. 1/3) und Artikel 29 der Ratsverordnung (EG) Nr. 659/1999(ABl. 1999 L 83, S. 1/9).

596 Siehe zu den Einzelheiten unten in diesem Teil: Punkte VII.1 und VII.2.

597 Beschluss des Rates vom 8. Juni 1993 (93/350/Euratom, EGKS, EG) zur Änderung des Beschlusses 88/591/EGKS, EWG, Euratom zur Errichtung eines Gerichts erster Instanz der Europäischen

Für Klagen der Mitgliedstaaten ist weiterhin der EuGH zuständig. Außerdem hat sich das EuG auch für Klagen von autonomen Regionen mit Rechtspersönlichkeit für zuständig erklärt[598].

e) *Der Europäische Gerichtshof*

Im Rahmen der Anwendung von Artikel 87 Abs. I EG können nationale Gerichte dem EuGH gemäß Artikel 234 EG Fragen zur Vorabentscheidung vorlegen. Der EuGH kann aber auch, wie bereits oben erwähnt, direkt von einem Gemeinschaftsorgan oder einem Mitgliedstaat mit der Überprüfung eines Beihilfenfalls betraut werden. Darüber hinaus kann der EuGH auch im Wege einer Berufung gegen Urteile des EuG mit Beihilfefällen befasst werden.

2. *Fortlaufende Überprüfung bestehender Beihilfen*

Gemäß Artikel 88 Abs. I und Abs. II EG ist die Kommission verpflichtet, fortlaufend bestehende[599] Beihilferegelungen[600] zu überprüfen und eventuelle Entscheidung darüber zu treffen, ob der Mitgliedstaat die von ihm gewährten Beihilfen aufheben oder umgestalten muss[601]. Mit der in Artikel 88 Abs. I EG der Kommission auferlegten fortlaufenden Kontrolle bestehender Beihilfen soll sichergestellt werden, dass diese zu jedem Zeitpunkt mit dem Gemeinsamen Markt vereinbar sind und keine wettbewerbsverfälschenden

---

Gemeinschaften (ABl. 1993 L 144, S. 21).

598 EuG, Rs. T-214/95, Het Vlaamse Gewest (Flemische Region)/Kommission, Slg. 1998, S. II-717.

599 Bestehende Beihilfen im Sinne des Artikel 88 Abs. I EG sind alte oder aus der Zeit vor dem Beitritt stammende Beihilfen, d.h. vor dem Inkrafttreten des EG-Vertrages geltende Beihilferegelungen oder zugesagte oder gewährte Beihilfen, die von der Kommission nie formell geprüft und genehmigt worden sind; genehmigte Beihilfen, d.h. von der Kommission nach Anmeldung oder nach Inkraftsetzung ohne Anmeldung genehmigte Beihilferegelungen oder Beihilfegewährungen, und durch Versäumnis genehmigte Beihilfen, d.h. Beihilfen, die als rechtmäßig gewährt gelten, nachdem es die Kommission unterlassen hat, innerhalb der ihr für die Prüfung der Anmeldung zur Verfügung stehenden zweimonatigen Frist Stellung zu nehmen, und der Mitgliedstaat die Kommission davon in Kenntnis gesetzt hat, daß er das Beihilfevorhaben durchführt, ohne daß die Kommission daraufhin reagiert hat. Siehe hierzu auch: Artikel 1 Buchstabe b) der Verordnung (EG) Nr. 659/1999 des Rates vom 22. März über besondere Vorschriften für die Anwendung von [ex] Artikel 93 des EG-Vertrages, der eine Definition für "bestehende Beihilfen" bereitstellt (ABl. 1999 L 83, S. 1/3).

600 Zu bemerken ist, dass die von der Kommission vorzunehmende fortlaufende Überprüfung nur bei Beihilferegelungen gilt, nicht jedoch für Einzelbeihilfen, auch wenn ihre Gewährung sich über einen längeren Zeitraum erstrecken kann. Siehe Definition einer "Beihilferegelung" in Artikel 1 Buchstabe d) der Verordnung (EG) Nr. 659/1999 des Rates vom 22. März über besondere Vorschriften für die Anwendung von [ex] Artikel 93 des EG-Vertrages (ABl. 1999 L 83, S. 1/3). Interessant im Zusammenhang mit der Qualifizierung einer Beihilferegelung: EuGH, Rs. C-324/90 und C-342/90, Bundesrepublik Deutschland und Pleuger Worthington GmbH/Kommission, Slg. 1994, S. I-1173/1204.

601 Schweitzer/Hummer, Rdnr. 1312; Barth, S. 66; Robinson/Pouncey, ITLR 1997, S. 24; Sinnaeve, EuZW 1998, S. 271; Oppermann, Rdnr. 1139.

oder den Handel zwischen den Mitgliedstaaten beeinträchtigenden Wirkungen entfalten. Bestehende Beihilfen müssen nicht bei der Kommission angemeldet werden, d.h. sie sind nicht "rechtswidrig", solange die Kommission, nach Durchführung einer Untersuchung, zu einem anderen Ergebnis gelangt.

a) Vorprüfungsverfahren

Für die Überprüfung bestehender Beihilferegelungen in Zusammenarbeit mit dem betreffenden Mitgliedstaat holt die Kommission nach Artikel 88 Abs. I EG bei diesem alle erforderlichen Auskünfte ein[602]. Gelangt die Kommission zur vorläufigen Auffassung, dass eine bestehende Beihilferegelung nicht oder nicht mehr mit dem Gemeinsamen Markt vereinbar ist so setzt sie den betreffenden Mitgliedstaat hiervon in Kenntnis und gibt ihm Gelegenheit zur Stellungnahme innerhalb einer Frist von einem Monat[603]. In ordnungsgemäß begründeten Fällen kann die Kommission diese Frist verlängern.

b) Vorschlag zweckdienlicher Maßnahmen

Gelangt die Kommission aufgrund der von dem betreffenden Mitgliedstaat übermittelten Auskünfte zu dem Schluss, dass die bestehende Beihilferegelung mit dem Gemeinsamen Markt nicht oder nicht mehr vereinbar ist, so schlägt sie dem betreffenden Mitgliedstaat zweckdienliche Maßnahmen vor. Der Vorschlag kann insbesondere in folgendem bestehen:

- Inhaltliche Änderung der Beihilferegelung oder
- Einführung von Verfahrensvorschriften[604] oder
- Abschaffung der Beihilferegelung[605].

Wenn der betreffende Mitgliedstaat den vorgeschlagenen Maßnahmen zustimmt und die Kommission in Kenntnis setzt, hält die Kommission dies fest und unterrichtet den Mitgliedstaat hiervon. Der Mitgliedstaat ist aufgrund seiner Zustimmung verpflichtet, die zweckdienlichen Maßnahmen durchzuführen[606].

---

602 Siehe Artikel 17 Abs. I der Ratsverordnung (EG) Nr. 659/1999 (ABl. 1999 L 83, S. 1/7).

603 Siehe Artikel 17 Abs. II der Ratsverordnung (EG) Nr. 659/1999 (ABl. 1999 L 83, S. 1/7).

604 Z.B. die Anmeldungspflicht individueller Beihilfen, die nach der Beihilfenregelung gewährt werden und/oder Berichterstattungspflichten.

605 Siehe Artikel 18 der Ratsverordnung (EG) Nr. 659/1999 (ABl. 1999 L 83, S. 1/7).

606 Siehe Artikel 19 Abs. I der Ratsverordnung (EG) Nr. 659/1999 (ABl. 1999 L 83, S. 1/7). Zur Rechtsnatur des "Vorschlags zweckdienlicher Maßnahmen" siehe: D'Sa, S. 29.

c) *Förmliches Prüfverfahren*

Wenn der betreffende Mitgliedstaat den vorgeschlagenen Maßnahmen nicht zustimmt und die Kommission, trotz der von dem Mitgliedstaat vorgebrachten Argumente, weiterhin die Auffassung vertritt, dass diese Maßnahmen notwendig sind, so leitet sie das förmliche Prüfverfahren ein. Mit der Aufforderung an den betreffenden Mitgliedstaat und an andere Beteiligte, sich unter Fristsetzung zu äußern, wird das Verfahren nach Artikel 88 Abs. II EG mit einer Mitteilung im Teil C des Amtsblatts der Europäischen Gemeinschaften eingeleitet. Eine Anhörung, die den anderen Mitgliedstaaten und den betroffenen Wirtschaftskreisen die Gewähr gibt, ihre Auffassung vortragen zu können, und das die Kommission in die Lage versetzt, sich vor Erlass ihrer Entscheidung umfassend über alle entscheidungserheblichen Gesichtspunkte zu unterrichten, wird unerlässlich, sobald die Kommission bei der Prüfung, ob ein Beihilfevorhaben mit dem Gemeinsamen Markt vereinbar ist, auf ernste Schwierigkeiten stößt[607]. Beteiligte sind der die Beihilfe gewährte Mitgliedstaat, das oder die Unternehmen, die durch die Beihilfe begünstigt werden, und die durch die Gewährung der Beihilfen eventuell in ihren Interessen verletzten Personen, Unternehmen oder Vereinigungen, insbesondere die konkurrierenden Unternehmen und Berufsverbände[608]. Nicht ausreichend ist demnach, dass die Kommission den betroffenen Mitgliedstaaten über den Stand des Verfahrens auf dem laufenden hält[609]. Die Einleitung einer Überprüfung bedeutet nicht, dass die Anwendung der Beihilferegelung ausgesetzt zu werden braucht. Die Entscheidung der Kommission nach einem förmlichen Prüfverfahren entfaltet nur Wirkung *ex nunc*. Kommt die Kommission zu einer negativen Entscheidung, so ordnet sie die Aufhebung oder Umgestaltung der Beihilfe durch den betreffenden Mitgliedstaat in einer Entscheidung i.S.d. Artikel 249 EG an. Die Entscheidung ist entsprechend Artikel 253 EG zu begründen[610]. Die Kommission hat in ihrer Entscheidung eine Frist anzugeben, binnen der der Mitgliedstaat die Beihilfe aufzuheben oder umzugestalten hat[611]. Die Entscheidung wird mit ihrer Bekanntgabe wirksam (Artikel 254 Abs. II EG). Der betroffene Mitgliedstaat ist verpflichtet, diese Entscheidung durch Erlass derjenigen

607 EuGH, Rs. 84/82, Bundesrepublik Deutschland/Kommission, Slg. 1984, S. 1451/1488.

608 EuGH, Rs. 323/82, Intermills/Kommission, Slg. 1984, S. 3809/3826. Siehe in diesem Zusammenhang auch: Artikel 1 Buchstabe h) der Ratsverordnung Nr. 659/1999 (ABl. 1999 L 83, S. 1/3), der eine Definition des Begriffs "Beteiligte" bereitstellt.

609 EuGH, Rs. 84/82, Bundesrepublik Deutschland/Kommission, Slg. 1984, S. 1451/1490.

610 EuGH, Rs. 323/82, Intermills/Kommission, Slg. 1984, S. 3809/3830. Dies gilt auch im Beschwerdeverfahren, wenn die Kommission zu dem Ergebnis gelangt, dass es sich nicht um eine staatliche Beihilfe handelt. Die Kommission ist verpflichtet den privaten Beschwerdeführern eine ausreichende Begründung zu liefern, weshalb sie zu diesem Ergebnis gelangt ist. Siehe hierzu: EuG, Rs. T-95/94, Chambre Syndicale Nationale des Entreprises de Transport de Fonds et Valeurs (Sytraval) und Brink's France SARL/Kommission, Slg. 1995, S. II-2651/2668; EuGH, Rs. C-367/95 P, Kommission/Chambre Syndicale Nationale des Entreprises de Transport de Fonds et Valeurs (Sytraval) und Brink's France SARL, Slg. 1998, S. I-1719/1770.

611 Grabitz/Hilf - v. Wallenberg, ex Artikel 93, Rdnr. 24.

Maßnahmen fristgerecht durchzuführen, deren es zur formellen Aufhebung der nach der Feststellung der Kommission im Widerspruch zu Artikel 87 EG stehenden Vorschriften bedarf[612]. Kommt die Kommission hingegen zu dem Ergebnis, dass die Beihilfe mit dem Gemeinsamen Markt vereinbar ist, beendet sie das Verfahren nach Artikel 88 Abs. II EG durch eine sog. Positiventscheidung i.S.d. Artikel 249 Abs. IV EG.

3. *Präventive Überprüfung geplanter Beihilfen*

Für "neue Beihilfen"[613], die die Mitgliedstaaten einzuführen oder umzugestalten beabsichtigen, ist ein vorab durchzuführendes Verfahren vorgeschrieben, ohne das eine Beihilfe nicht als ordnungsgemäß eingeführt angesehen werden kann. Nach Artikel 88 Abs. III Satz 1 EG wird die Kommission von jeder beabsichtigten Einführung oder Umgestaltung von Beihilfen so rechtzeitig unterrichtet, dass sie sich dazu äußern kann. Der Kommission soll damit ausreichend Zeit zur Verfügung gestellt werden, um die Vereinbarkeit der Beihilfen mit Artikel 87 EG zu prüfen. Bis zur abschließenden Entscheidung der Kommission besteht für die Mitgliedstaaten ein Durchführungsverbot der Beihilfe (Artikel 88 Abs. III Satz 3 EG)[614]. Dieses Durchführungsverbot hat unmittelbare Wirkung, d.h. ist direkt anwendbares Recht in den Mitgliedstaaten, so dass Private sich vor nationalen Gerichten auf das Durchführungsverbot berufen können[615].

a) *Durch Anmeldung*

Eine wichtige Grundvorschrift zur Überwachung von staatlichen Beihilfen ist die Verpflichtung der Mitgliedstaaten neue Beihilfen der Kommission rechtzeitig anzumelden. Gemäß Artikel 88 Abs. III Satz 1 EG sind die Mitgliedstaaten verpflichtet, die Kommission von jeder beabsichtigten Einführung oder Umgestaltung[616] von Beihilfen so rechtzeitig

---

612 EuGH, Rs. 130/83, Kommission/Italien, Slg. 1984, S. 2849/2860.

613 "Neue Beihilfen" alle Beihilfen, also Beihilferegelungen und Einzelbeihilfen, die keine bestehenden Beihilfen sind, einschließlich Änderungen bestehender Beihilfen [siehe Definition in Artikel 1 Buchstabe c) der Ratsverordnung (EG) Nr. 659/1999 (ABl. 1999 L 83, S. 1/3)]. Maßgeblich für die Einordnung als Neubeihilfe ist, dass entweder der unmittelbare Beihilfengegenstand selbst oder mittelbar der räumliche bzw. der sachliche Tätigkeitsbereich der Anstalt dergestalt verändert wird, dass die formal fortbestehende Altbeihilfenregelung materiell eine andere Beeinträchtigungstendenz bzw. -Intensität im grenzüberschreitenden Wettbewerb erfährt. Siehe hierzu auch: Koenig/Sander, EuZW 1997, S. 366; Oppermann, Rdnr. 1140; D'Sa, S. 344.

614 Siehe z.B. EuGH, Rs. 67, 68 und 70/85R, Van der Kooy/Kommission, Slg. 1985, S. 1315/1327; EuGH, Rs. 310/85, Deufil/Kommission, Slg. 1987, S. 901/927. Siehe zum Durchführungsverbot auch Artikel 3 der Ratsverordnung (EG) Nr. 659/1999 (ABl. 1999 L 83, S.1/4).

615 Siehe hierzu unten in diesem Teil: Punkt VIII.3.

616 Zum Ausmaß der Verpflichtung zur Anmeldung von Änderungen bestehender Beihilferegelungen siehe EuGH, Rs. C-44/93, Namur-Les assurances des Crédit SA/OND und Belgien, Slg. 1994, S. I-3829; Winter, CMLR 1993, S. 311; Soames/Ryan, ECLR 1995, S. 291.

zu unterrichten, dass sie vor Gewährung der Beihilfe entscheiden kann[617]. Sinn der Anmeldung[618] ist der Kommission Gelegenheit zu geben, ihre Kontrolle über jede beabsichtigte Einführung oder Umgestaltung von Beihilfen rechtzeitig und im Gemeinschaftsinteresse auszuüben[619].

Der Kommission werden nicht nur Vorhaben zur Gewährung von Beihilfen an einzelne Unternehmen, sondern auch Beihilferegelungen oder -programme angemeldet. Hat die Kommission eine Beihilferegelung freigestellt, so braucht die einzelne Beihilfengewährung im Rahmen dieser Regelung grundsätzlich nicht mehr angemeldet und nach Artikel 87 EG geprüft zu werden[620]. Nach den Beihilfevorschriften oder Beihilferahmen für bestimmte Industriezweige oder für bestimmte Beihilfekategorien müssen jedoch grundsätzlich alle Anwendungsfälle bzw. alle einen bestimmten Betrag überschreitenden Anwendungsfälle individuell angemeldet werden[621].

Vor der abschließenden Entscheidung der Kommission darf der betreffende Mitgliedstaat die beabsichtigte Maßnahme gemäß Artikel 88 Abs. III Satz 3 EG nicht durchführen. Vor der Freistellung gewährte Beihilfen sind formell rechtswidrig. Angemeldete Beihilfevorhaben dürfen selbst dann nicht vor ihrer Freistellung durchgeführt werden, wenn kein förmliches Prüfungsverfahren eingeleitet wurde[622]. Allein die Verletzung der Anmeldungspflicht erlaubt der Kommission jedoch nicht, die Beihilfe schon aus diesem Grund auch für materiell rechtswidrig zu erklären[623]. Die fehlende Anmeldung hat allerdings zur Folge, dass sich der Empfänger der Beihilfe nicht auf Vertrauensschutz nach nationalem Recht berufen kann, wenn die Kommission nachträglich die Unvereinbarkeit der Beihilfe mit dem Gemeinsamen Markt feststellt und deren Rückabwicklung anordnet.

Ausgenommen von der Anmeldungspflicht sind lediglich solche Beihilfen, die als *de minimis* eingestuft sind (siehe oben), weil ihr Betrag als zu gering gilt, um den Handel zwischen den Mitgliedstaaten in signifikanter Weise zu beeinträchtigen und somit unter

---

617 EuGH, Rs. 120/73, Lorenz/Bundesrepublik Deutschland, Slg. 1973, S. 1471/1481; EuGH, Rs. 84/82, Bundesrepublik Deutschland/Kommission, Slg. 1984, S. 1451/1488; Bentley, EBLR 1990, S. 92; Koenig/Sander, EuZW 1997, S. 364; Evans, S. 430; D'Sa, S. 349.

618 Standardangaben für die Anmeldung nach Artikel 88 Abs. III EG sind in Band IIA - Wettbewerbsregeln für staatliche Beihilfen erwähnt - Stand: 30.06.98 – (Europäische Kommission), S. 61.

619 EuGH, Rs. 91 und 127/83, Heineken, Slg. 1984, S. 3435/3452; EuGH, Rs. C-301/87, Frankreich/ Kommission, Slg. 1990, S. I-307/356.

620 EuGH, Rs. 166 und 226/86, Irish Cement/Kommission, Slg. 1988, S. 6473; EuGH, Rs. C-47/91, Italien/Kommission (Italgrani), Slg. 1994, S. I-4635. Kritisch hierzu: Bentley, EBLR 1990, S. 92; Robinson/Pouncey, ITLR 1997, S. 24 und Jestaedt/Schelling, EWS 1999, S. 1.

621 Ausnahmen sind z.B. im multisektoralen Regionalbeihilferahmen für große Investitionsvorhaben festgelegt (ABl. 1999 C 107, S. 7). Siehe auch für den Bereich der Kunstfaserindustrie: ABl. 1992 C 346, S. 2.

622 EuGH, Rs. 67, 68 und 70/85, Van der Kooy/Kommission, Slg. 1985, S. 1315/1327. Siehe in diesem Zusammenhang auch unten in diesem Teil: Punkt VI.3.c.

623 EuGH, Rs. C-142/87, Belgien/Kommission, Slg. 1990, S. I-959; EuGH, Rs. C-301/87, Frankreich/ Kommission (Boussac), Slg. 1990, S. I-307, Winter, CMLR 1993, S. 312; Frisinger/Behr, RIW 1995, S. 709.

Artikel 87 Abs. I EG fallen zu können. Nicht anmeldepflichtig sind auch Erhöhungen des genehmigten Budgets einer bestehenden Beihilferegelung, um nicht mehr als 20%[624].

b) *Kenntniserlangung durch Beschwerde*

Die Kommission kann nicht nur im Wege einer Anmeldung seitens eines Mitgliedstaates, sondern auch durch eine Beschwerde z.B. seitens eines Konkurrenten des Beihilfeempfängers, Kenntnis von der Beihilfe erlangen. Dritte können die Kommission somit im Wege einer Mitteilung über mutmaßlich rechtswidrige Beihilfen und über eine mutmaßlich missbräuchliche Anwendung von Beihilfen in Kenntnis setzen[625]. Dies gilt nicht nur für neue Beihilfen, sondern auch für alte Beihilferegelungen. Nach Einreichung einer substantiierten Beschwerde, ist die Kommission grundsätzlich verpflichtet tätig zu werden, um "in einer angemessenen Zeit" zu einer Entscheidung im Wege der Vorprüfung zu gelangen, ob der Fall näher untersucht werden soll[626]. Die Kommission kann u.U. verpflichtet sein, bei der Prüfung einer Beschwerde gegebenenfalls über eine bloße Prüfung der ihr vom Beschwerdeführer zur Kenntnis gebrachten rechtlichen und tatsächlichen Gesichtspunkte hinauszugehen. Die Kommission hat im Interesse einer ordnungsgemäßen Anwendung der grundlegenden Beihilfevorschriften die Beschwerde sorgfältig und unvoreingenommen zu prüfen, was eine Prüfung von Gesichtspunkten erforderlich machen kann, die der Beschwerdeführer nicht ausdrücklich erwähnt hat.

c) *Vorprüfungsverfahren*

Nach der Anmeldung der geplanten Beihilfe beginnt die Kommission mit einer Vorprüfung, die, in Anlehnung an die Artikel 230 und 232 EG, nicht länger als zwei Monate dauern darf[627]. Innerhalb dieser zwei Monate muss die Kommission darüber entscheiden, ob sie ein förmliches Prüfverfahren gemäß Artikel 88 Abs. II EG eröffnet. Die Vorprüfung dient einer ersten Meinungsbildung der Kommission, ob die geplante Beihilfe mit dem Gemeinsamen Markt vereinbar ist[628]. Im Einverständnis mit dem betreffenden Mitgliedstaat kann diese zweimonatliche Frist jedoch verlängert werden. Die Vorprüfungspha-

---

624 Wettbewerbsregeln für staatliche Beihilfen - Band II A - Stand: 30.06.98 – (Europäische Kommission), S. 28.

625 Siehe Artikel 20 Abs. II Satz 1 der Ratsverordnung (EG) Nr. 659/1999 (ABl. 1999 L 83, S. 1/7).

626 EuG, Rs. T-95/96, Gestevisión Telecinco SA/Kommission, Slg. 1998, S. II-3407.

627 EuGH, Rs. 120/73, Lorenz/Bundesrepublik Deutschland, Slg. 1973, S. 1471/1482; EuGH, Rs. 84/82, Bundesrepublik Deutschland/Kommission, Slg. 1984, S. 1451/1488; EuGH, Rs. C-312/90, Königreich Spanien/Kommission, Slg. 1992, S. I-4117/4139; Hancher, ECLR 1994, S. 143. Siehe auch: Artikel 4 Abs. V der Ratsverordnung (EG) Nr. 659/1999 (ABl. 1999 L 83, S. 1/4).

628 EuGH, Rs.120/73, Lorenz/Bundesrepublik Deutschland, Slg. 1973, S. 1471/1481; EuGH, Rs. 84/82, Bundesrepublik Deutschland/Kommission, Slg. 1984, S 1451/1488; Abbamonte, ECLR 1997, S. 88; Hancher/Ottervanger/Slot, Rdnr. 19-037; D'Sa, S. 353.

se beginnt in dem Zeitpunkt, wenn die Kommission sämtliche Informationen von dem Mitgliedstaat erhalten hat, die sie für die Bewertung des Falles für erforderlich hält[629]. Hat die Kommission keine Fristverlängerung beantragt und unterlässt sie es, sich zu der Anmeldung innerhalb von zwei Monaten zu äußern und teilt der Mitgliedstaat der Kommission dann seine Absicht mit, das Vorhaben durchzuführen, und unterlässt es die Kommission daraufhin zu widersprechen, so kann die Beihilfe rechtmäßig gewährt werden und wird somit zu einer "bestehenden Beihilfe"[630]. In einem Fall, in dem die Kommission von dem Mitgliedstaat unvollständig und fragmentarisch unterrichtet wurde, hat der EuGH nicht beanstandet, dass die Kommission eine dreimonatige Frist zur Beendigung des Vorprüfungsverfahrens in Anspruch genommen hat[631]. Die Kommission hat erklärt, dass sie in der Regel gegen Beihilferegelungen an KMU keine Einwände erhebt, sofern die Beihilfe in Intensität bzw. Betrag niedrig ist[632]. Für diesen Fall hat die Kommission ein beschleunigtes Genehmigungsverfahren eingeführt. Anders als bei den *de minimis*-Beihilfen (siehe oben) wird die Anmeldepflicht für Beihilfen, die für das beschleunigte Genehmigungsverfahren in Frage kommen, nicht aufgehoben. Für diese Fälle hat sich die Kommission eine Frist von 20 bis 30 Werktagen gesetzt[633]. Wie bereits erwähnt, solange noch keine Entscheidung vorliegt, gilt die Sperrwirkung der Beihilfe. Der mit dieser Bestimmung verfolgte Zweck, das Wirksamwerden vertragswidriger Beihilfen zu unterbinden, bedingt, dass das in Artikel 88 Abs. III Satz 3 insoweit vorgesehene Verbot seine Sperrwirkung während der gesamten Vorprüfungsphase entfaltet[634]. Diese Sperrwirkungsvorschrift ist innerstaatlich unmittelbar anwendbar; der Einzelne kann sich auf sie berufen, wenn die Frage der Rechtswidrigkeit der Beihilfe vor innerstaatlichen Gerichten relevant wird (z.B.

629 Hancher, ECLR 1994, S. 143; D'Sa, S. 352.

630 EuGH, Rs. 120/73, Lorenz/Deutschland, Slg. 1973, S. 1471/1481; EuGH, Rs. 171/83, Kommission/ Frankreich, Slg. 1983, S. 2621/2628; EuGH, Rs. C-39/94, Sydicat français de l'Express international (SFEI) u.a./La Poste u.a., Slg. 1996, S. I-3547/3559; EuGH, Rs. C-367/95 P, Kommission/Chambre Syndicale Nationale des Entreprises de Transport de Fonds et Valeurs (Sytraval) und Brink's France SARL, Slg. 1998, S. I-1719/1763; Bentley, EBLR 1990, S. 92; Winter, CMLR 1993, S. 321; Hancher, ECLR 1994, S. 143. Siehe auch: Artikel 4 Abs. VI der Ratsverordnung (EG) Nr. 659/1999 (ABl. 1999 L 83, S. 1/4).

631 EuGH, Rs. C-301/87, Frankreich/Kommission (Boussac), Slg. 1990, S. I-307/358.

632 Die Beihilfe ist Intensität bzw. Betrag niedrig, wenn sie entweder nicht mehr als 7,5% brutto der Investitionskosten beträgt, wenn es sich um eine Investitionsförderungsregelung handelt; oder 3.000 Euro je geschaffenen Arbeitsplatz, wenn die Regelung der Schaffung von Arbeitsplätzen dient, nicht überschreitet; oder nicht mehr als 200.000 Euro insgesamt beträgt, wenn die Beihilfe weder der Investitionsförderung noch der Arbeitsplatzschaffung dient; und sofern die Beihilferegelung keine Kumulierung mit anderen Beihilfen in einem Ausmaß zulässt, durch das die obigen Grenzwerte überschritten würden (ABl. 1992 C 213, S. 2).

633 Mitteilung der Kommission vom 24.11.1983 (ABl. 1983 C 318, S. 3); Mitteilung der Kommission zur Kumulierung vom 5.1.1985 (ABl. 1985 C 3, S. 2); Mitteilung der Kommission vom 19.8.1992 (ABl. 1992 C 213, S. 10).

634 EuGH, Rs. 84/82, Bundesrepublik Deutschland/Kommission, Slg. 1984, S. 1451/1488 (= NJW 1984, S. 1286).

im Rahmen der Konkurrentenklage)[635]. Die Kommission ist nicht verpflichtet, die anderen Mitgliedstaaten und beteiligte Dritte vom Verlauf der Vorprüfung zu unterrichten[636]. Eine Beteiligung Dritter ist wegen der kursorischen Charakters der Prüfung in diesem Verfahrensstadium daher nicht vorgesehen. Gelangt die Kommission nach einer vorläufigen Prüfung zu dem Schluss, dass die angemeldete Maßnahme keine Beihilfe darstellt, so stellt sie dies durch Entscheidung fest[637]. Stellt die Kommission nach einer vorläufigen Prüfung fest, dass die angemeldete Maßnahme, soweit sie in den Anwendungsbereich von Artikel 87 Abs. I EG fällt, keinen Anlass zu Bedenken hinsichtlich ihrer Vereinbarkeit mit dem Gemeinsamen Markt gibt, so entscheidet sie, dass die Maßnahme mit dem Gemeinsamen Markt vereinbar ist ("Entscheidung keine Einwände zu erheben"). In dieser Entscheidung wird angeführt, welche Ausnahmevorschrift des EG-Vertrages zur Anwendung gelangt ist[638]. Die Kommission darf sich auf das Vorprüfungsverfahren allerdings nur beschränken, wenn sie nach einer ersten Prüfung von der Vertragskonformität des Beihilfevorhabens überzeugt ist[639]. In diesem Zusammenhang hat das EuG klargestellt, dass die Kommission unparteiisch und erschöpfend alle Behauptungen eines Beschwerdeführers überprüfen muss, und das die Kommission nicht dazu berechtigt ist, den Beschwerdeführer mit der Beweislast aufzuerlegen, ob die Beihilfe (un-)vereinbar ist mit dem Gemeinsamen Markt[640]. Die Entscheidungen sind wie alle anderen Entscheidungen gemäß Artikel 253 EG ausreichend zu begründen[641]. Die nach Artikel 253 EG vorgeschriebene Begründung muss der Natur des betreffenden Rechtsakts angepasst sein und die Überlegung der Kommission so klar und eindeutig zum Ausdruck bringen, dass die Betroffenen ihr die Gründe für die erlassene Maßnahme entnehmen können und der Gerichtshof seine Kontrollaufgabe wahrnehmen kann. Das Begründungserfordernis ist nach den Umständen des Einzel-

635 EuGH, Rs. 120/73, Lorenz/Bundesrepublik Deutschland, Slg. 1973, S. 1471/1483; Grabitz/Hilf - v. Wallenberg, ex Artikel 93, Rdnr. 63; Hancher/Ottervanger/Slot, Rdnr. 19-006; D'Sa, S. 377. Siehe zu diesem Thema auch unten in diesem Teil: Punkt VIII.3.

636 EuGH, Rs. 84/82, Bundesrepublik Deutschland/Kommission, Slg. 1984, S. 1451/1488 (= NJW 1984, S. 1286); EuGH, Rs. Rs. 91 und 127/83, Heineken Brouwerijen/Inspecteurs der Vennootschapsbelasting, Slg. 1984, S. 3435/3452.

637 Siehe Artikel 4 Abs. II der Ratsverordnung (EG) Nr. 659/1999 (ABl. 1999 L 83, S. 1/4).

638 Siehe Artikel 4 Abs. III der Ratsverordnung (EG) Nr. 659/1999 (ABl. 1999 L 83, S. 1/4).

639 EuGH, Rs. 84/82, Bundesrepublik Deutschland/Kommission, Slg. 1984, S. 1451/1489 (= NJW 1984, S. 1286); EuGH, Rs. C-367/95 P, Kommission/Chambre syndicale nationale des entreprises de transport de fonds et valeurs (Sytraval) und Brink's France SARL, Slg. 1998, S. I-1719/1774; EuG, Rs. T-46/97, S/C-Sociedade Independente de Comunicação SA/Kommission, Slg. 2000 (noch nicht berichtet). Abbamonte, ECLR 1997, S. 88; D'Sa, S. 356; Lübbig, WuW 1999, S. 249.

640 EuG, Rs. T-95/94, Chambre Syndicale Nationale des Entreprises de Transport de Fonds et Valeurs (Sytraval) und Brink's France SARL/Kommission, Slg. 1995, S. II-2651/2668; EuGH, Rs. C-367/95 P, Kommission/Chambre Syndicale Nationale des Entreprises de Transport de Fonds et Valeurs (Sytraval) und Brink's France SARL, Slg. 1998, S. I-1719/1774.

641 EuG, Rs. T-95/94, Chambre Syndicale Nationale des Entreprises de Transport de Fonds et Valeurs (Sytraval) und Brink's France SARL/Kommission, Slg. 1995, S. II-2651/2668; EuGH, Rs. C-367/95 P, Kommission/Chambre Syndicale Nationale des Entreprises de Transport de Fonds et Valeurs (Sytraval) und Brink's France SARL, Slg. 1998, S. I-1719/1770.

falls, insbesondere nach dem Inhalt des Rechtsakts, der Art der angeführten Gründe und nach dem Interesse zu beurteilen, das die Adressaten oder andere durch den Rechtsakt unmittelbar und individuell betroffene Personen an Erläuterungen haben können[642]. Die Möglichkeit einer Konkurrentenklage[643] führt zu einer starken Verrechtlichung des Beihilfeverfahrens und veranlasst die Kommission schon wegen der gerichtlich überprüfbaren Begründungspflicht nach Artikel 253 EG zum Erlass oft sehr detaillierter und ausführlicher Entscheidungen.

Um die anderen Mitgliedstaaten und andere Dritte von ihrer positiven Entscheidung zu informieren, veröffentlicht die Kommission eine Zusammenfassung ihrer Entscheidung im Teil C des Amtsblatts der Europäischen Gemeinschaften. Die in der Veröffentlichung gegebene Beschreibung des Falles ist entsprechend der Art und Bedeutung von unterschiedlicher Länge. Eine Kopie der Entscheidung in ihrer verbindlichen Sprachfassung ist erhältlich[644].

d) *Förmliches Prüfverfahren*

Ist die Kommission nach Abschluss der Vorprüfung allerdings der Auffassung, dass die angemeldete Maßnahme Anlass zu Bedenken[645] hinsichtlich ihrer Vereinbarkeit mit dem Gemeinsamen Markt gibt, so leitet sie unverzüglich das in Artikel 88 Abs. II EG vorgesehene förmliche Prüfverfahren ein[646]. Dieses Prinzip kommt auch dann zur Anwendung, wenn die Kommission berechtigte Zweifel hat, ob die Maßnahme überhaupt eine Beihilfe konstituiert[647]. Die Kommission ist allerdings nicht schon deshalb verpflichtet das Verfahren nach Artikel 88 Abs. II EG einzuleiten, weil die Beihilfe nicht angemeldet wurde[648]. An dem Verfahren können sich, durch die Abgabe von schriftlichen Stellungnahmen, die durch die Beihilfe begünstigten Unternehmen, ebenso die durch sie in ihren Interesse

642 EuGH, Rs. C-367/95 P, Kommission/Chambre Syndicale Nationale des Entreprises de Transport de Fonds et Valeurs (Sytraval) und Brink's France SARL, Slg. 1998, S. I-1719/1770.

643 Siehe unten im zweiten Teil: Punkt VIII.1.

644 Siehe Artikel 26 Abs. I der Ratsverordnung (EG) Nr. 659/1999 (ABl. 1999 L 83, S. 1/9). Entscheidungen, in ihrer verbindlichen Sprachfassung, sind erhältlich über die Web-site der Kommission (www.europa.eu.int/comm/secretariat_general/sgb/state_aids/index.htm).

645 EuGH, Rs. 84/82, Bundesrepublik Deutschland/Kommission, Slg. 1984, S. 1451/1489 (= NJW 1984, S. 1286); EuGH, Rs. 91 und 127/83, Heineken Brouwerijen/Inspecteurs der Vennootschapsbeladting, Slg. 1984, S. 3452/3453; EuGH, Rs. C-198/91, William Cook/Kommission, Slg. 1993, S. I-2487/2529; EuGH, Rs. C-225/91, Matra/Kommission, Slg. 1993, S. I-3203/3258; Mathijsen, S. 253; Bentley, EBLR 1990, S. 92; Soames/Ryan, ECLR 1995, S. 292; D'Sa, S. 356.

646 Wird die Kommission durch eine Beschwerde informiert, dass eine Beihilfe ohne vorherige Anmeldung gewährt worden ist, so kann sie gegen den Mitgliedstaat ein Vertragsverletzungsverfahren einleiten, sie kann aber auch ein förmliches Prüfverfahren einleiten, gekoppelt mit einem Verfahren einer einstweiligen Anordnung, um so die weitere Gewährung der Beihilfe zu verhindern.

647 EuG, Rs. T-11/95, BP Chemicals Ltd/Kommission, Slg. 1998, S. II-3235.

648 EuGH, Rs. C-225/91, Matra/Kommission, Slg. 1993, S. I-3203; Hancher, ECLR 1994, S. 137.

beeinträchtigten Unternehmen und Unternehmensverbände beteiligen[649]. Aus Artikel 88 Abs. III Satz 3 EVG folgt, dass der betreffende Mitgliedstaat während des gesamten Prüfverfahrens die Beihilfemaßnahme nicht durchführen darf. Bei Einleitung des förmlichen Prüfverfahrens besteht dieses Verbot folglich bis zum Erlass der endgültigen Entscheidung der Kommission über die Vereinbarkeit der beabsichtigten Beihilfe mit dem Gemeinsamen Markt fort[650].

aa) Bekanntgabe im Amtsblatt

Die Entscheidung über die Eröffnung des förmlichen Prüfverfahrens enthält eine Zusammenfassung der wesentlichen Sach- und Rechtsfragen, eine vorläufige Würdigung des Beihilfecharakters der geplanten Maßnahme durch die Kommission und Ausführungen über ihre Bedenken hinsichtlich der Vereinbarkeit mit dem Gemeinsamen Markt[651]. Der betreffende Mitgliedstaat und die anderen Beteiligten werden in dieser Entscheidung zu einer Stellungnahme innerhalb einer Frist von normalerweise höchstens einem Monat aufgefordert[652].

Um die Möglichkeit der Stellungnahme interessierter Beteiligter zu ermöglichen, wird die Prüfung durch eine im Amtsblatt der Europäischen Gemeinschaften Teil C veröffentlichte Aufforderung zur Stellungnahme aller potentiell Betroffenen[653] eingeleitet[654]. Dadurch wird den Konkurrenten des Beihilfebegünstigten die Möglichkeit verschafft, sich am Prüfverfahren zu beteiligen. Der EuGH hat befunden, dass die Veröffentlichung einer Mitteilung im Amtsblatt ein angemessenes Mittel der Unterrichtung aller Beteiligten sei, und dass Artikel 88 Abs. II EG keine individuelle Mitteilung an einzelne Beteiligte verlange[655].

649 Siehe Artikel 20 Abs. I der Ratsverordnung (EG) Nr. 659/1999 (ABl. 1999 L 83, S. 1/7).

650 EuGH, Rs. C-47/91, Italien/ Kommission (Italgrani), Slg. 1992, S. I-4145; Bentley, EBLR 1990, S. 92; Evans, S. 438.

651 Siehe Artikel 6 Abs. I Satz 1 der Ratsverordnung (EG) Nr. 659/1999 (ABl. 1999 L 83, S. 1/4).

652 Siehe Artikel 6 Abs. I Satz 2 der Ratsverordnung (EG) Nr. 659/1999 (ABl. 1999 L 83, S. 1/4).

653 Zum Begriff der potentiell Betroffenen siehe: EuGH, Rs. 323/82, Intermills/Kommission, Slg. 1984, S. 3809/3826. Siehe auch die Definition der "Beteiligten"in Artikel 1 Buchstabe h) der Ratsverordnung (EG) Nr. 659/1999 (ABl. 1999 L 83, S. 1/3).

654 Siehe z.B. Aufforderung zur Abgabe einer Stellungnahme gemäß Artikel 88 Abs. II EG zur Maßnahme Nr. C20/99 (ex NN 11/99) - Italien - Autonome Provinz Bozen - Gründung eines öffentlichen Unternehmens zur Erzeugung und Verteilung elektrischer Energie (ABl. 1999 C 245, S. 5); Aufforderung zur Abgabe einer Stellungnahme gemäß Artikel 88 Abs. II EG zur staatlichen Beihilfe C 63/99 (ex NN 84/99), Deutschland, Auswirkung der neuen Stromsteuer auf die nach dem Stromeinspeisungsgesetz zu zahlende Einspeisungsvergütung (ABl. 1999 C 306, S. 19); Aufforderung zur Abgabe einer Stellungnahme gemäß Artikel 88 Abs. II EG zur Beihilfemaßnahme C 61/99 (ex NN 153/96) – Staatliche Beihilfe an die Deutsche Post AG (ABl. 1999 C 306, S. 25).

655 EuGH, Rs. C-102/92, Ferriere Acciaierie Sarde/Kommission, Slg. 1993, S. I-801/806.

bb) Anhörung

Der Zweck des Verfahrens nach Artikel 88 Abs. II EG besteht darin, eine umfassende Prüfung zu gewährleisten, indem zweifelhafte Fälle zusammen mit dem betreffenden Mitgliedstaat von der Kommission geprüft und beteiligte Dritte gehört werden[656]. Die Anhörung Dritter ist zwingend vorgeschrieben, da sie nicht nur der Informationsbeschaffung der Kommission dient, sondern auch dem Grundsatz des rechtlichen Gehörs Rechnung trägt[657]. Die Rechtsstellung Dritter im Verfahren nach Artikel 88 Abs. II EG ergibt sich aus der Vorschrift, "den Beteiligten eine Frist zur Äußerung" zu setzen. "Beteiligte" sind nicht nur das oder die Unternehmen, die die Beihilfe erhalten, sondern auch die durch die Gewährung der Beihilfe eventuell in ihren Interessen verletzten Unternehmen, Personen oder Vereinigungen, insbesondere konkurrierende Unternehmen und Wirtschaftsverbände[658]. Jeder Beteiligte kann, nach der Entscheidung der Kommission zur Eröffnung eines förmlichen Prüfverfahrens, schriftliche Stellungnahmen abgeben[659]. Die von der Kommission erhaltenen Stellungnahmen werden dem betreffenden Mitgliedstaat mitgeteilt[660]. Ersucht ein Beteiligter um Nichtbekanntgabe seiner Identität mit der Begründung, dass ihm daraus ein Schaden entstehen könnte, so wird die Identität des Beteiligten dem betreffenden Mitgliedstaat nicht bekannt gegeben[661]. Der betreffende Mitgliedstaat kann sich innerhalb einer Frist von normalerweise höchstens einem Monat zu den Stellungnahmen äußern[662]. Eine Fristverlängerung ist möglich. Sollte die Prüfung nach einem Zeitraum von 18 Monaten nach Eröffnung des Verfahrens nicht beendet sein, so hat der betreffende Mitgliedstaat die Möglichkeit, eine Entscheidung zu beantragen, die die Kommission innerhalb von zwei Monaten treffen muss[663].

cc) Entscheidung

Hat die Kommission das förmliche Prüfverfahren eröffnet, so muss sie das Verfahren mit einer formellen Entscheidung gemäß Artikel 249 EG beenden[664]. Hält die Kom-

656 EuGH, Rs. 84/82, Bundesrepublik Deutschland/Kommission, Slg. 1984, S. 1488/1489; EuGH, Rs. C-294/90, British Aerospace and Rover Group/Kommission, Slg. 1992, S. I-493/521.

657 EuGH, Rs. 70/72, Kommission/Bundesrepublik Deutschland, Slg. 1973, S. 813/830 (= NJW 1974, S. 434); Bentley, EBLR 1990, S. 94; Polley, EuZW 1996, S. 301.

658 EuGH, Rs. 323/82, Intermills/Kommission, Slg. 1984, S. 3809/3826; Bentley, EBLR 1990, S. 94. Siehe auch die Definition der "Beteiligten" in Artikel 1 Buchstabe h) der Ratsverordnung (EG) Nr. 659/1999 (ABl. 1999 L 83, S. 1/3).

659 Artikel 20 Abs. I der Ratsverordnung (EG) Nr. 659/1999 (ABl. 1999 L 83, S. 1/7).

660 Artikel 6 Abs. II der Ratsverordnung (EG) Nr. 659/1999 (ABl. 1999 L 83, S. 1/4).

661 Artikel 6 Abs. II Satz 2 der Ratsverordnung (EG) Nr. 659/1999 (ABl. 1999 L 83, S. 1/4).

662 Artikel 6 Abs. II Satz 3 der Ratsverordnung (EG) Nr. 659/1999 (ABl. 1999 L 83, S. 1/4).

663 Artikel 7 Abs. VI der Ratsverordnung (EG) Nr. 659/1999 (ABl. 1999 L 83, S. 1/5).

664 Siehe Artikel 7 Abs. I der Ratsverordnung (EG) Nr. 659/1999 (ABl. 1999 L 83, S. 1/5); Mathijsen, S. 253; Hancher/Ottervanger/Slot, Rdnr. 19-041; D'Sa, S. 363.

mission die Unvereinbarkeit oder die missbräuchliche Anwendung der Beihilfe für gegeben, so beendet sie das Verfahren, mit der Folge, dass der Mitgliedstaat die Beihilferegelung nicht gewähren darf, sie aufzuheben oder umzugestalten hat[665]. Die Entscheidung muss allerdings hinreichend bestimmt und begründet sein. Ferner muss die Entscheidung Artikel 253 EG zufolge deutlich den Sachverhalt und die rechtlichen Überlegungen angeben, auf die sie sich stützt, so dass die Beteiligten die Gründe erfahren und der EuGH seine Kontrolle ausüben kann[666]. In der Begründung brauchen nicht alle tatsächlichen oder rechtlichen einschlägigen Gesichtspunkte genannt zu werden, da die Frage, ob die Begründung eines Rechtsakts den Erfordernissen des Artikels 253 EG genügt, nicht nur anhand ihres Wortlauts zu beurteilen ist, sondern auch anhand ihres Kontexts sowie sämtlicher Rechtsvorschriften auf dem betreffenden Gebiet[667]. Wenn der betroffene Mitgliedstaat keine ausreichenden Informationen zur Verfügung stellt, ist die Kommission berechtigt eine Entscheidung auf der Grundlage der verfügbaren Informationen zu treffen[668]. Die Entscheidung wird mit der Bekanntgabe an den Mitgliedstaat wirksam (Artikel 254 Abs. II EG)[669]. Die Kommission bestimmt in der Entscheidung gemäß Artikel 88 Abs. II EG eine angemessene Frist zur Aufhebung oder Umgestaltung der Beihilfe[670].

Die Kommission kann allerdings auch zu der Entscheidung gelangen, dass die Beihilfe zulässig ist. Stellt die Kommission fest, dass, gegebenenfalls nach Änderung durch den betreffenden Mitgliedstaat, die Bedenken hinsichtlich der Vereinbarkeit der angemeldeten Maßnahme mit dem Gemeinsamen Markt ausgeräumt sind, so entscheidet sie, dass die Beihilfe mit dem Gemeinsamen Markt vereinbar ist[671]. In der Entscheidung wird angeführt, welche Ausnahmevorschriften des EG-Vertrages zur Anwendung gelangt sind[672]. Eine Entscheidung kann auch teilweise positiv und negativ sein. Die Kommission kann z.B. eine Positiventscheidung mit Bedingungen und Auflagen verbinden, die ihr ermöglichen, die Beihilfe für mit dem Gemeinsamen Markt vereinbar zu erklären bzw. die Befolgung ihrer Entscheidung zu überwachen[673]. Im Tenor einer Entscheidung ist anzugeben, welche Maßnahmen der betreffende Mitgliedstaat zu unternehmen hat und wel-

---

665 Siehe Artikel 7 Abs. V und Artikel 19 Abs. II der Ratsverordnung (EG) Nr. 659/1999 (ABl. 1999 L 83, S. 1/5/7); Frisinger/Behr, RIW 1995, S. 710; Reports of Commission Decisions relating to State Aid between 1973 and 1995 - [ex] Article 93(2) - Negative final Decisions (Luxembourg: Office for Official Publications of the European Communities, 1996).

666 EuGH, Rs. 296 und 318/82, Niederlande und Leeuwarder Papierwarenfabriek/Kommission, Slg. 1985, S. 809/823.

667 EuGH, Rs. C-367/95 P, Kommission/Chambre syndicale nationale des entreprise de transport de fonds et valeurs (Sytraval) and Brink's France SARL, Slg. 1998, S. I-1719/1770.

668 Siehe z.B. EuGH, Rs. 234/84, Belgien/Kommission, Slg. 1986, S. 2263/2286; EuGH, Rs. C-301/87, Frankreich/Kommission, Slg. 1990, S. I-307/357.

669 Artikel 25 der Ratsverordnung (EG) Nr. 659/1999 (ABl. 1999 L 83, S. 1/5).

670 Abbamonte, ECLR 1997, S. 88.

671 Artikel 7 Abs. III Satz 1 der Ratsverordnung (EG) Nr. 659/1999 (ABl. 1999 L 83, S. 1/5).

672 Artikel 7 Abs. III Satz 2 der Ratsverordnung (EG) Nr. 659/1999 (ABl. 1999 L 83, S. 1/5).

673 Artikel 7 Abs. IV der Ratsverordnung (EG) Nr. 659/1999 (ABl. 1999 L 83, S. 1/5).

che weiteren Verpflichtungen und Bedingungen[674] ihm auferlegt werden[675].

Der Wortlaut einer negativen, teilweisen negativen oder mit Auflagen verbundenen Entscheidung wird im Teil L des Amtsblatts der Europäischen Gemeinschaften veröffentlicht. Im Falle einer positiven Entscheidung wird im Teil C des Amtsblatts der Europäischen Gemeinschaften eine Mitteilung mit dem Inhalt des Schreibens, mit dem der Mitgliedstaat von der Entscheidung in Kenntnis gesetzt wurde, veröffentlicht.

4. Rückforderung und Aussetzung gewährter Beihilfen

Der EuGH hat festgestellt, dass die Kommission bei Unvereinbarkeit einer Beihilfe mit dem Gemeinsamen Markt in ihrer Aufhebungs- bzw. Umgestaltungsentscheidung die Verpflichtung des Mitgliedstaates aufnehmen kann, die unter Verletzung des Vertrages gewährten Beihilfen zurückzufordern[676]. Der Rückforderung von gemeinschaftswidrigen Beihilfen kommt im Beihilfesystem eine Korrekturfunktion zu, da mit dem Gemeinsamen Markt unvereinbare Wettbewerbsverzerrungen im Nachhinein wieder korrigiert werden und der *status quo ante* wiederhergestellt werden soll[677].

Zu dem Argument, durch eine Rückforderung könne das Gleichgewicht des Marktes nicht wiederhergestellt werden, ist darauf hinzuweisen, dass nach ständiger Rechtsprechung des EuGHs die Aufhebung einer rechtswidrigen Beihilfe durch Rückforderung die logische Folge der Feststellung ihrer Rechtswidrigkeit ist[678]. Die Kommission kann, anders als die nationalen Gerichte, die Rückerstattung einer staatlichen Beihilfe nicht allein mit der Begründung anordnen, dass sie von dieser nicht gemäß Artikel 88 Abs. III EG unterrichtet worden sei (formell rechtswidrige Beihilfen)[679].

Die Kommission kann allerdings, nachdem sie dem betreffenden Mitgliedstaat Gelegenheit zur Äußerung gegeben hat, eine Entscheidung erlassen, mit der dem Mitgliedstaat aufgegeben wird, alle rechtswidrigen Beihilfen einstweilig zurückzufordern, bis die

---

674 Die Nichterfüllung von Bedingungen (Auflagen) kann z.B. dann "geheilt" werden, wenn die Kommission in einer neuen Entscheidung zu dem Ergebnis erlangt, dass die Beihilfe auch trotz der Nichterfüllung gewährt werden kann. Siehe hierzu: EuG, Rs. T-140/95, Ryanair Ltd/Kommission, Slg. 1998, S. II-3327.

675 EuGH, Rs. 67, 68 und 70/85, Van der Kooy/Kommission, Slg. 1988, S. 219/277; EuGH, Rs. 213/85, Kommission/Niederlande, Slg. 1988, S. 281/299.

676 EuGH, Rs. 70/72, Kommission/Bundesrepublik Deutschland, Slg. 1973, S. 813/829; EuGH, Rs. 173/73, Italien/Kommission, Slg. 1974, S. 709/717; EuGH, Rs. 310/85, Deufil/Kommission, Slg. 1989, S. 901/927; Grabitz/Hilf - v. Wallenberg, ex Artikel 93, Rdnr. 70; Priess, CMLR 1996, S. 69; Evans, S. 442; Hakenberg/Tremmel, EWS 1997, S. 222; D'Sa, S. 382; v. Friesen, EuZW 1999, S. 581/586.

677 EuGH, Rs. C-24/95, Land Rheinland-Pfalz/Alcan Deutschland GmbH, Slg. 1997, S. I-1591/1616; Barth, S. 29; Priess, CMLR 1996, S. 69; Sinnaeve, S. 39; Lübbig, WuW 1999, S. 249/254.

678 EuGH, C-142/87, Kommission/Belgien, Slg. 1990, S. 959; EuGH, Rs. C-305/89, Italien/Kommission (Alfa Romeo), Slg. 1991, S. 1603/1645.

679 EuGH, Rs. C-142/87, Belgien/Kommission, Slg. 1990, S. I-959; EuGH, Rs. C-301/87, Frankreich/ Kommission (Boussac), Slg. 1990, S. I-307/356; Priess, CMLR 1996, S. 69/72.

Kommission eine Entscheidung über die Vereinbarkeit der Beihilfe mit dem Gemeinsamen Markt erlassen hat ("Rückforderungsanordnung"), sofern folgende Kriterien erfüllt sind:

- Nach geltender Praxis bestehen hinsichtlich des Beihilfencharakters der betreffenden Maßnahme keinerlei Zweifel, und
- ein Tätigwerden ist dringend geboten, und
- ein erheblicher und nicht wiedergutzumachender Schaden für einen Konkurrenten ist ernsthaft zu befürchten[680].

Die Kommission kann außerdem, nachdem sie dem betreffenden Mitgliedstaat Gelegenheit zur Äußerung gegeben hat, eine Entscheidung erlassen, mit der dem Mitgliedstaat aufgegeben wird, alle rechtswidrigen Beihilfen solange auszusetzen, bis die Kommission eine Entscheidung über die Vereinbarkeit der Beihilfe mit dem Gemeinsamen Markt erlassen hat ("Aussetzungsanordnung")[681]. Kommt der Mitgliedstaat der Anordnung zur Aussetzung oder Rückforderung der Beihilfezahlung nicht nach, so kann die Kommission, während sie den Fall in der Sache weiter prüft, unmittelbar den EuGH anrufen und die Feststellung, dass die Beihilfezahlungen einen Verstoß gegen den EG-Vertrag darstellen, sowie/oder eine einstweilige Verfügung beantragen[682]. Die Kommission kann eine Aufhebung oder Umgestaltung bestehender Beihilfen i.S.d. Artikel 88 Abs. I EG nur mit Wirkung *ex nunc* aufgeben. Eine Rückforderung bestehender Beihilfen ist aufgrund des bestehenden Bestandschutzes ausgeschlossen. Erst wenn der Mitgliedstaat trotz der Anordnung der Kommission die verlangten Auskünfte nicht erteilt, ist diese befugt, das Verfahren abzuschließen, die Entscheidung, mit der die Vereinbarkeit oder Unvereinbarkeit der Beihilfe mit dem Gemeinsamen Markt festgestellt wird, auf der Grundlage der ihr vorliegenden Informationen zu erlassen und gegebenenfalls die Rückforderung des bereits ausgezahlten Beihilfebetrages anzuordnen[683]. Wenn die Kommission die Beihilfe für nicht freistellungsfähig erachtet, ordnet sie den Mitgliedstaat an diese Beihilfe einschließlich Zinsen von dem Beihilfeempfänger zurückzufordern[684].

---

680 Die Möglichkeit der Rückforderungsanordnung gilt nur für die nach Inkrafttreten der Verfahrensverordnung gewährten rechtswidrigen Beihilfen. Siehe Artikel 11 Abs. II der Ratsverordnung (EG) Nr. 659/1999 (ABl. 1999 L 83, S. 1/6). Die Möglichkeit der Rückforderungsanordnung ist dem vorläufigen Rechtsschutzverfahren nachgebildet worden.

681 EuGH, Rs. C-301/87, Frankreich/Kommission (Boussac), Slg. 1990, S. I-307/356; Ehlermann, FILJ 1994, S. 410; Winter, CMLR 1993, S. 312/313. Siehe Artikel 11 Abs. I der Ratsverordnung (EG) Nr. 659/1999 (ABl. 1999 L 83, S. 1/6).

682 EuGH, Rs. 31 und 53/77, Kommission/Vereinigtes Königreich, Slg. 1977, S. 921; EuGH, Rs. C-301/87, Frankreich/Kommission (Boussac), Slg. 1990, S. I-307/357; Sinnaeve, EuZW 1998, S. 270. Siehe Artikel 12 der Ratsverordnung (EG) Nr. 659/1999 (ABl. 1999 L 83, S. 1/6).

683 EuGH, Rs. C-301/87, Frankreich/Kommission (Boussac), Slg. 1990, S. I-307/356.

684 Winter, CMLR 1993, S. 313; Soames/Ryan, ECLR 1995, S. 307; Schweitzer/Hummer, Rdnr. 1315.

Ein verbindliches Rückforderungsersuchen an einen einzelnen Mitgliedstaat kann nur durch Erlass einer Entscheidung erfolgen. Nach Artikel 249 Abs. IV EG ist der Mitgliedstaat, an den die Entscheidung adressiert ist, verpflichtet, dieser Entscheidung nachzukommen. Darüber hinaus ist die Kommission berechtigt, die Auszahlung einer genehmigten Beihilfe, von der vorherigen Rückzahlung einer bereits erhaltenen unrechtmäßigen Beihilfe abhängig zu machen[685]. Die Rückforderung gegenüber den begünstigten Unternehmen kann nur von den Mitgliedstaaten ausgesprochen werden. Die Rückforderung hat damit nach den Verfahrensvorschriften des nationalen Rechts zu erfolgen. Aufhebung und Umgestaltung gemeinschaftswidriger Beihilfen fallen nicht in den Zuständigkeitsbereich der Gemeinschaft und damit nicht unter die Kompetenz der Kommission. Vielmehr bleiben ausschließlich die nationalen Gesetzgebungs- und Verwaltungsorgane für die "Rückabwicklung" gemeinschaftswidrig gewährter Beihilfen zuständig[686]. Obwohl die Rückforderung der Beihilfe nach Maßgabe des einschlägigen nationalen Rechts stattfindet, darf dessen Anwendung die gemeinschaftsrechtlich vorgeschriebene Rückforderung jedoch nicht praktisch unmöglich machen[687]. Insbesondere muss bei der Anwendung einer Vorschrift, welche die Rücknahme eines rechtswidrigen Verwaltungsakts von der Abwägung der verschiedenen widerstreitenden Interessen abhängig macht, das Interesse der Gemeinschaft in vollem Umfang berücksichtigt werden. Insoweit widerspricht es zwar nicht der Rechtsordnung der Gemeinschaft, wenn das nationale Recht im Rahmen der Rückforderung das berechtigte Vertrauen und die Rechtssicherheit schützt; da die Überwachung der staatlichen Beihilfen durch die Kommission in Artikel 88 EG zwingend vorgeschrieben ist, darf ein beihilfebegünstigtes Unternehmen auf die Ordnungsmäßigkeit der Beihilfe grundsätzlich nur dann vertrauen, wenn diese unter Einhaltung des darin vorgesehenen Verfahrens gewährt wurde. Der EuGH geht davon aus, dass der Vertrauensschutz nur ausnahmsweise zum Tragen kommen kann, und dass er zur diesbezüglichen Feststellung zuständig ist. Einem sorgfältigen Gewerbetreibenden ist es regelmäßig möglich, sich zu vergewissern, ob das Beihilfeverfahren beachtet wurde[688]. Die Beihilfeempfänger können sich dann auf den Vertrauensschutz berufen, wenn sie sich im Rahmen ihrer Sorgfalts-

---

Siehe Artikel 14 Abs. II der Ratsverordnung (EG) Nr. 659/1999 (ABl. 1999 L 83, S. 1/6).

685 EuG, Rs. T-244 und 486/93, TWD Textilwerke Deggendorf GmbH/Kommission, Slg. 1995, S. II-2265/2287; vom EuGH bestätigt, Rs. C-355/95 P, Textilwerke Deggendorf GmbH (TWD)/Kommission, Slg. 1997, S. I-2027; Priess, CMLR 1996, S. 69/84.

686 Sinnaeve, S. 53/97; Priess, CMLR 1996, S. 69/76; Koenig/Sander, EuZW 1997, S. 364; Deckert/Schroeder, EuR 1998, S. 291/311.

687 EuGH, Rs. C-142/87, Belgien/Kommission, Slg. 1990, S. I-959/1018; EuGH, Rs. C-24/95, Land Rheinland-Pfalz/Alcan Deutschland GmbH, Slg. 1997, S. I-1591/1618; Schweitzer/Hummer, Rdnr. 1318; Sinnaeve, EuZW 1998, S. 271; Deckert/Schroeder, EuR 1998, S. 291/311; D'Sa, S. 382; Hancher/Ottervanger/Slot, Rdnr. 20-001.

688 EuGH, Rs. C-24/95, Land Rheinland-Pfalz/Alcan Deutschland GmbH, Slg. 1997, S. I-1591/1618; EuGH, Rs. C-169/95, Königreich Spanien/Kommission, Slg. 1997, S. I-135; Priess, CMLR 1996, S. 69/82; Hakenberg/Tremmel, EWS 1997, S. 222; Deckert/Schroeder, EuR 1998, S. 291/311; Lübbig, WuW 1999, S. 249/255.

pflicht vor dem Erhalt der Beihilfe von deren Rechtmäßigkeit vergewissert haben[689]. Die Mitteilung der Eröffnung eines förmlichen Prüfverfahrens im Amtsblatt der Gemeinschaft schließt berechtigtes Vertrauen auf den Bestand der Beihilfe aus[690]. Der Grundsatz der Rechtssicherheit kann nicht deshalb der Rückforderung der Beihilfe entgegenstehen, weil die nationalen Behörden der Entscheidung, in der die Rückforderung angeordnet wird, verspätet nachgekommen sind. Andernfalls würde die Rückforderung der zu Unrecht gezahlten Beiträge praktisch unmöglich gemacht und den Gemeinschaftsvorschriften über die staatlichen Beihilfen jede praktische Wirksamkeit genommen[691]. Die nationalen Behörden verfügen somit bezüglich der Rücknahme eines Bewilligungsbescheids über keinerlei Ermessen. Ordnet die Kommission also durch eine Entscheidung, gegen die keine Klage erhoben worden ist, die Rückforderung zu Unrecht gezahlter Beträge an, so ist die nationale Behörde nicht berechtigt, irgendeine andere Feststellung zu treffen[692].

5. *Ausnahmegenehmigung durch den Rat*

Der Rat kann gemäß Artikel 88 Abs. II Unterabsatz 3 EG im Einzelfall entscheiden, dass eine Beihilfe in Abweichung von Artikel 87 EG oder den gemäß Artikel 89 EG erlassenen Vorschriften als mit dem Gemeinsamen Markt vereinbar gilt. Voraussetzung ist ein Antrag des Mitgliedstaats. Der Rat entscheidet einstimmig. Materielle Voraussetzung ist das Vorliegen außergewöhnlicher Umstände. Die Erteilung einer Ausnahmegenehmigung anstelle des Rates ist der Kommission verwehrt[693].

VII. *Durchführungsverordnungen*

Artikel 89 EG ermächtigt den Rat zum Erlass zweckdienlicher Durchführungsverordnungen zu den Artikeln 87 und 88 EG[694]. Der Rat entscheidet auf Vorschlag der Kommission und nach Anhörung des Europäischen Parlaments mit qualifizierter Mehrheit. Diese Vorschrift hatte bisher kaum Bedeutung erlangt. Dies war vor allem auf die negative Erfahrung zurückzuführen, die die Kommission in der Anwendung des Artikels 89 EG gemacht hat. Der erste Vorschlag, den die Kommission 1966 auf der Rechtsgrundlage von

---

689 EuGH, Rs. C-5/89, Kommission/Bundesrepublik Deutschland, Slg. 1990, S. I-3437/3457; EuGH, Rs. C-120/92, Ferriere Acciaiere Sarde/Kommission, Slg. 1993, S. I-801/806; Grabitz/Hilf - v. Wallenberg, ex Artikel 93, Rdnr. 73; Sinnaeve, S. 162.

690 Geiger, ex Artikel 93, Rdnr. 8; D'Sa, S. 388; Hancher/Ottervanger/Slot, Rdnr. 20-028.

691 EuGH, Rs. C-24/95, Land Rheinland-Pfalz/Alcan Deutschland GmbH, Slg. 1997, S. I-1591/1619; Sinnaeve, EuZW 1998, S. 271.

692 EuGH, Rs. C-24/95, Land Rheinland-Pfalz/Alcan Deutschland GmbH, Slg. 1997, S. I-1591/1619.

693 Geiger, ex Artikel 93, Rdnr. 16; Schweitzer/Hummer, Rdnr. 1314; Deckert/Schroeder, EuR 1998, S. 291/306; D'Sa, S. 152.

694 Für eine allgemeine Darstellung zu dem Thema der Durchführungsverordnungen siehe: Abbamonte, ECLR 1997, S. 88; D'Sa, S. 35/154.

Artikel 89 EG dem Rat unterbreitet hat, und der einen verfahrensrechtlichen Rahmen einführen wollte, wurde 1975 von der Kommission nach jahrelangen erfolglosen Debatten im Rat zurückgezogen[695]. Der zweite Vorschlag, den die Kommission 1972 auf der Grundlage des Artikels 89 EG unterbreitete und der ein Berichterstattungssystem für wichtige Fälle der Regionalbeihilfen einführen wollte, erlitt das gleiche Schicksal und ist von der Kommission 1976 zurückgezogen worden[696].

Das Klima zwischen Rat und Kommission hat sich in den letzten Jahren erheblich verändert. Die Kommission ist zum einen als unparteiischer "Schiedsrichter" in Beihilfefällen anerkannt und wird nicht mehr in Frage gestellt. Andererseits hat die Kommission über die letzten Jahrzehnte ein erhebliches Maß an Erfahrungen in den unterschiedlichsten Beihilfebereichen akkumuliert, die die Kommission für die Beurteilung von Beihilfen auszeichnet. Diese Aspekte, aber auch die Tatsache, dass die Beihilfefälle erheblich zugenommen haben, veranlassten den Rat und die Kommission dazu in einer gemeinsamen Initiative den Artikel 89 EG "mit neuem Leben zu erfüllen", um die Effizienz, Transparenz, Rechtssicherheit und zügige Bearbeitung von Beihilfefällen zu ermöglichen[697].

Begonnen hat diese "Neuorientierung" in der Beihilfenpolitik im November 1996, als der Rat unter der irischen Präsidentschaft die Kommission ausdrücklich dazu aufgefordert hat, Vorschläge auf der Grundlage des Artikels 89 EG zu unterbreiten. Die Kommission sollte aus diesem Anlass Vorschläge unterbreiten, die Durchführungsverordnungen nach Artikel 89 EG im Bereich der Verfahrensfragen; Gruppenfreistellungen für bestimmte horizontale Beihilfen und für Beihilfen geringer finanzieller Bedeutung (*de minimis*); sowie Anmeldungsbefreiungen für öffentliche Finanzierungen im Bereich der öffentlichen Gesundheit, kultureller, sportlicher und sozialer Aktivitäten sowie in der Erziehung betreffen[698].

1. Gruppenfreistellung für bestimmte horizontale Beihilfen

Die erste Ratsverordnung, die aufgrund der Rechtsgrundlage des Artikel 89 EG verabschiedet worden ist, stellt für bestimmte Gruppen horizontaler Beihilfen Freistellungen bereit, mit der Wirkung, dass diese nicht länger der Anmeldungsverpflichtung nach

---

695 Siehe hierzu: Schriftliche Anfrage P-2071/96 (Christa Randzio-Plath) vom 16. Juli 1996 (ABl. 1997 C 60, S. 33).

696 Siehe hierzu: Competition Policy Newsletter of the European Commission, Vol. 2, Number 3 (Autumn/Winter 1996), page 14; Commission Staff Working Paper on [ex] Artikel 94 of the EC Treaty, SEC(96)1752 (2.10.96), page 5; Schriftliche Anfrage P-2071/96 (Christa Randzio-Plath) vom 16. Juli 1996 (ABl. 1997 C 60, S. 33).

697 Commission Staff Working Paper on [ex] Article 94 of the EC Treaty, SEC(96)1752 (02.10.96); Sinnaeve, EuZW 1998, S. 268.

698 Commission Staff Working Paper on [ex] Article 94 of the EC Treaty, SEC(96)1752 (02.10.96); Schütterle, EuZW 1997, S. 33; Sinnaeve, EuZW 1998, S. 268.

Artikel 88 Abs. III Satz 1 EG unterliegen[699]. Diese Beihilfen betreffen Gebiete, auf denen die Kommission bereits zahlreiche Entscheidungen und Bekanntmachungen erlassen hat und insgesamt über umfangreiche Erfahrungen verfügt, um allgemeine Vereinbarkeitskriterien festzulegen. Betroffen durch die Verordnung sind Gruppen horizontaler Beihilfen zugunsten von kleinen und mittleren Unternehmen, für den Bereich der Forschung und Entwicklung, für Umweltschutzmaßnahmen, für Beschäftigung und Ausbildung, sowie für Beihilfen die in Einklang mit den von der Kommission für jeden Mitgliedstaat zur Gewährung von Regionalbeihilfen genehmigten Fördergebieten stehen[700]. Für diese Bereiche hat die Kommission bisher schon Gemeinschaftsrahmen aufgestellt.

Diese Gruppenfreistellungen werden in Form von Kommissionsverordnungen[701] erlassen, nachdem die Kommission den Beratenden Ausschuss aus Vertretern der Mitgliedstaaten über die beabsichtigten Verordnungen konsultiert hat[702]. Die Kommission hat, so weit wie möglich, die Stellungnahme des Ausschusses zu berücksichtigen[703]. In den Verordnungen für jede Gruppe von Beihilfen ist folgendes festzulegen: der Zweck der Beihilfe, die Gruppen von Begünstigten, die entweder als Beihilfeintensität in bezug auf eine Reihe bestimmter förderbarer Kosten oder als Beihilfehöchstbeträge ausgedrückten Schwellenwerte, die Bedingungen für die Kumulierung der Beihilfen, die Bedingungen der Überwachung[704]. Außerdem können durch die Verordnungen insbesondere Schwellenwerte oder sonstige Bedingungen für die Anmeldung von Einzelbeihilfen festgesetzt werden, bestimmte Wirtschaftszweige vom Anmeldungsbereich der Verordnung ausgenommen werden, zusätzliche Bedingungen für die Vereinbarkeit der nach solchen Verordnungen freigestellten Beihilfen vorgesehen werden[705]. Durch die Gruppenfreistellungsverordnungen soll der Dezentralisierung der Beihilfenkontrolle Vorschub geleistet werden, denn diese Verordnungen können von den nationalen Gerichten direkt angewendet werden. Darüber hinaus - unabhängig vom Wirtschaftszweig - ist die Kommission ermächtigt, eine Verordnung zu verabschieden, die eine *de minimis*-Regelung enthält, m.a.W. die Beihilfen festlegt, die nicht alle Tatbestandsmerkmale des Artikels 87 Abs. I EG erfüllen und deshalb von der Anmeldungsverpflichtung nach Artikel 88 Abs. III Satz 1 EG freigestellt

699 Verordnung (EG) Nr. 994/98 des Rates vom 7. Mai 1998 über die Anwendung der [ex] Artikel 92 und 93 des Vertrags zur Gründung der Europäischen Gemeinschaft auf bestimmte Gruppen horizontaler Beihilfen (ABl. 1998 L 142, S. 1); Sinnaeve, EuZW 1998, S. 268.

700 Artikel 1 Abs. I der Ratsverordnung (EG) Nr. 994/98 (ABl. 1998 L 142, S. 1/2).

701 Siehe die bereits veröffentlichten Entwürfe für die folgenden Kommissionsverordnungen: Draft Commission Regulation on the application of Articles 87 and 88 of the EC Treaty to de minimis aid (ABl. 2000 C 89, S. 6); Draft Commission Regulation on the application of Articles 87 and 88 of the EC Treaty to training aid (ABl. 2000 C 89, S. 8); Draft Commission Regulation on the application of Articles 87 and 88 of the EC Treaty to State aid to small and medium-sized enterprises (ABl. 2000 C 89, S. 15).

702 Artikel 1 Abs. I i.V.m. Artikel 8 der Ratsverordnung (EG) Nr. 994/98 (ABl. 1998 L 142, S. 2/3).

703 Artikel 8 Abs. V Satz 1 der Ratsverordnung (EG) Nr. 994/98 (ABl. 1998 L 142, S. 1/4).

704 Artikel 1 Abs. II der Ratsverordnung (EG) Nr. 994/98 (ABl. 1998 L 142, S. 1/2).

705 Artikel 1 Abs. III der Ratsverordnung (EG) Nr. 994/98 (ABl. 1998 L 142, S. 1/2).

sind, sofern die einem Unternehmen über einen bestimmten Zeitraum gewährten Beihilfen nicht einen festgesetzten Betrag überschreiten[706].

Die Mitgliedstaaten übermitteln der Kommission mindestens einmal jährlich gemäß den besonderen Anforderungen der Kommission - vorzugsweise in automatisierter Form - einen Bericht über die Durchführung der Gruppenfreistellung. Die Kommission gewährt allen Mitgliedstaaten Zugang zu diesen Berichten. Einmal jährlich werden diese Berichte im Beratenden Ausschuss erörtert und ausgewertet[707].

2. *Verordnung zum Verfahren der Beihilfenprüfung*

Die Rechtsgrundlage des Artikels 89 EG ist weiterhin dazu benutzt worden, eine Verordnung über besondere Vorschriften für die Anwendung von Artikel 88 EG zu erlassen, die einen verfahrensrechtlichen Rahmen für Beihilfefälle festlegt ("die Verfahrensverordnung")[708]. Die Kodifizierung und Präzisierung der Verfahrensvorschriften soll die Transparenz und Rechtssicherheit im Bereich der Beihilfeaufsicht für Mitgliedstaaten und Unternehmen erhöhen[709]. Die Verfahrensverordnung fasst die im Laufe der Zeit entwickelten Verfahrensregeln in einem kohärenten Text zusammen und klärt zudem wichtige Fragen, die durch die neuere Rechtsprechung aufgeworfen worden sind. Zum anderen zielt die Verfahrensverordnung auf eine Straffung der Kontrolle, durch Verschärfung der Vorschriften und Einführung zusätzlicher Handlungsmöglichkeiten für die Kommission, wo sich das bisherige System als unzureichend erwiesen hat. Unbeschadet der besonderen Verfahrensregeln in Verordnungen für bestimmte Sektoren, gilt diese Verfahrensverordnung für Beihilfen in allen Sektoren.

Die Verfahrensverordnung gliedert sich in acht Kapitel. Nach einem ersten Kapitel mit Definitionen, behandeln die Kapitel II bis V vier unterschiedliche Verfahren. Diese betreffen: Verfahren bei angemeldeten Beihilfen, Verfahren bei rechtswidrigen Beihilfen, Verfahren bei missbräuchlicher Anwendung von Beihilfen und Verfahren bei bestehenden Beihilferegelungen. Es folgt ein Kapitel über die Rechte der Beteiligten am Verfahren der Beihilfeprüfung (Kapitel VI) und ein Kapitel über die Überwachungsinstrumente, die es der Kommission ermöglichen sollen, ihre Kontrollaufgaben zu erfüllen (Kapitel VII). Das achte Kapitel enthält schließlich gemeinsame abschließende Vorschriften. Die Verfahrensverordnung klärt zunächst in Artikel 1 Buchstaben f) und g) die

706 Artikel 2 der Ratsverordnung (EG) Nr. 994/98 (ABl. 1998 L 142, S. 1/2).

707 Artikel 3 Abs. IV der Ratsverordnung (EG) Nr. 994/98 (ABl. 1998 L 142, S. 1/3).

708 Verordnung (EG) Nr. 659/1999 des Rates vom 22. März 1999 über besondere Vorschriften für die Anwendung von [ex] Artikel 93 des EG-Vertrages (ABl. 1999 L 83, S. 1). Siehe zu dem Thema einer Verfahrensverordnung auch: Winter, CMLR 1993, S. 311; Sinnaeve, EuZW 1998, S. 268.

709 Siehe zum Thema der Verfahrensverordnung auch: Sinnaeve, EuZW 1998, S. 269.

Differenz zwischen rechtswidrigen[710] und missbräuchlich[711] angewendeten Beihilfen. Im Gegensatz zu rechtswidrigen Beihilfen, handelt es sich bei Beihilfen, die gegebenenfalls in missbräuchlicher Weise angewandt worden sind, um Beihilfen, welche die Kommission zu einem früheren Zeitpunkt genehmigt hat. Wesentlicher Unterschied ist demnach, dass eine missbräuchlich angewendete Beihilfe gegen eine Genehmigungsentscheidung verstößt[712], während bei einer rechtswidrigen Beihilfe die Anmeldungspflicht und/oder das Durchführungsverbot nach Artikel 88 Abs. III EG nicht eingehalten worden ist, so dass folglich noch keine Entscheidung der Kommission vorliegt.

Neu ist die Einführung eines Artikels zum Widerruf einer Entscheidung[713]. Danach können Entscheidungen, wenn diese auf während des Verfahrens übermittelten unrichtigen Informationen beruhen, die ein für die Entscheidung ausschlaggebender Faktor waren, von der Kommission widerrufen werden[714]. Das bedeutet, dass z.B. auch eine Rückforderungsentscheidung ergehen kann, falls sich eine Beihilfe bei erneuter Prüfung als unvereinbar mit dem gemeinsamen Markt herausstellt.

Stellt die Kommission nach der materiellen Prüfung die Unvereinbarkeit der Beihilfe mit dem gemeinsamen Markt fest, so wird sie nach Artikel 14 Abs. I der Verfahrensverordnung nicht länger nach eigenem Ermessen, sondern zwingend eine Rückforderungsentscheidung treffen müssen[715]. Die Kommission verlangt nur dann die Rückforderung der Beihilfe nicht, wenn dies gegen einen allgemeinen Grundsatz des Gemeinschaftsrechts verstoßen würde[716]. Zum einen legt Artikel 14 Abs. III Satz 1 der Verfahrensverordnung fest, dass die Rückforderung unverzüglich erfolgen soll, und zwar nach dem Verfahren des betreffenden Mitgliedstaats, sofern hierdurch die sofortige und tatsächliche Vollstreckung der Kommissionsentscheidung ermöglicht wird. Die Verfahrensverordnung stellt in diesem Zusammenhang klar, dass zu diesem Zweck die betreffenden Mitgliedstaaten im Fall eines Verfahrens vor nationalen Gerichten unbeschadet des Gemeinschaftsrechts alle in ihren jeweiligen Rechtsordnungen verfügbaren erforderlichen Schritte unternehmen, einschließlich vorläufiger Maßnahmen[717]. Nach Artikel 15 Abs. I der Verfahrensverordnung gelten die Befugnisse der Kommission zur Rückforderung von Beihilfen für eine Frist von

710 Der Ausdruck "rechtswidrige Beihilfen" bezeichnet neue Beihilfen, die unter Verstoß gegen Artikel 88 Abs. III EG eingeführt werden [Siehe Artikel 1 Buchstabe f) der Ratsverordnung (EG) Nr. 659/1999 (ABl. 1999 L 83, S. 1/3)].

711 Der Ausdruck "missbräuchliche Anwendung von Beihilfen" bezeichnet Beihilfen, die der Empfänger unter Verstoß gegen eine Entscheidung nach Artikel 4 Abs. III oder Artikel 7 Abs. III oder IV der Verfahrensverordnung verwendet [Siehe Artikel 1 Buchstabe g) der Ratsverordnung (EG) Nr. 659/1999 (ABl. 1999 L 83, S. 1/3)].

712 Dies ist z.B. der Fall, wenn von der Kommission auferlegte Bedingungen nicht eingehalten werden oder wenn die Beihilfe nicht entsprechend den Informationen in der Anmeldung verwendet wird.

713 Artikel 9 der Ratsverordnung (EG) Nr. 659/1999 (ABl. 1999 L 83, S. 1/5).

714 Sinnaeve, EuZW 1998, S. 270.

715 Sinnaeve, EuZW 1998, S. 270.

716 Artikel 14 Abs. I Satz 2 der Ratsverordnung (EG) Nr. 659/1999 (ABl. 1999 L 83, S. 1/6).

717 Artikel 14 Abs. III Satz 2 der Ratsverordnung (EG) Nr. 659/1999 (ABl. 1999 L 83, S. 1/6).

zehn Jahren. Gemäß Artikel 15 Abs. II Satz 1 der Verfahrensverordnung beginnt diese Frist mit dem Tag, an dem die rechtswidrige Beihilfe dem Empfänger entweder als Einzelbeihilfe oder im Rahmen einer Beihilferegelung gewährt wird. Artikel 15 Abs. III der Verfahrensverordnung stellt klar, dass für jede Beihilfe, für die diese Frist ausgelaufen ist, als bestehende Beihilfe gilt. Im Unterschied zum Verfahren bei rechtswidrigen Beihilfen, kann die Kommission bei Missbrauchsverdacht ein förmliches Prüfverfahren eröffnen[718]. Dieses hat keine automatische aufschiebende Wirkung, da es sich hier um Beihilfen handelt, die anders als formell rechtswidrige Beihilfen vorher von der Kommission genehmigt worden sind und ein möglicher Missbrauch erst bei der endgültigen Entscheidung der Kommission feststehen wird.

Kapitel V regelt das Verfahren für die von Artikel 88 Abs. I EG vorgesehene fortlaufende Überprüfung bestehender Beihilferegelungen. Inhaltlich handelt es sich hier hauptsächlich um eine Kodifizierung der herrschenden Kommissionspraxis[719].

Kapitel VI erwähnt die Rechte der Beteiligten am Beihilfeverfahren[720]. Dieses Kapitel spiegelt die bisherige Kommissionspraxis wider und enthält keine Neuerungen.

Kapitel VII enthält wichtige Instrumente, die es der Kommission ermöglichen sollen, die Befolgung ihrer Entscheidung effizient zu überwachen[721]. Zunächst wird eine allgemeine Berichterstattungspflicht für alle bestehenden Beihilferegelungen festgeschrieben[722]. Danach unterbreiten die Mitgliedstaaten der Kommission Jahresberichte über alle bestehenden Beihilferegelungen, für die keine besonderen Berichterstattungspflichten aufgrund einer mit Bedingungen und Auflagen verbundenen Entscheidung auferlegt wurden. Zweitens sieht der Artikel 22 der Verfahrensverordnung vor, der Kommission eine Nachprüfungskompetenz vor Ort bei begünstigten Unternehmen zu geben, wenn ernsthafte Zweifel hinsichtlich der Einhaltung einer Entscheidung oder der Durchführung einer mit Bedingungen und Auflagen versehenen Entscheidung bestehen.

Die Verfahrensverordnung sieht weiterhin vor, dass zukünftig die meisten Entscheidungen, mit Ausnahme der Verfahrenseröffnung, für welche ein kompliziertes System vorgesehen ist, nur noch zusammengefasst im Amtsblatt zu veröffentlichen sind[723]. Nach Artikel 26 Abs. II der Verfahrensverordnung werden Entscheidungen über die Eröffnung des förmlichen Prüfverfahrens nur vollständig in der jeweiligen verbindlichen Sprachfassung veröffentlicht. In den anderen Sprachfassungen wird lediglich eine Zusammenfassung bereitgestellt. Hingegen werden nach Artikel 26 Abs. III der Verfahrensverordnung Entscheidungen über den Abschluss des förmlichen Prüfverfahrens vollständig im Amtsblatt veröffentlicht.

---

718 Artikel 16 der Ratsverordnung (EG) Nr. 659/1999 (ABl. 1999 L 83, S. 1/7).
719 Artikel 17 bis 19 der Ratsverordnung (EG) Nr. 659/1999 (ABl. 1999 L 83, S. 1/7).
720 Artikel 20 der Ratsverordnung (EG) Nr. 659/1999 (ABl. 1999 L 83, S. 1/7).
721 Sinnaeve, EuZW 1998, S. 271.
722 Artikel 21 der Ratsverordnung (EG) Nr. 659/1999 (ABl. 1999 L 83, S. 1/7).

Nach Artikel 28 der Verfahrensverordnung ist auch ein Beratenden Ausschuss für staatliche Beihilfen eingesetzt worden, der sich aus Vertretern der Mitgliedstaaten zusammensetzt und in dem der Vertreter der Kommission den Vorsitz führt. Gemäß Artikel 27 und 29 der Verfahrensverordnung konsultiert der Beratende Ausschuss die Kommission im Hinblick auf den Erlass von Durchführungsvorschriften zur Verfahrensverordnung.

VIII. Rechtsschutz

Der EuGH kann, wie bereits oben erwähnt[724], direkt von einem Gemeinschaftsorgan oder einem Mitgliedstaat mit der Überprüfung eines Beihilfefalls befasst werden. Den Gemeinschaftsorganen und Mitgliedstaaten, steht damit eine direkte Klagebefugnis vor dem EuGH zu. Durch Beschluss des Rates vom 8. Juni 1993 ist das Gericht erster Instanz für Klagen zuständig erklärt worden, die gemäß Artikel 230 Abs. IV, Artikel 232 Abs. III, Artikel 235 und Artikel 238 EG von natürlichen oder juristischen Personen erhoben werden[725]. Damit ist das EuG für Klagen privater Parteien gegen Entscheidungen der Kommission in staatlichen Beihilfefällen zuständig. Außerdem hat sich das EuG auch für Klagen von autonomen Regionen mit Rechtspersönlichkeit für zuständig erklärt[726]. Im Rahmen der Anwendung der Beihilfevorschriften können nationale Gerichte dem EuGH aber auch gemäß Artikel 234 EG Fragen zur Vorabentscheidung vorlegen. Darüber hinaus kann der EuGH auch im Wege einer Berufung gegen Urteile des EuG mit Beihilfefällen befasst werden.

1. Nichtigkeits- und Untätigkeitsklagen

Beihilfeentscheidungen sind an die betreffenden Mitgliedstaaten adressiert[727]. Entscheidungsempfänger und damit "Direktbetroffene" sind daher die entsprechenden Mitgliedstaaten. So kann beispielsweise der betroffene Mitgliedstaat gegen eine an ihn ergangene Negativentscheidung binnen zwei Monaten eine Nichtigkeitsklage bei dem EuGH gegen diese Entscheidung einreichen (Artikel 230 EG). So sind aber auch andere Mitgliedstaaten und der Rat klagebefugt und haben damit die Möglichkeit Nichtigkeitsklagen beim EuGH einzureichen, wenn sie der Auffassung sind, dass z.B. eine "Positiventscheidung" rechtswidrig sei. Neben den Mitgliedstaaten können aber auch andere Personen von einer Positiv- bzw. Negativentscheidung betroffen sein. Zu denken sind hierbei in erster

723 Artikel 26 der Ratsverordnung (EG) Nr. 659/1999 (ABl. 1999 L 83, S. 1/9).
724 Siehe oben in diesem Teil: Punkt VI.1.e.
725 Beschluss des Rates vom 8. Juni 1993 (93/350/Euratom, EGKS, EG) zur Änderung des Beschlusses 88/591/EGKS, EWG, Euratom zur Errichtung eines Gerichts erster Instanz der Europäischen Gemeinschaften (ABl. 1993 L 144, S. 21). Siehe zu diesem Thema auch oben in diesem Teil: Punkt VI.1.d.
726 EuG, Rs. T-214/95, Het Vlaamse Gewest (Flemische Region)/Kommission, Slg. 1998, S. II-717.
727 Artikel 25 der Ratsverordnung (EG) Nr. 659/1999 (ABl. 1999 L 83, S. 1/8).

Linie an den Empfänger einer Beihilfe sowie an die Konkurrenten, denen im konkreten Fall keine entsprechenden Beihilfen zufließen.

Nach Artikel 230 Abs. IV EG können in diesem Zusammenhang natürliche oder juristische Personen die gegen sie ergangenen Entscheidungen sowie diejenigen Entscheidungen anfechten, die, obwohl sie als Verordnung oder als eine an eine andere Person gerichtete Entscheidung ergangen sind, sie unmittelbar und individuell betreffen. Nach ständiger Rechtsprechung sind andere Personen als die Adressaten einer Entscheidung nur dann individuell i.S. von Artikel 230 Abs. IV EG betroffen, wenn diese Entscheidung sie wegen bestimmter persönlicher Eigenschaften oder besonderer, sie aus dem Kreis aller übrigen Personen heraushebender Umstände berührt und sie dadurch in ähnlicher Weise individualisiert wie einen Adressaten[728]. So kann z.B. ein benachteiligter Konkurrent des begünstigten Unternehmens Nichtigkeitsklage gegen die Positiventscheidung der Kommission erheben, wenn er individuell und unmittelbar betroffen ist. Eine Nichtigkeitsklage Dritter gegen die Positiventscheidung der Kommission nach Abschluss des förmlichen Prüfverfahrens kommt stets dann in Betracht, wenn sie sich als Konkurrenten des Beihilfebegünstigten am förmlichen Prüfverfahren beteiligt haben, sofern ihre Marktstellung durch die Beihilfemaßnahme, deren Fortbestand und Wirkungen die angefochtene Entscheidung unberührt lässt, spürbar beeinträchtigt wird[729]. Die Beteiligung am förmlichen Prüfverfahren wird als Umstand herangezogen, aus der sich ergibt, dass eine natürliche oder juristische Person von der Entscheidung individuell betroffen ist[730]. Klagebefugt kann daneben auch das begünstigte Unternehmen[731] oder eine betroffene Gebietskörperschaft[732] sein. Einer Vereinigung steht hingegen keine Klagebefugnis zu, wenn dies ihren Mitgliedern als einzelnen verwehrt ist und sofern keine besonderen Umstände vorliegen, wie etwa die Rolle, die eine solche Vereinigung in einem Verfahren hätte spielen können, das zum Erlass der fraglichen Entscheidung geführt hat[733].

Der EuGH hat den Rechtsschutz der Konkurrenten erweitert, danach wird im Ergebnis jedem Konkurrenten, der im förmlichen Prüfverfahren als potentiell von der Beihilfegewährung Betroffener ein Recht zur Stellungnahme hätte, das Recht eingeräumt, bereits

---

728 EuGH, Rs. 25/62, Plaumann/Kommission, Slg. 1964, S. 107; EuG, Rs. T-398/94, Kahn Scheepvaart/ Kommission, Slg. 1996, S. II-477; EuG, Rs. T-86/96, Arbeitsgemeinschaft Deutscher Luftfahrt-Unternehmen u. Hapag-Lloyd Fluggesellschaft mbH/Kommission, Slg. 1999, S. II-179.

729 EuGH, Rs. 169/84, Cofaz/Kommission, Slg. 1986, S. 391/414; Polley, EuZW 1996, S. 301; Brealey/ Hoskins, S. 303.

730 EuGH, Rs. 169/84, Cofaz/Kommission, Slg. 1986, S. 391/414; Polley, EuZW 1996, S. 301; Brealey/ Hoskins, S. 303.

731 EuGH, Rs. 730/79, Philip Morris/Kommission, Slg. 1980, S. 2671/2674; EuGH, Rs. C-188/92, Textilwerke Deggendorf GmbH/Bundesrepublik Deutschland, Slg. 1994, S. I-833/851; Brealey/Hoskins, S. 304.

732 EuGH, Rs. 222/83, Gemeinde Differdange/Kommission, Slg. 1984, S. 2889; EuGH, Rs. 62 u. 72/87, Executif Regional Wallon/Kommission, Slg. 1988, S. 1573.

733 EuG, Rs. T-86/96, Arbeitsgemeinschaft Deutscher Luftfahrt-Unternehmen u. Hapag-Lloyd Fluggesellschaft mbH/Kommission, Slg. 1999, S. II-179.

gegen die Einstellungsentscheidung nach Abschluss des Vorprüfungsverfahrens durch die Kommission zu klagen[734]. Stellt die Kommission also bereits nach der Vorprüfungsphase fest, dass eine Beihilfe mit dem Gemeinsamen Markt vereinbar ist, so können konkurrierende Unternehmen, die durch die Beihilfengewährung in ihren Interessen verletzt sein können, gegen diese Entscheidung klagen[735]. Damit ist im Ergebnis der Konkurrent bereits aufgrund seiner Wettbewerbseigenschaft im Verhältnis zum Beihilfebegünstigten im Sinne von Artikel 230 Abs. IV EG betroffen[736].

Da der Konkurrent nicht Adressat der Einstellungsentscheidung, sondern Dritter ist und auch keine Bekanntgabe der Entscheidung an ihn erfolgt (Artikel 230 Abs. V 3 Alt. EG), läuft für ihn eine Klagefrist von zwei Monaten ab Kenntnis (Artikel 230 Abs. V 3 Alt. EG). Gegenstand einer Klage, die ein Beschwerdeführer nach Abschluss der Prüfung nach Artikel 88 EG erheben kann, ist die an den Mitgliedstaat gerichtete Entscheidung, nicht ein eventuell an ihn gerichtetes Schreiben der Kommission, in dem er von der Entscheidung unterrichtet wird. Nach der Rechtsprechung des EuGH ist die Rechtmäßigkeit einer Entscheidung im Bereich staatlicher Beihilfen aufgrund der Informationen zu beurteilen, über die die Kommission bei deren Erlass verfügte[737]. Schwierigkeiten ergeben sich für Konkurrenten dann, wenn individuelle Beihilfen gewährt werden, die z.B. unter ein bereits genehmigtes regionales Beihilfeprogramm fallen. Hier haben die Konkurrenten nicht die Möglichkeit die Kommission zu einem förmlichen Prüfverfahren zu veranlassen, da dies zu einer erneuten Überprüfung des bereits genehmigten Beihilfeprogramms führen und dies dem Vertrauensschutz entgegenstehen würde[738]. Betroffene Beteiligte haben auch die Möglichkeit der Erhebung einer Untätigkeitsklage nach Artikel 232 EG, wenn die Kommission nicht in einer angemessenen Frist, z.B. nach Einreichung einer Beschwerde, eine Entscheidung trifft, ob ein förmliches Prüfverfahren eingeleitet werden soll[739].

---

734 EuGH, Rs. C-198/91, William Cook/Kommission, Slg. 1993, S. I-2487/2529; EuGH, Rs. C-225/91, Matra/Kommission Slg. 1993, S. I-3203/3258; EuG, Rs. T-188/95, Waterleiding Maatschappij 'Noord-West Brabant' NV/Kommission, Slg. 1998, S. II-3713; EuG, Rs. T-86/96, Arbeitsgemeinschaft Deutscher Luftfahrt-Unternehmen u. Hapag-Lloyd Fluggesellschaft mbH/Kommission, Slg. 1999, S. II-179. Soames/Ryan, ECLR 1995, S. 293; Polley, EuZW 1996, S. 301.

735 EuGH, Rs. C-367/95 P, Kommission/Chambre syndicale nationale des entreprise de transport de fonds et valeurs (Sytraval) and Brink's France SARL, Slg. 1998, S. I-1719/1766; EuG, Rs. T-188/95, Waterleiding Maatschappij 'Noord-West Brabant' NV/Kommission, Slg. 1998, S. II-3713; EuG, Rs. T-86/96, Arbeitsgemeinschaft Deutscher Luftfahrt-Unternehmen u. Hapag-Lloyd Fluggesellschaft mbH/Kommission, Slg. 1999, S. II-179; Brealey/Hoskins, S. 304; Nicolaides/Bilal - Slot, S. 86; Nowak, EuZW 2000, S. 453/457.

736 EuG, Rs. T-435/93, ASPEC/Kommission, Slg. 1995, S. II-1281; Polley, EuZW 1996, S. 302; Hakenberg/Tremmel, EWS 1997, S. 223; Brealey/Hoskins, S. 305; Lübbig, WuW 1999, S. 249/254.

737 EuGH, Rs. 234/84, Belgien/Kommission, Slg. 1986, S. 2263.

738 EuGH, Rs. 166 und 226/86, Irish Cement/Kommission, Slg. 1988, S. 6473; EuGH, Rs. C-47/91, Italien/Kommission (Italgrani), Slg. 1994, S. I-4635. Kritisch hierzu: Bentley, EBLR 1990, S. 92; Robinson/Pouncey, ITLR 1997, S. 24 und Jestaedt/Schelling, EWS 1999, S. 1.

739 EuG, T-95/96, Gestevisión Telecinco SA/Kommission, Slg. 1998, S. II-3407.

2. *Vertragsverletzungsklagen*

Kommt der betreffende Mitgliedstaat mit Bedingungen und Auflagen verbundenen Entscheidungen oder Negativentscheidungen nicht nach, sie kann die Kommission nach Artikel 88 Abs. II Satz 2 EG den EuGH unmittelbar anrufen[740]. Die Durchführung eines Vorverfahrens gemäß 226, 227 EG ist nicht notwendig. Gegebenenfalls kann gemäß Artikel 243 EG eine einstweilige Anordnung beantragt werden. Vertritt die Kommission die Auffassung, dass der betreffende Mitgliedstaat einem Urteil des EuGHs nicht nachgekommen ist, so kann sie in der Angelegenheit nach Artikel 228 EG weiter verfahren[741].

3. *Rolle nationaler Gerichte*

Das Einschreiten der nationalen Gerichte beruht auf der unmittelbaren Wirkung - auch im Verhältnis zu Dritten - die dem in Artikel 88 Abs. III Satz 3 EG ausgesprochenen Durchführungsverbots von beabsichtigten Beihilfemaßnahmen zuerkannt worden ist[742]. Gemäß 88 Abs. III Satz 3 EG darf der betreffende Mitgliedstaat die beabsichtigte Maßnahme nicht durchführen, bevor die Kommission eine abschließende Entscheidung erlassen hat. Der EuGH hat in diesem Zusammenhang dargelegt, dass die unmittelbare Anwendbarkeit des in diesem Artikel enthaltenen Durchführungsverbots jede Beihilfemaßnahme betrifft, die durchgeführt wird, ohne dass sie der Kommission angezeigt worden ist, oder die im Falle der Anmeldung während der Vorprüfungsphase oder - falls die Kommission ein förmliches Verfahren einleitet - vor Erlass der abschließenden Entscheidung durchgeführt wird[743]. Die nationalen Gerichte müssen zugunsten der Einzelnen nach ihrem nationalen Recht sämtliche Konsequenzen aus einer Verletzung des Artikels 88 Abs. III Satz 3 EG sowohl bezüglich der Gültigkeit der Durchführungsakte als auch bezüglich der Beitreibung der unter Verletzung dieser Bestimmung gewährten finanziellen Unterstützungen oder eventueller vorläufiger Maßnahmen ziehen[744], um die den Mitgliedstaaten

---

740 Siehe auch Artikel 23 Abs. I der Ratsverordnung (EG) Nr. 659/1999 (ABl. 1999 L 83, S. 1/8).

741 Siehe auch Artikel 23 Abs. II der Ratsverordnung (EG) Nr. 659/1999 (ABl. 1999 L 83, S. 1/8).

742 EuGH, Rs. C-354/90, Fédération nationale du commerce extérieur des produits alimentaires und Syndicat national des négociants et transformateurs de saumon/Frankreich (Salmon), Slg. 1991, S. I-5505/5527; EuGH, Rs. C-39/94, Syndicat français de l'Express international (SFEI) u.a./La Poste u.a., Slg. 1996, S. I-3547/3558; Abbamonte, ECLR 1997, S. 88; Stuart, ECLR 1996, S. 228; Frisinger/Behr, RIW 1995, S. 710; Schweitzer/Hummer, Rdnr. 1317; Hancher/Ottervanger/Slot, Rdnr. 19-006; D'Sa, S. 21.

743 EuGH, Rs. C-354/90, Fédération nationale du commerce extérieur des produits alimentaires und Syndicat national des négociants et transformateurs de saumon/Frankreich (Salmon), Slg. 1991, S. I-5505/5527.

744 EuGH, Rs. 120/73, Lorenz/Bundesrepublik Deutschland, Slg. 1973, S. 1471; EuGH, Rs. C-301/87, Frankreich/Kommission, Slg. 1990, S. I-307; EuGH, Rs. C-39/94, Syndicat français de l'Express international (SFEI) u.a./La Poste u.a., Slg. 1996, S. I-3547/3558; Winter, CMLR 1993, S. 314; Hancher, ECLR 1994, S. 147; Abbamonte, ECLR 1997, S. 89; Hakenberg/Tremmel, EWS 1997, S. 221.

aufgrund des Vertrages obliegende Verpflichtung unmittelbar durchzusetzen. Im Rahmen der Kontrolle der Einhaltung der Verpflichtungen der Mitgliedstaaten aus den Artikeln 87 und 88 EG fallen den nationalen Gerichten und der Kommission einander ergänzende und unterschiedliche Rollen zu. Wenn die nationalen Gerichte die Konsequenzen aus einer Verletzung des Artikels 88 Abs. III Satz 3 EG ziehen, können sie sich nicht zu der Vereinbarkeit der Beihilfemaßnahme mit dem Gemeinsamen Markt äußern, da für die Beurteilung dieser Frage die Kommission unter der Kontrolle des EuGH ausschließlich zuständig ist[745]. Die Einleitung eines Vorprüfungsverfahrens gemäß Artikel 88 Abs. III EG oder des förmlichen Prüfverfahrens gemäß Artikel 88 Abs. II EG durch die Kommission entbindet die nationalen Gerichte jedoch nicht von ihrer Verpflichtung, die Rechte der einzelnen, bei Verletzung der Verpflichtung des Mitgliedstaates zur vorherigen Anmeldung der beabsichtigten Beihilfe, zu schützen[746]. Die nationalen Gerichte müssen dafür sorgen, dass die Mitgliedstaaten ihren verfahrensrechtlichen Verpflichtungen nachkommen[747]. Da die Kommission, solange sie ihre abschließende Sachentscheidung nicht erlassen hat, nur die Aussetzung zusätzlicher Zahlungen oder im beschränktem Maße die Rückforderung anordnen kann, wäre die praktische Wirksamkeit des Artikels 88 Abs. III EG gemindert, wenn die nationalen Gerichte daran gehindert würden, alle Konsequenzen aus einer Verletzung dieser Bestimmung zu ziehen[748]. In diesem Zusammenhang kann ein nationales Gericht Veranlassung haben, den in Artikel 87 EG enthaltenen Begriff der Beihilfe auszulegen, um bestimmen zu können, ob eine ohne Beachtung des in Artikel 88 Abs. III EG vorgesehenen Vorprüfungsverfahrens eingeführte staatliche Maßnahme diesem Verfahren hätte unterworfen werden müssen[749]. Hat das nationale Gericht Zweifel daran, ob die betreffenden Maßnahmen als staatliche Beihilfe zu qualifizieren sind, so kann sie von der Kommission Erläuterung zu diesem Punkt verlangen. In ihrer Bekanntmachung[750] vom 23. November 1995 über die Zusammenarbeit zwischen der Kommission und den Gerichten der Mitgliedstaaten im Bereich der staatlichen Beihilfen hat die Kommission die nati-

745 EuGH, Rs. C-354/90, Fédération nationale du commerce extérieur des produits alimentaires und Syndicat national des négociants et transformateurs de saumon/Frankreich (Salmon), Slg. 1991, S. I-5505/5527; Abbamonte, ECLR 1997, S. 89; Hancher, ECLR 1994, S. 147.

746 EuGH, Rs. C-39/94, Syndicat français de l'Express international (SFEI) u.a./La Poste u.a., Slg. 1996, S. I-3546/3559.

747 Bekanntmachung über die Zusammenarbeit zwischen der Kommission und den Gerichten der Mitgliedstaaten im Bereich der staatlichen Beihilfen (ABl. 1995 C 312, S. 8/9). Siehe auch: Report of the European Commission on the Application of EC State Aid Law by the Member State Courts (Luxembourg: Office for Official Publications of the European Communities, 1999).

748 EuGH, Rs. C-39/94, Syndicat français de l'Express international (SFEI) u.a./La Poste u.a., Slg. 1996, S. I-3547/3559.

749 EuGH, Rs. 78/76, Steinike und Weinlig, Slg. 1977, S. 595 (= NJW 1977, S. 1005); EuGH, Rs. C-189/91, Kirsammer/Hack, Slg. 1993, S. I-6185.

750 Bekanntmachung über die Zusammenarbeit zwischen der Kommission und den Gerichten der Mitgliedstaaten im Bereich der staatlichen Beihilfen (ABl. 1995 C 312, S. 8/12); Abbamonte, ECLR 1997, S. 91/92.

onalen Gerichte ausdrücklich dazu ermuntert, mit ihr Verbindung aufzunehmen, wenn sie bei der Anwendung des Artikels 88 Abs. III Satz 3 EG auf Schwierigkeiten stoßen, und hat erläutert, welcher Art die Auskünfte sind, die sie erteilen kann. In diesem Zusammenhang ist zu unterstreichen, dass die Kommission aufgrund der sich aus Artikel 10 EG ergebenden Verpflichtung zur loyalen Zusammenarbeit zwischen den Gemeinschaftsorganen und den Mitgliedstaaten auf Anfragen der nationalen Gerichte so bald wie möglich zu antworten hat[751]. Außerdem kann oder muss das nationale Gericht u.U. gemäß Artikel 234 Absätze II und III EG dem EuGH eine Frage nach der Auslegung des Artikels 87 EG zur Vorabentscheidung vorlegen[752]. Der EuGH hat festgestellt, dass ein nationales Gericht befugt ist sich zuständig zu erklären, obwohl gleichzeitig ein Prüfungsverfahren bei der Kommission läuft[753].

Der EuGH hat darüber hinaus festgestellt, dass die Rolle eines nationalen Gerichts, bei dem eine auf Artikel 88 Abs. III Satz 3 EG gestützte Klage anhängig ist, über die Rolle eines im Verfahren des vorläufigen Rechtsschutzes entscheidenden Gerichts hinausgeht. Das nationale Gericht ist verpflichtet, durch das abschließende Urteil, das es in einer solchen Rechtssache erlässt, einen Schutz gegen die Auswirkungen der rechtswidrigen Durchführung von Beihilfen sicherzustellen. Darüber hinaus kann seine Entscheidung von der Kommission nicht mehr in Frage gestellt werden. Eine abschließende Entscheidung der Kommission über die Vereinbarkeit führt nämlich nicht zur Heilung der rechtswidrigen Maßnahmen zur Durchführung einer Beihilfe[754]. Ein nationales Gericht, bei dem der Antrag gestellt wird, die Erstattung von Beihilfen anzuordnen, muss grundsätzlich dem Antrag stattgeben, wenn es feststellt, dass die Kommission von der Beihilfe nicht unterrichtet worden ist[755]. Dies gilt auch, wenn die Kommission trotz mangelnder Anmeldung nachträglich eine Überprüfung vornimmt und noch nicht zu einer endgültigen Entscheidung gelangt ist.

Hat die Kommission die Aufhebung oder Umgestaltung einer bestehenden Beihilfe nach Artikel 88 Abs. II EG verlangt, hat dies die Konkretisierung des in Artikel 87 Abs. I enthaltenen Beihilfeverbots zur Folge[756]. Dem Einzelnen ist es daher verwehrt, sich auf Artikel 87 allein zu berufen, um die Unvereinbarkeit einer Beihilfe mit dem Gemeinsamen Markt vor einem nationalen Gericht geltend zu machen und zu beantragen, dieses Gericht möge eine solche Unvereinbarkeit unmittelbar oder inzidenter feststellen. Hingegen ist ein

751 EuGH, Rs. C-2/88, Imm./Zwartveld u.a., Slg. 1990, S. I-3365/4410.

752 Stuart, ECLR 1996, S. 228; Abbamonte, ECLR 1997, S. 90/91.

753 EuGH, Rs. C-39/94, Syndicat français de l'Express international (SFEI) u.a./La Poste u.a., Slg. 1996, S. I-3547/3565.

754 EuGH, Rs. C-354/90, Fédération nationale du commerce extérieur des produits alimentaires und Syndicat national des négociants et transformateurs de saumon/Frankreich (Salmon), Slg. 1991, S. I-5505/5527.

755 EuGH, Rs. C-39/94, Syndicat français de l'Express international (SFEI) u.a./La Poste u.a., Slg. 1996, S. I-3547/3564.

staatliches Gericht nicht durch die Regelung in Artikel 88 EG gehindert, dem Gerichtshof eine Frage nach der Auslegung von Artikel 87 EG vorzulegen, wenn es eine Entscheidung hierüber für erforderlich hält, um seine eigene Entscheidung erlassen zu können. Das Gericht ist jedoch - in Ermangelung von Ausführungsverordnungen im Sinne von Artikel 89 EG - nicht zur Entscheidung über eine Klage befugt, mit der die Feststellung begehrt wird, dass eine bestehende Beihilfe, die nicht Gegenstand einer den betreffenden Mitgliedstaat zur Aufhebung oder Umgestaltung verpflichtenden Entscheidung der Kommission gewesen ist, oder eine neue, gemäß Artikel 88 Abs. III EG eingeführte Beihilfe mit dem Vertrag unvereinbar ist[757]. Außerdem ist es dem Beihilfeempfänger verwehrt, ein Vorlageverfahren nach Artikel 234 EG anzustreben, wenn er es versäumt hat, direkt gegen die negative Entscheidung der Kommission nach Artikel 230 Abs. IV EG vorzugehen[758].

Das Gemeinschaftsrecht bietet keine ausreichende Grundlage für eine Haftung eines Beihilfeempfängers, der nicht geprüft hat, ob die Kommission, von der Beihilfe, die er erhalten hat, ordnungsgemäß unterrichtet worden ist[759]. Dies tut jedoch der eventuellen Anwendung des nationalen Rechts der außervertraglichen Haftung keinen Abbruch.

IX. Bewertung

Die Kommission ist durch ihre jahrzehntelange Entscheidungspraxis als unparteiischer "Schiedsrichter" in Beihilfefällen von den Mitgliedstaaten “anerkannt” worden. In dieser Zeit hat die Kommission ein erhebliches Maß an Erfahrungen in den unterschiedlichsten Beihilfebereichen akkumuliert, die die Kommission für die Beurteilung von Beihilfen auszeichnet. Durch ihre Praxis im Beihilfebereich hat die Kommission entscheidend dazu beigetragen, den Wettbewerb innerhalb des Gemeinsamen Marktes vor Verfälschungen zu schützen. Diese Aspekte, aber auch die Tatsache, dass die Beihilfefälle erheblich zugenommen haben, veranlassten den Rat und die Kommission dazu, in einer gemeinsamen Initiative, den Artikel 89 EG "mit neuem Leben zu erfüllen", um die Effizienz, Transparenz, Rechtssicherheit und zügige Bearbeitung von Beihilfefällen zu verbessern[760]. Als erster wichtiger Schritt in diese Richtung ist die Möglichkeit zur Einführung von Gruppenfreistellungen geschaffen worden. Fällt ein Beihilfesachverhalt in die Gruppenfreistellung, so ist diese Beihilfe von der Anmeldepflicht befreit[761]. In einem zweiten Schritt ist die Ver-

---

756 EuGH, Rs. 77/72, Carmine Capolongo/Azienda Agricola Maya, Slg. 1973, S. 611/622.

757 EuGH, Rs. 78/76, Steinike und Weinlig/Bundesrepublik Deutschland, Slg. 1977, S. 595/611 (= NJW 1977, S. 1005).

758 EuGH, Rs. C-188/92, Textilwerke Deggendorf GmbH/Bundesrepublik Deutschland, Slg. 1994, S. I-833; Hancher, ECLR 1994, S. 148.

759 EuGH, Rs. C-39/94, Syndicat français de l'Express international (SFEI) u.a./La Poste u.a., Slg. 1996, S. I-3547/3564.

760 Schütterle, EuZW 1997, S. 33; Müller-Ibold, EuZW 1996, S. 677.

761 Siehe oben in diesem Teil: Punkt VII.1.

fahrensverordnung verabschiedet worden[762]. Weitere Überlegungen, die Beihilfevorschriften effizienter und transparenter zu gestalten, könnte ein Beihilferegister darstellen, das öffentlich zugänglich wäre, und das sämtliche Anmeldungen enthalten würde. Ein derartiges Beihilferegister könnte z.B. auch einen Überblick schaffen über sämtliche Regionalbeihilfeprogramme, die bereits von der Kommission genehmigt worden sind, um festzustellen, ob eine individuelle Beihilfe unter eines dieser Programme fallen würde. Entscheidend für die Stärkung der Rechtsstellung Dritter am Beihilfeverfahren, wäre z.B. auch die Möglichkeit einer begrenzten Teilnahme am Vorprüfungsverfahren. Durch die Bekanntgabe der Anmeldungen in einem Beihilferegister, wäre Dritten somit die Möglichkeit gegeben, der Kommission innerhalb einer bestimmten Frist, von z.B. zwei Wochen, entsprechende Stellungnahmen einzureichen. Die Kommission ist gegenwärtig in der Vorprüfungsphase auf die Informationen angewiesen, die ihr von dem entsprechenden Mitgliedstaat übermittelt werden. Dies hat zum einen zur Folge, dass die Verfahrensdauer erheblich von der Übermittlung dieser Informationen abhängt und zum anderen die Folge, dass die Gefahr besteht, dass diese Informationen einseitig den Sachverhalt darstellen. Eine beschränkte Beteiligung Dritter am Vorprüfungsverfahren könnte auch verfahrensrechtlich zur Folge haben, dass Dritte, die sich trotz der Kenntnis der angemeldeten Beihilfe nicht am Vorprüfungsverfahren beteiligt haben, ihr Recht zur Anfechtung einer Entscheidung der Kommission nach Abschluss des Vorprüfungsverfahren präkludieren würden. Eine Beteiligung Dritter am Vorprüfungsverfahren könnte somit auch zur Rechtssicherheit nach Abschluss des Vorprüfungsverfahren beitragen. Im Lichte einer größeren Rechtssicherheit, wäre auch eine stärkere Anlehnung an die ASV wünschenswert, die z.B. zur Folge hätte, dass der Beihilfebegriff sowie der Begriff der Spezifität näher definiert oder umschrieben werden[763]. Die Kommission beschränkt sich gegenwärtig in ihrer Prüfung auf zwei Fragen: Konstituiert die staatliche Maßnahme überhaupt eine Beihilfe i.S.d. Artikel 87 Abs. I EG und falls demgemäss eine Beihilfe vorliegt, ob die Ausnahmen nach Artikel 87 Abs. II, Artikel 87 Abs. III oder Artikel 86 Abs. II EG eine Gewährung rechtfertigen würden. Häufig ist gefordert worden, die Kommission solle eine „rigorosere" wettbewerbsrechtliche Bewertung von Beihilfefällen vornehmen[764]. Dabei sollte sich die Analyse darauf konzentrieren, wie die Beihilfe die betroffene Industrie beeinträchtigt[765]. Eine derartige Wettbewerbsanalyse würde gleichzeitig das Spektrum politischer Einflussnahme reduzieren. Die Kommission sieht sich häufig politischen Druck seitens der Mitgliedstaaten ausgesetzt, bevor sie wichtige und weitreichende Entscheidungen trifft, entsprechende Beihilfen freizustellen oder zu verbieten. Ein Weg aus dieser Situation könnte eine stärkere wettbewerbsrechtlich ausgerichtete Analyse entsprechender Beihilfefälle bieten, die den Grad

---

762 Siehe oben in diesem Teil: Punkt VII.2.
763 Näher hierzu im dritten Teil dieser Untersuchung: Punkt III.1. und Punkt III.2.c.
764 Schütterle, EuZW 1997, S. 33; Bishop, ECLR 1997, S. 85.
765 Bishop, ECLR 1997, S. 85.

und die Natur der Argumente einengen würde und für eine Rechtfertigung der Beihilfegewährung oder Untersagung herangezogen werden könnte. Eine stärker wettbewerbsrechtlich ausgerichtete Analyse könnte auch zu einer größeren Transparenz und Kohärenz im Beihilfebereich beitragen.

* *

Dritter Teil

Vergleich der Antisubventions-Verordnung (ASV) mit den Beihilfevorschriften des EG-Vertrages

Der dritte Teil dieser Untersuchung stellt eine rechtsvergleichende Gegenüberstellung der Ratsverordnung (EG) Nr. 2026/97 (Antisubventions-Verordnung) mit den Beihilfevorschriften des EG-Vertrages (Artikel 87 bis 89 EG) bereit. Dieser konzeptionelle Vergleich soll im wesentlichen die Gemeinsamkeiten und Unterschiede beider Antisubventions-Instrumente herausarbeiten und bewerten[766]. Der Vergleich ist insofern von Bedeutung, da beispielsweise Beihilfen, die an Unternehmen innerhalb der Gemeinschaft vergeben werden, nicht nur wettbewerbsverzerrende Auswirkungen auf Unternehmen in der Gemeinschaft haben können, sondern auch Wirkungen auf den Wettbewerb mit Einfuhren in die Gemeinschaft oder sogar auf Drittlandsmärkten entfalten können. Im letzten Fall können folglich gemeinschaftsrechtlich gewährte Beihilfen auch potentiell Gegenstand von Ausgleichsmaßnahmen sein, die entsprechend von Drittländern eingeführt werden, wenn die aus der Gemeinschaft ausgeführten Waren in den Genuss von anfechtbaren Subventionen kommen und dadurch Schäden auf Drittlandsmärkten verursachen. Weiterhin ist zu berücksichtigen, dass die Antisubventions-Verordnung nicht auf subventionierte Ausfuhren der Gemeinschaft anwendbar ist, sondern nur die Fälle schädigender subventionierter Einfuhren in die Gemeinschaft erfasst. Da subventionierte Ausfuhren im Einzelfall aber auch Auswirkungen auf den innergemeinschaftlichen Wettbewerb und Handel zwischen entsprechenden Ausführern der gleichen Ware entfalten können, müssen sich derartige Subventionen auch an den Beihilfevorschriften des EG-Vertrages messen lassen. Somit stellt sich grundsätzlich die Frage, inwieweit bereits eine Kongruenz zwischen dem Außenwirtschaftsrecht und den Vorschriften des Gemeinsamen Marktes im Bereich des Antisubventionsrechts besteht. Nicht nur, um die oben beschriebenen möglichen Konfliktsituationen zu vermeiden, sondern auch, um homogene materiell-rechtliche Maßstäbe für die Beurteilung von Subventionen weltweit zugrunde zu legen. Je schneller die Integration der Weltmärkte voranschreitet, desto weniger sollte die Gemeinschaftsrechtsordnung Unterschiede in diesem Bereich aufweisen. Der dritte Teil dieser Untersuchung wird sich daher bei dem Vergleich vornehmlich auf die materiell-rechtlichen Merkmale beider Antisubventions-Instrumente konzentrieren, da die verfahrensrechtlichen Voraussetzungen, wie sich zeigen wird, naturgemäß stärker divergieren.

---

766 Im Hinblick auf die Einzelheiten beider Antisubventions-Instrumente, sei auf den ersten und zweiten Teil dieser Untersuchung verwiesen.

I. Einführung

Die Antisubventions-Verordnung (ASV) ist eines der wichtigsten handelspolitischen Schutzinstrumente[767] der Gemeinschaft[768]. Wie bereits oben im ersten Teil dieser Untersuchung erwähnt, beschränkt sich der Anwendungsbereich der ASV auf den Handel zwischen der Gemeinschaft und Drittländern[769]. Mit dieser Begrenzung auf den Außenhandel ist klargestellt, dass die ASV zur Abwehr von Subventionierungen durch Mitgliedstaaten der Gemeinschaft keine Anwendung findet[770]. Im Gegensatz hierzu, operieren die Beihilfevorschriften des EG-Vertrages als Wettbewerbsvorschriften innerhalb des Gemeinsamen Marktes, die nur gegenüber den Mitgliedstaaten der Gemeinschaft Anwendung finden[771]. Das Beihilferecht ist damit kein handelspolitisches Schutzinstrument, das in den innergemeinschaftlichen Handelsbeziehungen zu Ausgleichsmaßnahmen führt, sondern es dient dazu, faire Wettbewerbsbedingungen zwischen den Unternehmen in der Gemeinschaft zu verwirklichen bzw. sicherzustellen, indem Beihilfen, die mit dem Gemeinsamen Markt unvereinbar sind, umgestaltet oder beseitigt werden[772]. Damit scheint konzeptionell eine Dichotomie beider Antisubventions-Instrumente vorzuliegen. Wie sich jedoch bei näherer Betrachtung herausstellen wird, weisen beide Antisubventions-Instrumente, trotz ihrer unterschiedlichen Anwendungsbereiche, eine bemerkenswerte Kongruenz in weiten Bereichen auf.

1. Die ASV als Schutzinstrument der gemeinsamen Handelspolitik

Gemäß Artikel 3 Abs. I Buchstabe b) EG gehört zum Tätigkeitsbereich der Gemeinschaft eine gemeinsame Handelspolitik. Das Erfordernis einer gemeinsamen Handelspolitik ergibt sich konsequenterweise aus der Errichtung eines Gemeinsamen Marktes und eines gemeinsamen Außenzolls, die ein einheitliches und gemeinsames Vorgehen gegenüber Drittländern im Bereich des Handels erforderlich machen[773]. Der Wegfall der Binnengrenzen innerhalb der Gemeinschaft führt dazu, dass Unterschiede in den Bestimmungen, die den Marktzugang in den einzelnen Mitgliedstaaten regeln, nicht mehr durchsetzbar sind. Zugangsdifferenzen zwischen den Mitgliedstaaten würden zu Wettbewerbsverzerrungen und Einfuhrumgehungen führen, die den Grad der innergemeinschaftlichen

---

767 Der Begriff „Schutzinstrument", wird im weiteren Verlauf dieser Untersuchung alternative auch als „Schutzmaßnahme" bezeichnet.

768 Siehe oben im ersten Teil: Punkt I.

769 Siehe oben im ersten Teil: Punkt II.

770 Reszel, S. 11; Beseler, S. 30.

771 Siehe oben im zweiten Teil: Punkt I.

772 Reszel, S. 11; Beseler, S. 30; Hancher/Ottervanger/Slot, Rdnr. 2-041.

773 GTE - Bourgeois, Vorb.z.d. ex Artikeln 110 bis 116, Rdnr. 12; Geiger, Artikel 3, Rdnr. 2; Oppermann, Rdnr. 1731; Wessely, S. 257.

Marktintegration auf Dauer gefährden würden. Der Gemeinsame Markt kann daher ohne eine Vereinheitlichung sämtlicher wichtiger Zugangsregeln und folglich ohne eine damit einhergehende gemeinsame Handelspolitik nicht funktionieren.

Die gemeinsame Handelspolitik ist näher in den Artikeln 131 bis 134 EG ausgestaltet. Zunächst konstatiert Artikel 131 Satz 1 EG, dass die Mitgliedstaaten beabsichtigen, zu einer "harmonischen Entwicklung des Welthandels, zur schrittweisen Beseitigung der Beschränkungen im internationalen Handelsverkehr und zum Abbau der Zollschranken beizutragen". Artikel 131 Satz 1 EG enthält damit eine „Grundsatzerklärung“ zur gemeinsamen Handelspolitik der Gemeinschaft, die im wesentlichen Bedenken der Drittländer gegen protektionistische Auswirkungen des Gemeinsamen Marktes für den Außenhandel der Gemeinschaft ausräumen soll[774]. Neben dieser handelspolitischen Grundsatzerklärung ist die Kompetenznorm des Artikels 133 EG; die auch zugleich Rechtsgrundlage der ASV ist, von entscheidender Bedeutung für den Außenhandel, da sie die Kompetenz der Gemeinschaft zur Gestaltung der Handelspolitik begründet. Auf der Grundlage des Artikels 133 EG ist die Gemeinschaft in der Lage, handelspolitische Beziehungen zu Drittländern, durch völkerrechtliche Verträge oder autonome Gemeinschaftsakte zu gestalten.

a) Der Begriff der gemeinsamen Handelspolitik

Der signifikante Begriff der gemeinsamen Handelspolitik wird allerdings im EG-Vertrag selbst nicht definiert, obwohl er sich gleichsam als Fundament der gemeinschaftsrechtlichen Kompetenzzuweisung im Außenwirtschaftsbereich darstellt[775]. Der EuGH konkretisiert den Begriff der gemeinsamen Handelspolitik nach zwei Gesichtspunkten: “Der aktuellen Verwendung in den internationalen Handelsforen und den Bedürfnissen der äußeren Vollendung des Binnenmarktes”[776]. Aus dieser sich hieraus ergebenden Kongruenz zwischen der Marktintegration, also der Vollendung des Binnenmarktes, einerseits und der Außenhandelspolitik andererseits, ergibt sich notwendigerweise das Erfordernis einer dynamischen und flexiblen Interpretation des Begriffs der gemeinsamen Handelspolitik[777]. Aus dem Bedürfnis der äußeren Vollendung des Binnenmarktes ergibt sich auch, dass die Gemeinschaft, trotz des Prinzips der begrenzten Einzelzuständigkeit, eine stillschweigende Außenkompetenz in den Sachgebieten hat, in denen sie nach dem EG-

---

774 GTE - Bourgeois, ex Artikel 110, Rdnr. 2/8; Landsittel, S. 135.

775 Reuter, Rdnr. 144; Grabitz/v. Bogdandy/Nettesheim, S. 11; Bleckmann, Rdnr. 1741; Kuilwijk, S. 68; Dauses - Arnold, K.I (Bd. 2), Rdnr. 1; Wessely, S. 257.

776 EuGH, Rs. 22/70, Kommission/Rat (AETR), Slg. 1971, S. 263/275; EuGH, Rs. 8/73, HZA Bremerhaven/Massey-Ferguson, Slg. 1973, S. 897/907; EuGH, Gutachten 1/75, Lokale Kosten, Slg. 1975, S. 1355/1362; EuGH, Gutachten 1/78, Internationales Naturkautschuk-Abkommen, Slg. 1979, S. 2871/ 2910.

777 EuGH, Rs. 45/86, Kommission/Rat (APS), Slg. 1987, S. 1493/1521; GTE - Bourgeois, ex Artikel 113, Rdnr. 4; Schweitzer/Hummer, Rdnr. 1493; Oppermann, Rdnr. 1703.

Vertrag im Innenverhältnis zuständig ist[778]. Diese implizite Außenkompetenz knüpft an die ausdrücklich normierte Befugnis zum Erlass gemeinschaftsinterner Rechtsakte an (sog. „Kongruenz von Innen- und Außenkompetenz“ oder „Annex-Außenkompetenz“), denn der Vollzug der Vorschriften des EG-Vertrages für die innergemeinschaftlich geltenden Regelungen, können nicht von den für die Außenbeziehungen geltenden Regelungen getrennt werden.

Somit lässt sich konstatieren, dass die gemeinsame Handelspolitik die Regelungen in den Außenhandelsbeziehungen der Gemeinschaft umfasst, soweit sie sich als Spiegelbild des "inneren Kompetenzbereichs" darstellen. Zu berücksichtigen ist jedoch, dass in dem Maße, wie gemeinsame Vorschriften auf interner Ebene erlassen werden, die externe Zuständigkeit der Gemeinschaft zu einer ausschließlichen wird. Soweit diese Kompetenz reicht, ist für eine eigenständige Handelspolitik der Mitgliedstaaten kein Raum[779]. Außerdem darf Artikel 133 EG nicht in einer Weise ausgelegt werden, die dazu führen würde, die gemeinsame Handelspolitik auf den Gebrauch der Instrumente zu beschränken, deren Wirkung ausschließlich auf die herkömmlichen Aspekte des Außenhandels gerichtet wäre und so weiterentwickelte Mechanismen ausschließen würde[780]. Eine einschränkende Auslegung des Begriffs der gemeinsamen Handelspolitik könnte wegen der Unterschiede, die dann in bestimmten Bereichen der Wirtschaftsbeziehungen zu den Drittländern fortbestehen würden, zu Störungen im innergemeinschaftlichen Handelsverkehr führen. Aus diesen Gründen legt sich nach dem inzwischen erreichten Entwicklungsstand der Gemeinschaft nahe, die gemeinsame Handelspolitik allgemein als "äußere Wirtschaftspolitik" zu begreifen, i.S.d. Summe derjenigen Wirtschaftsbeziehungen im Verhältnis zu Drittländern, welche der EG-Vertrag im Innenverhältnis zwischen den Mitgliedstaaten der Regelungsbefugnis der Gemeinschaft unterstellt[781].

Trotz dieser relativ weit definierten Gemeinschaftskompetenz, bleibt jedoch grundsätzlich zu beachten, dass die Gemeinschaftskompetenz im Bereich der Handelspolitik wegen des Prinzips der begrenzten Einzelzuständigkeit ihrem Wesen nach begrenzt bleibt[782]. Die Außensouveränität verbleibt, bei zwar abnehmender Tendenz, bei den Mitgliedstaaten[783]. So stellt sich die Frage, ob die vornehmlich in Artikel 133 EG ruhende

---

778 EuGH, Rs. 22/70, Kommission/Rat (AETR), Slg. 1971, S. 263/275; EuGH, Rs. 3, 4 und 6/76, Kramer, Slg. 1976, S. 1279/1313; EuGH, Gutachten 1/76, Rheinschiffahrt (Stillegungsfonds), Slg. 1977, S. 741/755; EuGH, Gutachten 1/94, GATS/TRIPS, Slg. 1994, S. I-5267; Kuilwijk, S. 69; Krenzler/Da Fonseca-Wollheim, EuR 1998, S. 223/225; Oppermann, Rdnr. 1703.

779 EuGH, Rs. 22/70, Kommission/Rat (AETR), Slg. 1971, S. 263/276; Reuter, Rdnr. 127; Geiger, ex Artikel 113, Rdnr. 7; Bleckmann, Rdnr. 1743; Ott, S. 197.

780 EuGH, Gutachten 1/78, Internationales Naturkautschuk-Abkommen, Slg. 1979, S. 2871/2911; GTE - Bourgeois, ex Artikel 113, Rdnr. 4; Schweitzer/Hummer, Rdnr. 1493; Dauses - Arnold, K.I (Bd. 2), Rdnr. 4.

781 Bleckmann, S. 461; Oppermann, Rdnr. 1703.

782 Oppermann, Rdnr. 1705; Ott, S. 197; Kuilwijk, S. 68.

783 Auf der anderen Seite, sind aber auch im handelspolitischen Bereich die anderen Grundsätze des

handelspolitische Gemeinschaftskompetenz ausschließlich zu verstehen ist oder ob die Mitgliedstaaten mindestens in bestimmten Umfang neben der Gemeinschaft handelspolitisch handlungsbefugt bleiben. Diese Frage beinhaltet notwendigerweise auch eine Klärung und Konkretisierung der Regelungsbefugnis, die der EG-Vertrag im Innenverhältnis der Gemeinschaft unterstellt. Wie der EuGH zu diesem Thema festgestellt hat, erstreckt sich die Kompetenz der Gemeinschaft im Bereich der Handelspolitik auf den Warenverkehr, teilweise auf den Dienstleistungsbereich sowie auf den Waren- und Dienstleistungsverkehr bezogenen Zahlungsverkehr, als deren notwendige Ergänzung. Der EuGH hat in seinem "Gutachten zur Welthandelsorganisation“[784] festgestellt, dass in der gegenwärtigen Situation die ausschließliche Zuständigkeit der Gemeinschaft auf den Bereich des Warenhandels beschränkt ist[785]. Dagegen sind im Bereich des internationalen Dienstleistungsverkehrs (GATS)[786] und des geistigen Eigentums (TRIPS)[787] die Kompetenzen der Gemeinschaft "geteilt"[788]. Hinsichtlich des Dienstleistungsverkehrs ist der EuGH der Auffassung, dass die grenzüberschreitende Erbringung von Dienstleistungen, die keinen physischen Grenzübertritt von Personen erfordert, dem Warenverkehr ähnlich sei und dem Artikel 133 EG unterfalle[789]. Dienstleistungen bei denen es jedoch zu einem physischen Grenzübertritt kommt, z.B. in der Form, dass sich der Leistungsempfänger in das Land des Erbringers begibt, der Leistungserbringer im Land des Empfängers eine Niederlassung unterhält oder sich der Leistungserbringer für die Leistung natürlicher Personen bedient, die im Land des Empfängers niedergelassen sind, würden allerdings nicht dem Artikel 133 EG unterfallen[790]. Dies ergebe sich nach Ansicht des EuGHs aus den Sonderregeln des EG-Vertrages zur Freizügigkeit von Personen. Im Hinblick auf das TRIPS ist der EuGH der Ansicht, dass die Rechte am geistigen Eigentum nicht spezifisch den internationalen Warenaustausch, sondern vielmehr den Binnenhandel im gleichen Maße, wenn nicht stärker, wie den internationalen Handel betreffen würden. Damit werden aus dem Bereich des TRIPS nur die Regelungen zur Einfuhr nachgeahmter Waren von Artikel 133 EG er-

---

Vorrangs des Gemeinschaftsrechts und der Gemeinschaftstreue zu beachten.

784 Der offizielle Titel des Gutachtens lautet:"Gutachten über die Zuständigkeit der Gemeinschaft für den Abschluss völkerrechtlicher Abkommen auf dem Gebiet der Dienstleistung und des Schutzes des geistigen Eigentums" (nachfolgend wird das Gutachten wie folgt zitiert: EuGH, Gutachten 1/94, GATS/ TRIPS, Slg. 1994, S. I-5267).

785 EuGH, Gutachten 1/94, GATS/TRIPS, Slg. 1994, S. I-5267/5401; Oppermann, RIW 1995, S. 927; Hilf, EuZW 1995, S. 7; GTE - Bourgeois, ex Artikel 113, Rdnr. 10; Reuter, Rdnr. 149; Beneyto, EuZW 1996, S.297; Ott, S. 201; Krenzler/Da Fonseca-Wollheim, EuR 1998, S. 223/227.

786 General Agreement on Trade in Services.

787 [Agreement on] Trade-Related Aspects of Intellectual Property Rights.

788 EuGH, Gutachten 1/94, GATS/TRIPS, Slg. 1994, S. I-5267/5422; Oppermann, RIW 1995, S. 927; Hilf, EuZW 1995, S. 7; Beneyto, EuZW 1996, S.297; Ott, S. 205; Krenzler/Da Fonseca-Wollheim, EuR 1998, S. 223/227.

789 EuGH, Gutachten 1/94, GATS/TRIPS, Slg. 1994, S. I-5267/5401; Hilf, EuZW 1995, S. 7; Kuilwijk, S. 73; Krenzler/Da Fonseca-Wollheim, EuR 1998, S. 223/227.

790 EuGH, Gutachten 1/94, GATS/TRIPS, Slg. 1994, S. I-5267/5402; Hilf, EuZW 1995, S. 8; Kuilwijk, S. 73; Ott, S. 202.

fasst[791]. Diese komplizierte Teilung der Kompetenzen ist durch eine mögliche Übertragung in die Gemeinschaftszuständigkeit “entschärft” worden. Der EG-Vertrag ist in diesem Zusammenhang durch den Amsterdamer Vertrag ergänzt worden. So sieht jetzt der neue Artikel 133 Abs. V EG vor, dass der Rat auf Vorschlag der Kommission und nach Anhörung des Europäischen Parlaments durch einstimmigen Beschluss die Anwendung der Abs. I bis IV des Artikels 133 EG auf internationale Verhandlungen und Übereinkünfte über Dienstleistungen und Rechte des geistigen Eigentums ausdehnen kann. Damit ist durch eine Ergänzung des Artikels 133 EG, das komplizierte und politisch brisante Thema der Kompetenzteilung einer praktischen Lösung zugeführt worden[792].

b) Die ASV als handelspolitische Schutzmaßnahme

Zur Abgrenzung und Determinierung einer handelspolitischen Maßnahme, wird zunächst auf den Gegenstand, die Umstände und die Zielsetzung der Maßnahme abgestellt. Der EuGH hat klargestellt, dass es bei der Einstufung einer Maßnahme unter Artikel 133 EG nicht allein auf das Ziel ankommen kann, das nach Überzeugung des erlassenden Organs angestrebt wird, sondern dass es auf objektive, gerichtlich nachprüfbare Umstände ankommen muss[793]. Generell lässt sich konstatieren, dass einheitliche Regeln, die die Einfuhr aus Drittländern in die Gemeinschaft festlegen, als handelspolitische Maßnahme grundsätzlich auf Artikel 133 EG zu stützen sind, unabhängig davon, welche weiteren Ziele im einzelnen damit verfolgt werden[794]. Zur Regulierung bzw. Beeinflussung des Warenverkehrs mit Drittländern stehen der Gemeinschaft nach Artikel 133 EG zwei Handlungsmöglichkeiten zur Verfügung, nämlich autonome Rechtssetzungsakte (Verordnungen, Richtlinien und Entscheidungen) sowie völkerrechtliche Abkommen[795].

Darüber hinaus spricht Artikel 133 Abs. I EG handelspolitische Schutzmaßnahmen, "zum Beispiel im Falle von Dumping und Subventionen", als Gegenstand der gemeinsamen Handelspolitik, ausdrücklich an. Die ASV, als handelspolitische Schutzmaßnahme[796], findet somit ihre ausdrückliche Rechtsgrundlage im Artikel 133 EG. Im Hinblick auf diese beiden explizit erwähnten handelspolitischen Schutzmaßnahmen, wird der Artikel 133 EG häufig auch in einem weiteren Sinne definiert, und zwar, dass er alle Maßnahmen zum Schutze des Gemeinsamen Marktes vor Schädigungen durch unfaire Han-

---

791 EuGH, Gutachten 1/94, GATS/TRIPS, Slg. 1994, S. I-5267/5409; Hilf, EuZW 1995, S. 8; Kuilwijk, S. 73.

792 Kritisch hierzu: Krenzler/Da Fonseca-Wollheim, EuR 1998, S. 223.

793 EuGH, Rs. 45/86, Kommission/Rat (APS), Slg. 1987, S. 1493/1520.

794 EuGH, Rs. C-62/88, Griechenland/Rat, Slg. 1990, S. I-1527/1550; EuGH, Gutachten 1/94, GATS/TRIPS, Slg. 1994, S. I-5267/5407.

795 Dauses - Arnold, K.I (Bd. 2), Rdnr. 14; Oppermann, Rdnr. 1736.

796 Wie bereits oben erwähnt, wird der Begriff der “Schutzmaßnahme” in dieser Untersuchung alternative auch als “Schutzinstrument” bezeichnet.

delspraktiken von Drittländern erfasst, die unter den Oberbegriff der "Marktstörung" fallen[797]. Dies beinhaltet, dass konsequenterweise zur handelspolitischen Aufgabe der Gemeinschaft die Abwehr sämtlicher Marktstörungen im Gemeinsamen Markt zählen muss, die vom Handel mit Drittländern ausgehen. Die "äußerliche Verwirklichung" des Gemeinsamen Marktes und sein Schutz vor unfairen Handelspraktiken tritt hier deutlich zutage. Damit kann die Legitimität der in Artikel 133 Abs. I EG genannten handelspolitischen Schutzmaßnahmen, als Instrumente zur Herstellung eines funktionierenden Gemeinsamen Marktes, nicht bestritten werden[798].

2. *Die Beihilfevorschriften als Wettbewerbsinstrument des Gemeinsamen Marktes*

Als Aufgabe der Gemeinschaft und als Mittel zur Verwirklichung der Vertragsziele nennt Artikel 2 EG an erster Stelle die Errichtung eines Gemeinsamen Marktes. Der EG-Vertrag konkretisiert weiterhin in Artikel 3 EG einzelne Aufgaben die zum größten Teil Aktionsbereiche der Gemeinschaft betreffen, die primär der Errichtung des Gemeinsamen Marktes und seiner Aufrechterhaltung dienen und diese Aufgaben zumindest erleichtern und unterstützen. Zu diesen Aufgaben gehört nach Artikel 3 Abs. I Buchstabe g) EG auch die Tätigkeit der Gemeinschaft zur Errichtung eines Systems, "das den Wettbewerb innerhalb des Binnenmarktes vor Verfälschungen schützt"[799]. Die Vorschrift des Artikels 3 Abs. I Buchstabe g) EG hat damit den unverfälschten Wettbewerb zum wesentlichen Bestandteil des Gemeinsamen Marktes/Binnenmarktes erklärt. Es muss also so viel Wettbewerb vorhanden sein, dass die grundlegenden Forderungen des EG-Vertrages erfüllt und seine Ziele, insbesondere die Errichtung eines Gemeinsamen Marktes mit binnenmarktähnlichen Verhältnissen, erreicht werden[800]. Zur Erreichung dieses Ziels enthält der EG-Vertrag im Dritten Teil, Titel VI, Kapitel 1 Wettbewerbsregeln, zu denen auch die Vorschriften über Beihilfen (Artikel 87 bis 89 EG) zählen.

a) *Der Begriff des Gemeinsamen Marktes und des Binnenmarktes*

Durch die Verwendung des Begriffs des Binnenmarktes in Artikel 3 Abs. I Buchstabe g) EG, im Vergleich zum Begriff des Gemeinsamen Marktes, ist eine gewisse Ambivalenz geschaffen worden, auf die im nachfolgenden Verlauf dieser Untersuchung kurz eingegangen wird. Der Gemeinsame Markt ist ein zentraler Rechtsbegriff des EG-Ver-

---

797 EuGH, Gutachten 1/75, Lokale Kosten, Slg. 1975, S. 1355/1362; Grabitz/Hilf - Vedder, ex Artikel 113, Rdnr. 50; Oppermann, Rdnr. 1770.

798 So argumentieren z.B. auch Oppermann (Rdnr. 1771) und Wessely (S. 213/227).

799 Gleiss/Hirsch, ex Artikel 85 Abs. I, Rdnr. 118.

800 EuGH, Rs. 26/76, Metro SB-Großmärkte/Kommission (Selektives Vertriebssystem), Slg. 1977, S. 1875/1905; GTE - Zuleeg, Artikel 3, Rdnr. 7; Gleiss/Hirsch, ex Artikel 85 Abs. I, Rdnr. 114.

trages, an dem sich auch die Beihilfen auszurichten haben[801]. So sind staatliche Beihilfen, im Sinne des Artikels 87 Abs. I EG, von der Kommission daraufhin zu untersuchen, ob sie mit dem Gemeinsamen Markt vereinbar sind oder nicht. Trotz der zentralen Bedeutung des Begriffs des Gemeinsamen Marktes, wird dieser allerdings selbst nicht näher im EG-Vertrag definiert[802]. Allgemein wird die Ansicht vertreten, dass den Rechtsbegriff des Gemeinsamen Marktes drei Elemente prägen: Die vier Marktfreiheiten (innere Freiheiten) und eine einheitliche institutionalisierte Organisation nach außen. Dies setzt wiederum, als das dritte Wesenselement des Gemeinsamen Marktes, ein System unverfälschten Wettbewerbs voraus[803]. Mit anderen Worten, ein Gemeinsamer Markt bedingt also einen nach außen, durch eine gemeinsame Zoll- und Handelspolitik, abgegrenzten Wirtschaftsraum und ein System von Wettbewerbsregeln, das vor Verfälschungen durch staatliche und private Maßnahmen schützt, um so die Marktfreiheiten (Freier Waren-, Personen-, Dienstleistungs- und Kapitalverkehr) zu gewährleisten.

Häufig werden der Gemeinsame Markt und der Binnenmarkt als Synonym verwendet[804]. Wie sich jedoch bei näherer Untersuchung erweisen wird, verfolgen beide Begriffe unterschiedliche Ziele. Der Begriff des Binnenmarktes ist durch die Einheitliche Europäische Akte in den EG-Vertrag eingeführt worden, mit dem Ziel einen „wahren internen Markt", ohne innergemeinschaftliche Zugangsbehinderungen und Grenzen zu verwirklichen. Artikel 14 Abs. II EG enthält zunächst eine Legaldefinition des Begriffs des Binnenmarktes. Danach umfasst der Binnenmarkt "einen Raum ohne Binnengrenzen, in dem der freie Verkehr von Waren, Personen, Dienstleistungen und Kapital" gemäß den Bestimmungen des EG-Vertrages "gewährleistet ist". Der hiermit einhergehende Fortfall der innergemeinschaftlichen Grenzkontrollen für den Waren-, Personen-, Dienstleistungs- und Kapitalverkehr, war somit die wesentliche Erweiterung, die der Begriff des Binnenmarktes i.S.d. Artikels 14 Abs. II EG gegenüber dem bisherigen Begriff des Gemeinsamen Marktes mit sich gebracht hat. Dem Begriff des Gemeinsamen Marktes lässt sich zwar ein Gebot an die Gemeinschaft entnehmen, durch geeignete Maßnahmen die Grenzkontrollen an den innergemeinschaftlichen Grenzen weitgehend zu erleichtern, Artikel 14 EG erweitert dieses Gebot jedoch und erteilt der Gemeinschaft den Auftrag die Maßnahmen zu treffen, die erforderlich sind, damit die innergemeinschaftlichen Grenzkontrollen beseitigt werden. Damit umfasst der Begriff des Binnenmarktes Bereiche, die zwar auch vom Begriff des Gemeinsamen Marktes erfasst werden, jedoch weitgehend vernachlässigt worden sind. Wie der EuGH in diesem Zusammenhang ausführte, versteht sich die Herstellung des

---

801 Siehe oben im zweiten Teil: Punkt II.

802 Mattera, S. 11; GTE - Zuleeg, Artikel 2, Rdnr. 13; Fischer/Köck, S. 434.

803 EuGH, Rs. 15/81, Gaston Schul/Insepecteur der Invoerrenten en Accijnzen, Slg. 1982, S. 1409/1431; EuGH, Rs. 6/72, Continental Can, Slg. 1973, S. 245; Mattera, S. 11; Ciresa, S. 15; Barth, S. 27; Grabitz/Hilf - Grabitz, Artikel 2, Rdnr. 15; GTE - Zuleeg, Artikel 2, Rdnr. 13; Mortelmans, CMLR 1998, S. 101/107; Wessely, S. 219.

804 GTE - Zuleeg, Artikel 2, Rdnr. 13.

Gemeinsamen Marktes als "die Beseitigung aller Hemmnisse im innergemeinschaftlichen Handel mit dem Ziel der Verschmelzung der nationalen Märkte zu einem einheitlichen Markt, dessen Bedingungen denjenigen eines wirklichen Binnenmarktes möglichst nahe kommen"[805]. Anders ausgedrückt, der Binnenmarkt beschreibt ein Endstation, in dem keine Binnengrenzen mehr bestehen. Es lässt sich daher konstatieren, dass der Begriff des Binnenmarktes im Bereich der Marktfreiheiten eine "höhere Phase" der europäischen Integration darstellt[806].

Dies könnte aber zugleich den Eindruck erwecken, dass die Definition des Binnenmarktes enger zu sein scheint, als die des Gemeinsamen Marktes, da der Binnenmarkt schwerpunktmäßig auf die Verwirklichung der Marktfreiheiten abzielt. Auch die Verwendung beider Begriffe in Artikel 15 EG scheint den Schluss nahezulegen, dass der Binnenmarkt als "Teilmenge" des Gemeinsamen Marktes zu verstehen ist[807], da der Begriff des Gemeinsamen Marktes sowohl das Konzept einer gemeinsamen Handelspolitik als auch einheitliche Wettbewerbsregeln umfasst. Dieses Verständnis ist jedoch zu pauschal. Obwohl sich der Binnenmarkt, "rechtstechnisch" gesehen, mit einem Ausschnitt des Gemeinsamen Marktes befasst, nämlich mit den Marktfreiheiten, so kann andererseits nicht geleugnet werden, dass auch ein Binnenmarkt notwendigerweise gemeinsame Zugangs- und Wettbewerbsregeln aufweisen muss, um überhaupt funktionieren zu können

Festzuhalten bleibt somit, dass der Binnenmarkt, von seinem politischen Geist und seiner Zielrichtung geprägt, sich auf die Vollendung der Marktfreiheiten beschränkt, also nach "innen" gerichtet ist. Mit anderen Worten, konzeptionell konzentriert sich seine Anwendung und Interpretation auf die Vollendung eines wahren internen Marktes, wohingegen der Begriff des Gemeinsamen Marktes, mehr in einem umfassenderen Sinne zu verstehen ist und sowohl im wettwerbsrechtlichen als auch außenwirtschaftsrechtlichen Kontext gebraucht wird. Im weiteren Verlauf dieser Untersuchung soll daher der Begriff des Gemeinsamen Marktes verwendet werden.

b) Der Wettbewerbsbegriff

Wie bereits erwähnt, umfasst die Tätigkeit der Gemeinschaft nach Artikel 3 Abs. I Buchstabe g) EG die Errichtung eines Systems, das den Wettbewerb innerhalb des Gemeinsamen Marktes vor Verfälschungen schützt. Damit bedingt ein Gemeinsamer Markt notwendigerweise ein System von Wettbewerbsregeln, das vor Verfälschungen durch staatliche und private Maßnahmen schützt[808]. Wie Mestmäcker in diesem Zusammenhang

805 EuGH, Rs. 15/81, Gaston Schul/Inspecteur der Invoerrechten en Accijnzen, Slg. 1982, S. 1409/1431.
806 Mattera, S. 15; Fischer/Köck, S. 435; Mortelsmans, CMLR 1998, S. 101/107.
807 Fischer/Köck, S. 435; Oppermann, Rdnr. 1269; a.A. Mattera, S 13.
808 Ciresa, S. 13; Geiger, Artikel 2, Rdnr. 6; Wessely, S. 214/221. Siehe hierzu auch oben in diesem Teil: Punkt I.2.a.

ausführt, ist "damit der Wettbewerb seit Bestehen der Gemeinschaft nicht nur ein faktisch verfügbares, sondern ein durch Rechtsregeln geordnetes Verfahren zur Koordinierung dezentraler Wirtschaftspläne in einem entstehenden Wirtschaftsraum"[809]. Damit manifestiert sich ein System des unverfälschten Wettbewerbs als wirtschaftliches Steuerungsinstrument im Gemeinsamen Markt, und ist gewissermaßen als ein notwendiges Korrelat zu den Grundfreiheiten zu sehen[810].

Der EG-Vertrag enthält keine Definition des Wettbewerbsbegriffs[811]. In Anbetracht der Vielzahl unterschiedlicher Wettbewerbsdefinitionen, die in Wissenschaft und Literatur vertreten werden, kann keinesfalls von einem einheitlichen Rechtsbegriff ausgegangen werden[812]. Es handelt sich bei dem Wettbewerbsbegriff vielmehr um einen unbestimmten Rechtsbegriff, der anhand der allgemeinen Grundsätze und Ziele des EG-Vertrages auszulegen ist[813].

Der EuGH interpretiert den Wettbewerbsbegriff im Zusammenhang mit den Grundsätzen der Artikel 2 und 3 EG und der Errichtung der dort gesetzten Ziele. Voraussetzung für die Erreichung dieser Ziele - insbesondere für die Herstellung eines Gemeinsamen Marktes - ist die Aufrechterhaltung eines wirksamen Wettbewerbs[814]. Der EuGH bezeichnet marktwirtschaftliche Prinzipien als Grundlage der normalen Regeln für das Funktionieren des Gemeinsamen Marktes[815]. Der EuGH hat hierzu ausgeführt: "Der in den Artikeln 3 und [ex] 85 EWGV geforderte unverfälschte Wettbewerb setzt das Vorhandensein eines wirksamen Wettbewerbs auf dem Markt voraus; es muss also so viel Wettbewerb vorhanden sein, daß die grundlegenden Forderungen des Vertrages erfüllt und seine Ziele, insbesondere die Bildung eines einzigen Marktes mit binnenmarktähnlichen Verhältnissen, erreicht werden"[816]. Nach General Anwalt Mayras ist eines der wesentlichsten Ziele des EG-Vertrages die Verwirklichung eines Gemeinsamen Marktes, ".......auf dem

---

809 Immenga/Mestmäcker - Mestmäcker, Einl. (Abschnitt I.A, Bd. I), Rdnr. 24.

810 Immenga/Mestmäcker - Mestmäcker, Einl. (Abschnitt I.A, Bd. I), Rdnr. 25; Fischer/Köck, S. 543; Wessely, S. 214/235.

811 Bleckmann, Rdnr. 1265; Mestmäcker, S. 52/169; Gleiss/Hirsch, ex Artikel 85 Abs. I, Rdnr. 112; Rittner, S. 147.

812 Siehe z.B. eine Zusammenstellung und Erörterung der unterschiedlichen Wettbewerbsdefinitionen bei: Baur, ZHR 1970 (Bd. 134), S. 97; v. Gamm, Einf. A, Rdnr. 20; Langen/Bunte, GWB § 1, Rdnr. 62; Dauses - Emmerich, H.I (Bd. 2), Rdnr. 78.

813 EuGH, Rs. 22/79, Greenwich Film Produktion, Slg. 1979, S. 3275/3288; EuGH, Rs. 136/79, National Panasonic, Slg. 1980, S. 2033/2057; GTE - Schröter, ex Artikel 85, Rdnr. 18; Gleiss/Hirsch, ex Artikel 85 Abs. I, Rdnr. 113/116; Mestmäcker, S. 177.

814 EuGH, Rs. 6/72, Continental/Kommission, Slg. 1973, S. 215/245; EuGH, Rs. 26/76, Metro SB-Großmärkte/Kommission (Selektives Vertriebssystem), Slg. 1977, S. 1875/1905; EuGH, Rs. 85/76, Hoffmann - La Roche/Vitamine, Slg. 1979, S. 461/520; EuGH, Rs. 22/78, Hugin/Kommission, Slg. 1979, S. 1869/1899; Whish, S. 11.

815 EuGH, Rs. 154/78, Valsabbia/Kommission, Slg. 1980, S. 907/1008; EuGH, Rs. 276/80, Padana/Kommission, Slg. 1982, S. 517/544; Dauses - Emmerich, H.I (Bd. 2), Rdnr. 78c.

816 EuGH, Rs. 26/76, Metro SB-Großmärkte/Kommission (Selektives Vertriebssystem), Slg. 1977, S. 1875/1905; Immenga/Mestmäcker - Mestmäcker, Einl. (Abschnitt I.A, Bd. I), Rdnr. 24/25.

die Erzeuger sich frei betätigen und entfalten können und auf dem die Verbraucher ihrerseits die Möglichkeit haben sollen, frei nach Erzeugnissen und Dienstleistungen nachzufragen...; Ziel des Wettbewerbs ist danach die Gewährleistung dieser Freiheit"[817]. Dieser Wettbewerb soll somit auf einem Gemeinsamen Markt mit binnenmarktähnlichen Verhältnissen stattfinden, der sich durch Grundfreiheiten auszeichnet und damit „auch dem einzelnen Marktbürger ein Höchstmaß an Wettbewerbsfreiheit garantiert“[818]. Da Wettbewerb ohne die individuelle Handlungs- und Entscheidungsfreiheit der Anbieter und Nachfrager daher nicht möglich ist, schützt der EG-Vertrag mit dem Wettbewerb als Institution zugleich diese Freiheit als dessen unverzichtbares Korrelat[819]. So bezeichnet der EuGH die Selbständigkeit der unternehmerischen Entscheidung als Grundgedanken der Wettbewerbsvorschriften des EG-Vertrages[820].

Die oben beschriebene Annäherung des EuGHs an den Wettbewerbsbegriff, scheint von einer vornehmlich wirtschaftlichen Betrachtungsweise auszugehen, wonach der Wettbewerb grundsätzlich als jenes Verhältnis definiert werden kann, das zwischen Unternehmen besteht, die gleichartige Güter oder Dienstleistungen einer individualisierbaren Gruppe von Abnehmern (Verbrauchern) anbieten[821]. Diese Definition hat jedoch noch keine Aussagekraft im Hinblick auf das tatsächliche Funktionieren des Wettbewerbs, d.h. ob dieser Wettbewerb unter "fairen Bedingungen" stattfindet. Wenn man daher einen funktionsfähigen Wettbewerb im neoklassischen Sinne definieren will, so muss man ihn dadurch charakterisieren, dass er nicht künstlich beschränkt sein darf, weder durch staatliche Interventionen noch durch unternehmerische Praktiken[822]. Der volkswirtschaftliche Nutzen dieses Zustands liegt nach der neoklassischen Theorie der Volkswirtschaftslehre darin, dass unter perfekten Wettbewerbsbedingungen das Wohl der Abnehmer (Verbraucher) maximiert wird, weil unter dem Druck dieses Wettbewerbs knappe Ressourcen in genau jenem Ausmaß zur Produktion von Gütern und Dienstleistungen verwendet werden, das der Verbraucher wünscht (Verteilungseffizienz)[823]; Güter und Dienstleistungen zum wirt-

817 EuGH, Rs. 48/69, Imperial Chemical Industries/Kommission, Slg. 1972, S. 619/671; EuGH, Rs. C-16/90, Eugen Nölle/Hauptzollamt Bremen-Freihafen, Slg. 1991, S. I-5163/5177.

818 Grabitz/Hilf - Koch, vor ex Artikel 85, Rdnr. 3; Bleckmann, Rdnr. 1266; GTE - Schröter, ex Artikel 85, Rdnr. 22; Mestmäcker, S. 175/177.

819 EuGH, Rs. 48/69, Imperial Chemical Industries/Kommission, Slg. 1972, S. 619 (siehe in diesem Zusammenhang die Schlussanträge von GA Mayras, S. 619/671). GTE - Schröter, ex Artikel 85, Rdnr. 21; Mestmäcker, S. 177; Gleiss/Hirsch, ex Artikel 85 Abs. I, Rdnr. 115.

820 EuGH, Rs. 40 bis 48, 50, 54 bis 56, 111, 113 und 114/73, Suiker Unie/Kommission, Slg. 1975, S. 1663/1965; EuGH, Rs. 172/80, Züchner/Bayerische Vereinsbank AG, Slg. 1981, S. 2021/2031.

821 v. Gamm, Einf. A, Rdnr. 21; Langen/Bunte, GWB § 1, Rdnr. 62; Fischer/Köck, S. 544; Wish, S.1; Mestmäcker, S. 172; Faull/Nikpay – Peeperkorn, S. 4/9.

822 v. Gamm, Einf. A, Rdnr. 20; Mestmäcker, S. 175; Wish, S. 4; Dauses - Emmerich, H.I (Bd. 2), Rdnr. 78b; Faull/Nikpay – Peeperkorn, S. 4/9.

823 In einem solchen Markt ist die Ressourcenverteilung optimiert, weil Hersteller, solange ihre Produktion erhöhen werden, als der zusätzliche Ertrag aus der Produktion einer weiteren Einheit des Produkts (Grenzertrag) größer ist als die zusätzlichen Kosten (Grenzkosten).

schaftlich möglichst niedrigsten Preis hergestellt bzw. angeboten werden (Produktionseffizienz)[824]; ein Anreiz für Produzenten von Gütern bzw. Anbietern von Dienstleistungen entsteht, Vorteile durch Innovation, d.h. ständige Verbesserungen und Weiterentwicklung ihrer Produkte zu erlangen[825]. Der Wettbewerb erfüllt seine Aufgabe dann am besten, wenn er von staatlichen und privaten Eingriffen frei bleibt, wenn er nicht mit unlauteren oder leistungsfremden Mitteln geführt wird und wenn er sich auf der Grundlage von Marktstrukturen entwickelt, die eine hinreichende Wettbewerbsintensität gewährleisten[826].

Ausgehend von dieser wirtschaftlichen Betrachtungsweise, muss die spezifische Bedeutung des Wettbewerbsbegriffs, wie bereits erwähnt, im Kontext der Wirtschaftsverfassung der Gemeinschaft anhand der materiell-rechtlichen Prinzipien ermittelt werden, die für die Errichtung des Gemeinsamen Marktes und einer Wirtschafts- und Währungsunion gelten. Wie sich aus Artikel 4 Abs. I EG ergibt, verfolgen die Mitgliedstaaten und die Gemeinschaft eine Wirtschaftspolitik "die dem Grundsatz einer offenen Marktwirtschaft mit freiem Wettbewerb verpflichtet ist". Der EG-Vertrag vertraut damit die Integration der Märkte und die optimale Verteilung der Produktionsfaktoren dem Wettbewerb als Institution des Gemeinschaftsrecht an, als System anonymer Selbststeuerung des Marktes durch dezentrale Koordinierung der individuellen Unternehmenspläne. Voraussetzung für die Funktionsfähigkeit der Wettbewerbsordnung ist die Sicherung der individuellen Handlungs- und Entscheidungsfreiheit der Marktteilnehmer[827].

Der Wettbewerbsbegriff nach dem EG-Vertrag kennzeichnet daher grundsätzlich ein wirtschaftspolitisches Ordnungsprinzip, eine rechtlich geordnete Institution, einen Marktzustand oder einen individuellen Verhaltensprozess[828]. Als Ordnungsprinzip oder Institution bezieht sich der Wettbewerb auf den gesamtwirtschaftlichen Prozess der Konkurrenz aller substituierbaren Güter und Leistungen, als Marktzustand auf das Vorhandensein von Alternativen auf dem Markt für bestimmte Erzeugnisse oder Dienstleistungen und als Verhaltensprozess auf die Rivalität selbständiger Unternehmen, die durch Anbieten günstigerer Bedingungen unter Verdrängung des Angebots der Mitbewerber nach Abschluss von Austauschverträgen mit Dritten strebt[829]. Es ist sowohl auf nationaler als auch auf gemeinschaftlicher Ebene anerkannt, dass der Schutz des Wettbewerbs allein als Institution nur wenig der Durchsetzung der für den freien Wettbewerb notwendigen Betätigungs-

---

824 Die Produktionseffizienz wird optimiert, weil wegen der großen Zahl an Herstellern ein Hersteller allein nicht über seinen Herstellungskosten (inklusive von Allgemein- und Vertriebskosten sowie einer angemessenen Gewinnspanne) verkaufen kann (sonst wechseln seine Kunden zu anderen Herstellern).

825 Whish, S. 2; Mestmäcker, S. 172/175; Fischer/Köck, S. 544; Faull/Nikpay – Peeperkorn, S. 4/9.

826 GTE - Schröter, ex Artikel 85, Rdnr. 22; Fischer/Köck, S. 543; Mestmäcker, S. 175; Whish, S. 4.

827 Grabitz/Hilf - Koch, vor ex Artikel 85, Rdnr. 5; Gleiss/Hirsch, ex Artikel 85 Abs. I, Rdnr. 117; Whish, S. 13.

828 GTE - Schröter, Vorb.z.d. ex Artikeln 85 bis 94, Rdnr. 13, 14 und 15; Mestmäcker, S. 174/177; Gleiss/Hirsch, ex Artikel 85 Abs. I, Rdnr. 115 bis 117; Whish, S. 10; Fischer/Köck, S. 546; Rittner, S. 19.

829 Grabitz/Hilf - Koch, vor ex Artikel 85, Rdnr. 3; Mestmäcker, S. 178; Gleiss/Hirsch, ex Artikel 85 Abs. I, Rdnr. 115; Rittner, S. 19.

freiheit des Einzelnen dient. Vielmehr muss als notwendige Ergänzung wettbewerbsrechtlicher Regelungen auch der Individualschutz treten. Der Institutionsschutz und der Individualschutz dienen gemeinsam dem Schutz der Freiheit aller als Voraussetzung für die Funktionsfähigkeit der Privat- und Wettbewerbsordnung im Rahmen eines freiheitlichen Wirtschaftssystems[830]. Zusammenfassend lässt sich daher konstatieren, dass der Wettbewerbsbegriff nach dem EG-Vertrag grundsätzlich drei verschiedene „Schutzzwecke" verfolgt: Den Schutz der Konkurrenten, den Schutz eines anständigen Wettbewerbs als solchen und den Schutz der Verbraucher. Dieser Wettbewerbsbegriff spiegelt sich auch in den oben erwähnten Urteilen des EuGHs wider. Im Lichte dieser Wettbewerbsdefinition, wird später auch die *ratio legis* der ASV zu untersuchen sein[831].

3. *Ergebnis*

Die ASV versteht sich als ein handelspolitisches Schutzinstrument, das sich gegen Subventionierungen durch Drittländer richtet, wohingegen die Beihilfevorschriften als Wettbewerbsvorschriften innerhalb des Gemeinsamen Marktes die Zielrichtung verfolgen, Beihilfen durch die Mitgliedstaaten entgegenzuwirken. Die Kontrolle und eine maximale Prävention von unlauteren Subventionen/Beihilfen ist ein unentbehrliches Element, um die Verwirklichung eines Gemeinsamen Marktes zu erreichen. Trotz der unterschiedlichen Funktionalität beider Antisubventions-Instrumente, wird deutlich, dass beide Instrumente das Ziel verfolgen, den Gemeinsamen Markt vor "unlauteren" Subventionen/Beihilfen zu schützen, um damit sein Funktionieren zu gewährleisten. Es lässt sich daher konstatieren, dass sowohl die ASV als auch die Beihilfevorschriften das Ziel verfolgen, unlautere Marktstörungen innerhalb des Gemeinsamen Marktes zu beseitigen, die ursächlich entweder auf Beihilfen innerhalb oder Subventionierungen außerhalb der Gemeinschaft zurückzuführen sind.

II. Grundsatz

Das Außenwirtschaftsrecht wird häufig im Widerspruch zum Wettbewerbsrecht gesehen, mit der Begründung, beide Rechtsgebiete würden unterschiedliche Zielsetzungen verfolgen[832]. Dies trifft im Verhältnis der ASV zu den Beihilfevorschriften des EG-Vertrages allerdings nicht zu, da, wie bereits oben ausgeführt, sowohl die ASV als auch die Beihilfevorschriften Marktstörungen innerhalb des Gemeinsamen Marktes entgegenwirken wollen, die ihre Ursache in einer Subvention/Beihilfe haben. Es liegt eben nicht der „klassische" Gegensatz vor, wonach das Wettbewerbsrecht einen mangelnden Wettbewerb

830 Reszel, S. 16; Rittner, S. 19.
831 Siehe hierzu in diesem Teil: Punkt II.1.a.

durch private Wettbewerbsbeschränkungen untersagt, wohingegen das Außenwirtschaftsrecht sich gegen einen unlauteren Wettbewerb in Form von Preisunterbietungen wendet. Denn sowohl die ASV als auch die Beihilfevorschriften wirken Wettbewerbsverfälschungen entgegen, die auf staatliche Interventionen zurückzuführen sind.

1. Die ASV

Die Gewährung von Subventionen durch Drittländer kann u.a. den Zweck verfolgen, die heimischen Waren auf ausländischen Märkten zu begünstigen. Die Subventionierung wirkt sich in der Regel direkt auf den Preis der Ware aus, da Produktionskosten oder sonstige Verwaltungs-/Vertriebskosten teilweise durch die Subvention gedeckt werden können. Bei dieser Form der Subventionierung handelt es sich daher um einen staatlichen Eingriff in den internationalen Warenverkehr, der die Konkurrenzfähigkeit der eigenen Waren durch eine willkürliche Preisdifferenzierung gegenüber ausländischen Waren verbessert. Derartige Preisdifferenzierungen auf heimischen und ausländischen Märkten sind nur dort möglich, wo Grenzen die Märkte teilen, da in einem vollkommenen Binnenmarkt der Verbraucher die Produkte dort kauft, wo sie am billigsten angeboten werden[833].

Würden Unternehmen in einem Binnenmarkt unterschiedliche Preise fordern, so sähen sie sich der Gefahr des "Reimports" (oder sog. "Parallelimports") ihrer Waren aus dem Niedrigpreis- in das Hochpreisgebiet gegenüber. Solange jedoch Preisdifferenzierung ohne die selbstregulierende Funktion eines Binnenmarktes möglich sind, besteht die Notwendigkeit Ausgleichsmaßnahmen einzuführen, um so künstlichen Preisdifferenzierungen entgegenzuwirken. Die Einführung von Ausgleichsmaßnahmen durch die ASV, beabsichtigt somit die subventionierten Einfuhrwaren zu verteuern, um so das künstliche Preisgefälle zu beseitigen. Die Ausgleichsmaßnahme soll damit durch eine Korrekturfunktion die wettbewerbsverfälschenden Wirkungen der Subvention kompensieren[834].

a) Ratio Legis

Die Einordnung der ASV als handelspolitische Schutzmaßnahme sowie ihre Rechtsgrundlage im Artikel 133 EG oktroyieren auf den ersten Blick den Eindruck, dass die *ratio legis* der ASV sich als die im öffentlichen Interesse gebotene Schadensabwehr definiert[835]. Der EuGH hat hierzu ausgeführt, dass Ausgleichsmaßnahmen ausschließlich

---

832 So z.B. Beseler, S. 38 und Nettesheim, S. 67.

833 Beseler, S. 31; Wessely, S. 16/76.

834 EuGH, Rs. 53/83, Allied Corporation u.a./Rat, Slg. 1985, S. 1621/1625 (siehe Schlussanträge des GA Pieter Verloren Van Themaat); Reszel, S. 15.

835 So Beseler, S. 82; Grabitz/v. Bogdandy/Nettesheim, S. 197; Kretschmer, S. 15; Rolf, S. 43; Landsittel, S. 138; Nettesheim, S. 67; a.A.: Kramer, RIW 1975, S. 121; Reszel, S. 17; Bentley, EBLR 1990, S. 91; Bourgeois – Quick, S. 111; Dauses - Wenig, K.II (Bd. 2), Rdnr. 3; Wessely, S. 13/32 (im Hinblick auf

handelspolitische Maßnahmen i.S.d. Artikel 133 EG sind, die primär dem gesamtwirtschaftlichen Interesse der Gemeinschaft dienen und nur mittelbar dem Schutz des betroffenen Wirtschaftszweiges zugute kommen[836]. Nach Auffassung des EuGH sei der Schutzzweck der ASV somit in erster Linie auf das gesamtwirtschaftliche Interesse der Gemeinschaft gerichtet und nur sekundär auf den Schutz der europäischen Wirtschaftszweige. Entsprechend ihrer Ausrichtung und Anwendung auf Einfuhren aus Drittländern, weist die ASV naturgemäß handelspolitische Züge auf. Insbesondere im Hinblick auf ihre Rechtsfolgen wirkt die ASV wie eine handelspolitische Schutzmaßnahme, indem Ausgleichsmaßnahmen (also Ausgleichszölle oder Verpflichtungen) einen in Schwierigkeiten geratenen einheimischen Wirtschaftszweig vor subventionierten Einfuhren schützen. Jedoch ist der handelspolitische Schutzgedanke in Form von Ausgleichsmaßnahmen nicht in erster Linie die Funktion und der Regelungszweck der ASV, er ergibt sich lediglich als Reflex aus ihrer Rechtsfolge. Wie sich im weiteren Verlauf zeigen wird, ist die Auffassung des EuGHs zu ungenau, da sie pauschal auf das gesamtwirtschaftliche (öffentliche) Interesse der Gemeinschaft abstellt und den Schutz der betroffenen Wirtschaftszweige sowie das Interesse anderer betroffener Parteien nicht hinreichend bewertet. Nicht hinreichend gewürdigt wird die Tatsache, dass die ASV schwerpunktmäßig auf einen fairen und funktionierenden Wettbewerb innerhalb des Gemeinsamen Marktes ausgerichtet ist. Wie bereits oben dargestellt[837], kann der Wettbewerbsbegriff nach dem EG-Vertrag generell drei Schutzzwecke umfassen: Den Schutz der Konkurrenten, den Schutz eines anständigen Wettbewerbs als solchen und den Schutz der Verbraucher. Wie näher ausgeführt wird, verfolgt die ASV alle drei dieser Schutzzwecke und kann daher als Wettbewerbsnormierung im weiten Sinne qualifiziert werden. Dies soll anhand der folgenden Merkmale verdeutlicht werden.

Ausgangspunkt der Bewertung ist zunächst die Feststellung, dass es sich bei einer Subventionierung i.S.d. ASV um einen Eingriff in den internationalen Warenverkehr mit dem Zweck handelt, die Konkurrenzfähigkeit der heimischen Waren zu verbessern[838]. Der Grund für das Einschreiten gegen subventionierten Wettbewerb liegt darin, einem unlauteren Wettbewerb entgegenzuwirken, der sich negativ auf Konkurrenten auswirken kann, insbesondere wenn diese nicht in den Genuss vergleichbarer Unterstützungen gelangen[839]. Dieses Unlauterkeitselement liegt bei anfechtbaren Subventionen i.S.d. ASV klar zutage: Der niedrige Preis des Ausführers beruht nicht auf seiner wirtschaftlich besseren Leistungsfähigkeit, sondern auf der Unterstützung durch das Ursprungs-/Ausfuhrland. Es wäre daher unfair, die Wirtschaftszweige in der Gemeinschaft einem derartigen verzerrten

---

die Antidumping-Verordnung).

836 EuGH, Rs. 191/82, EEC Seed Crushers' and Oil Processors' Federation (Fediol)/Kommission, Slg. 1983, S. 2913/2947.

837 Siehe oben in diesem Teil: Punkt I.2.b.

838 Reszel, S. 14.

839 Dauses - Wenig, K.II (Bd. 2), Rdnr. 3.

Wettbewerb auszuliefern, ohne entsprechende Ausgleichsmaßnahmen bereitzustellen[840]. Subventionen stellen sich aus der Sicht eines europäischen Konkurrenten, als "willkürliche" Störung des Wettbewerbs durch eine Entscheidungsinstanz dar, auf die er keinen Einfluss hat[841]. Deshalb stellen Ausgleichsmaßnahmen vom Prinzip her stets Korrekturen eines verfälschten Wettbewerbs dar, die zur Beseitigung eines unfairen Vorteils der Ausführer führen sollen[842].

Weiterhin weist das Spezifitätskriterium[843] einen wettbewerbsrechtlichen Charakter auf. Aus der Tatsache, dass Spezifität gefordert wird, wird deutlich, dass die ASV nur die Fälle erfassen will, die sich “abgrenzbar” auf eine bestimmte Wettbewerbssituation auswirken. Unter der Spezifität, ist diejenige Wirkungsweise einer staatlichen Unterstützung zu verstehen, die einem oder mehreren bestimmten Unternehmen auf einem relevanten Markt eine Begünstigung zukommen lässt, während diese anderen versagt bleibt. Damit wird zugleich die zentrale Grundlage für die spätere Beurteilung der Wettbewerbsbeeinträchtigung geschaffen, die nach der ASV sogar die Form einer Schädigung der europäischen Konkurrenten voraussetzt. Das Spezifitätskriterium verdeutlicht somit, dass die ASV nur diejenigen Sachverhalte erfassen will, wo es um abgrenzbare Konkurrenzsituationen geht. Wie bereits im zweiten Teil dieser Untersuchung erwähnt, ist das Spezifitätskriterium in wettbewerbsrechtlicher Hinsicht ein typisches Kriterium der Beihilfevorschriften[844]. Auch das Erfordernis eines Vorteils[845] unterstreicht den wettbewerbsrechtlichen Charakter der ASV, denn dem Unternehmen als Begünstigten der Subvention, muss gegenüber seinen Konkurrenten ein quantifizierbarer wirtschaftlicher Vorteil erwachsen sein, der diesem Unternehmen damit einen Wettbewerbsvorteil verschafft, der sich verzerrend auf die Konkurrenzsituation auswirkt. Bewertungsmaßstab für die Ermittlung des Vorteils ist der freie Markt. Damit gewährt eine Transaktion dem Empfänger nur dann einen Vorteil, wenn diese nicht zu vergleichbaren “günstigen Konditionen” auf dem freien Markt erhältlich wäre. Mit anderen Worten, ein unfairer Wettbewerb wird dann hergestellt, wenn bestimmten Unternehmen staatliche Unterstützungen gewährt werden, die zu marktüblichen Konditionen nicht erhaltbar sind.

Auch das Tatbestandsmerkmal der Schädigung weist wettbewerbsrechtliche Züge auf, da im Mittelpunkt der Schadensermittlung der Wirtschaftszweig der Gemeinschaft steht [846]. Erst in dem Moment, wo eine Schädigung vorliegt, greift die Schutzpflicht zugunsten des betroffenen Wirtschaftszweiges ein. Die erforderliche Schädigung eines Wirtschaftszweiges manifestiert sich in diesem Zusammenhang als eine Wettbewerbsverfäl-

---

840 Dauses - Wenig, K.II (Bd. 2), Rdnr. 3; Rolf, S. 42; Landsittel, S. 137; Wessely, S. 106.
841 Nettesheim, S. 97.
842 Kretschmer, S. 51; Wessely, S. 117.
843 Siehe oben im ersten Teil: Punkt III.2.a.
844 Siehe oben im zweiten Teil: Punkt III.1.c.
845 Siehe oben im ersten Teil: Punkt III.1.c.
846 Reszel, S. 17.

schung die zu beheben ist. Auf der anderen Seite kann aus der Tatsache, dass die ASV nur dann zur Anwendung kommt, wenn eine Schädigung vorliegt oder droht, also kein grundsätzliches Verbot von Subventionen enthält, nicht hergeleitet werden, dass die ASV nicht in erster Linie an einem fairen und unverfälschten Wettbewerb interessiert ist[847]. Das Schädigungselement ist lediglich eine Art wirtschaftlicher Test, der eine Wettbewerbsverfälschung ermittelt, solange keine binnenmarktähnlichen Verhältnisse vorliegen[848]. Außerdem ergibt sich der Zweck dieser Normierung und relativ detaillierten Umschreibung des Schädigungserfordernisses aus dem Gedanken, einem aus rein protektionistischen Gründen motivierten übermäßigen Rückgriff auf Ausgleichsmaßnahmen vorzubeugen. Im Vergleich hierzu, beschränken sich auch die Beihilfevorschriften nur auf die Beihilfefälle, die den Wettbewerb und den Handel zwischen den Mitgliedstaaten beeinträchtigen[849]. Insoweit dürfen Wettbewerbsschutz als Institutionsschutz und als Individualschutz nicht als Gegensätze aufgefasst werden, sondern sie dienen vielmehr gemeinsam dem Schutz der Freiheit aller, als Voraussetzung für die Funktionsfähigkeit der Privat- und Wettbewerbsordnung im Rahmen eines freiheitlichen Wirtschaftssystems.

Bei näherer Betrachtung verdeutlicht sich somit, dass die ASV die Herstellung eines fairen und unverfälschten Wettbewerbs verfolgt und gewährleisten will[850]. Dies folgt auch aus dem Erfordernis, dass die verursachte Schädigung hauptursächlich auf die subventionierten Einfuhren zurückzuführen sein muss und nicht auf andere Faktoren[851]. Mit anderen Worten, die ASV beabsichtigt durch die Ausgleichsmaßnahmen lediglich der unfairen Subvention zu begegnen, nicht aber andere Faktoren, die für die Situation des Wirtschaftszweiges verantwortlich sind, zu kompensieren.

Die in erster Linie wettbewerbsschützende Funktion der ASV ergibt sich weiterhin aus ihren subjektivrechtlichen Komponenten. Dies wird zum einen deutlich aus dem Erfordernis einer Schädigung, die Schutznormcharakter im Interesse des betroffenen Wirtschaftszweiges hat[852]. Insbesondere in den Fällen der Schädigung eines inländischen Wirtschaftszweiges, wird deutlich, dass die ASV auf die Wettbewerbssituation konkurrierender Unternehmen abstellt. Es wird damit klargestellt, dass es vornehmlich um das Wettbewerbsverhältnis zwischen Unternehmen geht, die gleichartige Waren einer individualisierbaren Gruppe von Abnehmern anbieten. Diesem Wirtschaftszweig gehören grundsätzlich sämtliche Erzeuger der gleichartigen Ware der Gemeinschaft an. Der Wirtschaftszweig kann jedoch im Einzelfall auch so definiert werden, dass er nur 25% der Gesamtproduktion repräsentiert[853]; dies kann sich unter Umständen auf nur einen einzigen Erzeuger be-

---

847 Wessely, S. 19 (im Hinblick auf die Antidumping-Verordnung).
848 Siehe hierzu auch weiter unten in diesem Teil: Punkt V.1.
849 Siehe oben im zweiten Teil: Punkt III.2.
850 Kramer, RIW 1975, S. 123; Bentley, EBLR 1990, S. 91; Bourgeois - Quick, S. 111.
851 Siehe oben im ersten Teil: Punkt V.2.c.
852 Schwarze, EuR 1986, S. 217/222; Reszel, S. 17.
853 Siehe oben im ersten Teil: Punkt V.1.b.

ziehen. Für den wettwerbsrechtlichen Charakter der ASV spricht weiterhin das Initiativrecht, denn grundsätzlich wird ein Verfahren durch Antrag eines Wirtschaftszweiges eingeleitet; m.a.W. die europäischen Konkurrenten sind in erster Linie für die Einleitung von Verfahren verantwortlich[854]. Die detaillierten Vorgaben der ASV, an die die Gemeinschaftsorgane gebunden sind, im Hinblick auf die Rechte der betroffenen Wirtschaftszweige, den genauen Verfahrensregeln und Fristen, haben den handelspolitischen Charakter im wesentlichen durch subjektivrechtliche Aspekte verdrängt. Außerdem unterstreicht auch die Möglichkeit ein Verfahren *ex officio* einzuleiten[855] den Aspekt, dass die ASV auch den Wettbewerb als Institution schützen will, wenn die Kommission dies für erforderlich hält.

Allerdings steht den betroffenen Wirtschaftszweigen kein zwingendes Abwehrrecht zu, das privatrechtlich durchsetzbar wäre[856], denn der Schutz des Wirtschaftszweiges kann anderen Interessen in der Gemeinschaft gegenüberstehen, die vorrangig zu bewerten sind. Die Abwägung und Berücksichtigung des Gemeinschaftsinteresses kann in diesem Zusammenhang zu dem Ergebnis führen, dass das Gemeinschaftsinteresse der Einführung von Ausgleichsmaßnahmen entgegenstehen kann[857]. Dies kann sich z.B. aus der Gesamtabwägung des Gemeinschaftsinteresses ergeben, das besonderen Wert auf den Wettbewerb legt[858]. Artikel 31 Abs. I S. 2 ASV macht in diesem Zusammenhang deutlich, dass bei dieser Prüfung die Notwendigkeit, die "handelsverzerrenden Auswirkungen der die Schädigung verursachenden Subventionen zu beseitigen und einen fairen Wettbewerb wiederherzustellen", besonders Rechnung getragen wird[859]. Die ASV stellt damit auch im Rahmen des Gemeinschaftsinteresses schwerpunktmäßig auf einen fairen Wettbewerb ab. Die Beseitigung der Schädigung eines Wirtschaftszweiges in der Gemeinschaft ist i.d.R. eines der Hauptargumente, die für die Einführung von Ausgleichsmaßnahmen spricht, um einen fairen Wettbewerb wieder herzustellen. So kann auf der anderen Seite, aber z.B. auch von Ausgleichszöllen abgesehen werden, wenn dadurch die Monopolstellung eines europäischen Wirtschaftszweiges verstärkt wird, also durch die Einführung von Ausgleichsmaßnahmen kein ausreichender Wettbewerb innerhalb der Gemeinschaft vorhanden wäre[860]. Der reine Schutz der betroffenen Wirtschaftszweige kann demnach im Einzelfall dem Be-

---

854 Siehe oben im ersten Teil: Punkt VII.2.a.

855 Siehe oben im ersten Teil: Punkt VII.2.a.

856 Rolf, S. 44. Aber auch im Bereich staatlicher Beihilfen steht den Betroffenen ein solches Recht nicht zu.

857 Siehe oben im ersten Teil: Punkt VI.

858 Kramer, RIW 1975, S. 127.

859 Siehe hierzu auch das Merkblatt der Kommission zu den Rechtsvorschriften der Europäischen Gemeinschaft zum Schutz gegen Dumpingpraktiken und Subventionen, abgedruckt bei: Van Bael/Bellis, S. 594.

860 Siehe in diesem Zusammenhang z.B. Verordnung (EWG) Nr. 1361/87 der Kommission vom 18. Mai 1987 zur Einführung eines vorläufigen Antidumpingzolls auf Einfuhren von Ferrosiliciumcalcium/ Calciumsilicid mit Ursprung in Brasilien (ABl. 1987 L 129, S. 5/7); EuGH, Rs. C-156/87, Gestetner Holdings plc/Rat und Kommission, Slg. 1990, S. I-781/843; Wessely, S. 273/281. Siehe auch oben im

dürfnis eines funktionierenden Wettbewerbs untergeordnet werden[861]. Den Gemeinschaftsorganen obliegt es demnach, einen Ausgleich zu finden zwischen dem Erfordernis, den betroffenen Wirtschaftszweig der Gemeinschaft zu schützen und dem Erfordernis, den Wettbewerb auf dem Gemeinsamen Markt vor Verzerrungen zu schützen[862]. Darüber hinaus wird in der Abwägung des Gemeinschaftsinteresses aber auch den Interessen der Verbraucher besondere Aufmerksamkeit gewidmet. Sollte die Einführung von Ausgleichsmaßnahmen zu einer Verteuerung der Preise für Verbraucher führen, die zugleich ein Indiz für eine nicht hinreichende Wettbewerbsintensität ist, so kann dies der Einführung von Ausgleichsmaßnahmen entgegenstehen[863]. Die ASV orientiert sich damit auch am Wohl des Verbrauchers, denn ohne die individuelle Handlungs- und Entscheidungsfreiheit der Anbieter und Nachfrager ist ein Wettbewerb nicht möglich. Das andere Erwägungen des Gemeinschaftsinteresses die Einführung von Ausgleichsmaßnahmen verhindern können, ist nicht die "vorrangige" *ratio* der ASV. Diese Ausnahmefälle sind im politischen Bereich anzusiedeln, die sich nur schwer in die juristische *ratio* der ASV einordnen lassen. Wie bereits erwähnt, soll die Einführung von Ausgleichszöllen die Schädigung eines Wirtschaftszweiges und damit die Beeinträchtigung der normalen Wettbewerbsbedingungen verhindern. Ausgleichsmaßnahmen dienen deshalb letztlich dazu, lautere Wettbewerbsbedingungen in der Gemeinschaft herzustellen bzw. aufrechtzuerhalten. Die mit der Auferlegung des Ausgleichszolls beabsichtigte Verteuerung der subventionierten Einfuhrwaren dient der Beseitigung dieses künstlichen Preisgefälles[864]. Es wird also die wettbewerbsverfälschende Wirkung der Subventionspraktik durch den Ausgleichszoll kompensiert, um einen unverfälschten Wettbewerb zu ermöglichen. Auch die Angleichung der Einfuhrpreise an ein nichtschädigendes Preisniveau macht deutlich, dass es der ASV nicht um rein "protektionistische Maßnahmen" geht, sondern nur um die notwendigen Gegenmaßnahmen die erforderlich sind, um einen fairen Wettbewerb wieder herzustellen[865]. Damit ist auch die "Schadensspanne"[866] ein Indiz dafür, dass lediglich der "subventionierte Preisvorteil" gegenüber gleichartigen Waren in der Gemeinschaft ausgeglichen werden

---

ersten Teil: Punkt VI.

861 Siehe Schlussanträge des GA Van Gerven: EuGH, Rs. C-16/90, Eugen Nölle/Hauptzollamt Bremen-Freihafen, Slg. 1991, S. I-5163/5177. Sowie Schlussanträge des GA Jacobs: EuGH, Rs. C-358/89, Extramet Industrie SA/Rat, Slg. 1992, S. I-3813/3840.

862 Siehe z.B. Antisubventionsverfahren für den Bereich der EGKS-Waren, wo die Kommission ansatzweise eine Abwägung dieser Interessen vorgenommen hat: Beschluss Nr. 284/2000/EGKS der Kommission vom 4. Februar 2000 zur Einführung eines endgültigen Ausgleichszolls auf die Einfuhren bestimmter flachgewalzter Erzeugnisse aus Eisen oder nichtlegiertem Stahl, mit einer Breite von 600 mm oder mehr, weder plattiert noch überzogen, in Rollen (Coils), nur warmgewalzt, mit Ursprung in Indien und Taiwan, zur Annahme von Verpflichtungsangeboten bestimmter ausführender Hersteller und zur Einstellung des Verfahrens gegenüber den Einfuhren mit Ursprung in Südafrika (ABl. 2000 L 31, S. 44/74).

863 Siehe oben im ersten Teil: Punkt VI.

864 Reszel, S. 15; Landsittel, S.137; Bentley, EBLR 1990, S. 91.

865 Nettesheim, S. 25; Reszel, S. 16.

soll. Damit ist ein weiterer Anhaltspunkt für den wettbewerbsrechtlichen Charakter der ASV gewonnen. Obwohl die ASV den Gemeinschaftsorganen[867] zur Einführung von Ausgleichsmaßnahmen einen weiten Beurteilungs- und Ermessensspielraum einräumt, unterliegen jedoch die Rechtsakte der gerichtlichen Überprüfung[868]. Entscheidend ist bei der gerichtlichen Überprüfung, ob die Gemeinschaftsorgane eingeräumte Verfahrensgarantien beachtet haben, ob sie offensichtliche Fehler bei der Würdigung des Sachverhalts begangen oder es unterlassen haben, wesentliche Gesichtspunkte zu berücksichtigen, oder ob sie in ihrer Begründung ermessensmissbräuchliche Überlegungen haben einfließen lassen[869]. Die weiten Beurteilungs- und Ermessensspielräume ergeben sich aus der Notwendigkeit, komplexe Sachverhalte zu erfassen und zu bewerten. Diese Spielräume können jedoch nicht die *ratio legis* der ASV beeinflussen oder verändern. Auch aus der Rechtsprechung zum Beihilferecht geht hervor, dass das EuG und der EuGH z.B. im Rahmen einer Nichtigkeitsklage lediglich feststellen können, ob eine angefochtene Entscheidung mit einem der in Artikel 230 EG genannten Rechtsfehler behaftet ist, sie werden aber nicht die Würdigung der Tatsachen, insbesondere in wirtschaftlicher Hinsicht, an die Stelle derjenigen des Urhebers der Entscheidung setzen[870]. Daraus folgt, dass sich das EuG und der EuGH bei der Überprüfung einer bereits vorgenommenen Beurteilung darauf beschränken, ob der Sachverhalt zutreffend festgestellt wurde und ob keine offensichtlichen Beurteilungs- oder Ermessensfehler vorliegen. Auch im Rahmen des Beihilferechts hat der eingeräumte Spielraum keinen Einfluss auf die *ratio legis* der Beihilfevorschriften. Festzuhalten bleibt, dass die ASV also die Herstellung eines fairen und unverfälschten Wettbewerbs verfolgt, der in erster Linie durch den Schutz betroffener Wirtschaftszweige vor unlauteren Subventionen zum Ausdruck kommt. Darüber hinaus legen die Gemeinschaftsorgane bei ihrer Gesamtabwägung des Gemeinschaftsinteresses, besonderes Gewicht auf einen funktionierenden Wettbewerb innerhalb der Gemeinschaft sowie auf die Interessen der Verbraucher und Verwender. Eine genauere Betrachtung der ASV macht somit deutlich, dass die ASV den Schutz der europäischen Wirtschaftszweige, den Schutz des Wettbewerbs als solchen und den Schutz Dritter, insbesondere der Verbraucher und Verwender[871] innerhalb der Gemeinschaft verfolgt und somit alle Eigenschaften aufweist, die zur Qualifizierung einer Wettbewerbsnorm herangezogen werden können. Die *ratio legis* der ASV liegt demnach schwerpunktmäßig in der Herstellung eines fairen und unverfälschten Wettbewerbs.

---

866 Siehe oben im ersten Teil: Punkt VIII.1.

867 Insbesondere der Kommission.

868 Siehe oben im ersten Teil: Punkt X.

869 EuGH, Rs. 187/85, EEC Seed Crushers' and Oil Processors' Federation (Fediol)/Kommission, Slg. 1988, S. 4155/4187.

870 Siehe z.B. EuGH, Rs. C-225/91, Matra/Kommission, Slg. 1993, S. I-3203; EuG, Rs. T-358/94, Air France/Kommission, Slg. 1996, S. II-2109/2135; Deckert/Schroeder, EuR 1998, S. 291/298.

871 Siehe oben im ersten Teil: Punkt VI.

b) Der Anwendungsbereich

Wie bereits erwähnt, beschränkt sich die ASV funktional auf die Anwendung gegenüber Drittländern und ist somit nicht gegenüber Mitgliedstaaten in der Gemeinschaft anwendbar[872]. Der Anwendungscharakter der ASV ist darüber hinaus defensiver Natur, d.h. die ASV ist nur anwendbar auf subventionierte Einfuhren in die Gemeinschaft. Die ASV kann somit nicht als Rechtsgrundlage herangezogen werden, um gegen Subventionierungen auf Drittlandsmärkten vorzugehen, wenn Ausfuhren der Gemeinschaft mit subventionierten Waren nachteilig auf Drittlandsmärkten im Wettbewerb stehen. Außerdem verbietet die ASV nicht die Ausfuhr subventionierter Waren aus der Gemeinschaft, auch wenn diese auf Drittlandsmärkten Schäden verursachen. Damit wird deutlich, dass sich die ASV lediglich auf den Schutz des Gemeinsamen Marktes beschränkt.

Die ASV beschränkt sich weiterhin nur auf den Warenverkehr und nicht auf den Dienstleistungs- oder Zahlungsverkehr. Eine Erweiterung auf den Dienstleistungsbereich würde jedoch u.a. die folgenden praktischen Fragen aufwerfen: Wie sollten die Dienstleistungen erfasst werden, um von einer technischen Einfuhr auszugehen; wie könnte man entsprechende Ausgleichsmaßnahmen erheben und wie sollte man eine Schädigung oder Wettbewerbsverzerrung messen. Auf diese Fragen wird kurz im fünften Teil dieser Untersuchung eingegangen[873].

Darüber hinaus ist die ASV i.d.R. repressiv anwendbar, d.h. sie reagiert lediglich auf subventionierte Einfuhren, wenn diese bereits eine Schädigung verursacht haben. Nur in Ausnahmefällen kann die ASV auch präventiv angewendet werden, für den Fall, dass eine bedeutende Schädigung droht[874]. Diese präventiven Fälle stellen jedoch in der Praxis die Ausnahme dar. Seit dem Inkrafttreten der ASV, sind bislang noch keine Verfahren mit der Behauptung eröffnet worden, dass eine Schädigung drohe.

Die ASV reagiert außerdem sektoral und warenspezifisch, d.h. sie kommt nur dann zur Anwendung, wenn sich für einen bestimmten Wirtschaftszweig und eine bestimmte Ware oder Warengruppe der Wettbewerb sich derart verfälscht, dass er sich in einer konkreten Schädigung manifestiert[875]. Artikel 1 Abs. I der ASV fordert weiterhin, dass die Subventionen entweder mittelbar oder unmittelbar für die Herstellung, die Produktion, die Ausfuhr oder die Beförderung einer Ware gewährt werden muss. Die Subvention muss also den ausgeführten Waren, die Gegenstand eines Antisubventionsverfahrens sind, in irgendeiner Weise zurechenbar sein[876]. Solange eine Subvention also nicht der betreffenden

872 Siehe oben im ersten Teil: Punkt II.

873 Siehe unten im fünften Teil: Punkt IV.4.

874 Siehe oben im ersten Teil: Punkt V.2.d.

875 Siehe oben im ersten Teil: Punkte V.1.a. und V.1.b.

876 Ein zinsgünstiges Darlehen an ein Unternehmen, das die Liquidation der Vertriebsorganisation von Lachsproduzenten übernahm, wurde den Produzenten von Lachs zugerechnet [Verordnung (EG) Nr. 1891/97 des Rates vom 26. September 1997 zur Einführung von gezüchtetem Atlantischen Lachs mit

Ware zugute kommt, kann sie nicht nach Artikel 1 Abs. I ASV Gegenstand von Ausgleichsmaßnahmen sein[877]. Mit anderen Worten, es muss eine gewisse Konnexität zwischen der Subvention und den untersuchten Waren bestehen.

2. *Die Beihilfevorschriften*

Durch mitgliedstaatliche Beihilfen erlangen die begünstigten Unternehmen gegenüber ihren Konkurrenten in der Gemeinschaft einen Wettbewerbsvorteil, denn die Schaffung normaler Wettbewerbsbedingungen wird unzweifelhaft erschwert, wenn ein Teil der Produktionskosten von anderen Außenstehenden als den Käufern oder Verbrauchern aufgebracht wird. Dieser Wettbewerbsvorteil muss sich im Vergleich zur ASV aber nicht unbedingt auf den aktuellen Preis einer Ware oder Dienstleistung auswirken. Es genügt, dass das Unternehmen durch die Beihilfe einen Vorteil erlangt hat, um eine mögliche Wettbewerbsverzerrung und eine Auswirkung auf den innergemeinschaftlichen Handel zu etablieren. Dieser wettbewerbsmäßige Vorteil entfaltet in einem Gemeinsamen Markt größere Wirkungen, da die Unternehmen in einem direkten Wettbewerb stehen und die Mitgliedstaaten nicht mehr in der Lage sind, autonom diese Beihilfen z.B. durch Ausgleichsmaßnahmen zu kompensieren. Beihilfen einzelner Mitgliedstaaten helfen nicht, die Volkswirtschaften der Mitgliedstaaten zu einigen und deren harmonische Entwicklung zu fördern. Auch würde eine angestrebte optimale Arbeitsteilung im Gemeinsamen Markt verhindert werden und statt dessen einen Subventionswettlauf zwischen den Mitgliedstaaten entfachen, der zu einer „Verschwendung" öffentlicher Mittel führen würde[878]. Darüber hinaus ist zu befürchten, dass gerade die wirtschaftlich stärkeren Mitgliedstaaten in der Gemeinschaft diesen „Beihilfewettlauf" für sich entscheiden, und das bereits bestehende Nord/Südgefälle dadurch noch verstärken würden.

a) *Ratio Legis*

Beihilfen sind gemäß Artikel 87 Abs. I EG nur dann verboten, wenn sie den Wettbewerb verfälschen oder zu verfälschen drohen. Durch das Tatbestandsmerkmal der Drohung, reicht die bloße Möglichkeit aus, dass der Wettbewerb verfälscht wird. Danach ist

---

Ursprung in Norwegen (ABl. 1997 L 267, S. 19/30)]. Allerdings wurde eine Steuerbegünstigung der Muttergesellschaft (in Japan) des Ausführers (in Thailand) nicht als ausgleichsfähig angesehen, da sie nicht dem Ausführer zurechenbar war, sondern der Muttergesellschaft gewährt wurde, die nicht Gegenstand der Untersuchung war [Beschluss der Kommission vom 13. Juni 1990 (90/266/EWG) über die Annahme einer Verpflichtung der Königlichen Thai-Regierung im Zusammenhang mit dem Antisubventionsverfahren betreffend die Einfuhren von Kugellagern mit einem größten äußeren Durchmesser von 30mm oder weniger mit Ursprung in Thailand (ABl. 1990 L 152, S. 59/64)].

877 Siehe oben im ersten Teil: Punkt II.

878 Barth, S. 28.

neben dem aktuellen auch der potentielle Wettbewerb Schutzgut des Artikel 87 Abs. I EG. Die Beihilfevorschriften sollen somit verhindern, dass der Handel zwischen den Mitgliedstaaten durch von staatlichen Stellen gewährte Vergünstigungen beeinträchtigt wird, die in verschiedenartiger Weise durch die Bevorzugung bestimmter Unternehmen oder Produktionszweige den Wettbewerb verfälschen oder zu verfälschen drohen[879]. Ziel ist es demnach, Unternehmen in unterschiedlichen Mitgliedstaaten vor einem verfälschten Wettbewerb zu bewahren. Die *ratio legis* des Artikel 87 Abs. I EG besteht somit in der Aufrechterhaltung gleicher Wettbewerbsbedingungen zwischen miteinander konkurrierenden Wirtschaftsteilnehmern im Gemeinsamen Markt[880].

b) Der Anwendungsbereich

Da die Beihilfepolitik ein integrierter Bestandteil der allgemeinen Wirtschaftspolitik ist, welche teilweise noch bei den Mitgliedstaaten verbleibt, muss auch die Kontrolle der Gemeinschaft in diesem Bereich auf den Aspekt des Wettbewerbsschutzes im Gemeinsamen Markt konzentriert und beschränkt bleiben[881]. Der EG-Vertrag muss deshalb unter dem Aspekt des Wettbewerbsschutzes die Zulassung der grundsätzlich mit dem Gemeinsamen Markt unvereinbaren nationalen Beihilfen reglementieren und dabei Leitlinien für die "Gemeinschaftsverträglichkeit" bestimmter staatlicher Beihilfen aufstellen[882]. Artikel 3 Buchstabe g) EG trägt der Gemeinschaft auf, den Wettbewerb innerhalb des Gemeinsamen Marktes vor Verfälschungen zu schützen. Aus diesem Erfordernis folgt auch das grundsätzliche Verbot von Beihilfen, die mit dem Gemeinsamen Markt unvereinbar sind.

Die Beihilfevorschriften finden auf den Waren-, Dienstleistungs- und Zahlungsverkehr Anwendung. Damit gelten die Artikel 87 bis 89 EG grundsätzlich für sämtliche Tätigkeiten aller Unternehmen und Wirtschaftszweige, soweit nicht in Sondervorschriften Einschränkungen von diesem Prinzip der universellen Anwendung festgesetzt sind[883].

Die Wettbewerbsregeln der Gemeinschaft sind auf alle Wettbewerbsbeschränkungen anzuwenden, die sich innerhalb ihres räumlichen Geltungsbereichs auswirken, auch wenn sich der Sitz der beteiligten Unternehmen außerhalb der Gemeinschaft befinden[884]. Beihilfen, die von Mitgliedstaaten an Unternehmen außerhalb der Gemeinschaft gewährt werden, können daher unter Artikel 87 Abs. I EG fallen, wenn dadurch der Wettbewerb

879 EuGH, Rs. 173/73, Italien/Kommission, Slg. 1974, S. 709/718.

880 EuGH, Rs. C-72 und 73/91, Sloman Neptun Schiffahrts AG gegen Seebetriebsrat Bodo Ziesemer der Sloman Neptun Schiffahrts AG, Slg. 1993, S. I-887 (siehe hierzu die Schlussanträge des Generalanwalts Darmon, S. 903/912).

881 EuGH, Rs. 304/85, Acciaierie e Ferriere Lombarde Falck/Kommission, Slg. 1987, S. 871/895; Oppermann, Rdnr. 973.

882 Oppermann, Rdnr. 973.

883 Siehe oben im zweiten Teil: Punkt II.

884 Grabitz/Hilf - Koch, vor ex Artikel 85, Rdnr. 11; GTE - Mederer, vor ex Artikel 92, Rdnr. 8; EuGH, Rs.

innerhalb der Gemeinschaft verfälscht und der innergemeinschaftliche Handel beeinträchtigt wird. Dieser Aspekt hat jedoch im Falle von Beihilfen eine eher geringe Bedeutung, da die Beihilfe von einem Mitgliedstaat gewährt werden muss, um in den Anwendungsbereich des Artikels 87 Abs. I EG zu fallen und die Gewährung an Unternehmen oder Institutionen außerhalb der Gemeinschaft sich auf Ausnahmefälle beschränkt[885]. Beihilfen für die Ausfuhr in Drittländer werden hinsichtlich wettbewerbsverfälschender Auswirkungen zwischen Gemeinschaftsunternehmen grundsätzlich von der Sondervorschrift des Artikels 132 EG erfasst. Unabhängig von der Frage, ob eine Beihilfe als Ausfuhrbeihilfe angesehen werden kann und damit in den Anwendungsbereich des Artikels 132 EG fällt, der die Angleichung der staatlichen Ausfuhrbeihilfen im Rahmen der gemeinsamen Handelspolitik betrifft, wird die Anwendung der Beihilfevorschriften nicht ausgeschlossen[886]. Es ist nämlich nicht ausgeschlossen, dass eine Ausfuhrbeihilfe den Handel zwischen Mitgliedstaaten beeinträchtigt.

Die Beihilfevorschriften definieren sich darüber hinaus mehr als ein "offensives Instrument", da sie dazu dienen können noch nicht gewährte Beihilfen zu verhindern[887] und bereits gewährte Beihilfen zu beseitigen[888]. Der Anwendungscharakter im Hinblick auf neu gewährte Beihilfen ist daher zugleich präventiver Natur. Die Beihilfevorschriften sind nicht wie die ASV unbedingt sektor- oder warenspezifisch anwendbar, sondern sind kontinuierlich anwendbar, d.h. sie gewährleisten einen ständigen Überprüfungsrahmen für bereits gewährte oder noch zu gewährende neue Beihilfen. Nicht erforderlich ist, dass die Beihilfe einer bestimmten Ware oder Dienstleistung zurechenbar sein muss, es reicht i.d.R. aus, dass ein Unternehmen eine Beihilfe an sich erhält, um von den Beihilfevorschriften erfasst zu werden. Im Vergleich zur ASV stellen die Beihilfevorschriften ein grundsätzliches Verbot von Beihilfen auf. Die ASV hingegen verbietet Subventionen zwar nicht, macht diese aber anfechtbar und „ausgleichsfähig“, wenn diese einen Schaden verursacht haben. Autonome Ausgleichsmaßnahmen, sind nach den Beihilfevorschriften nicht zu ergreifen, da der Wettbewerb in einem Gemeinsamen Markt stattfindet, der keine zollrecht-

---

89/85, Zellstoff/Kommission, Slg. 1988, S. 5193.

885 Siehe z.B. Fälle, wonach Darlehen zu sehr günstigen Konditionen an Drittstaaten gewährt worden sind, um durch diese Finanzierung den Kauf von Waren in Europa zu überhöhten Preisen zu erreichen, und somit indirekt eine Beihilfe für die Hersteller in Europa konstituieren. Die Kommission hatte die Frage zu klären, ob sie die betreffende Beihilfe als Entwicklungshilfe oder als eine Betriebsbeihilfe (Rettungsbeihilfe) zugunsten der betroffenen Schiffswerften einstufen sollte. Siehe in diesem Zusammenhang z.B.: Entscheidung der Kommission (91/306/EWG) vom 12. Dezember 1990 über zwei Beihilfevorhaben der deutschen Bundesregierung zugunsten von Schiffswerften, die sich in Schwierigkeiten befinden (ABl. 1991 L 158, S. 71); Entscheidung der Kommission (92/569/EWG) vom 31. Juli 1992 über die Beihilfe Deutschlands für den Auftrag der chinesischen Reederei Cosco zum Bau von vier Containerschiffen (ABl. 1992 L 367, S. 29).

886 EuGH, Rs. C-142/87, Belgien/Kommission, Slg. 1990, S. I-1005/1013; Oppermann, Rdnr. 978.

887 Siehe oben im zweiten Teil: Punkt VI.3.

888 Siehe oben im zweiten Teil: Punkt VI.4.

lichen Grenzen aufweist[889]. Der Ausgleich ist folglich auf die Änderung, Nichtgenehmigung oder Rückzahlung der Beihilfe gerichtet. Durch die Änderung, Rückzahlung oder Nichtgenehmigung soll eine Wettbewerbsbeeinträchtigung rückgängig bzw. vermieden werden[890].

3. Ergebnis

Die *ratio legis* der ASV spiegelt sich schwerpunktmäßig in der Herstellung eines fairen und unverfälschten Wettbewerbs im Gemeinsamen Markt wider. Die Bedeutung der ASV als handelspolitische Schutzmaßnahme tritt hinter dem Aspekt subjektivrechtlicher Erwägungen zurück. Im Vordergrund steht der subjektivrechtliche Charakter der ASV, als wettbewerbsschützende und erhaltende Maßnahme. Auch die Beihilfevorschriften verfolgen das Ziel, Unternehmen in unterschiedlichen Mitgliedstaaten in der Gemeinschaft vor einem verfälschten Wettbewerb zu bewahren. Lediglich den Effekt der Subvention auszugleichen, würde nicht genügen, um die negativen Auswirkungen auf den Integrationsprozess auszugleichen oder zu beseitigen. Ausgleichszölle sind in einem Gemeinsamen Markt nicht vorstellbar. Hier spiegelt sich auch der konzeptionelle Unterschied beider Antisubventions-Instrumente wider. Trotz des unterschiedlichen Anwendungsbereichs, verfolgen beide Antisubventions-Instrumente das Ziel, Wettbewerbsverfälschungen innerhalb des Gemeinsamen Marktes zu beseitigen, bzw. einen unverfälschten Wettbewerb zu gewährleisten[891]. Ein Unterschied ergibt sich vom materiellen Anwendungsbereich her, da die ASV lediglich den Warenverkehr abdeckt, jedoch nicht den Dienstleistungs- und Zahlungsverkehr erfasst.

III. Das Konzept der anfechtbaren Subvention und der Beihilfe

Obwohl sich auf den ersten Blick, Unterschiede in der Begriffsbestimmung zu ergeben scheinen, stellt sich jedoch bei näherer Untersuchung fest, dass die Begriffe einer Subvention, nach der ASV, und einer Beihilfe, nach den Beihilfevorschriften, zumindest in ihrer praktischen Anwendung, weitgehend identisch sind. Darüber hinaus wird deutlich, dass die weiteren Begriffsmerkmale, die eine anfechtbare Subvention und eine Beihilfe charakterisieren, grundsätzlich einheitlich sind. Es zeigen sich in diesem Bereich zwischen beiden Antisubventions-Instrumenten mehr Gemeinsamkeiten als Unterschiede.

---

889 Zur Unvereinbarkeit von Ausgleichszöllen innerhalb einer Freihandelszone, wenn bereits innerhalb dieser Freihandelszone einheitliche Beihilfevorschriften bestehen, siehe: EuG, Rs. T-115/94, Opel Österreich GmbH/Rat der Europäischen Union, Slg. 1997, S. II-39/79.

890 Siehe oben im zweiten Teil: Punkt VI.4.

Dies gilt insbesondere im Hinblick auf die folgenden Begriffsmerkmale: Die Subvention/Beihilfe muss aus „staatlichen Mitteln“ fließen, sie muss weiterhin „spezifisch“ sein und dem Empfänger einen „Vorteil“ gewähren.

1. Begriffsbestimmung: Subvention versus Beihilfe ?

Obwohl sich die ASV vom Anwendungsbereich nur auf den Außenhandel erstreckt, erfasst ihr Subventionsbegriff jedoch grundsätzlich alle Formen der Subventionierung, also nicht nur Ausfuhrsubventionen. Damit wird deutlich, dass die ASV alle Subventionen als zumindest potentiell "handelsbeeinflussend" qualifiziert. Dies ist Ausdruck der Liberalisierung und weltweiten Öffnung der Märkte, die konsequenterweise auch eine direktere und unmittelbarere Wirkung auf den Wettbewerb der Unternehmen entfaltet. Die ASV enthält eine detaillierte Begriffsbestimmung, wann im Einzelfall eine Subvention vorliegt[892]. Nach der ASV liegt eine Subvention dann vor, wenn eine Regierung oder öffentliche Körperschaft eine finanzielle Beihilfe oder irgendeine Form der Einkommens- oder Preisstützung gewährt und dadurch dem Empfänger ein Vorteil gewährt wird. Darüber hinaus konkretisiert die ASV in vier Fallgruppen, wann im Einzelfall von einer finanziellen Beihilfe auszugehen ist[893]. Die ASV versteht den Begriff der Subvention als Oberbegriff, da sie in der Begriffsbestimmung zwischen finanziellen Beihilfen und anderen Unterstützungsformen differenziert[894].

Im Vergleich zur ASV, ist der Beihilfebegriff hingegen nicht eindeutig definiert, denn Artikel 87 Abs. I EG spricht lediglich von "Beihilfen gleich welcher Art"[895]. Der EuGH ist in diesem Zusammenhang grundsätzlich der Auffassung, dass der Begriff der Beihilfe weiter zu fassen sei als der Begriff der Subvention, da der Beihilfebegriff nicht nur positive Leistungen wie Subventionen selbst umfasse, sondern auch Maßnahmen, die in verschiedener Form die Belastungen vermindern, welche ein Unternehmen normalerweise zu tragen habe und damit zwar keine Subvention in strengen Sinne des Wortes darstelle, diesen aber nach Art und Wirkung gleichstehe[896]. Der EuGH definiert eine Subvention somit als eine Geld- oder Sachleistung, die einem Unternehmen zu dessen Unterstützung gewährt wird und die außerhalb des Entgelts liegt, welches der Käufer oder Verbraucher für die von dem betroffenen Unternehmen produzierten Güter oder Dienstleistungen

---

891 Bentley, EBLR 1990, S. 91.
892 Siehe oben im ersten Teil: Punkt III.1.
893 Siehe oben im ersten Teil: Punkt III.1.b.aa.
894 Siehe oben im ersten Teil: Punkt III.1.b.
895 Siehe oben im zweiten Teil: Punkt III.1.
896 EuGH, Rs. 30/59, Steenkolenmijnen in Limburg/Hohe Behörde, Slg. 1961, S. 1/43; Schernthanner, S. 6; Grabitz/Hilf - v. Wallenberg, ex Artikel 92, Rdnr. 3; Sinnaeve, S. 28; Baudenbacher, S. 6; D'Sa, S. 60; Hancher/Ottervanger/Slot, Rdnr. 2-002; Lübbig, WuW 1999, S. 249/250.

entrichtet[897]. Nach Ansicht des EuGHs, werde in der Beihilfe hingegen allgemein ein hiermit eng verwandter Vorgang gesehen, der jedoch in stärkerem Maße zweckbetont sei, da Beihilfen speziell als Mittel zur Verfolgung bestimmter Ziele angesehen werden, die in der Regel nicht ohne fremde Hilfe erreicht werden können[898]. Demnach unterfällt dem Beihilfebegriff nicht nur eine positive Leistung des Staates an den jeweils Begünstigten, sondern vielmehr auch jede Belastungsverminderung[899]. Indem der EuGH dem Begriff der Subvention das enge Verständnis einer Geld- oder Sachleistung zuweist, schafft er sich ein "Instrument" zur indirekten Verdeutlichung der Weite des, nach Ansicht des EuGHs, umfassenderen Beihilfebegriffs. Festzuhalten ist damit, dass der EuGH im Kontext des Beihilferechts den Begriff der Beihilfe als Oberbegriff versteht. Auch in neuerer Rechtsprechung hält der EuGH an dieser Unterscheidung zwischen Beihilfen und Subventionen fest[900]. Eine Definition des Beihilfebegriffs erwies sich auch nach der überwiegend vertretenen Auffassung in Rechtsprechung und Literatur weder als möglich, noch als wünschenswert[901]. Der offene Beihilfebegriff hat unbestritten den Vorteil, dass er durch seine flexible Anwendung nicht ohne weiteres durch ein kreatives Beihilfeverhalten seitens der Mitgliedstaaten umgangen werden kann. Nachteilig ist jedoch anzumerken, dass dieser weite Begriff nur wenig Rechtssicherheit gewährleistet und gerade Unternehmen als "Leistungsempfänger" häufig vor die Frage stellt, ob es sich im konkreten Fall überhaupt um eine Beihilfe i.S.d. Artikel 87 Abs. I EG handelt[902]. In dieser Hinsicht, ist der Subventionsbegriff der ASV dem Beihilfebegriff vorzuziehen, da er eine größere Rechtssicherheit gewährleistet, aber zugleich flexibel genug ist, um den, im Verständnis des EuGHs entwickelten, Beihilfebegriff mit zu umfassen. Der Subventionsbegriff nach der ASV ist weiter zu fassen, als der vom EuGH zugrundegelegte Subventionsbegriff. Daher wird auch nachfolgend näher ausgeführt, dass die vom EuGH vorgenommene Differenzierung zwischen Subventionen und Beihilfen nicht mehr zweckgerecht erscheint.

Zu berücksichtigen ist zunächst, dass die ursprüngliche Begriffsbestimmung des EuGHs sich im Kontext des EGKS-Vertrages ergab, denn Artikel 4 Buchstabe c) des EGKS-Vertrages unterscheidet terminologisch zwischen "Subventionen oder Beihilfen".

---

897 EuGH, Rs. 30/59, Steenkolenmijnen in Limburg/Hohe Behörde, Slg. 1961, S. 1/42; Grabitz/Hilf - v. Wallenberg, ex Artikel 92, Rdnr. 3; Sinnaeve, S. 28; Baudenbacher, S. 6.

898 EuGH, Rs. 30/59, Steenkolenmijnen in Limburg/Hohe Behörde, Slg. 1961, S. 1/43; Grabitz/Hilf - v. Wallenberg, ex Artikel 92, Rdnr. 3; Sinnaeve, S. 28; Baudenbacher, S. 6.

899 EuGH, Rs. 30/59, Steenkolenmijnen in Limburg/Hohe Behörde, Slg. 1961, S. 1/43; Grabitz/Hilf - v. Wallenberg, ex Artikel 92, Rdnr. 3; Baudenbacher, S. 6; Sinnaeve, S. 28; Bleckmann, Rdnr. 2052.

900 EuGH, Rs. C-39/94, Syndicat français de l'Express international (SFEI) u.a./La Poste u.a., Slg. 1996, S. I-3547/3562. Siehe hierzu auch: GTE - Mederer, Vorb.z.d. ex Artikel 92 bis 94, Rdnr. 2; D'Sa, S. 60; Hancher/Ottervanger/Slot, Rdnr. 2-003.

901 So vertrat z.B. GA Lenz die Meinung, dass es gar nicht nötig sei, den Begriff der Beihilfe näher zu bestimmen, siehe hierzu: EuGH, Rs. 234/84, Belgien/Kommission (Meura), Slg. 1986, S. 2263/2269. So auch: Hoischen, S. 6; Reszel, S. 24; GTE - Mederer, ex Artikel 92, Rdnr. 4/5; Ciresa, S. 32; Sinnaeve, S. 29; Baudenbacher, S. 6; Evans, S. 27; Soltész, EuZW 1998, S. 747/748.

902 Siehe hierzu auch: Ciresa, S. 32.

Der EuGH sah daher die Notwendigkeit, zwischen Subventionen und Beihilfen zu differenzieren und beide Begriffe deutlich voneinander abzugrenzen. Der EuGH qualifiziert Subvention lediglich als positive Leistungen, nicht also als Form der Verminderung von Belastungen, welche ein Unternehmen normalerweise zu tragen hätte. Diese Kategorisierung ist jedoch überholt, da die Begriffsbestimmung einer Subvention nach der ASV z.B. ausdrücklich den Verzicht oder die Nichterhebung auf normalerweise zu entrichtende Abgaben enthält[903]. Nach der ASV fällt weiterhin der Transfer von Verbindlichkeiten eines Unternehmens unter den Subventionsbegriff[904]. Somit lässt sich konstatieren, dass auch die Entlastung oder Verminderung normalerweise zu tragender Kosten vom Subventionsbegriff der ASV erfasst wird.

Weiterhin sei zu erwähnen, dass auch die Kommission in ihrer Interpretation des Subventionsbegriffs nach der ASV davon ausgeht, dass eine Subvention in jedem Fall eine Kostensenkung für das begünstigte Unternehmen bewirkt[905]. Jede Form der Kosten- oder Belastungsverminderung fällt damit in den Anwendungsbereich des Subventionsbegriffs nach der ASV. In der englischen Fassung der ASV wird der Terminus "finanzielle Beihilfe" als "*financial contribution*" übersetzt. Durch den Begriff der "*financial contribution*" wird lediglich auf die finanzielle Natur der Maßnahme (oder des "Beitrags") hingewiesen. Nicht berechtigt erweist sich in diesem Zusammenhang jedoch der Rückschluss darauf, dass damit der Subventionsbegriff eng zu interpretieren, und lediglich auf sog. "positive Leistungen" zu reduzieren sei. Jede Form der Kostenentlastungen kann vom Wortlaut her eine "*financial contribution*" darstellen[906], wie auch aus den bereits oben erwähnten Beispielsfällen der ASV hervorgeht. Darüber hinaus weist der Subventionsbegriff nach der ASV auch die Bereitstellung von Waren oder Dienstleistungen seitens einer Regierung oder den Ankauf von Waren auf[907].

Damit wird deutlich, dass der Subventionsbegriff nach der ASV nicht der Begriffsvorstellung des EuGHs entspricht und wesentlich weiter zu fassen ist. Die Differenzierung des EuGHs hat jedoch auch in der praktischen Anwendung keine Bedeutung mehr. Die Begriffe Subvention und Beihilfe werden daher zu Recht häufig synonym verwendet[908]. Wie nachfolgend näher dargestellt wird, erfassen die Begriffe der Subvention und der Beihilfe in der praktischen Anwendung gleiche Tatbestände.

Trotz der relativ detaillierten Ausgestaltung des Subventionsbegriffs nach der ASV,

---

903 Siehe oben im ersten Teil: Punkt III.1.b.aa.

904 Siehe oben im ersten Teil: Punkt III.1.b.aa.

905 Siehe Leitlinien für die Berechnung der Höhe von Subventionen in Ausgleichszolluntersuchungen (ABl. 1998 C 394, S. 6/7).

906 Leitlinien für die Berechnung der Höhe von Subventionen in Ausgleichszolluntersuchungen (ABl. 1998 C 394, S. 6/7).

907 Siehe oben im ersten Teil: Punkt III.1.b.aa.

908 So bei: Mosler, ZaöRVR 1956/57, S. 424; Hausner, S. 73; Hochbaum, S. 23; Grabitz, RIW 1989, S. 624; Oppermann, Rdnr. 1111.

bietet die Definition eine hinreichend flexible Interpretationsmöglichkeit, um auch Fälle zu erfassen, die sich auf den ersten Blick nicht unter die Definition subsumieren lassen. Diese Flexibilität ergibt sich zum einen aus der Tatsache, dass Teil dieser Definition das Tatbestandsmerkmal des "dem Empfänger erwachsenden Vorteils" bildet[909]. Damit erstreckt sich potentiell der Anwendungsbereich dieser Definition auf alle Fälle, die dem Empfänger eine staatliche Leistung zugänglich macht, die er zu gleichen günstigen Konditionen nicht auf dem freien Markt erhalten hätte. Damit reicht es grundsätzlich aus, dass keine ausreichende und marktübliche Gegenleistung erfolgt, oder dass die Leistung keinem normalen wirtschaftlichen Vorgang entspricht, um *prima facie* ein Indiz für das Vorliegen einer Subvention herzustellen.

Das grundsätzliche Vorliegen eines derartigen Vorteils, stellt daher eine gewisse Interdependenz zu den anderen Begriffsmerkmale der Definition her und beeinflusst so logischerweise die Interpretation der Gesamtdefinition. Mit anderen Worten, bei dem grundsätzlichen Vorliegen eines Vorteils fällt es nicht schwer, die entsprechende staatliche Maßnahme unter einem der weitgefassten Beispielsfälle zu subsumieren. Die Beispielsfälle liefern zwar gewisse Indizien für die Qualifizierung bestimmter staatlicher Maßnahmen als Subventionen, bleiben aber gleichzeitig flexibel genug in ihrer konkreten Anwendung, um die Qualifizierung einer Subvention erfassen zu können.

Ein Beispiel hierfür ist der direkte oder "potentiell direkte Transfer" von Geldern oder Verbindlichkeiten i.S.d. Artikel 2 Nr. 1 Buchstabe a) Ziff. i) der ASV[910]. Das Begriffsmerkmal des potentiellen Transfers stellt eine genügende Flexibilität bereit, um auch Fälle zu erfassen, die sich nicht auf den ersten Blick als offensichtliche Subvention erweisen. Diese große Flexibilität wird auch dadurch deutlich, dass sich die oben im zweiten Teil dieser Untersuchung erwähnten Beihilfefallgruppen[911] auch unter den Subventionsbegriff der ASV subsumieren lassen. Der Subventionsbegriff der ASV deckt weiterhin kasuistisch alle Bereiche ab, die in Form von negativen Einzelfallentscheidungen der Kommission als Beihilfen qualifiziert worden sind[912].

Da sich in der Praxis der Anwendungsbereich beider Begriffe angenähert hat und teilweise sogar deckungsgleich ist, soll im weiteren Verlauf der Untersuchung einheitlich von Subventionen gesprochen werden, wenn eine Differenzierung für den weiteren Vergleich entbehrlich erscheint.

909 Siehe oben im ersten Teil: Punkt III.1.c.
910 Siehe oben im ersten Teil: Punkt III.1.b.aa.
911 Siehe oben im zweiten Teil: Punkt III.1.a.
912 Siehe in diesem Zusammenhang: Reports of Commission Decisions relating to State aid [ex] Article 93, paragraph 2 (Negative final Decisions) between 1973 and 1995 (Office for Official Publications

2. *Gemeinsame Begriffsmerkmale*

Der Begriff einer anfechtbaren Subvention nach der ASV und der Beihilfebegriff nach Artikel 87 Abs. I EG, weisen zahlreiche gemeinsame Begriffsmerkmale auf. Dies gilt für die folgenden Merkmale:

- Die Subvention muss sich als eine Zuwendung aus staatlichen Mitteln darstellen.
- Die Zuwendung muss sich für den Empfänger als Vorteil erweisen.
- Im Hinblick auf den Kreis der begünstigten Unternehmen ist Spezifität gefordert.

Was somit die Qualifizierung von anfechtbaren Subventionen und Beihilfen anbelangt, bestehen zumindest, wie sich zeigen wird, zwischen beiden Antisubventions-Instrumenten keine grundsätzlichen Unterschiede.

a) *Aus staatlichen Mitteln*

Als Subvention, sowohl im Sinne der ASV als auch nach den Beihilfevorschriften, werden allgemein nur staatliche oder aus staatlichen Mitteln gewährte Zuwendungen verstanden, d.h. die Zuwendungen müssen generell aus öffentlichen Mitteln finanziert werden. Die ASV stellt in diesem Zusammenhang zunächst klar, dass die Subvention von einer Regierung gewährt werden muss[913]. Dies kann entweder die Regierung des Ursprungs- oder des Ausfuhrlands einer Ware sein. Darüber hinaus stellt die ASV begrifflich die "öffentlichen Körperschaften" im Gebiet des Ursprungs- oder Ausfuhrlands den "Regierungen" gleich[914]. Eine Mittelzufuhr kann daher z.B. von jeder regionalen oder lokalen öffentlichen Körperschaft gewährt werden, um vom Anwendungsbereich der ASV erfasst zu werden. Unter diesen Begriff fallen somit alle Landes- und Gemeindeorgane sowie nachgeordnete Dienststellen. Auch Körperschaften des öffentlichen Rechts, die nicht im Rahmen der hoheitlichen Verwaltung tätig werden (z.B. Staatsbanken), können gegebenenfalls als "Regierung" im Sinne dieser Bestimmung qualifiziert werden.

Artikel 87 Abs. I EG enthält explizit das normative Tatbestandsmerkmal der "aus staatlichen Mitteln" gewährten Beihilfen[915]. Unter dieses Tatbestandsmerkmal fallen auch Subventionen, die durch vom Staat zur Durchführung einer Beihilferegelung errichtete oder beauftragte öffentliche oder private Einrichtungen gewährt werden. Somit können Subventionen also auch von öffentlichen Unternehmen gewährt werden[916]. Öffentliche

of the European Communities), Luxembourg 1996.

913 Siehe oben im ersten Teil: Punkte III.1.a. und III.1.b.aa.

914 Siehe oben im ersten Teil: Punkt III.1.a.

915 Siehe oben im zweiten Teil: Punkt III.1.b.

916 Siehe oben im zweiten Teil: Punkt III.1.b.

Unternehmen sind alle Unternehmen, auf die die öffentliche Hand aufgrund Eigentums, finanzieller Beteiligung, Satzung oder sonstiger Bestimmungen, die die Tätigkeit des Unternehmens regeln, unmittelbar oder mittelbar einen beherrschenden Einfluss ausüben kann[917]. Daher fällt die Bereitstellung öffentlicher Mittel durch die öffentliche Hand über öffentliche Unternehmen grundsätzlich in den Anwendungsbereich des Artikel 87 Abs. I EG. So können z.B. Subventionen auch von staatlichen Holdinggesellschaften oder öffentlichen Beteiligungsgesellschaften gewährt werden[918]. Artikel 87 Abs. I EG findet u.a. auf Transaktionen mit Tochtergesellschaften öffentlicher Unternehmen Anwendung, soweit diese einen beherrschenden Einfluss auf sie ausüben. Bei solchen öffentlichen Unternehmen "zweiten Grades" kann somit ein Fall "mittelbarer" Beherrschung i.S.d. der Legaldefinition der Transparenzrichtlinie vorliegen[919]. Festzuhalten bleibt, dass somit jegliche Formen finanzieller Unterstützungen durch ein Unternehmen, auf das der Staat einen beherrschenden Einfluss ausübt, zunächst vom Anwendungsbereich des Artikel 87 Abs. I EG erfasst werden und potentiell im Einzelfall als Subvention qualifiziert werden können. Derartige mittelbare Unterstützungsformen über private Einrichtungen finden auch in Artikel 2 Nr. 1 Buchstabe a) Ziff. iv) der ASV Erwähnung. Die ASV stellt in der Begriffsbestimmung einer Subvention klar, dass eine Regierung/öffentliche Körperschaft auch Zahlungen an einen Fördermechanismus leisten kann oder eine private Einrichtung mit der Wahrnehmung der Subventionsformen, die normalerweise der Regierung obliegen, betrauen oder anweisen kann, wenn sich diese Praktik in keiner Weise von den Praktiken unterscheidet, die normalerweise von den Regierungen ausgeübt werden [Artikel 2 Nr. 1 Buchstabe a) Ziff. iv) ASV][920]. Damit scheint auf den ersten Blick der Anwendungsbereich des Artikel 87 Abs. I EG in diesem Bereich etwas weiterzugehen als der der ASV, da potentiell alle Transaktionen von Unternehmen erfasst werden können, auf die der Staat einen beherrschenden Einfluss ausübt. Die ASV scheint sich jedoch auf die Fälle zu beschränken, in denen eine private Einrichtung mit der finanziellen Unterstützung anderer Unternehmen betraut oder angewiesen wird, die normalerweise der Regierung obliegen und, dem Wortlaut des Artikels 2 Nr. 1 Buchstabe a) Ziff. iv) ASV nach, „sich diese Praktik in keiner Weise von den Praktiken unterscheidet, die normalerweise von den Regierun-

917 Siehe Artikel 2 Abs. II der Richtlinie 80/723/EWG der Kommission vom 25. Juni 1980 über die Transparenz der finanziellen Beziehungen zwischen den Mitgliedstaaten und den öffentlichen Unternehmen (ABl. 1980 L 195, S. 35); geändert durch Richtlinie 85/413/EWG (ABl. 1985 L 229, S. 20); Richtlinie 93/84/EWG (ABl. 1993 L 254, S. 16); sowie durch Richtlinie 2000/52/EG (ABl. 2000 L 193, S. 75). Siehe in diesem Zusammenhang auch: EuGH, Rs. 67/85, Van der Kooy/Kommission, Slg. 1986, S. 219; EuGH, Rs. 188 bis 190/80, Republik Frankreich, Republik Italien und Großbritannien/ Kommission, Slg. 1982, S. I-2545; Soltész, EuZW 1998, S. 747/752.

918 Siehe z.B. EuGH, Rs. 78/76, Steinike und Weinlig/Deutschland, Slg. 1977, S. 595; EuGH, Rs. 67/85, Van der Kooy/Kommission, Slg. 1986, S. 219; EuGH, Rs. C-303/88, Italien/Kommission (ENI-Lanerossi), Slg. 1991, S. I-1433.

919 Grabitz/Hilf – Pernice, ex Artikel 90, Rdnr. 19.

920 Siehe oben im ersten Teil: Punkt III.1.b.aa.

gen ausgeübt werden". Mit anderen Worten, die ASV scheint nur die privaten Einrichtungen zu erfassen, deren spezielle Aufgabe und Funktion es ist, mittelbar Subventionen zu gewähren, wohingegen nach den Beihilfevorschriften auch Maßnahmen von Unternehmen erfasst werden können, wenn diese Maßnahmen auf den Einfluss des Staates zurückzuführen sind, und das Unternehmen nicht "speziell" zur Gewährung von Beihilfen gegründet oder betrieben wurde, sondern als "normales" Unternehmen im Markt operiert. Die Gemeinschaftsorgane[921], scheinen die ASV in diesem Zusammenhang jedoch weiter zu interpretieren. Demnach kann eine "Anweisung" zur Subventionsgewährung i.S.d. Artikels 2 Nr. 1 Buchstabe a) Ziff. iv) ASV bereits dann im Einzelfall vermutet werden, wenn eine Regierung eine wesentliche Beteiligung an einem privaten Unternehmen hält oder den Entscheidungsprozeß eines Unternehmens beeinflusst[922]. Eine Regierung ist somit nicht in der Lage, sich dem Anwendungsbereich der ASV zu entziehen, indem sie private Unternehmen mit der Subventionierung betraut oder anweist. Solange die finanzielle Beihilfe dem Staat zurechenbar ist, liegt nach Auffassung der Gemeinschaftsorgane daher auch eine Subvention i.S.d. ASV vor. Diese Interpretation ist zwar im Hinblick auf eine möglichst effiziente Anwendung der ASV nützlich, um so Umgehungen zu verhindern, scheint aber bezüglich des Wortlauts des Artikels 2 Nr. 1 Buchstabe a) Ziff. iv) ASV problematisch zu sein. Weiterhin ist anzumerken, dass die Unterscheidung nach den Beihilfevorschriften zwischen "staatlichen" und aus "staatlichen Mitteln" gewährten Subventionen grundsätzlich nicht bedeutet, dass alle von einem Staat gewährten Vorteile unabhängig davon Subventionen darstellen, ob sie aus staatlichen Mitteln finanziert werden, sondern nur dazu dient, in den Subventionsbegriff die unmittelbar vom Staat gewährten Vorteile sowie diejenigen, die über eine vom Staat benannte oder errichtete öffentliche oder private Einrichtung gewährt werden, einzubeziehen[923]. In diesem Zusammenhang muss nach den Beihilfevorschriften eine unmittelbare oder mittelbare Übertragung staatlicher Mittel auf einen Empfänger vorliegen, um als Beihilfe qualifiziert zu werden. So setzt auch der EuGH in seiner Rechtsprechung zum Beihilfebegriff voraus, dass dem Beihilfeempfänger staatliche Mittel zufließen müssen, um als Beihilfe qualifiziert zu werden, d.h. es muss eine Übertragung staatlicher Mittel vorliegen[924]. So vertrat der EuGH z.B. in einem Fall die Auffassung, dass die Befreiung eines einzelnen Unternehmens von der allgemeinen für befristete Arbeitsverträge geltenden Regelung nicht zu einer unmittelbaren oder mittelbaren Über-

---

921 Insbesondere die Kommission.

922 Hingegen wurden Leistungen eines Unternehmens mit einer staatlichen Minderheitsbeteiligung von 16% als nicht von einer "Regierung" stammend angesehen. Siehe hierzu: Verordnung (EG) Nr. 1891/97 des Rates vom 26. September 1997 zur Einführung von gezüchtetem Atlantischen Lachs mit Ursprung in Norwegen (ABl. 1997 L 267, S. 19/32).

923 EuGH, Rs. C-52 bis 54/97, Epifanio Viscido u.a./Ente Poste Italiane, Slg. 1998, S. I-2629/2641.

924 EuGH, Rs. 82/77, Openbaar Ministerie/Van Tiggele, Slg. 1978, S. 25/41; EuGH, Rs. C-72 bis 73/91, Sloman Neptun Schiffahrts AG/Seebetriebsrat Bodo Ziesmer der Sloman Neptun Schiffahrts AG, Slg. 1993, S. I-887/934; EuGH, Rs. C-189/91, Kirsammer-Hack/Sidal, Slg. 1993, S. I-6185; EuGH, Rs. C-

tragung staatlicher Mittel auf dieses Unternehmen geführt und daher keine Beihilfe i.S.d. Artikel 87 Abs. I EG vorgelegen habe[925]. Mit dem Kriterium der "Mittelzufuhr" werden daher solche Begünstigungen von dem Anwendungsbereich der Beihilfevorschriften ausgeschlossen, die der Staat gewährt, ohne dass dies mit finanziellen Aufwendungen für ihn verbunden wäre.

Fraglich erscheint, ob auch der Subventionsbegriff der ASV einer derartigen Interpretation zugänglich ist, die eine „Mittelzufuhr" voraussetzen würde, um das Vorliegen einer Subvention zu bejahen. So scheint vom Wortlaut her, auch die ASV von der Notwendigkeit einer "Mittelzufuhr" durch das Merkmal der "finanziellen Beihilfe" in der Begriffsbestimmung einer Subvention auszugehen. Dies wird noch deutlicher in der englischen Fassung der ASV, die den Terminus "finanzielle Beihilfe" als "*financial contribution*" übersetzt. Der Begriff der "*contribution*" würde durchaus eine Interpretation zulassen, die von einer unmittelbaren oder mittelbaren Übertragung staatlicher Mittel auf den Empfänger ausgehen würde[926]. So sprechen z.B. auch die französische Fassung von einer "*contribution financiére*" oder die spanische Fassung von einer "*contribución financiera*". Hierunter werden i.d.R. finanzielle Zuwendungen des Staates an Unternehmen verstanden. Selbst wenn man die Notwendigkeit einer „Mittelzufuhr" auch im Rahmen der ASV unterstellen würde, so beinhaltet dieses Merkmal jedoch nicht, dass notwendigerweise konkrete und quantifizierbare Kosten für den Staat entstehen müssen und diese zu ermitteln wären, um als Subvention qualifiziert zu werden. Ausschlaggebend für die Qualifizierung einer Subvention ist allein der Vorteil des Empfängers, nicht aber die Kosten die dem Staat durch die Zuwendungen entstehen[927]. Das Merkmal der "Mittelzufuhr" dient daher, in einer mehr abstrakten Form, zur Ermittlung, ob überhaupt ein indirekter oder direkter „Transfer" staatlicher Ressourcen vorliegt, um als Subvention erfasst zu werden. Der Terminus „Transfer" darf dabei aber nicht in einem Sinne verstanden werden, der diesen lediglich auf positive Leistung seitens des Staates beschränken würde, da, wie bereits erwähnt, auch die Nichterhebung oder der Verzicht auf normalerweise zu entrichtende Abgaben, als Subvention qualifiziert werden kann. Mit anderen Worten, wo der Empfänger direkt oder indirekt nichts vom Staat erhält, also zu keiner konkreten Kostenminderung auf Seiten des Empfängers führt, kann folglich auch keine Subvention vorliegen. Nur so ist das Merkmal der „Mittelzufuhr" zu verstehen, um damit Ausnahmefälle einer nur theoretischen oder entfernt mittelbaren Begünstigung auszuschließen, und den Subventionsbegriff dadurch in seiner praktischen Anwendung einzugrenzen und „handhabbar" zu machen

---

52 bis 54/97, Epifanio Viscido u.a./Ente Poste Italiane, Slg. 1998, S. I-2629/2641.

925 EuGH, Rs. C-52 bis 54/97, Epifanio Viscido u.a./Ente Poste Italiane, Slg. 1998, S. I-2629/2641; Soltész, EuZW 1998, S. 747.

926 a.A. Soltész, EuZW 1998, S. 747/750.

927 Siehe oben im ersten Teil: Punkt III.1.c.; sowie im zweiten Teil: Punkt III.1.d. Dieser Aspekt findet auch

b) *Vorteil des Empfängers*

Eine Subvention setzt begriffsnotwendig einen Vorteil bzw. eine Begünstigung voraus; m.a.W. eine Zuwendung an einen Empfänger, muss sich als geldwerter Vorteil manifestieren[928]. Das Erfordernis des dem Empfänger erwachsenden Vorteils entsprach ursprünglich nicht der Antisubventionspraxis der Gemeinschaft im Bereich des Außenwirtschaftsrechts vor dem Inkrafttreten der ASV[929]. Trotz der Anwendung dieses Prinzips im Rahmen des Beihilferechts, hat die Kommission im Kontext des Außenwirtschaftsrechts die Subvention an den Kosten für den öffentlichen Haushalt gemessen und berechnet, nicht also am Vorteil des Empfängers[930]. Konnte der Staat seine Kosten, die mit der Unterstützung verbunden waren, in "marktwirtschaftlicher Weise" decken, so lag keine Subvention nach der alten Rechtslage vor. Seit dem Inkrafttreten der ASV, die die Vorgaben des WTO-Rechts in diesem Bereich umgesetzt hat, richtet sich nunmehr auch für den Bereich des Außenwirtschaftsrechts die Qualifizierung einer Subvention am Vorteil des Empfängers. Somit ist die Methode zur Feststellung und Berechnung einer Subvention in Einklang gebracht worden mit der Beihilfepraxis der Gemeinschaft. Nach beiden Antisubventions-Instrumenten ist das Tatbestandsmerkmal des Vorteils bzw. der Begünstigung Teil des Subventions- bzw. Beihilfebegriffs.

Die Bewertung nach beiden Antisubventions-Instrumenten richtet sich nach dem Prinzip, dass ein Vorteil dann vorliegt, wenn eine entsprechende "Transaktion" nicht zu vergleichbaren "günstigen" Konditionen auf dem freien Markt erhältlich ist. Um beurteilen zu können, ob eine staatliche Maßnahme einen Vorteil darstellt, ist daher zu bestimmen, ob der Empfänger eine wirtschaftliche Vergünstigung erhält, die er unter "normalen marktwirtschaftlichen Bedingungen" nicht erhalten hätte. Einzelfallbezogen ist demnach festzustellen, ob nach den finanziellen Umständen des Unternehmens, das die öffentlichen Mittel erhält, ein marktwirtschaftlich handelnder Kapitalgeber zu gleichen Konditionen bereitgestellt hätte.

Die Beurteilungskriterien im Kontext der ASV[931] und der Beihilfevorschriften[932] sind in diesem Bereich im wesentlichen identisch. Nach beiden Antisubventions-Instrumenten reicht es demnach aus, dass keine ausreichende und marktübliche Gegenleis-

---

im nachfolgenden Abschnitt Erwähnung.

928 Siehe oben im ersten Teil: Punkt III.1.c.; sowie im zweiten Teil: Punkt III.1.d.

929 Siehe oben im ersten Teil: Punkt III.1.c.

930 Siehe z.B. Beschluss der Kommission vom 16. April 1985 (85/233/EWG) zur Einstellung des Antisubventionsverfahrens betreffend die Einfuhren von Ölkuchen aus Sojabohnen mit Ursprung in Brasilien (ABl. 1985 L 106, S. 19/20); Verordnung (EWG) Nr. 1432/91 der Kommission vom 27. Mai 1991 zur Einführung eines vorläufigen Ausgleichszolls für die Einfuhren von Polyesterspinnfasern und Polyestergarnen mit Ursprung in der Türkei (ABl. 1991 L 137, S. 8); Didier, CDE 1995, S. 694; Van Bael/Bellis, S. 391; Beseler/Williams, S. 125; Bourgeois - Quick, S. 108.

931 Siehe oben im ersten Teil: Punkt III.1.c.

932 Siehe oben im zweiten Teil: Punkt III.1.d.

tung erfolgte, oder dass die Leistung keinem normalen wirtschaftlichen Vorgang entspricht[933]. Weder nach der ASV noch nach den Beihilfevorschriften ist ein wahrer "Nettovorteil" für den Empfänger erforderlich. Eine staatliche Unterstützung zur Kompensierung zusätzlicher oder außergewöhnlicher Kosten, die einen "fairen Wettbewerb" erst herstellen will, ist daher *a priori* als Vorteil i.S. beider Antisubventions-Instrumente zu qualifizieren.

Die Angleichung der ASV und der Beihilfevorschriften in diesem Bereich ist begrüßenswert und richtig, da das Verfahren zur Berechnung einer Subvention nicht divergieren sollten, nachdem festgestellt wurde, das grundsätzlich eine Subvention vorliegt[934]. Das Prinzip des dem Empfänger erwachsenen Vorteils, ist ein geeignetes Mittel, um Subventionen überhaupt zu erkennen und zu quantifizieren. Der Vergleich mit freien marktwirtschaftlichen Möglichkeiten "entblößt" und identifiziert zugleich jede Subvention, wenn diese nicht zu vergleichbaren Konditionen auf dem freien Markt erhältlich ist, denn es ist das finanziell quantifizierbare Element des Vorteils, das gleichzeitig den finanziellen Unterschied zu konkurrierenden Unternehmen ausmacht. Es ist eben dieser "künstliche finanzielle Vorteil", der den Wettbewerb verfälscht und daher entsprechend zu "neutralisieren" ist. Der finanzielle Vorteil erweist sich daher als geeignetes Element, um beiden Antisubventions-Instrumenten zu einer möglichst effizienten und weiten Anwendung zu verhelfen. Der dadurch entstehende potentielle Anwendungsbereich wird jedoch zweckmäßig durch das Spezifitätskriterium korrigiert, um so den Anwendungsbereich auf individualisierbare Empfänger zu beschränken, und die Funktionsfähigkeit der Antisubventions-Instrumente zu gewährleisten.

c) *Das Spezifitätskriterium*

Für die Bejahung einer Subvention ist die Spezifität des Empfängerkreises erforderlich, d.h. Subventionen müssen selektiv sein und somit das Gleichgewicht zwischen bestimmten Unternehmen und ihren Konkurrenten beeinflussen[935]. Das Spezifitätskriterium dient folglich der Abgrenzung von staatlichen Hilfsprogrammen allgemein wirtschaftspolitischer Natur, die für alle zur Verfügung stehen (also Maßnahmen, die automatisch und unterschiedslos für sämtliche Unternehmen in allen Wirtschaftszwei-

---

933 GTE - Mederer, ex Artikel 92, Rdnr. 8; Sinnaeve, S.32; Hancher/Ottervanger/Slot, Rdnr. 7-023.

934 Eine "Ausnahme" von diesem Prinzip sehen jedoch beide Antisubventions-Instrumente z.B. für den Fall von Ausfuhrkredit- und Bürgschaftssystemen vor (siehe oben im ersten Teil: Punkt III.1.c.cc.; und im zweiten Teil: Punkt III.1.b.), da bei der Beurteilung auch die Kosten für den Staat berücksichtigt werden. Eine Bürgschaft stellt z.B. solange keine Subvention da, solange die Kosten für das Bürgschaftssystem gedeckt sind.

935 Das Erfordernis der Spezifität wird in der Literatur häufig auch als Selektivitätskriterium bezeichnet (siehe z.B. Hancher/Ottervanger/Slot, Rdnr. 2-025). Siehe ausführlich zum Thema der Spezifität: Bacon, YEL 1997, S. 269.

gen in einem Staat bestimmt sind)[936], und solchen Subventionen die nur bestimmten Unternehmen zugute kommen, sich also direkt auf die Einkommens- und Kostenstruktur der begünstigten Unternehmen auswirken und diese Unternehmen gegenüber ihren Konkurrenten bevorzugen[937].

Förderungsmaßnahmen genereller Art, die der Allgemeinheit zugute kommen, sind daher keine Subventionen, sondern Maßnahmen der allgemeinen Wirtschaftspolitik[938]. Da jedoch nicht ausgeschlossen werden kann, dass auch Hilfsprogramme allgemeiner Natur *de facto* zu wettbewerbsverzerrenden Situationen führen können, versuchen sowohl die ASV als auch die Beihilfevorschriften derartige allgemeine Subventionsprogramme von sonstigen allgemeinen Maßnahmen abzugrenzen. Das Spezifitätskriterium, ist als praktische Notwendigkeit zu bewerten, um so das Ausmaß der Subventionierung auf die Fälle zu beschränken, die durch die Begünstigung gewisser Unternehmen oder Wirtschafts-/Produktionszweigen sich direkt auf den Wettbewerb auswirken. Das Spezifitätskriterium ist in wettbewerbsrechtlicher Hinsicht ein typisches Kriterium, denn das Spezifitätskriterium isoliert die Empfänger eines Vorteils, die gegenüber ihren Konkurrenten im Vorteil sind.

Zu beachten ist allerdings, dass das Spezifitätskriterium nach der ASV nicht Bestandteil der Begriffsbestimmung einer Subvention i.S.d. Artikel 2 ASV ist, sondern als zusätzliches Merkmal der Anfechtbarkeit in Artikel 3 ASV definiert wird. Die ASV kann also im Einzelfall vom Vorliegen einer Subvention ausgehen, wenn diese unter die Definition in Artikel 2 ASV fällt, auch wenn diese nicht spezifisch ist.

Im Vergleich hierzu, stellt das Merkmal der Spezifität nach den Beihilfevorschriften eine unabdingbare, ja geradezu konstitutive Voraussetzung dar, um eine Beihilfe überhaupt zu qualifizieren, denn ohne Spezifität würde keine Beihilfe i.S.d. Artikel 87 Abs. I EG vorliegen. Trotz dieses unterschiedlichen Stellenwertes des Spezifitätsmerkmals, decken sich jedoch weitgehend die praktischen Anwendungsbereiche beider Antisubventions-Instrumente.

So ist eine Subvention nach der ASV nur dann spezifisch, wenn sie selektiv für ein Unternehmen oder einen Wirtschafts-/Industriezweig oder eine Gruppe von Unternehmen oder Wirtschafts-/Industriezweigen (bestimmte Unternehmen) gewährt wird[939]. Die ASV kennt die folgenden Arten der Spezifität:

- Unternehmensspezifität,
- Industrie- oder Sektorspezifität,
- Regionalspezifität,

---

936 Z.B. die meisten staatlichen Steuermaßnahmen.
937 Beviglia Zampetti, JWT 1995, S. 21; Hancher/Ottervanger/Slot, Rdnr. 2-026.
938 Beseler, S. 77; Reszel, S. 28.
939 Siehe oben im ersten Teil: Punkt III.2.a.

- *de facto* Spezifität und
- automatische Spezifität[940].

Wie oben ausgeführt, setzt auch Artikel 87 Abs. I EG für staatliche Beihilfen die Begünstigung bestimmter Unternehmen oder Produktionszweige voraus[941]. Als spezifisch (bzw. selektiv) gilt z.B. eine Regelung die nicht im gesamten Gebiet eines Mitgliedstaats anwendbar ist (z.B. alle regionalen und sektoralen Beihilferegelungen)[942]. Auch das Beihilferecht kennt Fälle der sog. *de facto* Spezifität[943]. Die nach der ASV behandelten Fälle automatischer Spezifität lassen sich auch nach dem Beihilferecht ähnlich beurteilen, da Ausfuhrsubventionen oder Subventionen die dazu dienen, das inländische Waren Vorrang vor eingeführten Waren erhalten, den Kreis der Beihilfeempfänger deutlich erkennen lassen, auch wenn der potentielle Kreis der Beihilfeempfänger sehr groß sein kann[944]. Damit decken die Beihilfevorschriften sämtliche von der ASV erfassten Fälle der Spezifität ab.

Stellen die gewährende Behörde oder die Rechtsvorschriften, nach denen sich die gewährende Behörde richtet, objektive Kriterien oder Bedingungen für den Anspruch auf die Subventionen und deren Höhe auf, so ist Spezifität nach der ASV nicht gegeben, sofern der Anspruch automatisch besteht und die Kriterien und Bedingungen genau eingehalten werden[945]. Die ASV stellt in diesem Zusammenhang klar, dass als "objektive Kriterien oder Bedingungen" horizontal anwendbare Kriterien oder Bedingungen wirtschaftlicher Art gelten, die neutral sind und bestimmte Unternehmen gegenüber anderen nicht bevorzugen, wie z.B. die Zahl der Beschäftigten oder die Größe der Unternehmen. Ist die Verfügbarkeit der Subvention somit an die Größe der Unternehmen gebunden, so könnte dies als objektives und neutrales Kriterium angesehen werden, und die Subvention könnte im Einzelfall als nicht spezifisch i.S.d. ASV qualifiziert werden[946].

In dieser Frage scheint das Beihilferecht jedoch von der ASV abzuweichen, denn nach dem Beihilferecht kann beispielsweise die Größe von Unternehmen als gemeinsame Eigenschaft herangezogen werden, um die Spezifität zu bejahen. In diesem Zusammenhang ist z.B. der Gemeinschaftsrahmen für staatliche Beihilfen an kleine und mittlere Unternehmen (KMU) zu erwähnen, da die Gemeinschaftsorgane grundsätzlich, auf der Basis

---

940 Siehe oben im ersten Teil: Punkt III.2.a.

941 Siehe oben im zweiten Teil: Punkt III.1.c.

942 Siehe oben im zweiten Teil: Punkt III.1.c.

943 EuGH, Rs. 173/73, Italien/Kommission, Slg. 1974, S. 475; Commission Decision No. 92/389/EEC of 25 July 1990 concerning the state aid provided for in Decrees No. 174 of 15 May 1989 and No. 254 of 13 July 1989 and in Draft Law No. 4230 regulating the effects produced by the above-mentioned Decrees (ABl. 1992 L 207, S. 47); Hancher/Ottervanger/Slot, Rdnr. 2-026.

944 EuGH, Rs. 6 und 11/69, Kommission/Frankreich, Slg. 1969, S. 523/539; EuGH, Rs. 57/86, Griechenland/Kommission, Slg. 1988, S. 2855/2872; EuGH, Rs. C-142/87, Belgien/Kommission, Slg. 1990, S. I-959/1010; Bacon, YEL 1997, S. 269/312; Schön, CMLR 1999, S. 911/933.

945 Siehe oben im ersten Teil: Punkt III.2.a.

946 Lukas, EWS 2000, S. 203/205.

der Spezifität, Beihilfen an KMU behandeln und bewerten[947]. So stellt dieser Gemeinschaftsrahmen ausdrücklich klar, dass Beihilfen an KMU unter das Verbot des Artikel 87 Abs. I EG fallen[948]. Im Gegensatz zu allgemeinen Beihilferegelungen zugunsten aller Unternehmen einer Volkswirtschaft begünstigen KMU-Beihilfen, so der Beihilferahmen, bestimmte Unternehmen und können den innergemeinschaftlichen Handel beeinträchtigen, da viele KMU einen Teil ihrer Produktion in andere Mitgliedstaaten ausführen und in den meisten Sektoren die Inlandsproduktion von KMU die potentiellen Einfuhren aus anderen Ländern der Gemeinschaft verringert[949]. Der Anwendungsbereich im Beihilferecht ist somit weitergefasst, da die Anforderungen an die Kriterien zur Bestimmung der Spezifität im Beihilfebereich unbestimmter und „großzügiger" sind.

Somit ist festzuhalten, dass auch im Hinblick auf das Spezifitätskriterium beide Antisubventions-Instrumente grundsätzlich einheitliche Bewertungskriterien zur Bestimmung "bestimmter Unternehmen oder Wirtschafts-/Produktionszweige" zugrunde legen. Der praktische Anwendungsbereich des Spezifitätskriteriums ist für beide Antisubventions-Instrumente weitgehend "deckungsgleich", bis auf die Frage zu welchem Grad objektive und neutrale Kriterien herangezogen werden können, um die Spezifität zu verneinen.

3. *Ergebnis*

Das weite Konzept der anfechtbaren Subvention und der Beihilfe erfasst alle Maßnahmen, die dem Empfänger einen Vorteil bieten und die sich auf bestimmte Unternehmen oder Produktionszweige erstrecken. Vom Konzept der Qualifizierung einer Subvention, im Hinblick auf ihre Definition und Charakterisierung, sind beide Antisubventions-Instrumente grundsätzlich identisch. Es ist damit zu konstatieren, dass in diesem Bereich bereits eine Gemeinsamkeit beider Antisubventions-Instrumente vorliegt. Im Hinblick auf die Qualifizierung einer Subvention, kommt es z.B. für beide Antisubventions-Instrumente entscheidend darauf an, dass die Subvention aus öffentlichen Mitteln finanziert wird. Die ASV und Artikel 87 Abs. I EG erheben dieses Kriterium zum Begriffsmerkmal einer Subvention. Beide Antisubventions-Instrumente verlangen zur Qualifizierung einer Subvention, dass der Empfänger durch die Zuwendung einen Vorteil erhält.

Auch im Hinblick auf das Spezifitätskriterium, legen beide Antisubventions-Instrumente grundsätzlich einheitliche Bewertungskriterien zur Bestimmung "bestimmter Unternehmen oder Wirtschafts-/Produktionszweige" zugrunde. Der praktische An-

---

947 Siehe oben im zweiten Teil: Punkte III.1.c. und V.2.c.aa.(2).

948 Gemeinschaftsrahmen für staatliche Beihilfen an kleine und mittlere Unternehmen (ABl. 1996 C 213, S.4/5).

949 Gemeinschaftsrahmen für staatliche Beihilfen an kleine und mittlere Unternehmen (ABl. 1996 C 213, S.4/5).

wendungsbereich des Spezifitätskriteriums ist für beide Antisubventions-Instrumente weitgehend „deckungsgleich“, bis auf die Frage zu welchem Grad objektive und neutrale Kriterien herangezogen werden können, um die Spezifität zu verneinen. Darüber hinaus ist das Spezifitätskriterium nach der ASV nicht Bestandteil der Begriffsbestimmung einer Subvention. Im Vergleich hierzu, stellt das Merkmal der Spezifität eine unabdingbare Voraussetzung dar, um eine Beihilfe i.S.d. Artikel 87 Abs. I EG überhaupt erst qualifizieren zu können.

IV. Berechnungsmethode einer Subvention

Das Schlüsselelement der Berechnungsmethode einer Subvention basiert auf dem Prinzip des "dem Empfänger erwachsenden Vorteils". Sowohl die ASV[950] als auch die Beihilfevorschriften[951] wenden in diesem Zusammenhang grundsätzlich die gleiche Methodik an. Die Notwendigkeit der Berechnung einer Subvention ergibt sich nach der ASV in erster Linie, um die Höhe möglicher Ausgleichszölle zu berechnen und die Auswirkung auf den Wirtschaftszweig einzuschätzen. Ausgleichsmaßnahmen zielen auf die Beseitigung der Auswirkung der schadensverursachenden Subvention ab. Daher legt die ASV folgendes fest:

- Die Ausgleichsmaßnahmen (i.d.R. Ausgleichszölle) dürfen die ermittelte Höhe der anfechtbaren Subventionen nicht übersteigen;
- die Ausgleichsmaßnahmen sollen niedriger sein als die Höhe der Subvention, wenn niedrigere Ausgleichsmaßnahmen ausreichen, um die Schädigung des Wirtschaftszweigs der Gemeinschaft zu beseitigen[952].

In beiden oben genannten Fällen, muss die genaue Höhe der Subvention daher bekannt sein. Nach der ASV, muss bei der Berechnung des Vorteils die Höhe der für einen Untersuchungszeitraum festgestellten Subventionen berücksichtigt werden[953]. Folglich muss die Höhe der Subvention in einem Betrag für den gesamten Untersuchungszeitraum unter Zugrundelegung des marktüblichen Zinssatzes umgerechnet werden. Nachdem der dem Untersuchungszeitraum zuzurechnende Subventionsbetrag ermittelt wurde, ist die Höhe der Subvention pro Einheit zu berechnen, indem der vorgenannte Betrag mit Hilfe des geeigneten Nenners, d.h. der Menge der verkauften bzw. ausgeführten Waren, verteilt

---

950 Siehe oben im ersten Teil: Punkt IV.
951 Siehe oben im zweiten Teil: Punkt IV.
952 Siehe oben im ersten Teil: Punkt VIII.1.
953 Leitlinien für die Berechnung der Höhe von Subventionen in Ausgleichszolluntersuchungen (ABl. 1998 C 394, S. 6).

wird[954]. Eine Berechnung und Festlegung im Rahmen der Beihilfevorschriften dient in erster Linie dazu, um überhaupt einzuschätzen, ob eine Subvention vorliegt oder um festzustellen, ob vergleichbare Werte auch auf dem freien Markt erzielt werden können und schließlich, um die Auswirkung auf den innergemeinschaftlichen Wettbewerb zu bewerten. Die Berechnung einer erhaltenen Subvention kann auch dazu dienen, den genauen Wert für eine Rückforderung[955] zu berechnen oder die Beihilfeintensität im Rahmen von Beihilfeprogrammen zu ermitteln. Um die unterschiedlichen Beihilfeformen auf einer exakt vergleichbaren Grundlage analysieren zu können, müssen sie auf einen gemeinsamen Nenner gebracht werden, d.h. es muss eine Bewertungsgrundlage geschaffen werden, um das genau enthaltene Beihilfeelement zu berechnen. Nicht erforderlich ist jedoch, dass die Beihilfe auf einen bestimmten Untersuchungszeitraum berechnet werden muss oder pro Einheit einer Ware festzustellen ist. Es wird vielmehr der Gesamtbetrag der zukünftigen oder empfangenen Beihilfen zugrundegelegt, unter Berücksichtigung entsprechender Zinsen[956].

V. Handelsbeeinträchtigung und Wettbewerbsverfälschung

Um die nachteiligen Auswirkungen von Subventionen festzustellen, nennt die ASV das zusätzliche Erfordernis, dass die Subventionen eine Schädigung bei einem einheimischen Wirtschaftszweig verursachen müssen. Durch das Schädigungselement sollen die Fälle erfasst werden, die eine spürbare Handelsbeeinträchtigung und damit natürlich auch inzident eine spürbare Verzerrung der Wettbewerbssituation hervorrufen. Der Grad der Wettbewerbsverzerrung erreicht nach der ASV damit eine Intensität, die sich als wirtschaftliche Schädigung eines betroffenen Wirtschaftszweiges manifestiert. Die Frage nach der Wirkung einer Subvention auf den Wettbewerb und den Handel spiegelt sich auch in den Beihilfevorschriften wider, d.h. vom Anwendungsbereich der Beihilfevorschriften werden nur die Fälle erfasst, in denen der Wettbewerb verfälscht (oder diese Verfälschung zumindest droht) und der Handel zwischen den Mitgliedstaaten beeinträchtigt wird. Nicht erfasst werden somit die Fälle, wo sich die Auswirkungen einer Subventionierung lediglich auf das Gebiet eines Mitgliedstaates beschränkt und keine Wirkung auf den Wettbewerb mit Unternehmen aus anderen Mitgliedstaaten entfaltet.

1. Schädigung im Sinne der ASV

Voraussetzung für die Einführung von Ausgleichsmaßnahmen ist, dass die subven-

954 Siehe oben im ersten Teil: Punkt IV.
955 Siehe oben im zweiten Teil: Punkt IV.
956 Siehe oben im zweiten Teil: Punkt IV.

tionierten Einfuhren eine bedeutende Schädigung verursachen[957]. Die "Schädigung" ist nicht Teil des Subventionsbegriffs, sondern zusätzliches Tatbestandsmerkmal zur Ergreifung von Ausgleichsmaßnahmen[958]. Durch das Schadenserfordernis kommt zum Ausdruck, dass Subventionen nicht generell verboten sind, sondern erst dann zu Ausgleichsmaßnahmen veranlassen, wenn sie zu einem schädigenden internationalen Wettbewerb führen[959]. Bei der Feststellung eines Schadens geht es nicht um die präzise Ermittlung einer Vermögenseinbuße, sondern vielmehr um die Diagnose bzw. Prognose der wirtschaftlichen Lage eines Wirtschaftszweigs in der Gemeinschaft, dessen Waren auf dem Gemeinsamen Markt im unmittelbaren Wettbewerb mit subventionierten Einfuhren stehen. Die ASV bestimmt dabei lediglich die Kriterien für die Feststellung einer existierenden oder drohenden Schädigung[960].

Eindeutige Kriterien zur Bestimmung des Schädigungsgrades gibt es nicht. Nach der ASV richtet sich die Feststellung einer Schädigung nach einer objektiven Prüfung, die sich auf eindeutige Beweise stützen muss, der folgenden Schadenskriterien: (a) des Volumens der subventionierten Einfuhren und ihrer Auswirkungen auf die Preise gleichartiger Waren auf dem Gemeinschaftsmarkt[961], (b) die Auswirkung dieser Einfuhren auf den Wirtschaftszweig der Gemeinschaft[962] und (c) der Schadensursache[963], welche die Kausalität zwischen den subventionierten Einfuhren und der Schädigung sowie in diesem Zusammenhang die Berücksichtigung und Analyse der Auswirkung anderer Faktoren, die gleichzeitig eine Schädigung verursachen können, voraussetzt[964]. Wie bereits erwähnt, eröffnet die ASV den Gemeinschaftsorganen die Möglichkeit, auch dann zu einer positiven Schadensfeststellung zu gelangen, wenn eine Schädigung zwar noch nicht eingetreten ist, aber dennoch droht[965]. Die Feststellung, dass eine Schädigung droht, darf nur getroffen werden, wenn Umstände vorliegen, die eine Schädigung klar voraussehen lassen, und wenn die Schädigung unmittelbar bevorsteht.

Die Schadensfeststellung erfordert eine detaillierte wirtschaftliche Analyse der Einfuhrvolumen der zu untersuchenden Waren, der Auswirkung auf die Preise der einheimischen Wirtschaftszweige und eine Untersuchung der Auswirkungen der subventionierten Einfuhren auf den Wirtschaftszweig. Die ASV unterscheidet also nach einer marktbezogenen und einer unternehmensbezogenen Schadensprüfung.

Die festzustellende Schädigung muss sich zunächst auf einen Wirtschaftszweig der

957 Siehe oben im ersten Teil: Punkt V.
958 Beseler, S. 79; Grabitz/Hilf-Vedder, ex Artikel 113, Rdnr. 127.
959 Grabitz/Hilf-Vedder, ex Artikel 113, Rdnr. 128; Wessely, S. 354.
960 Siehe oben im ersten Teil: Punkt V.2.
961 Siehe oben im ersten Teil: Punkt V.2.a.
962 Siehe oben im ersten Teil: Punkt V.2.b.
963 Siehe oben im ersten Teil: Punkt V.2.c.
964 Siehe oben im ersten Teil: Punkt V.2.
965 Siehe oben im ersten Teil: Punkt V.2.d.

Gemeinschaft beziehen[966]. Die Ermittlung des Wirtschaftszweiges dient zum einen zur Feststellung des relevanten Warenmarktes[967] und zum anderen des relevanten Herstellerkreises[968]. Die Definition des Wirtschaftszweiges der Gemeinschaft stellt sich als notwendige Vorstufe der eigentlichen Schadensprüfung dar, denn hierdurch wird der für eine derartige Prüfung relevante Untersuchungsgegenstand eingegrenzt.

Die Feststellung des Einfuhrumfangs und der Einfuhrentwicklung sowie die Preisstellung der subventionierten Waren haben als marktbezogene Schadenskriterien mittelbaren Indizwert für die Feststellung der eigentlichen Schädigung des betreffenden Wirtschaftszweiges, primär kommt ihnen aber unmittelbare Indizfunktion im Hinblick auf die Kausalitätsfeststellung zu[969]. Demgegenüber dienen die unternehmensbezogenen Kriterien wie Produktion, Kapazität, Absatz, Gewinne etc. ausschließlich der Feststellung der eigentlichen Schädigung des Wirtschaftszweiges, d.h. über das tatsächliche Ausmaß der durch die Subvention verursachten Beeinträchtigung.

Bei einer genaueren Betrachtung der Schadensproblematik zeigt sich, dass der Begriff "Schaden" im technischen Sinne begrifflich eigentlich nur gleichzusetzen ist mit den tatsächlichen Folgen, die durch die subventionierten Einfuhren verursacht werden und die sich konkret auf den betroffenen Wirtschaftszweig auswirken, so wie sich dies z.B. in einem Produktions- und/oder Absatzrückgang bemerkbar macht[970]. Das Schädigungskriterium ist eine Art wirtschaftlicher Test, der eine Wettbewerbsverfälschung konkretisiert und substantiiert, solange keine binnenmarktähnlichen Verhältnisse vorliegen. Die Intensität einer durch subventionierte Einfuhren verursachten Schädigung, ist also größer einzuschätzen als eine innergemeinschaftliche Wettbewerbsbeeinträchtigung im Sinne der Beihilfevorschriften. Der Schädigungstest erfüllt somit eine notwendige Funktion insoweit, als er eine “Spürbarkeitsschwelle” errichtet, die den Einsatz von Ausgleichsmaßnahmen ohne jede Veranlassung verhindert[971].

Der Schädigungstest der ASV verhindert somit, dass die Einführung von Ausgleichsmaßnahmen in Fällen möglich ist, in denen ein Drittland potentiell wettbewerbsverfälschende Maßnahmen vornimmt, diese sich aber nicht in einer aktuellen Störung ausgewirkt haben[972]. Außerdem ist der Schadenstest auch deshalb erforderlich, weil die Einführung jeglicher Art von Zöllen der Idee eines liberalen Welthandels zuwiderläuft und nach den Welthandelsvorschriften ihrer Natur nach diskriminierend sind, und daher vom Anwendungsbereich klar und eng zu beschreiben sind. Der Schädigungstest dient damit gleichsam als Rechtfertigung, um die Waren eines bestimmten Drittlands anders behan-

966 Siehe oben im ersten Teil: Punkt V.1.
967 Siehe oben im ersten Teil: Punkt V.1.a.
968 Siehe oben im ersten Teil: Punkt V.1.b.
969 Kretschmer, S. 62; Reszel, S. 90.
970 Reszel, S. 89.
971 Nettesheim, S. 44; Wessely, S. 356.
972 Nettesheim, S. 98.

deln zu können als die übrigen gleichartigen Waren anderer Drittländer. Damit wird die Grundlage für die Abweichung vom *Most-Favoured-Nation Treatment*[973] gelegt.

2. *Wirkung auf den Wettbewerb und innergemeinschaftlichen Handel*

Artikel 87 Abs. I EG setzt voraus, dass die Beihilfe den Wettbewerb verfälscht (oder zu verfälschen droht) und den Handel zwischen den Mitgliedstaaten beeinträchtigt[974]. Es darf zwischen der gewährten Beihilfe und der Handelsbeeinträchtigung also nicht an einem Kausalzusammenhang fehlen. Hingegen sind die Form, Gründe und Ziele der Beihilfe unerheblich, entscheidend ist allein ihre Wirkung[975]. Das Kriterium der Wirkung auf den Wettbewerb und innergemeinschaftlichen Handel ist nicht Bestandteil des Beihilfebegriffs, es dient nur dazu, den potentiellen Kreis der Beihilfen festzulegen, die von dem Anwendungsbereich der Beihilfevorschriften erfasst werden sollen.

Die Beihilfevorschriften gehen davon aus, dass subventionsrechtlich erheblich nur wettbewerbsverfälschende Maßnahmen sind, welche die komparative Kostensituation einer Ware verschieben und dadurch ihren Herstellern oder Ausführen einen unlauteren Preis- oder Wettbewerbsvorteil verschaffen[976]. Die Beurteilung der Wettbewerbsverfälschung beschränkt sich darauf, ob die Beihilfe die Stellung eines Unternehmens im Vergleich zu anderen Unternehmen stärkt, die im Gemeinschaftshandel miteinander im Wettbewerb stehen[977]. Eine Wettwerbsverfälschung liegt demnach schon dann vor, wenn die Wettwerbsfähigkeit der begünstigten Unternehmen gegenüber anderen, die keine Beihilfe bekommen, verbessert wird. In der Regel werden jedoch nur die Umstände analysiert, aus denen sich die Wettbewerbsverfälschung ergibt. Nicht erforderlich ist, die Wettbewerbsverfälschung konkret zu belegen[978].

Wenn die Wettbewerbsfähigkeit von Unternehmen gegenüber anderen verbessert wird, wird in der Regel auch eine zwischenstaatliche Handelsbeeinträchtigung anzunehmen sein, es sei denn, die Wirkung der Beihilfe beschränkt sich tatsächlich nur auf das Gebiet eines Mitgliedstaates[979]. Der EuGH versteht unter einer Beeinträchtigung des innergemeinschaftlichen Handels i.S.d. Beihilfeaufsichtsrechts jede durch die Gewährung von Beihilfen hervorgerufene staatliche Einwirkung auf diesen Handel[980]. Dabei kommt es insbesondere darauf an, ob durch die Beihilfe die Einfuhr oder Ausfuhr erschwert oder er-

973 Der Grundsatz zum *Most-Favoured-Nation Treatment* ist in Artikel I des GATT 1994 festgelegt.

974 Siehe oben im zweiten Teil: Punkt III.2.

975 EuGH, Rs. 173/73, Italien/Kommission, Slg. 1974, S. 709/718; EuGH, Rs. 310/85, Deufil/Kommission, Slg. 1987, S. 901/924.

976 Oppermann, Rdnr. 987; Beseler, S. 78.

977 Siehe oben im zweiten Teil: Punkt III.2.a.

978 Siehe oben im zweiten Teil: Punkt III.2.a.

979 Siehe oben im zweiten Teil: Punkt III.2.b.

980 Ciresa, S. 67.

leichtert wird[981]. Die Einwirkung kann sowohl das Volumen als auch die Struktur der Handelsströme betreffen. Da jegliche Beihilfe die Finanzkraft eines Unternehmens verstärkt und damit seine Wettbewerbsstellung verändert, spricht bereits eine Vermutung für eine Handelsbeeinträchtigung. Es ist demnach nicht erforderlich, dass der Handel tatsächlich beeinträchtigt wird, und dies konkret zu belegen wäre[982].

3. *Die de minimis-Regel*

Beide Antisubventions-Instrumente wenden eine *de minimis*-Regel an. So wird nach der ASV ein Untersuchungsverfahren dann eingestellt, wenn sich herausstellt, dass die Höhe der anfechtbaren Subvention geringfügig ist, oder wenn das Volumen der tatsächlichen oder potentiellen subventionierten Einfuhren oder die Schädigung unerheblich ist[983]. Auch in der Beihilfepraxis wird eine *de minimis*-Regel bereitgestellt, die einen absoluten Höchstbetrag festsetzt, unterhalb dessen Artikel 87 Abs. I EG als nicht anwendbar angesehen wird[984]. Konzeptionell verfügen beide Antisubventions-Instrumente damit über "Anwendungsschwellen", unter denen eine spürbare Auswirkung auf den Handel und den Wettbewerb ausgeschlossen wird. Dies hat zum einen rein praktische Erwägungen, um die Gemeinschaftsorgane nicht mit Fällen zu beschäftigen, die eine geringe Relevanz haben. Zum anderen unterstreicht die *de minimis*-Regel das Prinzip der gestuften Spürbarkeit einer Wettbewerbsbeeinträchtigung.

4. *Ergebnis*

Beide Antisubventions-Instrumente erfordern eine Auswirkung auf die Wettbewerbssituation und den Handelsverkehr. Die ASV enthält weitergehende Vorschriften, welche die Auswirkungen "messbar" machen sollen. Im Beihilfezusammenhang wird die Untersuchung der Kommission insofern einfacher gemacht, da sie nicht die Auswirkungen einer Schädigung berechnen und analysieren muss. Es reicht aus, wenn eine potentielle Beeinträchtigung für den Wettbewerb und Handel innerhalb der Gemeinschaft besteht. Es lässt sich daher konstatieren, dass die "Spürbarkeitsschwelle" der Wettbewerbsbeeinträchtigung im Rahmen der Beihilfevorschriften wesentlich niedriger ist, als bei der ASV. Gemeinsam ist jedoch beiden Antisubventions-Instrumenten, dass es bereits ausreicht, wenn eine Verfälschung des Wettbewerbs oder eine Schädigung droht. Damit ist der präventive Gedanke eine negative Auswirkungen auf den Wettbewerb im Vorfeld abzuwenden, bei-

---

981 Schweitzer/Hummer, Rdnr. 1307; Rengeling, S. 31; GTE - Mederer, ex Artikel 92, Rdnr. 38.

982 Siehe oben im zweiten Teil: Punkt III.2.b.

983 Siehe oben im ersten Teil: Punkt VIII.4.

984 Siehe oben im zweiten Teil: Punkt III.2.c.

den Instrumenten zu eigen. Auch erkennen beide Instrumente das System der gestuften Spürbarkeit an, indem sie eine *de minimis*-Regel aufweisen.

VI. Das Gemeinschaftsinteresse

Sowohl die ASV als auch die Beihilfevorschriften nehmen in unterschiedlichen Zusammenhängen Bezug auf das sogenannte Gemeinschaftsinteresse. Im Hinblick auf seine Relevanz im Rahmen der ASV, kommt dem Gemeinschaftsinteresse insofern eine „größere Bedeutung“ zu, da von seiner Bewertung und Interpretation die Einführung von Ausgleichsmaßnahmen abhängig ist. Wohingegen das Gemeinschaftsinteresse nach den Beihilfevorschriften i.d.R. dann zur Anwendung kommt, wenn es um die Ausnahmeerteilung nach Artikel 87 Abs. III Buchstabe c) und d) EG sowie Artikel 86 Abs. II EG geht. Weiterhin ist die Bedeutung, und das Konzept des Gemeinschaftsinteresses im Rahmen der Beihilfevorschriften weiter und daher auch ungenauer gefasst.

1. Nach der ASV

Im Kontext der ASV, muss das sog. Gemeinschaftsinteresse ein Eingreifen, d.h. die Einführung von Ausgleichsmaßnahmen, erforderlich machen[985]. Die Feststellung, ob im Interesse der Gemeinschaft ein Eingreifen erforderlich ist, stützt sich auf eine Auswertung möglichst aller Interessen, der durch ein Antisubventionsverfahren betroffenen Gruppen, einschließlich der Interessen des Wirtschaftszweigs der Gemeinschaft, der Verwender und Verbraucher[986]. Bei dieser Prüfung wird der Notwendigkeit, die handelsverzerrenden Auswirkungen der Schädigung verursachenden Subvention zu beseitigen und einen fairen Wettbewerb wiederherzustellen, besonders Rechnung getragen[987]. Ausgleichsmaßnahmen werden i.d.R. dann eingeführt, wenn die Gemeinschaftsorgane auf der Grundlage aller vorgelegten Informationen eindeutig zu dem Ergebnis kommen, dass die Anwendung dieser Maßnahmen im Interesse der Gemeinschaft liegen. Dies ist regelmäßig der Fall, solange nicht das Interesse des betroffenen Wirtschaftszweiges durch ein “übergeordnete Interesse” anderer Gruppen in der Gemeinschaft zurückgestellt wird. Damit erweist sich die Verhinderung einer Schädigung des betroffenen Wirtschaftszweiges als im Interesse der Gemeinschaft[988]. So gehen die Gemeinschaftsorgane auch in ständiger Praxis davon aus, dass von der Einführung von Ausgleichsmaßnahmen nur dann abgesehen werden kann, wenn ein eindeutiges Interesse anderer betroffener Gruppen, als dem Wirtschaftszweig in

985 Siehe oben im ersten Teil: Punkt VI.
986 Siehe oben im ersten Teil: Punkt VI.
987 Siehe hierzu Merkblatt der Kommission zu den Rechtsvorschriften der Europäischen Gemeinschaft zum Schutz gegen Dumpingpraktiken und Subventionen, abgedruckt bei: Van Bael/Bellis, S. 594.
988 Siehe in diesem Zusammenhang Artikel 12 Abs. I Buchstabe d) ASV (ABl. 1997 L 288, S. 1/14).

der Gemeinschaft, gegen die Einführung spricht[989]. Wie Generalanwalt Van Gerven hierzu festgestellt hat, handelt es sich bei dem "Interesse der Gemeinschaft" im Grunde nicht um ein positives, sondern um ein negatives Tatbestandsmerkmal[990].

Wie bereits oben und im ersten Teil dieser Untersuchung ausgeführt, beschränkt sich die Auswertung des Gemeinschaftsinteresses, in seiner theoretischen Konzeption und praktischen Anwendung, auf die Interessen der in der Gemeinschaft durch die Einführung möglicher Ausgleichsmaßnahmen direkt betroffener Gruppen[991]. Gemeinschaftspolitiken im weiteren Sinne oder andere Erwägungen haben insoweit für die Beurteilung des Gemeinschaftsinteresses keine konkrete Relevanz. So hat z.B. Artikel 178 EG, der der Gemeinschaft vorschreibt die Ziele der Entwicklungszusammenarbeit bei den von ihr verfolgten Politiken, welche Entwicklungsländer berühren können, zu berücksichtigen, keine messbare Auswirkung im Hinblick auf die Einführung von Ausgleichsmaßnahmen gegenüber von Entwicklungsländern[992]. Das Gemeinschaftsinteresse i.S.d. ASV ist daher keine wahre und umfassende "*rule of reason*", da dieses Konzept lediglich auf die Interessen innerhalb der Gemeinschaft gerichtet ist und die Interessen z.B. des subventionierenden Drittlands oder der Subventionsempfänger unberücksichtigt lässt. Die ASV hält sich daher strikt an die Unterteilung zwischen anfechtbaren und nichtanfechtbaren Subventionen und lässt daher mögliche andere Ausnahmetatbestände unberücksichtigt, die durch eine zu großzügige Interpretation des Gemeinschaftsinteresses geschaffen werden könnten.

---

989 Siehe z.B. Verordnung (EG) Nr. 123/2000 der Kommission vom 20. Januar 2000 zur Einführung eines vorläufigen Ausgleichszolls auf die Einfuhren von Polyesterspinnfasern (PSF) mit Ursprung in Australien und Taiwan und zur Einstellung des Antisubventionsverfahrens betreffend die Einfuhren von PSF mit Ursprung in der Republik Korea und Thailand (ABl. 2000 L 16, S. 3/26).

990 In der Rechtssache "Fediol IV" stellte GA Van Gerven fest, dass das "Interesse der Gemeinschaft" im Grunde nicht als positives, sondern als negatives Tatbestandsmerkmal zu verstehen sei, …."wenn dieser Begriff wie im vorliegenden Fall nur eine ergänzende (und negative) Rolle spielt, nämlich damit das Tätigwerden der Behörde, das in erster Linie an das Vorhandensein von unerlaubten Praktiken gebunden ist, doch noch verzichtet werden kann" (EuGH, Rs. 70/87, EEC Seed Crushers' and Oil Processors' Federation (Fediol)/Kommission, Slg. 1989, S. 1781/1812).

991 Siehe oben im ersten Teil: Punkt VI.

992 Siehe z.B. Verordnung (EG) Nr. 1204/98 der Kommission vom 9. Juni 1998 zur Einführung eines vorläufigen Ausgleichszolls auf die Einfuhren von Breitband-Antibiotika mit Ursprung in Indien (ABl. 1998 L 166, S. 17); Verordnung (EG) Nr. 1556/98 der Kommission vom 17. Juli 1998 zur Einführung eines vorläufigen Ausgleichszolls auf Einfuhren von blankem Stabstahl aus nicht-rostendem Stahl mit Ursprung in Indien und zur Änderung der Verordnung (EG) Nr. 1084/98 zur Einführung eines vorläufigen Antidumpingzolls auf Einfuhren von blankem Stabstahl aus nichtrostendem Stahl mit Ursprung in Indien (ABl. 1998 L 202, S. 40); Verordnung (EG) Nr. 2164/98 des Rates vom 5. Oktober 1998 zur Einführung eines endgültigen Ausgleichszolls auf die Einfuhren bestimmter Breitband-Antibiotika mit Ursprung in Indien und zur endgültigen Vereinnahmung des vorläufigen Zolls (ABl. 1998 L 273, S. 1); Verordnung (EG) Nr. 2450/98 des Rates vom 13. November 1998 zur Einführung eines endgültigen Ausgleichszolls auf die Einfuhren von Stabstahl aus nichtrostendem Stahl mit Ursprung in Indien und zur endgültigen Vereinnahmung des vorläufigen Zolls (ABl. 1998 L 304, S. 1).

2. *Nach den Beihilfevorschriften*

Die Beihilfevorschriften stellen kein vergleichbares Konzept wie das Gemeinschaftsinteresse nach der ASV bereit. Ein derartiges Konzept würde aber auch das generelle Verbot von gemeinschaftswidrigen Beihilfen unterminieren und neben den bereits bestehenden Ausnahmetatbeständen zusätzliche Ausnahmen schaffen, in denen z.B. das Wohl von Verwendern oder Konsumenten dem Interesse der Konkurrenten vorgehen könnte. Das Gemeinschaftsinteresse i.S.d. Beihilferechts lässt auch Beihilfen unberücksichtigt, die unterschiedliche Kostenfaktoren der Unternehmen aufgrund unterschiedlicher natürlicher, geographischer, klimatischer, sozialer oder sonstigen Bedingungen ausgleichen wollen, also einen redlichen Wettbewerb erst herstellen wollen[993]. Da das Gemeinschaftsrecht von unterschiedlichen Bedingungen in den einzelnen Mitgliedstaaten ausgeht und für deren Beseitigung spezielle gemeinschaftliche Verfahren vorsieht, sind alle diese Gründe jedoch keine Rechtfertigung für Beihilfemaßnahmen[994].

Das Gemeinschaftsinteresse spielt jedoch eine Rolle im Zusammenhang mit den Ermessensausnahmebestimmungen. So muss die Gewährung einer Beihilfe u.a. im Gemeinschaftsinteresse liegen, d.h. die Prüfung der Vereinbarkeit muss aus der Sicht der Gemeinschaft und nicht der eines einzigen Mitgliedstaats erfolgen[995]. Das Interesse der Gemeinschaft findet besondere Erwähnung, wenn es um die Frage der Ausnahmeerteilungen nach Artikel 87 Abs. III Buchstaben c) und d) EG sowie nach Artikel 86 Abs. II EG geht. So können Beihilfen nach diesen Ausnahmebestimmungen nur mit dem Gemeinsamen Markt vereinbar angesehen werden, soweit sie die Handelsbedingungen nicht in einer Weise verändern, die dem gemeinsamen Interesse zuwiderlaufen. Das gemeinsame Interesse wird allerdings nicht näher definiert. In diesem Zusammenhang muss sich die Kommission in ihrer Beurteilung an den Gemeinschaftspolitiken orientieren und ausrichten[996]. Worin das gemeinsame Interesse besteht, muss insbesondere den Zielen und Grundsätzen des EG-Vertrages entnommen werden, wobei der Schaffung der Bedingungen eines Gemeinsamen Marktes mit unverfälschten Wettbewerb vorrangige Bedeutung zukommt[997]. Bei der Beurteilung des Gemeinschaftsinteresses im Beihilfekontext hat die Kommission somit nicht nur auf die nationalen Verhältnisse abzustellen[998]. Was jedoch das Gemeinschaftsinteresse ausmachen kann, ist in jedem Einzelfall zu bestimmen.

So werden z.B. Umstrukturierungsbeihilfen grundsätzlich nur dann genehmigt, wenn nachgewiesen werden kann, dass sie dem Gemeinschaftsinteresse nicht zuwiderlaufen. Hierbei wird zunächst darauf geachtet, ob die Weiterführung des Unternehmens ge-

---

993 Rengeling, S. 30; GTE - Mederer, ex Artikel 92, Rdnr. 2/3.
994 EuGH, Rs. 173/73, Italien/Kommission, Slg. 1974, S. 709.
995 Siehe oben im zweiten Teil: Punkt V.2.
996 Evans, S. 108.
997 Grabitz/Hilf – Pernice, ex Artikel 90, Rdnr. 58.

wisse Vorteile mit sich bringt. Dies gilt vor allem, wenn der Nettoeffekt der durch die Schließung verursachten Entlassungen und die Auswirkungen auf die Zulieferer, die lokalen, regionalen oder nationalen Beschäftigungsprobleme nachweislich verschärfen oder in Ausnahmefällen, wenn das Verschwinden des Unternehmens zu einer Monopol bzw. Oligopolsituation führen würde[999]. Das Gemeinschaftsinteresse kann sich also z.B. auf die Beschäftigungslage[1000], die Situation der Zulieferer und die Wettbewerbssituation beziehen. Die Vorteile der konkreten Beihilfe werden also gegen mögliche negative Auswirkungen dieser Beihilfe auf den Wettbewerb und die konkreten Handelsbedingungen abgewogen. Nur wenn die positiven Faktoren überwiegen, kann davon ausgegangen werden, dass das Gemeinschaftsinteresse der Beihilfe nicht widerstrebt[1001]. Damit ist die fragliche Beeinträchtigung der Entwicklung des Handelsverkehrs, also die wirtschaftliche Folge einer durch das "konkrete Interesse" in einem Mitgliedstaat indizierten Abweichung mit dem Interesse der Gemeinschaft in Beziehung zu setzen. Zeigt sich z.B., dass die betreffende Beihilfe etwa der fortschreitenden Integration der Märkte diametral entgegenstehen würde und damit dem Gemeinsamen Markt widerspricht, so würde es nah liegen keine Ausnahme zu gewähren. Damit ist also erforderlich eine Interessen- und Güterabwägung zwischen dem wirtschaftlichen Interesse des Mitgliedstaates an der konkreten Beihilfe und dem allgemeinem Interesse der Gemeinschaft vorzunehmen.

So ging es in einem anderen Fall, bezüglich des Gemeinschaftsinteresses, um das Problem, dass einzelne Aspekte einer italienischen Beihilfe gegen die Grundsätze des Artikels 28 EG zu verstoßen schienen. Der EuGH stellte klar, dass in einem derartigen Fall die Gemeinschaftsorgane im Beihilfeverfahren die Dimension des freien Warenverkehrs zu berücksichtigen haben[1002]. Artikel 28 EG setzt also insoweit der Möglichkeit der Gemeinschaftsorgane zur Genehmigung von Beihilfen gewisse Grenzen und kann somit zur Interpretation des Gemeinschaftsinteresses herangezogen werden.

In einem weiteren Fall hat die Kommission im Hinblick auf das Gemeinschaftsinteresse klargestellt, dass das Beihilfevorhaben mit "dem Vorschlag der Kommission für eine Richtlinie des Rates zur Restrukturierung der gemeinschaftlichen Rahmenvorschriften zur Besteuerung von Energieerzeugnissen" im Einklang stand[1003].

In einem völlig anders gelagerten Beihilfefall hat die Kommission hinsichtlich des

---

998 Oppermann, Rdnr. 1128.

999 Siehe z.B. Entscheidung der Kommission Nr. 97/81/EG ("Head Tyrolia Mares") vom 30.07.96 (ABl. 1997 L 25, S. 40); Leitlinien der Gemeinschaft für staatliche Beihilfen zur Rettung und Umstrukturierung von Unternehmen in Schwierigkeiten (ABl. 1999 C 288, S. 2/5).

1000 Siehe z.B. Entscheidung der Kommission Nr. 94/1073/EG ("Bull") vom 12.10.94 (ABl. 1994 L 386, S. 1).

1001 Vierzehnter Wettbewerbsbericht der Kommission (1984), S. 202; Hancher/Ottervanger/Slot, Rdnr. 3-025.

1002 EuGH, Rs. 74/76, Ianelli/Meroni, Slg. 1977, S. 557/576.

1003 Brief der Kommission vom 03.05.99 an die Bundesrepublik Deutschland [SG(99)D/3289] bezüglich des Gesetzes zum Einstieg in die ökologische Steuerreform.

Gemeinschaftsinteresses festgestellt, dass die Beihilfemaßnahme dann im Gemeinsamen Interesse liegt, wenn sie dazu dienen würde, dass Schiffe weiterhin unter den Flaggen der Mitgliedstaaten fahren und einen hohen Anteil an Seefahrern aus der Gemeinschaft gewährleisten würden[1004].

Diese Beispielsfälle zeigen bereits, dass das Gemeinschaftsinteresse im Beihilfebereich in der praktischen Anwendung weiter gefasst ist und sich nicht auf bestimmte betroffene Personenkreise beschränkt, sondern auch Grundsätze und Politiken der Gemeinschaft mit umfassen kann.

3. Ergebnis

Damit scheint das Gemeinschaftsinteresse, sowohl theoretisch als auch in seiner praktischen Anwendung, im Beihilferecht eine weitere Bedeutung zu haben. Wohingegen sich das Gemeinschaftsinteresse nach der ASV, strikt auf die in der ASV erwähnten Interessen beschränkt. Diese Beschränkung ergibt sich jedoch aus der Notwendigkeit, die effektive Anwendung der ASV nicht zu unterminieren und keine zusätzlichen Ausnahmetatbestände durch eine weite Interpretation des Gemeinschaftsinteresses zu schaffen. Diese Gefahr besteht im Beihilfekontext jedoch nicht, da das Gemeinschaftsinteresse eine Korrektivfunktion im Hinblick auf die Anwendung der Ermessensausnahmebestimmungen hat. Das Gemeinschaftsinteresse kann in diesem Zusammenhang eben dazu verwendet werden, einen Ausnahmetatbestand abzulehnen. Trotz der grundsätzlich unterschiedlichen Funktionalität des Gemeinschaftsinteresses, scheint es dennoch erstrebenswert, das Gemeinschaftsinteresse in gewissen Maße zu „vereinheitlichen“ und gemeinsame Grundsätze zu etablieren, die das Gemeinschaftsinteresse näher definieren, um auch so eine bessere gerichtliche Überprüfung zu ermöglichen.

VII. Erlaubte Subventionen

Die ASV erwähnt eine Reihe von nichtanfechtbaren Subventionen, die nicht Gegenstand von Ausgleichsmaßnahmen sind, also als zulässige oder erlaubte Subventionen qualifiziert werden. Trotz der Möglichkeit, dass auch nichtanfechtbare Subventionen eine Schädigung verursachen können, wird der positiven Zweckverfolgung dieser Subventionen ein "höherer" Stellenwert zugeschrieben, als ihre potentiell negativen Wirkungen auf im Wettbewerb stehende Wirtschaftszweige. Wenn Subventionen wegen ihres grundsätzlich wettbewerbsschädigenden Charakters unerwünscht sind, ist andererseits zu berücksichtigen, dass zu den in Artikel 2 EG genannten Vertragszielen auch die harmonische

---

1004 Commission Decision of 17 July 1996 (97/14/EC) on aid granted to the Compagnie Générale Maritime in the context of a restructing plan (OJ 1997 L 5, page 40).

Entwicklung des Wirtschaftslebens innerhalb der Gemeinschaft und die beständige und ausgewogene Wirtschaftsausweitung zählt. Wo deshalb der Wettbewerb nicht oder allein nicht ausreicht, um die erwünschte strukturelle Entwicklung hervorzurufen, lässt es der EG-Vertrag und die Beihilfepraxis der Gemeinschaftsorgane zu, dass Mitgliedstaaten zum Hilfsmittel der Subventionen zurückgreifen[1005]. Daher sehen auch die Beihilfevorschriften Ausnahmetatbestände von dem grundsätzlichen Verbot der Subventionsgewährung vor.

1. Die per se Ausnahmen nach den Beihilfevorschriften

Artikel 87 Abs. II EG nennt Beihilfen, die *per se* mit dem Gemeinsamen Markt vereinbar sind[1006]. Hierzu gehören Beihilfen (a) sozialer Art an einzelne Verbraucher, wenn sie ohne Diskriminierung nach der Herkunft der Waren gewährt werden; (b) Beihilfen zur Beseitigung von Schäden, die durch Naturkatastrophen oder sonstige außergewöhnlichen Ereignisse entstanden sind; und (c) Beihilfen für die Wirtschaft bestimmter durch die Teilung Deutschlands betroffener Gebiete der Bundesrepublik Deutschland, soweit sie zum Ausgleich der durch die Teilung verursachten wirtschaftlichen Nachteile erforderlich sind. Fällt die Beihilfe in eine dieser Kategorien, so ist die Beihilfe "automatisch" vom Verbot des Artikel 87 Abs. I EG befreit[1007].

Im Schrifttum wird teilweise die Ansicht vertreten, dass die in Artikel 87 Abs. II EG genannten Beihilfen bereits tatbestandsmäßig nicht die Voraussetzungen des Artikel 87 Abs. I EG erfüllten, die *per se* Ausnahmen also lediglich klarstellenden Charakter hätten[1008]. Zu konstatieren ist in diesem Zusammenhang, dass die in Artikel 87 Abs. II EG genannten Tatbestände in der Tat "Grenzfälle" darstellen.

So ist z.B. fraglich, ob Beihilfen sozialer Art an einzelne Verbraucher, wenn sie ohne Diskriminierung nach der Herkunft der Ware gewährt werden, den Wettbewerb verfälschen oder überhaupt als (mittelbar) spezifische Beihilfen an einzelne Unternehmen oder Produktionszweige charakterisiert werden können, wenn nicht der Bezug bestimmter Güter oder Dienstleistungen vorgeschrieben ist. Im Falle der Sozialbeihilfen scheint daher fraglich, ob eine verschleierte Begünstigung bestimmter Unternehmen oder Unternehmenszweige überhaupt vorliegt.

So dient auch die Ausnahme nach Artikel 87 Abs. II Buchstabe b) EG lediglich dem Ausgleich, der durch Katastrophen entstandenen Schäden. Die Unternehmen sind zwar bestimmbar, weil zu ihnen alle Unternehmen zählen, die durch die Katastrophe Schäden erlitten haben; diese Art der Bestimmbarkeit ist aber nicht die Spezifität die von

---

1005 GTE - Mederer, Vorb.z.d. ex Artikeln 92 bis 94, Rdnr. 2.
1006 Siehe oben im zweiten Teil: Punkt V.1.
1007 Siehe oben im zweiten Teil: Punkt V.1.
1008 So Rengeling, S. 33; a.A. GTE - Mederer, ex Artikel 92, Rdnr. 50/51; Grabitz/Hilf - v. Wallenberg, ex

Artikel 87 Abs. I EG gefordert wird, da bis auf das Merkmal der Schädigung, alle Unternehmen diese Art der Beihilfe in Anspruch nehmen können. Die Unternehmen haben also "objektive Bedingungen" zu erfüllen, um in den Genuss der Beihilfe zu kommen. Außerdem dient die Unterstützung lediglich zur Behebung der Schäden die durch die Katastrophen verursacht worden sind. Die Unterstützung dient also nicht dazu, Unternehmen Vorteile in ihrer allgemeinen Kostenstruktur zu verschaffen. Der Beihilfebegriff setzt jedoch gerade voraus, dass die Beihilfe die Belastung vermindert, die ein Unternehmen "normalerweise" zu tragen hat. Diese Definition deutet daraufhin, dass in erster Linie die Kosten gemeint sind, die einem Unternehmen normalerweise bei der Durchführung der unternehmerischen Tätigkeit entstehen, also nicht die Fälle abdeckt, die einen unerwarteten, einmaligen und durch höhere Gewalt entstandenen Schaden verursachen. Die Beseitigung dieser Schäden hat auch insoweit keinen Einfluss auf den Wettbewerb, solange keine Überkompensation für die erlittenen Schäden vorliegt. Es ist daher zweifelhaft, ob diese Art der Unterstützung überhaupt als Subvention zu klassifizieren ist.

So ist auch fraglich, ob Beihilfen für die Wirtschaft bestimmter durch die Teilung Deutschlands betroffener Gebiete, soweit sie zum Ausgleich der durch die Teilung verursachten wirtschaftlichen Nachteile erforderlich sind, als spezifisch zu beurteilen sind, solange sie auf der Grundlage objektiver Kriterien oder Bedingungen und ohne Ermessen der Behörde an alle betroffenen Unternehmen vergeben werden.

Das die *pre se* Ausnahmen, trotz ihrer im wesentlichen klarstellenden Funktion, dennoch ausdrücklich Erwähnung finden, liegt daran, dass sich die Kommission den Zugriff auf diese Subventionen aufrechterhalten will, um die Gewissheit zu haben, dass die Voraussetzungen auch tatsächlich vorliegen.

Die ASV enthält keine vergleichbaren explizit aufgeführten *per se* Ausnahmen. Diese Ausnahmen sind teilweise speziell auf die europäischen Verhältnisse ausgerichtet, wie z.B. der Ausnahmetatbestand für die Folgen der Deutschen Teilung deutlich macht. Für eine explizite Erwähnung der anderen Ausnahmetatbestände besteht jedoch auch keine Veranlassung, da die *per se* Ausnahmebestimmungen, wie oben erläutert, im wesentlichen klarstellenden Charakter haben, da bereits fraglich ist, ob bei Vorliegen der in Artikel 87 Abs. II EG genannten Tatbestandsvoraussetzungen überhaupt eine Beihilfe i.S.d. Artikel 87 Abs. I EG vorliegt. Im übrigen ist zu berücksichtigen, dass die Wirkung derartiger Beihilfen auf den Außenwirtschaftshandel als eher gering einzuschätzen ist.

2. *Sonstige Ausnahmen*

Losgelöst von den oben genannten *per se* Ausnahmen der Beihilfevorschriften, weisen die ASV und die Beihilfevorschriften gleichgelagerte Ausnahmetatbestände auf,

---

Artikel 92, Rdnr. 37; Hancher/Ottervanger/Slot, Rdnr. 3-003.

die als erlaubte Formen der Subventionierung qualifiziert werden können. Dies gilt insbesondere für die Bereiche der Förderung benachteiligter Regionen, der Forschung und Entwicklung, des Umweltschutzes sowie für gewisse Unterstützungsmaßnahmen im Agrarsektor. Darüber hinaus weisen die Beihilfevorschriften zusätzliche Ausnahmetatbestände auf, die nicht von der ASV erfasst werden. Hierzu gehören z.B. die allgemeinen und sektoralen Ausnahmetatbestände nach den Beihilfevorschriften, die von der ASV nicht erwähnt werden und folglich im Rahmen der ASV als nicht ausnahmefähig und somit anfechtbar qualifiziert werden können.

a) Für benachteiligte Regionen

Gemäß der ASV sind Subventionen mit regionaler Zweckrichtung dann nicht anfechtbar, wenn sie nach einem allgemeinen Rahmen für benachteiligte Regionen gewährt werden und innerhalb der Fördergebiete nicht spezifisch sind, d.h. nicht an bestimmte Unternehmen geleistet werden[1009]. Die benachteiligte Region ist genau zu bezeichnen, d.h. sie muss geographisch, wirtschaftlich und administrativ eine Identität darstellen. Darüber hinaus verlangt die ASV, dass neutrale und objektive Kriterien vorliegen müssen, die die Region als benachteiligt qualifizieren. Die Kriterien müssen einen Maßstab zur Messung der wirtschaftlichen Entwicklung umfassen, der zumindest auf einem der folgenden zwei Faktoren basiert: Der erste Faktor bezieht sich auf ein Pro-Kopf-Einkommen oder ein Haushaltseinkommen pro Kopf oder ein Pro-Kopf-BIP, das 85% des Durchschnitts des Gebiets des betreffenden Lands nicht überschreiten darf. Der zweite Faktor bezieht sich auf die Arbeitslosenquote, die mindestens 110% des Durchschnitts des übrigen Gebiets des betreffenden Lands betragen muss. Diese Faktoren werden über einen Zeitraum von 3 Jahren gemessen. Der Maßstab kann jedoch auch ein Mischwert sein und andere Faktoren einschließen. Außerdem fordert die ASV, dass die regionalen Subventionsprogramme Obergrenzen für die Subventionen aufweisen müssen. Diese Obergrenzen müssen entsprechend den unterschiedlichen Entwicklungsniveaus der unterstützten Regionen differenziert und als Investitionskosten oder Kosten für die Schaffung von Arbeitsplätzen ausgedrückt werden[1010].

Nach Artikel 87 Abs. III Buchstabe a) EG können Beihilfen zur Förderung der wirtschaftlichen Entwicklung von Gebieten, in denen die Lebenshaltung außergewöhnlich niedrig ist oder eine erhebliche Unterbeschäftigung herrscht mit dem Gemeinsamen Markt vereinbar angesehen werden[1011]. Die Regionen auf die Artikel 87 Abs. II Buchstabe a) EG bezug nimmt, sind Gebiete, die in sozioökonomischer Hinsicht in der Gemeinschaft be-

---

1009 Siehe oben im ersten Teil: Punkt III.2.b.bb.
1010 Siehe oben im ersten Teil: Punkt III.2.b.bb.
1011 Siehe oben im zweiten Teil: Punkt V.2.a.

nachteiligt sind[1012]. Nach Artikel 87 Abs. II Buchstabe a) EG wird die soziale und wirtschaftliche Lage der betreffenden Region anhand des Bruttosozialproduktes pro Kopf der Bevölkerung gemessen und in Kaufkraftstandards ermittelt. Soweit der ermittelte Wert 75% des Gemeinschaftsdurchschnitts nicht übersteigt, können Beihilfen nach Artikel 87 Abs. II Buchstabe a) EG gewährt werden[1013]. Gemäß Artikel 87 Abs. III Buchstabe c) EG können Beihilfen weiterhin zur Förderung der Entwicklung gewisser Wirtschaftsgebiete gewährt werden, soweit sie die Handelsbedingungen nicht in einer Weise verändern, die dem gemeinsamen Interesse zuwiderlaufen, mit dem gemeinsamen Markt vereinbar angesehen werden[1014]. Die Festlegung der Gebiete nach Artikel 87 Abs. III Buchstabe c) EG wird unter Zugrundelegung der Bevölkerung der Gebiete berechnet, in denen auf nationaler Ebene hinsichtlich des Pro-Kopf-BIP/KKS und/oder der Arbeitslosigkeit eine Mindestabweichung festzustellen ist, die aufgrund bestimmter Schwellenwerte festgestellt wird, die für einen Zeitraum von drei Jahren im Vergleich zum nationalen Durchschnitt errechnet werden. Der erste Schwellenwert bezieht sich auf ein Pro-Kopf-BIP, das 85% des Durchschnitts des jeweiligen Mitgliedstaates nicht überschreiten darf; der zweite Schwellenwert bezieht sich auf die Arbeitslosenquote, die mindestens 115% des Durchschnitts des jeweiligen Mitgliedstaats betragen muß[1015].

Regionalbeihilfen nach Artikel 87 Abs. III Buchstabe a) und c) EG unterliegen Förderhöchstsätzen[1016]. Damit werden Obergrenzen für die Subventionen festgelegt. Darüber hinaus werden die einzelnen Fördergebiete in den einzelnen Mitgliedstaaten vorher genau festgelegt[1017]. Einzelne *ad-hoc*-Beihilfen zugunsten nur eines Unternehmens oder Beihilfen, die auf einen einzigen Wirtschaftszweig begrenzt sind, weichen vom Sinn und Zweck der eigentlichen Regionalbeihilfepolitik ab. Infolgedessen werden die genannten Freistellungen grundsätzlich nur für sektorenübergreifende Beihilferegelungen gewährt, die in dem jeweiligen Gebieten sämtliche Unternehmen der betreffenden Wirtschaftszweige zugänglich sind[1018].

So stellt auch die ASV in diesem Zusammenhang klar, dass sich die Regionalbeihilfen nur auf die Art von Beihilfen beschränken, die in den betroffenen Gebieten nicht spezifisch sind. Außerdem verlangt die ASV, dass die Subventionen innerhalb der Förderobergrenzen breit und gleichmäßig genug gestreut werden müssen, um eine überwiegende Nutzung der Subventionen durch oder die Gewährung unverhältnismäßig hoher Subventi-

---

1012 Siehe oben im zweiten Teil: Punkt V.2.a.aa.
1013 Siehe oben im zweiten Teil: Punkt V.2.a.aa.
1014 Siehe oben im zweiten Teil: Punkt V.2.a.bb.
1015 Siehe oben im zweiten Teil: Punkt V.2.a.bb.
1016 Siehe oben im zweiten Teil: Punkt V.2.a.
1017 Siehe oben im zweiten Teil: Punkt V.2.a.
1018 Leitlinien für staatliche Beihilfen mit regionaler Zielsetzung (ABl. 1998 C 74, S. 9/10). Siehe auch oben im zweiten Teil: Punkt V.2.a.

onen an bestimmte Unternehmen zu vermeiden[1019]. Sowohl die ASV als auch die Beihilfevorschriften setzen damit voraus, dass die Subvention möglichst breit und gleichmäßig gestreut werden, um eine *de facto* Spezifität bestimmter Unternehmen in den betroffenen Regionen zu vermeiden.

Die ASV und die Beihilfevorschriften weisen im Bereich der Regionalbeihilfen eine Reihe von Parallelitäten auf. So werden Subventionen nur gemäß allgemeiner Rahmen für die regionale Entwicklung gewährt, solange sie innerhalb der Fördergebiete nicht spezifisch sind. Die benachteiligten Gebiete bilden genau bezeichnete, geographisch zusammenhängende Gebiete und stellen definierbare wirtschaftliche und administrative Identitäten dar. Die neutralen und objektiven Kriterien zur Festlegung von benachteiligten Gebieten müssen aus amtlichen Unterlagen klar hervorgehen. Die Kriterien und Schwellenwerte zur Bestimmung der Fördergebiete nach dem Beihilferecht halten sich im Rahmen, den auch die ASV anwendet. Damit halten sich sowohl die Fördergebiete nach Artikel 87 Abs. III Buchstabe a) EG als auch die Fördergebiete nach Artikel 87 Abs. III Buchstabe c) EG an ein Pro-Kopf-BIP, das 85% des Durchschnitts des Gebiets des betreffenden Mitgliedstaats nicht überschreiten darf. Alternativ beträgt auch die Arbeitslosenquote mindestens 110% des Durchschnitts des Mitgliedstaates. Der Zeitraum zur Beurteilung dieser Faktoren beträgt nach beiden Antisubventions-Instrumenten drei Jahre. Das Beihilferecht sieht weiterhin Förderungshöchstgrenzen vor, die auch von der ASV gefordert werden.

Regionalbeihilfen haben entweder produktive Investitionen oder die Schaffung von Arbeitsplätzen zum Ziel[1020]. Nach dem Beihilferecht können allerdings unter bestimmten Umständen auch Betriebsbeihilfen und Beihilfen für Beförderungskosten gewährt werden[1021]. Die ASV legt fest, dass im Rahmen der entsprechenden Förderhöchstgrenzen die Subventionen als Investitionskosten oder Kosten für die Schaffung von Arbeitsplätzen ausgedrückt werden müssen[1022]. Betriebsbeihilfen oder Subventionen für Beförderungskosten sind nach der ASV nicht vorgesehen und könnten damit im Einzelfall als anfechtbar qualifiziert werden

b) Für die Forschung und Entwicklung

Die ASV legt fest, dass Subventionen für Forschungstätigkeiten dann nicht Gegenstand von Ausgleichsmaßnahmen sind, wenn sie von Unternehmen oder Hochschul- sowie Forschungseinrichtungen auf der Grundlage von Verträgen mit Unternehmen durchgeführt werden und sofern die Subventionen nicht mehr als 75% der Kosten für industriel-

---

1019 Siehe oben im ersten Teil: Punkt III.2.b.bb.
1020 Siehe oben im zweiten Teil: Punkt V.2.a.
1021 Siehe oben im zweiten Teil: Punkt V.2.a.
1022 Siehe oben im ersten Teil: Punkt III.2.b.bb.

le Forschung oder 50% der Kosten für vorwettbewerbliche Entwicklung decken[1023]. Die Subventionen dürfen darüber hinaus nur auf bestimmte Projektkosten beschränkt werden[1024]. Die zulässige Höhe der nichtanfechtbaren Subventionen wird im Verhältnis zu den während der Dauer eines einzelnen Projekts entstehenden subventionsfähigen Gesamtkosten festgelegt. Im Vergleich hierzu, werden Forschungs- und Entwicklungsbeihilfen (FuE-Beihilfen) nach Artikel 87 Abs. III Buchstabe c) EG beurteilt[1025]. FuE-Beihilfen werden unterschieden zwischen Grundlagenforschung, industrielle Forschung und vorwettbewerbliche Entwicklung. Beihilfen für Grundlagenforschung, die von oder auf Rechnung von Unternehmen betrieben wird, können mit einer Bruttobeihilfeintensität von bis zu 100% genehmigt werden, wenn die Art der Forschung sehr marktfern ist und ihre Ergebnisse grundsätzlich unter nichtdiskriminierenden und marktüblichen Bedingungen weit verbreitet und verwertet werden. Grundsätzlich darf die Bruttobeihilfeintensität für ein industrielles Forschungsvorhaben 50% der beihilfefähigen Projektkosten nicht überschreiten. Die zulässige Bruttobeihilfeintensität für die vorwettbewerbliche Entwicklung beträgt 25% der beihilfefähigen Projektkosten. Zuschläge sowie Kumulierungen[1026] von Beihilfemitteln dürfen eine Beihilfehöchstintensität von 75% brutto im Bereich der industriellen Forschung und 50% brutto im Bereich der vorwettbewerblichen Entwicklung nicht überschreiten[1027]. Die ASV und die Beihilfevorschriften enthalten identische Definitionen der "industriellen Forschung"[1028], der "vorwettbewerblichen Entwicklung"[1029] und der "beihilfefähigen Projektkosten"[1030]. Die absoluten Höchstgrenzen der Subventionierung sind für die ASV und die Beihilfevorschriften gleich. Allerdings erwähnt die ASV nicht explizit den Fall der Grundlagenforschung. Daher ist, wie bereits oben im ersten Teil dieser Untersuchung erwähnt, die ASV im Lichte des WTO Subventionsübereinkommens zu interpretieren, das ausdrücklich den Fall der Grundlagenforschung anspricht und klarstellt, dass dieser Sektor nicht in den Anwendungsbereich des Übereinkommens fällt[1031]. Das Beihilferecht geht in diesem Zusammenhang davon aus, dass es sich bei der Grundlagenforschung um eine Erweiterung der wissenschaftlichen und technischen Kenntnisse handelt, die nicht auf industrielle Ziele ausgerichtet sind. Aufgrund der Marktferne liegen damit keine staatlichen Beihilfen vor, wenn FuE-Tätigkeiten durch öffentliche, nichtgewinnorientierte Hochschul- oder Forschungseinrichtungen staatlich finanziert werden.Schließlich ist zu berücksichtigen, dass der Ausnahmetatbestand nach der ASV

1023 Siehe oben im ersten Teil: Punkt III.2.b.aa.
1024 Siehe oben im ersten Teil: Punkt III. 2.b.aa.
1025 Siehe oben im zweiten Teil: Punkt V.2.c.cc.
1026 Siehe oben im zweiten Teil: Punkt V.2.c.cc.
1027 Siehe oben im zweiten Teil: Punkt V.2.c.cc.
1028 Siehe oben im ersten Teil: Punkt III.2.b.aa.; und im zweiten Teil: Punkt V.2.c.cc.
1029 Siehe oben im ersten Teil: Punkt III.2.b.aa.; und im zweiten Teil: Punkt V.2.c.cc.
1030 Siehe oben im ersten Teil: Punkt III.2.b.aa.; und im zweiten Teil: Punkt V.2.c.cc.
1031 Siehe oben im ersten Teil: Punkt III.2.b.aa.

nicht für Forschungstätigkeiten in der Zivilluftfahrt Anwendung findet[1032], wohingegen dieser Bereich vom Gemeinschaftsrahmen für staatliche FuE-Beihilfen abgedeckt wird[1033].

c) *Für den Umweltschutz*

Nach der ASV sind Subventionen zur Förderung der Anpassung bestehender Einrichtungen an neue Umweltvorschriften, die durch Gesetz und/oder Verordnung erlassen werden und größere Auflagen und finanzielle Belastungen für die Unternehmen zur Folge haben, dann nicht Gegenstand von Ausgleichsmaßnahmen, wenn sie einmalig sind, also keine wiederkehrende Maßnahme darstellen; auf 20% der Kosten zur Anpassung begrenzt sind; die Kosten für den Ersatz und Betrieb der subventionierten Investition nicht decken, die in vollem Umfang von dem Unternehmen getragen werden müssen; an eine unmittelbare Verringerung der Umweltbelastung geknüpft sind und im Verhältnis dazu stehen und keine etwaigen Einsparungen an Herstellungskosten decken; und allen Unternehmen zur Verfügung stehen, die die neuen Ausrüstungs- und /oder Herstellungsverfahren einsetzen können[1034]. Der Gemeinschaftsrahmen für staatliche Umweltbeihilfen unterscheidet die Beihilfearten in drei große Kategorien: Investitionsbeihilfen, horizontale Unterstützungsmaßnahmen und Betriebsbeihilfen[1035]. In der Regel sind Investitionsbeihilfen für den Umweltschutz bis zu einer Höhe von 15% brutto der beihilfefähigen Kosten zulässig. Werden derartige Investitionen von KMU getätigt, so kann die Bruttobeihilfe um weitere 10% heraufgesetzt werden. Beihilfen für Investitionen, mit denen ein gegenüber geltenden Normen deutlich höheres Umweltschutzniveau erreicht werden soll, sind bis zu einer Höchstgrenze von 30% der beihilfefähigen Kosten zulässig. Werden die Investitionen von KMU getätigt, so kann die Beihilfe um zusätzliche 10% erhöht werden. Weiterhin können Investitionsbeihilfen bis zu 30% gewährt werden, wenn bei Fehlen verbindlicher Umweltnormen der Umweltschutz verbessert wird. Auch hier kann eine Erhöhung um weitere 10% vorgenommen werden, wenn die Investition von einem KMU getätigt wird. Beihilfen für Tätigkeiten in den Bereichen Informationen, Ausbildung und Beratung können für KMU bis zu 50% gewährt werden[1036]. Betriebsbeihilfen dürfen lediglich die zusätzlichen Produktionskosten gemessen an den üblichen Kosten ausgleichen; die Betriebsbeihilfen müssen zeitlich begrenzt und degressiv sein, um einen Anreiz zur Verringerung der Umweltverschmutzung darzustellen[1037].

Obwohl beide Antisubventions-Instrumente „gewisse Ähnlichkeiten“ in diesem

---

1032 Siehe oben im ersten Teil: Punkt III.2.b.aa.
1033 Siehe oben im zweiten Teil: Punkt V.2.c.cc.
1034 Siehe oben im ersten Teil: Punkt III.2.b.cc.
1035 Siehe oben im zweiten Teil: Punkt V.2.c.dd.
1036 Hancher/Ottervanger/Slot, Rdnr. 17-018.

Bereich aufweisen, bestehen jedoch zugleich signifikante Unterschiede[1038]. Im Vergleich zu den Beihilfevorschriften sieht die ASV für den Umweltschutz nur dann einen Ausnahmetatbestand vor, wenn die Subventionen zur Förderung der Anpassung an neue Umweltvorschriften verwendet werden und, wenn diese neuen Umweltvorschriften größere Auflagen und finanzielle Belastungen für die Unternehmen zur Folge haben. Voraussetzung ist demnach grundsätzlich das Vorliegen neuer Umweltvorschriften, als eine durch den Staat auferlegte Verpflichtung.

Im Bereich der Beihilfevorschriften sieht der Gemeinschaftsrahmen für staatliche Umweltbeihilfen Investitionsbeihilfen, horizontalen Unterstützungsmaßnahmen und Betriebsbeihilfen vor, die generell für den Umweltschutz zulässig sind, auch wenn keine neuen Umweltvorschriften vorliegen, die größere Auflagen und finanzielle Belastungen für die Unternehmen zur Folge hätten. Es wird also grundsätzlich mehr auf die Eigeninitiative der Unternehmen zur Verbesserung des Umweltschutzniveaus abgestellt, die dann entsprechend vom Verbot der Beihilfegewährung freigestellt wird. So sind auch gegenüber der ASV die Förderhöchstgrenzen nach den Beihilfevorschriften wesentlich höher. Trotz des Vorliegens von Beihilfehöchstgrenzen, lässt sich feststellen, dass die ASV im Bereich des Umweltschutzes einen wesentlich strikteren und engeren Ausnahmetatbestand bereitstellt. Damit kann folglich ein großer Teil der nach den Beihilfevorschriften freigestellten Umweltbeihilfen, zumindest potentiell als anfechtbare Subventionen nach der ASV qualifiziert werden.

d) Allgemeine und sektorale Beihilfen

Nach Artikel 87 Abs. III Buchstabe c) EG können Beihilfen zur Förderung der Entwicklung gewisser Wirtschaftszweige mit dem Gemeinsamen Markt vereinbar angesehen werden, soweit sie die Handelsbedingungen nicht in einer Weise verändern, die dem gemeinsamen Interesse zuwiderlaufen. Um mit dem Gemeinsamen Markt vereinbar zu sein, müssen alle Beihilfen bestimmte Anreizelemente enthalten oder den Begünstigten zu einer Gegenleistung verpflichten. Sofern das Beihilferecht Ausnahmen nicht ausdrücklich vorsieht, sind einseitige staatliche Beihilfemaßnahmen, die lediglich dazu bestimmt sind, die finanzielle Lage der Unternehmen zu verbessern, die aber nicht in irgendeiner Weise zur Entwicklung des Sektors insgesamt beitragen, und vor allem Beihilfen, die allein auf der Grundlage des Preises, der Menge, der Produktionseinheit oder der Betriebsmitteleinheit gewährt werden, als Betriebsbeihilfen anzusehen, die mit dem Gemeinsamen Markt unvereinbar sind.

Nach Auffassung der Kommission können z.B. Rettungs- und Umstrukturierungs-

---

1037 Hancher/Ottervanger/Slot, Rdnr. 17-019.
1038 Siehe hierzu auch: Lukas, EWS 2000, S. 203.

beihilfen[1039] zur Entwicklung von Wirtschaftszweigen beitragen, ohne die Handelsbedingungen in einer Weise zu verändern, die mit dem Gemeinsamen Markt unvereinbar wären. So fallen z.B. auch Beihilfen an KMU[1040] oder Beihilfen für die Beschäftigung und Ausbildung[1041] unter Artikel 87 Abs. III Buchstabe c) EG, wenn entsprechende Zweckbestimmungen und Beihilfeintensitäten berücksichtigt werden.

Weiterhin können nach Artikel 87 Abs. III Buchstabe c) EG auch sektorale Beihilfen zugelassen werden, soweit sie die Handelsbedingungen nicht in einer Weise verändern, die dem gemeinsamen Interesse zuwiderlaufen[1042]. Danach dürfen sektorale Beihilfen zur Vermeidung von Wettbewerbsverfälschungen grundsätzlich nur in Form degressiver Überbrückungsbeihilfen gewährt werden, die den *status quo* nicht verfestigen. Diese Beihilfen müssen selektiv, degressiv, temporär und möglichst transparent sein.

Die ASV sieht die oben genannten allgemeinen und sektoralen Ausnahmetatbestände nicht vor, damit können diese Beihilfeformen im Einzelfall als anfechtbare Subventionen qualifiziert werden. Da die Auswirkungen dieser Beihilfen auf den Handel allerdings als eher gering einzuschätzen sind, ist die Wahrscheinlichkeit, dass diese Beihilfen allein eine Schädigung i.S.d. ASV verursachen könnten marginal. Dies soll am Beispiel von Umstrukturierungsbeihilfen verdeutlicht werden.

Umstrukturierungsbeihilfen sind wettbewerblich besonders problematisch, weil sie letzten Endes dazu führen können, dass ein unangemessener Anteil der Strukturanpassungslasten und der damit einhergehenden sozialen und wirtschaftlichen Probleme auf andere Unternehmen, die keine Beihilfe erhalten, und auf andere Mitgliedstaaten abgewälzt wird. Umstrukturierungsbeihilfen haben damit von Natur aus die Tendenz, den Wettbewerb zu verfälschen und den Handel zwischen den Mitgliedstaaten zu beeinträchtigen. Daher werden Umstrukturierungsbeihilfen nur dann genehmigt, wenn nachgewiesen werden kann, dass sie dem Gemeinschaftsinteresse nicht zuwiderlaufen. Dies ist nur möglich, wenn die Beihilfe strenge Kriterien erfüllt und die Gemeinschaftsorgane die Gewissheit haben, dass etwaige Wettbewerbsverfälschungen durch die mit der Weiterführung des Unternehmens verbundenen Vorteile und gegebenenfalls ausreichende Gegenleistungen zugunsten der Konkurrenten aufgewogen werden[1043].

So stellen z.B. die Begrenzung oder erzwungene Reduzierung der Präsenz auf dem Markt oder den Märkten, auf denen das Unternehmen tätig ist, eine Gegenleistung für die Konkurrenten dar. Diese Gegenleistung muss im Verhältnis zu den durch die Beihilfe verursachten Verzerrungseffekten und insbesondere zu dem relativen Gewicht des Unternehmens auf seinem Markt oder seinen Märkten stehen. Die Kommission bestimmt den Um-

---

1039 Siehe oben im zweiten Teil: Punkt V.2.c.aa.(1).
1040 Siehe oben im zweiten Teil: Punkt V.2.c.aa.(2).
1041 Siehe oben im zweiten Teil: Punkt V.2.c.aa.(3).
1042 Siehe oben im zweiten Teil: Punkt V.2.c.bb.
1043 Leitlinien der Gemeinschaft für staatliche Beihilfen zur Rettung und Umstrukturierung von Unter-

fang dieser Reduzierung der Marktpräsenz anhand einer dem Umstrukturierungsplan beizufügenden Marktstudie und anhand der von den Beteiligten gelieferten Informationen. Die Marktpräsenz des Unternehmens wird durch den Umstrukturierungsplan und die damit gegebenenfalls verknüpften Bedingungen reduziert[1044].

Die Gegenleistung können je nachdem, ob das Unternehmen auf einem Markt mit Überkapazitäten tätig ist oder nicht, in verschiedener Form erbracht werden. Bestehen strukturelle Überkapazitäten auf einem Markt, auf dem der Beihilfeempfänger tätig ist, so muss der Umstrukturierungsplan nach Maßgabe der erhaltenen Beihilfe und ihrer Auswirkungen auf den betreffenden Markt durch einen endgültigen Kapazitätsabbau zu dessen Sanierung beitragen. Der verlangte Kapazitätsabbau muss zu einer Verringerung der Präsenz des begünstigten Unternehmens auf seinem Markt oder seinen Märkten beitragen[1045].

Bestehen dagegen in der Gemeinschaft keine strukturellen Überkapazitäten auf einem Markt, auf dem der Beihilfeempfänger tätig ist, so prüft die Kommission dennoch, ob nicht Gegenleistungen verlangt werden sollten. Umfassen die Gegenleistungen einen Kapazitätsabbau des betreffenden Unternehmens, so kann dieser in einer Veräußerung von Produktionsanlagen oder Tochterunternehmen erfolgen[1046].

Die Gegenleistungen werden also dahingehend geprüft, um die etwaigen wettbewerbsverfälschenden Auswirkungen abzuschwächen. Um die wettbewerbsverfälschenden Auswirkungen weiterhin in Grenzen zu halten, sollte die Beihilfe nicht in einer Form oder in einem Umfang gewährt werden, die dem Unternehmen überschüssige Liquidität zuführt, die es zu einem aggressiven und marktverzerrenden Verhalten in dem Umstrukturierungsprozess nicht berührten Tätigkeitsbereichen verwenden könnte. Die Beihilfe darf auch nicht zur Finanzierung von Neuinvestitionen verwendet werden, die für die Wiederherstellung der langfristigen Rentabilität nicht unbedingt notwendig sind[1047].

Obwohl Umstrukturierungsbeihilfen als anfechtbare Subventionen i.S.d. ASV qualifiziert werden können, ist, wie bereits oben angedeutet, die Wahrscheinlichkeit einer hierdurch kausal verursachten Schädigung eher gering. Da eine Schädigung jedoch im Hinblick auf die Einfuhren einer bestimmten Ware makroökonomisch ermittelt wird[1048], kann der Fall nicht ausgeschlossen werden, dass ein einzelnes Unternehmen, das eine Umstrukturierungsbeihilfe empfangen hat, dennoch von Ausgleichsmaßnahmen betroffen sein könnte.

---

nehmen in Schwierigkeiten (ABl. 1999 C 288, S. 2/5).

1044 Leitlinien der Gemeinschaft für stattliche Beihilfen zur Rettung und Umstrukturierung von Unternehmen in Schwierigkeiten (ABl. 1999 C 288, S. 2/6).

1045 Leitlinien der Gemeinschaft für stattliche Beihilfen zur Rettung und Umstrukturierung von Unternehmen in Schwierigkeiten (ABl. 1999 C 288, S. 2/7).

1046 Leitlinien der Gemeinschaft für stattliche Beihilfen zur Rettung und Umstrukturierung von Unternehmen in Schwierigkeiten (ABl. 1999 C 288, S. 2/7).

1047 Leitlinien der Gemeinschaft für stattliche Beihilfen zur Rettung und Umstrukturierung von Unternehmen in Schwierigkeiten (ABl. 1999 C 288, S. 2/7).

1048 Siehe oben im ersten Teil: Punkt V.2.

Dieses Risiko besteht um so mehr, da gegenwärtig keine ausreichende Analyse vorgenommen wird, um sicherzustellen, dass wirklich nur die subventionierten Einfuhren die Schädigung verursachen[1049].

e) Europäische Vorhaben und Störungen im Wirtschaftsleben eines Mitgliedstaates

Artikel 87 Abs. III Buchstabe b) EG betrifft Beihilfen zur Förderung von Vorhaben von gemeinsamen europäischen Interesse und Beihilfen zur Beseitigung von Störungen im Wirtschaftsleben eines Mitgliedstaates[1050]. Derartige Ausnahmebestimmungen sieht die ASV nicht vor. Damit können diese Beihilfen im Einzelfall als anfechtbare Subventionen i.S.d. ASV qualifiziert werden. Anzumerken sei in diesem Zusammenhang lediglich, dass die Ausnahmebestimmung, die sich auf die Störungen im Wirtschaftsleben beziehen, mit allgemein wirtschaftspolitischen Maßnahmen eng verwandt sind, da sich diese Beihilfen i.d.R. nicht auf einzelne Unternehmen, Sektoren oder Regionen beschränken.

f) Förderung der Kultur und der Erhaltung des kulturellen Erbes

Auch Beihilfen zur Förderung der Kultur und der Erhaltung des kulturellen Erbes sind nach den Beihilfevorschriften in Ausnahmefällen zulässig[1051]. Die staatlichen Fördermaßnahmen dürfen die Handels- und Wettbewerbsbedingungen für Kulturgüter allerdings nicht in einem dem gemeinsamen Interesse zuwiderlaufenden Maße beeinträchtigen. Die ASV sieht eine derartige Ausnahmevorschrift nicht vor. Diese Subventionen könnten damit im Einzelfall als anfechtbare Subventionen qualifiziert werden. Jedoch scheint die Notwendigkeit einer derartigen Ausnahmebestimmung im Rahmen der ASV eher gering, da in den meisten Fällen eine derartige Förderungen sich auf den Dienstleistungsbereich beziehen würde, der nicht von der ASV erfasst wird.

Selbst wenn sich im Einzelfall die Subvention auf bestimmte Waren, wie z.B. Bücher oder andere Kulturgüter beziehen sollte, wäre eine Marktanalyse gleicher Waren i.S.d. ASV nur schwer vorstellbar, da die spezifischen Unterschiede dieser Waren i.d.R. zu groß wären. Auch das Recht am geistigen Eigentum könnte hier im Einzelfall eine Rolle spielen und die entsprechenden Märkte voneinander abgrenzen, so dass eine Schadensfeststellung nur schwer möglich wäre. Eine Auswirkung auf den Warenverkehr sowie eine mögliche Schädigung i.S.d. ASV im gegenwärtigen Stadium der Marktintegration, ist demnach nur schwer vorstellbar.

1049 Siehe oben im ersten Teil: Punkt V.2.c.bb.

1050 Siehe oben im zweiten Teil: Punkte V.2.b.aa. und V.2.b.bb.

g) Nach Artikel 86 Abs. II EG

Wie bereits im zweiten Teil dieser Untersuchung erwähnt, kann der Artikel 86 Abs. II EG eine weitere Ausnahmemöglichkeit von der Anwendung der Beihilfevorschriften bereitstellen, wenn Unternehmen mit Dienstleistungen von allgemeinem wirtschaftlichen Interesse betraut sind oder den Charakter eines Finanzmonopols haben, und wenn durch die Anwendung der Beihilfevorschriften die Erfüllung der ihnen übertragenen besonderen Aufgaben rechtlich oder tatsächlich verhindert würden. Um jedoch von dieser Ausnahmevorschrift gedeckt zu sein, darf die betreffende Beihilfe nur die Mehrkosten ausgleichen, die dem mit einer Dienstleistung von allgemeinem wirtschaftlichen Interesse betrauten Unternehmen durch die Erfüllung der ihm übertragenen besonderen Aufgabe entstehen, und wenn die Gewährung der Beihilfe erforderlich ist, um diesem Unternehmen die Erfüllung seiner Verpflichtungen als öffentlicher Dienstleistungserbringer unter wirtschaftlich tragbaren Bedingungen zu ermöglichen[1052].

Die ASV enthält keine vergleichbare Ausnahmevorschrift. Dies liegt daran, dass sich die ASV vom Anwendungsbereich lediglich auf den Warenverkehr beschränkt und die von Artikel 86 Abs. II EG erfassten Fälle sich auf den Dienstleistungsbereich erstrecken.

h) Im Agrarsektor

Sowohl die ASV als auch die Beihilfevorschriften sehen eine Reihe von Unterstützungsmaßnahmen im Agrarsektor vor, die, so die allgemeine Ansicht, eine eher geringe Auswirkung auf den Wettbewerb haben und daher als "ausnahmefähig" qualifiziert werden können, solange sie gewisse Kriterien erfüllen, die im weiteren Verlauf näher erläutert werden. Trotz gemeinsamer Ausnahmetatbestände in diesem Bereich, scheinen die Beihilfevorschriften in ihrer Anwendung weiterzugehen.

aa) Agrarsubventionen i.S.d. Anhang IV der ASV

Die in Anhang IV der ASV erwähnten "internen Stützungsmaßnahmen" im Agrarbereich, sind als nicht anfechtbare Subventionen im Sinne der ASV zu qualifizieren[1053], da diese Gegenstand eines separaten Uruguay Übereinkommens über die Landwirtschaft sind[1054]. Interne Stützungsmaßnahmen, für die eine Ausnahme[1055] nach dem Uruguay Übereinkommen über die Landwirtschaft beansprucht wird, rufen keine oder höchstens ge-

1051 Siehe oben im zweiten Teil: Punkt V.2.d.
1052 Siehe oben im zweiten Teil: Punkt III.1.d.aa.
1053 Siehe oben im ersten Teil: Punkt III.2.b.
1054 Das Übereinkommen über die Landwirtschaft ist abgedruckt im: ABl. 1994 L 336, S. 22.
1055 Siehe Artikel 13 Buchstabe a) des Übereinkommens über die Landwirtschaft (ABl. 1994 L 336, S.

ringe Handelsverzerrungen oder Auswirkungen auf die Erzeugung hervor, sofern sie den folgenden grundlegenden Kriterien entsprechen:

- die betreffende Stützung wird im Rahmen eines aus öffentlichen Mitteln finanzierten staatlichen Programms (einschließlich Einnahmeverzicht der öffentlichen Hand) bereitgestellt, das keinen Transfer von den Verbrauchern mit sich bringt; und
- die betreffende Stützung darf sich nicht wie eine Preisstützung für die Erzeuger auswirken[1056].

Ferner dürfen sich die internen Stützungsmaßnahmen nur auf die im Anhang IV der ASV erwähnten Ausnahmefälle beschränken[1057]. Zu diesen Ausnahmen zählen z.B. allgemeine Dienstleistungen[1058]; öffentliche Lagerhaltung aus Gründen der Ernährungssicherung; interne Nahrungsmittelhilfe[1059]; Direktzahlungen an Erzeuger; nichtproduktionsbezogene Einkommensstützungen; finanzielle Beteiligung der öffentlichen Hand an Einkommensversicherungen und anderen Einkommenssicherungsprogrammen; Zahlungen (entweder direkte oder im Rahmen einer finanziellen Beteiligung der öffentlichen Hand an Ernteversicherungsprogrammen) als Hilfe bei Naturkatastrophen; Strukturanpassungshilfe in Form von Ruhestandsprogrammen für Erzeuger; Strukturanpassungshilfe in Form von Programmen zur Stillegung von Ressourcen; Strukturanpassungshilfe in Form von Investitionsbeihilfen; Zahlungen im Rahmen von Umweltprogrammen; sowie Zahlungen im Rahmen von Regionalbeihilfeprogrammen.

bb) Nach den Beihilfevorschriften

Artikel 36 EG sieht vor, dass die Wettbewerbsregeln auf die Produktion landwirtschaftlicher Erzeugnisse und den Handel mit diesen nur insoweit Anwendung finden, als der Rat dies bestimmt. Im Gegensatz zu anderen Sektoren leitet sich folglich die Befugnis der Kommission, die im Agrarsektor gewährten staatlichen Beihilfen zu kontrollieren und zu überwachen, nicht direkt aus dem EG-Vertrag her, sondern aus Rechtsvorschriften, die der Rat nach Artikel 37 EG erlassen und für die er gegebenenfalls Einschränkungen geschaffen hat. In der Praxis jedoch sehen alle Regelungen zur Schaffung der gemeinsamen

---

22/28).

1056 Siehe Nr. 1 im Anhang IV der ASV (ABl. 1997 L 288, S. 1/30).

1057 Siehe Nr. 2 bis 13 im Anhang IV der ASV (ABl. 1997 L 288, S. 1/30).

1058 Wie z.B. für die Forschung, Schädlings- und Krankheitsbekämpfung, Ausbildung, Beratungsdienste, Inspektionsdienste, Marktforschungs- und Marktfördermaßnahmen sowie Infrastrukturdienstleistungen (ABl. 1997 L 288, S. 1/30).

1059 Z.B. Ausgaben (oder Einnahmeverzicht) im Zusammenhang mit der Nahrungsmittelversorgung von bedürftigen Gruppen der einheimischen Bevölkerung (ABl. 1997 L 288, S. 1/31).

Marktorganisationen vor, dass die in den Artikeln 87, 88 und 89 EG genannten Bestimmungen hinsichtlich staatlicher Beihilfen auf die betreffenden Erzeugnisse anzuwenden sind. Demzufolge sind, vorbehaltlich spezifischer Einschränkungen oder Ausnahmen, die gegebenenfalls in den entsprechenden Verordnungen niedergelegt sind, die Bestimmungen des EG-Vertrages auf die im Agrarsektor gewährten staatlichen Beihilfen in vollem Umfang anwendbar, mit Ausnahme spezieller Beihilfen zugunsten einer begrenzten Anzahl von Erzeugnissen, die nicht unter die gemeinsamen Marktorganisationen fallen[1060]. Für Agrarerzeugnisse die noch nicht Gegenstand einer gemeinsamen Marktorganisation sind, ist nach wie vor Artikel 4 der Verordnung Nr. 26 des Rates[1061] auf staatliche Beihilfen anzuwenden, der vorsieht, dass nur Artikel 88 Abs. I und Abs. III Satz 1 EG auf diese Beihilfen anzuwenden sind. Der Gemeinschaftsrahmen für staatliche Beihilfen im Agrarsektor sieht vor, dass nach Artikel 87 Abs. III Buchstabe c) EG Beihilfen für Investitionen in landwirtschaftlichen Betrieben freigestellt werden können[1062]. Die Investitionen müssen sich jedoch auf eines oder mehrere der folgenden Ziele beziehen: Verringerung der Produktionskosten, Verbesserung und Umstellung der Erzeugung, Steigerung der Qualität, Erhaltung und Verbesserung der natürlichen Umwelt, der Hygienebedingungen und der Tierschutznormen sowie der Förderung der Diversifizierung der Tätigkeit im Betrieb. Der Gemeinschaftsrahmen legt Höchstgrenzen für diese Art der Investitionsbeihilfen fest[1063]. Für Investitionen, die auf eine Steigerung der Produktion von Erzeugnissen abzielen, für die keine normalen Absatzmöglichkeiten auf den Märkten bestehen, werden keine Beihilfen gewährt. Darüber hinaus gilt als allgemeiner Grundsatz, dass Investitionsbeihilfen für die Verarbeitung und Vermarktung landwirtschaftlicher Erzeugnisse nur Unternehmen gewährt werden dürfen, die aufgrund einer Bewertung der Aussichten des Unternehmens wirtschaftlich lebensfähig sind und zudem die an den Umweltschutz, die Hygienebedingungen und den Tierschutz gestellten Mindestanforderungen erfüllen. Nach dem Gemeinschaftsrahmen für staatliche Beihilfen im Agrarsektor sind weiterhin zulässig bestimmte Beihilfen für den Umweltschutz; Beihilfen zum Ausgleich von Nachteilen in benachteiligten Gebieten; Niederlassungsbeihilfen für Junglandwirte; Beihilfen für den Vorruhestand oder für die Beendigung landwirtschaftlicher Erwerbstätigkeit; bestimmte Beihilfen für die Stillegung von Produktions-, Verarbeitungs- und Vermarktungskapazitäten; Beihilfen für Erzeugergemeinschaften; Beihilfen zum Ausgleich von Schäden zum Nachteil der landwirtschaftlichen Erzeugung oder der landwirtschaftlichen Betriebsmittel (Naturkatastrophen, Tierseuchen, Pflanzenkrankheiten, u.s.w.); Beihilfen für die Flurbereinigung; bestimmte Beihilfen zur Förderung der Erzeugung und Vermarktung von landwirtschaftli-

1060 Siehe hierzu: Gemeinschaftsrahmen für staatliche Beihilfen im Agrarsektor (ABl. 2000 C 28, S. 2/3).

1061 ABl. 1962 L 30, S. 993.

1062 Gemeinschaftsrahmen für staatliche Beihilfen im Agrarsektor (ABl. 2000 C 28, S. 2/5).

1063 Diese Höchstgrenzen gelten allerdings nicht für die Erhaltung der Kulturlandschaften, im öffentlichen Interesse durchgeführte Aussiedlungen, für den Schutz und die Verbesserung der Umwelt, der Hygiene chen Erzeugnissen hoher Qualität; Beihilfen zur Bereitstellung technischer Hilfe im Agrarsektor; bestimmte Beihilfen für den Tierhaltungssektor; sowie Beihilfen für Gebiete in äußerster Randlage und die Inseln des Ägäischen Meeres[1064].

cc) Ergebnis

Sowohl die ASV als auch die Beihilfevorschriften stellen eine Reihe von Ausnahmetatbestände für den Agrarsektor bereit, die generell als „wettbewerbsneutral" qualifiziert werden können. Anzumerken ist, dass die Beihilfevorschriften einen weiteren Anwendungsbereich haben und Ausnahmen erwähnen, die teilweise nicht von der ASV erfasst werden. Allgemein sei anzumerken, dass im Hinblick auf subventionierte Einfuhren von Agrarprodukten in die Gemeinschaft, die Einführung von Ausgleichsmaßnahmen nach der ASV als eher unwahrscheinlich erscheint, da durch die Gemeinsame Agrarpolitik der Gemeinschaft grundsätzlich eine bedeutende Schädigung eines inländischen Wirtschaftszweigs nur schwer vorstellbar ist. Zu berücksichtigen ist allerdings, dass nicht alle Agrarprodukte von der Gemeinsamen Agrarpolitik erfasst werden und daher zumindest im Einzelfall eine Schädigung eines inländischen Wirtschaftszweigs möglich wäre.

3. Ergebnis

Die ASV enthält weniger Ausnahmetatbestände als die Beihilfevorschriften. Der dadurch größere Anwendungsbereich anfechtbarer Subventionen, erfährt jedoch ein praktische Einschränkung durch das Schadenskriterium. In anderen Worten, wirtschaftlich schädliche und spürbare Subventionen sollen behoben werden, jedoch nicht Subventionen, die "handelsneutral" sind. Große Parallelitäten zwischen der ASV und den Beihilfevorschriften zeigen sich für die Ausnahmetatbestände im Bereich der Regionalförderung und der Forschung und Entwicklung. Strikter ist die ASV im Vergleich zu den Beihilfevorschriften, wenn es um die Subventionierung von Maßnahmen im Umweltbereich geht. Gänzlich ausgeschlossen sind nach der ASV Ausnahmen betreffend allgemeiner und sektoraler Subventionen. Zu berücksichtigen ist weiterhin, dass die Beihilfevorschriften Ausnahmetatbestände im Dienstleistungsbereich aufweisen, der nicht von der ASV erfasst wird, da sich die ASV exklusiv auf den Warenverkehr beschränkt.

VIII. Verfahren

Im Hinblick auf die konkret durchzuführenden Antisubventionsverfahren, enthält

---

in der Tierhaltung und des Tierschutzes.

1064 Siehe zu den Einzelheiten den Gemeinschaftsrahmen für staatliche Beihilfen im Agrarsektor (ABl. 2000 C 28, S. 2).

die ASV detailliertere Verfahrensvorschriften, als die Beihilfevorschriften. So legt die ASV z.B. genau fest, wer einen Antrag einreichen kann und welchen Mindestinhalt ein solcher Antrag enthalten muss. Darüber hinaus legt die ASV die Kriterien fest, nach denen die Kommission entscheidet, ob ein Verfahren einzuleiten ist oder nicht. Sollte die Kommission sich entscheiden ein Verfahren zu eröffnen, so wird eine Bekanntmachung über die Eröffnung des Verfahrens im Amtsblatt der Europäischen Gemeinschaften veröffentlicht, die einen gewissen Mindestgehalt an Informationen aufweisen muss. Sind der Kommission bestimmte Einführer oder Ausführer bekannt, so ist die Kommission nach der ASV verpflichtet, diese betroffenen Parteien direkt zu benachrichtigt. Die ASV legt weiterhin genaue Fristen fest, in welchem Zeitraum ein Untersuchungsverfahren eröffnet und abgeschlossen sein muss. Die ASV spezifiziert die Informationen, welche die Kommission zusammentragen muss und regelt die Konsequenzen für den Fall, dass die betroffenen Parteien nicht am Verfahren mitarbeiten. Die ASV gewährt den betroffenen Parteien das Recht, nichtvertrauliche Informationen einzusehen und über das Verfahren informiert zu werden. Außerdem stellt die ASV weiterhin die Möglichkeit zur Verfügung, Anhörungen und sogenannte Konfrontationstreffen zu beantragen. Schließlich regelt die ASV vertrauliche Informationen, sieht Bedingungen vor, nach denen Ausgleichsmaßnahmen ergriffen werden können oder unter welchen Bedingungen das Verfahren einzustellen ist.

Die Verfahrensbestimmungen der Beihilfevorschriften sind im Gegensatz zur ASV eher fragmentarisch geregelt und basieren schwerpunktmäßig auf den rudimentär ausgestalteten Artikel 88 EG und auf der Rechtsprechung des EuGs und des EuGHs. Die Kodifizierung der Verfahrensvorschriften hat keine vergleichbare Präzisierung oder Verbesserung der Beihilfepraxis erreicht[1065].

In der nachfolgenden Untersuchung wird schwerpunktmäßig auf die Rechte der beteiligten privaten Parteien, insbesondere der Antragsteller nach der ASV bzw. der Beschwerdeführer nach den Beihilfevorschriften abgestellt, da diese direkt von unlauteren Subventionen betroffen sind. Dabei wird der Vergleich beider Verfahren nach der ASV und den Beihilfevorschriften, insbesondere an den Grundsätzen der Transparenz, Effizienz und Rechtsstaatlichkeit zu messen sein.

1. Die beteiligten Gemeinschaftsorgane

Sowohl im Rahmen der ASV als auch nach den Beihilfevorschriften, ist mit Abstand das wichtigste Gemeinschaftsorgan die Kommission. Nach beiden Antisubventions-Instrumenten steht der Kommission in ihrer Arbeit ein Beratender Ausschuss zur Seite. Der Ministerrat spielt im Rahmen der Beihilfevorschriften, im Vergleich zur ASV, eine eher untergeordnete Rolle. Eine gerichtliche Überprüfung entsprechender Ausgleichsmaß-

1065 Siehe oben im zweiten Teil: Punkt VII.2.

nahmen nach der ASV oder Entscheidungen nach den Beihilfevorschriften, durch das EuG und den EuGH, besteht für beide Antisubventions-Instrumente.

Die Kommission ist grundsätzlich für die Anwendung und Durchführung der ASV verantwortlich[1066]. Die Kommission leitet die Antisubventionsverfahren ein und führt autonom die Untersuchungen durch[1067]. Als Exekutivorgan, mit einer vom Rat übertragenen legislativen Befugnis zur Einführung von vorläufigen Ausgleichsmaßnahmen, die allerdings temporär beschränkte Wirkung haben, ist der Ausgang eines Verfahrens entscheidend von der Entscheidungsfindung der Kommission abhängig. Für die Einführung endgültiger Ausgleichsmaßnahmen nach der ASV ist hingegen der Ministerrat zuständig, der auf Vorschlag der Kommission mit einfacher Mehrheit entscheidet[1068]. Diese entscheidende Stellung des Ministerrates im Verfahren nach der ASV lässt eine größere "Politisierung" der einzelnen Antisubventionsfälle erwarten. Hingegen zeigt die Praxis, dass der Ministerrat der Kommission in den weit meisten Fällen in der Beurteilung und Entscheidungsfindung folgt. Die Vorschläge der Kommission werden i.d.R. ohne größere Debatten angenommen. Eine Abweichung des Ministerrates vom Vorschlag der Kommission, die unvermeidlich eine Konfliktsituation zwischen den beiden Organen erzeugt, stellt sich als absoluter Ausnahmefall dar. Dieser Ausnahmefall kann jedoch insbesondere dann eintreten, wenn der Ministerrat der Auffassung ist, dass das Gemeinschaftsinteresse[1069] von der Kommission "falsch" oder nicht hinreichend bewertet worden sei und folglich die vorgeschlagene Einführung von Ausgleichsmaßnahmen sich als eher schädlich auf andere betroffene Kreise in der Gemeinschaft auswirken würde[1070].

Auch nach den Beihilfevorschriften ist die Kommission für die "tägliche" Anwendung und Durchsetzung des Beihilferechts zuständig. Die Kommission ist für die Entscheidungen über die Vereinbarkeit von Beihilfen mit dem Gemeinsamen Markt allein zuständig und verfügt über einen weiten Beurteilungs- und Ermessensspielraum im Hinblick auf die Bewertung von Sachverhalten und Anwendung des Beihilferechts. Im Gegensatz zur ASV, hat die Kommission in Beihilfeverfahren ein größeres politisches und juristisches Gewicht, da sie nicht, wie in Antisubventionsverfahren nach der ASV, letztendlich von der Entscheidung im Ministerrat abhängig ist. Zu berücksichtigen ist jedoch in diesem Zusammenhang, dass auch nach dem Beihilferecht der Ministerrat nach Artikel 88 Abs. II Unterabsatz 3 EG einstimmig auf Antrag eines Mitgliedstaates entscheiden kann, dass die von einem Mitgliedstaat gewährte oder geplante Beihilfe in Abweichung von Artikel 87 EG als vereinbar gelten soll, wenn außergewöhnliche Umstände dies rechtfertigen. Diese

---

1066 Siehe oben im ersten Teil: Punkt VII.1.a.

1067 Siehe oben im ersten Teil: Punkte VII.2. und VII.3.

1068 Siehe oben im ersten Teil: Punkt VII.1.b.

1069 Siehe zum Gemeinschaftsinteresse oben im ersten Teil: Punkt VI.

1070 Siehe z.B. im Zusammenhang mit Antidumpingverfahren (die verfahrensrechtlich ähnlich wie die ASV ausgestaltet sind): Anti-Dumping: EU Torn on Cotton Duties (European Report, No. 2332 – July 15, 1998); EU's Cotton Imports Row in Final Phase (Financial Times, 28 July 1998).

Vorschrift hat jedoch bislang kaum praktische Relevanz entfaltet. Zu konstatieren ist jedoch in diesem Zusammenhang, dass nach beiden Antisubventions-Instrumenten der Ministerrat in einer politischen Konsensentscheidung, nach den Beihilfevorschriften, oder mit einer einfachen Mehrheit, nach der ASV, sich gegen die Kommission aussprechen kann.

Wie bereits erwähnt, sehen beide Antisubventions-Instrumente Konsultationsverfahren zwischen der Kommission und einem Beratenden Ausschuss vor. Zu berücksichtigen ist jedoch, dass das Konsultationsverfahren nach der ASV dem Beratenden Ausschuss größere Einflussmöglichkeiten bereitstellt, da die Kommission zur Einführung von endgültigen Ausgleichsmaßnahmen letztlich von einer Entscheidung mit einfacher Mehrheit im Ministerrat abhängig ist[1071]. Das Konsultierungsverfahren nach den Beihilfevorschriften ist "schwächer" und beschränkt sich auf Konsultationen im Rahmen der Gruppenfreistellung für bestimmte horizontale Beihilfen[1072], der Verfahrensbestimmungen[1073] und des Transportbereichs. Die Kommission hat zwar, im Rahmen dieser Beihilfeverfahren, den Stimmen der Mitgliedstaaten gebührend Rechnung zu tragen, sie ist jedoch weder rechtlich noch politisch verpflichtet ihre Position zu ändern.

Sowohl Entscheidungen im Beihilfebereich als auch Verordnungen nach der ASV können vor dem EuG und dem EuGH angefochten werden[1074]. Damit unterliegen die Verwaltungs- und Legislativakte nach beiden Antisubventions-Instrumenten der gerichtlichen Kontrolle[1075]. Zu berücksichtigen ist, dass nach beiden Verfahrensarten private Parteien ihre Klagen beim EuG einzureichen haben, wohingegen die Mitgliedstaaten ihre Klagen beim EuGH einreichen.

2. *Die beteiligten Parteien*

Nach der ASV kann die Regierung des subventionierenden Ursprungs- oder Ausfuhrlands (Drittlands) nicht als "Hauptpartei" im Verfahren bezeichnet werden, da der Ausgang des Verfahrens auch entscheidend von der Mitarbeit der Antragsteller sowie der Ausführer/Hersteller in dem betreffenden Drittland abhängig ist. Die Regierung des Drittlands hat, bis auf die Möglichkeit jederzeit Konsultationen mit der Kommission zu beantragen[1076], grundsätzlich keine weiterreichenden oder zusätzlichen Verfahrensrechte. Die Regierung des Drittlands ist den beteiligten Ausführern/Herstellern somit zumindest verfahrensrechtlich weitgehend gleichgestellt. Auf der einen Seite sind es die Ausführer/Hersteller, die möglichen Ausgleichsmaßnahmen ausgesetzt sind und daher vornehmlich an einer guten Mitarbeit während des Antisubventionsverfahrens interessiert sind. Auf

---

1071 Siehe oben im ersten Teil: Punkt VII.1.c.
1072 Siehe oben im zweiten Teil: Punkt VII.1.
1073 Siehe oben im zweiten Teil: Punkt VII.2.
1074 Siehe oben im ersten Teil: Punkt X; und im zweiten Teil: Punkt VIII.
1075 Für weitere Einzelheiten zum Rechtsschutz, siehe unten in diesem Teil: Punkt XI.

der anderen Seite, ist die Notwendigkeit einer Zusammenarbeit der Regierung des Drittlands immer dann notwendig, wenn die Kommission in der Beurteilung eines Falles entscheidend von der Information seitens der Regierung des Drittlands abhängig ist und diese Information nicht durch die Mitarbeit der Ausführer/Hersteller ausgeglichen werden kann. So kann aber auch eine "makellose Mitarbeit" der Regierung des Drittlands nicht eine mangelnde Mitarbeit der Ausführer/Hersteller ausgleichen. Diese Situation schafft eine Interdependenz beider Parteien im Verfahren, die weder der einen noch der anderen Partei verfahrensrechtlich eine Vorrangstellung gewährt. Im Hinblick auf das Ergebnis eines Verfahrens, kommt es somit entscheidend auf die Zusammenarbeit sowohl der Regierung des Drittlands als auch der Ausführer/Hersteller mit der Kommission an. Neben den Antragstellern, die im wesentlichen bei der Schadensermittlung eine wichtige Rolle spielen, können weiterhin als beteiligte Parteien i.S.d. ASV verbundene oder unverbundene Einführer, sowie Verwender und Verbraucherverbände bezeichnet werden, die entscheidend für die Bewertung des Gemeinschaftsinteresses[1077] eine Rolle spielen. Festzuhalten ist somit, dass insbesondere die Antragsteller, die Regierung des Drittlands und die Ausführer/Hersteller, und zu einem geringeren Grade, die verbundenen oder unverbundenen Einführer, sowie Verwender und Verbraucherverbände, "weitgehend gleichgestellte" Verfahrensbeteiligte nach der ASV sind.

Nach den Beihilfevorschriften sind "Beteiligte" die Mitgliedstaaten, Personen, Unternehmen oder Unternehmensvereinigungen, deren Interessen aufgrund der Gewährung einer Beihilfe beeinträchtigt sein können, insbesondere der Beihilfeempfänger, die Konkurrenten und Berufsverbände[1078]. Die Empfänger der Subvention und andere Beteiligte haben nach den Beihilfevorschriften gewisse Verfahrensrechte und können am förmlichen Prüfverfahren teilnehmen. So kann jeder Beteiligte nach der Entscheidung der Kommission zur Eröffnung eines förmlichen Prüfverfahrens schriftliche Stellungnahmen abgeben[1079]. Im Vergleich zur ASV ist jedoch anzumerken, dass lediglich der die Beihilfe gewährende Mitgliedstaat *vis-à-vis* der Kommission verantwortlich ist, was zu einer Benachteiligung beteiligter Parteien im Vergleich zur ASV führen kann. Denn ein Hauptmerkmal der Beihilfekontrolle ist die bilaterale Ausgestaltung des Verfahrens, das hauptsächlich auf einen Dialog zwischen der Kommission und dem die Beihilfe gewährenden Mitgliedstaat beruht[1080]. Im Beihilfeverfahren kann demnach als "Hauptpartei" der die Beihilfe gewährende Mitgliedstaat bezeichnet werden.

1076 Siehe oben im ersten Teil: Punkt VII.2.b.

1077 Siehe oben im ersten Teil: Punkt VI.

1078 Siehe oben im zweiten Teil: Punkte VII.2. Siehe auch Artikel 1 Buchstabe h) der Ratsverordnung (EG) Nr. 659/1999 (ABl. 1999 L 83, S. 1/3).

1079 Siehe oben im zweiten Teil: Punkt VI.3.d.bb.

3. *Fortlaufende Überprüfung nach den Beihilfevorschriften*

Gemäß Artikel 88 Abs. I und Abs. II EG ist die Kommission verpflichtet, fortlaufend die bestehenden Beihilfen zu überprüfen und eventuelle Entscheidungen darüber zu treffen, ob der Mitgliedstaat die von ihm gewährten Beihilfen aufheben oder umgestalten muss[1081]. Durch die Notwendigkeit einer fortlaufenden Überprüfung bestehender Beihilfen soll sichergestellt werden, dass diese Beihilfen zu jedem Zeitpunkt mit dem Gemeinsamen Markt vereinbar sind und keine wettbewerbsverfälschenden oder den Handel zwischen den Mitgliedstaaten beeinträchtigenden Wirkungen haben. Dieses Erfordernis folgt aus dem grundsätzlichen Verbot von Beihilfen die mit dem Gemeinsamen Markt unvereinbar sind. Um diesem grundsätzlichen Verbot eine effektive Kontrolle zu verleihen, bei wechselnden und sich verändernden wirtschaftlichen Umständen, ist eine fortlaufende Kontrolle erforderlich.

Bei der Überprüfung bestehender Beihilfen kann die Kommission *ex office* ein Vorprüfungsverfahren einleiten[1082]. Für die Überprüfung bestehender Beihilferegelungen holt die Kommission dann in Zusammenarbeit mit dem betreffenden Mitgliedstaat alle Informationen ein, die sie für die Beurteilung eines Falles benötigt. Dabei ist die Kommission in ihrer Prüfung der Sach- und Rechtslage an keine bestimmten Fristen gebunden. Gelangt die Kommission nach einer vorläufigen Prüfung zu dem Ergebnis, dass eine bestehende Beihilferegelung nicht oder nicht mehr mit dem Gemeinsamen Markt vereinbar ist, so setzt sie den betreffenden Mitgliedstaat hiervon in Kenntnis und gibt ihm Gelegenheit zur Stellungnahme innerhalb einer Frist von einem Monat[1083]. Ist die Kommission nach Erhalt dieser Stellungnahme immer noch der Auffassung, dass die bestehende Beihilferegelung mit dem Gemeinsamen Markt nicht oder nicht mehr vereinbar ist, so schlägt sie dem betreffenden Mitgliedstaat zweckdienliche Maßnahmen vor[1084]. Erst wenn der betreffende Mitgliedstaat den vorgeschlagenen Maßnahmen nicht zustimmt und die Kommission weiterhin die Auffassung vertritt, dass diese Maßnahmen notwendig sind, so leitet sie ein förmliches Prüfverfahren ein[1085].

Die ASV enthält keine vergleichbaren Verfahrensvorschriften. Dieser Unterschied ergibt sich aus der Tatsache, dass die ASV kein grundsätzliches Verbot von Subventionen enthält, welches einer permanenten und effektiven Kontrolle bedarf, denn die ASV kommt nur dann zur Anwendung, wenn subventionierte Einfuhren eine Schädigung verursachen oder wenn eine derartige Schädigung zumindest droht. Ist ein Verfahren nach der ASV eingeleitet worden, so unterscheidet die ASV verfahrensrechtlich nicht zwischen Subven-

1080 Sinnaeve, EuZW 1998, S. 272; Nicolaides/Bilal - Slot, S. 81; Hancher/Ottervanger/Slot, Rdnr. 19-063.

1081 Siehe oben im zweiten Teil: Punkt VI.2.

1082 Siehe oben im zweiten Teil: Punkt VI.2.a.

1083 Siehe Artikel 17 Abs. II der Ratsverordnung (EG) Nr. 659/1999 (ABl. 1999 L 83, S. 1/7).

1084 Siehe oben im zweiten Teil: Punkt VI.2.b.

tionssystemen, die vor dem Inkrafttreten der ASV bestanden haben und Subventionen die erst nach dem Inkrafttreten der ASV gewährt worden sind, sie nimmt also nicht, wie nach den Beihilfevorschriften, eine Unterscheidung zwischen bestehenden[1086] und neuen[1087] Subventionen vor. Allerdings steht der Kommission auch nach der ASV die Möglichkeit offen ein Untersuchungsverfahren *ex officio* einzuleiten[1088]. Jedoch setzt auch eine Einleitung *ex officio* voraus, dass anfechtbare Subventionen eine Schädigung verursachen oder diese Schädigung zumindest droht. Für die Beurteilung dieser Fragen, bedarf die Kommission zumindest *prima facie* Beweise, um dann eine Untersuchung einzuleiten. Bislang hat die Kommission noch kein Verfahren *ex officio* nach der ASV eingeleitet.

4. *Repressive und präventive Überprüfungen*

Wie bereits erwähnt, findet die ASV i.d.R. repressiv Anwendung, d.h. ein Antisubventionsverfahren wird dann eingeleitet, wenn bereits eine Schädigung eines Wirtschaftszweiges eingetreten ist[1089]. Die ASV soll dann durch die Einführung von Ausgleichsmaßnahmen weitere Schädigungen verhindern. Die ASV kann aber auch präventiv zur Anwendung kommen, wenn eine Schädigung droht. In der Praxis hat sich dieser präventive Fall, nach Inkrafttreten der ASV, bislang noch nicht materialisiert.

Im Gegensatz hierzu, sind die Beihilfevorschriften zu sehen, die grundsätzlich präventiv Anwendung finden, d.h. der Regelfall ist, dass ein Mitgliedstaat eine beabsichtigte neue Beihilfe vor ihrer Gewährung bei der Kommission anmeldet und ihr Gelegenheit zur Prüfung bietet[1090]. Der Ausnahmefall stellt die Situation dar, in der eine Beihilfe nicht angemeldet worden ist und z.B. ein Konkurrent gegen diese Beihilfe eine Beschwerde bei der Kommission einreicht oder die Kommission anderweitig informiert worden ist und dann "repressiv" tätig wird.

Unterschiede in diesem Verfahrensbereich ergeben sich erneut aus der Tatsache, dass die ASV kein grundsätzliches Verbot von Subventionen kennt, und das folglich nach den Beihilfevorschriften die Notwendigkeit besteht, ständig zu überprüfen, ob neue Beihilfen auch mit dem Gemeinsamen Markt vereinbar sind.

a) *Einleitung durch Antrag (bzw. Beschwerde) oder Anmeldung*

Wie bereits erwähnt, wird ein Antisubventionsverfahren nach der ASV grundsätz-

---

1085 Siehe oben im zweiten Teil: Punkt VI.2.c.
1086 Siehe oben im zweiten Teil: Punkt VI.2.
1087 Siehe oben im zweiten Teil: Punkt VI.3.
1088 Siehe oben im ersten Teil: Punkt VII.2.a.
1089 Siehe oben im ersten Teil: Punkt VII.2.
1090 Siehe oben im zweiten Teil: Punkt V.3.a.

lich durch einen schriftlichen Antrag eingeleitet[1091]. Die ASV enthält klare und detaillierte Vorschriften, welche die Bedingungen und den Mindestinhalt einer Antragstellung festlegen. Der Antrag muss zunächst von einem Wirtschaftszweig der Gemeinschaft oder in seinem Namen gestellt worden sein[1092]. Dieser Antrag muss ausreichend Beweise für das Vorliegen einer anfechtbaren Subvention und für eine Schädigung sowie für einen ursächlichen Zusammenhang zwischen den angeblich subventionierten Einfuhren und der angeblichen Schädigung enthalten. Obwohl der Kommission nach der ASV auch die Möglichkeit zusteht, Antisubventionsverfahren *ex officio* einzuleiten, hat sie bislang von dieser Option noch keinen Gebrauch gemacht.

Im Vergleich hierzu, wird der überwiegende Teil der Beihilfeverfahren in der Regel durch Anmeldungen seitens der Mitgliedstaaten eingeleitet[1093]. In Ermangelung einer Anmeldung kann die Kommission aber z.B. auch durch eine Beschwerde, seitens eines Konkurrenten, Kenntnis von einer Beihilfe erlangen und folglich ein Verfahren einleiten[1094]. Im Gegensatz zur ASV, gibt es in Beihilfefragen keine Vorschriften, die genau festlegen wer eine Beschwerde einreichen kann und wie eine Beschwerde auszugestalten ist[1095]. Artikel 20 Abs. II Satz 1 der Verfahrensverordnung stellt lediglich klar, dass jeder Beteiligte der Kommission Mitteilung über mutmaßlich rechtswidrige Beihilfen und über eine mutmaßlich missbräuchliche Anwendung von Beihilfen machen kann[1096]. Der EuGH hat klargestellt, dass der Kreis der betroffenen Personen im Sinne des Artikel 230 EG, die unmittelbar und individuell durch eine Beihilfe betroffen sind, in erster Linie der Beihilfeempfänger ist, Industrie- oder Handelsverbände mit besonderen Interesse sein können und natürlich die Konkurrenten des Beihilfeempfängers[1097]. Die Verfahrensverordnung definiert "Beteiligte" in Artikel 1 Buchstabe h) als "Mitgliedstaaten, Personen, Unternehmen oder Unternehmensvereinigungen, deren Interessen aufgrund der Gewährung einer Beihilfe beeinträchtigt sein können, insbesondere der Beihilfeempfänger, Wettbewerber und Berufsverbände"[1098]. Dieser Kreis von Betroffenen kann auch als potentieller Kreis von Beschwerdeführern beschrieben werden. Dieser Kreis von Betroffenen ist jedoch nicht exklusiv, denn vorstellbar ist auch, dass die Kommission Beschwerden von anderen Verbänden oder Organisationen (z.B. Umweltorganisationen) erhalten kann. Wird in der Beschwerde ein hinreichendes Interesse an einem Beihilfefall manifestiert und ist die Beschwerde hinreichend substantiiert, so hat die Kommission dieser Beschwerde in gebührender Form und auf den Einzelfall bezogen entsprechend nachzugehen.

1091 Siehe oben im ersten Teil: Punkt VII.2.a.
1092 Siehe oben im ersten Teil: Punkt VII.2.a.
1093 Siehe oben im zweiten Teil: Punkt VI.3.a.
1094 Siehe oben im zweiten Teil: Punkt VI.3.b.
1095 Bentley, EBLR 1990, S. 93.
1096 Ratsverordnung (EG) Nr. 659/1999 (ABl. 1999 L 83, S. 1/7).
1097 EuGH, Rs. 169/84, COFAZ/Kommission, Slg. 1986, S. 391; Bentley, EBLR 1990, S. 93.
1098 Ratsverordnung (EG) Nr. 659/1999 (ABl. 1999 L 83, S. 1/3).

Die Beihilfevorschriften sehen keine besondere Form vor, die eine Beschwerde zu erfüllen hätte. Die Beschwerde muss lediglich hinreichend *prima facie* Beweise enthalten, die deutlich machen, dass die gewährte Beihilfe mit dem Gemeinsamen Markt unvereinbar ist. Im Vergleich hierzu, stellt die Anmeldung durch einen Mitgliedstaat in der Regel alle notwendigen objektiven Informationen bereit, die die Kommission in die Lage versetzen sollen, die angemeldete Beihilfe im Lichte der Beihilfevorschriften bewerten zu können. Die Beschwerde stellt in der Regel jedoch "einseitig" den Sachverhalt dar, da sie meist von der Unvereinbarkeit bestimmter Beihilfemaßnahmen mit dem Gemeinsamen Markt hinweist.

Es obliegt dann der Kommission diesen Behauptungen nachzugehen und dementsprechend zusätzliche Informationen bei dem Mitgliedstaat einzuholen, um die Beihilfemaßnahmen beurteilen zu können.

b) Vorprüfungsverfahren

Nach dem Verfahren der ASV, muss die Kommission innerhalb von 45 Tagen nach Einreichung eines Antrags entscheiden, ob ausreichende Beweise vorliegen, die die Eröffnung eines Untersuchungsverfahrens rechtfertigen würden[1099]. Vor Einleitung einer Untersuchung unterrichtet die Kommission die Regierung des betreffenden Drittlands, um der Regierung Gelegenheit zu Konsultationen zu geben, damit Fragen geklärt und eine einvernehmliche Lösung erzielt werden kann. Andere Beteiligte, wie z.B. Einführer oder die betroffenen Ausführer/Hersteller des Drittlands, werden in dieser Phase des Verfahrens nicht konsultiert oder unterrichtet. Beteiligte sind in diesem Verfahrensabschnitt nur die Antragsteller und die Regierung des betreffenden Drittlands. Der Antrag muss ausreichende Beweise für das Vorliegen anfechtbarer Subventionen (wenn möglich einschließlich ihrer Höhe), für eine Schädigung sowie einen ursächlichen Zusammenhang zwischen den Subventionen und der angeblichen Schädigung enthalten. Die ursprüngliche oder „auslösende“ Beweislast liegt bei den Antragstellern. Die Anforderungen an die Beweisführung sind jedoch eher gering, um die Einleitung eines Verfahrens nicht völlig unmöglich zu machen. Die Kommission prüft lediglich die Stichhaltigkeit und mögliche Richtigkeit der Beweise, die dem Antrag beigefügt worden sind, im Hinblick auf die Frage, ob die Beweise die Einleitung einer Untersuchung rechtfertigen. Kommt die Kommission zu dem Ergebnis, dass der Antrag ausreichende Beweise enthält, so legt die Kommission dem Beratenden Ausschuss die Beweise mit der Empfehlung vor, dass eine Untersuchung eingeleitet werden soll. Dem Beratenden Ausschuss steht dann die Möglichkeit zur Verfügung eine Stellungnahme abzugeben[1100]. Wie bereits oben erwähnt, kann nach den Beihilfevorschriften ein

1099 Siehe oben im ersten Teil: Punkt VII.2.b.
1100 Siehe oben im ersten Teil: Punkt VII.2.b.

Vorprüfungsverfahren entweder durch eine Anmeldung oder durch eine Beschwerde eingeleitet werden[1101]. Nach Anmeldung einer geplanten Beihilfe beginnt die Kommission mit einer Vorprüfung, die nicht länger als zwei Monate dauern darf[1102]. Diese Vorprüfung dient einer ersten Meinungsbildung der Kommission, ob die geplante Beihilfe mit dem Gemeinsamen Markt vereinbar ist. Nach einer Vorprüfung entscheidet die Kommission, ob ein Untersuchungsverfahren eingeleitet wird oder nicht. Eine Beteiligung Dritter ist wegen der kursorischen Charakters der Prüfung in diesem Verfahrensstadium nicht vorgesehen. Erhält die Kommission jedoch Kenntnis im Wege einer Beschwerde, so ist sie nicht an eine bestimmte Frist für die Vorprüfung gebunden[1103]. Hat die Kommission im Wege einer Beschwerde Kenntnis von der Beihilfe erhalten, so muss sie unparteiisch und erschöpfend alle Behauptungen eines Beschwerdeführers überprüfen. Die Kommission ist nicht dazu berechtigt, den Beschwerdeführer mit der Beweislast aufzuerlegen, ob die Beihilfe (un-) vereinbar mit dem Gemeinsamen Markt ist. Sowohl nach der ASV als auch nach den Beihilfevorschriften, erweist sich die Vorprüfung als behördeninternes Verfahren, um so unberechtigte Untersuchungen rechtzeitig abzuweisen und die Verwaltungseffizienz zu gewährleisten. So haben z.B. Beihilfeempfänger oder Konkurrenten eines Beihilfeempfängers, keine Möglichkeit in diesem Vorverfahren zu intervenieren, wenn das Verfahren durch einen Antrag nach der ASV bzw. durch eine Anmeldung nach den Beihilfevorschriften eingeleitet worden ist, da sie in der Regel keine unmittelbare Kenntnis von dem Antrag bzw. der Anmeldung haben[1104]. Die ASV sieht jedoch im Vergleich zu den Beihilfevorschriften Konsultationsverfahren mit dem Beratenden Ausschuss vor. Ein derartiges Verfahren ist nach den Beihilfevorschriften nicht vorgesehen. Die Kommission ist nach den Beihilfevorschriften in dieser Phase ihrer Untersuchung also „autonomer“. Eine Konsultierung in diesem Stadium des Verfahrens würde wahrscheinlich auch zu einer größeren "Politisierung" der einzelnen Fälle führen, die der gesamten Untersuchung vom Verlauf und Ergebnis her abträglich wäre. Im Vergleich zur ASV, geht das Vorprüfungsverfahren nach den Beihilfevorschriften, im Hinblick auf die Prüfungsdichte und vom Ergebnis her, weiter, da die Kommission bereits nach einer vorläufigen Prüfung ihre Bedenken oder ihre Unbedenklichkeit hinsichtlich der Vereinbarkeit einer Beihilfe mit dem Gemeinsamen Markt äußert. In dem Vorprüfungsverfahren nach den Beihilfevorschriften prüft die Kommission also bereits in dieser Phase, ob Ausnahmetatbestände eingreifen, die die Beihilfe rechtfertigen könnten. Wohingegen die Kommission nach der ASV, in der Vorprüfung lediglich die Stichhaltigkeit der Behauptungen des Antrags prüft, jedoch

1101 Siehe oben im zweiten Teil: Punkt VI.3.c.

1102 Siehe oben im zweiten Teil: Punkt VI.3.c.

1103 Die Kommission bemüht sich jedoch, innerhalb von einem Jahr nach Erhalt der Beschwerde zu einer vorläufigen Stellungnahme zu gelangen.

1104 Nicolaides/Bilal - Slot, S. 83.

noch keine vorläufige Meinung bezüglich der Subventionen oder der Schädigung gewonnen hat. Eine weitergehende Prüfung wäre jedoch auch im Rahmen der ASV verfrüht, da die Kommission in diesem Stadium nicht über ausreichende Informationen verfügt, die z.B. eine konkrete, objektive und detaillierte Prüfung der Ausnahmetatbestände ermöglichen würde.

c) Förmliches Untersuchungsverfahren

Liegen nach der ASV ausreichende Beweise für eine anfechtbare Subvention und eine dadurch verursachte Schädigung vor, so eröffnet die Kommission ein „Untersuchungsverfahren“[1105]. So eröffnet die Kommission auch nach den Beihilfevorschriften, dann ein „förmliches Prüfverfahren“, wenn sie nach der vorläufigen Prüfung nicht auf die Vereinbarkeit der Beihilfe mit dem Gemeinsamen Markt schließen kann[1106]. Diese förmlichen Untersuchungsverfahren dienen zum einen dazu, dass die Kommission alle zur Beurteilung eines Falls zweckdienlichen Informationen einholen kann und verschafft zum anderen Dritten die Möglichkeit, sich am Verfahren zu beteiligen. Die förmlichen Untersuchungsverfahren nach beiden Antisubventions-Instrumenten sind von der Offizialmaxime geprägt.

aa) Bekanntmachung im Amtsblatt

Stellt sich heraus, dass hinreichend Beweise vorliegen, um die Einleitung zu rechtfertigen, so eröffnet die Kommission nach der ASV eine Untersuchung und veröffentlicht eine Bekanntmachung dieser Einleitung im Teil C des Amtsblatts der Europäischen Gemeinschaften[1107]. Die öffentliche Bekanntmachung über die Einleitung eines Untersuchungsverfahrens enthält Informationen über die Antragsteller, eine Beschreibung der zu untersuchenden Waren, der Subventions- und Schadensbehauptung, dem anschließenden Verfahrensverlauf, eine Aufforderung an die betroffenen Parteien ihre Standpunkte darzulegen sowie die Festlegung von allg. und besonderen Fristen[1108].

Um die Möglichkeit zur Stellungnahme interessierter Beteiligter nach den Beihilfevorschriften zu ermöglichen, wird auch hier das förmliche Prüfverfahren durch eine im Teil C des Amtsblatts der Europäischen Gemeinschaften publizierte Aufforderung zur Stellungnahme aller potentiell Betroffenen eingeleitet[1109]. Die Entscheidung über die Eröffnung des förmlichen Prüfverfahrens enthält eine Zusammenfassung der wesentlichen

1105 Siehe oben im ersten Teil: Punkt VII.3.
1106 Siehe oben im zweiten Teil: Punkt VI.3.d.
1107 Siehe oben im ersten Teil: Punkt VII.2.b.
1108 Siehe oben im ersten Teil: Punkt VII.2.b.
1109 Siehe oben im zweiten Teil: Punkt VI.3.d.aa.

Sach- und Rechtsfragen, eine vorläufige Würdigung des Beihilfecharakters der geplanten Maßnahme durch die Kommission und Ausführungen über die Bedenken hinsichtlich der Vereinbarkeit mit dem Gemeinsamen Markt. Der betreffende Mitgliedstaat und die anderen Beteiligten werden in dieser Entscheidung zu einer Stellungnahme innerhalb einer Frist von normalerweise höchstens einem Monat aufgefordert[1110].

Nach beiden Antisubventions-Instrumenten bedient sich die Kommission daher der Veröffentlichung im Amtsblatt der Europäischen Gemeinschaften, um so interessierten und betroffenen Parteien die Möglichkeit zur Stellungnahme zu verschaffen. Die Veröffentlichung im Amtsblatt der Europäischen Gemeinschaften wird somit als adäquate Form der Bekanntgabe gewählt, um so den Betroffenen die Möglichkeit zur Wahrung ihrer Rechte zu ermöglichen, denn das Grundrecht auf rechtliches Gehör kann nur dann voll ausgeübt werden, wenn die Betroffenen rechtzeitig informiert werden und die Möglichkeit zur Beteiligung erwähnt wird.

bb) Verfahrensgang und -gegenstand

Entscheidet sich die Kommission ein Verfahren nach der ASV einzuleiten, so erstreckt sich die Untersuchung sowohl auf die Subventionierung als auch auf die Schädigung, die gleichzeitig untersucht werden[1111]. Im Wege der Informationsbeschaffung, versendet die Kommission detaillierte Fragebögen an betroffene Parteien. Die Beantwortung dieser Fragebögen bildet gleichsam das "Informationsfundament", auf das sich die Kommission in ihrer Entscheidungsfindung stützen wird. Kontrollbesuche, die der Verifizierung der in den Beantwortungen der Fragebögen enthaltenen Informationen dienen, sind ein typisches Merkmale einer Untersuchung nach der ASV. Außerdem werden interessierte Parteien nach der ASV angehört, wenn sie eine solche Anhörung schriftlich beantragen und nachweisen, dass sie eine Interessierte Partei sind, die Wahrscheinlichkeit besteht vom Ausgang des Verfahrens betroffen zu sein und besondere Gründe für die Anhörung sprechen[1112]. Die Möglichkeit der Anhörung bietet betroffenen Parteien die Gelegenheit ihre Sach- und Rechtsstandpunkte neben schriftlichen Eingaben auch mündlich vorzutragen. Diese Anhörungen sind jedoch nicht öffentlich. Eine größere Transparenz wäre in diesem Zusammenhang wünschenswert. Untersuchungen sind innerhalb von 13 Monaten nach Einleitung abzuschließen. Spätestens 9 Monate nach der Einleitung, veröffentlicht die Kommission ihre vorläufigen Ergebnisse, bis dann schließlich auf Vorschlag der Kommission innerhalb der nächsten 4 Monate ein endgültiges Ergebnis seitens des Ministerrats vorliegt. Die Möglichkeit eine Untersuchung nach der ASV auf eine vertretbare Anzahl von Parteien, Waren oder Geschäftsvorgänge durch Stichproben zu beschränken, ist in der

---

1110 Siehe Artikel 6 Abs. I der Ratsverordnung (EG) Nr. 659/1999 (ABl. 1999 L 83, S. 1/3).
1111 Siehe oben im ersten Teil: Punkt VII.3.

ASV ausdrücklich vorgesehen[1113]. Dies liegt jedoch in der Natur der Sache, da die Zahl der Antragsteller oder Einführer, der Warentypen oder der Geschäftsvorgänge bei Untersuchungen nach der ASV im Einzelfall sehr groß sein kann. Im Vergleich hierzu beschränken sich die Untersuchungen nach den Beihilfevorschriften i.d.R. auf individuelle Beihilfen an einzelne Unternehmen oder auf sektorale oder regionale Beihilfeprogramme, die dann "abstrakt" losgelöst vom Einzelfall nach ihren Merkmalen untersucht werden.

Der Zweck des Verfahrens nach Artikel 88 Abs. III EG besteht darin, eine umfassende Prüfung des Falls zu gewährleisten, indem zweifelhafte Fälle zusammen mit dem betreffenden Mitgliedstaat geprüft und beteiligte Dritte gehört werden. Das förmliche Prüfverfahren nach den Beihilfevorschriften zielt darauf ab, von den Beteiligten alle zur Beurteilung der Vereinbarkeit sachdienlichen Auskünfte zu erhalten[1114]. An dem Verfahren können sich auch die durch die Beihilfe begünstigten Unternehmen, ebenso die durch sie in ihren Interesse beeinträchtigten Unternehmen und Unternehmensverbände beteiligen[1115]. Die Anhörung Dritter ist in Beihilfefällen zwingend vorgeschrieben, da sie nicht nur der Informationsbeschaffung der Kommission dient, sondern auch dem Grundsatz des rechtlichen Gehörs Rechnung trägt[1116]. Jeder Beteiligte kann nach der Entscheidung der Kommission zur Eröffnung des förmlichen Prüfverfahrens eine Stellungnahme abgeben[1117]. Es liegt in der Verantwortung der Kommission und im Prinzip einer ordnungsgemäßen Verwaltung, eine möglichst umfassende Sach- und Rechtsaufklärung durchzuführen. Prüfungen sollten nach einem Zeitraum von 18 Monaten nach Eröffnung des Verfahrens beendet sein[1118]. Diese First kann von der Kommission und dem betreffenden Mitgliedstaat verlängert werden. Damit sind Beihilfeverfahren[1119] in der Regel länger als Verfahren nach der ASV.

Während des gesamten Untersuchungsverfahrens nach den Beihilfevorschriften, bleiben die Beihilfeempfänger und deren Konkurrenten im Unklaren, ob die Beihilfe mit dem Gemeinsamen Markt vereinbar ist[1120]. In dem Verfahren nach der ASV hingegen, werden die betroffenen Parteien vor einer vorläufigen Feststellung von der Kommission informiert, welche Position die Kommission einnehmen wird. Auch vor der endgültigen Feststellung werden die Beteiligten informiert[1121]. In dieser Hinsicht zeichnet sich die

---

1112 Bentley, EBLR 1990, S. 94.
1113 Siehe oben im ersten Teil: Punkt VII.4.
1114 Sinnaeve, EuZW 1998, S. 272.
1115 Siehe oben im zweiten Teil: Punkt VI.3.d.
1116 EuGH, Rs. 70/72, Kommission/Bundesrepublik Deutschland, Slg. 1973, S. 813/830 (=NJW 1974, S. 434); Bentley, EBLR 1990, S.94; Polley, S. 301.
1117 Artikel 20 Abs. I Satz 1 der Ratsverordnung (EG) Nr. 659/1999 (ABl. 1999 L 83, S. 1/7).
1118 Siehe oben im zweiten Teil: Punkt VI.3.d.
1119 In einem Beihilfefall hat der EuGH jedoch entschieden, dass ein Zeitraum von 26 Monaten zu lang war: EuGH, Rs. 223/85, RSV/Kommission, Slg. 1987, S. 4617; Nicolaides/Bilal - Slot, S. 84.
1120 Nicolaides/Bilal - Slot, S. 84.
1121 Siehe oben im ersten Teil: Punkt VII.3.

ASV durch eine größere Transparenz aus. Das Untersuchungsverfahren nach der ASV ist im Vergleich zu den Beihilfeverfahren wesentlich formeller und an einen strikt vorgegebenen Zeitplan gebunden. Die ASV unterscheidet sich auch durch eine gezieltere und detaillierte Informationsbeschaffung und Auswertung seitens der Kommission, sowie durch eine aktivere Einbeziehung betroffener Parteien. Diese umfassende Informationsbeschaffung ist jedoch notwendig, da die Kommission die genaue Höhe der anfechtbaren Subventionen und die Preisunterbietung durch die Einfuhren ermitteln muss. Die Kommission muss in der Lage sein, einen eventuellen Ausgleichszoll zu berechnen[1122]. Ein weiterer grundsätzlicher Unterschied liegt in der Einteilung zwischen einer vorläufigen und einer endgültigen Feststellung der Rechts- und Sachlage, sowie des insgesamt kürzeren Untersuchungszeitraums von 13 Monaten. Beide Unterschiede erklären sich u.a. dadurch, dass eine Notwendigkeit für einen beschleunigten Schutz der Antragsteller besteht, da diese ja behaupten, bereits durch subventionierte Einfuhren geschädigt worden zu sein. Die Schutzpflichten seitens der Kommission erfordern demnach ein zeitlich kürzeres und befristetes Vorgehen.

Weiterhin beschränkt sich der Gegenstand der Untersuchung in Verfahren nach der ASV, auf die in dem Antrag vorgebrachten Informationen. Die Kommission wird nicht über den Gegenstand des Antrags hinausgehen, wenn nicht ein unmittelbarer und enger Zusammenhang mit dem Gegenstand des Antrags besteht. Da der Antrag natürlich nicht alle Aspekte einer Untersuchung antizipieren kann, muss eine gewisse Flexibilität im Hinblick auf die zu untersuchenden Subventionssysteme und Umstände bestehen. Auf der anderen Seite beschränkt der Antrag den Inhalt der Fragebögen[1123], d.h. die Kommission kann i.d.R. nicht im Laufe eines Verfahrens neue Aspekte einführen, nach denen sie nicht in den Fragebögen gefragt hat und die nicht vor Ort überprüft worden sind.

In Beihilfeverfahren kann die Kommission hingegen den Gegenstand einer Untersuchung über die in der Anmeldung (oder Beschwerde) vorgebrachten Aspekte ausdehnen, wenn dies sachgemäß erscheint[1124]. Dies kann insbesondere bei Beschwerden erfolgen, wenn die Kommission feststellt, dass bestimmte Beihilfen nicht angemeldet oder der Umfang der Beihilfe wesentlich größer ist. Hingegen wird sich die Kommission auf die Prüfung der in der Anmeldung genannten Beihilfen beschränken, wenn sie keine Anhaltspunkte dafür hat, das die Informationen fehlerhaft oder unvollständig sind. Eine Beihilfeuntersuchung kann aber auch die Erhebung sehr detaillierter Informationen erforderlich machen. Dies gilt insbesondere für Fälle, wo die Kommission überprüfen muss, ob eine Transaktion den marktüblichen Konditionen entspricht oder, wo die Kommission eine Gewinn/Verlust Analyse durchführen muss, um so der Möglichkeit von Quersubventionierungen zu begegnen.

1122 Siehe oben im ersten Teil: Punkte IV. und VIII. 1.
1123 Siehe oben im ersten Teil: Punkt VII.3.

cc) Vertrauliche Information

Die ASV eröffnet den beteiligten Parteien auf schriftlichen Antrag hin ein Akteneinsichtsrecht, wenn dies zur Verteidigung ihrer Interessen geboten erscheint und, wenn die Unterlagen nicht vertraulich sind[1125]. Das Einsichtsrecht erstreckt sich auf alle von den Parteien zur Verfügung gestellten Unterlagen, ausgenommen sind hiervon die von den Behörden der Gemeinschaft oder ihrer Mitgliedstaaten erstellten internen Dokumente. Die ASV gewährleistet, dass alle Informationen, die ihrer Natur nach vertraulich sind oder von den Parteien auf vertraulicher Grundlage für eine Untersuchung zur Verfügung gestellt werden, bei entsprechender Begründung von den Behörden vertraulich zu behandeln sind. Parteien, die vertrauliche Informationen übermitteln, werden aufgefordert, nichtvertrauliche Zusammenfassungen zu erstellen, die interessierten Parteien zugänglich gemacht werden. Damit sind nach der ASV sämtliche am Verfahren beteiligten Parteien bekannt, ihnen steht darüber hinaus ein generelles Akteneinsichtsrecht zu, wenn es sich um nichtvertrauliche Unterlagen handelt, außerdem können sie nichtvertrauliche Zusammenfassung, sonst vertraulicher Unterlagen, auf Antrag erhalten.

Im Vergleich hierzu stellt das Beihilferecht zunächst klar, das die Kommission und die Mitgliedstaaten, ihre Beamten und andere Bediensteten, einschließlich der von der Kommission ernannten unabhängigen Sachverständigen, unter das Berufsgeheimnis fallende Informationen, die sie in Anwendung der Verfahrensverordnung erhalten haben, nicht preisgeben[1126]. Ersucht darüber hinaus ein am Verfahren Beteiligter um Nichtbekanntgabe seiner Identität mit der Begründung, dass ihm daraus ein Schaden entstehen könnte, so wird die Identität des Beteiligten dem betreffenden Mitgliedstaat nicht bekannt gegeben[1127]. Außerdem steht privaten Beteiligten im Beihilfeverfahren kein grundsätzliches Akteneinsichtsrecht zu. Die Situation im Beihilfebereich ist daher von der nach der ASV grundverschieden. So kann die Identität von privaten Beteiligten am Beihilfeverfahren, auf Antrag, geheim bleiben. Weiterhin steht den betroffenen Parteien nach dem Beihilferecht, wie bereits erwähnt, kein grundsätzliches Akteneinsichtsrecht zu[1128]. Der EuGH hat klargestellt, dass die Gewährung des rechtlichen Gehörs in einem Verfahren das zu einer den Betroffenen beschwerenden Maßnahme führen kann, ein fundamentaler Grundsatz des Gemeinschaftsrechts und selbst dann sicherzustellen, wenn es keine einschlägigen Verfahrensregeln gibt. Die Gewährung des rechtlichen Gehörs erfordert, demjenigen, gegen den die Kommission ein Verwaltungsverfahren eingeleitet hat, im Laufe dieses Ver-

---

1124 Nicolaides/Bilal - Slot, S. 90.
1125 Siehe oben im ersten Teil: Punkt VII.6.
1126 Artikel 24 der Ratsverordnung (EG) Nr. 659/1999 (ABl. 1999 L 83, S. 1/8).
1127 Artikel 6 Abs. II Satz 2 der Ratsverordnung (EG) Nr. 659/1999 (ABl. 1999 L 83, S. 1/3).
1128 EuGH, Rs. Hoffmann-La Roche/Kommission, Slg. 1979, S. 461; EuGH, Rs. 234/84, Königreich Belgien/Kommission, Slg. 1986, S. 2263/2289; EuGH, Rs. 40/85, Königreich Belgien/Kommission, Slg. 1986, S. 2321/2348; Bentley, EBLR 1990, S. 94.

fahrens Gelegenheit zu geben, zum Vorliegen und zur Erheblichkeit der behaupteten Tatsachen und Umstände sowie zu den von der Kommission für ihre Behauptung einer Verletzung des Gemeinschaftsrechts herangezogenen Unterlagen Stellung zu nehmen[1129]. Demnach besteht zwar eine Verpflichtung seitens der Kommission gewisse Informationen offenzulegen, um so die Ausübung des rechtlichen Gehörs zu gewährleisten, ein grundsätzliches Akteneinsichtsrecht kann sich hieraus jedoch nicht ableiten.

dd) Beweislast

Die Beweislast hinsichtlich der Verfahrenseinleitung nach der ASV ist, wie bereits oben erwähnt, eher gering. Solange die Antragsteller stichhaltige "Anfangsbeweise" vorlegen, die *prima facie* darauf hindeuten, dass anfechtbare Subventionen kausal für einen Schaden der Antragsteller verantwortlich sind, so wird die Kommission i.d.R. ein Verfahren einleiten[1130].

Sind die Antragsteller allerdings nach Einleitung eines Verfahrens nach der ASV nicht bereit mitzuarbeiten, so kann die Kommission ihre Entscheidung auf die zugrundeliegenden Informationen stützen. Ist z.B. nicht bewiesen, dass die subventionierten Einfuhren den Antragstellern einen Schaden zufügen, so wird sich die Kommission i.d.R. nicht *ex officio* die Informationen beschaffen, um den Schaden nachzuweisen. Genauso obliegt es auf der anderen Seite den Ausführern/Herstellern und der Regierung des Drittlands, die Kommission davon zu überzeugen, dass keine anfechtbaren Subventionen, kein Schaden oder keine Kausalität zwischen den subventionierten Einfuhren und der Schädigung vorliegen. Obwohl die Kommission bei der Informationserhebung ein aktive Rolle übernimmt[1131], steht ihr doch am Ende die Möglichkeit offen eine Entscheidung auf der Grundlage der zur Verfügung stehenden Informationen zu treffen[1132], d.h. die Beweislast liegt in erster Linie bei den beteiligten Parteien.

Im Vergleich hierzu lastet die Beweislast in Beihilfefällen dann stärker auf den Schultern der Kommission, wenn ein Verfahren durch eine Beschwerde eingeleitet worden ist und diese Beschwerde substantiierte Informationen enthält, dass eine Beihilfe vorliegt, und dass diese Beihilfe mit dem Gemeinsamen Markt unvereinbar ist[1133]. In diesem Zusammenhang hat das EuG klargestellt, dass die Kommission unparteiisch und erschöpfend alle Behauptungen eines Beschwerdeführers überprüfen muss, und das die Kommission nicht dazu berechtigt ist, den Beschwerdeführer mit der Beweislast aufzuerlegen, ob die

1129 EuGH, Rs. 234/84, Königreich Belgien/Kommission, Slg. 1986, S. 2263/2289; EuGH, Rs. 40/85, Königreich Belgien/Kommission, Slg. 1986, S. 2321/2348.
1130 Siehe oben im ersten Teil: Punkt VII.2.b.
1131 Siehe oben im ersten Teil: Punkt VII.3.
1132 Siehe oben im ersten Teil: Punkt VII.5.
1133 Nicolaides/Bilal - Slot, S. 89.

Beihilfe (un-)vereinbar mit dem Gemeinsamen Markt ist[1134]. In sonstigen Beihilfeverfahren, bezüglich bestehender oder neu angemeldeter Beihilfen, liegt die Beweislast im Hinblick auf die Ausnahmevorschriften in erster Linie bei dem die Beihilfe gewährenden Mitgliedstaat und ergänzend beim Beihilfeempfänger. Dies hat allerdings nicht zur Folge, dass die Kommission einen Ausnahmetatbestand nicht anwenden würde, obwohl die Voraussetzungen hierfür offensichtlich erfüllt und eine weitere Prüfung diesbezüglich entbehrlich wäre. Bezüglich der Feststellung, dass eine Maßnahme vom Anwendungsbereich des Artikel 87 Abs. I EG erfasst ist, liegt die Beweisführung bei der Kommission. Zu berücksichtigen ist jedoch, dass die Kommission in jedem Fall eine Entscheidung auf der Grundlage der zur Verfügung stehenden Informationen treffen kann[1135]; m.a.W. ist der Mitgliedstaat nicht zur Mitarbeit bereit, so kann die Kommission die Schlussfolgerung ziehen, wenn natürlich genügend Indizien vorliegen, daß eine Maßnahme von Artikel 87 Abs. I EG erfasst ist.

5. Ergebnis

Das Verfahren nach der ASV kommt dem Beihilfeverfahren zur Überprüfung bestehender Beihilfen sehr nahe. Bestehende Beihilfen sind nicht rechtswidrig, solange die Kommission, nach Durchführung einer Untersuchung, zu einem anderen Ergebnis gelangt. Auch nach der ASV, sind anfechtbare Subventionen nicht mit Ausgleichsmaßnahmen zu belegen, solange nicht festgestellt worden ist, dass eine Schädigung vorliegt oder diese zumindest droht. Im Hinblick auf das Verfahren allgemein lässt sich konstatieren, dass die ASV wesentlich striktere Untersuchungsfristen festlegt und auch den Beteiligten bessere Möglichkeiten zur Wahrung ihrer Interessen einräumt. Auf der anderen Seite lastet aber auch die Beweislast nach der ASV stärker auf den Schultern der Verfahrensbeteiligten. Die Verfahrensbestimmungen der Beihilfevorschriften sind im Gegensatz zur ASV eher fragmentarisch geregelt und basieren schwerpunktmäßig auf den rudimentär ausgestalteten Artikel 88 EG und auf der Rechtsprechung des EuGs und des EuGHs. Die Kodifizierung der Verfahrensvorschriften hat keine vergleichbare Präzisierung oder Verbesserung erreicht, sondern lediglich den *status quo* des Beihilfeverfahren festgeschrieben, aber keine Erweiterung der Rechte der Beteiligten erzielt[1136]. So steht den betroffenen Parteien z.B. nach wie vor kein grundsätzliches Akteneinsichtsrecht zu.

IX. Rechtsfolgen

Die Rechtsfolgen nach der ASV und den Beihilfevorschriften sind grundsätzlich

1134 Siehe oben im zweiten Teil: Punkt VI.3.c.
1135 Siehe oben im zweiten Teil: Punkt VI.3.d.
1136 Siehe oben im zweiten Teil: Punkt VII.2.

unterschiedlicher Rechtsnatur. So erfolgt die Einführung von Ausgleichsmaßnahmen i.d.R. in Form von Verordnungen, wohingegen die Rechtsfolge nach den Beihilfevorschriften Entscheidungen darstellen. Darüber hinaus besteht aber auch die Möglichkeit, ein Antisubventionsverfahren nach der ASV durch die Annahme einer Verpflichtung zu beenden.

1. Ausgleichsmaßnahmen nach der ASV

Die zu ergreifenden Ausgleichsmaßnahmen nach der ASV können in Form von vorläufigen und endgültigen Ausgleichszöllen sowie durch Verpflichtungen ergehen[1137]. Beide Möglichkeiten, also Ausgleichszölle und Verpflichtungen, unterfallen dem Oberbegriff der Ausgleichsmaßnahme. Ihrem Wesen nach dienen die Ausgleichsmaßnahmen nicht dazu, einen bestimmten "Besitzstand" zu garantieren, sondern den durch ausländische Wettbewerbsverzerrungen gestörten Wirtschaftsablauf im Gemeinsamen Markt wieder zu normalisieren[1138]. Damit versucht die ASV, durch die Einführung von Ausgleichsmaßnahmen, die Wiederherstellung eines unverfälschten Wettbewerbs in der Gemeinschaft zu erreichen, indem die subventionierten Einfuhren durch den Ausgleichszoll oder die Verpflichtung an ein nichtschädigendes Preisniveau angehoben werden, das von vergleichbaren Gemeinschaftswaren, unter Erwirtschaftung eines angemessenen Gewinns, zu erzielen ist[1139]. Damit folgt die ASV dem Prinzip, dass der Betrag des Ausgleichszolls nicht höher sein darf als die Höhe der anfechtbaren Subventionen, die einem Ausführer zugute gekommen ist; ein Ausgleichszoll aber niedriger sein sollte als die Gesamthöhe der anfechtbaren Subventionen, wenn ein niedrigerer Zoll ausreicht, um die Schädigung des Wirtschaftszweigs der Gemeinschaft zu beseitigen[1140]. Die Einführung vorläufiger Ausgleichszölle ist unter der Erwägung eines möglichst schnellen und effizienten Schutzes der europäischen Antragsteller zu sehen, wenn nach einer Abwägung feststeht, dass die vorläufigen Ergebnisse der Untersuchung eine anfechtbare Subvention, eine dadurch verursachte Schädigung und ein Einschreiten im Gemeinschaftsinteresse begründen und die Beweislage stichhaltig genug ist, um die Ausführer/Hersteller mit einem Ausgleichszoll zu belasten. Der Kommission steht nach der ASV nicht die Möglichkeit der Anweisung zur Rückzahlung von Subventionen, wie nach den Beihilfevorschriften[1141], zur Verfügung. Damit hat die Kommission bei Gewährung von Subventionen durch Drittländer keine vergleichbare Korrekturmöglichkeit, um den *status quo ante* vor der Gewährung der Subvention wiederherzustellen. Die Gemeinschaft hat keine rechtliche Grundlage, um das Drittland unilateral zur Rückzahlung der Subventionen zu veranlassen. Darüber hinaus steht dem geschädig-

---

1137 Siehe oben im ersten Teil: Punkte VIII.1. und VIII.2.
1138 Beseler, S. 94.
1139 Landsittel, S. 138; Reszel, S. 15.
1140 Siehe oben im ersten Teil: Punkt VIII.2.
1141 Siehe oben im zweiten Teil: Punkt VI.4.

ten Wirtschaftszweig auch nicht die Möglichkeit offen, rechtswidrig gewährte Subventionen vor nationalen Gerichten in der Gemeinschaft zu Rückzahlungen zu veranlassen. Deshalb bleibt der Gemeinschaft nur die Möglichkeit übrig, autonome Rechtssetzungsakte zum Ausgleich der Subventionierung zu erlassen. Aufgrund dieser mangelnden direkten extraterritorialen Entscheidungsbefugnis zur Änderung oder Abschaffung von Subventionen in Drittländern, stellen Ausgleichszölle die *ultima ratio* dar, wenn es nicht gelingt im Wege einer Verpflichtung mit der Regierung und/oder den Ausführern im Drittland ein adäquates Ergebnis zu erzielen[1142]. Ausgleichszölle werden in Form von Verordnungen eingeführt. Gemäß Artikel 249 Abs. II EG haben Verordnungen allgemeine Geltung, sind in allen ihren Teilen verbindlich und gelten unmittelbar in jedem Mitgliedstaat. Die Verordnung ist also die Rechtsform mit generellen und abstrakten Regelungscharakter gegenüber einem unbestimmten Personenkreis. Ihre Normen begründen Rechte und Pflichten *erga omnes* nicht nur der Mitgliedstaaten und ihrer Behörden, sondern jedes einzelnen, der von ihrem Tatbestand erfasst wird. So richtet sich eine Verordnung zur Einführung von Ausgleichszöllen an eine Vielzahl von Adressaten, wie z.B. dem betroffenen Drittland, die Hersteller und Ausführer in diesem Drittland, Einführer sowie den Zollbehörden in der Gemeinschaft. Damit unterscheidet sich die Verordnung als genereller und abstrakter Rechtsakt von individuellen und konkreten Entscheidungen.

Wie bereits erwähnt, besteht auch alternativ die Möglichkeit, ein Antisubventionsverfahren durch die Annahme von Verpflichtungen zu beenden, in denen sich die Regierung des Drittlands verpflichtet die anfechtbare Subventionen inhaltlich zu ändern oder abzuschaffen[1143]. Damit stellt die ASV die Möglichkeit bereit, im gegenseitigen Einvernehmen, die Notwendigkeit der Einführung von Ausgleichszöllen entbehrlich zu machen. Verpflichtungen können auch von einem Ausführer gegeben werden, die den Inhalt haben, dass der Ausführer seine Preise ändert oder die Ausfuhr unterlässt, solange für die Ausfuhr anfechtbare Subventionen gewährt werden. Die Rechtsnatur der Verpflichtung als Mittel der gütlichen Streitbeilegung ist umstritten. Es dürfte sich allerdings nicht um einen Vertrag[1144] zwischen dem Ausführer oder der Regierung des Ursprungs- und/oder Ausfuhrlands mit der Gemeinschaft, sondern um eine einseitige, bindende Zusicherung[1145] handeln.

2. *Entscheidungsformen nach den Beihilfevorschriften*

Im Hinblick auf bestehende Beihilferegelungen, ist die Kommission gemäß Artikel

1142 Schwarze, EuR 1986, S. 217/227.
1143 Siehe oben im ersten Teil: Punkt VIII.3.
1144 So Vermulst/Waer, S. 67.
1145 So Beseler, S. 136; Reuter, Rdnr. 402; Grabitz/Hilf – Vedder, ex Artikel 113, Rdnr. 133; Kretschmer, S. 86.

88 Abs. I und Abs. II EG verpflichtet, fortlaufend die bestehenden Beihilfen zu überprüfen und eventuelle Entscheidungen darüber zu treffen, ob der Mitgliedstaat die von ihm gewährten Beihilfen aufheben oder umgestalten muss[1146]. Im Hinblick auf das Verfahren bei bestehenden Beihilferegelungen kann die Kommission zunächst zweckdienliche Maßnahmen unterbreiten, sollte sie zu dem Ergebnis gelangt sein, dass die bestehende Beihilferegelung mit dem Gemeinsamen Markt nicht oder nicht mehr vereinbar ist. Die zweckdienlichen Maßnahmen können insbesondere in folgendem bestehen:

- Inhaltliche Änderung der Beihilferegelung;
- Einführung von Verfahrensvorschriften; oder
- Abschaffung der Beihilferegelung[1147].

Bei dem Vorschlag zweckdienlicher Maßnahmen handelt es sich jedoch nicht um eine Entscheidung, da sie von der Annahme des betreffenden Mitgliedstaates abhängig ist. Stimmt der Mitgliedstaat nicht zu, so leitet die Kommission ein förmliches Prüfverfahren ein. Jedes förmliche Prüfverfahren wird durch eine Entscheidung abgeschlossen. Eine Entscheidung der Kommission im Bereich bestehender Beihilferegelungen entfaltet nur Wirkung für die Zukunft.

Gelangt die Kommission im Hinblick auf neue Beihilfen nach einer vorläufigen Prüfung zu dem Schluss, dass die angemeldete Maßnahme keine Beihilfe darstellt, so stellt sie dies durch Entscheidung fest[1148]. Stellt die Kommission nach einer vorläufigen Prüfung fest, dass die angemeldete Maßnahme, insoweit sie in den Anwendungsbereich des Artikel 87 Abs. I EG fällt, keinen Anlass zu Bedenken hinsichtlich ihrer Vereinbarkeit mit dem Gemeinsamen Markt gibt, so entscheidet sie, dass die Maßnahme mit dem Gemeinsamen Markt vereinbar ist. In der Entscheidung wird angeführt, welche Ausnahmevorschrift des EG-Vertrages zur Anwendung gelangt ist[1149]. Hat die Kommission allerdings ein förmliches Prüfverfahren eröffnet, so muss sie das Verfahren mit einer formellen Entscheidung beenden. Hält die Kommission die Unvereinbarkeit oder die missbräuchliche Anwendung der Beihilfe für gegeben, so beendet sie das Verfahren durch Entscheidung nach Artikel 249 EG, mit der Wirkung, dass der Mitgliedstaat die Beihilfe nicht gewähren darf, sie aufzuheben, rückzufordern oder umzugestalten hat[1150]. Stellt die Kommission fest, dass, gegebenenfalls nach Änderung durch den betreffenden Mitgliedstaat, die Bedenken hinsichtlich der Vereinbarkeit der angemeldeten Maßnahme mit dem Gemeinsamen Markt ausgeräumt sind, so entscheidet sie das die Beihilfe mit dem Gemein-

---

1146 Siehe oben im zweiten Teil: Punkt VI.2.
1147 Siehe oben im zweiten Teil: Punkt VI.2.b.
1148 Siehe oben im zweiten Teil: Punkt VI.3.c.
1149 Siehe oben im zweiten Teil: Punkt VI.3.c.
1150 Siehe oben im zweiten Teil: Punkt VI.3.d.cc.

samen Markt vereinbar ist. Eine Positiventscheidung kann mit Bedingungen und Auflagen verbunden werden[1151].

Die Möglichkeit, vorläufige Maßnahmen zum Schutz der Wettbewerber zu treffen, ist in den Beihilfevorschriften vorgesehen[1152]. Bevor es zu einer endgültigen Entscheidung in der Sache kommt, kann die Kommission eine Entscheidung erlassen, alle rechtswidrigen Beihilfen auszusetzen oder im Einzelfall sogar die einstweilige Rückforderung anordnen[1153]. In Negativentscheidungen hinsichtlich rechtswidriger Beihilfen entscheidet die Kommission, dass der betreffende Mitgliedstaat alle notwendigen Maßnahmen ergreift, um die Beihilfe vom Empfänger zurückzufordern. Der Rückforderung von gemeinschaftswidrigen Beihilfen kommt im Beihilfesystem eine Korrekturfunktion zu, da mit dem Gemeinsamen Markt unvereinbare Wettbewerbsverzerrungen im Nachhinein wieder korrigiert werden und der *status quo ante* wiederhergestellt wird. Der Ausgleich erfolgt durch die Nichtgenehmigung bzw. Rückzahlung einer Beihilfe, wodurch die Wettbewerbsbeeinträchtigung rückgängig bzw. vermieden werden soll.

Nach Artikel 249 Abs. IV EG ist eine Entscheidung in allen ihren Teilen für diejenigen verbindlich, die sie bezeichnet. Entscheidungen sind an den betreffenden Mitgliedstaat gerichtet[1154]. Die Entscheidung regelt damit, im Vergleich zum Rechtsakt der Verordnung, einen Einzelfall. Beteiligte erhalten auf Antrag eine Kopie der getroffenen Entscheidung[1155].

3. *Ergebnis*

Die Rechtsfolgen nach der ASV und den Beihilfevorschriften sind grundsätzlich verschiedener Rechtsnatur. So erfolgt die Einführung von Ausgleichsmaßnahmen nach der ASV in Form von Verordnungen, wohingegen die Rechtsfolgen nach den Beihilfevorschriften Entscheidungen darstellen. Dies ist logisch und zweckgerecht, da Drittländer nicht an Entscheidungen der Gemeinschaftsorgane gebundenen sind und sich daher im Außenwirtschaftshandel die Verordnung als geeigneter Rechtsakt erweist, um den Gemeinsamen Markt vor subventionierten Einfuhren zu schützen. Daraus ergibt sich auch der Unterschied zwischen Ausgleichszöllen und Nichtgenehmigungs- (Negativ-) oder Rückforderungsentscheidungen nach dem Beihilferecht. Eine gewisse Ähnlichkeit, bezüglich der zu ergreifenden Rechtsfolgen, zeigt sich im Rahmen der Überprüfung bestehender Beihilferegelungen, durch die Möglichkeit des Vorschlags zweckdienlicher Maßnahmen, die dann von dem Mitgliedstaat angenommen werden können. Hier stellt das Beihilferecht

1151 Siehe oben im zweiten Teil: Punkt VI.3.d.cc.
1152 Siehe oben im zweiten Teil: Punkt VI.4.
1153 Siehe oben im zweiten Teil: Punkt VI.4.
1154 Siehe oben im zweiten Teil: Punkt VI.3.d.cc.
1155 Siehe oben im zweiten Teil: Punkt VII.2.

ein Modell zur Verfügung, wonach ein Mitgliedstaat zustimmen kann, bestehende Beihilfen zu ändern oder abzuschaffen. Ein ähnliches "Konsensmodell" stellt die ASV in Form von Verpflichtungen bereit. Auch hier kann durch eine gütliche Einigung das Verfahren beendet werden.

X. Anschließende Verfahrensarten

Sind entsprechende Rechtsakte, wie z.B. Verordnungen oder Entscheidungen, ergangen, so besteht konsequenterweise auch die Notwendigkeit, für eine effiziente Anwendung und Vollstreckung dieser Rechtsakte Sorge zu tragen. Würden also keine entsprechenden „Kontrollmechanismen" bereitstehen, so wäre eine Befolgung dieser Rechtsakte nicht gewährleistet. Daher sehen sowohl die ASV als auch die Beihilfevorschriften Verfahrensarten vor, die i.d.R. nach Abschluss eines Antisubventionsverfahrens eingeleitet werden können. Diese anschließenden Verfahrensarten unterscheiden sich von ihrer Zweckrichtung her. So können die anschließenden Verfahrensarten u.a. die folgenden Zweckrichtungen verfolgen:

- der Missbrauchsüberprüfung und -beseitigung,
- der Modifizierung bestehender Maßnahmen,
- der Effizienz zukünftiger und bestehender Maßnahmen,
- der Einzelfallgerechtigkeit und
- der Vollstreckung.

Es liegt in der Natur der Sache, dass die anschließenden Verfahrensarten nach der ASV weiter und detaillierter ausgestaltet sind, als vergleichbare Verfahren nach den Beihilfevorschriften, da die ASV einen Mechanismus bereitstellen muss, der gewährleistet, dass nach Einführung von Ausgleichszöllen, ein möglichst wirksamer und einzelfallgerechter Schutz für die europäischen Wirtschaftszweige besteht.

1. Nach der ASV

Die ASV kennt vier verschiedene Verfahrensarten die nach Einführung von endgültigen Ausgleichszöllen erfolgen können. Erstens, können Ausgleichszölle ausgeweitet werden, wenn Fertigungsprozesse in der Gemeinschaft oder in einem Drittland oder durch andere Arten umgangen werden (sog. Umgehung)[1156]. Die Umgehungsvorschriften dienen einer effizienten Anwendung und verbesserten Rechtswirkung der ASV, da ohne diese

1156 Siehe oben im ersten Teil: Punkt IX.1.

Vorschriften die Wirksamkeit der Ausgleichszölle erheblich eingeschränkt wäre. Die Umgehungsvorschriften dienen daher auch der Missbrauchsüberprüfung und -beseitigung. Zweitens, können Zölle auch unter bestimmten Umständen rückwirkend erhoben werden[1157]. So dienen auch die Rückwirkungsvorschriften einer wirksamen Anwendung der ASV. Drittens, sieht die ASV auch die Möglichkeit von Rückerstattungsverfahren vor, wenn der Einführer zu hohe Ausgleichszölle entrichtet hat[1158]. Die Rückerstattungsvorschriften dienen der Einzelfallgerechtigkeit in der konkreten Anwendung der ASV. Schließlich stellt die ASV, viertens, Überprüfungsverfahren zur Verfügung, um die Höhe der Ausgleichszölle nachträglich zu überprüfen[1159]. Die Überprüfungsvorschriften dienen der Modifizierung bestehender Maßnahmen, um diese wirksamer und einzelfallgerechter anzuwenden.

Im Hinblick auf Verpflichtungen, können sich für das betroffene Drittland oder für die betroffenen Ausführer nachträglich Berichterstattungspflichten ergeben. Denn werden Verpflichtungen angenommen, so wird eine Untersuchung eingestellt[1160]. Die Kommission verlangt dann aber von dem Drittland und den Ausführern, von denen Verpflichtungen angenommen wurden, dass sie regelmäßig Informationen über die Einhaltung dieser Verpflichtungen erteilen und die Überprüfung der diesbezüglichen Angaben gestatten[1161]. Die Berichterstattungspflichten dienen somit einer wirksamen Kontrolle von Verpflichtungen.

2. *Nach den Beihilfevorschriften*

Die Beihilfevorschriften sehen keine vergleichbaren nachträglichen Verfahrensarten vor, nachdem ein Beihilfefall in Form einer Entscheidung beendet ist. Hingegen können Entscheidungen gewisse Auflagen enthalten, die den Mitgliedstaat verpflichten der Kommission Bericht zu erstatten über die entsprechende Beseitigung oder Änderung einer Beihilfe. Dies soll der Kommission eine effektive Kontrolle über ihre Entscheidung ermöglichen und die Befolgung sicherstellen. Hat die Kommission ernsthafte Bedenken, ob ihre Entscheidungen befolgt werden, so verfügt sie über zusätzliche Instrumente, um Informationen einzuholen, die für die Nachprüfung der tatsächlichen Befolgung ihrer Entscheidungen erforderlich sind; insbesondere in Fällen, in denen Beihilfen missbräuchlich angewendet worden sein könnten. Dies gilt insbesondere dann, wenn die Kommission ernsthafte Zweifel hinsichtlich der Einhaltung einer Entscheidung oder einer mit Bedingungen und Auflagen verbundenen Entscheidung hat[1162]. Aus diesem Grund ist die Kommission ermächtigt, Nachprüfungen vor Ort durchzuführen, und die zuständigen Behörden

1157 Siehe oben im ersten Teil: Punkt IX.2.
1158 Siehe oben im ersten Teil: Punkt IX.3.
1159 Siehe oben im ersten Teil: Punkt IX.4.
1160 Siehe oben im ersten Teil: Punkt VIII.3.
1161 Siehe oben im ersten Teil: Punkt VIII.3.

der Mitgliedstaaten zur Mitarbeit zu verpflichten, wenn ein Unternehmen sich einer solchen Nachprüfung vor Ort widersetzt[1163]. Damit hat die Kommission, im Vergleich zu ihren Befugnissen nach der ASV, eine konkrete Vollstreckungsgewalt im Hinblick auf die Informationsbeschaffung. Im Vergleich hierzu sind nach der ASV die Drittländer nicht zur Mitarbeit verpflichtet[1164]. Erhält die Kommission Kenntnis, dass ihre Entscheidung auf während des Verfahrens übermittelten unrichtigen Informationen beruht, die ein für die Entscheidung ausschlaggebender Faktor waren, so kann sie auch die bereits erlassene Entscheidung widerrufen[1165]. Vor dem Widerruf einer Entscheidung und dem Erlass einer neuen Entscheidung eröffnet die Kommission das förmliche Prüfverfahren. Im Bereich der ASV, steht der Kommission lediglich die Möglichkeit offen eine Überprüfung einzuleiten, sollte sie Zweifel über die Richtigkeit der ihr übermittelten Informationen haben. Ein Widerruf ist nach der ASV nicht vorgesehen.

Damit die Kommission die Befolgung ihrer Entscheidungen wirksam überwachen kann und ihre Zusammenarbeit mit den Mitgliedstaaten bei der fortlaufenden Überprüfung aller bestehenden Beihilferegelungen nach Artikel 88 Abs. I EG erleichtert wird, besteht weiterhin seitens der Mitgliedstaaten für alle bestehenden Beihilferegelungen eine allgemeine Berichterstattungspflicht. Aus diesem Grunde unterbreiten die Mitgliedstaaten der Kommission Jahresberichte über alle bestehenden Beihilferegelungen, für die keine besonderen Berichterstattungspflichten aufgrund einer mit Bedingungen und Auflagen verbundenen Entscheidung auferlegt wurden[1166].

3. *Ergebnis*

Die anschließenden Verfahrensarten nach den Beihilfevorschriften gehen insofern weiter, als dass sie die Möglichkeit einer konkreten Vollstreckung zur Informationsbeschaffung bereitstellen. Die ASV hat keine entsprechenden Vollstreckungsmöglichkeiten. Allerdings kann die mangelnde Bereitschaft zur Mitarbeit in dem Sinne sanktioniert werden, in dem Entscheidungsfindungen auf die verfügbaren Fakten gestützt werden können. Demnach besteht zumindest ein indirektes Zwangsmittel, um Unternehmen zur Mitarbeit zu veranlassen. Weiterhin stellen die Beihilfevorschriften auch die Möglichkeit eines Widerrufs der Entscheidung bereit, sogar vor dem Abschluss eines neuen förmlichen Prüfungsverfahrens. Auch diese Möglichkeit sieht die ASV nicht vor, da Modifizierungen bestehender Ausgleichsmaßnahmen erst nach dem Abschluss eines Untersuchungsverfahrens vorgenommen werden können.

1162 Siehe oben im zweiten Teil: Punkt VII.2.
1163 Siehe oben im zweiten Teil: Punkt VII.2.
1164 Siehe oben im ersten Teil: Punkt VII.5.
1165 Siehe oben im zweiten Teil: Punkt VII.2.
1166 Siehe oben im zweiten Teil: Punkt VII.2.

Ähnlichkeiten bestehen jedoch im Hinblick auf die Berichterstattungspflichten. So besteht diese Berichterstattungspflicht nach der ASV nach Abschluss einer Verpflichtung oder nach den Beihilfevorschriften bezüglich bestimmter bestehender Beihilfen oder mit Auflagen/Bedingungen verbundenen freigestellten Subventionen. Beide Antisubventions-Instrumente kennen daher die Möglichkeit der Kontrolle von Verpflichtungen bzw. bestehender Subventionen, um ihre zukünftige Einhaltung sicherzustellen.

XI. Rechtsschutz

Wie Schwarze ausführt, gehört es zu den grundlegenden Aufgaben des Verwaltungsrechts, auf der einen Seite die notwendigen Voraussetzungen für eine möglichst wirksame Erfüllung der Verwaltungszwecke durch die zuständigen Behörden zu schaffen und auf der anderen Seite einen adäquaten Rechtsschutz der betroffenen Einzelnen gegen die Verwaltungsmaßnahme zur Verfügung zu stellen. Diese Aufgabe kann nicht in Gestalt einer exakten Grenzziehung zwischen administrativer Leistungsfähigkeit und individuellen Rechtsschutzansprüchen gelöst werden. Je nach betroffenen Verwaltungsgebiet und nach Art und Struktur der öffentlichen Aufgabe stellt sich die Frage nach einem angemessenen Ausgleich zwischen Verwaltungseffizienz und den Rechten der Einzelnen immer wieder neu[1167]. Weder die ASV noch die Beihilfevorschriften enthalten besondere Vorschriften hinsichtlich des Rechtsschutzes betroffener Parteien. Es gelten daher die allgemeinen Vorschriften des EG-Vertrages. Gemäß Artikel 230 Abs. IV EG kann z.B. jede natürliche oder juristische Person unter den gleichen Voraussetzungen gegen die an sie ergangenen Entscheidungen sowie gegen diejenigen Entscheidungen Klage erheben, die, obwohl sie als Verordnung oder als eine an eine andere Person gerichtete Entscheidung ergangen sind, sie unmittelbar und individuell betreffen. In diesem Abschnitt wird insbesondere auf die Rechtsschutzmöglichkeiten Privater eingegangen, die sich als Konkurrenten gegen eine unlautere Subvention wehren. So steht z.B. im Hinblick auf eine Entscheidung der Kommission nach der ASV, ein Verfahren nicht einzuleiten, den Antragstellern das Recht zu, diese Entscheidung anzufechten[1168]. Auch im Beihilferecht wird im Ergebnis jedem Konkurrenten, der im förmlichen Prüfverfahren als potentiell von der Beihilfegewährung Betroffener ein Recht zur Stellungnahme hätte, das Recht eingeräumt, gegen die Einstellungsentscheidung nach Abschluss eines Vorprüfungsverfahren durch die Kommission zu klagen[1169]. Damit ist Betroffener im Sinne des Artikel 230 Abs. IV EG nach den Beihilfevorschriften der Konkurrent bereits aufgrund seiner Wettbewerbseigenschaft im Verhältnis zum Beihilfebegünstigten. Erlangt die Kommission in Beihilfefällen hingegen Kenntnis im Wege einer Beschwerde, so steht den Beschwerde-

---

1167 Schwarze, EuR 1986, S. 217.
1168 Siehe oben im ersten Teil: Punkt X.

führern das Recht offen, gegen eine Entscheidung der Kommission vorzugehen, ein Beihilfeverfahren nicht zu eröffnen[1170]. Der Beschwerdeführer muss dann allerdings in der Lage sein zu beweisen, dass aufgrund der Beschwerde und den darin vorgebrachten Argumenten und Tatsachen, die Kommission berechtigte Zweifel im Hinblick auf die Vereinbarkeit der Beihilfe mit dem Gemeinsamen Markt gehabt haben müsste. Festzuhalten ist, dass nach beiden Antisubventions-Instrumenten den betroffenen Konkurrenten ein Klagerecht nach Einstellung des Vorprüfungsverfahrens, bzw. gegen die Entscheidung ein Beihilfeverfahren nicht zu eröffnen, zusteht.

Bezüglich des förmlichen Untersuchungsverfahrens, sind klagebefugt nach der ASV insbesondere die Antragsteller und die beteiligten Ausführer/Hersteller die sich am Verfahren beteiligt haben und/oder in der Ratsverordnung ausdrücklich genannt werden[1171]. Ausführer oder andere Parteien die sich nicht am Verfahren beteiligt haben sind nicht klagebefugt, da ihnen das Rechtsschutzbedürfnis abgesprochen wird. Im Vergleich hierzu kann nach dem Beihilferecht auch die Beteiligung am förmlichen Prüfverfahren als Umstand herangezogen werden, aus denen sich ergibt, dass eine natürliche oder juristische Person von der Entscheidung individuell betroffen ist[1172]. Obwohl im Rahmen der ASV eine Beteiligung am Antisubventionsverfahren unabdingbar für die spätere Klagebefugnis ist, scheint die Rechtsprechung im Rahmen des Beihilferechts auf den ersten Blick etwas "großzügiger" zu sein, wonach ein Konkurrent bereits aufgrund seiner Wettbewerbseigenschaft im Verhältnis zum Beihilfebegünstigten klagebefugt ist[1173]. Damit scheint eine Beteiligung am förmlichen Prüfverfahren entbehrlich zu sein. Eine derartige Interpretation erscheint jedoch verfehlt, da ein Konkurrent sein Rechtsschutzbedürfnis präkludieren würde, wenn er trotz seiner Kenntnis nicht an einem förmlichen Prüfverfahren teilnehmen und der Kommission somit nicht die Möglichkeit verschaffen würde, von seinem Interesse und Argumenten Kenntnis zu verleihen. Die Ausnahme einer notwendigen Beteiligung an einem Verfahren, scheint sich daher nur auf die Fälle zu beschränken, wo einem Konkurrenten im Vorprüfungsverfahren keine Gelegenheit gewährt worden ist, sich an diesem Verfahren zu beteiligen. Dies scheint aber auch zweckgerecht zu sein, da den Konkurrenten im Vorprüfungsverfahren nach Anmeldung keine Möglichkeit zur Teilnahme bereitgestellt wird.

Nach beiden Antisubventions-Instrumenten ist die Klagebefugnis somit auf Parteien beschränkt, die sich aktiv am förmlichen Untersuchungsverfahren beteiligt haben[1174]. Damit soll eine effiziente Arbeitsteilung zwischen der Kommission als untersuchende Behörde, auf der einen Seite, und den Gerichten, auf der anderen Seite, gewährleistet werden.

1169 Siehe oben im zweiten Teil: Punkt VIII.1.
1170 Siehe oben im zweiten Teil: Punkte VI.3.b. und VIII.1.
1171 Bentley, EBLR 1990, S. 95.
1172 Siehe oben im zweiten Teil: Punkt VIII.1.
1173 EuG, Rs. T-435/93, ASPEC/Kommission, Slg. 1995, S. II-1281; Brealey/Hoskins, S. 305.

Denn das Gericht kann und soll nicht ein bereits abgeschlossenes Verfahren neu untersuchen. In bezug auf den *locus standi* von Vereinigungen hat das EuG im Zusammenhang mit einem Beihilfefall entschieden, dass einer Vereinigung nach Beihilferecht hingegen keine Klagebefugnis zusteht, wenn dies ihren Mitgliedern als einzelnen verwehrt ist und sofern keine besonderen Umstände vorliegen, wie etwa die Rolle, die eine solche Vereinigung in einem Verfahren hätte spielen können, das zum Erlass der fraglichen Entscheidung geführt hat[1175]. In einem Antidumpingverfahren, das verfahrensrechtliche Ähnlichkeiten mit der ASV aufweist, hat das EuG klargestellt, dass die Kommission nicht automatisch einen Verbraucherverband vom Verfahren ausschließen darf, nur weil die betroffenen Waren üblicherweise nicht im Einzelhandel verkauft werden, sondern vielmehr in jedem Einzelfall das Interesse eines Verbraucherverbands am konkreten Verfahren feststellen muss[1176]. Festzuhalten ist somit, dass ein Rechtsschutz immer dann bereitgestellt wird, wenn Privaten gewisse Verfahrensrechte eingeräumt werden und der gerichtliche Schutz zur Wahrung dieser Rechte erforderlich erscheint[1177]. Losgelöst hiervon, lässt sich abschließend feststellen, dass im Hinblick auf den Rechtsschutz keine signifikanten Unterschiede zwischen beiden Antisubventions-Instrumenten bestehen.

XII. Bewertung

Die ASV versteht sich als handelspolitische Schutzmaßnahme, die sich gegen Subventionierungen durch Drittländer richtet, wohingegen die Beihilfevorschriften als Wettbewerbsvorschriften innerhalb des Gemeinsamen Marktes die Zielrichtung verfolgen, Subventionierungen durch die Mitgliedstaaten entgegenzuwirken. Trotz dieser unterschiedlichen Funktionalität, verfolgen beide Antisubventions-Instrumente das Ziel, „unlautere“ Marktstörungen innerhalb des Gemeinsamen Marktes zu beseitigen, die ursächlich entweder auf Subventionierungen außerhalb oder innerhalb der Gemeinschaft zurückzuführen sind. Damit zielen grundsätzlich beide Antisubventions-Instrumente auf die Herstellung eines funktionierenden Gemeinsamen Marktes ab.

Die Einordnung der ASV als handelspolitische Schutzmaßnahme sowie die Rechtsgrundlage des Artikels 133 EG verleiten dazu, die *ratio legis* der ASV als die im öffentlichen Interesse gebotene Schadensabwehr zu definieren. Dieser Ansatz würdigt jedoch nicht hinreichend die Tatsache, dass die ASV schwerpunktmäßig auf einen fairen und funktionierenden Wettbewerb innerhalb des Gemeinsamen Marktes ausgerichtet ist. Die Bedeutung der ASV als handelspolitische Schutzmaßnahme im öffentlichen Interesse tritt

1174 Bentley, EBLR 1990, S. 95; Brealey/Hoskins, S. 300/303.
1175 Siehe oben im zweiten Teil: Punkt VIII.1.
1176 Siehe oben im ersten Teil: Punkte VI. und X.
1177 Brealey/Hoskins, S. 296.

hinter dem Aspekt des Wettbewerbsschutzes und der subjektivrechtlichen Erwägungen zurück. Im Vordergrund der ASV steht somit ihr wettbewerbsschützender Charakter. Auch die Beihilfevorschriften verfolgen das Ziel, Unternehmen in unterschiedlichen Mitgliedstaaten in der Gemeinschaft vor einem verfälschten Wettbewerb zu bewahren. Beihilfen verfälschen den Wettbewerb innerhalb des Gemeinsamen Marktes und deshalb sind solche Maßnahmen auch grundsätzlich verboten. Lediglich den Effekt der Subvention auszugleichen, würde nicht genügen, um die negativen Auswirkungen auf den Integrationsprozess auszugleichen oder zu beseitigen. Ein derart grundsätzliches Verbot ist der ASV fremd, da die Weltmärkte noch nicht das Integrationsstadium erreicht haben, das bereits durch den Gemeinsamen Markt erreicht wurde. Auf der anderen Seite sind Ausgleichszölle in einem Gemeinsamen Markt nicht vorstellbar. Hier spiegelt sich der konzeptionelle Unterschied beider Antisubventions-Instrumente wider. Ein weiterer Unterschied beider Antisubventions-Instrumente ergibt sich auch vom materiellen Anwendungsbereich her, da die ASV, im Vergleich zu den Beihilfevorschriften, lediglich den Warenverkehr abdeckt, nicht jedoch den Dienstleistungs- und Zahlungsverkehr.

Das weite Konzept der anfechtbaren Subvention und der Beihilfe erfasst alle Maßnahmen, die dem Empfänger einen Vorteil bieten und die sich auf bestimmte Unternehmen oder Produktionszweige erstrecken. Vom Konzept der Qualifizierung einer Subvention, im Hinblick auf ihre Definition und Charakterisierung, sind beide Antisubventions-Instrumente grundsätzlich identisch. Es ist damit zu konstatieren, dass in diesem Bereich bereits eine weitgehende Gemeinsamkeit beider Antisubventions-Instrumente vorliegt. Im Hinblick auf die Qualifizierung einer Subvention, kommt es z.B. für beide Antisubventions-Instrumente entscheidend darauf an, dass die Subvention aus öffentlichen Mitteln finanziert wird. Die ASV und Artikel 87 Abs. I EG erheben dieses Kriterium zum Begriffsmerkmal einer Subvention. Beide Antisubventions-Instrumente verlangen zur Qualifizierung einer Subvention, dass der Empfänger durch die Zuwendung einen Vorteil erhält. Auch im Hinblick auf das Spezifitätskriterium, legen beide Antisubventions-Instrumente grundsätzlich einheitliche Bewertungskriterien zur Bestimmung "bestimmter Unternehmen oder Wirtschafts-/Produktionszweige" zugrunde. Der praktische Anwendungsbereich des Spezifitätskriteriums ist für beide Antisubventions-Instrumente weitgehend „deckungsgleich", bis auf die Frage zu welchem Grad objektive und neutrale Kriterien herangezogen werden können, um die Spezifität zu verneinen. Darüber hinaus ist das Spezifitätskriterium nach der ASV nicht Bestandteil der Begriffsbestimmung einer Subvention. Im Vergleich hierzu, stellt das Merkmal der Spezifität eine unabdingbare Voraussetzung dar, um eine Beihilfe i.S.d. Artikel 87 Abs. I EG überhaupt erst qualifizieren zu können.

Beide Antisubventions-Instrumente erfordern eine Auswirkung auf die Wettbewerbssituation und auf den Handelsverkehr. Die ASV enthält weitergehende Vorschriften, welche die Auswirkungen "messbar" machen sollen und in diesem Zusammenhang eine bedeutende Schädigung eines Wirtschaftszweigs fordern. Im Beihilfezusammenhang wird die Untersuchung der Kommission insofern einfacher gemacht, da sie nicht die Auswirkungen einer Schädigung berechnen und analysieren muss. Es reicht aus, wenn eine potentielle Beeinträchtigung für den Wettbewerb und Handel innerhalb der Gemeinschaft besteht. Es lässt sich somit konstatieren, dass die "Spürbarkeitsschwelle" der Wettbewerbsbeeinträchtigung im Rahmen der Beihilfevorschriften wesentlich niedriger ist als bei der ASV. Gemeinsam ist jedoch beiden Instrumenten, dass es in beiden Fällen ausreicht, dass eine Verfälschung des Wettbewerbs oder eine Schädigung droht. Damit ist der präventive Gedanke, eine negative Auswirkungen auf den Wettbewerb im Vorfeld abzuwenden, beiden Antisubventions-Instrumenten zu eigen. Auch erkennen beide Instrumente das System der gestuften Spürbarkeit an, indem sie eine *de minimis*-Regel aufweisen.

Die ASV enthält weniger Ausnahmetatbestände als die Beihilfevorschriften. Der dadurch größere Anwendungsbereich anfechtbarer Subventionen, erfährt jedoch ein praktische Einschränkung durch das Schadenskriterium. In anderen Worten, wirtschaftlich schädliche Subventionen sollen behoben werden, jedoch nicht Subventionen die "handelsneutral" sind. Große Parallelitäten zwischen der ASV und den Beihilfevorschriften zeigen sich für die Ausnahmetatbestände im Bereich der Regionalförderung und der Forschung und Entwicklung. Strikter ist die ASV im Vergleich zu den Beihilfevorschriften, wenn es um die Subventionierung von Maßnahmen im Umweltbereich geht. Gänzlich ausgeschlossen sind nach der ASV Ausnahmen betreffend allgemeiner und sektoraler Subventionen. Zu berücksichtigen ist weiterhin, dass die Beihilfevorschriften Ausnahmetatbestände im Dienstleistungsbereich aufweisen, der nicht von der ASV erfasst wird, da sich die ASV exklusiv auf den Warenverkehr beschränkt.

Das Gemeinschaftsinteresse hat sowohl theoretisch als auch in seiner praktischen Anwendung im Beihilferecht eine weitere Bedeutung. Die Beschränkung im Rahmen der ASV ergibt sich aus der Notwendigkeit, ihre effektive Anwendung nicht zu unterminieren und keine zusätzlichen Ausnahmetatbestände durch eine weite Interpretation des Gemeinschaftsinteresses zu schaffen. Diese Gefahr besteht im Beihilfekontext jedoch nicht, da das Gemeinschaftsinteresse eine Korrektivfunktion im Hinblick auf die Anwendung der Ermessensausnahmebestimmungen hat. Das Gemeinschaftsinteresse kann im Zusammenhang mit den Beihilfevorschrifteneben dazu verwendet werden, einen Ausnahmetatbestand abzulehnen.

Verfahrensrechtlich kommt die ASV dem Beihilfeverfahren zur Überprüfung bestehender Beihilfen sehr nahe. Bestehende Beihilfen sind nicht rechtswidrig, solange die Kommission, nach Durchführung einer Untersuchung, zu einem anderen Ergebnis gelangt. Auch nach der ASV sind anfechtbare Subventionen nicht mit Ausgleichsmaßnahmen zu belegen, solange nicht festgestellt worden ist, dass eine Schädigung vorliegt oder zumindest droht. Im Hinblick auf das Verfahren allgemein lässt sich konstatieren, dass die ASV wesentlich striktere Untersuchungsfristen festlegt und auch den Beteiligten bessere Möglichkeiten zur Wahrung ihrer Interessen einräumt. Auf der anderen Seite lastet aber auch die Beweislast nach der ASV stärker auf den Schultern der Verfahrensbeteiligten. Im Vergleich zur ASV, stehen den Beteiligten an einem förmlichen Prüfverfahren nach den Beihilfevorschriften kein Akteneinsichtsrecht zu. Die Rechtsfolgen nach der ASV und den Beihilfevorschriften sind grundsätzlich unterschiedlicher Rechtsnatur. So erfolgt die Einführung von Ausgleichsmaßnahmen nach der ASV in Form von Verordnungen, wohingegen die Rechtsfolgen nach den Beihilfevorschriften Entscheidungen sind. Dies ist logisch und zweckgerecht, da Drittländer nicht an Entscheidungen der Gemeinschaftsorgane gebundenen sind und daher im Außenwirtschaftshandel die Verordnung der geeignete Rechtsakt ist, um den Gemeinsamen Markt vor subventionierten Einfuhren zu schützen. Eine gewisse Parallelität zeigt sich jedoch bei der Überprüfung bestehender Beihilferegelungen. Hier stellt das Beihilferecht das Modell zur Verfügung, wonach nach entsprechenden Konsultationen der Mitgliedstaat zustimmen kann, bestehende Beihilfen zu ändern oder abzuschaffen. Ein ähnliches "Konsensmodell" stellt die ASV in Form von Verpflichtungen bereit. Die anschließenden Verfahrensarten nach den Beihilfevorschriften gehen insofern weiter, als dass sie die Möglichkeit der Vollstreckung zur Informationserhebung ermöglichen. Die ASV hat keine entsprechenden Vollstreckungsmöglichkeiten. Weiterhin stellen die Beihilfevorschriften auch die Möglichkeit eines Widerrufs der Entscheidung bereit, sogar vor dem Abschluss eines neuen förmlichen Prüfungsverfahrens. Auch diese Möglichkeit sieht die ASV nicht vor, da Modifizierungen bestehender Ausgleichsmaßnahmen erst nach dem Abschluss eines Untersuchungsverfahrens vorgenommen werden können. Ähnlichkeiten bestehen jedoch im Hinblick auf Berichterstattungspflichten. So besteht diese Berichterstattungspflicht nach der ASV nach Abschluss einer Verpflichtung oder nach den Beihilfevorschriften bezüglich bestimmter bestehender Subvention oder mit Auflagen/Bedingungen verbundenen freigestellten Subventionen. Beide Antisubventions-Instrumente kennen daher die Möglichkeit der Kontrolle genehmigter Subventionen, um ihre zukünftige Einhaltung sicherzustellen. Abschließend lässt sich feststellen, dass im Hinblick auf den Rechtsschutz keine signifikanten Unterschiede zwischen beiden Antisubventions-Instrumenten bestehen, da sich der Rechtsschutz nach den allgemeinen Vorschriften des EG-Vertrages richtet.

* * *

Vierter Teil

Das Subventionsübereinkommen

Ende 1994 ist die Welthandelsorganisation (WTO) als Nachfolgerin des Allgemeinen Zoll- und Handelsabkommens (GATT) gegründet worden. Rechtlich ging es dabei, um die Umgestaltung des bisherigen GATT-Systems, in eine institutionell verfestigte und mit verbesserten Streitbeilegungsverfahren ausgestattete WTO[1178]. Mit dem Übereinkommen zur Errichtung der WTO, ist ein gemeinsamer institutioneller Rahmen für die Regelung der Handelsbeziehungen zwischen den WTO-Mitgliedern durch die Übereinkünfte und Rechtsinstrumente, die diesem Übereinkommen als Anhänge beigefügt sind, geschaffen worden. Das Subventionsübereinkommen, als Bestandteil des Übereinkommens zur Errichtung der WTO, regelt eine multilateral geltende Subventionsdisziplin, wie sie bisher in so detaillierter Ausformung noch nicht zum Ausdruck gekommen ist. Der vierte Teil dieser Untersuchung beschreibt und analysiert das Subventionsübereinkommen. Wo sich die Vorschriften mit denen der ASV decken, wird lediglich auf den ersten Teil dieser Untersuchung verwiesen. Da die ASV einen großen Teil des Subventionsübereinkommens übernommen hat, beschränkt sich dieser Teil auf die Vorschriften, die ergänzende oder weitergehende Bestimmungen zur ASV enthalten. Besondere Berücksichtigung finden in zwei Exkursen der Artikel XV des Allgemeinen Übereinkommens über den Handel mit Dienstleistungen, der das Problem von Subventionen im Rahmen des Dienstleistungsbereichs anspricht, sowie das WTO Streitbeilegungsverfahren.

I. Einführung

Der Abschluss der multilateralen Handelsverhandlungen der Uruguay Runde hat zur Gründung der WTO geführt. Das Übereinkommen zur Errichtung der WTO enthält in Anhang 1 A ein "Übereinkommen über Subventionen und Ausgleichsmaßnahmen"[1179] (Subventionsübereinkommen)[1180]. Das Subventionsübereinkommen enthält eine detailliert ausgestaltete Subventionsdisziplin, die den WTO-Mitgliedern zugleich unterschiedliche verfahrensrechtliche "Instrumentarien" bereitstellt, um gegen unlautere Subventionen vorzugehen. So sind die WTO-Mitglieder z.B. berechtigt, einseitige Ausgleichsmaßnahmen wie die Einführung von Ausgleichszöllen zu ergreifen, wenn subventionierte Einfuhren einem einheimischen Wirtschaftszweig einen Schaden zufügen. Ergänzend sowie fakultativ

1178 Oppermann, RIW 1995, S. 920; Blakeney, ITLR 1995, S. 53; Backes, RIW 1995, S. 916.

1179 So der offizielle Titel des Übereinkommens.

1180 Einen geschichtlichen Überblick über die Verhandlungen zum Subventionsübereinkommen während der Uruguay Runde liefert McDonough. Siehe in diesem Zusammenhang auch: Blakeney, ITLR 1995, S. 51; Ott, S. 14.

zur Ergreifung unilateraler Ausgleichsmaßnahmen, stellt das Subventionsübereinkommen gesonderte Streitbeilegungsverfahren zur Lösung von Subventionsfällen bereit, die den Schwerpunkt auf eine gütliche Einigung legen. Sollten entsprechende Konsultationen im Rahmen dieser Streitbeilegungsverfahren allerdings nicht zu einer gütlichen Einigung führen, so besteht die Möglichkeit eine Entscheidung durch das Streitbeilegungsorgan der WTO herbeizuführen, an die die Streitparteien dann gebunden sind. Damit zeichnet sich das Subventionsübereinkommen, gegenüber den bisherigen GATT-Vorschriften im Bereich des Antisubventionsrechts, durch eine deutlich verbesserte rechtliche Bindungswirkung seiner Bestimmungen aus.

II. Das GATT Regelwerk - Ein geschichtlicher Überblick

Auf internationaler Ebene erreichte das GATT im Jahre 1947, nach einer weiteren Ergänzung im Jahre 1955, die erste völkerrechtliche Kodifikation des Antisubventionsrechts[1181]. Die ersten weltweit geltenden Antisubventionsbestimmungen haben ihren Ausdruck in den Artikeln VI und XVI GATT gefunden[1182]. Mit Artikel VI GATT einigte man sich zunächst auf die Festlegung der allgemeinen materiell-rechtlichen Voraussetzungen zur Einführung von Ausgleichszöllen[1183], während Artikel XVI GATT allgemeine Bestimmungen im Bereich des Antisubventionsrechts bereitstellte und die damaligen GATT-Mitglieder verpflichtete, gewährte Subventionen dem GATT Sekretariat zu notifizieren[1184]. Die Grundprinzipien der Artikel VI und XVI GATT wurden mit Abschluss der Tokyo Runde weiterentwickelt und fanden schließlich ihre Ausgestaltung im sog. GATT-Antisubventionskodex von 1979. Nach Abschluss der Uruguay Runde im Jahre 1994 ist dann das Subventionsübereinkommen in Kraft getreten, das den GATT-Antisubventionskodex von 1979 abgelöst und die bereits bestehenden Rechtsgrundlagen weiterentwickelt hat. Die Artikel VI und XVI GATT sind in modifizierter Form in Anhang 1 A des Übereinkommens zur Errichtung der WTO integriert worden (GATT 1994)[1185].

1181 Reszel, S. 5; Blakeney, ITLR 1995, S. 50; Jackson, S. 285.

1182 Bourgeois - Alessandrini, S. 11; Hudec, S. 75; McDonough, S. 5; Kretschmer, S. 48; Adamantopoulos, S. 24; Crocioni, AJPIL 1994, S. 51; Collins-Williams/Salembier, JWT 1996, S. 6; Jackson, S. 285.

1183 Van Bael/Bellis, S. 384; Lehmann, S.31; Senti, S. 378; Beseler/Williams, S. 6; Reszel, S. 5; Nettesheim, S. 24; Trebilcock/Howse, S. 126; Guide to GATT Law and Practice - Analytical Index, Vol. 1 (Welthandelsorganisation), S. 444.

1184 Beseler/Williams, S. 117; Lehmann, S. 31; Senti, S. 392; Kretschmer, S. 48; Nettesheim, S. 24; Trebilcock/Howse, S. 127; Guide to GATT Law and Practice - Analytical Index, Vol. 1 (Welthandelsorganisation), S. 444.

1185 Bei Vorliegen eines Widerspruchs zwischen den Bestimmungen des GATT 1994 und den Bestimmungen anderer Übereinkommen in Anhang 1 A des WTO-Abkommens, gehen die speziellen Bestimmungen der anderen Übereinkommen vor. Siehe die allgemeine Auslegungsregel zu Anhang 1 A

1. Artikel VI GATT

Um die nachteiligen Auswirkungen einer Subvention auf den internationalen Handel abzuwehren, können nach den GATT-Regeln zwei Verfahrensarten eingeleitet werden. Dies ist zum einen das Verfahren nach Artikel VI GATT über die Einführung von Ausgleichszöllen und zum anderen, das Konsultations- und Streitbeilegungsverfahren der Artikel XXII und XXIII GATT, das unter bestimmten Voraussetzungen zur Genehmigung von Gegenmaßnahmen führen kann. Auf der Grundlage von Artikel VI GATT können Einfuhrstaaten unilaterale Ausgleichsmaßnahmen ergreifen, um so die schädigenden Wirkungen von subventionierten Einfuhren abzuwehren[1186]. Demnach kann ein Ausgleichszoll bei der Einfuhr subventionierter Waren einseitig eingeführt werden, solange dieser Ausgleichszoll die festgestellte Höhe der gewährten "Prämie oder Subvention" nicht überschreitet (Artikel VI Abs. 3 Satz 1 GATT).

Nach Artikel VI Abs. 3 Satz 2 GATT bedeutet der Begriff Ausgleichszolls ein "Sonderzoll, der erhoben wird, um jede mittelbare oder unmittelbare für die Herstellung, Gewinnung oder Ausfuhr einer Ware gewährte Prämie oder Subvention unwirksam zu machen"[1187]. Voraussetzung für die Einführung eines derartigen Ausgleichszolls ist jedoch, dass die subventionierten Einfuhren zu einem bedeutenden Schaden für einen einheimischen Wirtschaftszweig führen, zu führen drohen oder die Errichtung eines solchen erheblich beeinträchtigen [Artikel VI Abs. 6 Buchstabe a) GATT][1188]. Artikel VI GATT bietet jedoch keine Legaldefinition des Schadensbegriffs.

Darüber hinaus legt Artikel VI Abs. 4 GATT den Grundsatz fest, dass eine Ware bei der Einfuhr wegen der Befreiung dieser Ware von Zöllen oder Abgaben im Ausfuhrland, die eine gleichartige, zur Verwendung im Ursprungs- oder Ausfuhrland bestimmte Ware belasten, oder wegen der Vergütung solcher Zölle oder Abgaben nicht mit einem Antidumping- oder Ausgleichszolls belegt werden darf. Damit wird klargestellt, dass der Preisunterschied zwischen der Ausfuhrware und der auf dem einheimischen Markt verkauften Ware, grundsätzlich nicht als Resultat von Dumping oder einer Subventionierung zu qualifizieren ist, wenn die Ausfuhrware nicht mit indirekten Abgaben (z.B. Umsatzsteuer oder sonstigen Verbrauchsteuern) oder Einfuhrzöllen (auf verwendete Rohstoffe die zur Herstellung der Ware eingeführt worden sind) belastet ist, und dies effektiv den Preis-

---

(ABl. 1994 L 336, S. 11).

1186 Lehmann, S. 31; Beseler/Williams, S. 5; Reszel, S. 5; Bourgeois - Alessandrini, S. 11; McDonough, S. 6; Guide to GATT Law and Practice - Analytical Index, Vol. 1 (Welthandelsorganisation), S. 220; Beviglia Zampetti, JWT 1995, S. 10; Collins-Williams/Salembier, JWT 1996, S. 6; Jackson, S. 286.

1187 Guide to GATT Law and Practice - Analytical Index, Vol. 1 (Welthandelsorganisation), S. 220; Senti, S. 378; Adamantopoulos, S. 36.

1188 Van Bael/Bellis, S. 385; McDonough, S. 6; Lehmann, S. 32; Beseler/Williams, S. 117; Rolf, S. 29; Trebilcock/Howse, S. 126; Collins-Williams/Salembier, JWT 1996, S. 6; Jackson, S. 286.

unterschied ausmacht. Außerdem stellt Artikel VI GATT klar, dass eine Ware bei der Einfuhr nicht zugleich Gegenstand von Antidumpingzöllen und Ausgleichszöllen sein darf, um ein und demselben Tatbestand zu begegnen, der sich entweder aus einem Dumping oder einer Ausfuhrsubventionierung ergibt (Artikel VI Abs. 5 GATT). Artikel VI Abs. 5 GATT enthält damit eine *ne-bis-in-idem* Vorschrift, die zugleich überzogenen protektionistischen Maßnahmen eine klare Absage erteilt.

2. *Artikel XVI GATT*

Der Artikel XVI GATT beschäftigt sich hingegen generell mit unterschiedlichen Subventionsformen und legt darüber hinaus grundsätzliche Verpflichtungen der WTO-Mitglieder im Bereich der Subventionen fest. In Artikel XVI, Abschnitt A, Abs. 1 GATT sind zunächst bestimmte Notifikationspflichten festgelegt worden. Wenn ein WTO-Mitglied eine Subvention, einschließlich jeder Form von Einkommens- oder Preisstützung, gewährt oder beibehält, die mittelbar oder unmittelbar die Wirkung hat, die Ausfuhr einer Ware aus dem Gebiet zu steigern oder die Einfuhr einer Ware in ihr Gebiet zu vermindern, so ist das WTO-Mitglied nach Artikel XVI, Abschnitt A, Abs. 1 verpflichtet, das Ausmaß und die Art dieser Subventionierung, ihre voraussichtlichen Auswirkungen auf die Menge der betreffenden eingeführten oder ausgeführten Waren sowie die Umstände, welche die Subventionierung notwendig machen, den Vertragsparteien (dem Ausschuss über Subventionen und Ausgleichsmaßnahmen)[1189] zu notifizieren[1190].

Der Artikel XVI GATT unterscheidet grundsätzlich zwischen Ausfuhrsubventionen und anderen Subventionen, sowie innerhalb der Ausfuhrsubventionen zwischen Subventionen auf Grundstoffe[1191] und andere Waren[1192]. Ausfuhrsubventionen auf Grundstoffe sollen nach Artikel XVI, Abschnitt B, Abs. 3 GATT grundsätzlich vermieden werden, insbesondere wenn dies zu einem mehr als "angemessenen" Anteil am Welthandel des subventionierten Grundstoffes führt[1193]. Darüber hinaus enthält Artikel XVI, Abschnitt B,

---

1189 Siehe unten in diesem Teil: Punkt VII.1.

1190 Van Bael/Bellis, S. 385; Bourgeois - Steenbergen, S. 24; McDonough, S. 5; Lehmann, S. 31; Beviglia Zampetti, JWT 1995, S. 10; Beseler/Williams, S. 117; Adamantopoulos, S. 24; Senti, S. 392; Trebilcock/Howse, S. 127; Collins-Williams/Salembier, JWT 1996, S. 6; McGovern, § 11.38; Hancher/ Ottervanger/Slot, Rdnr. 5-003.

1191 Rohwaren der Land-, Forst- und Fischereiwirtschaft sowie des Bergbaus: Guide to GATT Law and Practice - Analytical Index, Vol. 1 (Welthandelsorganisation), S. 452; Raaflaub, S. 93; Reszel, S. 23.

1192 Schoch, S. 129; Hudec, S. 62; Montañá Mora, NCJIL 1993, S. 1/13; Beviglia Zampetti, JWT 1995, S. 10; Beseler/Williams, S. 117; Raaflaub, S. 93; Senti, S. 392; The EIU Guide to the new GATT (The Economist Intelligence Unit), S. 42; Jackson, S. 286.

1193 Dabei sind die Anteile der Vertragsparteien an dem Handel mit der betreffenden Ware während einer früheren Vergleichsperiode sowie alle etwaigen besonderen Umstände zu berücksichtigen, die diesen Handel beeinflusst haben oder noch beeinflussen (Artikel XVI, Abschnitt B, Abs. 3 Satz 2 GATT). Adamantopoulos, S. 24; Bourgeois - Steenbergen, S. 24; Hudec, S. 62; Montañá Mora, NCJIL 1993, S. 1/13; McDonough, S. 6; Schoch, S. 129; Kretschmer, S. 48; Raaflaub, S. 93; Collins-Williams/

Abs. 4 GATT ein generelles Verbot der Gewährung von Ausfuhrsubventionen für verarbeitete Produkte[1194], wenn die Subvention die Ausfuhr zu einem Preis ermöglicht, der unter dem vergleichbaren Inlandspreis einer gleichartigen Ware liegt. Die Verletzung von Artikel XVI GATT kann zur Einleitung eines Konsultations- und eines Streitbeilegungsverfahrens nach Artikel XXII und XXIII GATT durch das beeinträchtigte WTO-Mitglied führen.

3. *Die Tokyo Runde: Der GATT-Subventionskodex von 1979*

Die Notwendigkeit die fragmentarischen Vorschriften der Artikel VI und XVI GATT weiterzuentwickeln, wurde während der Tokyo Runde aufgegriffen und mündete schließlich in den GATT-Subventionskodex von 1979[1195]. Der Abschluss des plurilateralen GATT-Subventionskodex von 1979 (Subventionskodex)[1196] wurde als einer der großen Errungenschaften der Tokyo Runde bewertet[1197]. Durch den im Rahmen der Tokyo Runde ausgehandelten Subventionskodex wurden die Vorschriften des Artikels VI und XVI GATT präzisiert und zum Teil erweitert[1198]. Der Subventionskodex hat zunächst eine strikte Unterscheidung zwischen Ausfuhr- und anderen Subventionen vorgenommen[1199]. Nach Artikel 9 Abs. I des Subventionskodex war es den Vertragsparteien untersagt, Ausfuhrsubventionen auf Produkte zu gewähren, wenn es sich nicht um Grundstoffe handelte[1200]. Eine Einschränkung wurde allerdings auch für Grundstoffe vorgenommen, insbesondere für den Fall, wenn eine Subventionierung dazu führte, dass der subventionierte Grundstoff einen mehr als "angemessenen" Anteil am Welthandel erhalten hat[1201].

Salembier, JWT 1996, S. 6; Jackson, S. 286; Hancher/Ottervanger/Slot, Rdnr. 5-003.

1194 Beseler/Williams, S. 117; Raaflaub, S. 93; Hudec, S. 62; Van Bael/Bellis, S. 385; McDonough, S. 6; Guide to GATT Law and Practice - Analytical Index, Vol. 1 (Welthandelsorganisation), S. 444; Beviglia Zampetti, JWT 1995, S.10; Collins-Williams/Salembier, JWT 1996, S. 6; Jackson, S. 286.

1195 Montañá Mora, NCJIL 1993, S. 1/22; The EIU Guide to the new GATT (The Economist Intelligence Unit), S. 42; Reszel, S. 8; Crocioni, AJPIL 1994, S. 51; Guide to GATT Law and Practice - Analytical Index, Vol. 1 (Welthandelsorganisation), S. 252; Beviglia Zampetti, JWT 1995, S. 10; Stanbrook/Bentley, S. 5; Van Bael/Bellis, S. 386; Trebilcock/Howse, S. 127; Collins-Williams/Salembier, JWT 1996, S. 7; Ott, S. 13; Jackson, S. 288.

1196 Der offizielle Titel lautet: "Übereinkommen zur Auslegung und Anwendung der Artikel VI, XVI und XXIII des GATT".

1197 Van Bael/Bellis, S. 385; Hudec, S. 27; Montañá Mora, NCJIL 1993, S. 1/22; McDonough, S. 7; Kretschmer, S. 48; Adamantopoulos, S. 40; Crocioni, AJPIL 1994, S. 51; Jackson, S. 288; Hancher/Ottervanger/Slot, Rdnr. 5-004.

1198 Rolf, S. 26; Raaflaub, S. 94; Bourgeois - Alessandrini, S. 11.

1199 Der Subventionskodex unterschied auf der einen Seite zwischen Ausfuhrsubventionen für verarbeitete und mineralische Erzeugnisse, Ausfuhrsubventionen für Grundstoffe, d.h. Erzeugnisse der Land- und Forstwirtschaft und Fischerei, und, auf der anderen Seite, den heimischen Subventionen.

1200 McDonough, S. 9; Hudec, S. 122; Lehmann, S. 33; Beseler/Williams, S. 118; Kretschmer, S. 48; Bourgeois - Depayre/Petriccione, S. 73; Rolf, S. 26; Adamantopoulos, S. 41; Montañá Mora, NCJIL 1993, S. 1/24; Crocioni, AJPIL 1994, S. 51. Von diesem Verbot waren allerdings die Entwicklungsländer befreit, siehe: Rom, JWT 1994, S. 9; Trebilcock/Howse, S. 131; Jackson, S. 290.

1201 Siehe Artikel 10 des Subventionskodex (der dem Artikel XVI, Abschnitt B, Nr. 3 des GATT nachgebildet wurde); Bourgeois - Alessandrini, S. 12; Hudec, S. 148; Montañá Mora, NCJIL 1993, S.

Der Subventionskodex hat den Begriff der Subvention zwar nicht definiert[1202], enthielt aber in Artikel 9 Abs. I in Verbindung mit seinem Anhang eine nicht abschließende Liste möglicher Ausfuhrsubventionen[1203]. Darüber hinaus enthielt der Subventionskodex auch Vorschriften über inländische Subventionen[1204]. Während inländische Subventionen generell als Instrument zur Förderung sozialer und wirtschaftspolitischer Ziele betrachtet wurden[1205], erwähnte Artikel 11 Abs. I des Subventionskodex dennoch, dass die Vertragsparteien zugleich die möglichen negativen Auswirkungen solcher Subventionen auf den Handel berücksichtigen sollten[1206]. Der Subventionskodex erkannte damit an, dass Regierungen zur Verfolgung wichtiger sozialer- und wirtschaftspolitischer Ziele grundsätzlich von Subventionen Gebrauch machen konnten, wobei allerdings nach Möglichkeit, eine Schädigung eines Wirtschaftszweiges anderer Vertragsparteien oder eine ernsthafte Schädigung ihrer Interessen zu vermeiden waren[1207]. Die in Artikel 11 des Subventionskodex genannten Ausnahmen umfassten Subventionen mit regionaler und sektoraler Zielsetzung, Beschäftigungssubventionen, Subventionen für die Forschung und Entwicklung, sowie Subventionen zur Förderung der wirtschaftlichen und sozialen Entwicklung von Entwicklungsländern.

Im Hinblick auf die Verwirklichung und Durchsetzung der Vorgaben und Bestimmungen des Subventionskodex, hat der Subventionskodex zwei Verfahrensarten bereitgestellt, die in zwei separaten Teilen geregelt waren[1208]. Teil I hat das Verfahren zur Einführung unilateraler Ausgleichsmaßnahmen bereitgestellt und Teil II hat das Konsultations- und Streitbeilegungsverfahren näher beschrieben. Die Verfahren nach Teil I und II waren nicht alternativ anwendbar, d.h. Verfahren nach Teil I konnten parallel mit einem Streitbei-

---

1/24; McDonough, S. 9; Lehmann, S. 33; Rolf, S. 26; Adamantopoulos, S. 44; Raaflaub, S. 96.

1202 Lehmann, S. 50; Reszel, S. 24; Beseler/Williams, S. 119; Rolf, S. 26; Nettesheim, S. 24; Bourgeois - Depayre/Petriccione, S. 67; Raaflaub, S. 96; Adamantopoulos, S. 25; Crocioni, AJPIL 1994, S. 52; Jackson, S. 288.

1203 Der Anhang nennt die folgenden Subventionsformen: Direkte Ausfuhrsubventionen, Währungssubventionen, Transportsubventionen, Bereitstellung von Waren oder Dienstleistungen seitens der Regierung für Ausfuhrproduktion zu niedrigern Preisen als auf den internationalen Märkten, Befreiung von direkten Steuern, besondere Freibeträge in unmittelbarem Zusammenhang mit der Ausfuhr oder Ausfuhrleistung bei der Berechnung der Bemessungsgrundlage für direkte Steuern, Befreiung von indirekten Steuern, Erlas oder Rückerstattung von Eingangsabgaben und verbilligte Ausfuhrkredite und -versicherungen.

1204 Siehe Artikel 11 Abs. III des Subventionskodex, der eine nicht abschließende Aufzählung von inländischen Subventionen enthielt. Van Bael/Bellis, S. 386; Raaflaub, S. 97; Crocioni, AJPIL 1994, S. 59; Jackson, S. 288.

1205 McDonough, S. 11; Adamantopoulos, S. 45; Bourgeois - Depayre/Petriccione, S. 74.

1206 Van Bael/Bellis, S. 386; McDonough, S. 2; Lehmann, S. 34; Raaflaub, S. 97; Bourgeois - Depayre/Petriccione, S. 74; Beviglia Zampetti, JWT 1995, S. 10; Collins-Williams/Salembier, JWT 1996, S. 7.

1207 Kretschmer, S. 48; Rolf, S. 26; Nettesheim, S. 25; Raaflaub, S. 97; Montañá Mora, NCJIL 1993, S. 1/26; Kleinfeld/Kaye, JWT 1994, S. 46; Crocioni, AJPIL 1994, S. 58; Collins-Williams/Salembier, JWT 1996, S. 7.

1208 McDonough, S. 10; Lehmann, 34; Beseler/Williams, S. 118; Crocioni, AJPIL 1994, S. 59; Trebilcock/Howse, S. 128/129.

legungsverfahren durchgeführt werden[1209]. Teil I hat mit größerer Genauigkeit als Artikel VI GATT die Umstände beschrieben, und das zu beachtende Verfahren, nach dem ein Einfuhrland Ausgleichszölle gegen subventionierte Einfuhren ergreifen konnte. Besonders wichtig war in diesem Zusammenhang Artikel 6 des Subventionskodex, der die Bedingungen zur Bestimmung einer Schädigung festlegte und einen Kausalzusammenhang zwischen den subventionierten Einfuhren und der Schädigung forderte[1210]. Dieses Verfahren verlangte, dass die Subvention dem einheimischen Wirtschaftszweig eine bedeutende Schädigung verursachen musste. Das Verfahren in Teil I war somit defensiver Natur, in dem Sinne, dass es die Fälle abdeckte, in denen eine Vertragspartei Ausgleichsmaßnahmen zum Schutze der einheimischen Wirtschaftszweige beabsichtigte. Verfahrensrechtlich wurde dem subventionierenden Staat das Recht eingeräumt, vor Einleitung eines Verfahrens die Möglichkeit zu gewähren, in dieser Angelegenheit gehört zu werden (Artikel 3 des Subventionskodex). Das im Teil I niedergelegte Verfahren war für private Wirtschaftszweige zugänglich, da das Verfahren auf Antrag eines Wirtschaftszweiges eingeleitet werden konnte (Artikel 2 Abs. I des Subventionskodex). Teil II legte Beschränkungen für inländische und Ausfuhrsubventionen fest und enthielt Vorschriften über Konsultations- und Streitbeilegungsverfahren[1211]. Hatte eine Vertragspartei versucht sich gegen Subventionen, welche seine Ausfuhren nach Drittlandsmärkten geschädigt hatten, oder gegen inländische Subventionen, welche seine Ausfuhrmöglichkeiten in das entsprechende Land beeinträchtigt hatten, zur Wehr zu setzen, so musste auf die weniger griffigen Klauseln der "Zunichtemachung oder Schmälerung oder ernsthaften Schädigung" ("*nullification or impairment or serious prejudice*") des Artikel XXIII GATT, und das in Teil II des Subventionskodex niedergelegte Verfahren zurückgegriffen werden. Dieses Verfahren war offensiver Natur, denn es sollte den Zugang von Waren auf Ausfuhrmärkten verbessern, die mit subventionierten Waren im Wettbewerb standen. Nach diesen Vorschriften waren Streitigkeiten zwischen den Vertragsparteien dem Ausschuss für Subventionen und Ausgleichsmaßnahmen vorzulegen, der sich aus Mitgliedern aller Vertragsparteien zusammensetzte. Der Ausschuss konnte angemessene Ausgleichsmaßnahmen genehmigen, wenn seine Empfehlungen nicht umgesetzt worden waren[1212]. Nach dem Verfahren in Teil II, konnte ein Einfuhrstaat auch dazu ermächtigt werden, Ausgleichsmaßnahmen zu erheben, wenn ein ernsthafter Nachteil seiner Interessen, eine Aufhebung oder ein Ungleichgewicht der Vorteile nach

---

1209 Bourgeois - Steenbergen, S. 27; Hancher/Ottervanger/Slot, Rdnr. 5-004.

1210 McDonough, S. 10; Beseler/Williams, S. 118; Kretschmer, S. 48; Adamantopoulos, S. 46; Bourgeois - Steenbergen, S. 25; Trebilcock/Howse, S. 128; Collins-Williams/Salembier, JWT 1996, S. 7; Hancher/Ottervanger/Slot, Rdnr. 5-004.

1211 Van Bael/Bellis, S. 386; McDonough, S. 10; Beseler/Williams, S. 118; Bourgeois - Steenbergen, S. 25; Crocioni, AJPIL 1994, S. 61; Trebilcock/Howse, S. 129; Beviglia Zampetti, JWT 1995, S. 10; Jackson, S. 289.

1212 Z.B. die Rücknahme von Zollkonzessionen oder die Erhebung eines Ausgleichszolls: Van Bael/Bellis, S. 386; Raaflaub, S. 99; Adamantopoulos, S. 51; Crocioni, AJPIL 1994, S. 65.

dem GATT bestanden (Artikel 8 Abs. III des Subventionskodex)[1213]. Diese Situation konnte z.B. vorliegen, wenn die Subventionierung Wirkung auf dem Markt in einem Drittland oder auf dem Markt des Staates, der die Subvention gewährt, entfaltete. Jedoch konnte selbst dann gegen inländische Subventionen vorgegangen werden, wenn diese keine direkte Verletzung irgendwelcher GATT-Vorschriften darstellten. Voraussetzung dafür war allerdings, dass Zugeständnisse oder sonstige Vorteile, die sich unmittelbar oder mittelbar aufgrund des GATT für die Vertragsparteien ergaben, durch die Subventionen zunichte gemacht oder geschmälert wurden[1214].

Schließlich enthielt der Subventionskodex spezifische Vorschriften über Entwicklungsländer. Der Subventionskodex sah z.B. in diesem Zusammenhang vor, dass die Verpflichtung zur Beseitigung von Ausfuhrsubventionen nach Artikel 9 nicht auf Entwicklungsländer anwendbar war (Artikel 14 Abs. II und V bis VIII des Subventionskodex)[1215].

4. Die Uruguay Runde: Das Subventionsübereinkommen

Von den 42 Fällen, mit denen sich das GATT Streitbeilegungsverfahren zwischen 1975 und 1985 zu beschäftigen hatte, also im Zeitraum vom Beginn der Tokyo Runde bis zur Vorbereitung der Uruguay Runde, haben sich annähernd 20% mit Subventionsstreitigkeiten beschäftigt[1216]. Von der Gesamtzahl der Fälle gegen die Gemeinschaft, beträgt der Anteil, der sich mit Subventionsfragen beschäftigte, sogar 40%. Aufgrund dieses Konfliktpotentials bestand die Notwendigkeit die schon bestehenden Vorschriften weiterzuentwickeln. Dieses Ziel ist erfolgreich in der Uruguay Runde bearbeitet worden. Das Subventionsübereinkommen ist daher im wesentlichen als Resultat der Unzufriedenheit mit dem Funktionieren des Subventionskodex zu sehen[1217]. Der Abschluss der multilateralen Handelsverhandlungen der Uruguay Runde hat durch das Inkrafttreten des Subventionsübereinkommens zu einer Verrechtlichung im Bereich internationaler Antisubventionsregeln geführt, wie es sie vorher in so detaillierter Ausformung noch nicht gegeben hat.

Das Subventionsübereinkommen[1218] enthält signifikante Änderungen gegenüber

---

1213 Raaflaub, S. 99; Bourgeois - Steenbergen, S. 26.

1214 Lehmann, S. 33/34; Kretschmer, S. 48; Adamantopoulos, S. 45; Kleinfeld/Kaye, JWT 1994, S. 46. Siehe zum Begriff, der "Zunichtemachung oder Schmälerung von aus dem GATT erwachsenden Vorteile", weiter unten in diesem Teil: Punkt IV.2.

1215 Adamantopulos, S. 55; Rom, JWT 1994, S. 9; Trebilcock/Howse, S. 130; Jackson, S. 290.

1216 US Senate Finance Committee, Review of the effectiveness of trade dispute settlement under GATT and the Tokyo Round agreement, US ITC Publication 1793 (December 1985) tables 2 and 4; Hudec, S. 339; Hancher/Ottervanger/Slot, Rdnr. 5-004.

1217 Raaflaub, S. 109; Anderson, JWT 1993, S. 72; Kleinfeld/Kaye, JWT 1994, S. 44; Beviglia Zampetti, JWT 1995, S. 5; Montañá Mora, GJ 1997, S. 242.

1218 Das Subventionsübereinkommen ist abgedruckt im: The Results of the Uruguay Round of Multilateral Trade Negotiations (GATT Sekretariat), S. 264; und im: ABl. 1994 L 336, S. 156.

dem Subventionskodex[1219]. Zunächst enthält das Subventionsübereinkommen zum erstenmal eine Begriffsbestimmung einer Subvention[1220]. Neben dieser Begriffsbestimmung, haben sich die WTO-Mitglieder, im Hinblick auf die Kategorisierung von Subventionen, auf die sogenannte "Ampellösung" verständigt, d.h. das Subventionsübereinkommen unterscheidet zwischen verbotenen (roten), anfechtbaren (gelben) und nichtanfechtbaren (grünen) Subventionen[1221]. Weiterhin enthält das Subventionsübereinkommen eine klare Begriffsbestimmung des Konzepts einer "ernsthaften Schädigung", das zwar bereits im Subventionskodex verwendet wurde, dort aber nicht näher präzisiert wurde[1222]. Das Subventionsübereinkommen legt darüber hinaus fest, wann Subventionen nichtanfechtbar sind. Hierzu gehören die neu eingeführten "Grünen Subventionen" für Forschungstätigkeiten, regionale Entwicklung und für den Umweltschutz.

Weiterhin sind die Regeln über Ausgleichsmaßnahmen, die in Teil V und VI des Subventionsübereinkommens niedergelegt sind, im Vergleich zum Subventionskodex wesentlich präziser und klarer strukturiert worden. Das Subventionsübereinkommen wurde auch stärker dem "Antidumping-Übereinkommen"[1223] angepasst, im Hinblick auf die durchzuführenden Untersuchungsverfahren, mit ihren genau festgelegten Fristen, möglichen Überprüfungen und Rückerstattungsverfahren[1224]. Der sog. "Dunkel Entwurf" enthielt auch eine Vorschrift zur Umgehung, diese wurde jedoch aufgrund von Meinungsverschiedenheiten zwischen den U.S.A. und der Gemeinschaft im endgültigen Text des Subventionsübereinkommens gelöscht[1225].

Eine wesentliche Neuerung ist die Einführung des Prinzips zur Berechnung einer Subvention, die sich nach dem dem Empfänger erwachsenden Vorteils richtet. Eine weitere Neuerung ist auch die Festlegung einer *de minimis* Schwelle für Subventionen von 1% (Artikel 11 Abs. IX Subventionsübereinkommen), welche auch für kumulative Schadensfeststellung nach Artikel 15 Abs. III des Subventionsübereinkommens Gültigkeit hat. Explizite Regeln über die kumulative Schadensfeststellung sind ein weiteres

---

1219 Beviglia Zampetti, JWT 1995, S. 11; Raaflaub, S. 109; Van Bael/Bellis, S. 387; Stanbrook/Bentley, S. 5; Trebilcock/Howse, S. 131; Jackson, S. 290; McGovern, § 11.311; Hancher/Ottervanger/Slot, Rdnr. 5-006.

1220 Anderson, JWT 1993, S. 73; Crocioni, AJPIL 1994, S. 68; Horlick/Clarke, WC 1994, S. 41; Beviglia Zampetti, JWT 1995, S. 11; Collins-Williams/Salembier, JWT 1996, S. 9; Montañá Mora, GJ 1997, S. 243; Jackson, S. 291; Lukas, EWS 2000, S. 203/204.

1221 The EIU Guide to the new GATT (The Economist Intelligence Unit), S. 42; Anderson, JWT 1993, S. 76; Raaflaub, S. 110; Kleinfeld/Kaye, JWT 1994, S. 44; Collins-Williams/Salembier, JWT 1996, S. 9; Montañá Mora, GJ 1997, S. 243; Jackson, S. 290; Lukas, EWS 2000, S. 203/205.

1222 Anderson, JWT 1993, S. 80; Collins-Williams/Salembier, JWT 1996, S. 9.

1223 Übereinkommen zur Durchführung des Artikel VI des Allgemeinen Zoll- und Handelsabkommens 1994. Abgedruckt im: The Results of the Uruguay Round of Multilateral Trade Negotiations (GATT Sekretariat), S. 168; und im: ABl. 1994 L 336, S. 103.

1224 Horlick/Clarke, WC 1994, S. 41.

1225 Ministerial Decision on Anti-Circumvention (abgedruckt bei McGovern, ¶33:10); McDonough, S. 122; Van Bael/Bellis, S. 387/417; McGovern, § 12.522.

Novum des Subventionsübereinkommens. Neu ist auch die Definition des inländischen Wirtschaftszweigs, der zur Schadensfeststellung herangezogen wird. Eine signifikante Neuerung ist schließlich in Artikel 23 des Subventionsübereinkommens festgelegt, der die Notwendigkeit einführt, dass alle betroffenen Parteien die Möglichkeit haben sollen einem unabhängigen nationalen Verwaltungs- oder Schiedsgericht die Verwaltungsmaßnahmen gegen subventionierte Einfuhren zur Kontrolle vorzulegen.

Neu ist auch die Pflicht der WTO-Mitglieder, alle spezifischen Subventionen, die gewährt oder aufrechterhalten werden, dem Ausschuss über Subventionen und Ausgleichsmaßnahmen zu notifizieren. Schließlich enthält das Subventionsübereinkommen strikte und bindende Vorschriften zur Streitbeilegung[1226].

Nachfolgend werden die Vorschriften des Subventionsübereinkommens detaillierter analysiert und beschrieben. Sollten die Vorschriften mit denen der ASV identisch sein, wird lediglich auf den ersten Teil dieser Untersuchung verwiesen.

III. Das Konzept der Subventionen

Ausgangspunkt einer jeden Streitigkeit ist zunächst die Frage, ob eine Ware überhaupt in den Genuss einer Subvention i.S.d. Subventionsübereinkommens gekommen ist. Die Begriffsbestimmung einer Subvention, die einzelnen Kriterien zur Qualifizierung einer Subvention sowie die unterschiedlichen Subventionskategorien sind daher nachfolgend Gegenstand näherer Betrachtung. Zu beachten ist, dass die ASV das Konzept der Subvention gänzlich übernommen hat. Ergänzend sei daher auch auf den ersten Teil dieser Untersuchung verwiesen[1227].

1. Begriffsbestimmung einer Subvention

Artikel 1 Abs. I des Subventionsübereinkommens enthält eine detaillierte Begriffsbestimmung einer Subvention. Danach liegt im Sinne des Artikel 1 Abs. I des Subventionsübereinkommens eine Subvention dann vor, wenn eine Regierung oder öffentliche Körperschaft eine finanzielle Beihilfe leistet oder irgendeine Form der Einkommens- oder Preisstützung im Sinne des Artikel XVI des GATT 1994 besteht und dadurch dem Empfänger ein Vorteil gewährt wird[1228].

1226 Horlick/Clarke, WC 1994, S. 41; Collins-Williams/Salembier, JWT 1996, S. 9.

1227 Siehe oben im ersten Teil: Punkt III.

1228 The EIU Guide to the new GATT (The Economist Intelligence Unit), S. 43; Raaflaub, S. 110; Crocioni, AJPIL 1994, S. 68; Kleinfeld/Kaye, JWT 1994, S. 45; Horlick/Clarke, WC 1994, S. 42; Beviglia Zampetti, JWT 1995, S. 11; Collins-Williams/Salembier, JWT 1996, S. 10; Montañá Mora, GJ 1997, S. 244; Trebilcock/Howse, S. 131; Jackson, S. 291; McGovern, § 11.313; Hancher/Ottervanger/Slot, Rdnr. 5-010. Siehe in diesem Zusammenhang auch: Report of the Panel on Canada – Certain Measures Affecting the Automotive Industry, WT/DS139/R and WT/DS142/R, 2000, page 1/386; Report of the

Der Artikel 1 Abs. I Buchstabe a) des Subventionsübereinkommens enthält in den Ziff. i) bis iv) explizit erwähnte Fallgruppen, die die einzelnen Formen von finanziellen Beihilfen näher konkretisieren. Hierzu gehören u.a. der direkte Transfer von Geldern, der Verzicht auf normalerweise zu entrichtende Abgaben sowie der Ankauf von Waren oder die Bereitstellung von Dienstleistungen seitens einer Regierung. Voraussetzung für sämtliche Formen der finanziellen Beihilfe oder Unterstützung ist jedoch, dass die Leistung von einer öffentlichen Körperschaft kommt, d.h. die Subventionsmaßnahme muss dem Staat zurechenbar sein.

Die Begriffsbestimmung ist wörtlich von der ASV übernommen worden. Für weitere Einzelheiten wird daher in diesem Zusammenhang auf den ersten Teil dieser Untersuchung verwiesen[1229].

2. *Gewährter Vorteil und Berechnung der Höhe der Subvention*

Eine Subvention liegt allerdings nur dann vor, wenn durch die oben genannten Beihilfe- und Unterstützungsformen dem Empfänger auch ein Vorteil gewährt wird[1230]. Das Tatbestandsmerkmal des Vorteils ist ein integraler Bestandteil der Begriffsbestimmung einer Subvention nach Artikel 1 Abs. I des Subventionsübereinkommens. Das Subventionsübereinkommen liefert zwar keine Definition eines "Vorteils"[1231], nennt aber Beispielsfälle, wann im Einzelfall ein Vorteil vorliegt [Artikel 14 Buchstabe a) bis d) Subventionsübereinkommen][1232]. Aus diesen Beispielsfällen ergibt sich, dass grundsätzlich von einem Vorteil ausgegangen werden kann, wenn der Empfänger nicht in der Lage gewesen wäre die "Transaktion" auf dem freien Markt zu vergleichbar günstigen Kondition durchzuführen. Damit ist der freie Markt gleichsam Vergleichskriterium für staatliche Maßnahmen, um so mögliche Subventionen zu ermitteln.

Die Bestimmung eines Vorteils dient aber auch gleichzeitig zur Berechnung der Höhe einer empfangenen Subvention. Artikel 14 des Subventionsübereinkommens legt

---

Appellate Body on Canada – Certain Measures Affecting the Automotive Industry, WT/DS139/AB/R and WT/DS142/AB/R, 2000, page 1.

1229 Siehe oben im ersten Teil: Punkt III.1.

1230 The EIU Guide to the new GATT (The Economist Intelligence Unit), S. 45; Raaflaub, S. 114; Crocioni, AJPIL 1994, S. 56; Horlick/Clarke, WC 1994, S. 42/47; Collins-Williams/Salembier, JWT 1996, S. 10; Jackson, S. 295. Siehe in diesem Zusammenhang auch: Report of the Panel on Brazil - Export Financing Programme for Aircraft, WT/DS46/R, 1999, page 1/83 (para. 7.24).

1231 Siehe zur Auslegung des Begriffs des Vorteils: Report of the Panel on Canada - Measures affecting the Export of Civilian Aircraft, WT/DS70/R, 1999, page 1/176 (para. 9.111 subseq.); Report of the Appellate Body on Canada - Measures affecting the Export of Civilian Aircraft, WT/DS70/AB/R, 1999, page 1/3; Report of the Panel on United States – Imposition of Countervailing Duties on certain hot-rolled Lead and Bismuth Carbon Steel Products originating in the United Kingdom, WT/DS138/R, 1999, page 1/37; Report of the Appellate on United States – Imposition of Countervailing Duties on certain hot-rolled Lead and Bismuth Carbon Steel Products originating in the United Kingdom, WT/DS138/AB/R, 2000, page 1.

daher fest, dass eine von den untersuchenden Behörden angewendete Methode[1233] für die Berechnung des dem Empfänger erwachsenden Vorteils in den internen Rechtsvorschriften oder Durchführungsbestimmungen des betreffenden WTO-Mitglieds niedergelegt sein muss, und dass ihre Anwendung auf einen Einzelfall transparent und angemessen erläutert werden sein muss.

Um Richtlinien zur Vereinheitlichung dieser Methoden bereitzustellen, legt der Artikel 14 Buchstabe a) bis d) des Subventionsübereinkommens die bereits oben erwähnten Beispielsfälle fest, die von allen WTO-Mitgliedern anzuwenden sind. Diese Richtlinien sind von der ASV wörtlich übernommen worden. Aus diesem Anlass wird auf den ersten Teil dieser Untersuchung verwiesen[1234].

3. *Spezifitätskriterium*

Das Subventionsübereinkommen stellt darüber hinaus klar, dass nur sogenannte spezifische Subventionen Gegenstand des Subventionsübereinkommens sind (Artikel 1 Abs. II Subventionsübereinkommen)[1235]. Das Spezifitätskriterium dient u.a. dazu, Fördermaßnahmen genereller Art auszugrenzen und sich auf die Subventionierungen zu beschränken, die durch die Begünstigung bestimmter Unternehmen eine Auswirkung auf die Wettbewerbssituation hervorrufen[1236]. Daher werden in Artikel 2 des Subventionsübereinkommens Kriterien für das Vorhandensein einer spezifischen Subvention festgelegt[1237]. Wird eine Subvention z.B. ausdrücklich auf "bestimmte Unternehmen"[1238] begrenzt, so ist sie eindeutig spezifisch. Weiterhin können regionalpolitisch motivierte Subventionen spezifisch sein (Artikel 2 Abs. II Subventionsübereinkommen). Ausfuhrsubventionen oder Subventionen die davon abhängig sind, dass einheimische Waren Vorrang vor eingeführten Waren erhalten (sog. verbotene Subventionen) sind automatisch spezifisch (Artikel 2 Abs. III Subventionsübereinkommen)[1239].

Damit legt das Subventionsübereinkommens eine unwiderlegbare gesetzliche

---

1232 Horlick/Clarke, WC 1994, S. 42; Collins-Williams/Salembier, JWT 1996, S. 10; McGovern, § 12.32.

1233 Die Berechnung des Subventionsbetrages im Fall der Gewährung eines subventionierten Darlehens an einen bestimmten Wirtschaftszweig, muss sich konsequenterweise an den marktüblichen Konditionen zur Gewährung von Darlehen für diesen spezifischen Wirtschaftszweig orientieren (Report of the Panel on United States - imposition of countervailing duties on imports of fresh and chilled Atlantic salmon from Norway, SCM/153, 1992, para. 249).

1234 Siehe oben im ersten Teil: Punkt III.1.c.aa.- dd.

1235 Anderson, JWT 1993, S. 73; Kleinfeld/Kaye, JWT 1994, S. 45; Horlick/Clarke, WC 1994, S. 42; Trebilcock/Howse, S. 131; Beviglia Zampetti, JWT 1995, S. 11; Montañá Mora, GJ 1997, S. 246; Jackson, S.291/297; McGovern, § 11.313; Hancher/Ottervanger/Slot, Rdnr. 5-012.

1236 Beviglia Zampetti, JWT 1995, S. 7/11.

1237 Raaflaub, S. 110; Kleinfeld/Kaye, JWT 1994, S. 46.

1238 Der Begriff "bestimmte Unternehmen" bedeutet nach dem Subventionsübereinkommen entweder ein Unternehmen, einen Wirtschaftszweig oder eine Gruppe von Unternehmen oder Wirtschaftszweigen (Artikel 2 Abs. I Satz 1 Subventionsübereinkommen). Siehe auch im ersten Teil: Punkt III.2.a.

Vermutung der Spezifität für verbotene Subventionen fest. Für die weiteren Kriterien zur Spezifitätsbestimmung und für eine detaillierte Beschreibung wird auf den ersten Teil dieser Untersuchung verwiesen, da die ASV die Kriterien des Subventionsübereinkommens gänzlich übernommen hat[1240].

4. Subventionskategorien

Wie bereits erwähnt, unterscheidet das Subventionsübereinkommen grundsätzlich zwischen verbotenen (roten), anfechtbaren (gelben) und nichtanfechtbare (grünen) Subventionen. Diese Einteilung wird häufig auch als "Ampellösung" bezeichnet[1241]. Jede dieser Subventionskategorien unterliegen unterschiedlichen Ausgleichs- und Abhilfemaßnahmen. Die unterschiedlichen Ausgleichs- und Abhilfemaßnahmen werden unten in diesem Teil näher besprochen (Punkt V).

a) Verbotene Subventionen

Die sogenannten "roten" bzw. verbotenen Subventionen sind im Teil II des Subventionsübereinkommens geregelt[1242]. Nach Artikel 3 Abs. I des Subventionsübereinkommens sind die folgenden Subventionen, mit der Ausnahme der Bestimmungen in dem Übereinkommen über die Landwirtschaft, verboten:

- Subventionen, die gesetzlich oder tatsächlich[1243] entweder für sich allein oder als eine von mehreren anderen Bedingungen einschließlich der in Anhang I[1244] genannten Bedingungen von der Ausfuhrleistung abhängig sind [Artikel 3 Abs. I Buchstabe a) Subventionsübereinkommen]. Der Anhang I, der eine Beispielliste von Ausfuhrsubventionen enthält, ist von der ASV wörtlich übernommen worden. Zur näheren Beschreibung des Konzepts der Ausfuhrsubventionen wird auf den ersten Teil dieser Untersuchung

1239 Crocioni, AJPIL 1994, S. 55/69; Horlick/Clarke, WC 1994, S. 44.

1240 Siehe oben im ersten Teil: Punkt III.2.a.

1241 Kleinfeld/Kaye, JWT 1994, S. 44; Crocioni, AJPIL 1994, S. 54/69; Beviglia Zampetti, JWT 1995, S. 12; Montañá Mora, GJ 1997, S. 243; Jackson, S. 290.

1242 Raaflaub, S. 111; McDonough, S. 78; Horlick/Clarke, WC 1994, S. 44; Trebilcock/Howse, S. 132; Beviglia Zampetti, JWT 1995, S. 12; Collins-Williams/Salembier, JWT 1996, S. 10; Montañá Mora, GJ 1997, S. 247; McGovern, § 11.32; Hancher/Ottervanger/Slot, Rdnr. 5-015.

1243 Dieser Tatbestand ist erfüllt, wenn die Fakten zeigen, dass die Gewährung einer Subvention, ohne rechtlich von der Ausfuhrleistung abhängig zu sein, tatsächlich an die gegenwärtige(n) oder erwartete(n) Ausfuhr oder Ausfuhrerlöse gebunden ist. Die bloße Tatsache, dass eine Subvention Ausfuhrunternehmen gewährt wird, wird für sich allein nicht als Ausfuhrsubvention im Sinne des Artikel 1 angesehen.

1244 Maßnahmen, die nach Anhang I ausschließlich keine Ausfuhrsubventionen darstellen, sind weder durch diese noch durch eine andere Bestimmung des Subventionsübereinkommens verboten.

verwiesen[1245]. Anzumerken ist jedoch in diesem Zusammenhang, dass der Begriff der Ausfuhrsubvention in der bisherigen WTO-Praxis sehr weit interpretiert worden ist[1246].

- Subventionen, die entweder für sich allein oder als eine von mehreren anderen Bedingungen davon abhängig sind, dass einheimische Waren Vorrang vor eingeführten Waren erhalten [Artikel 3 Abs. I Buchstabe b) Subventionsübereinkommen].

Diese Subventionsformen sind verboten, weil sie sich durch staatliche Interventionen direkt auf den Wettbewerb und den Handel zwischen den WTO-Mitgliedern auswirken und somit dem Geist eines liberalisierten und fairen Welthandels zuwiderlaufen. Das Verbot ergibt sich bereits aus der Qualifizierung als verbotene Subvention nach Artikel 3 Abs. I des Subventionsübereinkommens, d.h. für die Wirkung des Verbots ist nicht zusätzlich erforderlich, dass die Subvention auch eine nachteilige Auswirkung entfaltet. Das Subventionsübereinkommen stellt in Artikel 3 Abs. II klar, dass ein WTO-Mitglied die oben genannten verbotenen Subventionen weder gewähren noch beibehalten soll[1247]. Dies kann im Einzelfall sogar zu einer Verpflichtung des subventionierten WTO-Mitglieds führen, die verbotenen Subventionen vom Subventionsempfänger zurückzufordern[1248]. Ob eine derartige Rückforderung allerdings im Einklang mit der gegenwärtigen WTO-Rechtslage steht, scheint durchaus problematisch zu sein[1249].

1245 Siehe oben im ersten Teil: Punkt III.2.a.

1246 Interessant ist in diesem Zusammenhang auch der nicht verabschiedete Panel Bericht zum Airbus-Fall, der einige Betrachtungen zum Konzept und Natur von Ausfuhrsubventionen enthält [Report of the Panel on German exchange rate scheme for Deutsche Airbus, SCM/142, 1992 (unadopted), para. 55 subseq.]. Siehe zum Konzept der Ausfuhrsubvention weiterhin: Report of the Panel on Canada - Measures affecting Export of Civilian Aircraft, WT/DS70/R, 1999, page 1/178 (para. 9.121 subseq.); Report of the Appellate Body on Canada -Measures affecting Export of Civilian Aircraft, WT/DS70/AB/R, 1999, page 1/4; Report of the Panel on Brazil - Export Financing Programme for Aircraft, WT/DS46/R, 1999, page 1/79 (para. 7.14 and 7.23); Report of the Panel on United States – Tax Treatment for "Foreign Sales Corporations", WT/DS108/R, 1999, page 1/255 (para. 7.35 subseq.); Report of the Panel on Australia – Subsidies provided to Producers and Exporters of Automotive Leather, WT/DS126/R, 1999, page 1/102 (para. 9.36 subseq.); Report of the Appellate Body on United States – Tax Treatment for "Foreign Sales Corporations", WT/DS108/AB/R, 2000, page 1/42; Report of the Panel on Canada – Certain Measures Affecting the Automotive Industry, WT/DS139/R and WT/DS142/R, 2000, page 1/390; Report of the Appellate Body on Canada – Certain Measures Affecting the Automotive Industry, WT/DS139/AB/R and WT/DS142/AB/R, 2000, page 1.

1247 The EIU Guide to the new GATT (The Economist Intelligence Unit), S. 43; Montañá Mora, GJ 1997, S. 249.

1248 Siehe Report of the Panel on Australia – Subsidies provided to Producers and Exporters of Automotive Leather, WT/DS126/R, 1999, page 1 sowie Report of the Panel on Australia – Subsidies provided to Producers and Exporters of Automotive Leather – Recourse to Article 21.5 of the DSU by the United States, WT/DS126/RW, 2000, page 1.

1249 So hat das DSB im Fall Report of the Panel on Australia – Subsidies provided to Producers and Exporters of Automotive Leather – Recourse to Article 21.5 of the DSU by the United States (WT/DS126/RW, 2000) beschlossen, dass die Entscheidung des Panels zur Möglichkeit einer

b) *Anfechtbare Subventionen*

Liegt eine spezifische Subvention i.S.d. Subventionsübereinkommens vor, so können die WTO-Mitglieder unter bestimmten Voraussetzungen zur Einführung von Ausgleichszöllen oder anderen Gegenmaßnahmen berechtigt sein, wenn die spezifische Subvention nachteilige Auswirkungen auf ihre Interessen verursacht[1250]. Hierbei handelt es sich um sogenannte anfechtbare (gelbe) Subventionen, die im Teil III des Subventionsübereinkommens geregelt sind[1251]. Diese Kategorie erfasst somit alle spezifischen Subventionen, die weder in die Kategorie der verboten noch in die Kategorie der nichtanfechtbaren Subventionen fallen, soweit sie nachteilige Auswirkungen auf die Interessen anderer WTO-Mitglieder verursachen. Nur wenn diese Voraussetzungen erfüllt sind, kann eine spezifische Subvention auch als anfechtbar qualifiziert werden. Als nachteilige Auswirkungen werden gemäß Artikel 5 des Subventionsübereinkommens genannt:

- Eine Schädigung des inländischen Wirtschaftszweigs eines anderen Mitglieds [Artikel 5 Abs. I Buchstabe a) Subventionsübereinkommen][1252];
- eine Zunichtemachung oder Schmälerung der einem anderen Mitglied mittelbar oder unmittelbar aus dem GATT 1994 erwachsenden Vorteile, insbesondere der Vorteile aus den gemäß Artikel II des GATT 1994 gebundenen Zugeständnissen [Artikel 5 Abs. I Buchstabe b) Subventionsübereinkommen][1253];
- eine ernsthafte Schädigung der Interessen eines anderen Mitglieds [Artikel 5 Abs. I Buchstabe c) Subventionsübereinkommen][1254].

Rückforderung auf diesen Einzelfall beschränkt bleiben soll.

1250 Dies gilt jedoch nicht für Subventionen bei Agrarprodukten, die gemäß Artikel 13 des Übereinkommens über die Landwirtschaft beibehalten werden (Artikel 5 Abs. II Subventionsübereinkommen): Kleinfeld/Kaye, JWT 1994, S. 44; Beviglia Zampetti, JWT 1995, S. 13; Montañá Mora, GJ 1997, S. 254; McGovern, § 11.33.

1251 Horlick/Clarke, WC 1994, S. 41; Raaflaub, S. 112; Montañá Mora, GJ 1997, S. 253; McGovern, § 11.33; Hancher/Ottervanger/Slot, Rdnr. 5-016.

1252 Der Begriff "Schädigung eines inländischen Wirtschaftszweiges" wird in demselben Sinne verwendet wie in Teil V des Subventionsübereinkommens.

1253 Der Begriff "Zunichtemachung oder Schmälerung" wird in dem Subventionsübereinkommen in demselben Sinne verwendet wie in den einschlägigen Bestimmungen des GATT 1994, und das Bestehen einer solchen Zunichtemachung oder Schmälerung wird nach der üblichen Praxis der Anwendung dieser Bestimmung festgestellt.

1254 Der Begriff "ernsthafte Schädigung der Interessen eines anderen Mitglieds" wird in dem Subventionsübereinkommen in demselben Sinne verwendet wie in Artikel XVI Abs. 1 des GATT 1994 und umfasst auch eine drohende ernsthafte Schädigung.

c) *Nichtanfechtbare Subventionen*

Teil IV des Subventionsübereinkommens behandelt schließlich die sogenannten nichtanfechtbaren Subventionen[1255]. Nichtanfechtbar sind zunächst Subventionen, die im Sinne von Artikel 2 des Subventionsübereinkommens als nicht spezifisch qualifiziert werden können [Artikel 8 Abs. I Buchstabe a) Subventionsübereinkommen]. Ferner sind Subventionen dann nicht anfechtbar, wenn sie zwar spezifisch sind, aber für Forschungstätigkeiten, für benachteiligte Regionen oder für den Umweltschutz gewährt werden [Artikel 8 Abs. I Buchstabe b) Subventionsübereinkommen][1256]. Subventionen für Forschungstätigkeiten sind erlaubt, sofern die Subventionen nicht mehr als 75% der Kosten für industrielle Forschung oder 50% der Kosten für vorwettbewerbliche Entwicklung decken [Artikel 8 Abs. II Buchstabe a) Subventionsübereinkommen][1257]. Das Subventionsübereinkommen gilt nicht für die Grundlagenforschung, die von Hochschul- oder Forschungseinrichtungen selbständig betrieben wird. Der Begriff der "Grundlagenforschung" bedeutet eine nicht mit industriellen oder kommerziellen Zielen verbundene Ausweitung der allgemeinen wissenschaftlichen und technischen Kenntnisse[1258]. Ausgenommen vom Anwendungsbereich dieser Ausnahmevorschrift des Artikel 8 Abs. II Buchstabe a) des Subventionsübereinkommens ist auch die Zivilluftfahrt, für die besondere Regeln gelten[1259]. Für weitere Einzelheiten sei auf den ersten Teil dieser Untersuchung verwiesen[1260], da die ASV sämtliche Bedingungen des Artikels 8 Abs. II Buchstabe a) des Subventionsübereinkommens übernommen hat. Erlaubt sind weiterhin regionalpolitisch motivierte Subventionen, die abgegrenzten, nach objektiven Kriterien als benachteiligt oder unterentwickelt geltenden Regionen innerhalb des Gebiets eines WTO-Mitglieds zugute kommen [Artikel 8 Abs. II Buchstabe b) Subventionsübereinkommen][1261]. Die einzelnen Kriterien in Artikel 8 Abs. II Buchstabe b) des Subventionsübereinkommens sind von der ASV wörtlich übernommen worden, aus diesem Grund wird auf den ersten Teil dieser Untersuchung verwiesen[1262].

1255 Anderson, JWT 1993, S. 76; Crocioni, AJPIL 1994, S. 70; Kleinfeld/Kaye, JWT 1994, S. 44; Horlick/Clarke, WC 1994, S. 45; Trebilcock/Howse, S. 131/132; Beviglia Zampetti, JWT 1995, S. 13; Collins-Williams/Salembier, JWT 1996, S. 11; Montañá Mora, GJ 1997, S. 257; McGovern, § 11.34; Hancher/Ottervanger/Slot, Rdnr. 5-017.

1256 Zu berücksichtigen ist jedoch, dass die Bestimmungen über nichtanfechtbaren Subventionen nach Artikel 8 gemäß Artikel 31 des Subventionsübereinkommens am 31.12.99 nicht mehr anwendbar sind.

1257 Kleinfeld/Kaye, JWT 1994, S. 48; McGovern, § 11.341.

1258 Siehe Fußnote Nr. 4 zum Artikel 8 Abs. II Buchstabe a) des Subventionsübereinkommens (ABl. 1994 L 336, S. 161).

1259 Siehe Fußnote Nr. 2 zum Artikel 8 Abs. II Buchstabe a) des Subventionsübereinkommens (ABl. 1994 L 336, S. 161).

1260 Siehe oben im ersten Teil: Punkt III.2.b.aa.

1261 Raaflaub, S. 113; Anderson, JWT 1993, S. 77; Horlick/Clarke, WC 1994, S. 46; McGovern, § 11.342. In diesem Zusammenhang ist auch auf das TRIMs Übereinkommen zu verweisen, wonach eine Politik der strikt begrenzten Investitionstätigkeiten befolgt, wenn diese Investitionen handelsbeeinträchtigende Wirkungen haben. The EIU Guide to the new GATT (The Economist Intelligence Unit), S. 44.

1262 Siehe oben im ersten Teil: Punkt III.2.b.bb.

Schließlich sind unter bestimmten Bedingungen auch Subventionen zur Förderung der Anpassung bestehender Einrichtungen an neue Umweltvorschriften erlaubt [Artikel 8 Abs. II Buchstabe c) Subventionsübereinkommen][1263]. Auch in diesem Zusammenhang wird auf den ersten Teil dieser Untersuchung verwiesen, da die ASV wörtlich die Bedingungen in diesem Bereich übernommen hat[1264].

IV. Nachteilige Auswirkungen

Wie bereits oben erwähnt, soll gemäß Artikel 5 des Subventionsübereinkommens kein WTO-Mitglied durch die Verwendung von Subventionen nachteilige Auswirkungen auf die Interessen anderer WTO-Mitglieder verursachen[1265]. Als nachteilige Auswirkungen erwähnt das Subventionsübereinkommen (1) eine Schädigung eines inländischen Wirtschaftszweigs, (2) eine Zunichtemachung oder Schmälerung der einem anderen WTO-Mitglied mittelbar oder unmittelbar aus dem GATT 1994 erwachsenden Vorteile, oder (3) eine ernsthafte Schädigung der Interessen eines anderen WTO-Mitglieds [Artikel 5 Buchstaben a) bis c) Subventionsübereinkommen][1266]. Damit wird eine spezifische Subvention nur dann anfechtbar, wenn sie eine der drei oben erwähnten Wirkungen entfaltet und somit eine nachteilige Auswirkungen auf die Interessen anderer WTO-Mitglieder verursacht.

1. Schädigung eines inländischen Wirtschaftszweigs

Artikel 5 Buchstabe a) des Subventionsübereinkommens erwähnt zunächst eine Schädigung des inländischen Wirtschaftszweiges eines anderen WTO-Mitglieds als eine nachteilige Auswirkung[1267]. Der Begriff “Schädigung eines inländischen Wirtschaftszweiges” wird hier in demselben Sinne verwendet wie in Teil V des Subventionsübereinkommens. Damit bedeutet der Begriff "Schädigung", dass ein inländischer Wirtschaftszweig bedeutend geschädigt wird oder geschädigt zu werden droht, oder dass die Errichtung eines inländischen Wirtschaftszweigs erheblich verzögert wird (Artikel 15 Subventionsübereinkommen)[1268]. Für ergänzende Informationen zu diesem Thema sei auch auf den ersten Teil dieser Untersuchung verwiesen[1269].

1263 Horlick/Clarke, WC 1994, S. 47; McGovern, § 11.343.

1264 Siehe oben im ersten Teil: Punkt III.2.b.cc.

1265 The EIU Guide to the new GATT (The Economist Intelligence Unit), S. 44; Horlick/Clarke, WC 1994, S. 52; Cadsby/Woodside, JWT 1996, S. 178; Jackson, S. 292.

1266 Artikel 5 des Subventionsübereinkommens gilt nicht für Subventionen bei Agrarprodukten, die gemäß Artikel 13 des Übereinkommens über die Landwirtschaft beibehalten werden (siehe Artikel 5 Satz 2 Subventionsübereinkommen).

1267 Anderson, JWT 1993, S. 89; Cadsby/Woodside, JWT 1996, S. 178.

1268 Diese Definition ist der Fußnote 1 zu Artikel 15 des Subventionsübereinkommens zu entnehmen.

a) *Inländischer Wirtschaftszweig*

Der erste Schritt bei der Feststellung einer Schädigung ist zunächst die Bestimmung des für die Schädigungsfeststellung maßgeblichen Wirtschaftszweigs. Als inländischer Wirtschaftszweig werden alle inländischen Hersteller der gleichen Waren[1270] oder diejenigen unter ihnen angesehen, deren Produktion insgesamt einen erheblichen Teil der gesamten Inlandsproduktion dieser Waren ausmacht. Sind Hersteller mit den Ausführern oder Einführern geschäftlich verbunden oder selbst Einführer der angeblich subventionierten Ware, so ist es zulässig, unter dem Begriff "inländischer Wirtschaftszweig" nur die übrigen Hersteller zu verstehen (Artikel 16 Abs. I Subventionsübereinkommen)[1271]. Haben zwei oder mehr Länder gemäß Artikel XXIV Absatz 8 Buchstabe a) des GATT 1994 einen solchen Integrationsgrad erreicht, dass sie die Merkmale eines einzigen einheitlichen Marktes aufweisen, so gelten die Hersteller in diesem gesamten Integrationsgebiet als inländischer Wirtschaftszweig (Artikel 16 Abs. IV Subventionsübereinkommen). So konstituieren beispielsweise die Hersteller in der Gemeinschaft den inländischen Wirtschaftszweig i.S.d. Artikel 16 des Subventionsübereinkommens[1272]. Die ASV hat sich gänzlich, im Hinblick auf die Bestimmung des inländischen Wirtschaftszweiges, am Wortlaut des Subventionsübereinkommens orientiert. Es wird daher auch auf den ersten Teil dieser Untersuchung verwiesen[1273].

b) *Feststellung der Schädigung*

Die Feststellung, dass eine Schädigung im Sinne des Artikels VI des GATT 1994 vorliegt, muss sich auf eindeutige Beweise stützen und erfordert eine objektive Prüfung des Umfangs der subventionierten Einfuhren und ihrer Auswirkung auf die Preise gleichartiger Waren auf dem Inlandsmarkt und der Folgen dieser Einfuhren für die inländischen Hersteller dieser Waren (Artikel 15 Abs. I Subventionsübereinkommen)[1274].

1269 Siehe oben im ersten Teil: Punkt V.

1270 Zur Begriffsbestimmung einer "gleichartigen Ware", siehe oben im ersten Teil: Punkt V.1.a.

1271 Raaflaub, S. 115; Anderson, JWT 1993, S. 83; Beviglia Zampetti, JWT 1995, S. 15; McGovern, § 12.42.

1272 Siehe oben im ersten Teil: Punkt V.1.

1273 Siehe oben im ersten Teil: Punkt V.1.b.

1274 Im Hinblick auf die Frage, ob die untersuchende Behörde ihrer Verpflichtung nachgekommen ist eine "objektive Prüfung" durchzuführen, ist darauf zu achten, dass die Behörde alle bekannten Faktoren analysiert und eine ausreichende Begründung liefert, die, unter Berücksichtung einer Gesamtabwägung der bekannten Faktoren, die Schlussfolgerung rechtfertigt siehe: Report of the Panel on United States - imposition of anti-dumping duties on imports of fresh and chilled Atlantic salmon from Norway, ADP/87, 1992, para. 492 subseq.; Report of the Panel on United States - imposition of countervailing duties on certain hot-rolled lead and bismuth carbon steel products originating in France, Germany and the United Kingdom, SCM/185, 1994 (unadopted), para. 364; Report of the Panel on EC - anti-dumping duties on audio tapes in cassettes originating in Japan, ADP/136, 1994 (unadopted), para. 436.

Zum Umfang der subventionierten Einfuhren prüfen die untersuchenden Behörden, ob sich diese Einfuhren entweder absolut oder im Verhältnis zu Produktion oder Verbrauch im Einfuhrmitglied erheblich erhöht haben. Zu den Auswirkungen der subventionierten Einfuhren auf die Preise prüfen die untersuchenden Behörden, ob im Vergleich zum Preis einer gleichartigen Ware des Einfuhrmitglieds eine erhebliche Preisunterbietung durch die subventionierten Einfuhren stattgefunden hat oder ob diese Einfuhren auf andere Weise einen erheblichen Preisdruck bewirkt oder wesentlich zur Verhinderung von Preiserhöhungen beigetragen haben, die andernfalls eingetreten wären (Artikel 15 Abs. II Satz 1 Subventionsübereinkommen)[1275]. In diesem Zusammenhang sei auch auf den ersten Teil dieser Untersuchung verwiesen, da sich die ASV in diesen Fragen eng am Wortlaut des Subventionsübereinkommens orientiert hat[1276].

Sind Einfuhren einer Ware aus mehr als einem Land gleichzeitig Gegenstand von Ausgleichszolluntersuchungen, so können die untersuchenden Behörden die Auswirkungen solcher Einfuhren nur dann kumulativ beurteilen, wenn sie feststellen, dass die ermittelte Subvention für die Einfuhren aus jedem einzelnen Land wertmäßig mehr als 1% beträgt, und das Volumen der Einfuhren aus jedem einzelnen Land nicht unbedeutend ist, und dass eine kumulative Beurteilung der Auswirkungen der Einfuhren unter Berücksichtigung des Wettbewerbs zwischen den eingeführten Waren sowie des Wettbewerbs zwischen den eingeführten Waren und der gleichartigen inländischen Ware angemessen ist (Artikel 15 Abs. III Subventionsübereinkommen).

Die Prüfung der Auswirkungen der subventionierten Einfuhren auf den betroffenen inländischen Wirtschaftszweig umfasst eine Beurteilung aller relevanten Wirtschaftsfaktoren und -indizes, die die Lage des Wirtschaftszweiges beeinflussen (Artikel 15 Abs. IV Subventionsübereinkommen). Die zu berücksichtigenden Faktoren sind von der ASV übernommen worden[1277]. Aus diesem Anlass wird auf den ersten Teil dieser Untersuchung verwiesen[1278].

c) *Kausalität und Berücksichtigung anderer Faktoren*

Es muss weiterhin nachgewiesen werden, dass die subventionierten Einfuhren durch die Auswirkungen der Subventionen eine Schädigung im Sinne des Subventionsübereinkommens verursachen (Artikel 15 Abs. V Satz 1 Subventionsübereinkommen). Der Nachweis eines ursächlichen Zusammenhangs zwischen den subventionierten Einfuh-

---

1275 Anderson, JWT 1993, S. 89; Beviglia Zampetti, JWT 1995, S. 15; McGovern, § 12.412.

1276 Siehe oben im ersten Teil: Punkt V.2.a.

1277 Es besteht allerdings der Unterschied, dass der Artikel 8 Abs. V Satz 1 ASV als zusätzlichen Faktor aufweist, dass ein Wirtschaftszweig sich noch von den Auswirkungen früherer Subventionen oder Dumpingpraktiken erholen muss. Dieser Faktor findet im Subventionsübereinkommen keine Berücksichtigung.

1278 Siehe oben im ersten Teil: Punkt V.2.b.

ren und der Schädigung des inländischen Wirtschaftszweiges stützt sich dabei auf die Prüfung aller sachdienlichen Beweise, die den Behörden vorliegen (Artikel 15 Abs. V Satz 2 Subventionsübereinkommen). Da auch andere Faktoren, neben den subventionierten Einfuhren, Ursache der Schädigung sein können, stellt der Artikel 15 Abs. V Satz 3 des Subventionsübereinkommens klar, dass andere bekannte Faktoren als die subventionierten Einfuhren, die den inländischen Wirtschaftszweig zur gleichen Zeit schädigen, nicht den subventionierten Einfuhren angelastet werden[1279]. Die in Artikel 15 Abs. V Satz 4 des Subventionsübereinkommens genannten anderen Faktoren die in diesem Zusammenhang von Bedeutung sein können sind von der ASV wörtlich übernommen worden[1280].

d) Drohung einer bedeutenden Schädigung

Wie bereits erwähnt, gehört auch zum Schadensbegriff die Möglichkeit, dass eine bedeutende Schädigung für einen inländischen Wirtschaftszweig droht. Die Feststellung, dass eine bedeutende Schädigung droht, muss auf Tatsachen beruhen und darf sich nicht lediglich auf Behauptungen, Vermutungen oder entfernte Möglichkeiten stützen (Artikel 15 Abs. VII Satz 1 Subventionsübereinkommen). Die ASV hat die Bestimmung zur Feststellung einer drohenden bedeutenden Schädigung wörtlich übernommen. Es wird daher auf den ersten Teil dieser Untersuchung verwiesen[1281]. Darüber hinaus erwähnt Artikel 15 Abs. VIII des Subventionsübereinkommens, dass in den Fällen, in denen subventionierte Einfuhren eine Schädigung zu verursachen drohen, die Anwendung von Ausgleichsmaßnahmen mit besonderer Sorgfalt zu prüfen und zu beschließen ist. Damit wird klargestellt, dass die WTO-Mitglieder nicht leichtfertig den Tatbestand der drohenden Schädigung aus rein protektionistischen Gründen heranziehen dürfen[1282].

2. Zunichtemachung oder Schmälerung von aus dem GATT 1994 erwachsenden Vorteile

Eine nachteilige Auswirkung kann weiterhin die Zunichtemachung oder Schmälerung der einem anderen Mitglied mittelbar oder unmittelbar aus dem GATT 1994 erwachsenden Vorteile, insbesondere der Vorteile aus den gemäß Artikel II des GATT 1994 gebundenen Zugeständnissen darstellen [Artikel 5 Buchstabe b) Subventionsübereinkommen]. Der Begriff "Zunichtemachung oder Schmälerung" wird im Subventionsübereinkommen

1279 Trebilcock/Howse, S. 133.
1280 Siehe oben im ersten Teil: Punkt V.2.d.
1281 Siehe oben im ersten Teil: Punkt V.2.e.
1282 Interessant ist in diesem Zusammenhang: Report of the Panel on Mexico – Anti-Dumping Investigation of High Fructose Corn Syrup (HFCS) from the United States, WT/DS132/R, 2000, page 1. Das Panel hat ausgeführt, dass bei einer Feststellung einer drohenden Schädigung möglichst sämtliche im Antidumpingübereinkommen genannten Schadensfaktoren berücksichtigt werden sollen.

kommen in demselben Sinne verwendet wie in den einschlägigen Bestimmungen des GATT 1994, und das Bestehen einer solchen Zunichtemachung oder Schmälerung wird nach der üblichen Praxis der Anwendung dieser Vorschriften festgestellt.

Die Zunichtemachung oder Schmälerung von aus dem GATT 1994 erwachsenden Vorteile kann aus einer der drei Maßnahmen resultieren:

- Der Missachtung der Verpflichtungen nach dem GATT 1994, durch die Verletzung einer spezifischen Vorschrift des GATT 1994;
- die Anwendung einer Maßnahme, losgelöst davon, ob diese gegen GATT 1994 Vorschriften verstößt; oder
- das Vorliegen einer "anderen Situation" [siehe Artikel XXIII Abs. 2 Buchstaben a) bis c) GATT 1994][1283].

Gemäß Artikel 3 Abs. VIII DSU[1284] wird in Fällen, in denen Pflichten aus dem WTO Übereinkommen verletzt werden, die entsprechende Maßnahme *prima facie* als Fall der Zunichtemachung oder Schmälerung von Vorteilen betrachtet. Das heißt, es wird gewöhnlich angenommen, dass ein Verstoß gegen die Regeln eine nachteilige Auswirkung auf andere WTO-Mitglieder hat, und dass es in solchen Fällen dem WTO-Mitglied, gegen das die Beschwerde vorgebracht wird, obliegt, die Anschuldigung zu widerlegen.

3. *Ernsthafte Schädigung*

Schließlich ist auch die "ernsthafte Schädigung der Interessen" eines anderen WTO-Mitglieds, als nachteilige Auswirkung zu qualifizieren [Artikel 5 Buchstabe c) Subventionsübereinkommen]. Das Subventionsübereinkommen enthält in Artikel 6[1285] eine detaillierte Beschreibung des Begriffs der "ernsthaften Schädigung der Interessen" eines WTO-Mitglieds[1286]. Danach liegt eine ernsthafte Schädigung der Interessen eines anderen WTO-Mitglieds vor[1287], wenn

---

1283 Komuro, JWT 1995, S. 19; Jackson, S. 292.

1284 Dispute Settlement Understanding. Siehe ausführlicher zum DSU unten in diesem Teil: Exkurs 2.

1285 Beachte, daß der Artikel 6 Abs. I des Subventionsübereinkommens ab dem 31.12.99 in seiner Anwendung ausgelaufen ist (Artikel 31 Subventionsübereinkommen).

1286 Der Begriff wird in dem gleichen Sinne angewendet wie im Artikel XVI, Abschnitt A, Abs. I GATT und umfasst auch die Drohung einer ernsthaften Schädigung der Interessen eines Mitglieds. Artikel 6 Abs. I des Subventionsübereinkommens gilt fünf Jahre nach Inkrafttreten des WTO-Abkommens. Spätestens 180 Tage vor Ablauf dieser Frist überprüft der Ausschuss über Subventionen und Ausgleichsmaßnahmen das Funktionieren dieser Bestimmungen, um festzustellen, ob ihre Geltung in dieser oder in einer geänderten Fassung verlängert werden soll (Artikel 31 Subventionsübereinkommen). Beachte, daß der Artikel 6 Abs. I des Subventionsübereinkommens ab dem 31.12.99 in seiner Anwendung ausgelaufen ist (Artikel 31 Subventionsübereinkommen).

1287 Zu berücksichtigen ist, daß Artikel 6 des Subventionsübereinkommens keine Anwendung auf Subventionen auf landwirtschaftliche Waren findet, die nach Artikel 13 des Übereinkommens über die

- die wertmäßige Subventionierung[1288] einer Ware insgesamt 5%[1289] überschreitet [Artikel 6 Abs. I Buchstabe a) Subventionsübereinkommen];
- Subventionen zur Deckung von Betriebsverlusten eines Wirtschaftszweigs gewährt werden [Artikel 6 Abs. I Buchstabe b) Subventionsübereinkommen];
- Subventionen zur Deckung von Betriebsverlusten eines Unternehmens gewährt werden, ausgenommen einmalige, nicht wiederkehrende Maßnahmen, die für dieses Unternehmen nicht wiederholt werden können und nur getroffen werden, um Zeit für die Entwicklung langfristiger Lösungen zu gewinnen und akute soziale Probleme zu vermeiden [Artikel 6 Abs. I Buchstabe c) Subventionsübereinkommen];
- ein direkter Schuldenerlass gewährt wird, d.h. Erlass von Schulden gegenüber der Regierung und Zuschüsse zur Schuldenrückzahlung [Artikel 6 Abs. I Buchstabe d) Subventionsübereinkommen][1290].

Ungeachtet der oben beschriebenen Bestimmungen des Artikel 6 Abs. I Buchstabe a) bis d) des Subventionsübereinkommens, besteht keine ernsthafte Schädigung, wenn das subventionierende WTO-Mitglied nachweist, dass die betreffende Subvention keine der in Artikel 6 Abs. III Buchstabe a) bis d) aufgezählten Auswirkungen zur Folge hatte (Artikel 6 Abs. II Subventionsübereinkommen). Andererseits stellt der Artikel 6 Abs. III des Subventionsübereinkommens klar, dass eine ernsthafte Schädigung in jedem Fall vorliegt, wenn eine oder mehrere der in Artikel 6 Abs. III Buchstabe a) bis d) genannten Auswirkungen zutreffen. Diese Auswirkungen werden nachfolgend näher beschrieben.

a) Auf Drittlandsmärkten

Die Subvention kann sich z.B. in einer Verdrängung oder Verhinderung von Einfuhren einer gleichartigen Ware eines anderen WTO-Mitglieds auf den Markt des subven-

---

Landwirtschaft beibehalten werden (Artikel 6 Abs. IX Subventionsübereinkommen). Anderson, JWT 1993, S. 81; Crocioni, AJPIL 1994, S. 70; Beviglia Zampetti, JWT 1995, S. 13.

1288 Die wertmäßige Gesamtsubventionierung wird gemäß den Leitlinien in Anhang IV des Subventionsübereinkommens berechnet (ABl. 1994 L 336, S. 156/180): Die Höhe einer Subvention für die Zwecke des Artikel 6 Abs. I Buchstabe a) wird als Höhe der Kosten berechnet, welche der die Subvention gewährenden Regierung entstehen (Nr. 1). Die Feststellung, ob die wertmäßige Gesamtsubventionierung 5% des Wertes der Ware überschreitet, wird beispielsweise nach dem Wert der Ware als der Gesamtwert des Umsatzes des Empfängerunternehmens in dem Subventionszeitraum vorangehenden letzten zwölf Monaten berechnet, für die Umsatzangaben vorliegen (Nr. 2).

1289 Der Schwellenwert nach Artikel 6 Abs. I Buchstabe a) des Subventionsübereinkommens findet keine Anwendung auf Zivilluftfahrzeuge.

1290 Eine vollständige Rückzahlung der Finanzierung von Zivilluftfahrtprogrammen durch Lizenzgebühren infolge eines geringeren tatsächlichen Verkaufs als geplant bedeutet keine ernsthafte Schädigung i.S.d. Artikels.

tionierenden WTO-Mitglieds auswirken [Artikel 6 Abs. III Buchstabe a) Subventionsübereinkommen]. Die Subvention kann sich aber auch in einer Verdrängung oder Verhinderung von Ausfuhren einer gleichartigen Ware eines anderen WTO-Mitglieds nach einem Drittlandsmarkt auswirken [Artikel 6 Abs. III Buchstabe b) Subventionsübereinkommen].

Die Verdrängung oder Verhinderung von Ausfuhren i.S.d. Artikel 6 Abs. III Buchstabe b) umfasst alle Fälle, in denen nachgewiesen wurde, dass (über einen angemessenen repräsentativen Zeitraum, der ausreicht, um eine eindeutige Tendenz in der Marktentwicklung bei der betreffenden Ware nachzuweisen, und unter normalen Umständen mindestens ein Jahr beträgt) eine Änderung der relativen Marktanteile zum Nachteil nichtsubventionierter gleichartiger Waren eingetreten ist (Artikel 6 Abs. IV Satz 1 Subventionsübereinkommen). Die "Änderung der relativen Marktanteil" umfasst folgende Situationen: aa) der Marktanteil der subventionierten Ware nimmt zu; bb) der Marktanteil der subventionierten Ware bleibt unverändert unter Umständen, unter denen er ohne Subvention zurückgegangen wäre; cc) der Marktanteil der subventionierten Ware geht zurück, jedoch langsamer, als dies ohne Subvention der Fall gewesen wäre (Artikel 6 Abs. IV Satz 2 Subventionsübereinkommen).

Eine Verdrängung oder Verhinderung im Sinne des Artikels 6 Abs. III Buchstabe a) und b) des Subventionsübereinkommens entsteht hingegen nicht, wenn während des betreffenden Zeitraums einer der folgenden Umstände vorliegt[1291]:

- Verbot oder Beschränkung der Ausfuhr der gleichartigen Ware aus dem beschwerdeführenden WTO-Mitglied oder der Einfuhr aus dem beschwerdeführenden WTO-Mitglied auf den betreffenden Drittlandsmarkt [Artikel 6 Abs. VII Buchstabe a) Subventionsübereinkommen];
- Entscheidung einer einführenden Regierung, die bei der betreffenden Ware ein Handelsmonopol besitzt oder staatlichen Handel betreibt, Einfuhren aus dem beschwerdeführenden WTO-Mitglied aus nichtkommerziellen Gründen in ein anderes Land oder andere Länder zu verlagern [Artikel 6 Abs. VII Buchstabe b) Subventionsübereinkommen];
- Naturkatastrophen, Streiks, Transportunterbrechungen oder sonstige Fälle höherer Gewalt, welche die Produktion, die Qualität, die Mengen oder Preise einer für die Ausfuhr aus dem beschwerdeführenden WTO-Mitglied verfügbaren Ware erheblich beeinträchtigen [Artikel 6 Abs. VII Buchstabe c) Subventionsübereinkommen];
- Absprachen zur Beschränkung der Ausfuhren aus dem beschwerdeführenden WTO-Mitglied [Artikel 6 Abs. VII Buchstabe d) Subventionsübereinkommen];

1291 Beviglia Zampetti, JWT 1995, S. 13; Collins-Williams/Salembier, JWT 1996, S. 13; McGovern, § 11.332.

- freiwillige Einschränkung der Verfügbarkeit der betreffenden Ware für die Ausfuhr aus dem beschwerdeführenden WTO-Mitglied (unter anderem dadurch, dass Unternehmen des beschwerdeführenden WTO-Mitglieds eigenständig Umschichtungen der Ausfuhr dieser Ware auf neue Märkte vornehmen) [Artikel 6 Abs. VII Buchstabe e) Subventionsübereinkommen]; sowie
- Nichtübereinstimmung mit den Normen und anderen Rechtsvorschriften des einführenden Landes [Artikel 6 Abs. VII Buchstabe f) Subventionsübereinkommen].

b) Durch bedeutende Preisunterbietung

Außerdem kann eine ernsthafte Schädigung vorliegen, wenn sich die Subvention in einer bedeutenden Preisunterbietung durch die subventionierte Ware im Vergleich zum Preis einer gleichartigen Ware eines anderen WTO-Mitglieds auf demselben Markt oder in erheblichem Preisdruck, Preisrückgang oder Absatzverlust auf demselben Markt auswirkt [Artikel 6 Abs. III Buchstabe c) Subventionsübereinkommen]. Die Preisunterbietung umfasst alle Fälle, in denen die Preisunterbietung durch Preisvergleich der subventionierten Ware mit einer nichtsubventionierten gleichartigen Ware, die auf demselben Markt angeboten wird, nachgewiesen wurde. Der Vergleich wird auf der gleichen Handelsstufe und zum gleichen Zeitpunkt durchgeführt, wobei etwaigen, den Preisvergleich beeinflussenden Faktoren in angemessener Weise Rechnung zu tragen ist. Ist jedoch ein solcher direkter Vergleich nicht möglich, so kann das Bestehen einer Preisunterbietung anhand von Einheitswerten der Ausfuhren nachgewiesen werden (Artikel 6 Abs. V Subventionsübereinkommen).

c) Durch Zunahme des Weltmarktanteils

Schließlich kann eine ernsthafte Schädigung gegeben sein, wenn die Subvention sich in einer Zunahme des Weltmarktanteils des subventionierenden WTO-Mitglieds bei einem bestimmten subventionierten Grundstoff oder einer subventionierten Ware[1292] im Vergleich zu ihrem durchschnittlichen Anteil während des vorangegangenen Dreijahreszeitraum auswirkt, wobei diese Zunahme einem Trend entspricht, der über den Zeitraum, in dem Subventionen gewährt wurden, angehalten hat [Artikel 6 Abs. III Buchstabe d) Subventionsübereinkommen].

1292 Sofern keine anderen multilateral vereinbarten spezifischen Regeln auf den Handel mit dem betref-

d) *Beweisführung*

Jedes WTO-Mitglied, das eine auf seinem Markt eintretende ernsthafte Schädigung geltend macht, stellt vorbehaltlich des Absatzes 3 des Anhangs V des Subventionsübereinkommens den Streitparteien und der eingesetzten Sondergruppe (Panel) in einem Streitbeilegungsverfahren alle einschlägigen Informationen zur Verfügung, die es über die Änderung der Marktanteile der Streitparteien sowie über die Preise der betreffenden Waren erhalten kann (Artikel 6 Abs. VI Subventionsübereinkommen). Wie bereits erwähnt, besteht ungeachtet der oben beschriebenen Bestimmungen des Artikel 6 Abs. I Buchstabe a) bis d) des Subventionsübereinkommens keine ernsthafte Schädigung, wenn das subventionierende WTO-Mitglied nachweist, dass die betreffende Subvention keine der in Artikel 6 Abs. III Buchstabe a) bis d) aufgezählten Auswirkungen zur Folge hatte (Artikel 6 Abs. II Subventionsübereinkommen). Andererseits stellt der Artikel 6 Abs. III des Subventionsübereinkommens klar, dass eine ernsthafte Schädigung dann vorliegen kann, wenn eine oder mehrere der in Artikel 6 Abs. III Buchstabe a) bis d) genannten Auswirkungen zutreffen. Damit enthalten die in Artikel 6 Abs. I Buchstabe a) bis d) des Subventionsübereinkommens genannten Auswirkungen eine gesetzliche Vermutung einer *prima facie* ernsthaften Schädigung. Mit anderen Worten, es obliegt dem subventionierenden WTO-Mitglied Beweise dafür zu erbringen, dass die betreffende Subvention keine der in Artikel 6 Abs. III Buchstabe a) bis d) aufgezählten Auswirkungen entfaltet, um so die Vermutung einer ernsthaften Schädigung zu widerlegen. Grundsätzlich wirkt jedes WTO-Mitglied an der Sammlung der Beweismittel mit, die von einem Panel in einem Verfahren zu prüfen sind. Die Streitparteien und die beteiligten Drittland-Mitglieder benennen die in ihren Gebieten zuständigen Stellen und Verfahren, nach denen ein Ersuchen um Informationen nachzukommen sind (Anhang V Abs. 1 Subventionsübereinkommen). So kann z.B. eine Streitpartei, bei Auswirkungen auf Drittlandsmärkten, unter anderem durch Fragen an die Regierung des Drittland-Mitglieds, die für die Analyse der nachteiligen Auswirkungen erforderlichen Informationen einholen, die vernünftigerweise nicht von dem beschwerdeführenden WTO-Mitglied oder dem subventionierenden WTO-Mitglied zu erhalten sind (Anhang V Abs. 3 Satz 1 Subventionsübereinkommen). Es sind die Informationen zu liefern, die diesem WTO-Mitglied bereits vorliegen oder die es ohne weiteres beschaffen kann (z.B. die jüngsten Statistiken, die von den zuständigen statistischen Diensten bereits zusammengestellt, aber noch nicht veröffentlicht worden sind, Zollangaben über die Einfuhren und den angemeldeten Wert der betreffenden Waren usw.). Nimmt jedoch eine Streitpartei eine ausführliche Marktanalyse auf eigene Kosten vor, so erleichtern die Behörden des Drittland-Mitglieds der Person oder Firma, welche die Analyse durchführt, die Arbeit und macht ihr alle Informationen zugänglich, die von der Regierung in der Regel nicht

---

fenden Grundstoff oder der betreffenden Ware Anwendung finden.

vertraulich behandelt werden (Anhang V Abs. 3 Satz 4 Subventionsübereinkommen). Wirkt das subventionierte und/oder das Drittland-Mitglied nicht am Verfahren der Informationssammlung mit, so stellt das beschwerdeführende WTO-Mitglied seinen Fall von ernsthafter Schädigung auf der Grundlage der ihm zur Verfügung stehenden Beweismittel zusammen mit dem Tatbestand und den Umständen der Nichtmitwirkung des subventionierenden und/oder des Drittland-Mitglieds dar (Anhang V Abs. 6 Satz 1 Subventionsübereinkommen). Sind Informationen wegen der Nichtmitwirkung des subventionierenden und/oder des Drittland-Mitglieds nicht verfügbar, so kann das Panel den Fall nötigenfalls auf der Grundlage der besten auf andere Weise verfügbaren Informationen abschließen (Anhang V Abs. 6 Satz 2 Subventionsübereinkommen). Bei der Entscheidungsfindung soll das Panel aus der Nichtmitwirkung eines Beteiligten am Verfahren der Informationssammlung nachteilige Schlussfolgerungen ziehen (Anhang V Abs. 7 Subventionsübereinkommen).

V. Ausgleichsmaßnahmen und Abhilfemaßnahmen

Die internationale Kontrolle von Subventionen durch die WTO-Mitglieder kann nach dem Subventionsübereinkommen auf zwei Wegen erfolgen[1293]. Der erste Weg ist die Einführung von Ausgleichsmaßnahmen (insbesondere Ausgleichszöllen) seitens eines WTO-Mitglieds, nachdem festgestellt worden ist, dass durch die subventionierten Einfuhren einem inländischen Wirtschaftszweig ein Schaden zugefügt worden ist. Der zweite Weg ist das Konsultations- und Streitbeilegungsverfahren, dass in den Fällen benutzt wird, wo ein WTO-Mitglied eine ernsthafte Schädigung seiner Interessen oder eine Zunichtemachung oder Schmälerung seiner aus dem GATT 1994 erwachsenden Vorteile erfährt; d.h. insbesondere die Situationen erfasst, in denen Waren eines inländischen Wirtschaftszweigs auf Drittlandsmärkten durch die Subventionierung konkurrierender Waren benachteiligt werden[1294]. Das Subventionsübereinkommen folgt damit in der Struktur den Verfahren der Teile I und II des Subventionskodex (siehe oben in diesem Teil: Punkt II.3).

1. Einführung von Ausgleichsmaßnahmen

Ausgleichsmaßnahmen auf eine subventionierte Ware können nur dann eingeführt werden, wenn diese mit Artikel VI des GATT 1994 und den Vorschriften des Subventionsübereinkommens im Einklang stehen, und wenn das im Subventionsübereinkommen niedergelegte Untersuchungsverfahren eingeleitet und durchgeführt worden ist (Artikel 10 Subventionsübereinkommen). Ausgleichsmaßnahmen die nach dem Subventionsübereîn-

1293 Crocioni, AJPIL 1994, S. 74; Horlick/Clarke, WC 1994, S. 51; Montañá Mora, GJ 1997, S. 249/255.
1294 Horlick/Clarke, WC 1994, S. 51.

kommen ergehen, müssen also zunächst mit den Voraussetzungen in Artikel VI des GATT 1994 übereinstimmen, d.h. es muss z.B. der Nachweis einer verbotenen oder anfechtbaren Subvention erbracht werden, und im letzteren Fall weiterhin eine Kausalität zwischen den subventionierten Einfuhren und einer Schädigung bestehen[1295].

Gegenstand von Ausgleichsmaßnahmen können also grundsätzlich alle anfechtbaren und verbotenen Subventionen sein[1296]. Darüber hinaus stellt das Subventionsübereinkommen ein "transparentes" und detailliertes Untersuchungsverfahren bereit, an das die WTO-Mitglieder gebunden sind, und das interessierten Parteien die Möglichkeit einer Beteiligung an der Untersuchung bereitstellt[1297].

a) Das Verfahren der Ausgleichszolluntersuchung

Die Vorschriften über Ausgleichsmaßnahmen in Teil V des Subventionsübereinkommens sind wesentlich präziser und klarer strukturiert als die des Subventionskodex (siehe oben in diesem Teil: Punkt II.3). Verfahrensrechtliche Voraussetzung zur Einführung von Ausgleichsmaßnahmen, ist zunächst die Durchführung eines Untersuchungsverfahrens.

aa) Die Einleitung

Eine Untersuchung zur Feststellung des Vorliegens, der Höhe und der Auswirkungen einer angeblichen Subvention wird grundsätzlich auf schriftlichen Antrag eingeleitet, der von dem inländischen Wirtschaftszweig oder in seinem Namen gestellt wird (Artikel 11 Abs. I Subventionsübereinkommen)[1298]. Ein Antrag wird zurückgewiesen und eine Untersuchung eingestellt, wenn die Behörde feststellt, dass die Subvention wertmäßig weniger als 1% beträgt oder das Volumen der tatsächlichen oder potentiellen subventionierten Einfuhren oder die Schädigung unerheblich ist (Artikel 11 Abs. IX Satz 2 Subventionsübereinkommen)[1299].

1295 Report of the Panel on Brazil - measures affecting desiccated coconut, WT/DS22/R, 1996, para. 237; Report of the Panel on United States – Imposition of Countervailing Duties on certain hot-rolled Lead and Bismuth Carbon Steel Products originating in the United Kingdom, WT/DS138/R, 1999, page 1/34; Report of the Appellate Body on United States – Imposition of Countervailing Duties on certain hot-rolled Lead and Bismuth Carbon Steel Products originating in the United Kingdom, WT/DS138/AB/R, 2000, page 1.

1296 Crocioni, AJPIL 1994, S. 77; Montañá Mora, GJ 1997, S. 249/262; Hancher/Ottervanger/Slot, Rdnr. 5-024.

1297 Collins-Williams/Salembier, JWT 1996, S. 12; Montañá Mora, GJ 1997, S. 263.

1298 Anderson, JWT 1993, S. 91; Horlick/Clarke, WC 1994, S. 49; Montañá Mora, GJ 1997, S. 264; McGovern, § 12.511; Hancher/Ottervanger/Slot, Rdnr. 5-024.

1299 Anderson, JWT 1993, S. 88; Crocioni, AJPIL 1994, S. 77; Trebilcock/Howse, S. 133; Beviglia Zam-

Hinsichtlich der Einzelheiten zur Einleitung des Verfahrens, wird auf den ersten Teil dieser Untersuchung verwiesen, da die Vorschriften der ASV in diesem Bereich mit denen des Subventionsübereinkommens korrespondieren[1300].

bb) Die Untersuchung

Wird einem Antrag auf Einleitung einer Untersuchung stattgegeben, so ist den WTO-Mitgliedern, deren Waren Gegenstand dieser Untersuchung sein können, sobald wie möglich, in jedem Fall aber vor der Einleitung einer Untersuchung, Gelegenheit zu Konsultationen zu geben, um Fragen zu klären und eine einvernehmliche Lösung zu erzielen (Artikel 13 Abs. I Subventionsübereinkommen).

Nach der Einleitung eines Verfahrens werden interessierte WTO-Mitglieder und alle "interessierten Parteien"[1301] im Rahmen einer Ausgleichszolluntersuchung[1302] davon unterrichtet, welche Informationen die Behörden benötigen, und erhalten ausreichend Gelegenheit, schriftlich sämtliche Beweise vorzulegen, die sie für die fragliche Ausgleichszolluntersuchung für sachdienlich halten (Artikel 12 Abs. I Subventionsübereinkommen)[1303].

Außer unter besonderen Umständen werden Untersuchungen innerhalb eines Jahres, in jedem Fall jedoch innerhalb von 18 Monaten nach ihrer Einleitung abgeschlossen (Artikel 11 Abs. XI Subventionsübereinkommen)[1304].

Die ASV hat sich gänzlich im Hinblick auf die Untersuchung an den Vorschriften des Subventionsübereinkommens orientiert. Aus diesem Grund wird auf den ersten Teil dieser Untersuchung verwiesen[1305].

b) Arten der Ausgleichsmaßnahmen

Das Subventionsübereinkommen sieht die Möglichkeit vorläufiger und endgültiger

---

petti, JWT 1995, S. 15; Jackson, S. 292; Hancher/Ottervanger/Slot, Rdnr. 5-024.

1300 Siehe oben im ersten Teil: Punkt VII.2.

1301 Im Sinne des Subventionsübereinkommens umfasst der Begriff "interessierte Parteien":
- einen Ausführer oder ausländischen Hersteller oder den Einführer einer Ware, die Gegenstand einer Untersuchung ist, oder einen Wirtschafts- oder Fachverband, dessen überwiegende Zahl von Mitgliedern Hersteller, Ausführer oder Einführer einer solchen Ware ist,
- einen Hersteller der gleichartigen Ware im Einfuhrmitglied oder einen Wirtschafts- oder Fachverband, dessen überwiegende Zahl von Mitgliedern die gleichartigen Waren im Gebiet des Einfuhrmitglieds herstellt (Artikel 12 Abs. IX Subventionsübereinkommen).

1302 Beachte auch das Verfahren für Untersuchungen an Ort und Stelle gemäß Artikel 12 Abs. VI des Subventionsübereinkommens in Anhang VI des Subventionsübereinkommens (ABl. 1994 L 336, S. 182).

1303 Montañá Mora, GJ 1997, S. 265; McGovern, § 12.512.

1304 Die ASV ist im Hinblick auf den maximalen Verfahrenszeitraum strikter und legt als Höchstzeit insgesamt 13 Monate fest.

1305 Siehe oben im ersten Teil: Punkt VII.3. Siehe auch die Punkte zu Stichproben (VII.4), mangelnde Bereitschaft zur Mitarbeit (VII.5) und vertraulichen Informationen (VII.6).

Ausgleichsmaßnahmen vor. Darüber hinaus können Antisubventionsverfahren auch durch die Annahme einer Verpflichtung abgeschlossen werden.

aa) Vorläufige Maßnahmen

Vorläufige Maßnahmen können darin bestehen, dass die Einführung eines vorläufigen Ausgleichszolls durch eine Sicherheitsleistung - Barsicherheit oder Bürgschaft - in Höhe der vorläufig berechneten Subvention gesichert wird (Artikel 17 Abs. II Subventionsübereinkommen). Vorläufige Maßnahmen dürfen allerdings nur dann angewendet werden, wenn eine Untersuchung eingeleitet wurde[1306], vorläufig festgestellt wurde, dass eine Subvention vorliegt und ein inländischer Wirtschaftszweig durch subventionierte Einfuhren geschädigt wird, und die zuständigen Behörden solche Maßnahmen für notwendig halten, um eine Schädigung während der Untersuchung zu verhindern [Artikel 17 Abs. I Buchstabe a) bis c) Subventionsübereinkommen][1307]. Vorläufige Maßnahmen werden frühestens 60 Tage nach Einleitung der Untersuchung angewendet (Artikel 17 Abs. III Subventionsübereinkommen) und dürfen nach Einführung einen Zeitraum von vier Monaten nicht überschreiten (Artikel 17 Abs. IV Subventionsübereinkommen). Für weitere Einzelheiten zu den vorläufigen Ausgleichszöllen sei auf den ersten Teil dieser Untersuchung verwiesen[1308].

bb) Verpflichtungen

Ein Verfahren kann ohne Einführung von vorläufigen Ausgleichszöllen ausgesetzt oder eingestellt werden, wenn freiwillig und in zufriedenstellender Form die Regierung des Ausfuhrmitglieds sich verpflichtet, die Subvention zu beseitigen oder zu begrenzen oder sonstige Maßnahmen in bezug auf ihre Auswirkungen zu treffen [Artikel 18 Abs. I Buchstabe a) Subventionsübereinkommen]; oder der Ausführer sich verpflichtet, seine Preise zu ändern, so dass die Behörden davon überzeugt sind, dass die schädigenden Auswirkungen der Subvention beseitigt werden [Artikel 18 Abs. I Buchstabe b) Subventionsübereinkommen][1309]. Preiserhöhungen aufgrund solcher Verpflichtungen dürfen nur so hoch sein, wie dies zum Ausgleich der Subvention erforderlich ist. Nach dem Subventionsübereinkommen ist es jedoch wünschenswert, dass die Preiserhöhungen niedriger sein sollten als die Subvention, wenn solche Erhöhungen ausreichen, um die Schädigung des inländischen Wirtschaftszweiges zu beseitigen [Artikel 18

1306 Eine Bekanntmachung darüber veröffentlicht wurde und interessierten Parteien ausreichend Gelegenheit erhalten haben, Informationen vorzulegen und Stellungnahmen abzugeben [Artikel 17 Abs. I Buchstabe a) Subventionsübereinkommen].

1307 McGovern, § 12.514.

1308 Siehe oben im ersten Teil: Punkt VIII.1.

Abs. I Buchstabe b), letzter Satz, Subventionsübereinkommen][1310]. Wird eine Verpflichtung angenommen, so ist gemäß Artikel 18 Abs. IV Satz 1 des Subventionsübereinkommens die Untersuchung der Subvention und der Schädigung dennoch abzuschließen, wenn das Ausfuhrmitglied dies wünscht oder das Einfuhrmitglied dies beschließt. Wird in einem solchen Fall festgestellt, dass keine Subventionierung oder keine Schädigung vorliegt, so wird die Verpflichtung automatisch hinfällig, sofern diese Feststellung nicht weitgehend auf das Bestehen einer Verpflichtung zurückzuführen ist. In solchen Fällen können die Behörden verlangen, dass eine Verpflichtung über einen angemessenen Zeitraum im Einklang mit dem Subventionsübereinkommen aufrechterhalten wird. Wird festgestellt, dass eine Subventionierung und eine Schädigung vorliegen, so wird die Verpflichtung entsprechend den Verpflichtungsbedingungen und den Bestimmungen des Subventionsübereinkommens aufrechterhalten (Artikel 18 Abs. IV Satz 4 Subventionsübereinkommen).

Nähere Informationen zu den Verpflichtungen, sind dem ersten Teil dieser Untersuchung zu entnehmen, da die ASV inhaltsgleiche Vorschriften in diesem Bereich aufweist[1311].

cc) Endgültige Ausgleichszölle

Trifft ein WTO-Mitglied nach angemessenen Bemühungen um den Abschluss der Konsultationen eine endgültige Feststellung in bezug auf das Vorliegen einer Subvention und deren Höhe sowie in bezug auf die Tatsache, dass die subventionierten Einfuhren durch die Auswirkung der Subvention eine Schädigung verursachen, so kann es einen Ausgleichszoll einführen, sofern die Subvention nicht aufgehoben wird (Artikel 19 Abs. I Subventionsübereinkommen). Das Subventionsübereinkommen legt in Artikel 19 Abs. II Satz 2 fest, dass es wünschenswert ist, dass der Zoll niedriger als die Subvention sein sollte, wenn dieser niedrigere Zoll ausreicht, um die Schädigung des inländischen Wirtschaftszweigs zu beseitigen. Damit steht es den WTO-Mitgliedern offen eine sog. Schadensspanne als "Kappungsgrenze" einzuführen[1312].

Der für eine Ware festgesetzte Ausgleichszoll wird jeweils in der angemessenen Höhe ohne Diskriminierung auf alle Einfuhren dieser Ware gleich welcher Herkunft erhoben, sofern festgestellt wurde, dass sie subventioniert sind und eine Schädigung verursachen, ausgenommen Einfuhren aus solchen Quellen, die die fragliche Subvention aufgehoben oder gemäß dem Subventionsübereinkommens Verpflichtungen angenommen ha-

1309 Beviglia Zampetti, JWT 1995, S. 16; McGovern, § 12.513; Hancher/Ottervanger/Slot, Rdnr. 5-027.

1310 Siehe hierzu auch unten in diesem Teil: Punkt V.1.b.cc.

1311 Siehe oben im ersten Teil: Punkt VIII.3.

1312 Die sogenannte Schadensspanne als "Kappungsgrenze" ist damit nicht verpflichtend. In den U.S.A. wird beispielsweise immer noch die Höhe der Subvention zur Festsetzung des Ausgleichszolls ben (Artikel 19 Abs. III Satz 1 Subventionsübereinkommen). Im Hinblick auf die weiteren Bedingungen und Einzelheiten wird auf den ersten Teil dieser Untersuchung verwiesen[1313].

c) *Gerichtliche Überprüfung*

Artikel 23 des Subventionsübereinkommens legt fest, dass jedes WTO-Mitglied, dessen interne Rechtsvorschriften Bestimmungen über Ausgleichsmaßnahmen umfassen, Gerichte, Schiedsgerichte oder Verwaltungsgerichte oder Verfahren beibehält, die unter anderem dem Zweck dienen, Verwaltungsmaßnahmen im Zusammenhang mit endgültigen Feststellungen und Überprüfungen von Feststellungen umgehend zu überprüfen. Solche Gerichte oder Verfahren sollen unabhängig von den Behörden sein, die für die fragliche Feststellung oder Überprüfung zuständig sind. Die Vorschrift des Artikel 23 im Subventionsübereinkommen, über die nationalen Verwaltungs- oder Schiedsgerichte, sichert den von Ausgleichszöllen negativ betroffenen Ausführern/Herstellern und Einführern einen minimalen Rechtsschutz[1314].

2. *Abhilfemaßnahmen*

Neben der Möglichkeit der Einführung von Ausgleichsmaßnahmen, sieht das Subventionsübereinkommen separate Abhilfemaßnahmen gegen verbotene, anfechtbare und nichtanfechtbare Subventionen vor, die im wesentlichen auf gütliche Einigungen im Wege von Konsultationen ausgerichtet sind, aber zugleich bei Scheitern dieser Konsultationen ein darauffolgendes kontradiktorisches Streitbeilegungsverfahren bereitstellen. Das Subventionsübereinkommen stellt klar, dass Abhilfemaßnahmen gegen verbotene und anfechtbare Subventionen parallel zu Ausgleichsmaßnahmen durchgeführt werden können[1315]. Abhilfemaßnahmen und Ausgleichsmaßnahmen sind also grundsätzlich keine inkompatiblen Verfahren. Jedoch dürfen die Auswirkungen einer bestimmten Subvention auf den Markt eines Einfuhrmitglieds nur durch eine der beiden Formen des Ausgleichs (Ausgleichszoll, wenn die Voraussetzungen des Teil V erfüllt sind, oder Abhilfemaßnahmen nach Artikel 4 oder Artikel 7) begegnet werden[1316]. Im Falle von nichtanfechtbaren Subventionen, ist eine Berufung auf die Verfahren der Abhilfemaßnahmen und Ausgleichsmaßnahmen nicht zulässig[1317].

---

herangezogen. Siehe hierzu: Vermulst/Waer, S. 82.

1313 Siehe oben im ersten Teil: Punkt VIII.2.

1314 Montañá Mora, GJ 1997, S. 268.

1315 Siehe in diesem Zusammenhang: Fußnote Nr. 1 zu Artikel 10 des Subventionsübereinkommens (ABl. 1994 L 336, S. 163).

1316 Fußnote Nr. 1 zu Artikel 10 des Subventionsübereinkommens (ABl. 1994 L 336, S. 163).

1317 Maßnahmen im Sinne des Artikel 8 Abs. I Buchstabe a) können jedoch Gegenstand einer Untersuchung

a) Gegen verbotene Subventionen

Artikel 4 enthält die Verfahrensvorschriften für die zu ergreifenden Abhilfemaßnahmen, wenn verbotene Subventionen gewährt oder beibehalten werden[1318]. Hat ein WTO-Mitglied Grund zu der Annahme, dass ein anderes WTO-Mitglied verbotene Subventionen gewährt oder beibehält, so kann es um Konsultationen ersuchen (Artikel 4 Abs. I Subventionsübereinkommen). Damit wird zunächst ein Konsultationsrecht für sämtliche WTO-Mitglieder statuiert[1319]. Das Ersuchen um Konsultationen enthält Angaben zu den verfügbaren Beweisen für das Bestehen und der Art der betreffenden Subvention (Artikel 4 Abs. II Subventionsübereinkommen).

Nach dem Ersuchen um Konsultationen, wird das WTO-Mitglied, von dem angenommen wird, dass es die betreffende Subvention gewährt oder beibehält, sobald wie möglich die Konsultationen aufnehmen (Artikel 4 Abs. III Satz 1 Subventionsübereinkommen). Zweck der Konsultationen ist es, den Sachverhalt zu klären und zu einer einvernehmlichen Lösung zu gelangen.

Führen diese Konsultationen allerdings nicht innerhalb von 30 Tagen[1320] zu einer einvernehmlichen Lösung, so kann jedes WTO-Mitglied, das Partei bei diesen Konsultationen ist, die Angelegenheit zwecks unverzüglicher Einsetzung einer Sondergruppe (Panel), vor das Steitbeilegungsorgan (DSB)[1321] bringen, es sei denn, das DSB beschließt einvernehmlich, kein Panel einzusetzen (Artikel 4 Abs. IV Subventionsübereinkommen)[1322].

Wird ein Panel eingesetzt, so kann es sich zur Unterstützung bei der Klärung der Frage, ob die betreffende Maßnahme eine verbotene Subvention darstellt, der "ständigen Sachverständigengruppe"[1323](PGE)[1324] bedienen. Auf entsprechenden Antrag prüft die PGE unverzüglich die Beweise für das Bestehen und die Art der betreffenden Maßnahme und gibt dem WTO-Mitglied, das diese Maßnahme anwendet oder beibehält, Gelegenheit nachzuweisen, dass die betroffene Maßnahme keine verbotene Subvention darstellt (Artikel 4 Abs. V Satz 2 Subventionsübereinkommen). Die PGE legt ihre Schlussfolgerungen

---

sein um festzustellen, ob es sich um spezifische Maßnahmen im Sinne des Artikel 2 handelt oder nicht. Außerdem ist im Falle einer Subvention gemäß Artikel 8 Abs. II, die im Rahmen eines nicht nach Artikel 8 Abs. III notifizierten Programms gewährt wird, eine Berufung auf Teil III oder V zulässig, jedoch gilt diese Subvention als nichtanfechtbar, wenn festgestellt wird, daß sie den Bedingungen des Artikel 8 Abs. II entspricht. Siehe Fußnote Nr. 1 zu Artikel 10 des Subventionsübereinkommens (ABl. 1994 L 336, S. 163).

1318 Raaflaub, S. 111; Montañá Mora, GJ 1997, S. 249; McGovern, § 11.323.

1319 Horlick/Clarke, WC 1994, S. 53; Crocioni, AJPIL 1994, S. 75; Beviglia Zampetti, JWT 1995, S. 12; Raaflaub, S. 111; Montañá Mora, GJ 1997, S. 249.

1320 Eine Fristverlängerung ist im gegenseitigen Einvernehmen möglich.

1321 Dispute Settlement Body.

1322 Crocioni, AJPIL 1994, S. 75; Beviglia Zampetti, JWT 1995, S. 12; Montañá Mora, GJ 1997, S. 250; Hancher/Ottervanger/Slot, Rdnr. 5-022; Report of the Panel on United States – Tax Treatment for "Forgein Sales Corporations", WT/DS108/R, 1999, page 1/249 (para. 7.7).

1323 Artikel 24 des Subventionsübereinkommens.

dem Panel innerhalb einer von dem Panel festgelegten Frist vor. Die Schlussfolgerungen der PGE zu der Frage, ob die betreffende Maßnahme eine verbotene Subvention darstellt oder nicht, werden von dem Panel ohne Änderungen angenommen (Artikel 4 Abs. V Satz 4 Subventionsübereinkommen). Das Panel legt seinen Schlussbericht den Streitparteien vor. Der Bericht wird innerhalb von 90 Tagen[1325], nach Einsetzung und Festlegung des Mandats des Panels an alle WTO-Mitglieder verteilt (Artikel 4 Abs. VI Satz 2 Subventionsübereinkommen).

Wird die betreffende Maßnahme als verbotene Subvention qualifiziert, so empfiehlt das Panel dem subventionierenden WTO-Mitglied, die Subvention unverzüglich zurückzunehmen (Artikel 4 Abs. VII Satz 1 Subventionsübereinkommen)[1326]. Das Panel legt in seiner Empfehlung die genaue Frist fest, binnen welcher die Maßnahme zurückgenommen werden muss.

Der Bericht des Panels wird allerdings nicht rechtskräftig, wenn innerhalb von 30 Tagen nach der Verteilung des Panelberichts an die WTO-Mitglieder entweder das DSB einvernehmlich beschließt den Panelbericht nicht anzunehmen oder, wenn eine der Streitparteien förmlich bei dem DSB Einspruch gegen den Panelbericht erhebt (Artikel 4 Abs. VIII Subventionsübereinkommen)[1327].

Der Einspruch beschränkt sich lediglich auf eine rechtliche Würdigung des Panelberichts, es wird also keine erneute faktische Überprüfung vorgenommen. Das Einspruchs-/Berufungsorgan (*Appellate Body*) entscheidet innerhalb von 30 Tagen[1328] über den förmlich notifizierten Einspruch (Artikel 4 Abs. IX Satz 1 Subventionsübereinkommen). Der Bericht des *Appellate Body's* wird vom DSB angenommen und vorbehaltlos von den Streitparteien akzeptiert, es sei denn, das DSB beschließt binnen 20 Tagen nach dessen Verteilung an die WTO-Mitglieder[1329] einvernehmlich, den Bericht nicht anzunehmen (Artikel 4 Abs. IX Satz 4 Subventionsübereinkommen)[1330].

Wird die Empfehlung des DSB innerhalb der von dem Panel festgesetzten Frist, die mit dem Tag der Annahme des Berichts des Panels bzw. des Berichts des *Appellate Body's* beginnt, nicht befolgt, so ermächtigt das DSB das beschwerdeführende WTO-

1324 Permanent Group of Experts.

1325 Auch diese Frist kann einvernehmlich verlängert werden.

1326 Crocioni, AJPIL 1994, S. 76; Beviglia Zampetti, JWT 1995, S. 12; Raaflaub, S. 112; Montañá Mora, GJ 1997, S. 251; McGovern, § 11.323. Siehe zu der Frage, ob der Begriff der Rücknahme in Artikel 4 Abs. VII Satz 1 auch die Möglichkeit der Rückforderung bereits gezahlter Subventionen beinhaltet: Report of the Panel on Australia – Subsidies provided to Producers and Exporters of Automotive Leather – recourse to Article 21.5 of the DSU by the United States, WT/DS126/RW, 2000, page 1/12.

1327 Montañá Mora, GJ 1997, S. 252; McGovern, § 11.323.

1328 Die Frist von 30 Tagen kann verlängert werden, darf jedoch in keinem Fall 60 Tage überschreiten (Artikel 4 Abs. IX Satz 3 Subventionsübereinkommen).

1329 Ist während dieses Zeitraums keine Sitzung des DSB geplant, so wird eigens hierfür eine Sitzung abgehalten.

1330 Montañá Mora, GJ 1997, S. 252; McGovern, § 11.323.

Mitglied, angemessene[1331] Gegenmaßnahmen zu ergreifen, es sei denn, das DSB beschließt einvernehmlich, den Antrag zurückzuweisen (Artikel 4 Abs. X Subventionsübereinkommen).

b) Gegen anfechtbare Subventionen

Abhilfemaßnahmen gegen anfechtbare Subventionen sind in Artikel 7 des Subventionsübereinkommens geregelt. Artikel 7 des Subventionsübereinkommens folgt der gleichen Struktur wie Artikel 4 des Subventionsübereinkommens. Jedoch sind allgemein die Fristen etwas länger und die ständige Sachverständigengruppe ist nicht involviert. Hat ein WTO-Mitglied, mit Ausnahme von Artikel 13 des Übereinkommens über die Landwirtschaft, Grund zu der Annahme, dass eine Subvention i.S.d. Artikel 1 des Subventionsübereinkommens, die von einem anderen WTO-Mitglied gewährt oder beibehalten wird, zu einer Schädigung seines inländischen Wirtschaftszweigs, zur Zunichtemachung oder Schmälerung oder zu einer ernsthaften Schädigung seiner Interessen führt, so kann dieses WTO-Mitglied um Konsultationen mit dem anderen WTO-Mitglied ersuchen (Artikel 7 Abs. I Subventionsübereinkommen).

Ein Ersuchen nach Konsultationen muss Angaben zu den verfügbaren Beweisen enthalten, in bezug auf (aa) das Bestehen und die Art der betreffenden Subvention und (bb) die Schädigung des inländischen Wirtschaftszweigs oder die Zunichtemachung bzw. Schmälerung oder die ernsthafte Schädigung[1332] der Interessen des WTO-Mitglieds, das um Konsultationen ersucht (Artikel 7 Abs. II Subventionsübereinkommen). Führen die Konsultationen zu keinem Ergebnis, so kann die Einsetzung eines Panels beantragt werden[1333]. Das Subventionsübereinkommen regelt ein spezielles Verfahren zur Ermittlung des Sachverhalts durch einen Vertreter des DSB, bei der Behauptung einer ernsthaften Schädigung im Rahmen eines Streitbeilegungsverfahrens (Artikel 6 i.V.m. Anhang V Subventionsübereinkommen)[1334]. Zur Erleichterung des Verfahrens der Informationssammlung bestimmt das DSB einen Vertreter. Die einzige Aufgabe des Vertreters besteht darin,

---

1331 "Angemessen" bedeutet nicht, dass aufgrund der Tatsache, dass die in diesen Bestimmungen behandelten Subventionen verboten sind, unangemessene Gegenmaßnahmen zulässig sind. Beantragt eine Streitpartei ein Schiedsverfahren gemäß Artikel 22 Abs. VI der WTO Streitbeilegungsvereinbarung (DSU), so bestimmt der Schiedsrichter, ob die Gegenmaßnahmen angemessen sind (Artikel 4 Abs. XI Subventionsübereinkommen). Zu den Einzelheiten der WTO Streitbeilegungsvereinbarung siehe unten in diesem Teil: Exkurs 2.

1332 Bezieht sich der Antrag auf eine Subvention, von der angenommen wird, dass sie zu einer ernsthaften Schädigung im Sinne von Artikel 6 Abs. I führt, so können die verfügbaren Beweise für eine ernsthafte Schädigung auf den Beweis der Einhaltung bzw. Der Nichteinhaltung der Bedingungen des Artikel 6 Abs. I beschränkt werden (siehe oben in diesem Teil: Punkt IV.3.d).

1333 Das DSB kann einvernehmlich beschließen kein Panel einzusetzen. Wird jedoch ein Panel eingesetzt, so wird die Zusammensetzung des Panels und ihr Mandat 15 Tage nach der Einsetzung festgelegt.

1334 Von dieser Möglichkeit wurde im Verfahren Report of the Panel on Indonesia – Certain Measures Affecting the Automobil Industry, WT/DS54/R, 1998, Gebrauch gemacht.

für die rechtzeitige Einholung der Informationen zu sorgen, um eine anschließende zügige Prüfung der Streitigkeit zu erleichtern. Der Vertreter kann insbesondere vorschlagen, wie die erforderlichen Informationen am effizientesten einzuholen sind, und die Mitwirkung der Streitparteien fördern.

Die Verfahrensvorschriften des Artikel 7 des Subventionsübereinkommens zur Ergreifung entsprechender Abhilfemaßnahmen, entsprechen grundsätzlich denjenigen des Artikel 4 für verbotene Subventionen, wobei, wie bereits erwähnt, die allgemeinen Fristen[1335] länger sind und dem subventionierenden WTO-Mitglied außerdem eine Frist von sechs Monaten zur Aufhebung der Subvention eingeräumt wird, bevor dem geschädigten WTO-Mitglied die Erhebung von Ausgleichszöllen oder anderen Gegenmaßnahmen erlaubt wird (Artikel 7 Abs. IX Subventionsübereinkommen)[1336]. Wird ein Bericht des Panels oder des *Appellate Body's* angenommen, in dem festgestellt wird, dass eine Subvention zu nachteiligen Auswirkungen auf die Interessen eines anderen WTO-Mitglieds geführt hat, so trifft das WTO-Mitglied, das die Subventionen gewährt oder beibehält, geeignete Maßnahmen, um die nachteiligen Auswirkungen zu beseitigen, oder nimmt die Subvention zurück (Artikel 7 Abs. VIII Subventionsübereinkommen)[1337]. Ansprüche die nach Artikel 7 des Subventionsübereinkommens geltend gemacht werden, stehen häufig praktischen Problemen gegenüber, weil die Tatsachenaufklärung von der Bereitschaft und Interesse der kooperierenden WTO-Mitglieder abhängig sind. In der Vorbereitungsphase des Berichts profitiert das Panel von der Information die es durch das Verfahren in Anhang V des Subventionsübereinkommens erhält[1338]. Wirkt das subventionierende und/oder das Drittland-Mitglied nicht am Verfahren der Informationssammlung mit, so stellt das beschwerdeführende WTO-Mitglied seinen Fall einer ernsthaften Schädigung auf der Grundlage der ihm zur Verfügung stehenden Beweismittel zusammen, und stellt den Tatbestand und die Umstände der Nichtmitwirkung des subventionierenden und/oder des Drittland-Mitglieds dar. Sind Informationen wegen der Nichtmitwirkung nicht verfügbar, so kann das Panel den Fall nötigenfalls auf der Grundlage der besten auf andere Weise verfügbaren Informationen abschließen (Anhang V Abs. 6 Subventionsübereinkommen). Bei ihrer Entscheidungsfindung soll das Panel aus der Nichtmitwirkung eines Beteiligten am Verfahren der Informationssammlung nachteilige Schlussfolgerungen ziehen (Anhang V Abs. 7 Subventionsübereinkommen).

1335 Die Konsultationsfrist beträgt 60 Tage, der Bericht des Panel muss nach 120 Tagen fertig gestellt sein, der *Appellate Body* entscheidet innerhalb von 60 Tagen (alle diese Frist können im gegenseitigen Einvernehmen verlängert werden).

1336 Raaflaub, S. 113; Horlick/Clarke, WC 1994, S. 53; Montañá Mora, GJ 1997, S. 254; McGovern, § 11.333.

1337 McGovern, § 11.333.

1338 So enthält beispielsweise Anhang V des Subventionsübereinkommens Verfahren für die Sammlung von Informationen über eine ernsthafte Schädigung. Weiterhin enthält Anhang IV Vorgaben zur Berechnung der wertmäßigen Gesamtsubventionierung. Siehe hierzu auch: Horlick/Clarke, WC 1994, S. 53.

c) *Gegen nichtanfechtbare Subventionen*

Obwohl die im Teil IV des Subventionsübereinkommens genannten "Grünen Subventionen" nichtanfechtbar sind, können diese dennoch einer Überprüfung unterzogen werden und im Einzelfall sogar zu Gegenmaßnahmen führen. Wie aus Artikel 9[1339] des Subventionsübereinkommens hervorgeht, können "Grüne Subventionen", nach Konsultationen, dem Ausschuss für Subventionen und Ausgleichsmaßnahmen vorgelegt werden. Hat ein WTO-Mitglied Grund zu der Annahme, dass eine "Grüne Subventionen" zu "ernsthaften nachteiligen Auswirkungen" auf seinen inländischen Wirtschaftszweig geführt haben, so dass eine Schädigung entstanden ist, die schwer zu beseitigen wäre, so kann dieser WTO-Mitglied um Konsultationen ersuchen (Artikel 9 Abs. I Subventionsübereinkommen)[1340]. Wird bei den Konsultationen nicht innerhalb von 60 Tagen eine einvernehmliche Lösung erzielt, so kann das ersuchende WTO-Mitglied die Angelegenheit dem Ausschuss[1341] vorlegen (Artikel 9 Abs. III Subventionsübereinkommen). Stellt der Ausschuss fest, dass diese Auswirkungen bestehen, so kann er dem subventionierenden WTO-Mitglied empfehlen[1342], das Programm so zu ändern, dass diese Auswirkungen beseitigt werden (Artikel 9 Abs. IV Satz 2 Subventionsübereinkommen)[1343]. Wird der Empfehlung nicht innerhalb von sechs Monaten entsprochen, ermächtigt der Ausschuss das ersuchende WTO-Mitglied, geeignete, dem Grad und dem Ausmaß der festgestellten Auswirkungen angemessenen Gegenmaßnahmen zu treffen (Artikel 9 Abs. IV Satz 4 Subventionsübereinkommen)[1344].

VI. *Anschließende Verfahrensarten*

Das Subventionsübereinkommen nennt zwei anschließende Verfahrensarten, namentlich die Rückwirkung und die Möglichkeit von Überprüfungen. Für weitere Einzelheiten zu diesen Verfahrensarten wird ergänzend auf den ersten Teil dieser Untersuchung verwiesen, da sich die ASV bei diesen Verfahrensarten eng am Wortlaut des Subventionsübereinkommens orientiert hat[1345].

1339 Beachte, daß die Anwendung des Artikels 9 ab dem 31.12.99 abgelaufen ist (Artikel 31 Subventionsübereinkommen).

1340 Crocioni, AJPIL 1994, S.76; Horlick/Clarke, WC 1994, S. 47; Montañá Mora, GJ 1997, S. 260; McGovern, § 11.345; Hancher/Ottervanger/Slot, Rdnr. 5-023.

1341 Der Ausschuss für Subventionen und Ausgleichsmaßnahmen (Artikel 24 Subventionsübereinkommen). Siehe zu diesem Thema auch unten in diesem Teil: Punkt VII.

1342 Der Ausschuss legt seine Schlussfolgerung innerhalb von 120 Tagen nach dem Zeitpunkt vor, zu dem er mit der Angelegenheit befasst wurde.

1343 Montañá Mora, GJ 1997, S. 262; McGovern, § 11.345.

1344 Raaflaub, S. 113; Horlick/Clarke,WC 1994, S. 47; Montañá Mora, GJ 1997, S. 262; McGovern, § 11.345.

1345 Siehe oben im ersten Teil: Punkte IX.2. und IX.4.

1. Rückwirkung

Normalerweise werden Ausgleichszölle nicht rückwirkend eingeführt (Artikel 20 Abs. I Subventionsübereinkommen). Wird endgültig festgestellt, dass eine Schädigung (jedoch nicht eine drohende Schädigung oder eine erhebliche Verzögerung der Errichtung eines Wirtschaftszweiges) vorliegt, oder hätten im Falle der endgültigen Feststellung einer drohenden Schädigung die Auswirkungen der subventionierten Einfuhren zur Feststellung einer Schädigung geführt, wenn die vorläufigen Maßnahmen unterblieben wären, so können Ausgleichszölle rückwirkend für den Zeitraum erhoben werden, in dem etwaige vorläufige Maßnahmen angewendet wurden (Artikel 20 Abs. II Subventionsübereinkommen). Ist der endgültige Ausgleichszoll höher als der durch die Barsicherheit oder Bürgschaft gesicherte Betrag, so wird der Differenzbetrag nicht erhoben (Artikel 20 Abs. III Satz 1 Subventionsübereinkommen). Ist der endgültige Zoll niedriger als der durch die Barsicherheit oder Bürgschaft gesicherte Betrag, so wird ohne Verzögerung der Differenzbetrag erstattet oder die Bürgschaft freigegeben (Artikel 20 Abs. III Satz 2 Subventionsübereinkommen). Außer in dem oben genannten Fall, darf bei der Feststellung einer drohenden Schädigung oder einer erheblichen Verzögerung (ohne dass eine Schädigung schon eingetreten wäre) ein endgültiger Ausgleichszoll erst ab dem Zeitpunkt der Feststellung der drohenden Schädigung oder der erheblichen Verzögerung eingeführt werden; die während der Geltungsdauer der vorläufigen Maßnahmen hinterlegten Barbeträge werden ohne Verzögerung erstattet, und Bürgschaften werden ohne Verzögerung freigegeben (Artikel 20 Abs. IV Subventionsübereinkommen). Im Falle einer negativen endgültigen Feststellung werden die während der Geltungsdauer der vorläufigen Maßnahmen hinterlegten Barbeträge ohne Verzögerung erstattet und Bürgschaften werden ohne Verzögerung freigegeben (Artikel 20 Abs. V Subventionsübereinkommen).

2. Überprüfungen

Ein Ausgleichszoll soll nur solange und in dem Umfang in Kraft bleiben, wie dies notwendig ist, um die schädigende Subventionierung unwirksam zu machen (Artikel 21 Abs. I Subventionsübereinkommen)[1346]. Hieraus folgt die Notwendigkeit, den Bedarf für die Beibehaltung eines Ausgleichszolls zu überprüfen. Eine Überprüfung kann entweder von der Behörde selbst vorgenommen werden oder auf Beantragung durch eine interessierte Partei (Artikel 21 Abs. II Satz 1 Subventionsübereinkommen). Endgültige Ausgleichszölle werden spätestens fünf Jahre nach ihrer Einführung[1347] aufgehoben, es sei denn, dass eine Überprüfung eingeleitet und dabei festgestellt worden ist, dass die Subven-

---

1346 Horlick/Clarke, WC 1994, S. 50; McGovern, § 12.525.

1347 Oder dem Datum der letzten Überprüfung.

tionierung und die Schädigung bei einem Auslaufen des Ausgleichszolls wahrscheinlich anhalten oder erneut einsetzen würden (Artikel 21 Abs. III Satz 1 Subventionsübereinkommen)[1348]. Überprüfungen werden ohne Verzögerung durchgeführt und normalerweise binnen 12 Monaten nach Einleitung der Überprüfungen abgeschlossen (Artikel 21 Abs. IV Satz 2 Subventionsübereinkommen). Für weitere Einzelheiten wird auf den ersten Teil dieser Untersuchung verwiesen[1349].

VII. Der Ausschuss über Subventionen und Ausgleichsmaßnahmen

Nach Artikel 24 Abs. I Satz 1 des Subventionsübereinkommens ist ein Ausschuss für Subventionen und Ausgleichsmaßnahmen (der Ausschuss) eingesetzt worden, der sich aus Vertretern aller WTO-Mitglieder zusammensetzt[1350]. Der Ausschuss tritt mindestens zweimal im Jahr sowie auf Antrag eines WTO-Mitglieds nach Maßgabe des Subventionsübereinkommens zusammen[1351]. Der Ausschuss erfüllt die Aufgaben, die ihm aufgrund des Subventionsübereinkommens übertragen oder von den WTO-Mitgliedern zugewiesen worden sind, und bietet den WTO-Mitgliedern Gelegenheit, über alle das Funktionieren des Subventionsübereinkommens oder die Verfolgung seiner Ziele betreffenden Fragen zu beraten (Artikel 24 Abs. I Satz 3 Subventionsübereinkommen).

Darüber hinaus setzt der Ausschuss eine Ständige Sachverständigengruppe (PGE) aus fünf unabhängigen Personen ein, die auf den Gebieten Subventionen und Handelsbeziehungen besondere Sachkenntnis besitzen (Artikel 24 Abs. III Satz 1 Subventionsübereinkommen)[1352]. Wie in Artikel 4 Abs. V des Subventionsübereinkommens vorgesehen, kann die PGE ersucht werden, ein Panel zu unterstützen. Der Ausschuss kann auch Gutachten über das Vorliegen und die Art einer Subvention von der PGE einholen (Artikel 24 Abs. III Satz 4 Subventionsübereinkommen). Der Ausschuss kann zur Wahrnehmung seiner Aufgaben gegebenenfalls Untergruppen einsetzen (Artikel 24 Abs. II Subventionsübereinkommen). Bei der Wahrnehmung ihrer Aufgaben können der Ausschuss und die Untergruppen sich mit jeder ihnen geeignet erscheinenden Stelle beraten und bei dieser Informationen einholen. Bevor jedoch der Ausschuss oder eine Untergruppe Informationen bei einer Stelle im Hoheitsbereich eines WTO-Mitglieds einholt, wird das betreffende Mitglied davon in Kenntnis gesetzt (Artikel 24 Abs. V Satz 2 Subventionsübereinkommen).

1348 Horlick/Clarke, WC 1994, S. 50; McGovern, § 12.525.

1349 Siehe oben im ersten Teil: Punkt IX.4.

1350 Anderson, JWT 1993, S. 79; Trebilcock/Howse, S. 133; Montañá Mora, GJ 1997, S. 269; Jackson, S. 303.

1351 Die Sekretariatsgeschäfte des Ausschusses werden vom WTO-Sekretariat wahrgenommen.

1. *Das Notifikationsverfahren*

Alle Subventionen i.S.d. Artikels 1 Abs. I des Subventionsübereinkommens, die spezifisch i.S.d. Artikels 2 des Subventionsübereinkommens sind, die von einem WTO-Mitglied gewährt oder aufrechterhalten werden, sind dem Ausschuss zu notifizieren (Artikel 25 Abs. II Subventionsübereinkommen)[1353]. Der Inhalt der Notifikation soll hinreichend bestimmt sein, damit die anderen WTO-Mitglieder die Auswirkungen auf den Handel abschätzen, und das Funktionieren der notifizierten Subventionsprogramme verstehen können (Artikel 25 Abs. III Satz 1 Subventionsübereinkommen)[1354]. Darüber hinaus legt Artikel 25 Abs. III Satz 2 des Subventionsübereinkommens die Mindestinformationen fest, die eine Notifikation enthalten muss. Die Notifikation muss folgende Angaben aufweisen: Art der Subvention (d.h. Zuschuss, Darlehen, Steuervergünstigung, usw.); Subventionen je Einheit oder, falls diese Angabe nicht möglich ist, für die Subvention im Haushaltsplan veranschlagter Gesamtbetrag oder Jahresbetrag (wenn möglich, durchschnittliche Subvention je Einheit im Vorjahr); politische Zielsetzung und/oder Zweck der Subvention; Dauer der Subvention und/oder sonstige daran geknüpfte Fristen; sowie statistische Angaben zur Beurteilung der Auswirkungen der Subvention auf den Handel. Eine unterlassene Notifikation hat allerdings keine unmittelbaren rechtlichen Konsequenzen für das WTO-Mitglied. Dies führt leider dazu, dass die durch das Notifikationsverfahren angestrebte Transparenz nur unvollkommen ist, da einige WTO-Mitglieder dieser Verpflichtung nur sehr unzureichend nachkommen. Das Subventionsübereinkommen sieht keine sogenannten "Großvaterrechte" vor, d.h. alle existierenden Subventionen waren vom Inkrafttreten des Subventionsübereinkommens an, innerhalb von 90 Tagen zu notifizieren und mussten innerhalb der darauffolgenden drei Jahre mit dem Subventionsübereinkommens in Einklang gebracht werden (Artikel 28 Subventionsübereinkommen)[1355]. Entwicklungsländer genießen großzügigere Fristen nach Artikel 27 des Subventionsübereinkommens (siehe hierzu den folgenden Punkt VIII). Die oben erwähnten "Grünen Subventionen" müssen vor ihrer Durchführung dem Ausschuss gemäß Teil VII des Subventionsübereinkommens notifiziert werden (Artikel 8 Abs. III Satz 1 Subventionsübereinkommen)[1356]. Jede Notifikation muss ausreichend genau sein, damit andere WTO-Mitglieder die Übereinstimmung eines Programms mit

---

1352 Anderson, JWT 1993, S. 79; Trebilcock/Howse, S. 133; Jackson, S. 303.

1353 Die Mitglieder sind verpflichtet ihre Notifikationen unbeschadet des Artikel XVI Abs. 1 des GATT 1994 spätestens am 30. Juni jedes Jahres vorzulegen (Artikel 25 Abs. I Subventionsübereinkommen). Trebilcock/Howse, S. 133; McGovern, § 11.344 und § 11.35; Lukas, EWS 2000, S. 203/204.

1354 Soweit der notifizierende Mitgliedstaat nicht ausdrücklich verlangt die Notifikationsdokumente vertraulich zu behandeln, sind die Notifikationsdokumente öffentlich zugänglich. Die Notifikationen sind über die WTO Web-site (www.wto.org) abrufbar ("documents online").

1355 Beviglia Zampetti, JWT 1995, S. 12; Montañá Mora, GJ 1997, S. 270/272; McGovern, § 11.344.

1356 Kleinfeld/Kaye, JWT 1994, S. 49; Horlick/Clarke, WC 1994, S. 47; Beviglia Zampetti, JWT 1995, S. 14; Montañá Mora, GJ 1997, S. 259; McGovern, § 11.344.

den Bedingungen und Kriterien in den einschlägigen Bestimmungen des Artikel 8 Abs. II des Subventionsübereinkommens bewerten können (Artikel 8 Abs. III Satz 2 Subventionsübereinkommen). Auf Antrag überprüft der Ausschuss in Zusammenarbeit mit dem WTO-Sekretariat, ob die Voraussetzungen für das Vorliegen der "Grünen Subventionen" gegeben sind (Artikel 8 Abs. IV Subventionsübereinkommen). Auf Antrag eines Mitglieds wird die vom Ausschuss durchgeführte Ermittlung gemäß Artikel 8 Abs. IV oder die Nichtermittlung sowie die Nichteinhaltung der Bedingungen des notifizierten Programms in Einzelfällen einem bindenden Schiedsverfahren unterzogen (Artikel 8 Abs. V Subventionsübereinkommen)[1357]. "Grünen Subventionen" die dem Ausschuss vor Einführung notifiziert werden sind "geschützt", solange nicht der Ausschuss oder ein Schiedsorgan zu dem Ergebnis gelangt ist, dass diese Subventionen nicht als nichtanfechtbar zu qualifizieren sind[1358]. Außerdem erstatten die Mitglieder dem Ausschuss unverzüglich Bericht, über alle im Hinblick auf Ausgleichszölle getroffenen vorläufigen oder endgültigen Maßnahmen. Diese Berichte stehen den anderen WTO-Mitgliedern im WTO-Sekretariat zur Einsichtnahme zur Verfügung. Die WTO-Mitglieder legen ferner halbjährliche Berichte über alle in den vorhergehenden sechs Monaten im Hinblick auf Ausgleichszölle getroffenen Maßnahmen vor (Artikel 25 Abs. XI Subventionsübereinkommen). Jedes Mitglied unterrichtet den Ausschuss über alle Änderungen seiner Gesetze und sonstigen Vorschriften, die für das Subventionsübereinkommen von Bedeutung sind sowie über alle Änderungen bei ihrer Anwendung (Artikel 32 Abs. VI Subventionsübereinkommen).

2. *Überwachung*

Der Ausschuss prüft die vorgelegten neuen und vollständigen Notifikationen in außerordentlichen Sitzungen, die alle drei Jahre abgehalten werden. Die Notifikationen, die in den dazwischen liegenden Jahren vorgelegt werden (aktualisierte Notifikationen), werden in den ordentlichen Sitzungen des Ausschusses geprüft (Artikel 26 Abs. I Subventionsübereinkommen). Der Ausschuss prüft auch die nach Artikel 25 Abs. XI des Subventionsübereinkommens vorgelegten Berichte in den ordentlichen Sitzungen des Ausschusses[1359]. Der Ausschuss überprüft jährlich unter Berücksichtigung der Ziele des Subventionsübereinkommens dessen Durchführung und Funktionieren. Der Ausschuss unterrichtet den Rat für Warenverkehr jährlich über die Entwicklung während des Überprüfungszeitraums (Artikel 32 Abs. VI Subventionsübereinkommen).

1357 Siehe hierzu: Procedures for Arbitration under Article 8.5 of the Agreement of Subsidies and Countervailing Measures (Adopted by the Committee on Subsidies and Countervailing Measures on 2 June 1998; G/SCM/19).

1358 Von dieser Möglichkeit ist bislang noch kein Gebrauch gemacht worden.

1359 Montañá Mora, GJ 1997, S. 271.

VIII. Entwicklungsländer

Das Subventionsübereinkommen enthält detaillierte Ausnahmevorschriften im Hinblick auf Entwicklungsländer (Artikel 27 Subventionsübereinkommen)[1360]. In Artikel 27 Abs. I des Subventionsübereinkommens erkennen die WTO-Mitglieder zunächst an, dass Subventionen in den Wirtschaftsentwicklungsprogrammen der Entwicklungsland-Mitglieder eine wichtige Rolle spielen können[1361]. Darüber hinaus sieht Artikel 27 Abs. II Buchstabe a) des Subventionsübereinkommens vor, dass es den Entwicklungsländern, die in Anhang VII[1362] des Subventionsübereinkommens erwähnt sind, gestattet ist weiterhin Ausfuhrsubventionen zu gewähren[1363]. Damit werden diese Entwicklungsländer vom Verbot in Artikel 3 Abs. I Buchstabe a) des Subventionsübereinkommens freigestellt[1364]. Alle übrigen Entwicklungsländer sind für die ersten acht Jahre nach dem Inkrafttreten des Subventionsübereinkommens, vorbehaltlich des Artikel 27 Abs. IV des Subventionsübereinkommens, freigestellt[1365]. Das Verbot des Artikel 3 Abs. I Buchstabe b) des Subventionsübereinkommens findet auf die Entwicklungsländer in den ersten fünf Jahren und auf die am wenigsten entwickelten Mitglieder in den ersten acht Jahren nach Inkrafttreten des Subventionsübereinkommens keine Anwendung (Artikel 27 Abs. III Subventionsübereinkommen). Die in Artikel 27 Abs. II Buchstabe b) des Subventionsübereinkommens genannten Entwicklungsländer müssen ihre Ausfuhrsubventionen innerhalb der Achtjahresfrist, vorzugsweise schrittweise abbauen (Artikel 27 Abs. IV Satz 1 Subventionsübereín-

---

1360 The EIU Guide to the new GATT (The Economist Intelligence Unit), S. 43; Crocioni, AJPIL 1994, S. 72; Trebilcock/Howse, S. 133; Montañá Mora, GJ 1997, S. 272; McGovern, § 11.36; Lukas, EWS 2000, S. 203.

1361 Rom, JWT 1994, S. 10.

1362 Die Entwicklungsland Mitglieder, die nach Artikel 27 Abs. II Buchstabe a) nicht dem Artikel 3 Abs. I Buchstabe a) unterliegen, sind:
(i) die am wenigsten entwickelten Länder, die von den Vereinten Nationen als solche bezeichnet werden und die Mitglieder der WTO sind.
(ii) Die folgenden Entwicklungsländer, die Mitglieder der WTO sind, unterliegen den Bestimmungen, die nach Artikel 27 Abs. II Buchstabe b) für die übrigen Entwicklungsland-Mitglieder gelten, wenn das Pro-Kopf-BSP 1000 USD pro Jahr erreicht hat: Ägypten, Bolivien, Côte d'Ivoire, die Dominikanische Republik, Ghana, Guatemala, Guyana, Indien, Indonesien, Kamerun, Kenia, Kongo, Marokko, Nicaragua, Nigeria, Pakistan, die Philippinen, Senegal, Simbabwe.

1363 Eine Ausnahme gilt jedoch für den Fall, dass ein Entwicklungsland für eine bestimmte Ware Ausfuhrwettbewerbsfähigkeit erreicht hat. Ausfuhrwettbewerbsfähigkeit ist erreicht, wenn in zwei aufeinanderfolgenden Kalenderjahren ein Anteil von mindestens 3,25% am Welthandel mit dieser Ware erreicht worden ist. Das Entwicklungsland ist in dieser Situation verpflichtet die Ausfuhrsubventionen schrittweise abzubauen (siehe Artikel 27 Abs. V und Abs. VI). Rom, JWT 1994, S. 10/13; McGovern, § 11.36.

1364 Zum Verhältnis zwischen Artikel 27 und Artikel 3 des Subventionsübereinkommens, siehe: Report of the Panel on Brazil - Export Financing Programme for Aircraft, WT/DS46/R, 1999, page 1/89 (para. 7.39); Report of the Appellate Body on Brazil - Export Financing Programme for Aircraft, WT/DS46/AB/R, 1999, page 1/16 .

1365 Eine Verlängerung ist nach Artikel 27 Abs. IV des Subventionsübereinkommens möglich. Rom, JWT 1994, S. 11.

kommen)[1366]. Darüber hinaus dürfen diese Entwicklungsländer nicht das Niveau ihrer Ausfuhrsubventionen erhöhen und diese Subventionen innerhalb einer kürzeren Frist abbauen, wenn die Verwendung der Ausfuhrsubventionen mit ihren Entwicklungserfordernissen unvereinbar ist (Artikel 27 Abs. IV Satz 2 Subventionsübereinkommen).

Hinsichtlich anderer anfechtbarer Subventionen, als der in Artikel 6 Abs. I des Subventionsübereinkommens genannten, die von einem Entwicklungsland-Mitglied gewährt oder aufrechterhalten werden, dürfen keine Maßnahmen nach Artikel 7 des Subventionsübereinkommens zugelassen oder getroffen werden, sofern nicht festgestellt wird, dass als Folge einer solchen Subvention Zollzugeständnisse oder andere Verpflichtungen aus dem GATT 1994 auf eine Weise zunichte gemacht oder geschmälert werden, dass die Einfuhren einer gleichartigen Ware eines anderen Mitglieds auf den Markt des subventionierenden Entwicklungsland-Mitglieds verdrängt oder behindert werden, oder sofern nicht eine Schädigung des inländischen Wirtschaftszweigs auf dem Markt eines Einfuhrmitglieds vorliegt (Artikel 27 Abs. IX Subventionsübereinkommen).

Außerdem werden Ausgleichszolluntersuchungen eingestellt, wenn die Subvention lediglich 2% und für die in Anhang VII genannten Entwicklungsländer 3% beträgt, oder wenn die Einfuhren insgesamt weniger als 4% der Gesamteinfuhren ausmacht, es sei denn, dass der Gesamtanteil von Ausfuhren aus Entwicklungsländern 9% übersteigt (Artikel 27 Abs. X und XI Subventionsübereinkommen)[1367].

IX. Übergangsregeln

Artikel 28 des Subventionsübereinkommens legt Fristen fest, um Subventionspraktiken in Einklang mit dem Subventionsübereinkommen zu bringen[1368]. Darüber hinaus enthält das Subventionsübereinkommen spezielle Vorschriften für Mitglieder, die sich im Übergang von einer Planwirtschaft zu einer freien Marktwirtschaft befinden (Artikel 29 Subventionsübereinkommen). So besteht z.B. für diese Staaten generell eine Übergangsfrist von sieben Jahren[1369].

1366 Zur Frage der Beweislast nach Artikel 27 Abs. IV, siehe: Report of the Panel on Brazil - Export Financing Programme for Aircraft, WT/DS46/R, 1999, page 1/89 (para. 7.42 subseq.); Report of the Appellate Body on Brazil - Export Financing Programme for Aircraft, WT/DS46/AB/R, 1999, page 1/18.

1367 Rom, JWT 1994, S. 15; Crocioni, AJPIL 1994, S. 72; Montañá Mora, GJ 1997, S. 274. Siehe zu diesem Thema auch oben im ersten Teil: Punkt VIII.4.

1368 Crocioni, AJPIL 1994, S. 72; Montañá Mora, GJ 1997, S. 272; McGovern, § 11.37.

1369 The EIU Guide to the new GATT (The Economist Intelligence Unit), London 1994, S. 43; Crocioni, AJPIL 1994, S. 73; Montañá Mora, GJ 1997, S. 278; McGovern, § 11.37.

X. Bewertung

Durch seine weltweit normative Wirkung, hat das Subventionsübereinkommen eine Subventionsdisziplin geschaffen, die zwangsläufig zu einer stärkeren Vereinheitlichung nationaler Antisubventionsgesetzgebung führen wird. Darüber hinaus setzt das Subventionsübereinkommen ganz auf den Dialog, was deutlich wird in der detaillierten Ausgestaltung der, je nach Kategorie der Subvention, unterschiedlichen Konsultations- und Streitbeilegungsverfahren. Hinsichtlich der Bedeutung der Subventionen und ihrer Wirkung auf den Handel, variieren die Streitbeilegungsverfahren nach dem Subventionsübereinkommen. So sind beispielsweise wesentlich kürzere Fristen für die Streitbeilegung vorgesehen, wenn es sich um verbotene Subventionen handelt, da diese als "schädlicher" für den Handel zwischen den WTO-Mitgliedern bewertet werden, als z.B. die anfechtbaren oder nichtanfechtbaren Subventionen. Das Streitbeilegungsverfahren hat sich zum quasi forensischen Verfahren entwickelt. Aspekte wie Beweisführung, Fristen und Rechtsmittel sind hierfür Indizien. Die Komplexität im Hinblick auf die faktische und rechtliche Bewertung von Streitfällen kann allerdings im Einzelfall zu enormen Schwierigkeiten für ein Panel führen, einen Fall im Rahmen der vorgegebenen Frist zu beenden. Daher sieht das Subventionsübereinkommen für Verfahren gegen verbotene Subventionen, mit seinen kurzen Fristen, die Möglichkeit vor, dass ein Panel von einer ständigen Sachverständigengruppe (PGE) unterstützt wird.

Zu konstatieren ist weiterhin, dass seit der Errichtung der WTO, die Streitbeilegungsverfahren eine relativ große Popularität genießen, zählt man die Fälle, die nach dem DSU bereits eingeleitet worden sind. Die Vorschriften zur Streitbeilegung werden im Hinblick auf zukünftige Subventionsvergaben zu einer wahrscheinlich größeren Disziplin unter den WTO-Mitgliedern führen. Allerdings erlaubt das Subventionsübereinkommen den WTO-Mitgliedern nach wie vor die unilaterale Einführung von Ausgleichsmaßnahmen, ohne die Inanspruchnahme eines Konsultations- und Streitbeilegungsverfahrens. Dies kann dazu führen, dass WTO-Mitglieder Ausgleichszölle einführen, die zwangsläufig den Handel behindern, ohne den Anreiz zu haben, den "Subventionsfall" im Wege des Konsultations- und Streitbeilegungsverfahrens zu lösen, das Ausgleichszölle entbehrlich machen würde. Diese Tendenz wirft zwangsläufig die Frage auf, wie das DSU und die Streitbeilegungsverfahren nach dem Subventionsübereinkommen sich in Zukunft weiterentwickeln sollten, um die Einführung von Ausgleichszöllen zu verhindern.

Exkurs 1:

Artikel XV des Allgemeinen Übereinkommens über den Handel mit Dienstleistungen (GATS)

Einer der Säulen der WTO ist das Allgemeine Übereinkommen über den Handel mit Dienstleistungen (GATS)[1370], das im Anhang 1 B zum Übereinkommen zur Errichtung der WTO enthalten ist[1371]. Mit dem GATS wird erstmals der immer wichtiger werdende Dienstleistungsbereich in die multilaterale Organisation des Welthandels einbezogen[1372].

Für die Zwecke des GATS schließt der Begriff "Dienstleistungen" jede Art von Dienstleistungen in jedem Sektor mit Ausnahme solcher Dienstleistungen ein, die in Ausübung hoheitlicher Gewalt[1373] erbracht werden [Artikel I Abs. 3 Buchstabe b) GATS]. Damit umfasst das GATS alle Arten von Dienstleistungen, die sich auf so unterschiedliche Sektoren wie Banken/Versicherungen, Bauwirtschaft, Verkehr, Kommunikation, Beratungswesen, Computerprogramme und Tourismus erstrecken können.

Das GATS orientiert sich an den Grundprinzipien des GATT - wie Meistbegünstigung, Transparenz, Marktzugang und Inländergleichbehandlung - die entsprechend auf den Dienstleistungsbereich anzuwenden sind (Artikel II, III, XVI und XVII GATS)[1374]. Das GATS arbeitet mit spezifischen Verpflichtungen, z.B. über den Marktzugang und die Inländergleichbehandlung. Danach legt jedes Mitglied in einer Liste die spezifischen Verpflichtungen fest, die es im Hinblick auf den Marktzugang und der Inländergleichbehandlung übernimmt. Die Struktur dieser Listen ist in Artikel XX GATS festgelegt.

Weiterhin ist das GATS eine Art *pactum de contrahendo*, welches durch künftige Verhandlungen weiterentwickelt werden muss (Teil IV GATS)[1375]. Vorläufig enthält das GATS noch zahlreiche Ausnahmen, vor allem bei den Finanzdienstleistungen, der Telekommunikation, in der Luftfahrt und Hochseeschifffahrt. Im audiovisuellen Bereich (Film/Fernsehen) kam es zu keiner Liberalisierungsverpflichtung (vorläufige "kulturelle

---

1370 General Agreement on Trade in Services.

1371 Das Allgemeine Abkommen über den Handel im Dienstleistungsbereich ist abgedruckt im: The Results of the Uruguay Round of Multilateral Trade Negotiations (GATT Sekretariat), S. 325; und im: ABl. 1994 L 336, S. 190. Siehe zum GATS auch: Trebilcock/Howse, S. 225; Oppermann, RIW 1995, S. 923; Beneyto, EuZW 1996, S. 295; Taylor/Metzger, NYILR 1997, S. 1/14; Jackson, S. 306; McGovern, § 31.1.

1372 Oppermann, RIW 1995, S. 923; Blakeney, ITLR 1995, S. 53; Taylor/Metzger, NYILR 1997, S. 1/14; McGovern, § 31.1; Jackson, S. 306; Das, JWT 1998, S. 79.

1373 Artikel I Abs. 3 Buchstabe c) GATS definiert den Begriff "in Ausübung hoheitlicher Gewalt erbrachter Dienstleistungen" als "jede Art von Dienstleistung, die weder zu kommerziellen Zwecken noch im Wettbewerb mit anderen oder mehreren Dienstleistungserbringern erbracht wird".

1374 Trebilcock/Howse, S. 230/233; Jackson, S. 307; Taylor/Metzger, NYILR 1997, S. 1/16; McGovern, § 31.12; Das, JWT 1998, S. 94.

1375 Trebilcock/Howse, S. 230/233; Oppermann, RIW 1995, S. 923; McGovern, § 31.21; Das, JWT 1998,

Ausnahme", die jedoch die künftige Verhandlungspflicht unberührt lässt)[1376]. Institutionell ist durch das GATS ein besonderer Rat für den Dienstleistungshandel errichtet worden[1377]. Das GATS ermöglicht ferner die Anrufung des allgemeinen Streitbeilegungsverfahrens (Artikel XXIII GATS)[1378].

Im Hinblick auf Subventionen erkennt das GATS zwar an, dass Subventionen unter bestimmten Umständen zu Verzerrungen im Handel mit Dienstleistungen führen können (Artikel XV Abs. 1 Satz 1 GATS), stellt jedoch keine Abhilfemaßnahmen für dieses Problem bereit[1379]. Das GATS verpflichtet die WTO-Mitglieder lediglich Verhandlungen zur Ausarbeitung der erforderlichen multilateralen Disziplinen aufzunehmen, um handelsverzerrende Auswirkungen zu vermeiden (Artikel XV Abs. 1 Satz 2 GATS)[1380]. Schließlich legt Artikel XV Abs. 2 Satz 1 GATS fest, dass ein WTO-Mitglied, das sich durch eine Subvention eines anderen WTO-Mitglieds beeinträchtigt sieht, dieses WTO-Mitglied um Konsultationen über diese Fragen ersuchen kann[1381]. Damit sieht das GATS gegenwärtig nicht die Möglichkeit vor, bei Vorliegen von handelsverzerrenden Subventionen unilaterale Ausgleichsmaßnahmen zu ergreifen.

S. 94.

1376 Oppermann, RIW 1995, S. 923.

1377 Oppermann, RIW 1995, S. 923; Blakeney, ITLR 1995, S. 53; Beneyto, EuZW 1996, S. 296; McGovern, § 31.222.

1378 Trebilcock/Howse, S. 231/235; McGovern, § 31.221; Jackson, S. 292/293.

1379 Hancher/Ottervanger/Slot, Rdnr. 5-009.

1380 In einem künftigen Arbeitsprogramm wird festgelegt, wie und innerhalb welchen Zeitrahmens Verhandlungen über derartige multilaterale Disziplinen geführt werden (siehe Fußnote Nr. 1 zu Artikel XV GATS: ABl. 1994 L 336, S. 198). Die Verhandlungen betreffen auch die Zweckmäßigkeit von Ausgleichsverfahren (siehe Artikel XV Abs. 1 Satz 3 GATS). Die Verhandlungen erkennen die Rolle von Subventionen für die Entwicklungsprogramme von Entwicklungsländern an und berücksichtigen das Bedürfnis der Mitglieder, insbesondere der Entwicklungsländer, die Mitglieder sind, nach Flexibilität in diesem Bereich (siehe Artikel XV Abs. 1 Satz 4 GATS). Für die Zwecke dieser Verhandlungen tauschen die Mitglieder Informationen über alle Subventionen im Zusammenhang mit dem Handel mit Dienstleistungen aus, die sie inländischen Dienstleistungserbringern gewähren (siehe Artikel XV Abs. 1 Satz 5 GATS).

1381 Ein solches Ersuchen wird wohlwollend geprüft (siehe Artikel XV Abs. 2 Satz 2 GATS). Dies beinhaltet eine grundsätzliche Verpflichtung in Konsultationen einzutreten.

Exkurs 2:

Das Streitbeilegungsverfahren der WTO

Das Streitbeilegungsverfahren der WTO konstituiert ein wesentliches Element der Welthandelsordnung und stellt gleichsam das Rückgrat der WTO dar. Die WTO-Mitglieder sind grundsätzlich verpflichtet, Verletzungen der Pflichten oder Minderungen der Vorteile aus dem WTO-Übereinkommen und seinen Anhängen im Wege des Streitbeilegungsverfahrens durchzusetzen[1382]. Durch das Streitbeilegungsverfahren, welches in der Vereinbarung über Regeln und Verfahren zur Beilegung von Streitigkeiten (DSU)[1383] in Anhang 2 als integrierender Bestandteil des WTO-Übereinkommens zusammengefasst ist[1384], ist die normative Verbindlichkeit der WTO-Regeln in bemerkenswerter Weise gestärkt worden[1385]. Hauptmerkmal des Streitbeilegungsverfahrens ist eine deutliche Verrechtlichung gegenüber der alten GATT Ordnung, die durch eine Schwäche der Rechtsdurchsetzung gekennzeichnet war. Das wichtigste Merkmale des DSU, im Vergleich zum alten GATT System, ist in diesem Zusammenhang seine verpflichtende und bindende Natur. Diese Änderung kommt durch den Übergang von der "positiven Konsens-Entscheidung" hin zur "negativen Konsens-Entscheidung" zum Ausdruck. Danach bedarf nicht mehr die Annahme von Entscheidungen und Empfehlungen, sondern lediglich die Ablehnung einer Konsens-Entscheidung aller WTO-Mitglieder[1386].

Die Artikel XXII und XXIII des GATT 1994, wie sie im DSU ausgestaltet und angewandt worden sind, gelten für die Konsultationen und die Beilegung von Streitigkeiten im Rahmen des Subventionsübereinkommens, sofern darin nichts anderes bestimmt ist (Artikel 30 Subventionsübereinkommen). Die Streitbeilegungsvorschriften des Subventionsübereinkommens gehen damit als *lex specialis* den Vorschriften des DSU vor[1387]. Da das Subventionsübereinkommen bereits über detaillierte Streitbeilegungsvorschriften verfügt[1388], bleiben für die generellen Vorschriften des DSU nur wenig Raum[1389]. Die prakti-

---

1382 Siehe hierzu Artikel 23 Abs. I DSU. The EIU Guide to the new GATT (The Economist Intellegence Unit), S. 44; Crocioni, AJPIL 1994, S. 73; Montañá Mora, GJ 1997, S. 279; Ott, S. 22.

1383 Dispute Settlement Understanding.

1384 Die Vereinbarung über Regeln und Verfahren zur Beilegung von Streitigkeiten ist im Anhang 2 des Übereinkommens zur Errichtung der WTO enthalten (abgedruckt im: ABl. 1994 L 336, S. 234). Wareham, ITLR 1995, S. 114; Beneyto, EuZW 1996, S. 296.

1385 Komuro, JWT 1995, S. 5; Trebilcock/Howse, S. 383/397; Oppermann, RIW 1995, S. 924; Wareham, ITLR 1995, S. 114; Backes, RIW 1995, S. 916; Beneyto, EuZW 1996, S. 296; Petersmann, S. 182; Leier, EuZW 1999, S. 204; Palmeter/Mavroidis, S. 17.

1386 Siehe z.B. die Artikel 6 Abs. I, 8 Abs. VII, 16 Abs. IV, 17 Abs. XIV, 21 und 22 DSU. Trebilcock/ Howse, S. 397; Komuro, JWT 1995, S. 39/40; Leier, EuZW 1999, S. 205.

1387 Siehe in diesem Zusammenhang auch Anhang 2 DSU (Besondere oder zusätzliche Regeln und Verfahren in den unter die Vereinbarung fallenden Übereinkommen).

1388 Siehe oben im vierten Teil: Punkte V.2.a. bis c.

sche Bedeutung der generellen Vorschriften findet jedoch dann Berücksichtigung, wenn sich z.B. ein WTO-Mitglied gegen die Einführung von Ausgleichsmaßnahmen wendet, denn die besonderen Vorschriften im Subventionsübereinkommen beschreiben nur die Fälle, in denen sich ein WTO-Mitglied gegen Subventionen wendet. Nicht erfasst werden die Fälle, in denen ein WTO-Mitglied Ausgleichsmaßnahmen einführt, und das von diesen Ausgleichsmaßnahmen betroffene WTO-Mitglied der Ansicht ist, dass die Einführung dieser Ausgleichsmaßnahmen unberechtigt sei. In diesem Fall kommt das allgemeine Streitbeilegungsverfahren zur Anwendung[1390].

Das DSU nimmt zunächst ausdrücklich Bezug auf die bestehenden gewohnheitsrechtlich entwickelten Streitbeilegungsstrukturen des GATT 1947 (Artikel 3 Abs. I DSU)[1391]. Entsprechend der Unterteilung im GATT 1947, übernimmt auch das DSU die Formen der Empfehlungen (*recommendations*) und Entscheidungen (*rulings*); beide charakterisieren sich durch ihre Rechtsverbindlichkeit[1392]. Keine wesentliche Änderung besteht auch im Hinblick auf die Verfahrenslegitimation. Verfahrenslegitimiert sind nach wie vor ausschließlich Staaten, nicht aber natürliche oder juristische Privatpersonen.

Zur Verwaltung des Streitbeilegungsverfahrens, ist ein zentrales Streitbeilegungsorgan (DSB)[1393] geschaffen worden, um die Regeln und Verfahren sowie die Bestimmungen über Konsultationen und die Streitbeilegung anzuwenden (Artikel 2 Abs. I Satz 1 DSU)[1394]. Bei dem DSB handelt es sich um den Allgemeinen Rat der WTO, der unter dieser Bezeichnung und mit einem besonderen Vorsitzenden in der Regel einmal pro Monat tagt. Das DSB entscheidet über die Einleitung aller streitigen Verfahren. Das DSB ist weiterhin befugt, Panels einzusetzen[1395] sowie Panelberichte und Berichte des Einspruchs-/Berufungsorgans[1396] (*Appellate Body*) anzunehmen[1397], die Überwachung der Ausführung von Entscheidungen und Empfehlungen durchzuführen sowie die Aussetzung von Zuge-

1389 Montañá Mora, GJ 1997, S. 279; McGovern, § 11.312.

1390 Siehe in diesem Zusammenhang: Report of the Panel on United States – Imposition of Countervailing Duties on certain hot-rolled Lead and Bismuth Carbon Steel Products originating in the United Kingdom, WT/DS138/R, 1999, page 1/28; Report of the Appellate Body on United States – Imposition of Countervailing Duties on certain hot-rolled Lead and Bismuth Carbon Steel Products originating in the United Kingdom, WT/DS138/AB/R, 2000, page 1.

1391 Komuro, JWT 1995, S. 37; Blakeney, ITLR 1995, S. 50; Petersmann, S. 178; Ott, S. 21.

1392 Petersmann, S. 74; Ott, S. 23.

1393 Dispute Settlement Body.

1394 Trebilcock/Howse, S. 397; Komuro, JWT 1995, S. 43; Wareham, ITLR 1995, S. 117; Beneyto, EuZW 1996, S. 296; Palmeter/Mavroidis, S. 16.

1395 Der Antrag auf Einsetzung eines Panels kann nur durch Konsens abgelehnt werden (siehe Artikel 6 und 7 DSU).

1396 Das DSU spricht in der deutschen Übersetzung von einem Berufungsgremium.

1397 Die entscheidende Verstärkung des DSU-Verfahrens gegenüber der alten GATT-Praxis liegt darin, dass die Annahme der Panelberichte im DSB nicht mehr von der Zustimmung aller WTO-Mitglieder abhängig ist, sondern nur die Verweigerung der Annahme einer Konsens-Entscheidung des DSB bedarf (Artikel 16 Abs. IV DSU). Siehe in diesem Zusammenhang auch: Oppermann, RIW 1995, S. 924; Wareham, ITLR 1995, S. 116; Beneyto, EuZW 1996, S. 296.

ständnissen oder sonstigen Verpflichtungen aus den unter die Vereinbarung fallenden Übereinkommen zu genehmigen (Artikel 2 Abs. I Satz 2 DSU)[1398].

In Artikel 3 Abs. VII DSU ist zunächst die allgemeine Vorgehensweise bei Streitbeilegungsverfahren dargelegt: Bevor ein Fall vorgelegt wird, soll das WTO-Mitglied seinen Standpunkt prüfen, ob die Verfolgung im Rahmen des Streitbeilegungsverfahrens sinnvoll erscheint (Artikel 3 Abs. VII Satz 1 DSU). Es wird auch deutlich herausgestellt, dass eine einvernehmliche Lösung zwischen den Parteien zur Beilegung der Streitigkeit vorzuziehen ist (Artikel 3 Abs. VII Satz 2 und Satz 3 DSU). Soweit keine einvernehmliche Lösung des Konflikts erzielt werden kann, ist das vornehmliche Ziel, die Maßnahme zu beseitigen, die als unvereinbar mit den WTO-Vorschriften angesehen wird (Artikel 3 Abs. VII Satz 4 DSU)[1399]. Auf Kompensationen soll nur dann zurückgegriffen werden, wenn die Rücknahme der umstrittenen Maßnahmen nicht möglich oder nicht praktikabel ist (Artikel 3 Abs. VII Satz 5 DSU). Als *ultima ratio* verbleibt dem obsiegenden WTO-Mitglied in einem Streitverfahren die Möglichkeit, Entschädigung zu erhalten oder Konzessionen und andere Verpflichtungen auszusetzen (Artikel 3 Abs. VII Satz 6 DSU). Diese Maßnahmen stehen unter Aufsicht des DSB[1400].

Das Verfahren beginnt mit Konsultationen, die von den WTO-Mitgliedern, die als Parteien am Verfahren beteiligt sind, selbst durchgeführt werden. Artikel 4 DSU regelt das Verfahren der Konsultationen[1401]. Können sich die Parteien innerhalb einer 60 tägigen Konsultationsfrist nicht einigen oder verweigert die aufgeforderte Partei die Verhandlungen, so kann die beschwerdeführende Partei die Einsetzung eines Panels beantragen (Artikel 4 Abs. VII Satz 1 DSU). Der Gefahr, dass die beteiligten Parteien bei einer Einigung von multilateralen WTO-Verpflichtungen abweichen, begegnet das DSU durch Notifizierungsverpflichtungen, die Transparenz darüber schaffen sollen, dass Konsultationen durchgeführt werden und welche Ergebnisse erzielt worden sind (Artikel 3 Abs. VI, Artikel 4 Abs. IV DSU).

Neben den Konsultationen und den darauffolgenden möglichen Panelverfahren, stellt das DSU auch alternative oder komplementäre Verfahren zur Schlichtung von Streitigkeiten bereit. Hierzu gehören gute Dienste, der Vergleich und die Vermittlung. Diese Verfahren sind freiwillig anwendbar, wenn die Streitparteien sich darauf einigen (Artikel 5 Abs. I

1398 Oppermann, RIW 1995, S. 924; Komuro, JWT 1995, S. 43; Wareham, ITLR 1995, S. 117; Ott, S. 21; Beneyto, EuZW 1996, S. 296; Leier, EuZW 1999, S. 205.

1399 Ott, S. 22; Petersmann, S. 179.

1400 Trebilcock/Howse, S. 397; Ott, S. 22; Leier, EuZW 1999, S. 205.

1401 Das aufgeforderte WTO-Mitglied muss binnen 10 Tagen antworten, ob es zu Konsultationen bereit ist. Spätestens 30 Tage nach dem Ersuchen müssen Gespräche über eine gütliche Einigung beginnen. Hierfür ist ein Zeitraum von wiederum maximal 30 Tagen vorgesehen, so dass zwischen Aufforderung und Ende der Konsultationen maximal 60 Tage liegen. Für bestimmte verderbliche Güter gilt eine verkürzte Frist von 20 Tagen. Siehe in diesem Zusammenhang auch: Backes, RIW 1995, S. 917; Wareham, ITLR 1995, S. 118; Beneyto, EuZW 1996, S. 296; Petersmann, S. 184; Leier, EuZW 1999, S. 205; Palmeter/Mavroidis, S. 62.

DSU)[1402]. Gute Dienste, Vergleich oder Vermittlung können von jeder Streitpartei jederzeit beantragt werden (Artikel 5 Abs. III Satz 1 DSU). Falls die Streitparteien Einvernehmen erzielen, können die Verfahren der guten Dienste, des Vergleichs oder der Vermittlung auch während des Panelverfahrens fortgeführt werden.

Wenn die Parteien keine einvernehmliche Lösung finden, folgt ein streitiges Verfahren, welches vor einem Panel ausgetragen wird. In den Artikeln 6 bis 8, 11, 12 DSU ist die Einsetzung, das Mandat, die Zusammensetzung, die Aufgabe, und das Vorgehen[1403] der Panels niedergelegt. Der Antrag auf Einsetzung eines Panels muss schriftlich erfolgen. Er muss Angaben erhalten, ob Konsultationen stattgefunden haben, die einzelnen strittigen Maßnahmen nennen und eine kurze Zusammenfassung der Rechtsgrundlage der Beschwerde geben, die zur Verdeutlichung des Problems ausreicht (Artikel 6 Abs. II DSU)[1404]. Artikel 7 DSU nennt den Umfang des Panel-Mandats, wonach ein Panel im Lichte der einschlägigen Bestimmungen, dem DSB die strittige Angelegenheit[1405] unterbreiten und die Feststellungen zu treffen hat, die dem DSB bei seinen, in dem DSU vorgesehenen, Empfehlungen und Entscheidungen unterstützen. Die Parteien erhalten im Panelverfahren zunächst Gelegenheit, ihre Standpunkte und Beweismittel vorzutragen. Nach Artikel 11 DSU nimmt das Panel in seinem Aufgabenfeld eine objektive Beurteilung der vor ihm liegenden Angelegenheiten vor. Es erarbeitet alle Feststellungen, die dem DSB helfen, die vorgesehenen Empfehlungen oder Entscheidungen zu treffen. Das Panel legt einen Bericht mit seinen Feststellungen zum Sachverhalt und der rechtlichen Beurteilung des Falles vor. In der sogenannten Interimsphase erhalten die Parteien einen Entwurf des späteren Panelberichts mit der Möglichkeit, Stellung zu nehmen (Artikel 15 DSU). Dies soll den Parteien eine Überprüfung des noch vorläufigen Panelberichts ermöglichen. Die Parteien sollen damit zugleich noch einmal die Möglichkeit haben, zu einer einvernehmlichen Lösung zu gelangen.

Das Panel soll i.d.R. in 6 Monaten seine Untersuchung durchführen, in dringenden Fällen sollen 3 Monate ausreichen (Artikel 12 Abs. VIII DSU)[1406]. In keinem Fall soll jedoch

---

1402 Komuro, JWT 1995, S. 47/48.

1403 Rudimentäre Verfahrensregeln für das Panelverfahren enthält Anhang 3 des DSU.

1404 Im Hinblick auf die Notwendigkeit zur hinreichend präzisen Bestimmung der einzelnen strittigen Maßnahmen, siehe: Report of the Panel on Canada - Measures affecting the Export of Civilian Aircraft, WT/DS70/R, 1999, page 1/160 (para. 9.29 subseq.); Report of the Panel on United States – Tax Treatment for "Foreign Sales Corporations", WT/DS108/R, 1999, page 1/254 (para. 7.29).

1405 Die Jurisdiktion eines Panels beschränkt sich nicht nur auf die während der Konsultationsphase erörterten Probleme, daher ist eine genaue Identität aller Einzelheiten des Streitgegenstandes zwischen der Konsultationsphase und des Panelverfahrens nicht erforderlich: Report of the Panel on Canada - Measures affecting the Export of Civilian Aircraft, WT/DS70/R, 1999, page 1/157 (para. 9.14 subseq.); Report of the Panel on Brazil - Export Financing Programme for Aircraft, WT/DS46/R, 1999, page 1/78 (para. 7.9).

1406 Vor einer endgültigen Entscheidung legt das Panel, wie bereits oben erwähnt, einen Zwischenbericht vor, zu dem sich die Streitparteien äußern dürfen, ohne jedoch neue Tatsachen vorzubringen (Artikel 15 DSU). Siehe hierzu auch: Komuro, JWT 1995, S. 53; Petersmann, S.185; Palmeter/Mavroidis, S. 91.

ein Zeitraum, zwischen der Einsetzung des Panels und der Verteilung des Berichts an die Mitglieder, 9 Monate überschreiten (Artikel 12 Abs. IX Satz 2 DSU). Jedes Panel hat das Recht, von jeder Einzelperson oder jedem Gremium, die es für geeignet hält, Informationen oder fachlichen Rat einzuholen (Artikel 13 Abs. I Satz 1 DSU)[1407]. Nach Artikel 16 Abs. IV DSU wird der Panelbericht, der erst nach der gescheiterten gütlichen Einigung der Streitparteien ergeht, innerhalb von 60 Tagen, nach Verteilung des Panelberichts an die WTO-Mitglieder, auf einer DSB-Sitzung angenommen. Damit kommt es in Umkehr zum bisherigen Konsensprinzip zu einer automatischen Annahme, denn die betroffenen Streitparteien können die Annahme des Panelberichts nur verhindern, wenn sie Rechtsmittel einlegen oder das DSB durch Konsens entschieden hat, den Panelbericht nicht anzunehmen (Artikel 16 Abs. IV Satz 1 DSU)[1408].

Die Parteien haben die Möglichkeit, den Panelbericht durch den *Appellate Body* auf Rechtsfehler überprüfen zu lassen. Zu diesem Zweck wird ein ständiger *Appellate Body* vom DSB eingesetzt (Artikel 17 Abs. I Satz 1 DSU). Das Rechtsmittel beschränkt sich auf die in dem Panelbericht behandelten Rechtsfragen und auf die Rechtsauslegung durch das Panel (Artikel 17 Abs. VI DSU). Damit ist der *Appellate Body* eine Revisionsinstanz und keine wahre Berufungsinstanz. In Artikel 17 DSU ist das Revisionsverfahren geregelt, welches in den Fällen eingreift, in denen Revision gegen ein Panelbericht eingelegt worden ist. Mit dieser echten Revisionsinstanz haben die Parteien somit die Möglichkeit einer rechtlichen Überprüfung des Panelberichts. Der *Appellate Body* muss innerhalb von 60 Tagen nach Anrufung durch eine Partei den Fall erörtern und eine Entscheidung fällen. Das gesamte Revisionsverfahren darf keinesfalls länger dauern als 90 Tage (Artikel 17 Abs. V Satz 4 DSU). Nach Artikel 19 Abs. I DSU „empfehlt“ der *Appellate Body*, wenn die Maßnahme einer Streitpartei mit einem unter die Vereinbarung fallenden Übereinkommen unvereinbar ist, die Maßnahme mit dem Übereinkommen in Einklang zu bringen. Ein Bericht des *Appellate Body's* muss innerhalb von 30 Tagen nach seiner Verteilung an die Mitglieder angenommen werden, es sei denn, das DSB lehnt den Bericht durch Konsensentscheidung ab (Artikel 17 Abs. XIV DSU)[1409]. Der Panelbericht, gegebenenfalls geändert durch den *Appellate Body*, wird rechtlich wirksam erst aufgrund einer Entscheidung der WTO-Mitglieder, die im DSB getroffen wird.

In Artikel 21 DSU ist die Überwachung der Umsetzung von Empfehlungen und Entscheidungen beschrieben, in Artikel 22 DSU wird die Entschädigung und Aussetzung von Zugeständnissen behandelt. Es besteht eine grundsätzliche Rechtspflicht, die als vertragswidrig erkannten Maßnahmen aufzuheben (Artikel 17 Abs. XIV und 21 DSU). Bei einer

---

1407 Zum Umfang der Informationserhebung, siehe: Report of the Panel on Canada - Measures affecting the Export of Civilian Aircraft, WT/DS70/R, 1999, page 1/165 (para. 9.49 subseq.).

1408 Trebilcock/Howse, S. 398; Komuro, JWT 1995, S. 39/40; Backes, RIW 1995, S. 917; Petersmann, S. 186; Leier, EuZW 1999, S. 205.

1409 Oppermann, RIW 1995, S. 924; Komuro, JWT 1995, S. 39/40; Wareham, ITLR 1995, S. 116; Backes,

Meinungsverschiedenheit über die Frage, ob Maßnahmen zur Umsetzung der Empfehlung und Entscheidung ergriffen wurden oder ob sie mit den unter die Vereinbarung fallenden Übereinkommen vereinbar sind, wird eine solche Streitigkeit unter Inanspruchnahme des Streitbeilegungsverfahrens entschieden, wobei nach Möglichkeit auf das ursprüngliche Panel zurückgegriffen wird (Artikel 21 Abs. V Satz 1 DSU)[1410].

Als „Sanktionen" kommen Entschädigungen und die Aussetzung von Zugeständnissen in Frage (Artikel 22 DSU)[1411]. Kommt eine Partei ihren Verpflichtungen zur Umsetzung des Panelberichts nicht nach, so kann die andere durch das WTO-widrige Verhalten geschädigte Partei vom "Verletzer" Entschädigung verlangen. Ist dieser hierzu nicht bereit, dann kann der geschädigte Staat beim DSB die Ermächtigung zu handelsrechtlichen Maßnahmen beantragen, dem innerhalb von 30 Tagen stattzugeben ist. Nach der Genehmigung durch den DSB ist der geschädigte Staat berechtigt, angemessene Maßnahmen zu treffen, um die Einhaltung der WTO-Regeln zu erzwingen. Hierzu gehören alle bekannten handelspolitischen Instrumente. In Artikel 23 DSU wird die Betonung darauf gelegt, daß unilaterale Sanktionen außerhalb der WTO ausgeschlossen sind. Das WTO Streitbeilegungsverfahren kennt keinen vorläufigen Rechtsschutz, damit kann die Herstellung eines WTO-konformen Zustands nur nach Abschluss eines „normalen" Streitbeilegungsverfahrens erreicht werden (Artikel 3 Abs. VII, 4, 5 und 19 Abs. I DSU).

*   *   *   *

RIW 1995, S. 917; Beneyto, EuZW 1996, S. 296; Petersmann, S. 188.

1410 Siehe z.B. Report of the Panel on Australia – Subsidies provided to Producers and Exporters of Automotive Leather – Recourse to Article 21.5 of the DSU by the United States, WT/DS126/RW, 2000, page 1.

1411 Oppermann, RIW 1995, S. 924; Komuro, JWT 1995, S. 59; Wareham, ITLR 1995, S. 120; Backes, RIW 1995, S. 917; Beneyto, EuZW 1996, S. 297; Petersmann, S. 192; Palmeter/Mavroidis, S. 166.

Fünfter Teil

Schlussbetrachtung:
Eine wettbewerbsorientierte Bewertung des Subventionsübereinkommens

Die WTO ist dem Konzept eines zunehmend liberalisierten Welthandels verpflichtet. Der liberalisierte Welthandel steht für offene Märkte, d.h. der Handel soll sich im Regelfall frei von staatlichen Eingriffen vollziehen[1412]. In Antisubventionsfällen kann der staatliche Eingriff in den Welthandel jedoch zweischichtig sein. Zum einen manifestiert er sich in der Subventionierung selbst, die den Handel beeinflussen und einen unfairen Wettbewerb erzeugen kann, und zum anderen in Form von möglichen Ausgleichsmaßnahmen, wie z.B. Ausgleichszöllen. Um beide Interventionen, im Sinne eines liberalen Welthandels, einzugrenzen und teilweise zu beseitigen, muss das WTO-Subventionsrecht so umgestaltet werden, dass es konkret die Fälle eingrenzt, die eine WTO-widrige Subvention darstellen, mit der Konsequenz, dass diese beseitigt oder umgestaltet werden müssen, wenn sie einen negativen Effekt auf den Welthandel haben. Ausgleichszölle sollten somit nicht zwangsläufig die endgültige Rechtsfolge darstellen, da diese dem Konzept eines liberalen Welthandels zuwiderlaufen. Der fünfte Teil dieser Untersuchung widmet sich daher abschließend der Frage, wie das Subventionsübereinkommen in der Zukunft umgestaltet werden könnte, um so das Konzept der endgültigen Ausgleichszölle entbehrlich zu machen. Die Ausführungen zu diesem Thema sollen in keiner Weise als dogmatische oder ultimative Möglichkeiten zur Weiterentwicklung des Subventionsübereinkommens bewertet werden, sondern vielmehr als Anregung zur Debatte verstanden werden. Im Hinblick auf die praktische Anwendung des Subventionsübereinkommens für Private, beschreibt dieser Teil auch kurz die gegenwärtige Rechtslage in der Gemeinschaft, wonach das WTO-Recht keine unmittelbare Wirkung für Private oder Mitgliedstaaten erzeugt. In diesem Zusammenhang wird auch die Möglichkeit erwähnt, dem Subventionsübereinkommen eine mittelbare Wirkung durch die ASV und durch die Verordnung über Handelshemmnisse zu verschaffen.

I. Einführung

Staaten werden geneigt sein, das Mittel der Subventionierung stärker als handelspolitisches Mittel einzusetzen, da eine Einflussnahme auf den Welthandel durch die Einführung autonomer Zölle im Wege der WTO-Verhandlungen langfristig entfällt. Daher besteht die Wahrscheinlichkeit, dass mit einer zunehmenden Liberalisierung des Welthandels

1412 Ott, S. 9.

die Bedeutung von Subventionen zunehmen wird[1413]. Dabei wird die wettbewerbsverfälschende Wirkung von Subventionen in dem Umfange zunehmen, wie durch andere staatliche Maßnahmen bewirkte Verzerrungen abgebaut werden und die Märkte sich öffnen und integrieren. Auf der anderen Seite, wird der allgemeine Abbau von Zöllen aber auch dazu beitragen, dass Staaten die verbleibenden handelspolitischen Schutzmaßnahmen dazu benutzen werden, um ihre einheimischen Wirtschaftszweige z.B. durch Ausgleichszölle zu schützen. Die Einführung neuer Zölle läuft jedoch grundsätzlich dem Geist der WTO entgegen. Es wird folglich notwendig sein, handelsverzerrende Eingriffe, wie z.B. durch Subventionen, zu beseitigen, aber in einer Art und Weise, die den Welthandel nicht durch neue Zölle behindert. Das Subventionsübereinkommen bietet hierfür bereits durch seine speziellen Streitbeilegungsverfahren gewisse Ansätze. Jedoch ist festzustellen, dass das Subventionsübereinkommen gegenwärtig für geschädigte Wirtschaftszweige noch keine hinreichend attraktiven und wirkungsvollen „Alternativverfahren" bereitstellt, die ein Ausgleichszollverfahren entbehrlich machen würden. Ein Grund hierfür liegt zum einen darin, dass das Subventionsübereinkommen keine in den nationalen Rechtsordnungen unmittelbar wirkende Subventionsdisziplin konstituiert, auf die sich Private direkt berufen könnten. Ein anderer Grund ist darin zu sehen, dass Private nach gegenwärtiger Rechtslage keinen *locus standi* vor der WTO in Streitbeilegungsverfahren haben.

II. Die mittelbare Wirkung des Subventionsübereinkommens

Nach der bisherigen Rechtsprechung des EuGHs[1414] können sich weder Private noch Mitgliedstaaten in Verfahren vor dem EuGH unmittelbar auf GATT/WTO-Vorschriften berufen, d.h. es können keine unmittelbaren Rechte aus dem GATT/WTO-Recht hergeleitet werden. Der EuGH verneinte bislang die unmittelbare Wirkung des GATT/WTO-Rechts und damit auch seine Einklagbarkeit. In seiner neueren Rechtsprechung führt der EuGH hierzu u.a. aus, dass eine unmittelbare Wirkung des WTO-Rechts zu einer Nichtanwendung entgegenstehender innerstaatlicher Rechtsvorschriften durch die Gerichte der WTO-Mitglieder führen würde. Ein solches Vorgehen würde, nach Ansicht des EuGHs, den Legislativ- und Exekutivorganen der WTO-Mitglieder jedoch die Befugnis nehmen, auf dem Verhandlungswege im Rahmen des WTO Streitbeilegungsverfahrens

1413 Siehe hierzu oben in der Einleitung: Punkt 1.

1414 EuGH, Rs. 21-24/72, International Fruit Company/Produktschap voor Groenten en Fruit, Slg. 1972, S. 1227; EuGH, Rs. 9/73, Schlüter/Hauptzollamt Lörrach, Slg. 1973, S. 1135; EuGH, Rs. 266/81, Società Italiana per l'Oleodotto Transalpino (SIOT)/Ministero delle Finanze, Slg. 1983, S. 731; EuGH, Rs. 267-269/81, Amministrazione delle Finanze dello Stato/Società Petrolifera Italiana (SPI), Slg. 1983, S. 801; EuGH; Rs. 290-291/81, Compagnia Singer/Amministrazione delle Finanze dello Stato, Slg. 1983, S. 847; EuGH, Rs. C-69/89, Nakajima All Precision Co. Ltd/Rat, Slg. 1991, S. I-2169; EuGH, Rs. C-280/93, Bundesrepublik Deutschland/Rat, Slg. 1994, S. I-5039; EuGH, Rs. C-149/96, Portugiesische Republik/Rat, Slg. 1999 (noch nicht berichtet).

Lösungen der Handelskonflikte zu erzielen[1415]. Nach Auffassung des EuGH könne das GATT/WTO-Recht daher lediglich als Auslegungs- und Bewertungsmaßstab herangezogen werden, wenn das EG-Recht explizit auf GATT/WTO-Vorschriften verweise oder ausdrücklich besondere Verpflichtungen nach GATT/WTO-Recht umgesetzt habe[1416]. Damit ist die GATT/WTO-konforme Auslegung des EG-Sekundärrechts bislang das einzige vom EuGH akzeptierte Instrument zur Durchsetzung von GATT/WTO-Verpflichtungen gegenüber Gemeinschaftsrecht. Die EuGH Rechtsprechung hat somit zur Folge, dass Private nicht unmittelbar aus dem Subventionsübereinkommen Rechte herleiten können. Angesichts der Gründung der WTO und der WTO-Mitgliedschaft[1417] der Gemeinschaft stellt sich jedoch die Frage, ob die Argumentation des EuGHs gerechtfertigt erscheint. Auf eine Darstellung der Debatte[1418] zur unmittelbaren Wirkung der GATT/WTO-Vorschriften soll an dieser Stelle jedoch verzichtet werden, da dies sonst den Rahmen dieser Untersuchung sprengen würde. Für interessierte Leser sei auf die Quellenangaben und Literaturhinweise in den Fußnoten verwiesen. Festzuhalten bleibt, dass Privaten gegenwärtig nur die Möglichkeit verbleibt, die mittelbare Wirkung des Subventionsübereinkommens zu erreichen. Die mittelbare Wirkung des Subventionsübereinkommens kann zum einen durch die ASV und zum anderen durch die Verordnung über Handelshemmnisse erreicht werden.

1. Durch die ASV

Wie bereit ausführlich im ersten Teil dieser Untersuchung beschrieben, hat die ASV größtenteils das Subventionsübereinkommen in Gemeinschaftsrecht umgesetzt. Dies gilt insbesondere im Hinblick auf alle relevanten Normen, die zur wirksamen Einführung und Anwendung von Ausgleichsmaßnahmen notwendig sind. Damit ist also der "defensive Teil" des Subventionsübereinkommens in die ASV übernommen worden. Dem Subventionsübereinkommen wird so zumindest mittelbare Wirkung verliehen. Zu berücksichtigen ist aber, dass die ASV nur die Fälle erfasst, in denen sich ein europäischer Wirtschaftszweig gegen subventionierte Einfuhren in die Gemeinschaft wendet.

1415 EuGH, Rs. C-149/96, Portugiesische Republik/Rat, Slg. 1999 (noch nicht berichtet). Siehe Anmerkung zu diesem Urteil bei: Hilf/Schorkopf, EuR 2000, S. 74.

1416 EuGH, Rs. 70/87, EC Seed Crushers' and Oil Processors' Federation (Fediol)/Kommission, Slg. 1989, S. 1781; EuGH, Rs. 69/89, Nakajima All Precision Co. Ltd/Rat, Slg. 1991, S. I-2169/2178.

1417 Siehe oben im ersten Teil: Punkt I.

1418 Für eine umfassende Darstellung und Analyse zur Debatte der unmittelbaren Wirkung des GATT/WTO Rechts, siehe: Kees Jan Kuilwijk. Siehe weiterhin z.B.: Schwarze, EuR 1986, S. 217/235; Adamantopoulos, S. 97; Emiliou/O'Keeffe - Neuwahl, S. 313; Montaña Mora, JWT 1996, S. 43; Zonnekeyn, ITLR 1996, S. 63; Petersmann, EuZW 1997, S. 325; Becker-Çelik, EWS 1997, S. 12; Petersmann - Hilf, S. 559; Eeckhout, CMLR 1997, S. 11; Ruttley/MacVay/George - Ruttley, S. 130; Schroeder/Selmayr, JZ 1998, S. 44; Epiney, EuZW 1999, S. 5; Weber/Moos, EuZW 1999, S. 229.

2. *Durch die Verordnung über Handelshemmnisse*

Wollen sich Wirtschaftszweige oder einzelne Unternehmen in der Gemeinschaft allerdings gegen einen unlauteren Wettbewerb auf einem Drittlandsmarkt wenden, der durch Subventionen verursacht wird, so steht ihnen die Verordnung über Handelshemmnisse (die Verordnung)[1419] zur Verfügung, durch die das Subventionsübereinkommen auch im Hinblick auf seine „offensive Natur" mittelbar zur Anwendung gebracht werden kann.

Die Verordnung gibt Wirtschaftszweigen, einzelnen Unternehmen sowie Mitgliedstaaten der Gemeinschaft die Möglichkeit, bei Einführung oder Beibehaltung von Handelshemmnissen durch Drittländer ein Eingreifen der Gemeinschaft zu fordern, um die Einhaltung der internationalen Handelsregeln zu erwirken[1420]. Die internationalen Handelsregeln sind in erster Linie diejenigen, die im Rahmen der WTO vereinbart und in den Anhängen zu dem WTO-Übereinkommen festgelegt sind, können aber auch diejenigen sein, die in anderen Übereinkünften festgelegt sind, bei denen die Gemeinschaft Vertragspartei ist und die Regeln für den Handel zwischen der Gemeinschaft und Drittländern enthalten. Die Verordnung hat einen Mechanismus geschaffen, der ein Verfahren bereitstellt, der die Gemeinschaftsorgane verpflichtet gegen Handelshemmnisse vorzugehen, wenn diese von einem Drittland eingeführt oder beibehalten werden und wenn diese Handelshemmnisse eine Schädigung hervorrufen oder andere handelsschädigende Auswirkungen haben (Artikel 1 der Verordnung).

Der Begriff "Handelshemmnisse" ist in der Verordnung wie folgt definiert: "alle von einem Drittland eingeführten oder beibehaltenen Handelspraktiken, gegen die die internationalen Handelsregeln das Recht zu einem Vorgehen einräumen" (Artikel 2 Abs. I Satz 1 der Verordnung). Dieses Recht zu einem Vorgehen besteht, wenn die internationalen Handelsregeln entweder eine Praktik vollständig verbieten oder der von dieser Praktik betroffenen Partei das Recht geben, sich um die Beseitigung der Auswirkungen dieser Praktik zu bemühen (Artikel 2 Abs. I Satz 2 der Verordnung). Damit werden auch Fälle erfasst, die im GATT-Vokabular als "Nichtverletzungs-Tatbestände" bekannt sind, bei denen Handelspraktiken nicht rechtswidrig im eigentlichen Sinne, aber dennoch schädlich sind.

1419 Verordnung (EG) Nr. 3286/94 des Rates vom 22. Dezember 1994 zur Festlegung der Verfahren der Gemeinschaft im Bereich der gemeinsamen Handelspolitik zur Ausübung der Rechte der Gemeinschaft nach internationalen Handelsregeln insbesondere den im Rahmen der Welthandelsorganisation vereinbarten Regeln (ABl. 1994 L 349, S. 71); geändert durch Verordnung (EG) Nr. 356/95 des Rates (ABl. 1995 L 41, S. 3).

1420 Für weiterführende Literatur zum Thema der Verordnung über Handelshemmnisse siehe z.B.: Van Bael/Bellis, S. 469; Bierwagen, ZIP 1996, S. 201; Stewart, ITLR 1996, S. 121; Bronckers, ITLR 1997, S. 76; Sánchez Rydelski/Zonnekeyn, JWT 1997, S. 147; Ruttley/MacVay/George - Depayre, S. 116; Berrisch/Kamann, EuZW 1999, S. 101; Ohlhoff/Schoemann, RIW 1999, S. 649. Zur Vorgängerverordnung, dem sog. "Neuen handelspolitischen Instrument" siehe z.B.: Hilf/Rolf, RIW 1985, S. 297 und Dirk Petermann.

Um den Bedürfnissen der einzelnen Antragsteller und den jeweiligen Umständen Rechnung zu tragen, sieht die Verordnung drei verschiedene Antragsmöglichkeiten vor:

- Die erste Möglichkeit ist die Antragstellung durch einen Wirtschaftszweig der Gemeinschaft, der eine bedeutende "Schädigung"[1421] aufgrund von Handelshemmnissen erlitten hat, die sich auf den Markt der Gemeinschaft auswirken (Artikel 3 der Verordnung). Der Begriff der Schädigung im Sinne der Verordnung umfasst auch den Dienstleistungsbereich (Artikel 2 Abs. III der Verordnung) und ist damit vom Anwendungsbereich weiter als die ASV, die sich lediglich auf den Warenverkehr beschränkt[1422].
- Die zweite Möglichkeit sieht die Antragstellung durch ein oder mehrere Unternehmen der Gemeinschaft vor, die "handelsschädigende Auswirkung"[1423] infolge von Handelshemmnissen erlitten haben, die sich auf den Markt eines Drittlandes auswirken (Artikel 4 der Verordnung). Antragsberechtigt sind die Unternehmen, die "durch die Herstellung der Waren oder Dienstleistungen, welche Gegenstand der Handelshemmnisse sind, unmittelbar betroffen sind". Handelsschädigende Auswirkungen müssen erhebliche Folgen für die Wirtschaft der Gemeinschaft oder einer Region der Gemeinschaft oder für einen Sektor ihrer Wirtschaftstätigkeit haben. Handelsschädigende Auswirkungen können insbesondere dann vorliegen, wenn die Versorgung von Unternehmen der Gemeinschaft mit Teilen, Bauteilen oder Ausgangsstoffen beeinträchtigt wurde, wenn Handelsströme umgeleitet wurden oder wenn Unternehmen der Gemeinschaft am Verkauf auf Drittlandsmärkten gehindert werden. Dieser Antrag ist jedoch nur dann zulässig, wenn nach den internationalen Handelsregeln, die in multilateralen oder plurilateralen Handelsübereinkünften festgelegt sind, ein Recht zum Vorgehen gegen das angebliche Handelshemmnis besteht (Artikel 4 Abs. I Satz 2 der Verordnung).
- Die dritte Möglichkeit ist schließlich die Antragstellung durch einen Mitgliedstaat in einem der beiden vorgenannten Fällen von Handelshemmnissen (Artikel 6 der Verordnung).

1421 Im Sinne der Verordnung gilt als "Schädigung" jede bedeutende Schädigung, die ein Handelshemmnis einem Wirtschaftszweig der Gemeinschaft auf dem Gemeinschaftsmarkt bei einer Ware oder Dienstleistung verursacht oder zu verursachen droht (Artikel 2 Abs. III der Verordnung).

1422 Siehe oben im ersten Teil: Punkt II.

1423 Im Sinne der Verordnung gelten als "handelsschädigende Auswirkungen" Auswirkungen, die ein Handelshemmnis für die Unternehmen der Gemeinschaft auf dem Markt eines Drittlands verursachen oder zu verursachen drohen und die erhebliche Folgen für die Wirtschaft der Gemeinschaft oder einer Region der Gemeinschaft oder für einen Sektor ihrer Wirtschaftstätigkeit haben (Artikel 2 Abs. IV Satz

Ein Antrag kann auch bei Verletzung von Handelsregeln gestellt werden, die in anderen internationalen Abkommen als dem WTO-Übereinkommen festgelegt sind. Dazu gehören auch bilaterale Abkommen zwischen der Gemeinschaft und einem Drittland[1424].

Ist ein Antrag zulässig, so wird durch eine Bekanntmachung im Teil C des Amtsblatts der Europäischen Gemeinschaften ein förmliches Untersuchungsverfahren eingeleitet [Artikel 8 Abs. I Buchstabe a) der Verordnung]. In dem Untersuchungsverfahren holt die Kommission alle erforderlichen Informationen ein und überprüft sie. Hierzu zählen auch mögliche Informationserhebungen im Gebiet des betroffenen Drittlands. Untersuchungsverfahren sollten i.d.R. nach fünf Monaten, in Ausnahmefällen spätestens jedoch sieben Monaten, nach Bekanntgabe der Verfahrenseinleitung abgeschlossen sein (Artikel 8 Abs. VIII der Verordnung). Artikel 9 der Verordnung behandelt die Frage der Vertraulichkeit von Informationen, Artikel 10 der Verordnung legt die Beweisführung im Hinblick auf die Schadensprüfung und im Hinblick auf die handelsschädigenden Auswirkungen fest, und Artikel 11 der Verordnung behandelt die Einstellung und Aussetzung eines Untersuchungsverfahrens.

In der Mehrzahl der Fälle (insbesondere im Rahmen des Anwendungsbereichs der WTO) sehen die in den Anträgen geltend gemachten internationalen Handelsregeln ein Streitbeilegungsverfahren[1425] vor. Besteht nach Ansicht der Kommission, nach Abschluss des Untersuchungsverfahrens, Aussicht auf Erfolg, so leitet sie ein solches Streitbeilegungsverfahren ein (Artikel 12 Abs. I und II, 13 Abs. II i.V.m. Artikel 14 der Verordnung). Wenn nach einem für die Gemeinschaft positiven Abschluss des Streitbeilegungsverfahrens die fraglichen Länder die beanstandete Handelspraktik nicht beenden oder wenn keine andere Lösung gefunden wird, so kann der Rat auf der Grundlage eines Kommissionsvorschlags innerhalb von 30 Arbeitstagen handelspolitische Maßnahmen (d.h. Vergeltungsmaßnahmen wie z.B. Rücknahme von Zugeständnissen, Anhebung bestehender Zollsätze oder Einführung mengenmäßiger Beschränkungen) einführen (Artikel 12 Abs. III i.V.m. Artikel 13 Abs. III der Verordnung). Die Vergeltungsmaßnahmen bedürfen jedoch der Genehmigung durch das zuständige Streitbeilegungsorgan (DSB), bei dem es sich in der Regel um dasjenige der WTO handelt[1426].

Wie auch nach der ASV, stellt die Verordnung die wesentlichen Entscheidungen in das Ermessen der Kommission. Sowohl die Einleitung eines Untersuchungsverfahrens sowie die Verfahrenseinstellung nach Antragsrücknahme als auch die Einleitung eines Streitbeilegungsverfahrens und die Anwendung handelspolitischer Maßnahmen setzen voraus, dass dies im Interesse der Gemeinschaft notwendig ist (Artikel 5 Abs. II, 8 Abs. I, 1 der Verordnung).

1424 Rechte aus einem bilateralen Abkommen können jedoch nicht geltend gemacht werden, um einen Antrag auf Verfahrenseinleitung durch ein einzelnes Unternehmen zu rechtfertigen.

1425 Siehe oben im vierten Teil: Exkurs 2.

1426 Siehe oben im vierten Teil: Exkurs 2.

11 Abs. I und 12 Abs. I der Verordnung). Die Verordnung hat einen weiteren Anwendungsbereich, als die traditionellen handelspolitischen Schutzinstrumente (die lediglich auf den Schutz des Gemeinsamen Marktes abzielen) da sie sich auch auf Handelshemmnisse konzentriert, die die Ausfuhr in Drittländer behindern können. Die Verordnung zielt damit in erster Linie darauf ab, die betroffenen Drittländer zur Beseitigung ihrer Handelshemmnisse zu veranlassen oder zu verpflichten. Handelshemmnisse auf Drittlandsmärkten können auch durch Subventionen entstehen, die den Zugang von nichtsubventionierten Waren erschweren oder gar unmöglich machen. Stehen derartige Subvention nicht im Einklang mit dem Subventionsübereinkommen, so kann durch die Verordnung sichergestellt werden, dass sich das subventionierende WTO-Drittland an das Subventionsübereinkommen hält. Die Gemeinschaft hat bereits zwei Fälle nach der Verordnung eröffnet, in denen ein Verstoß gegen das Subventionsübereinkommen behauptet wurde[1427]. In einem dieser Fälle, betreffend Handelshemmnisse die auf Praktiken Japans bei Ledereinfuhren zurückzuführen sind, hat die Kommission bereits beschlossen, formell das WTO Streitbeilegungsverfahren zu beantragen[1428]. Im Hinblick auf die Subventionen behauptet die Kommission, dass die japanische Regierung seit vielen Jahren hohe Subventionen zugunsten der sogenannten "Dowa-Regionen" gewährt habe. Die Kommission behauptet weiterhin, dass die wertmäßige Gesamtsubventionierung im Rahmen verschiedener Programme 5% des Gesamtwerts des Umsatzes der betreffenden Waren in den Dowa-Regionen erreiche, so dass die Vermutung einer ernsthaften Schädigung der Interessen der Gemeinschaft im Sinne der Artikel 5 und 6 des Subventionsübereinkommens bestehe. Bei Abschluss der vorliegenden Untersuchung, waren die Konsultationen zu diesem Fall zwischen der Gemeinschaft und Japan noch vor der WTO anhängig[1429].

3. *Ergebnis*

Nach der gegenwärtigen Rechtslage in der Gemeinschaft, kann das Subventionsübereinkommen nur durch die ASV oder die Verordnung gegen Handelshemmnisse mittelbar Wirkung entfalten. Damit wird Unternehmen und Wirtschaftszweigen in der Gemeinschaft zumindest indirekt die Möglichkeit bereitgestellt, sich entweder defensiv oder

---

1427 Siehe z.B. Einleitung eines Verfahrens zur Untersuchung eines Handelshemmnisses im Sinne der Verordnung (EG) Nr. 3286/94 des Rates wegen Praktiken Japans im Ledersektor (ABl. 1997 C 110, S. 2); sowie Bekanntmachung über die Einleitung eines Untersuchungsverfahrens betreffend eines Handelshemmnisses im Sinne der Verordnung (EG) Nr. 3286/94 des Rates – Brasilianisches Exportfinanzierungsprogramm "PROEX" (ABl. 1999 C 108, S. 33).

1428 Siehe Beschluss der Kommission vom 19 Mai. 1998 gemäß der Verordnung (EG) Nr. 3286/94 des Rates betreffend Handelshemmnisse, die auf Praktiken Japans bei Ledereinfuhren zurückzuführen sind (ABl. 1998 L 159, S. 65).

1429 Formelle Konsultationen starteten bereits am 8. Oktober 1998 (WT/DS147/1). Für aktuelle Informationen zu diesem Fall, konsultiere die WTO Web-site (www.wto.org).

offensiv gegen WTO-widrige Subventionen zu wenden. Der Ausgang dieser Verfahren, gerade im Hinblick auf die defensiven Fälle nach der ASV, führen jedoch i.d.R. zur Einführung von Ausgleichszöllen. Wie diese Ausgleichszölle zumindest langfristig überflüssig gemacht werden könnten, ist Gegenstand der nachfolgenden Betrachtungen. Im Hinblick auf den „offensiven" Teil des Subventionsübereinkommens, ist es Privaten (trotz einer möglichen Initiierung eines Verfahrens im Wege der Verordnung gegen Handelshemmnisse) nicht erlaubt, sich in einem Streitbeilegungsverfahren direkt vor einem Panel oder dem *Appellate Body* zu beteiligen.

III. Ersatz handelspolitischer Schutzmaßnahmen durch internationale Wettbewerbsvorschriften

Die Gründung von "Freihandelszonen" sowie die weltweite Liberalisierung des Welthandels, und die damit einhergehende Reduzierung und Abschaffung von Zöllen, machen die Einführung von Schutzzöllen langfristig gesehen redundant. Die Gründung der Europäischen Gemeinschaft ist hierfür ein guter Beispielsfall. Schutzmaßnahmen gegen Dumpingpraktiken sind im Handel zwischen den Mitgliedstaaten der Gemeinschaft ausgeschlossen. Bereits während der Übergangszeit wurden die Kompetenzen zum Einschreiten gegen Dumping "vergemeinschaftet", indem die primäre Zuständigkeit für die Bekämpfung innergemeinschaftlichen Dumpings auf die Kommission übertragen wurde und die Mitgliedstaaten nur noch im Rahmen einer speziellen Ermächtigung der Kommission tätig werden durften[1430]. Die Zölle innerhalb der Gemeinschaft sind abgeschafft worden und die Antidumpingvorschrift[1431] ist innerhalb der Gemeinschaft praktisch nie zur Anwendung gekommen[1432]. Die innergemeinschaftliche Antidumpingvorschrift ist jetzt aus dem EG-Vertrag genommen worden, d.h. innergemeinschaftliches Dumping kann nur noch wettbewerbsrechtlich verfolgt werden. Zwei Faktoren sind für diese Entwicklung verantwortlich. Dies ist zum einen die Verwirklichung eines Gemeinsamen Marktes, die die Möglichkeit von Paralleleinfuhren eröffnet, und zum anderen das Bestehen supranationaler Wettbewerbsregeln. Dieser Beispielsfall betrifft zwar den Bereich des Dumpings, da Ausgleichszölle zwischen den Mitgliedstaaten der Gemeinschaft nicht vorgesehen waren, denn im Hinblick auf Subventionierungen innerhalb der Gemeinschaft, verfügt die Gemeinschaft bereits seit ihrer Gründung über Wettbewerbsvorschriften, die eine einheitliche Subventionsdisziplin festlegen[1433].

Wie die Erfahrung in der Gemeinschaft deutlich macht, impliziert die Entwicklung

1430 Wessely, S. 156.

1431 Der ex Artikel 91 EGV.

1432 Die Kommission erhielt lediglich 26 formelle Beschwerden. Alle daraus resultierenden Verfahren konnten beigelegt werden, ohne auch nur einmal einen Mitgliedstaat zu Schutzmaßnahmen zu ermächtigen. Siehe hierzu: Wessely, S. 155/156.

hin zu globalisierten und integrierten Märkten die Notwendigkeit harmonisierter und supranationaler Wettbewerbsregeln, die von Unternehmen und den Staaten beachtet werden, da die Eliminierung staatlicher Handelsrestriktionen Freiräume schafft, die durch entsprechende private Restriktionen ersetzt werden können. Bezüglich der Situation nach WTO-Rechtslage, sind Adressaten der WTO-Regeln gegenwärtig nur die WTO-Mitgliedstaaten, nicht aber Private. Die Ausdehnung der Liberalisierungspflichten und die Anwendung auf unternehmerisches Handeln setzt daher eine Ergänzung des WTO-Rechts voraus, wenn Unternehmen an supranationales Wettbewerbsrecht gebunden werden sollen. Auf die langjährige Debatte zur weltweiten Vereinheitlichung und Einführung[1434] eines internationalen Wettbewerbsrechts und die damit einhergehende Frage, ob und wie im Lichte dieser Entwicklung die Abschaffung[1435] der handelspolitischen Schutzmaßnahmen erfolgen könnte, soll an dieser Stelle nicht näher vertieft werden. Anzumerken sei lediglich, dass handelspolitische Schutzmaßnahmen häufig im Widerspruch zum Wettbewerbsrecht gesehen werden, mit der Begründung beide Rechtsgebiete würden unterschiedliche Zielsetzungen verfolgen. Dies trifft jedoch im Hinblick auf das Subventionsübereinkommen nicht zu, da hiernach Marktstörungen entgegengewirkt werden sollen, die auf staatliche Interventionen zurückzuführen sind. Es liegt eben nicht der „klassische" Gegensatz vor, wonach das Wettbewerbsrecht einem mangelnden Wettbewerb durch private Wettbewerbsbeschränkungen untersagt, wohingegen die handelspolitischen Schutzmaßnahmen sich gegen einen unlauteren Wettbewerb in Form von Preisunterbietungen wenden. Auch wendet sich das Subventionsübereinkommen nicht in erster Linie gegen einen unlauteren Wettbewerb der seinen Ursprung in einem rein privaten Verhalten hat, denn bei Subventionen handelt es sich um wettbewerbsverzerrende Maßnahmen, die i.d.R. durch das Zusammenwirken privater Unternehmen und Staaten hervorgerufen werden. Festzuhalten bleibt, dass das Subventionsübereinkommen bereits eine multilaterale Subventionsdisziplin festlegt, die bereits einen wettbewerbsrechtlichen Charakter aufweist[1436]. Jedoch enthält das Subventionsübereinkommen noch einige Merkmale, die dem Wettbewerbsrecht fremd sind, wie z.B. Ausgleichszölle. Darüber hinaus stellt das Subventionsübereinkommen gegenwärtig keine adäquaten Möglichkeiten für eine direktere Beteiligung Privater bereit. Wie bereits

---

1433 Siehe oben den zweiten Teil dieser Untersuchung.

1434 Siehe ausführlich zum Thema weltweit einheitlicher Kartell-/Wettbewerbsvorschriften: Basedow; Fox/Ordove, WC 1995, S. 5; Bickler, ITLR 1995, S. 210; Petersmann, JWT 1996, S. 5; De Noronha Goyos, ITLR 1997, S. 20; Weiss, FILJ 2000, S. 250; Meessen, WuW 2000, S. 5.

1435 Siehe zum Thema der möglichen Abschaffung der handelspolitischen Schutzmaßnahmen: Messerlin, WC 1995, S. 37; Petersmann, JWT 1996, S. 5; Morgan, JWT 1996, S. 61; Miranda, LPIB 1996, S. 255; Cartland, LPIB 1996, S. 289; Reif/Bacher, LPIB 1996, S. 927; Stewart/Brightbill, LPIB 1996, S. 937; De Noronha Goyos, ITLR 1997, S. 20; De León, ECLR 1997, S. 162; Griffin, ITLR 1997, S. 39; Wessely, S. 155/193.

1436 Dies gilt zum einen für den defensiven Teil (siehe hierzu oben im dritten Teil: Punkt II.1.a.), aber um so mehr für den offensiven Teil des Subventionsübereinkommens, der im Wege der multilateralen Streitbeilegung die Abschaffung von WTO-inkompatiblen Subventionen bereitstellt.

oben im vierten Teil dieser Untersuchung erwähnt, haben Private z.B. keinen direkten Zugang zu den Panels und dem *Appellate Body* der WTO, um sich gegen WTO-widrige Subventionspraktiken der WTO-Mitglieder direkt zu Wehr zu setzen.

IV. Zur Weiterentwicklung des Subventionsübereinkommens

Die Frage verbleibt also, wie die durch das Subventionsübereinkommen geschaffene Subventionsdisziplin verändert werden kann, um die Einführung endgültiger Ausgleichszölle entbehrlich zu machen und Privaten zusätzlich zu einer besseren Anwendung zu verhelfen. Fraglich ist schließlich auch, wie Subventionen im zunehmend wichtiger werdenden Dienstleistungsbereich im Rahmen der WTO geregelt werden könnten. Vorschläge zu diesen Fragen werden nachfolgend unterbreitet.

1. Abschaffung endgültiger Ausgleichszölle

Das Ausgleichszollverfahren muss zunächst dahingehend umgestaltet werden, dass eine Untersuchung nicht mit notwendigen endgültigen Ausgleichszöllen endet, da jede Form der Einführung von neuen Zöllen generell der Zielsetzung der WTO zuwiderläuft[1437]. Die Abschottung eines Marktes durch Ausgleichszölle kann z.B. auch dazu führen, dass der betroffene Ausfuhrstaat in eine sog. „Ausgleichszollspirale" gerät, da sich die Ausfuhren nach Einführung von Ausgleichszöllen meist auf andere Märkte konzentrieren und nachfolgend auch dort mit Ausgleichszöllen belegt werden können[1438]. Darüber hinaus ist es auch ökonomisch nicht sinnvoll, die in Drittländern gewährten Subventionen an der Zollgrenze abzuschöpfen, also eine reine "Umverteilung" vorzunehmen. Es sprechen also eine Reihe von Argumenten dafür, Alternativen zu dem antiquierten Mechanismus der Schutzzölle zu diskutieren, da dieses System auch langfristig einer zunehmenden Marktintegration und einer einheitlichen Wettbewerbsordnung abträglich wäre.

Ausgangspunkt dieser Diskussion ist zunächst die Feststellung, dass das Subventionsübereinkommen den Schwerpunkt auf die Abschaffung von Subventionen legt, wenn sich diese als besonders schädlich für den Welthandel erweisen. So stellt das Subventionsübereinkommen in Artikel 3 Abs. II klar, dass ein WTO-Mitglied verbotene Subventionen

---

1437 Siehe oben in der Einleitung (Punkt 1) und im vierten Teil.

1438 So ist z.B. Atlantischer Lachs mit Ursprung in Norwegen zuerst in den USA und wenig später auch in der Gemeinschaft mit Ausgleichszöllen belegt worden. Im Hinblick auf die Ausgleichszölle in den USA, siehe: United States – imposition of countervailing duties on imports of fresh and chilled Atlantic salmon from Norway, Report of the Panel adopted by the Committee on Subsidies and Countervailing Measures on 28 April 1994 (SCM/153). Im Hinblick auf die Ausgleichszölle in der Gemeinschaft, siehe: Verordnung (EG) Nr. 1891/97 des Rates vom 26. September 1997 zur Einführung von gezüchtetem Atlantischen Lachs mit Ursprung in Norwegen (ABl. 1997 L 267, S. 19). Dies ist jedoch kein Einzelfall. Weitere Beispiele sind z.B. diverse Ausfuhren von Stahlprodukten aus Indien in die USA und (also Ausfuhrsubventionen und Subventionen, die einheimische vor eingeführten Waren begünstigen) weder gewähren noch beibehalten soll[1439]. Diese verbotenen Subventionen werden *per se* als besonders schädigend für den Welthandel bewertet. Zur Abschaffung dieser verbotenen Subventionen sieht das Subventionsübereinkommen ein beschleunigtes Streitbeilegungsverfahren vor, das auch die Möglichkeit einer „gütlichen“ Einigung bereitstellt[1440]. Wird jedoch keine gütliche Einigung erzielt und kommt im weiteren Verlauf der Streitbeilegung ein Panel zu dem Ergebnis, dass die betreffende Maßnahme als verbotene Subvention befunden wird, so muss das subventionierende WTO-Mitglied die Subvention unverzüglich zurücknehmen (Artikel 4 Abs. VII Satz 1 Subventionsübereinkommen). Die Einführung von Ausgleichszöllen steht somit nicht im Vordergrund, sondern das Ziel ist vielmehr, die Subvention zu beseitigen oder umzugestalten.

Was aber für verbotene Subventionen gilt, sollte auch Berücksichtigung für anfechtbare Subventionen finden. Wird also in einer Untersuchung, die z.B. von der Kommission durchgeführt wird, nachgewiesen, dass eine Subvention einen Wirtschaftszweig in der Gemeinschaft einen Schaden zufügt, so steht diese anfechtbare Subvention wirtschaftlich (und zumindest in ihrer faktischen Wirkung) einer verbotenen Subvention gleich. Die Schlussfolgerung sollte also sein, dass eine derartige Subvention abzuschaffen oder zumindest in ihrer Intensität zu reduzieren ist. Hiergegen ließe sich einwenden, dass diese Subvention nur eine Schädigung in der Gemeinschaft verursacht habe, also nicht *per se* schädlich für den gesamten Welthandel der betreffenden Ware sein muss. Dem ist zu entgegnen, dass selbst wenn eine Schädigung nur in der Gemeinschaft nachgewiesen wurde, sich jedoch auf der anderen Seite nicht leugnen lässt, dass es sich hierbei bereits um einen großen Anteil am Weltmarkt selbst handelt und weiterhin nicht ausgeschlossen werden kann, dass diese Subvention zumindest potentiell auch schädigende Einflüsse auf den Handel mit anderen Handelspartnern entfalten könnte.

Die Pflicht zur Abschaffung oder Reduzierung einer anfechtbaren Subventionen könnte jedoch zu „Friktionen“ im nationalen Recht führen, da Subventionssysteme z.B. für eine Vielzahl von Unternehmen oder Waren gelten können, in einem Antisubventionsverfahren aber nur ein bestimmter Wirtschaftszweig und eine bestimmte Ware angegriffen werden. Das WTO-Mitglied müsste somit Wege finden, das System insgesamt abzuschaffen oder zumindest so zu adaptieren, das den betroffenen Ausführern der errechnete Vorteil nicht mehr zukommt. Der Regelungsbereich des Subventionsrechts betrifft also einen sensiblen innenpolitischen Bereich, der grundsätzlich in die wirtschaftliche Kompetenz der Staaten fällt. Auf der anderen Seite, beinhaltet die Festlegung einer universellen Subventionsdisziplin zwangsläufig, dass Konflikte den Hoheitsbereich der Staaten betreffen und anderen Staaten die Möglichkeit bereitgestellt wird, in diesen Hoheitsbereich zumindest

---

die Gemeinschaft, die das gleiche Schicksal erlitten haben.

1439 Siehe oben im vierten Teil: Punkt III.4.a.

1440 Siehe oben im vierten Teil: Punkt V.2.a.

indirekt zu intervenieren. Außerdem besteht auch schon nach gegenwärtiger Rechtslage die Möglichkeit ein WTO-Mitglied zur Anpassung oder Rücknahme von anfechtbaren Subventionen zu veranlassen. So regelt Artikel 7 Abs. VIII des Subventionsübereinkommens, dass nach einer Feststellung, dass eine Subvention nachteilige Auswirkungen auf die Interessen eines anderen WTO-Mitglieds geführt hat, das WTO-Mitglied, das die Subvention gewährt oder beibehält, die geeigneten Maßnahmen trifft, um die nachteiligen Auswirkungen zu beseitigen oder die Subventionen zurücknimmt. So sieht außerdem der gegenwärtige Artikel 7 Abs. IX des Subventionsübereinkommens vor, dass dem subventionierenden WTO-Mitglied eine Frist von sechs Monaten zur Aufhebung der Subvention eingeräumt wird, bevor dem geschädigten WTO-Mitglied die Erhebung von Ausgleichszöllen oder anderen Gegenmaßnahmen erlaubt wird[1441].

Festzustellen ist somit, dass bereits nach gegenwärtiger WTO-Rechtslage eine Verpflichtung eines WTO-Mitglieds begründet werden kann, geeignete Maßnahmen zu ergreifen, um die nachteiligen Auswirkungen einer anfechtbaren Subvention zu beseitigen oder diese Subventionen sogar zurückzunehmen. Damit besteht bereits eine Alternative zum Ausgleichszollverfahren. Ob die Wirtschaftszweige sich für ein Ausgleichszollverfahren nach der ASV oder nach Möglichkeiten im Rahmen der WTO entscheiden, ist aber entscheidend davon abhängig, wie effizient ihnen ein Schutz ihrer Interessen bereitgestellt wird und zu welchem Maße sie sich an einem Verfahren direkt beteiligen können. Die Alternative zu Ausgleichszollverfahren müsste daher weiter verbessert werden, um Wirtschaftszweigen genügend Schutz und Verfahrensrechte einzuräumen, um so endgültige Ausgleichszölle gänzlich entbehrlich zu machen.

2. *Wäre die ASV damit redundant?*

Um im Wege einer effizienten Verwaltung, nicht jeden Fall möglicher schadensverursachender anfechtbarer Subventionen vor die WTO zu bringen und damit auch eine komplette Lähmung des Systems zu riskieren, sollten nur die Fälle vorgebracht werden, in denen die zu untersuchenden Behörden bereits zu dem vorläufigen Ergebnis gelangt sind, dass eine anfechtbare Subvention, eine Schädigung und ein Kausalzusammenhang zwischen beiden bestehen. Damit wäre also weiterhin ein Verfahren nach der ASV erforderlich, das im Einzelfall bis zur Einführung möglicher vorläufiger Ausgleichszölle betrieben werden könnte. Verfahrensrechtlich wäre in diesem Zusammenhang z.B. an eine Angleichung der ASV an die Verordnung gegen Handelshemmnisse zu denken, die zunächst eine interne Untersuchung bereitstellt und erst nach Abschluss dieser Untersuchung die Mög-

---

1441 Siehe zu diesem Thema auch: Beviglia Zampetti, JWT 1995, S. 26.

lichkeit vorsieht, das WTO Streitbeilegungsverfahren in Anspruch zu nehmen[1442]. Die Kommission prüft also zunächst den Antrag eines Wirtschaftszweigs und führt eine Untersuchung durch, die im Einzelfall in vorläufige Ausgleichszölle münden kann, wenn dies zum Schutz eines Wirtschaftszweigs geboten erscheint. Da ein effektiver Schutz eines Wirtschaftszweigs gewährleistet sein muss, sollte die Möglichkeit zur Einführung zumindest vorläufiger Ausgleichszölle gewahrt bleiben. Aus Gründen eines vorläufigen Rechtsschutzes des beantragenden Wirtschaftszweiges, scheinen vorläufige Ausgleichszölle daher gegenwärtig nicht entbehrlich zu sein. In diesem Zusammenhang sollte auch der Schädigungstest beibehalten bleiben, da weltweit noch kein Binnenmarkt vorhanden ist und nur so eine wirtschaftliche Wettbewerbsverzerrung gemessen werden kann, und der darüber hinaus eine Abweichung vom *Most-Favoured-Nation Treatment* im GATT 1994 rechtfertigen würde. Zu denken wäre auch an die Einführung in die ASV des Prinzips der „nachteiligen Auswirkungen". So könnten sich zukünftig die Wirtschaftszweige nicht nur auf eine Schädigung, sondern auch auf eine Zunichtemachung oder Schmälerung der mittelbar oder unmittelbar aus dem GATT 1994 erwachsenden Vorteile, sowie auf das Konzept einer ernsthaften Schädigung i.S.d. Subventionsübereinkommens berufen. Dies scheint allerdings für die Fälle keine Alternative zu sein, wo ein Wirtschaftszweig bereits geschädigt worden ist und entsprechende vorläufige Ausgleichszölle zum Schutz benötigt werden. Nach Einführung vorläufiger Ausgleichszölle sollte dann jedoch das WTO Streitbeilegungsverfahren in Anspruch genommen werden.

3. Änderung des Streitbeilegungsverfahrens

Die oben gemachten Vorschläge würden jedoch eine Änderung und Anpassung des gegenwärtigen Subventionsübereinkommens und des Streitbeilegungsverfahrens erforderlich machen. Eine Konsequenz der oben erwähnten Vorschläge wäre z.B., dass die Zahl der Subventionsfälle, nach Einführung vorläufiger Ausgleichszölle, vor der WTO zunehmen würden. Dies wirft zum einen das Problem auf, wie in möglichst kurzer Zeit sich Panels effizient mit solchen Fällen beschäftigen könnten.

Um daher zunächst grundsätzlich die Zeit derartiger Streitbeilegungsverfahren zu verkürzen, könnte auf die Konsultationsphase verzichtet werden, da schon während einer Untersuchung im Rahmen der ASV ausreichende Gelegenheiten bestehen Konsultationen fortzusetzen (Artikel 11 Abs. X ASV)[1443]. Auch das Verfahren der Informationserhebung, also die Beantwortung der Fragebögen und die anschließende Überprüfung, bieten genügend Möglichkeiten, um zwischen der Kommission und dem Drittland Missverständnisse auszuräumen und die einzelnen Probleme detailliert genug zu besprechen. Außerdem be-

---

1442 Siehe oben in diesem Teil: Punkt II.2.

stehen während einer Untersuchung auch zusätzlich die Möglichkeit Anhörungen zu beantragen. Eine erneute Konsultation im Rahmen der WTO wäre somit entbehrlich.

Münden Untersuchungen in entsprechende vorläufige Ausgleichszölle, so sollte das weitere Verfahren direkt vor einem Panel ausgetragen werden. Das Panel hätte dann die Aufgabe, die bereits vorliegenden Ergebnisse der Untersuchung zu überprüfen und zu einem endgültigen Ergebnis zu gelangen. Die vorläufigen Ausgleichszölle wären anwendbar, solange nicht ein Panel zu einer gegenteiligen Feststellung gelangen würde. Wäre ein Panel also der Auffassung, dass die Ausgleichszölle berechtigt sind, so könnten diese solange in Kraft bleiben, bis das subventionierende WTO-Mitglied entsprechende Maßnahmen ergriffen hat, um die Subventionen zu beseitigen oder entsprechend in ihrer Intensität, im Einklang mit dem Panelbericht, zu reduzieren. Zusätzlich müsste aber sichergestellt werden, dass das betroffene WTO-Mitglied keine neuen Subventionssysteme einführt, um die alten für WTO-widrig erklärten Subventionen zu ersetzen. Dem WTO-Mitglied müsste somit zusätzlich eine Berichterstattungs- und Kontrollpflicht auferlegt werden.

Im Hinblick auf das Verfahren vor einem Panel, wäre daran zu decken, das bereits in Annex V Abs. 4, 7, 8 und 9 des Subventionsübereinkommens bereitgestellte Verfahren zur Informationserhebung auszubauen und entsprechend anzupassen, um so dem Panel alle Möglichkeiten zu einer möglichst umfassenden Sachaufklärung zu gewähren. Bei einem Verfahren für die Sammlung von Informationen über eine ernsthafte Schädigung, kann sich das Panel bereits jetzt schon der Hilfe eines Vertreters des DSB bedienen, der zur Tatsachenaufklärung beiträgt (Artikel 6 i.V.m. Anhang V Subventionsübereinkommens)[1444]. Da Panels der Gefahr unterliegen, komplexe wirtschaftliche Vorgänge nicht im Rahmen der kurzen Fristen zu analysieren, könnte die PGE auch zur Unterstützung in Fällen von anfechtbaren Subventionen herangezogen werden. Nach Abschluss eines Panelverfahrens sollte auch weiterhin die Möglichkeit zur Revision durch den *Appellate Body* bestehen.

Die oben erwähnten Vorschläge setzen jedoch voraus, dass privaten Parteien ein verbesserter Zugang zu den Panels und dem *Appellate Body* bereitgestellt wird, da ja z.B. den beantragenden Wirtschaftszweigen nicht mehr die Möglichkeit offen stehen würde, die Gemeinschaftsorgane zur Einführung endgültiger Ausgleichszölle zu veranlassen. So können darüber hinaus auch am besten private Parteien detaillierte Informationen zur Subventions-, Schadensbehauptung und zum Kausalzusammenhang vorbringen. Um ihre Rechtspositionen somit gebührend zu verteidigen, sollten den Antragstellern und allen denjenigen, die sich am vorangegangenen Untersuchungsverfahren beteiligt haben, das Recht offen stehen, sich auch am Panelverfahren und dem Verfahren vor dem *Appellate Body* zu beteiligen. Dies gilt um so mehr, solange das WTO-Recht keine unmittelbare Wirkung entfaltet und daher die WTO die einzige Institution im Hinblick auf die Interpre-

---

1443 Siehe oben im ersten Teil: Punkt VII.
1444 Siehe oben im vierten Teil: Punkt V.2.b.

tation des WTO-Rechts darstellt. Damit würde die Überprüfung vorläufiger Ausgleichsmaßnahmen durch ein Panel, auch zur Rechtsvereinheitlichung im Hinblick auf die Anwendung und Interpretation des Subventionsübereinkommens beitragen.

4. *Erweiterung auf den Dienstleistungsbereich*

Dienstleistungen haben die Warenproduktion in der Gemeinschaft als wirtschaftlichen Hauptfaktor abgelöst. Etwa 50% des Bruttoinlandprodukts in der Gemeinschaft wird mittlerweile durch Dienstleistungen erzeugt[1445]. Dies verdeutlicht das Potential für den Export europäischer Dienstleistungen und zugleich den konstant zunehmenden Anteil der Dienstleistungen am Welthandel. Aber das Subventionsübereinkommen erstreckt sich, wie bereits oben erwähnt, nicht auf den Dienstleistungsbereich. Somit stellt sich die Frage, ob das GATS in Zukunft auch Bereiche des Antisubventionsrechts abdecken kann. Dies scheint jedoch, nach dem gegenwärtigen Entwicklungsstand des GATS[1446], fraglich zu sein. Es wird z.B. schwierig sein eine Schadensermittlung vorzunehmen oder entsprechende Ausgleichsmaßnahmen effektiv auf Dienstleistungen anzuwenden, um nur zwei der Problembereiche zu nennen. Daher scheint eine Erweiterung auf den Dienstleistungsbereich nur dort angebracht, wo auf spezifischen Dienstleistungsmärkten bereits eine vollständige oder zumindest hinreichende Liberalisierung im Rahmen der WTO hergestellt worden ist. Also eine partiell und schrittweise Erweiterung der Subventionsvorschriften auf selektive Dienstleistungsmärkte wäre eine erste Annäherung an das Problem. Zu denken wäre, in diesen liberalisierten Märkten ein vergleichbares System einzuführen, wie es bereits in der Gemeinschaft in Form der Beihilfevorschriften besteht. Zu denken wäre also an ein grundsätzliches Verbot, mit klar beschriebenen Ausnahmetatbeständen, sowie einer *de minimis*-Regel. Ausgleichsmaßnahmen wären demnach nicht vorgesehen, d.h. fällt eine Subvention nicht unter einer der Ausnahmetatbestände, so ist die Subvention abzuschaffen. Im Hinblick auf die vollständig liberalisierten Dienstleistungsmärkten, wäre auch an einen Verzicht auf den „klassischen" Schädigungstest zu denken. Als Alternative zur Messung einer Handels- und Wettbewerbsverzerrung wäre an eine Erweiterung des gegenwärtigen Konzepts der ernsthaften Schädigung[1447] zu erwähnen oder einen verbesserten und substaniierteren Test i.S.d. Beihilfevorschriften einzuführen[1448].

1445 Oppermann, Rdnr. 1581.
1446 Siehe oben im vierten Teil: Exkurs 1.
1447 Siehe oben im vierten Teil: Punkt IV.3.
1448 Siehe oben im zweiten Teil: Punkt III.2.

V. Zusammenfassung

Nach der gegenwärtigen Rechtslage in der Gemeinschaft, kann das Subventionsübereinkommen nur mittelbar durch die ASV oder die Verordnung gegen Handelshemmnisse Wirkung entfalten. Damit wird Unternehmen und Wirtschaftszweigen in der Gemeinschaft zumindest indirekt die Möglichkeit bereitgestellt, sich entweder defensiv oder offensiv gegen WTO-widrige Subventionen zu wenden. Die ASV hat den defensiven Teil des Subventionsübereinkommens in Gemeinschaftsrecht umgesetzt, d.h. erfasst werden von der ASV nur die Fälle, in denen sich ein europäischer Wirtschaftszweig gegen subventionierte Einfuhren in die Gemeinschaft wendet.

Im Hinblick auf die Vereinbarkeit der ASV mit den Vorgaben des Subventionsübereinkommens lässt sich konstatieren, dass die ASV zum größten Teil den Wortlaut des Subventionsübereinkommens übernommen hat. Die ASV hat weite Teile des Subventionsübereinkommens vollständig und zutreffend umgesetzt. Dies gilt insbesondere für die essentiellen Fragen, wann vom Vorliegen einer Subvention auszugehen ist, nach welchen Grundsätzen sie auszugleichen ist, insbesondere, ob und wann es sich um eine spezifische Subvention handelt, und nach welchen Kriterien die Höhe der auszugleichenden Subvention zu berechnen ist.

Seit der Umsetzung des Subventionsübereinkommens, ist eine deutlich verstärktere Anwendung der ASV, im Vergleich zur alten Rechtslage, zu verzeichnen. Dies hat eine Vielzahl von Gründen. Einer der Hauptgründe ist, dass das Subventionsübereinkommen zu einer Verrechtlichung im Bereich der internationalen Subventionsdisziplin beigetragen hat. Das Subventionsübereinkommen enthält klare und detaillierte Vorgaben, an die alle WTO-Mitglieder gebunden sind. Dies hat zu einer effizienteren Ausgestaltung und Handhabung der Antisubventionsvorschriften beigetragen. Das Subventionsübereinkommen hat eine multilaterale Subventionsdisziplin geschaffen, die zwangsläufig zu einer stärkeren Vereinheitlichung nationaler Antisubventionsgesetzgebungen führen wird.

Im Hinblick auf die Umsetzung des Subventionsübereinkommens durch die ASV, ist auch eine deutliche Annäherung an die Beihilfevorschriften des EG-Vertrages hergestellt worden. Trotz der unterschiedlichen Funktionalität der ASV und der Beihilfevorschriften, verfolgen beide Antisubventions-Instrumente das Ziel, unlautere Marktstörungen innerhalb des Gemeinsamen Marktes zu beseitigen, die ursächlich entweder auf Subventionierungen außerhalb oder innerhalb der Gemeinschaft zurückzuführen sind. Damit zielen grundsätzlich beide Antisubventions-Instrumente auf die Herstellung eines funktionierenden Gemeinsamen Marktes ab. Darüber hinaus ist auch die Bedeutung der ASV als handelspolitische Schutzmaßnahme im öffentlichen Interesse hinter dem Aspekt des Wettbewerbsschutzes und der subjektivrechtlichen Erwägungen zurückgetreten. Im Vordergrund der ASV steht ihr wettbewerbsschützender Charakter. Nach beiden Antisubventions-Instrumenten erfasst das weite Konzept der anfechtbaren Subvention und der Beihilfe alle

Maßnahmen, die einem Empfänger einen Vorteil bieten und die sich auf bestimmte Unternehmen oder Produktionszweige erstrecken. Vom Konzept der Qualifizierung einer Subvention, im Hinblick auf ihre Definition und Charakterisierung, sind beide Antisubventions-Instrumente grundsätzlich identisch. Damit liegt in diesem Bereich bereits eine weitgehende Gemeinsamkeit beider Antisubventions-Instrumente vor.

Beide Antisubventions-Instrumente erfordern auch eine Auswirkung auf die Wettbewerbssituation und den Handelsverkehr. Die ASV enthält weitergehende Vorschriften, welche die Auswirkungen "messbar" machen sollen und in diesem Zusammenhang eine bedeutende Schädigung eines Wirtschaftszweigs fordern. Im Beihilfezusammenhang wird die Untersuchung der Kommission insofern einfacher gemacht, da sie nicht die Auswirkungen einer Schädigung berechnen und analysieren muss. Es reicht aus, wenn eine potentielle Beeinträchtigung für den Wettbewerb und Handel innerhalb der Gemeinschaft besteht. Es lässt sich somit konstatieren, dass die "Spürbarkeitsschwelle" der Wettbewerbsbeeinträchtigung im Rahmen der Beihilfevorschriften wesentlich niedriger ist als bei der ASV. Gemeinsam ist jedoch beiden Instrumenten, dass es in beiden Fällen ausreicht, dass eine Verfälschung des Wettbewerbs oder eine Schädigung droht. Damit ist der präventive Gedanke, eine negative Auswirkungen auf den Wettbewerb im Vorfeld abzuwenden, beiden Instrumenten zu eigen. Auch erkennen beide Instrumente das System der gestuften Spürbarkeit an, indem sie eine *de minimis*-Regel aufweisen.

Die ASV enthält im Vergleich zu den Beihilfevorschriften weniger Ausnahmetatbestände. Der dadurch größere Anwendungsbereich anfechtbarer Subventionen, erfährt jedoch ein praktische Einschränkung durch das Schadenskriterium. In anderen Worten, wirtschaftlich spürbare Subventionen sollen behoben werden, jedoch nicht Subventionen, die "handelsneutral" sind. Bezüglich ähnlicher Ausnahmetatbestände, zeigt sich jedoch, dass die Voraussetzungen und Definitionen beider Antisubventions-Instrumente im Bereich der Regionalförderung und der Forschung und Entwicklung große Parallelitäten aufweisen.

Verfahrensrechtlich kommt die ASV dem Beihilfeverfahren zur Überprüfung bestehender Beihilfen sehr nahe. Bestehende Beihilfen sind nicht rechtswidrig, solange die Kommission, nach Durchführung einer Untersuchung, zu einem anderen Ergebnis gelangt. Auch nach der ASV sind anfechtbare Subventionen nicht mit Ausgleichsmaßnahmen zu belegen, solange nicht festgestellt worden ist, dass eine Schädigung vorliegt oder zumindest droht. Im Hinblick auf das Verfahren allgemein lässt sich konstatieren, dass die ASV wesentlich striktere Untersuchungsfristen festlegt und auch den Beteiligten bessere Möglichkeiten zur Wahrung ihrer Interessen einräumt. So stellt die ASV z.B. ein Akteneinsichtsrecht bereit, das nicht nach den Beihilfevorschriften besteht. Auf der anderen Seite lastet aber auch die Beweislast nach der ASV stärker auf den Schultern der Verfahrensbeteiligten. Die Rechtsfolgen nach der ASV und den Beihilfevorschriften sind jedoch grundsätzlich unterschiedlicher Rechtsnatur. So erfolgt die Einführung von Ausgleichsmaßnahmen nach der ASV in Form von Verordnungen, wohingegen die Rechtsfolgen nach den

Beihilfevorschriften Entscheidungen sind. Dies ist logisch und zweckgerecht, da Drittländer nicht an Entscheidungen der Gemeinschaftsorgane gebundenen sind und daher im Außenwirtschaftshandel die Verordnung der geeignete Rechtsakt ist, um den Gemeinsamen Markt vor subventionierten Einfuhren zu schützen. Eine gewisse Parallelität zeigt sich jedoch bei der Überprüfung bestehender Beihilferegelungen. Hier stellt das Beihilferecht das Modell zur Verfügung, wonach nach entsprechenden Konsultationen der Mitgliedstaat zustimmen kann, bestehende Beihilfen zu ändern oder abzuschaffen. Ein ähnliches "Konsensmodell" stellt die ASV in Form von Verpflichtungen bereit.

Trotz dieser bereits erzielten Annäherung, zwischen der ASV und den Beihilfevorschriften bleibt zu berücksichtigen, dass die ASV lediglich den Schutz vor subventionierten Einfuhren in die Gemeinschaft erfasst. Dieser Schutz wird i.d.R. durch die Einführung von Ausgleichszöllen erreicht. Im Vergleich zur ASV, setzt das Subventionsübereinkommen jedoch ganz auf den Dialog und auf die Abschaffung WTO-widriger Subventionen, was deutlich wird in der detaillierten Ausgestaltung der, je nach Kategorie der Subvention, unterschiedlichen Konsultations- und Streitbeilegungsverfahren. Hinsichtlich der Bedeutung der Subventionen und ihrer Wirkung auf den Handel, variieren die Streitbeilegungsverfahren nach dem Subventionsübereinkommen. So sind beispielsweise wesentlich kürzere Fristen für die Streitbeilegung vorgesehen, wenn es sich um verbotene Subventionen handelt, da diese als "schädlicher" für den Handel zwischen den WTO-Mitgliedern bewertet werden, als z.B. die anfechtbaren oder nichtanfechtbaren Subventionen.

Seit der Errichtung der WTO genießt das Streitbeilegungsverfahren eine relativ große Popularität, zählt man die Verfahren, die nach dem DSU bereits eingeleitet worden sind. Allerdings erlaubt das Subventionsübereinkommen den WTO-Mitgliedern nach wie vor die unilaterale Einführung von Ausgleichsmaßnahmen, ohne die Inanspruchnahme eines Konsultations- und Streitbeilegungsverfahrens. Dies kann dazu führen, dass WTO-Mitglieder Ausgleichszölle einführen, die zwangsläufig den Handel behindern, ohne den Anreiz zu haben, den "Subventionsfall" im Wege des Konsultations- und Streitbeilegungsverfahrens zu lösen, das Ausgleichszölle entbehrlich machen würde.

Zu denken wäre daher an eine Weiterentwicklung der Streitbeilegungsverfahren nach dem Subventionsübereinkommen sowie nach dem DSU, die endgültige Ausgleichszölle entbehrlich machen und die ASV nur noch für Untersuchungen anwenden würde, die im Einzelfall zur Einführung von vorläufigen Ausgleichszöllen führt, da dies im Hinblick auf einen effizienten Schutz eines bereits geschädigten Wirtschaftszweiges erforderlich erscheint. Nach Einführung von vorläufigen Ausgleichszöllen sollte dann jedoch das Verfahren vor einem Panel weiterverfolgt werden. Stellt das Panel fest, dass die Subventionen WTO-inkompatibel sind, so muss dies zur Abschaffung oder Reduzierung der Subventionen führen. Die vorläufigen Ausgleichszölle sollten dann allerdings nur solange in Kraft bleiben, bis das entsprechende WTO-Mitglied die Abschaffung oder Reduzierung der Subventionen veranlasst hat. Weiterhin müssten zumindest auch den Parteien, die sich am vorangegangenen Untersuchungsverfahren beteiligt haben, der Zugang zu einem Panel und gegebenenfalls nachträglich auch zum *Appellate Body* offen stehen, da diese Parteien, insbesondere die Antragsteller, ja ihre Verfahrensrechte und Interventionsmöglichkeiten aufgeben würden, die nach gegenwärtiger Rechtslage zur Einführung von endgültigen Ausgleichszöllen notwendig sind.

*   *   *   *   *

Literaturverzeichnis

Abbamonte, Giuseppe B., Market Economy Investor Principle: A Legal Analysis of an Economic Problem, in: European Competition Law Review (ECLR), Vol. 4 (1996), S. 258.

- Competitors' Rights to challenge illegally granted Aid and the problems of conflicting Decisions in the field of Competition Law, in: European Competition Law Review (ECLR), Vol. 18 (1997), S. 87.

Adamantopoulos, Konstantinos, Das Subventionsrecht des GATT in der EWG, 1. Auflage, Köln, Berlin, Bonn, München 1988.

Anderson, Andrew D.M., An Analysis of the Proposed Subsidies Code Procedures in the "Dunkel Text" of the GATT Uruguay Round, in: Journal of World Trade (JWT), Vol. 27, Nr. 3 (Juni 1993), S. 71.

Backes, Peter, Die neuen Streitbeilegungsregeln der Welthandelsorganisation (WTO), in: Recht der Internationalen Wirtschaft (RIW) - Heft 11/1995, S. 916.

Bacon, Kelyn, State Aids and General Measures, in: Yearbook of European Law (YEL), Vol. 17 (1997), S. 269.

Barth, Alexander, Mitgeschriebene Kompetenzen der Kommission im Beihilfenrecht des EGV, 1. Auflage, Frankfurt am Main 1996.

Bartosch, Andreas, The Financing of Public Broadcasting and EC State Aid Law: An Interim Balance, in: European Competition Law Review (ECLR), Vol. 20 (1999), S. 197.

Basedow, Jürgen, Weltkartellrecht - Ausgangslage und Ziele, Methoden und Grenzen der internationalen Vereinheitlichung des Rechts der Wettbeschränkungen - 1. Auflage, Tübingen 1998.

Baudenbacher, Carl, A Brief Guide to European State Aid Law, First Edition, The Hague, London, Boston 1997.

Baur, Jürgen F., Das Tatbestandsmerkmal "Wettbewerb", in: Zeitschrift für das Gesamte Handelsrecht und Wirtschaftsrecht (ZHR), Band 134 (1970), S. 97.

Becker-Çelik, Astrid, Ist die Ablehnung der unmittelbaren Anwendbarkeit der GATT-Vorschriften durch den EuGH heute noch gerechtfertigt?, in: Europäisches Wirtschafts- & Steuerrecht (EWS) - Heft 1/1997, S. 12.

Beneyto, José Maria, The EU and the WTO - Direct Effect of the New Dispute Settlement System?, in: Europäische Zeitschrift für Wirtschaftsrecht (EuZW) - Heft 10/1996, S. 295.

Bénitah, Marc, From Economic Complexity to Legal Indeterminacy – Causality between Subsidy and Injury, in: Journal of World Trade (JWT), Vol. 33, Nr. 1 (Februar 1999), S. 87.

Bentley, Philip, State Aid, Subsidies and Complainants, in: European Business Law Review (EBLR), Dezember 1990, S. 91.

Berg, Gerald C., An Economic Interpretation of "Like-Product", in: Journal of World Trade (JWT), Vol. 30, Nr. 2 (April 1996), S. 195.

Berrisch, Georg M./Kamann, Hans-Georg, Die Handelshemmnis-Verordnung – Ein neues Mittel zur Öffnung von Exportmärkten, in: Europäische Zeitschrift für Wirtschaftsrecht (EuZW) - Heft 4/1999, S. 101.

Beseler, Johannes-Friedrich, Die Abwehr von Dumping und Subventionen durch die Europäischen Gemeinschaften, 1. Auflage, Baden-Baden 1980.

Beseler, Johannes-Friedrich/Williams, A.N., Anti-Dumping and Anti-Subsidy Law: The European Communities, First Edition, London 1986.

Beviglia Zampetti, Americo, The Uruguay Round Agreement on Subsidies, in: Journal of World Trade (JWT), Vol. 29, Nr. 6 (Dezember 1995), S. 5.

Bickler, Rachel, The Role of Competition Policy in the New World Trade Order, in: International Trade Law & Regulation (ITLR), Nr. 6 (1995), S. 210.

Bierwagen, Rainer, EG-Schutz vor unerlaubten Handelspraktiken durch Drittländer, in: Zeitschrift für Wirtschaftsrecht (ZIP) - Heft 4/1996, S. 201.

Bishop, Simon, The European Commission's Policy towards State Aid: A Role for Rigorous Competitive Analysis, in: European Competition Law Review (ECLR), Vol. 18 (1997), S. 84.

Blakeney, Michael, The Origins of the World Trade Organization, in: International Trade Law & Regulation (ITLR), Nr. 2 (1995), S. 49.

Blanchet, Thérèse/Piipponen, Risto/Westman-Clément, Maria, The Agreement on the European Economic Area (EEA), First Edition, Oxford 1994.

Bleckmann, Albert, Europarecht, 6. Auflage, Köln, Berlin, Bonn, München 1997.

Bourgeois, Jacques H.J. (Hrsg.), Subsidies and International Trade, zitierte Autoren: S. Alessandrini, M.C.E.J. Bronckers, G. Depayre, R. Petriccione, R. Quick und J. Steenbergen, First Edition, Deventer, Boston 1991.

Brealey, Mark/Hoskins, Mark, Remedies in EC Law, Second Edition, London 1998.

Bronckers, Marco C.E.J., Enforcing WTO Law through the EC Trade Barriers Regulation, in: International Trade Law & Regulation (ITLR), Nr. 3 (1997), S. 76.

Cadsby, Charles Bram/Woodside, Kenneth, Domestic Injury, Procedural Parallelism and the Future of Countervail, in: Journal of World Trade (JWT), Vol. 30, Nr. 5 (Oktober 1996), S. 177.

Cartland, Michael, Antidumping and Competition Policy, in: Law and Policy in International Business (LPIB), Vol. 28, Nr. 1 (1996), S. 289.

Ciresa, Meinhard, Beihilfenkontrolle und Wettbewerbspolitik in der EG, 1. Auflage, Köln, Berlin, Bonn, München 1993.

Collins-Williams, Terry/Salembier, Gerry, International Disciplines on Subsidies: The GATT, the WTO and the Future Agenda, in: Journal of World Trade (JWT), Vol. 30, Nr. 1 (Februar 1996), S. 5.

Crocioni, Pietro, The GATT Rules on Industrial Subsidies, in: Austrian Journal of Public and International Law (AJPIL), Nr. 1 (1994), S. 49.

Das, Dilip K., Trade in Financial Services and the Role of the GATS, in: Journal of World Trade (JWT), Vol. 32, Nr. 6 (Dezember 1998), S. 79.

Dauses, Manfred (Hrsg.), Handbuch des EU-Wirtschaftsrechts (Band 2), zitierte Bearbeiter: Reiner Arnold, Volker Emmerich, Fritz-Harald Wenig, 2. Auflage, München 1999.

Deckert, Martina R./Schroeder, Werner, Öffentliche Unternehmen und EG-Beihilferecht, in: Europarecht (EuR) - Heft 3/1998, S. 291.

De León, Ignacio, The Dilemma of Regulating International Competition under the WTO System, in: European Competition Law Review (ECLR), Vol. 18 (1997), S. 162.

De Noronha Goyos, Durval, The Globalisation of Competition Law: A Latin American Perspective, in: International Trade Law & Regulation (ITLR), Nr. 1 (1997), S. 20.

Didier, Pierre, Le Code Anti-Subventions du Cycle de l'Uruguay et sa Transposition dans la Communaute, in: Cahier de Droit Europeen (CDE), 1995, Nr. 5-6, S. 679.

D'Sa, Rose M., European Community Law on State Aid, First Edition, London 1998.

Eeckhout, Piet, The Domestic Legal Status of the WTO Agreement: Interconnecting Legal Systems, in: Common Market Law Review (CMLR), Nr. 34 (1997), S. 11.

Ehlermann, Claus-Dieter, State Aids under European Community Competition Law, in: Fordham International Law Journal (FILJ), Vol. 18 (1994), S. 410.

Eisermann, Karl Stefan, Gemeinschaftsrechtliche Beihilfenkontrolle bei staatlich unterstützten Forschungs- und Entwicklungsvorhaben, in: Europäische Zeitschrift für Wirtschaftsrecht (EuZW) - Heft 22/1996, S. 683.

Emiliou, Nicholas/O'Keeffe, David (Hrsg.), The European Union and World Trade Law, zitierte Autoren: Eileen Denza und Nanette A.E.M. Neuwahl, First Edition, Chichester, New York, Brisbane, Toronto, Singapore 1996

Epiney, Astrid, Zur Stellung des Völkerrechts in der EU, in: Europäische Zeitschrift für Wirtschaftsrecht (EuZW) – Heft 1/1999, S. 5.

Europäische Kommission (Hrsg.), Wettbewerbsregeln für staatliche Beihilfen (Band IIA)-Stand: 30.06.98, Brüssel, Luxemburg 1999.

- Reports of Commission Decisions relating to State aid (1973 – 1995) – [ex] Article 93, paragraph 2 (Negative final Decisions), Brüssel, Luxemburg 1996.

Evans, Andrew, EC Law of State Aid, First Edition, Oxford 1997.

- Privatisation and State Aid Control in E.C. Law, in: European Competition Law Review (ECLR), Vol. 18 (1997), S. 259.

Faull, Jonathan/Nikpay, Ali (Hrsg.), The EC Law of Competition, zitierter Autor: Luc Peeperkorn, First Edition, Oxford 1999.

Fischer, Peter/Köck, Heribert Franz, Europarecht, 2. Auflage, Wien 1995.

Fox, Eleanor/Ordove, Janusz, The Harmonization of Competition and Trade, in: World Competition (WC), Vol. 19, Nr. 2 (Dezember 1995), S. 5.

v. Friesen, Alexander, Umgestaltung des öffentlichrechtlichen Bankensektors angesichts des Europäischen Beihilfenrechts, in Europäische Zeitschrift für Wirtschaftsrecht (EuZW) - Heft 19/1999, S. 581.

Frisinger, Jürgen/Behr, Andreas, Staatsbürgschaften, Banken und EU-Beihilfenverbot, in: Recht der Internationalen Wirtschaft (RIW) - Heft 9/1995, S. 708.

v. Gamm, Otto-Friedrich, Kartellrecht - Kommentar zum Gesetz gegen Wettbewerbsbeschränkungen und zu Artikel 85, 86 EWGV, 2. Auflage, Köln, Berlin, Bonn, München 1990.

Gassner, Ulrich M., Procedural Rights in EC Anti-Dumping Proceedings, in: World Competition - Law and Economics Review (WC), Vol. 19, Nr. 4 (Juni 1996), S. 19.

GATT Sekretariat (Hrsg.), The Results of the Uruguay Round of Multilateral Trade Negotiations, First Edition, Geneva 1994.

Geiger, Rudolf, Kommentar zu dem Vertrag zur Gründung der Europäischen Gemeinschaft, 2. Auflage, München 1995.

Gleiss, Alfred/Hirsch, Martin, Kommentar zum EG-Kartellrecht (Band 1), 4. Auflage, Heidelberg 1993.

Grabitz, Eberhard, Handlungsräume der EG-Mitgliedstaaten zur Verbesserung des Umweltschutzes, in: Recht der Internationalen Wirtschaft (RIW) - Heft 8/1989, S. 623.

Grabitz, Eberhard/v. Bogdandy, Armin/Nettesheim, Martin, Europäisches Außenwirtschaftsrecht, 1. Auflage, München 1994.

Grabitz, Eberhard/Hilf, Meinhard (Hrsg.), Kommentar zur Europäischen Union, zitierte Bearbeiter: Norbert Koch, Martin Lukas, Ingolf Pernice, Christoph Vedder, Gabriela von Wallenberg, 15. Ergänzungslieferung (Januar 2000), München 2000.

Griffin, Joseph P., The WTO Study of the Interaction between Trade and Competition Policy: Timely and Controversial, in: International Trade Law & Regulation (ITLR), Nr. 2 (1997), S. 39.

Groeben, Hans/Thiesing, Jochen/Ehlermann, Claus-Dieter (Hrsg.), Kommentar zum EU-/EG-Vertrag, zitierte Bearbeiter: Jacques H.J. Bourgeois, Wolfgang Mederer, Helmuth Schröter, Fritz-Harald Wenig und Manfred Zuleeg, Band 2/II (Artikel 88 bis 102 EGV), Band 3 (Artikel 102a bis 136a EGV), 5. Auflage, Baden-Baden 1999.

Hakenberg, Waltraud/Tremmel, Ernst, Die Rechtsprechung des EuGH auf dem Gebiet der staatlichen Beihilfen im Jahre 1996, in: Europäisches Wirtschafts- & Steuerrecht (EWS) - Heft 7/1997, S. 217.

Hancher, Leigh, State Aids and Judicial Control in the European Community, in: European Competition Law Review (ECLR), Vol. 3 (1994), S. 134.

Hancher, Leigh/Ottervanger, Tom/Slot, Piet Jan, E.C. State Aids, Second Edition, London 1999.

Hausner, Andreas, Die Zulässigkeit von Subventionen nach Artikel 4 c) EGKS-Vertrag, 1. Auflage, Köln 1987.

Hilf, Meinhard, EG-Außenkompetenzen in Grenzen - Das Gutachten des EuGH zur Welthandelsorganisation, in: Europäische Zeitschrift für Wirtschaftsrecht (EuZW) - Heft 1/1995, S. 7.

Hilf, Meinhard/Rolf, Reinhard, Das "Neue Instrument" der EG - Eine rechtsstaatliche Stärkung der gemeinsamen Handelspolitik?, in: Recht der Internationalen Wirtschaft (RIW) - Heft 4/1985, S. 297.

Hilf, Meinhard/Schorkopf,Frank, WTO und EG: Rechtskonflikte vor den EuGH ? – Anmerkung zum Urteil des EuGH vom 23.11.1999 – Rs. C-149/96, Portugal/Rat -, in: Europarecht (EuR) – Heft 1/2000, S. 74.

Hochbaum, Monika, Das Diskriminierungs- und Subventionsverbot in der EGKS und EWG, 1. Auflage, Baden-Baden, Bonn 1962.

Hoischen, Stefan, Die Beihilferegelung in Artikel 92 EWGV, 1. Auflage, Köln, Berlin, Bonn, München 1989.

Horlick, Gary N./Clarke, Peggy A., The 1994 WTO Subsidies Agreement, in: World Competition - Law and Economics Review (WC), Vol. 17, Nr. 4 (Juni 1994), S. 41.

Hudec, Robert E., Enforcing International Trade Law: The Evolution of the Modern GATT Legal System, First Edition, Salem, New Hampshire 1993.

Immenga, Ulrich/Mestmäcker, Ernst-Joachim, Kommentar zum EG-Wettbewerbsrecht (Band I), zitierter Bearbeiter: Ernst-Joachim Mestmäcker, 1. Auflage, München 1997.

Jackson, John H., The World Trading System: Law and Policy of International Economic Relations, Second Edition, Cambridge, Massachusetts, London, England 1999.

Jestaedt, Thomas/Schelling, Nicola, Regionalbeihilfen im Binnenmarkt, in: Europäisches Wirtschafts- & Steuerrecht (EWS) – Heft 1/1999, S. 1.

Junckerstorff, Kurt, Antidumping Recht, 1. Auflage, Berlin, New York 1974.

Kleinfeld, George/Kaye, David, Red Light, Green Light ? - The 1994 Agreement on Subsidies and Countervailing Measures, Research and Development Assistance, and U.S. Policy, in: Journal of World Trade (JWT), Vol. 28, Nr. 6 (Dezember 1994), S. 43.

Koenig, Christian/Sander, Claude, Zur Beihilfenaufsicht über Anstaltslast und Gewährträgerhaftung nach Art. 93 EGV, in Europäische Zeitschrift für Wirtschaftsrecht (EuZW) - Heft 12/1997, S. 363.

Komuro, Norio, The WTO Dispute Settlement Mechanism - Coverage and Procedures of the WTO Understanding, in: Journal of World Trade (JWT), Vol. 29, Nr. 4 (August 1995), S. 5.

Kramer, Ernst A., Wettbewerb als Schutzobjekt des Antidumpingrechts, in: Recht der Internationalen Wirtschaft (RIW) - Heft 3/1975, S. 121.

Krenzler, Horst Günter/Da Fonseca-Wollheim, Hermann, Die Reichweite der gemeinsamen Handelspolitik nach dem Vertrag von Amsterdam – eine Debatte ohne Ende?, in: Europarecht (EuR) – Heft 3/1998, S. 223.

Kretschmer, Hansjörg, Das Antidumping- und Antisubventionsrecht, 1. Auflage, Frankfurt am Main 1980.

Kuilwijk, Kees Jan, The European Court of Justice and the GATT Dilemma: Public Interest versus Individual Rights?, First Edition, Den Haag 1996.

Landsittel, Ralph, Dumping im Außenhandels- und Wettbewerbsrecht, 1. Auflage, Baden-Baden 1987.

Langen, Eugen/Bunte, Hermann-Josef, Kommentar zum deutschen und Europäischen Kartellrecht, 7. Auflage, Neuwied, Kriftel, Berlin 1994.

Lehmann, Christoph, Produktionssubventionen im Ausgleichszollrecht, 1. Auflage, Berlin 1990.

Leier, Klaus-Peter, Fortentwicklung und weitere Bewährung: Zur derzeitigen Überprüfung des Streitbeilegungsverfahrens in der WTO, in: Europäische Zeitschrift für Wirtschaftsrecht (EuZW) – Heft 7/1999, S. 204.

Lübbig, Thomas, Neue Entwicklungen im Beihilfenrecht der Europäischen Gemeinschaft, in: Wirtschaft und Wettbewerb (WuW) – Zeitschrift für Deutsches und Europäisches Wettbewerbsrecht – Heft 3/1999, S. 249.

Lukas, Martin, Stand und Perspektiven des EG-Antisubventionsrechts, in: Europäisches Wirtschafts- & Steuerrecht (EWS) – Heft 5/2000, S. 203.

MacLean, Robert M., The Need to Reform the Community Interest Test in European Community Anti-dumping Law and Policy, in: International Trade Law & Regulation (ITLR), Nr. 4 (1998), S.129.

Mathijsen, P.S.R.F, A Guide to European Union Law, Seventh Edition, London 1999.

Mattera, Alfonso, Le marché unique européen, 2e édition, Paris 1990.

McDonough, Patrick J., Subsidies and Countervailing Measures, First Edition, Deventer, Boston 1993.

McGovern, Edmond, International Trade Regulation, Seventh Edition, Exeter 1999.

Meessen, Karl M., Das Für und Wider eines Weltkartellrechts, in: Wirtschaft und Wettbewerb (WuW) – Zeitschrift für Deutsches und Europäisches Wettbewerbsrecht – Heft 1/2000, S. 5.

Messerlin, Patrick, Should Antidumping Rules be Replaced by National or International Competition Rules?, in: World Competition – Law and Economics Review (WC), Vol. 18, Nr. 3 (März 1995), S. 37.

Mestmäcker, Ernst-Joachim, Europäisches Wettbewerbsrecht, 1. Auflage, München 1974.

Miranda, Jorge, Should Antidumping Laws be Dumped?, in: Law and Policy in International Business (LPIB), Vol. 28, Nr. 1 (1996), S. 255.

Montañá Mora, Miquel, El Acuerdo Sobre Subventiones Y Medidas Compensatorias De La Ronda Uruguay, in: Gaceta Juridica de la CE (GJ), Serie D-27 (März 1997), S. 239.

- Equilibrium - A Rediscovered Basis for the Court of Justice of the European Communities to Refuse Direct Effect to the Uruguay Round Agreement?, in: Journal of World Trade (JWT), Vol. 30, Nr. 5 (Oktober 1996), S. 43.

- International Law and International Relations Cheek to Cheek: An International Law/International Relations Perspective on the U.S./EC Agricultural Export Subsidies Dispute, in: North Carolina Journal of International Law & Commercial Regulation (NCJIL), Vol. 19, Nr. 1 (1993), S. 1.

Morgan, Clarisse, Competition Policy and Anti-Dumping, in: Journal of World Trade (JWT), Vol. 30, Nr. 5 (Oktober 1996), S. 61.

Mortelmans, Kamiel, The Common Market, the Internal Market and the Single Market, what's in a Market?, in: Common Market Law Review (CMLR), Nr. 35 (1998), S. 101.

Mosler, Hermann, Zur Anwendung der Grundsatzartikel des Vertrages über die Europäische Gemeinschaft für Kohle und Stahl, in: Zeitschrift für ausländisches öffentliches Recht und Völkerrecht (ZaöRVR) – Heft 17 (1956/57), S. 407.

Müller, Wolfgang/Khan, Nicholas/Neumann, Hans-Adolf, EC Anti-Dumping Law - A Commentary on Regulation 384/96, First Edition, Chichester, New York, Weinheim, Brisbane, Singapore, Toronto 1998.

Müller-Ibold, Till, The AEA Proposal for a Regulation on State Aid Procedure, in: Europäische Zeitschrift für Wirtschaftsrecht (EuZW) - Heft 22/1996, S. 677.

Nettesheim, Martin, Ziele des Antidumping- und Antisubventionsrechts, 1. Auflage, München 1994

Nicolaides, Phedon/Bilal, Sanoussi (Hrsg.), Understanding State Aid Policy in the European Community, zitierte Autoren: Guy Cox, Eduardo Fernández Ezkurdia, Carlos Lambarri, Marco Núñez Müller, First Edition, Maastricht 1999.

- An Appraisal of the State Aid Rules of the European Community – Do they Promote Efficiency ?, in: Journal of World Trade (JWT), Vol. 33, Nr. 2 (April 1999), S. 97.

Niemeyer, Hans-Jörg/Hirsbrunner, Simon, Anstaltslast und Gewährträgerhaftung bei Sparkassen und die Zwischenstaatlichkeitsklausel in Art. 87 EG, in: Europäische Zeitschrift für Wirtschaftsrecht (EuZW) – Heft 12/2000, S. 364.

Nowak, Carsten, Der Rechtsschutz von Beschwerdeführern im EG-Wettbewerbs- und EG-Außenhandelsrecht, in: Europäische Zeitschrift für Wirtschaftsrecht (EuZW) – Heft 15/2000, S. 453.

Ohlhoff, Stefan/Schloemann, Hannes, Durchsetzung internationaler Handelsregeln durch Unternehmen und Verbände – Im Blickpunkt: EG-Verordnung gegen Handelshemmnisse, in: Recht der Internationalen Wirtschaft (RIW) – Heft 9/1999, S. 649.

Oppermann, Thomas, Europarecht, 2. Auflage, München 1999.

- Die Europäische Gemeinschaft und Union in der Welthandelsorganisation (WTO), in: Recht der Internationalen Wirtschaft (RIW) - Heft 11/1995, S. 919.

Ott, Andrea, GATT und WTO im Gemeinschaftsrecht, 1. Auflage, Köln, Berlin, Bonn, München 1997.

Palmeter, David/Mavroidis, Petros C., Dispute Settlement in the World Trade Organisation - Practice and Procedure, First Edition, The Hague, London, Boston 1999.

Pape, Hans-Christoph, Staatliche Kapitalbeteiligungen an Unternehmen und das Beihilfeverbot gemäß Artikel 92 EGV, 1. Auflage, Frankfurt am Main 1996.

Perry, Ben, State Aid to the Former East Germany: A Note on the VW I Saxony Case, in: European Law Review (ELR), Vol. 22 (1997), S. 85.

Petermann, Dirk, Beschränkungen zur Abwehr von Beschränkungen - Sec. 301 des US - amerikanischen Trade Act von 1974 und das neue handelspolitische Instrument der EG, 1. Auflage, Heidelberg 1989.

Petersmann, Ernst-Ulrich, The GATT/WTO Dispute Settlement System, First Edition, London, The Hague, Boston 1997.

- International Trade Law and the GATT/WTO Dispute Settlement System, zitierter Autor: Meinhard Hilf, First Edition, London, The Hague, Bosten 1997.

- Darf die EG das Völkerrecht ignorieren?, in: Europäische Zeitschrift für Wirtschaftsrecht (EuZW) - Heft 11/1997, S. 325.

- International Competition Rules for Governments and for Private Business, in: Journal of World Trade (JWT), Vol. 30, Nr. 3 (Juni 1996), S. 5.

Polley, Romina, Die Konkurrentenklage im Europäischen Beihilfenrecht, in: Europäische Zeitschrift für Wirtschaftsrecht (EuZW) - Heft 10/1996, S. 300.

Priess, Hans-Joachim, Recovery of illegal State Aid: An Overview of Recent Developments in the Case Law, in: Common Market Law Review (CMLR), Nr. 1 (1996), S. 69.

Raaflaub, Patrick, Subventionsregeln der EU und des GATT, 1. Auflage, Zürich 1994.

Rabe, Hans-Jürgen, Rechtsschutz im Außenwirtschaftsrecht der EG, in: Europarecht (EuR) - Heft 3/1991, S. 236.

Reif, Timothy M./Bacher, Gary E, Trade Laws, Antitrust Laws, and the Process of Economic Integration, in: Law and Policy in International Business (LPIB), Vol. 27, Nr. 4 (1996), S. 927.

Rengeling, Hans-Werner, Das Beihilferecht der Europäischen Gemeinschaft, in: Kölner Schriften zum Europarecht (Band 32); herausgegeben von Bodo Börner und Konrad Neuendörfer, 1. Auflage, Köln, Berlin, Bonn, München 1984.

Reszel, Peter C., Die Feststellung der Schädigung im Antidumping- und Antisubventionsrecht der Europäischen Gemeinschaften, 1. Auflage, Köln, Berlin, Bonn, München 1987.

Reuter, Alexander, Außenwirtschafts- und Exportkontrollrecht Deutschland/Europäische Union, 1. Auflage, München 1995.

Rittner, Fritz, Wettbewerbs- und Kartellrecht, 6. Auflage, Heidelberg 1999.

Robinson, James/Pouncey, Craig, State Aid - The Salt Cases: Regional Aid Schemes – No Challenge means no Review, in: International Trade Law & Regulation (ITLR), Nr. 1 (1997), S. 23.

Rolf,Reinhard, Die Rechtsstellung Betroffener bei der Anwendung außenhandelsrechtlicher Schutzinstrumente in den Vereinigten Staaten und der Europäischen Gemeinschaft, 1. Auflage, Frankfurt am Main 1991.

Rom, Michael, Some Early Reflections on the Uruguay Round Agreement as Seen from the Viewpoint of a Developing Country, in: Journal of World Trade (JWT), Vol. 28, Nr. 6 (Dezember 1994), S. 5.

Ruttley, Philip/MacVay, Iain/George, Carol (Hrsg.), The WTO and International Trade Regulation, zitierte Autoren: Gerard Depayre und Philip Ruttley, First Edition, London 1998,

Sánchez Rydelski, Michael, Das handelspolitische Schutzinstrument der Antisubventions-Verordnung, in: Europäische Zeitschrift für Wirtschaftsrecht (EuZW) - Heft 14/1996, S. 423.

Sánchez Rydelski, Michael/Zonnekeyn, G.A.V.R., The EC Trade Barriers Regulation - The EC's Move Towards a More Aggressive Market Access Strategy, in: Journal of World Trade (JWT), Vol. 31, Nr. 5 (Oktober 1997), S. 147.

Schernthanner, Martina, Das materielle Beihilfeaufsichtsrecht nach dem EWG-Vertrag, 1. Auflage, Wien, New York 1993.

Schoch, Frank, Unbestimmte Rechtsbegriffe im Rahmen des GATT, 1. Auflage, Frankfurt a.M., Berlin, Bern, New York, Paris, Wien 1994.

Schön, Wolfgang, Taxation and State Aid Law in the European Union, in: Common Market Law Review (CMLR), Nr. 36 (1999), S. 911.

Schroeder, Werner/Selmayr, Martin, Die EG, das GATT und die Vollzugslehre, in: Juristische Zeitschrift (JZ) - Heft 7/1998, S. 44.

Schütte, Michael/Hix, Jan-Peter, The Application of the EC State Aid Rules to Privatization: The East German Example, in: Common Market Law Review (CMLR), Nr. 32 (1995), S. 215.

Schütterle, Peter, Wende in der Europäischen Beihilfenkontrollpolitik ?, in: Europäische Zeitschrift für Wirtschaftsrecht (EuZW) - Heft 2/1997, S. 33.

Schwarze, Jürgen, Rechtsschutz gegen Anti-Dumpingmaßnahmen der EG – Zu Verfahren und richterlicher Kontrolle auf den Gebieten der Außenwirtschaftsverwaltung der Gemeinschaft, in: Europarecht (EuR) – Heft 3/1986, S. 217.

Schweitzer, Michael/Hummer, Waldemar, Europarecht, 5. Auflage, Berlin 1996.

Senti, Richard, GATT - System der Welthandelsordnung, 1. Auflage, Zürich 1986.

Sinnaeve, Adinda, Die Rückforderung gemeinschaftsrechtswidriger nationaler Beihilfen, 1. Auflage, Berlin 1997.

- Der Kommissionsvorschlag zu einer Verfahrensverordnung für die Beihilfenkontolle, in: Europäische Zeitschrift für Wirtschaftsrecht (EuZW) - Heft 9/1998, S. 268.

Soames, Trevor/Ryan, Alan, State Aid and Air Transport, in: European Competition Law Review (ECLR), Vol. 5 (1995), S. 290.

Soltész, Ulrich, Die “Belastung des Staatshaushalts” als Tatbestandsmerkmal einer Beihilfe i.S. des Art. 92 I EGV, in: Europäische Zeitschrift für Wirtschaftsrecht (EuZW) – Heft 24/1998, S. 747.

Stanbrook, Clive/Bentley, Philip, Dumping and Subsidies, Third Edition, London, The Hague, Boston 1996.

Stewart, Alistair, Market Access: A European Community Instrument to Break Down Barriers to Trade, in: International Trade Law & Regulation (ITLR), Nr. 4 (1996), S. 121.

Stewart, Terence P./Brightbill, Timothy C., Trade Law and Competition Policy in Regional TradeArrangements, in: Law and Policy in International Business (LPIB), Vol. 27, Nr. 4 (1996), S. 937.

Stuart, E.G., Recent Developments in EU Law and Policy on State Aids, in: European Competition Law Review (ECLR), Vol. 4 (1996), S. 226.

Taylor, Robert F./Metzger, Philippe, GATT and Its Effects on the International Trade in Legal Services, in: New York International Law Review (NYILR), Vol. 10, Nr. 2 (1997), S. 1.

The Economist Intelligence Unit (Hrsg.), The EIU Guide to the new GATT, First Edition, London 1994.

Trebilcock, Michael J./Howse, Robert, The Regulation of International Trade, First Edition, London, New York 1995.

Van Bael, Ivo/Bellis, Jean-François, Anti-Dumping and other Trade Protection Laws of the EC, Third Edition, Oxfordshire 1996.

Vermulst, Edwin A./Waer, Paul, E.C. Anti-Dumping Law and Practice, First Edition, London 1996.

Wareham, Philip A., The New WTO Dispute Resolution Procedure, in: International Trade Law & Regulation (ITLR), Nr. 4 (1995), S. 114.

Weber, Albrecht/Moos, Flemming, Rechtswirkung von WTO-Streitbeilegungs-Entscheidungen im Gemeinschaftsrecht, in: Europäische Zeitschrift für Wirtschaftsrecht (EuZW) – Heft 8/1999, S. 229.

Weiss, Friedl, From World Trade Law to World Competition Law, in: Fordham International Law Journal (FILJ), Vol. 23 (2000), S. 250.

Welthandelsorganisation (Hrsg.), Guide to GATT Law and Practice– Analytical Index (Vol. 1), Sixth Edition, Geneva 1995.

Wenig, Fritz-Harald, Antisubventionsmaßnahmen der Gemeinschaft im Außenwirtschaftsbereich, in: Europäische Zeitschrift für Wirtschaftsrecht (EuZW) - Heft 10/1990, S. 314.

Wessely, Thomas W., Das Verhältnis von Antidumping- und Kartellrecht in der Europäischen Gemeinschaft, 1. Auflage, München 1999.

Whish, Richard, Competition Law, Third Edition, London, Edinburgh 1993.

Winter, J.A., Supervision of State Aid: Article 93 in the Court of Justice, in: Common Market Law Review (CMLR), Nr. 30 (1993), S. 311.

Wishlade, Fiona G., Competition Policy or Cohesion Policy by the Back Door ? The Commission Guidelines on National Regional Aid, in: European Competition Law Review (ECLR), Vol. 19 (1998), S. 343.

Zonnekeyn, Geert, The Direct Effect of GATT in Community Law: From International Fruit Company to the Banana Cases, in: International Trade Law & Regulation (ITRL), Nr. 2 (1996), S. 63.